SAMMLUNG TUSCULUM

T. LIVIUS

RÖMISCHE GESCHICHTE

Buch XXI–XXIII

Lateinisch und deutsch herausgegeben von

Josef Feix

ARTEMIS & WINKLER

Titelvignette: Hannibal (?), dreifacher Scheqel, nach 221 v. Chr., Prägestätte
Carthago Nova. Nachzeichnung von Peter Schimmel.

CIP-Kurztitelaufnahme der Deutschen Bibliothek

Livius, Titus:
Römische Geschichte : Lat. u. dt. / T. Livius. –
Zürich ; Düsseldorf : Artemis & Winkler (Sammlung Tusculum)
Einheitssacht.: Ab urbe condita
Teilausg. – Früher im Verl. Heimeran, München.
Teilw. mit Erscheinungsorten München, Zürich
Buch XXI–XXIII. Ed. Josef Feix. – 4. Aufl. – 2000
ISBN 3-7608-1554-5
NE: Feix, Josef [Hrsg.]
[Sammlung]

4. Auflage 2000
© Patmos Verlag GmbH & Co. KG
Artemis & Winkler Verlag, Düsseldorf/Zürich
Alle Rechte, einschließlich derjenigen des auszugsweisen Abdrucks,
der fotomechanischen und elektronischen Wiedergabe, vorbehalten.
Satz und Druck: Laupp & Göbel, Nehren b. Tübingen
Printed in Germany

INHALTSVERZEICHNIS

LIBER XXI

In parte operis mei licet mihi praefari, quod in
principio summae totius professi plerique sunt rerum scriptores, bellum maxime omnium memora-
bile, quae unquam gesta sint, me scripturum, quod
Hannibale duce Carthaginienses cum populo Romano gessere. Nam neque validiores opibus ullae
inter se civitates gentesque contulerunt arma neque
his ipsis tantum unquam virium aut roboris fuit; et
haud ignotas belli artes inter sese, sed expertas primo Punico conferebant bello, et adeo varia fortuna
belli ancepsque Mars fuit, ut propius periculum
fuerint, qui vicerunt. Odiis etiam prope maioribus
certarunt quam viribus, Romanis indignantibus,
quod victoribus victi ultro inferrent arma, Poenis,
quod superbe avareque crederent imperitatum victis
esse. Fama est etiam Hannibalem annorum ferme
novem, pueriliter blandientem patri Hamilcari, ut
duceretur in Hispaniam, cum perfecto Africo bello
exercitum eo traiecturus sacrificaret, altaribus ad-
motum tactis sacris iure iurando adactum se, cum
primum posset, hostem fore populo Romano. Ange-
bant ingentis spiritus virum Sicilia Sardiniaque
amissae: nam et Siciliam nimis celeri desperatione
rerum concessam et Sardiniam inter motum Africae
fraude Romanorum stipendio etiam insuper imposito interceptam. His anxius curis ita se Africo bello,
quod fuit sub recentem Romanam pacem per quinque annos, ita deinde novem annis in Hispania au-

BUCH XXI

Diesem Teil meines Werkes darf ich vorausschicken, was die meisten Geschichtsschreiber an den Anfang ihres Gesamtwerkes gestellt haben: Ich will den denkwürdigsten aller Kriege beschreiben, die je geführt wurden; die Karthager trugen ihn unter Hannibals Führung mit dem römischen Volk aus. Denn kaum jemals kämpften mächtigere Staaten und Völker gegeneinander, und diese selbst gerade auf dem Höhepunkt ihrer kriegerischen Macht! Ihre Kampfmethoden, mit denen sie sich bekriegten, kannten sie gegenseitig genau, denn sie hatten sie im ersten Punischen Krieg kennengelernt. Das Kriegsglück zeigte sich so launisch und der Kampf so unentschieden, daß die Sieger dem Untergang erheblich näher standen. Fast leitete mehr Haß als Kraft ihren Kampf. Die Römer waren empört, daß die Besiegten sie als die Sieger von sich aus angriffen; die Punier, weil sie glaubten, man habe sie als Besiegte hochfahrend behandelt und erpreßt. Man erzählt sich auch, Hannibal habe als neunjähriger Junge seinem Vater Hamilkar – wie Kinder es können – das Versprechen abgeschmeichelt, ihn mit nach Spanien zu nehmen, als er nach Beendigung des afrikanischen Krieges ein Opfer darbrachte, um dann dorthin überzusetzen. Bei dieser Gelegenheit habe er den Knaben zum Altar geführt, ihn das Opfer berühren und schwören lassen, so bald wie möglich als Feind des römischen Volkes aufzutreten. Der Verlust Siziliens und Sardiniens ließ diesen ehrgeizigen Mann keine Ruhe finden. Er meinte, Sizilien habe man in voreiliger Verzweiflung geräumt; Sardinien sei ihnen von den Römern während der Wirren in Afrika durch Betrug weggeschnappt worden, und obendrein hätten sie dabei eine Kriegslast auferlegt bekommen. Von all diesem Ärger erfüllt, ließ er durch sein Verhalten im afrikanischen Krieg, der unmittel-

gendo Punico imperio gessit, ut appareret maius eum,
quam quod gereret, agitare in animo bellum et, si
diutius vixisset, Hamilcare duce Poenos arma Italiae
inlaturos fuisse, qui Hannibalis ductu intulerunt.

Mors Hamilcaris peropportuna et pueritia Han-   3
nibalis distulerunt bellum. Medius Hasdrubal inter
patrem ac filium octo ferme annos imperium obti-
nuit, flore aetatis, uti ferunt, primo Hamilcari con-   4
ciliatus, gener inde ob aliam indolem profecto animi adscitus et, quia gener erat, factionis Barcinae
opibus, quae apud milites plebemque plus quam
modicae erant, haud sane voluntate principum, in
imperio positus. Is plura consilio quam vi gerens,   5
hospitiis magis regulorum conciliandisque per amicitiam principum novis gentibus quam bello aut
armis rem Carthaginiensem auxit. Ceterum nihilo ei   6
pax tutior fuit; barbarus eum quidam palam ob
iram interfecti ab eo domini obtruncat; compren-
susque ab circumstantibus haud alio quam si evasisset voltu, tormentis quoque cum laceraretur, eo fuit
habitu oris, ut superante laetitia dolores ridentis
etiam speciem praebuerit. Cum hoc Hasdrubale,   7
quia mirae artis in sollicitandis gentibus imperioque
suo iungendis fuerat, foedus renovaverat populus
Romanus, ut finis utriusque imperii esset amnis Hiberus Saguntinisque mediis inter imperia duorum
populorum libertas servaretur.

In Hasdrubalis locum haud dubia res fuit, quin   3
praerogativa militaris, qua extemplo iuvenis Hannibal in praetorium delatus imperatorque ingenti
omnium clamore atque adsensu appellatus erat, a

bar nach dem Friedensschluß mit den Römern ausbrach und fünf
Jahre dauerte, und dann neun Jahre lang bei der Erweiterung des
punischen Machtbereichs in Spanien klar erkennen, daß er an einen
größeren Krieg dachte als den, den er gerade führte. Hätte Hamilkar länger gelebt, hätten die Punier unter seiner Führung ihre
Waffen bis nach Italien getragen, wie sie es dann unter Hannibal
taten.

Hamilkars Tod zur rechten Zeit und Hannibals Jugend verschoben den Krieg. In dem Interregnum zwischen Vater und Sohn
führte Hasdrubal fast acht Jahre lang den Heeresbefehl. Wie man
erzählt, hatte er zuerst durch die Reize seiner Jugend Hamilkars
Gunst gewonnen. Später fand er wegen seiner sonstigen, in der
Tat vorhandenen geistigen Anlagen als Schwiegersohn Aufnahme
in die Familie. Als solcher hatte er durch den Einfluß der barkinischen Partei, der bei Soldaten und Volk nicht unerheblich war, den
Oberbefehl erhalten. Allerdings geschah es nicht mit der Einwilli-
gung der Großen. Mehr Überlegung als Gewalt bestimmte sein
Handeln. Gastfreundschaft verband ihn mit den Fürsten, mit dem
Wohlwollen des Adels gewann er sich immer mehr Völker. Er ver-
größerte das karthagische Reich mehr auf diese Weise als durch
Waffen und Krieg. Aber trotzdem schützte auch ihn der Friede
nicht. Vor den Augen aller ermordete ihn ein Barbar aus Rache für
seinen Herrn, den er hatte hinrichten lassen. Als der Mörder von
den Umstehenden ergriffen wurde, blickte er so froh, als wäre ihm
eine Flucht geglückt. Selbst bei der Folterung hatte er einen Ge-
sichtsausdruck, der ihm sogar die Züge eines Lächelnden verlieh;
seine Freude muß größer gewesen sein als die Schmerzen. Weil
Hasdrubal die wunderbare Kunst verstand, Völker anzulocken und
an seinen Machteinfluß zu fesseln, hatte das römische Volk mit
ihm den Vertrag mit der Bestimmung erneuert, der Ebro solle die
Grenze zwischen beiden Einflußbereichen sein, und den Saguntinern, die zwischen den Grenzen beider Völker wohnten, solle die
Freiheit belassen werden.

Es gab keinen Zweifel, daß bei der Neubesetzung der Feldherrnstelle die vorläufige Wahl durch die Soldaten – nach dieser war der
junge Hannibal sofort ins Feldherrnzelt getragen und unter lau-
testem Beifall aller zum Feldherrn ausgerufen worden – vom Senat

senatu comprobaretur. Hunc vixdum puberem Has- 2
drubal litteris ad se accersierat, actaque res etiam in
senatu fuerat. Barcinis nitentibus, ut adsuesceret
militiae Hannibal atque in paternas succederet opes,
Hanno, alterius factionis princeps, ,Et aequum pos- 3
tulare videtur' inquit, ,Hasdrubal, et ego tamen
non censeo, quod petit, tribuendum'. Cum admira- 4
tione tam ancipitis sententiae in se omnes conver-
tisset, ,Florem aetatis' inquit, ,Hasdrubal, quem
ipse patri Hannibalis fruendum praebuit, iusto iure
eum a filio repeti censet; nos tamen minime decet
iuventutem nostram pro militari rudimento adsue-
facere libidini praetorum. An hoc timemus, ne Ha- 5
milcaris filius nimis sero imperia immodica et regni
paterni speciem videat et, cuius regis genero heredi-
tarii sint relicti exercitus nostri, eius filio parum
mature serviamus? Ego istum iuvenem domi tenen- 6
dum sub legibus, sub magistratibus, docendum vivere aequo iure cum ceteris censeo, ne quandoque
parvus hic ignis incendium ingens exsuscitet.'

Pauci ac ferme optimus quisque Hannoni adsen- 4
tiebantur; sed, ut plerumque fit, maior pars meliorem vicit. Missus Hannibal in Hispaniam primo
adventu omnem exercitum in se convertit; Hamil- 2
carem iuvenem redditum sibi veteres milites credere; eundem vigorem in voltu vimque in oculis,
habitum oris lineamentaque intueri. Dein brevi effecit, ut pater in se minimum momentum ad favorem
conciliandum esset. Nunquam ingenium idem ad res 3
diversissimas, parendum atque imperandum, habi-
lius fuit. Itaque haud facile discerneres, utrum imperatori an exercitui carior esset; neque Hasdrubal
alium quemquam praeficere malle, ubi quid forti- 4
ter ac strenue agendum esset, neque milites alio duce

bestätigt würde. Als er noch nicht einmal erwachsen war, hatte
Hasdrubal ihn durch einen Brief zu sich bestellt, und der Fall war
auch im Senat verhandelt worden. Die Barkiden meinten, Hannibal sollte sich allmählich an das Soldatenleben gewöhnen und in
die Stellung seines Vaters hineinwachsen. Darauf sagte Hanno,
der Führer der Gegenpartei: „Hasdrubals Verlangen erscheint billig. Trotzdem bin ich der Meinung, man darf ihm seinen Wunsch
nicht erfüllen". Er ließ alle, die sich über diesen rätselhaften Aus-
spruch wunderten, aufhorchen und fuhr dann fort: „Hasdrubal
schenkte die Reize seiner Jugend dem Vater Hannibals und glaubt
jetzt, die gleiche Hingabe mit gutem Recht vom Sohne verlangen
zu dürfen. Für uns schickt es sich aber keineswegs, unsere Jugend
statt mit der rauhen Vorschule im Kriegsdienst mit dem aus-
schweifenden Leben ihrer Vorgesetzten vertraut zu machen. Oder
fürchten wir etwa, daß der Sohn Hamilkars die willkürliche Gewaltherrschaft und den Glanz der väterlichen Königsmacht zu spät
kennenlernt? Daß wir nicht früh genug dem Sohn des hohen Herrn
dienstbar sind, dessen Schwiegersohn unsere Heere als Erbschaft
hinterlassen wurden? Ich stelle daher den Antrag: Man soll den
jungen Mann zu Hause behalten und ihn lehren, unter Gesetzen
und Behörden, gleichgestellt mit den andern, zu leben, damit
dieses kleine Feuer nicht später einmal einen großen Brand ent-
fache".

Wenige, und fast alle Vernünftigen, stimmten Hanno zu. Aber wie
es sehr häufig geschieht, siegte die stärkere Partei über die bessere.
Also wurde Hannibal nach Spanien geschickt und zog gleich bei
seiner Ankunft die Aufmerksamkeit des ganzen Heeres auf sich.
Die alten Soldaten glaubten, Hamilkar sei ihnen verjüngt wieder-
geschenkt: Die gleiche Lebhaftigkeit im Blick, das gleiche Feuer in
den Augen, die gleiche Gesichtsbildung und die gleichen Züge.
Dann erreichte er aber in kurzer Zeit, daß der Vater in ihm nur
mehr geringste Bedeutung für seine Empfehlung hatte. Niemals
war ein Mann für zwei ganz verschiedene Dinge in gleicher Weise
geeignet: Zum Gehorchen und zum Befehlen. Daher konnte man
schwer entscheiden, ob er dem Feldherrn oder den Soldaten lieber
war. Hasdrubal wollte nie einem andern eine Aufgabe übertragen,
bei der man mutig und entschlossen handeln mußte. Und auch die

plus confidere aut audere. Plurimum audaciae ad   5
pericula capessenda, plurimum consilii inter ipsa
pericula erat. Nullo labore aut corpus fatigari aut
animus vinci poterat. Caloris ac frigoris patientia   6
par; cibi potionisque desiderio naturali, non volup-
tate modus finitus; vigiliarum somnique nec die nec
nocte discriminata tempora; id, quod gerendis rebus   7
superesset, quieti datum; ea neque molli strato neque silentio accersita; multi saepe militari sagulo
opertum humi iacentem inter custodias stationesque
militum conspexerunt. Vestitus nihil inter aequales
excellens: arma atque equi conspiciebantur. Equi-   8
tum peditumque idem longe primus erat; princeps in
proelium ibat, ultimus conserto proelio excedebat.
Has tantas viri virtutes ingentia vitia aequabant,   9
inhumana crudelitas, perfidia plus quam Punica,
nihil veri, nihil sancti, nullus deum metus, nullum
ius iurandum, nulla religio. Cum hac indole virtu-   10
tum atque vitiorum triennio sub Hasdrubale imperatore meruit, nulla re, quae agenda videndaque
magno futuro duci esset, praetermissa.

Ceterum ex quo die dux est declaratus, velut   5
Italia ei provincia decreta bellumque Romanum
mandatum esset, nihil prolatandum ratus, ne se
quoque, ut patrem Hamilcarem, deinde Hasdruba-   2
lem, cunctantem casus aliquis opprimeret, Saguntí-
nis inferre bellum statuit. Quibus oppugnandis quia   3
haud dubie Romana arma movebantur, in Olcadum
prius fines – ultra Hiberum ea gens in parte magis
quam in dicione Carthaginiensium erat – induxit
exercitum, ut non petisse Saguntinos, sed rerum
serie finitimis domitis gentibus iungendoque tractus

Soldaten kannten keinen Führer, dem sie mehr vertrauten und für den sie mehr wagten. Er war äußerst kühn, wenn es galt, gefährliche Aufträge zu übernehmen, und in den Gefahren selbst erwies er sich sehr besonnen. Keine Anstrengung konnte seinen Körper ermüden und seinen Mut besiegen. Gleich war seine Ausdauer in Hitze und Kälte. Das Maß im Essen und Trinken wurde von seinem natürlichen Verlangen, nicht von der Lust bestimmt. Nicht Tag und Nacht legten die Zeit für Schlafen und Wachen fest; was ihm nach getaner Arbeit noch übrigblieb, widmete er der Ruhe. Aber auch sie wurde nicht durch ein weiches Lager oder durch Stille herbeigezaubert. Viele haben ihn gesehen, wie er zwischen Wachen und Soldatenposten auf der Erde lag, oft nur mit einem Militärmantel zugedeckt. Seine Kleidung unterschied sich in nichts von der seiner Altersgenossen. Dagegen fielen seine Waffen und Pferde auf. Er war der beste Soldat zu Fuß und zu Pferde. Als erster zog er in den Kampf, als letzter verließ er das beendete Treffen. Diesen so großen Vorzügen des Mannes hielten andererseits ungeheure Fehler die Waage: Unmenschliche Grausamkeit, eine mehr als punische Treulosigkeit. Nichts galt ihm Wahrheit, nichts war ihm heilig. Gottesfurcht kannte er nicht, ein Eid war ihm bedeutungslos, und er empfand keine religiöse Bindung. Mit dieser natürlichen Anlage von Vorzügen und Fehlern leistete er drei Jahre lang Kriegsdienst unter Hasdrubals Oberbefehl. Dabei unterließ er nichts, was ein künftiger großer Feldherr tun und beachten muß.

Von dem Tag seiner Ernennung zum Feldherrn an aber hielt er es für richtig, nichts aufzuschieben. Ihn sollte nicht im Zögern ein Unglück treffen, wie es seinem Vater Hamilkar und später Hasdrubal widerfahren war. Er wollte handeln, als wäre ihm Italien als Provinz bestimmt und der Krieg gegen Rom übertragen worden. Daher entschloß er sich, den Krieg gegen Sagunt zu beginnen. Durch einen Angriff auf Sagunt würden zweifellos die Waffen Roms auf den Plan gerufen. Deshalb zog er mit seinem Heer zunächst in das Gebiet der Olkader. Dieser Volksstamm wohnt jenseits des Ebro, mehr auf karthagischem Gebiet als in Karthagos Abhängigkeit. Damit wollte er den Eindruck erwecken, als habe sein Unternehmen ursprünglich nicht den Saguntinern gegolten; vielmehr sei er durch die zwangsläufige Folge von Ereignissen nach

ad id bellum videri posset. Cartalam, urbem opu-   4
lentam, caput gentis eius, expugnat diripitque; quo
metu perculsae minores civitates stipendio imposito
imperium accepere. Victor exercitus opulentusque
praeda Carthaginem Novam in hiberna est deductus. Ibi large partiendo praedam stipendioque prae-   5
terito cum fide exsolvendo cunctis civium sociorumque animis in se firmatis vere primo in Vaccaeos
promotum bellum. Hermandica et Arbocala, eorum   6
urbes, vi captae. Arbocala et virtute et multitudine
oppidanorum diu defensa; ab Hermandica profugi   7
exsulibus Olcadum, priore aestate domitae gentis,
cum se iunxissent, concitant Carpetanos adortique   8
Hannibalem regressum ex Vaccaeis haud procul
Tago flumine agmen grave praeda turbavere. Han-   9
nibal proelio abstinuit castrisque super ripam positis, cum prima quies silentiumque ab hostibus fuit,
amnem vado traiecit valloque ita praeducto, ut locum ad transgrediendum hostes haberent, invadere
eos transeuntes statuit. Equitibus praecepit, ut, cum   10
ingressos aquam viderent, adorirentur impeditum
agmen; in ripa elephantos – quadraginta autem
erant – disponit. Carpetanorum cum appendicibus   11
Olcadum Vaccaeorumque centum milia fuere, in-
victa acies, si aequo dimicaretur campo. Itaque et   12
ingenio feroces et multitudine freti et, quod metu
cessisse credebant hostem, id morari victoriam rati,
quod interesset amnis, clamore sublato passim sine
ullius imperio, qua cuique proximum est, in amnem
ruunt. Et ex parte altera ripae vis ingens equitum   13
in flumen immissa, medioque alveo haudquaquam
pari certamine concursum, quippe ubi pedes insta-   14
bilis ac vix vado fidens vel ab inermi equite equo
temere acto perverti posset, eques corpore armisque

der Unterwerfung der Nachbarvölker in diesen Krieg hineingezogen worden. Er eroberte Cartala, die reiche Hauptstadt dieses Landes, und ließ es plündern. Voller Schrecken darüber unterwarfen sich die kleineren Staaten und nahmen es hin, daß man ihnen Abgaben auferlegte. Das siegreiche Heer zog beutebeladen nach Neu-Karthago ins Winterlager. Dort verteilte er freigebig die Beute, zahlte redlich den rückständigen Sold und stärkte so die Anhänglichkeit aller seiner Landsleute und Bundesgenossen. Mit Frühlingsanfang zog er dann gegen die Vakkäer. Gewaltsam nahm er ihre bedeutendsten Städte Hermandika und Arbokala. Arbokala wurde von seinen zahlreichen tapferen Einwohnern lange verteidigt. Flüchtlinge aus Hermandika vereinigten sich mit Vertriebenen der Olkader, die im vergangenen Sommer unterjocht worden waren. Zusammen wiegelten sie die Karpetaner auf und griffen Hannibal nicht weit vom Tagus an. Er kam gerade aus dem Gebiet der Vakkäer zurück, und sie brachten seinen beutebeladenen Heereszug ziemlich durcheinander. Hannibal ließ sich auf keinen Kampf ein. Er schlug am Ufer ein Lager auf und überschritt an einer seichten Stelle den Fluß, sobald von den Feinden her Ruhe und Stille eingetreten war. Er verlegte den Wall seines Lagers nur so weit, daß die Feinde Raum zum Übergang hatten, um sie, wie er beschlossen hatte, beim Überschreiten anzugreifen. Er befahl den Reitern, den Angriff auf den behinderten Zug zu eröffnen, sobald sie die Feinde im Wasser sähen. Am Ufer stellte er vierzig Elefanten auf. Die Karpetaner zusammen mit den vereinigten Olkadern und Vakkäern ergaben 100 000 Mann: Eine unüberwindliche Heeresmacht, wenn man auf freiem Gelände kämpfte. Wild von Natur und im Vertrauen auf ihre Masse bildeten sie sich ein, daß nur der Fluß zwischen ihnen den Sieg aufhalte. Sie glaubten wirklich, der Feind sei aus Furcht abgezogen. Also erhoben sie ein Geschrei und stürzten sich überall ohne Befehl in den Fluß, wo sie gerade standen. Auch vom andern Ufer rückte eine gewaltige Reitermenge in den Fluß, und man traf sich mitten im Flußbett zu einem keineswegs gleichen Kampf. Denn dort fand der Soldat zu Fuß keinen Halt und kaum festen Boden und konnte sogar von einem Reiter ohne Waffe umgeworfen werden, wenn dieser sein Pferd nur einfach gehen ließ. Dagegen konnte der Reiter Körper und Waffen

liber, equo vel per medios gurgites stabili, comminus eminusque rem gereret. Pars magna flumine   15
absumpta; quidam verticoso amni delati in hostes
ab elephantis obtriti sunt. Postremi, quibus regres-   16
sus in suam ripam tutior fuit, ex varia trepidatione
cum in unum colligerentur, priusquam in tanto pavore reciperent animos, Hannibal agmine quadrato
amnem ingressus fugam ex ripa fecit vastatisque
agris intra paucos dies Carpetanos quoque in dedi-   17
tionem accepit; et iam omnia trans Hiberum praeter Saguntinos Carthaginiensium erant.

Cum Saguntinis bellum nondum erat; ceterum   6
iam belli causa certamina cum finitimis serebantur,
maxime Turdetanis. Quibus cum adesset idem, qui   2
litis erat sator, nec certamen iuris, sed vim quaeri
appareret, legati a Saguntinis Romam missi auxilium
ad bellum iam haud dubie imminens orantes. Con-   3
sules tunc Romae erant P. Cornelius Scipio et Ti.
Sempronius Longus. Qui cum legatis in senatum
introductis de re publica rettulissent placuissetque
mitti legatos in Hispaniam ad res sociorum inspi-
ciendas, quibus si videretur digna causa, et Hanni-   4
bali denuntiarent, ut ab Saguntinis, sociis populi
Romani, abstineret, et Carthaginem in Africam
traicerent ac sociorum populi Romani querimonias
deferrent — hac legatione decreta necdum missa,   5
omnium spe celerius Saguntum oppugnari allatum
est. Tunc relata de integro res ad senatum est; alii   6
provincias consulibus Hispaniam atque Africam
decernentes terra marique rem gerendam censebant,
alii totum in Hispaniam Hannibalemque intende-   7
rant bellum; erant, qui non temere movendam rem

frei gebrauchen und blieb auf seinem auch mitten in den Strudeln
standfesten Pferd fähig für den Nahkampf und den Kampf aus der
Ferne. Ein großer Teil ertrank in der Strömung. Einige wurden
von dem wirbelreichen Strom in die Feinde hineingetrieben und
von den Elefanten zertrampelt. Als sich die letzten, denen der
Rückzug auf das eigene Ufer noch am sichersten schien, aus diesem
Durcheinander wieder sammelten, rückte Hannibal in Schlachtordnung in den Fluß, bevor sie sich noch von dem großen Schrek-
ken erholen konnten; er jagte sie vom Ufer weg in eine wilde
Flucht, verwüstete ihr ganzes Land und machte so auch die Karpetaner innerhalb weniger Tage zu seinen Untertanen. Und schon
gehörte das gesamte Gebiet jenseits des Ebro den Karthagern mit
Ausnahme Saguntus.

Mit den Saguntinern gab es noch keinen Krieg. Dagegen fing man
schon mit den Nachbarn Streit an – am meisten mit den Turdetanern –, um einen Grund dafür zu finden. Da ihnen gerade der zur
Seite stand, der den Unfrieden erregte, und es klar war, daß man es
nicht auf einen Rechtsstreit, sondern auf Gewalt anlegte, schickten
die Saguntiner Gesandte nach Rom. Sie baten um Hilfe für einen
Krieg, an dessen Ausbruch nicht mehr zu zweifeln war. Publius
Cornelius Scipio und Tiberius Sempronius Longus waren damals
Konsuln in Rom. Sie ließen die Gesandten im Senat vor und stellten die politischen Konsequenzen zur Diskussion. Die Senatoren
kamen zu dem Beschluß, ihrerseits Gesandte nach Spanien zu schik-
ken, um die Angelegenheit der Bundesgenossen untersuchen zu
lassen. Erscheine ihnen die Lage ernst genug, sollten sie Hannibal
bedeuten, sich nicht mit den Saguntinern, den Bundesgenossen des
römischen Volkes, einzulassen. Dann sollten die Gesandten nach
Karthago in Afrika übersetzen und die Beschwerden der römischen
Bundesgenossen dort vortragen. Die Gesandtschaft war schon beschlossen, aber noch nicht abgefertigt – da traf ganz plötzlich wider
aller Erwarten die Nachricht von der Belagerung Saguntus ein. Nun
kam die Sache im Senat erneut zur Sprache. Die Partei, die den
Konsuln die Provinzen Spanien und Afrika bestimmt hatte, entschied sich für einen Kampf zu Wasser und zu Lande. Andere
wollten den ganzen Krieg gegen Spanien und Hannibal gerichtet
sehen. Einige wieder äußerten sich dahin, man dürfe eine so wich-

tantam exspectandosque ex Hispania legatos cen-
serent. Haec sententia, quae tutissima videbatur,   8
vicit legatique eo maturius missi, P. Valerius Flaccus et Q. Baebius Tamphilus, Saguntum ad Hannibalem atque inde Carthaginem, si non absisteretur
bello, ad ducem ipsum in poenam foederis rupti
deposcendum.

Dum ea Romani parant consultantque, iam Sa-   7
guntum summa vi oppugnabatur. Civitas ea longe   2
opulentissima ultra Hiberum fuit, sita passus mille
ferme a mari. Oriundi a Zacyntho insula dicuntur
mixtique etiam ab Ardea Rutulorum quidam generis;
ceterum in tantas brevi creverant opes seu maritimis   3
seu terrestribus fructibus seu multitudinis incremento
seu disciplinae sanctitate, qua fidem socialem usque
ad perniciem suam coluerunt.

Hannibal infesto exercitu ingressus fines, pervas-   4
tatis passim agris urbem tripertito adgreditur. An-   5
gulus muri erat in planiorem patentioremque quam
cetera circa vallem vergens; adversus eum vineas
agere instituit, per quas aries moenibus admoveri
posset. Sed ut locus procul muro satis aequus agen-   6
dis vineis fuit, ita haudquaquam prospere, post-
quam ad effectum operis ventum est, coeptis succe-
debat. Et turris ingens imminebat, et murus, ut in   7
suspecto loco, supra ceterae modum altitudinis
emunitus erat, et iuventus delecta, ubi plurimum
periculi ac timoris ostendebatur, ibi vi maiore obsis-
tebant. Ac primo missilibus summovere hostem nec   8
quicquam satis tutum munientibus pati; deinde iam
non pro moenibus modo atque turri tela micare, sed
ad erumpendum etiam in stationes operaque hostium
animus erat; quibus tumultuariis certaminibus haud   9
ferme plures Saguntini cadebant quam Poeni. Ut
vero Hannibal ipse, dum murum incautius subit,   10

tige Sache nicht blindlings vom Zaune brechen und müsse erst die Rückkehr der Gesandten aus Spanien abwarten. Diese Meinung schien am sichersten und setzte sich durch. Um so eiliger schickte man Publius Valerius Flaccus und Quintus Baebius Tamphilus als Gesandte nach Sagunt zu Hannibal und von da weiter nach Karthago, falls er den Krieg nicht abbreche; man wollte zur Strafe für den Bruch des Bündnisses die Auslieferung des Feldherrn selbst verlangen.

Während dieser Vorbereitungen und Beratungen in Rom wurde Sagunt schon mit aller Kraft bestürmt. Diese Stadt war die weitaus reichste jenseits des Ebro und lag etwa 1,5 km vom Meer entfernt. Ihre Einwohner sollen von der Insel Zacynthus herstammen. Mit ihnen hätten sich einige Leute aus dem Stamm der Rutuler von Ardea vermischt. Durch den Handel auf dem Meer und auf dem Lande waren sie in kurzer Zeit zu ihrer so gewaltigen Macht aufgestiegen. Es kann aber auch durch das Wachsen ihrer Bevölkerungszahl oder durch jene altererbte Sittlichkeit geschehen sein, mit der sie ihre Bündnispflicht bis zum eignen Untergang hielten.

Hannibal fiel mit angriffsbereitem Heer in ihr Gebiet ein, verwüstete ringsherum ihre Felder und griff die Stadt von drei Seiten an. Eine Ecke der Mauer erstreckte sich in ein Tal, das flacher und offener dalag als alles andere in der Gegend. Gegen diese Spitze ließ Hannibal Schutzdächer vorfahren, um mit deren Hilfe den Sturmbock an die Mauer heranbringen zu können. Zwar war das Gelände fern von der Mauer eben genug, um die Schutzdächer heranzuführen, aber die Arbeit ging recht unglücklich weiter, nachdem die Anlage aufgebaut war. Hier ragte ein riesiger Turm hoch, dort war die Mauer, weil es sich um eine gefährdete Stelle handelte, höher als normal befestigt. Dann wieder leistete eine erlesene Mannschaft gerade dort den kräftigsten Widerstand, wo sich die meiste Gefahr und Angst zeigte. Anfangs vertrieben sie den Feind mit Wurfgeschossen und ließen ihm keinen sicheren Raum zum Schanzen. Dann aber blitzten ihre Waffen nicht mehr nur zum Schutz von Mauer und Turm auf; die Soldaten hatten sogar Mut genug, gegen die Wachtposten und Schanzwerke der Feinde auszufallen. Bei diesen überraschenden Gefechten erlitten die Saguntiner kaum größere Verluste als die Punier. Als sich aber Hannibal

adversum femur tragula graviter ictus cecidit, tanta
circa fuga ac trepidatio fuit, ut non multum abesset,
quin opera ac vineae desererentur.

Obsidio deinde per paucos dies magis quam op-   8
pugnatio fuit, dum volnus ducis curaretur; per quod
tempus ut quies certaminum erat, ita ab apparatu
operum ac munitionum nihil cessatum. Itaque acrius   2
de integro coortum est bellum pluribusque partibus,
vix accipientibus quibusdam opera locis, vineae
coeptae agi admoverique aries. Abundabat multi-   3
tudine hominum Poenus – ad centum enim quinquaginta milia habuisse in armis satis creditur –:   4
oppidani ad omnia tuenda atque obeunda multi-
fariam distineri coepti non sufficiebant. Itaque iam   5
feriebantur arietibus muri quassataeque multae partes erant; una continentibus ruinis nudaverat urbem;
tres deinceps turres quantumque inter eas muri erat,
cum fragore ingenti prociderant. Captum oppidum   6
ea ruina crediderant Poeni, qua, velut si pariter
utrosque murus texisset, ita utrimque in pugnam
procursum est. Nihil tumultuariae pugnae simile   7
erat, quales in oppugnationibus urbium per occasionem partis alterius conseri solent, sed iustae acies,
velut patenti campo, inter ruinas muri tectaque
urbis modico distantia intervallo constiterant. Hinc   8
spes, hinc desperatio animos inritat, Poeno cepisse
iam se urbem, si paulum adnitatur, credente, Saguntinis pro nudata moenibus patria corpora opponen-
tibus nec ullo pedem referente, ne in relictum a se
locum hostem immitteret. Itaque quo acrius et con-   9
fertim magis utrimque pugnabatur, eo plures volne-
rabantur nullo inter arma corporaque vano inter-
cidente telo. Phalarica erat Saguntinis missile telum   10

selbst der Mauer zu unvorsichtig näherte, von einem Wurfspieß an
der Hüfte schwer getroffen wurde und zu Boden sank, steigerten
sich Bestürzung und Flucht ringsherum so sehr, daß man beinahe
die Schanzwerke und Sturmdächer stehenließ.

Darauf wurde die Stadt für ein paar Tage mehr belagert als bestürmt, solange die Wunde des Feldherrn behandelt werden mußte.
Zwar ruhte der Kampf in dieser Zeit, aber man bemühte sich un-
ablässig weiter, Sturmmaschinen und Schanzwerke bereitzustellen.
Daraufhin begann der Krieg viel heftiger und an noch mehr Stellen. Auf manchem Gelände, das die Anlage von Schanzwerken
kaum zuließ, fuhr man ganz langsam Sturmdächer und den Mau-
erbrecher heran. Der Punier verfügte über mehr als genug Menschen; man schätzt heute seine Stärke mit ziemlicher Sicherheit auf
etwa 150 000 Mann unter Waffen. Dagegen mußten die Stadtbewohner ihre Leute auf zu viele Punkte auseinanderziehen, um alles dek-
ken und bestreiten zu können. Und dazu hatten sie kaum genug Soldaten. So wurden die Mauern schon mit Sturmböcken bearbeitet,
und große Teile erlitten bald Schaden. An einer Stelle gab es weit-
räumige Einstürze, und die Stadt lag schon offen da. Es waren nacheinander drei Türme und das Mauerwerk dazwischen mit großem
Getöse eingestürzt. Die Punier hatten geglaubt, durch diesen Einsturz sei die Stadt bereits erobert. Aber da brachen sie von beiden
Fronten zum Kampf hervor, als hätten bisher beide Seiten die
Mauer als Schutzwehr benutzt. Dieses Gefecht hatte keinerlei Ähn-
lichkeit mit einer unvorbereiteten Schlacht, wie sie bei zufälligen
Bestürmungen von Städten auf der einen oder anderen Seite gewöhnlich vor sich geht. Nein, richtige Schlachtreihen hatten sich
wie im offenen Feld zwischen den Trümmern der Mauer und den
nahen Häusern der Stadt aufgestellt. Hier spornte die Hoffnung,
dort die Verzweiflung den Kampfgeist an. Die Punier glaubten, sie
hätten die Stadt bereits erobert, wenn sie sich nur noch ein wenig
anstrengten. Die Saguntiner wieder stellten sich vor ihre wehrlose
Vaterstadt und wichen keinen Fuß, um nur nicht den Feind in eine
verlassene Stellung eindringen zu lassen. Je heftiger und gedrängter
sie also beiderseits kämpften, umso mehr Soldaten wurden verwundet; denn kein einziges Geschoß konnte zwischen Männern
und Waffen niedergehen, ohne zu treffen. Sonst verwandten die

hastili abiegno et cetera tereti praeterquam ad extremum, unde ferrum exstabat; id, sicut in pilo,   11
quadratum stuppa circumligabant linebantque pice;   12
ferrum autem tres longum habebat pedes, ut cum
armis transfigere corpus posset. Sed id maxime,
etiamsi haesisset in scuto nec penetrasset in corpus,
pavorem faciebat, quod, cum medium accensum
mitteretur conceptumque ipso motu multo maiorem
ignem ferret, arma omitti cogebat nudumque militem ad insequentes ictus praebebat.

Cum diu anceps fuisset certamen et Saguntinis,   9
quia praeter spem resisterent, crevissent animi, Poenus, quia non vicisset, pro victo esset, clamorem
repente oppidani tollunt hostemque in ruinas muri   2
expellunt, inde impeditum trepidantemque extur-
bant, postremo fusum fugatumque in castra redi-
gunt.

Interim ab Roma legatos venisse nuntiatum est;   3
quibus obviam ad mare missi ab Hannibale, qui
dicerent nec tuto eos adituros inter tot tam effrena-
tarum gentium arma nec Hannibali in tanto discrimine rerum operae esse legationes audire. Appare-   4
bat non admissos protinus Carthaginem ituros. Litteras igitur nuntiosque ad principes factionis Barcinae praemittit, ut praepararent suorum animos,
ne quid pars altera gratificari populo Romano
posset.

Itaque, praeterquam quod admissi auditique sunt,   10
ea quoque vana atque inrita legatio fuit. Hanno   2
unus adversus senatum causam foederis magno silentio propter auctoritatem suam, non cum adsensu
audientium egit, per deos foederum arbitros ac   3
testes obtestans, ne Romanum cum Saguntino susci-
tarent bellum; monuisse, praedixisse se, ne Hamilcaris progeniem ad exercitum mitterent; non manes,

Saguntiner die Phalarica, einen Wurfspieß mit rundem Tannen-
schaft, außer am Ende, wo ein Stück Eisen hervorragte. Hier um-
wanden sie nun den vierkantigen Schaft, wie bei einem Wurfspieß,
mit Werg und bestrichen ihn mit Pech. Die Eisenspitze war drei
Fuß lang, so daß sie einen Mann samt Rüstung durchbohren
konnte. War der Wurfspieß aber am Schild haften geblieben, auch
ohne in den Körper einzudringen, war er besonders schrecklich,
weil er mit brennender Mitte abgeschossen wurde. Und hatte er
einmal Feuer gefangen, flog er mit einer durch die Bewegung noch
stärker entfachten Flamme heran und zwang den Feind dazu, die
Waffen wegzuwerfen und sich ohne Deckung den weiteren Geschossen auszusetzen.

Der Kampf blieb lange unentschieden. Das erhöhte den Mut der
Saguntiner, weil sie gegen alle Erwartung standhielten. Da die
Punier keinen Sieg errungen hatten, wurden sie für besiegt gehalten. Plötzlich erhoben die Belagerten ein Geschrei und trieben die
Feinde in die Trümmer der Mauer hinaus. Dort verwirrten sie die
ohnehin schon Verängstigten und Bedrängten vollkommen und
jagten sie schließlich in die Flucht und ins Lager zurück.

Inzwischen traf die Nachricht ein, Gesandte aus Rom seien da.
Hannibal schickte ihnen Leute ans Meer entgegen und ließ sagen,
sie könnten bei dem Waffengetümmel so vieler entfesselter Völker
den Weg bis zu ihm nicht wagen. Außerdem habe er jetzt im Augenblick der wichtigsten Entscheidung keine Zeit, Gesandtschaften
anzuhören. Es war klar, daß die Gesandten sofort nach Karthago
gehen würden, wenn er sie nicht vorließ. Also schickte er Nachricht
und Boten an die Führer der barkinischen Partei voraus, sie sollten
ihre Leute vorbereiten, damit nicht die Gegenpartei etwa den Römern Entgegenkommen zeigen könne.

So blieb auch diese Gesandtschaft vergebens und erfolglos, außer
daß sie vorgelassen und angehört wurde. Hanno sprach vor dem
Senat als einziger für den Vertrag, und alle Zuhörer schwiegen.
Das galt aber seinem Ansehen und bedeutete nicht Zustimmung.
Bei den Göttern, den richtenden Zeugen der Verträge, beschwor
er sie, keinen Krieg gegen Rom durch einen Krieg gegen Sagunt zu
entfachen. Er habe sie ja ermahnt und früh genug gewarnt, sie sollten Hamilkars Sproß nicht zum Heer entsenden. Der Geist des

non stirpem eius conquiescere viri, nec unquam,
donec sanguinis nominisque Barcini quisquam su-
persit, quietura Romana foedera. ‚Iuvenem fla-   4
grantem cupidine regni viamque unam ad id cernen-
tem, si ex bellis bella serendo succinctus armis legio-
nibusque vivat, velut materiam igni praebentes, ad
exercitus misistis. Aluistis ergo hoc incendium, quo
nunc ardetis. Saguntum vestri circumsedent exer-   5
citus, unde arcentur foedere; mox Carthaginem
circumsedebunt Romanae legiones ducibus iisdem
dis, per quos priore bello rupta foedera sunt ulti.
Utrum hostem an vos an fortunam utriusque populi   6
ignoratis? Legatos ab sociis et pro sociis venientes
bonus imperator vester in castra non admisit; ius
gentium sustulit; hi tamen, unde ne hostium quidem
legati arcentur, pulsi, ad vos venerunt. Res ex foedere repetunt; publica fraus absit: auctorem culpae
et reum criminis deposcunt. Quo lenius agunt, se-   7
gnius incipiunt, eo, cum coeperint, vereor, ne perse-
verantius saeviant. Aegates insulas Erycemque ante
oculos proponite, quae terra marique per quattuor
et viginti annos passi sitis. Nec puer hic dux erat,   8
sed pater ipse Hamilcar, Mars alter, ut isti volunt.
Sed Tarento, id est Italia, non abstinueramus ex
foedere, sicut nunc Sagunto non abstinemus; vicerunt ergo di hominesque et, id de quo verbis am-   9
bigebatur, uter populus foedus rupisset, eventus
belli velut aequus iudex, unde ius stabat, ei victoriam dedit. Carthagini nunc Hannibal vineas tur-   10
resque admovet: Carthaginis moenia quatit ariete.
Sagunti ruinae – falsus utinam vates sim – nostris
capitibus incident, susceptumque cum Saguntinis
bellum habendum cum Romanis est. Dedemus ergo
Hannibalem? dicet aliquis. Scio meam levem esse   11

Toten und sein Nachkomme könnten keine Ruhe finden, und die
Verträge mit Rom würden nie unangefochten bleiben, solange es
noch einen Mann mit barkinischem Blut und Namen gebe. „Ihr
habt einen jungen Mann zum Heer geschickt, der vor Herrschsucht
brennt und den einzigen Weg zur Macht darin sieht, daß er einen
Krieg nach dem anderen erregt. Er umgibt sich mit Waffen und lebt
bei seinen Legionen. Es ist, als wolltet ihr dem Feuer Stoff geben.
So habt ihr den Brand selbst genährt, von dem ihr jetzt erfaßt seid.
Eure Heere umlagern Sagunt, wo sie laut Vertrag nicht stehen dürfen. Bald werden Legionen der Römer Karthago umlagern unter
der Führung derselben Götter, mit deren Hilfe sie im vorigen
Krieg den Vertragsbruch gerächt haben. Kennt ihr denn nicht den
Feind, euch oder das Glück beider Völker? Gesandte, die von den
Vertragspartnern und für Vertragspartner kamen, hat euer sau-
berer Feldherr nicht in sein Lager gelassen. Damit hat er das Völkerrecht verletzt. Und sie wurden abgewiesen, wo man sogar feindlichen Gesandten den Zutritt nicht verwehrt, und kamen nun zu
euch. Sie verlangen Erfüllung des Vertrags. Wenn auch kein offi-
zieller Täuschungsversuch vorliegt, fordern sie die Auslieferung des
Täters, den der Vorwurf der Schuld trifft. Je schonender sie zu
Werk gehen, je zögernder sie beginnen, umso beharrlicher, fürchte
ich, werden sie dann an ihrem Groll festhalten. Denkt an die Ägatischen Inseln, an den Eryx und erinnert euch, was ihr zu Wasser
und zu Lande in jenen 24 Jahren erlitten habt. Damals war nicht so
ein Knabe Feldherr, sondern der Vater Hamilkar selbst, ein zweiter
Mars, wie diese da behaupten. Damals hatten wir an Tarent, d. h.
an Italien, vertragswidrig gehandelt, so wie wir jetzt nicht von Sagunt lassen wollen. So siegten also die Götter mit ihren Menschen,
und der Krieg entschied das, worüber man mit Worten stritt, welches von beiden Völkern nämlich den Vertrag gebrochen habe, und
gab wie ein gerechter Richter dem den Sieg, auf dessen Seite auch
das Recht war. Hannibal nähert sich jetzt mit seinen Sturmdächern
und Türmen Karthago; die Mauern der Stadt trifft er bereits mit
dem Sturmbock. Sagunts Trümmer – wäre ich doch ein falscher Pro-
phet! – werden auf unsere Häupter fallen; und den Krieg, mit den
Saguntinern begonnen, werden wir gegen die Römer führen müssen.
Werden wir also Hannibal ausliefern? So wird vielleicht einer fra-

in eo auctoritatem propter paternas inimicitias; sed
et Hamilcarem eo perisse laetatus sum, quod, si ille
viveret, bellum iam haberemus cum Romanis, et
hunc iuvenem tamquam furiam facemque huius
belli odi ac detestor; nec dedendum solum id piacu-   12
lum rupti foederis, sed, si nemo deposcit, devehen-
dum in ultimas maris terrarumque oras, ablegan-
dum eo, unde nec ad nos nomen famaque eius acce-
dere neque ille sollicitare quietae civitatis statum
possit. Ego ita censeo: Legatos extemplo Romam   13
mittendos, qui senatui satisfaciant, alios, qui Hannibali nuntient, ut exercitum ab Sagunto abducat
ipsumque Hannibalem ex foedere Romanis dedant,
tertiam legationem ad res Saguntinis reddendas de-
cerno.'

Cum Hanno perorasset, nemini omnium certare   11
oratione cum eo necesse fuit; adeo prope omnis
senatus Hannibalis erat, infestiusque locutum argue-
bant Hannonem quam Flaccum Valerium, legatum   2
Romanum. Responsum inde legatis Romanis est
bellum ortum ab Saguntinis, non ab Hannibale
esse; populum Romanum iniuste facere, si Saguntinos vetustissimae Carthaginiensium societati prae-
ponat.

Dum Romani tempus terunt legationibus mitten-   3
dis, Hannibal, quia fessum militem proeliis operi-
busque habebat, paucorum iis dierum quietem dedit
stationibus ad custodiam vinearum aliorumque operum dispositis. Interim animos eorum nunc ira in
hostes stimulando, nunc spe praemiorum accendit;
ut vero pro contione praedam captae urbis edixit   4
militum fore, adeo accensi omnes sunt, ut, si extemplo signum datum esset, nulla vi resisti videretur
posse. Saguntini ut a proeliis quietem habuerant nec   5
lacessentes nec lacessiti per aliquot dies, ita non

gen. Ich weiß: Wegen meiner Feindschaft mit seinem Vater gilt
mein Urteil darüber nur wenig. Aber ich war froh darüber, daß
Hamilkar umkam, weil wir, wenn er noch lebte, den Krieg mit
den Römern bereits hätten. Diesen jungen Mann aber hasse und
verabscheue ich wie eine Furie und Fackel eines solchen Krieges.
Ich meine, man müsse ihn nicht nur als Sühne für den Vertragsbruch ausliefern, sondern auch, wenn es niemand verlangt, an die
äußersten Küsten des Meeres und der Länder schicken. Man müßte
ihn an einen Ort bringen, woher uns weder sein Name noch sein
Ruf erreichen kann. Dann könnte er den Bestand des Staates in
seiner Ruhe nicht mehr stören. Ich stelle also den Antrag, sofort
Gesandte nach Rom zu schicken, die dem Senat Genugtuung leisten.
Andere Boten sollen Hannibal melden, er möge sein Heer von
Sagunt abziehen. Hannibal selbst soll man vertragsgemäß den Römern ausliefern. Noch für eine dritte Gesandtschaft stimme ich:
zur Wiedergutmachung für Sagunt."

Als Hanno seine Rede beendet hatte, hielt es niemand für nötig,
in einer Gegenrede mit ihm zu streiten. So sehr stand fast der
ganze Senat auf seiten Hannibals. Man beschuldigte Hanno, er
habe noch feindseliger gesprochen als der römische Gesandte Valerius Flaccus. Darauf gab man den römischen Gesandten folgende
Antwort: Die Saguntiner hätten den Krieg vom Zaun gebrochen,
nicht Hannibal. Das römische Volk tue Unrecht, wenn ihm die
Saguntiner wichtiger seien als das uralte Bündnis mit Karthago.

Während die Römer ihre Zeit damit vergeudeten, Gesandtschaften
auszuschicken, gönnte Hannibal seinen Soldaten, da sie durch die
Gefechte und Schanzarbeiten ermüdet waren, eine Ruhepause von
wenigen Tagen. Zur Bewachung der Sturmdächer und anderen
Schanzanlagen stellte er Posten auf. Unterdessen ermutigte er seine
Leute, indem er bald ihren Zorn gegen die Feinde schürte, bald
Hoffnung auf Belohnungen machte. Vor versammelter Mannschaft
erklärte er die Beute aus der eroberten Stadt zum Eigentum der
Soldaten. Das löste bei allen eine solche Begeisterung aus, daß –
hätte er jetzt das Zeichen zum Kampf gegeben – ihnen wahrscheinlich nichts hätte widerstehen können. Die Saguntiner hatten zwar
einige Tage Ruhe erhalten, da sie weder selbst angriffen noch ange-

nocte, non die unquam cessaverant ab opere, ut
novum murum ab ea parte, qua patefactum oppi-
dum ruinis erat, reficerent. Inde oppugnatio eos   6
aliquanto atrocior quam ante adorta est, nec qua
primum aut potissimum parte ferrent opem, cum
omnia variis clamoribus streperent, satis scire poterant. Ipse Hannibal, qua turris mobilis, omnia mu-   7
nimenta urbis superans altitudine, agebatur, hor-
tator aderat. Quae cum admota catapultis ballistisque per omnia tabulata dispositis muros defensori-   8
bus nudasset, tum Hannibal occasionem ratus, quingentos ferme Afros cum dolabris ad subruendum ab
imo murum mittit; nec erat difficile opus, quod
caementa non calce durata erant, sed interlita luto
structurae antiquae genere. Itaque latius, quam qua   9
caederetur, ruebat perque patentia ruinis agmina
armatorum in urbem vadebant. Locum quoque edi-   10
tum capiunt, conlatisque eo catapultis ballistisque,
ut castellum in ipsa urbe velut arcem imminentem
haberent, muro circumdant; et Saguntini murum
interiorem ab nondum capta parte urbis ducunt.
Utrimque summa vi et muniunt et pugnant; sed   11
interiora tuendo minorem in dies urbem Saguntini
faciunt. Simul crescit inopia omnium longa obsi-   12
dione et minuitur exspectatio externae opis, cum
tam procul Romani, unica spes, circa omnia hostium
essent. Paulisper tamen adfectos animos recreavit   13
repentina profectio Hannibalis in Oretanos Car-
petanosque, qui duo populi, dilectus acerbitate consternati, retentis conquisitoribus metum defectionis
cum praebuissent, oppressi celeritate Hannibalis
omiserunt mota arma.

    Nec Sagunti oppugnatio segnior erat Maharbale   12
Himilconis filio — eum praefecerat Hannibal — ita
impigre rem agente, ut ducem abesse nec cives nec

griffen wurden. Trotzdem hatten sie Tag und Nacht Schanzarbeit geleistet, um auf der Seite, wo die Stadt durch den Einsturz der Mauer geöffnet worden war, eine neue Mauer zu errichten. Darauf erlebten sie einen viel heftigeren Sturmangriff als vorher. Überall gab es Lärm und wirres Geschrei, so daß sie ziemlich ratlos waren, wo sie am schnellsten und günstigsten Hilfe einsetzen sollten. Hannibal selbst ermunterte dort, wo der Rollturm ansetzte, der höher war als sämtliche Festungswerke der Stadt. Dieser herangerollte Turm fegte mit auf alle seine Stockwerke verteilten größeren und kleineren Geschützen alle Verteidiger von der Mauer. Da sah Hannibal seine Gelegenheit gekommen und schickte ungefähr 500 Afrer mit Brecheisen gegen die Mauer vor, um sie unten aufzureißen. Sie hatten keine schwere Arbeit; denn die Steine waren nicht mit Mörtel verfestigt, sondern nach alter Bauart nur mit Lehm verfugt. Folglich stürzte die Mauer in weiterem Umfang ein, als gebrochen wurde, und durch die große Lücke drangen Scharen von Bewaffneten in die Stadt ein. Sie besetzten sogar eine Anhöhe darin, brachten dort Geschütze und Wurfmaschinen in Stellung und errichteten darum eine Mauer, um mit diesem Bollwerk im Innern der Stadt eine alles beherrschende Festung zu besitzen. Auch die Saguntiner zogen vor dem noch nicht eroberten Teil der Stadt eine innere Mauer. Auf beiden Seiten schanzte und kämpfte man mit äußerster Zähigkeit. Aber die Saguntiner ließen ihre Stadt mit jedem Tag kleiner werden, indem sie nur den inneren Teil zu halten versuchten. Gleichzeitig mangelte es durch die lange Belagerung immer mehr an allen Dingen, und immer weiter schwand die Aussicht auf Hilfe von draußen. Die Römer, ihre einzige Hoffnung, waren ja so weit weg, und alles umher war in Feindeshand. Doch für kurze Zeit erholte sich ihr gesunkener Mut wieder: Hannibal wandte sich plötzlich gegen die Oretaner und Carpetaner, zwei Völker, die über die strenge Aushebung empört waren und nach der Festnahme der Werber einen Abfall befürchten ließen. Allein durch Hannibals Schnelligkeit überrascht legten sie die schon erhobenen Waffen wieder weg.

Aber die Bestürmung Sagunts hatte sich deswegen durchaus nicht verlangsamt. Maharbal, Himilkos Sohn, dem Hannibal die Führung übertragen hatte, ging nämlich so eifrig ans Werk, daß weder

hostes sentirent. Is et proelia aliquot secunda fecit   2
et tribus arietibus aliquantum muri discussit strataque omnia recentibus ruinis advenienti Hannibali
ostendit. Itaque ad ipsam arcem extemplo ductus   3
exercitus atroxque proelium cum multorum utrimque caede initum et pars arcis capta est.

   Temptata deinde per duos est exigua pacis spes,
Alconem Saguntinum et Alorcum Hispanum. Alco   4
insciis Saguntinis, precibus aliquid moturum ratus,
cum ad Hannibalem noctu transisset, postquam
nihil lacrimae movebant condicionesque tristes ut
ab irato victore ferebantur, transfuga ex oratore
factus apud hostem mansit, moriturum adfirmans,
qui sub condicionibus iis de pace ageret. Postulaba-   5
tur autem, redderent res Turdetanis traditoque omni
auro atque argento egressi urbe cum singulis vestimentis ibi habitarent, ubi Poenus iussisset. Has pacis   6
leges abnuente Alcone accepturos Saguntinos, Alorcus vinci animos, ubi alia vincantur, adfirmans, se
pacis eius interpretem fore pollicetur; erat autem
tum miles Hannibalis, ceterum publice Saguntinis
amicus atque hospes. Tradito palam telo custodibus   7
hostium transgressus munimenta ad praetorem Saguntinum – et ipse ita iubebat – est deductus. Quo   8
cum extemplo concursus omnis generis hominum
esset factus, submota cetera multitudine senatus
Alorco datus est, cuius talis oratio fuit:

   ,Si civis vester Alco, sicut ad pacem petendam ad   13
Hannibalem venit, ita pacis condiciones ab Hannibale ad vos rettulisset, supervacaneum hoc mihi
fuisset iter, quo nec orator Hannibalis nec trans-   2
fuga ad vos veni; sed cum ille aut vestra aut sua
culpa manserit apud hostem – sua, si metum simu-
lavit, vestra, si periculum est apud vos vera refe-
rentibus – ego, ne ignoraretis esse et salutis aliquas

die Bürger noch die Feinde die Abwesenheit des Feldherrn spür-
ten. Maharbal lieferte einige glückliche Gefechte, rammte mit drei
Sturmböcken ein beträchtliches Stück der Mauer ein und zeigte
Hannibal bei dessen Rückkehr alles mit neuen Trümmern bedeckt.
Also wurde das Heer gleich unmittelbar vor die Burg geführt. Es
begann ein schrecklicher Kampf mit starken Verlusten auf beiden
Seiten, und ein Teil der Burg wurde erobert.

Darauf erwachte durch zwei Männer ein schwacher Hoffnungs-
schimmer auf Frieden: durch Alco aus Sagunt und den Spanier
Alorcus. Alco glaubte, durch Bitten etwas ausrichten zu können,
und ging nachts ohne Wissen der Saguntiner zu Hannibal. Aber
seine Tränen halfen nichts; und als noch harte Bedingungen wie
von einem erzürnten Sieger gestellt wurden, machten sie aus dem
Bittsteller einen Überläufer. Er blieb beim Feind und erklärte, wer
unter solchen Bedingungen über einen Frieden verhandle, verdiene
den Tod. Man forderte, sie sollten den Turdetanern ihren Besitz
zurückgeben, alles Gold und Silber abliefern und mit einem einzigen Kleidungsstück die Stadt verlassen. Dann sollten sie sich da
ansiedeln, wo Hannibal es verlange. Alco blieb dabei, die Saguntiner würden diese Friedensbedingungen nicht annehmen. Da behauptete Alorcus: Wo alles andere besiegt werde, könne auch der
Sinn gebeugt werden, und er versprach, diesen Frieden zu vermit-
teln. Er diente damals als Soldat unter Hannibal, galt aber der
Stadt Sagunt als Freund und Gastfreund. In aller Öffentlichkeit
lieferte er seine Waffen bei der feindlichen Wache ab, betrat die
Festung und wurde – er selbst verlangte es so – vor den saguntini-
schen Prätor geführt. Alle möglichen Leute eilten sofort dorthin.
Unter Ausschluß der Öffentlichkeit wurde für Alorcus eine Senatssitzung eröffnet, und er hielt dort folgende Rede:

„Wäre euer Mitbürger Alco mit den Friedensbedingungen zu euch
zurückgekehrt, wie er ja auch zu Hannibal mit der Bitte um Frieden kam, so wäre dieser mein Weg zu euch überflüssig gewesen. Ich
bin jedoch weder als Unterhändler Hannibals noch als Überläufer
zu euch gekommen. Nun ist er aber durch eure oder seine eigne
Schuld beim Feind geblieben; durch seine, wenn er Angst vorgab,
durch eure, wenn bei euch Leute, die die Wahrheit sprechen, in Gefahr geraten. Ich bin nun hier unter dem alten Gastrecht, das noch

et pacis vobis condiciones, pro vetusto hospitio,
quod mihi vobiscum est, ad vos veni. Vestra autem   3
causa me nec ullius alterius loqui, quae loquor apud
vos, vel ea fides sit, quod neque dum vestris viribus
restitistis, neque dum auxilia ab Romanis sperastis,
pacis unquam apud vos mentionem feci. Postquam   4
nec ab Romanis vobis ulla est spes nec vestra vos
iam aut arma aut moenia satis defendunt, pacem
adfero ad vos magis necessariam quam aequam.
Cuius ita aliqua spes est, si eam, quemadmodum ut   5
victor fert Hannibal, sic vos ut victi audiatis; si non
id, quod amittitur, in damno, cum omnia victoris
sint, sed, quidquid relinquitur, pro munere habituri   6
estis. Urbem vobis, quam ex magna parte dirutam,
captam fere totam habet, adimit: agros relinquit,
locum adsignaturus, in quo novum oppidum aedifi-
cetis. Aurum et argentum omne, publicum priva-
tumque, ad se iubet deferri: corpora vestra coniu-   7
gum ac liberorum vestrorum servat inviolata, si
inermes cum binis vestimentis velitis ab Sagunto
exire. Haec victor hostis imperat; haec, quamquam   8
sunt gravia atque acerba, fortuna vestra vobis sua-
det. Equidem haud despero, cum omnium potestas
ei facta sit, aliquid ex his rebus remissurum; sed   9
vel haec patienda censeo potius, quam trucidari
corpora vestra, rapi trahique ante ora vestra coniuges ac liberos belli iure sinatis.'

Ad haec audienda cum circumfusa paulatim mul-   14
titudine permixtum senatui esset populi concilium,
repente primores secessione facta, priusquam responsum daretur, argentum aurumque omne ex publico privatoque in forum conlatum in ignem ad id
raptim factum conicientes eodem plerique semet
ipsi praecipitaverunt. Cum ex eo pavor ac trepi-   2
datio totam urbem pervasisset, alius insuper tumultus ex arce auditur. Turris diu quassata prociderat,
perque ruinam eius cohors Poenorum impetu facto

zwischen uns besteht, und ihr sollt deutlich erfahren, daß es für euch doch noch Bedingungen für Rettung und Frieden gibt. Was ich jetzt vor euch sage, gilt euerm Interesse und keinem andern. Dafür muß schon die Tatsache bürgen, daß ich bei euch niemals einen Frieden auch nur erwähnt habe, als ihr mit eigenen Kräften Widerstand leistetet und auch nicht, als ihr von den Römern Hilfe erhofftet. Ihr habt aber von den Römern nicht das Mindeste zu erwarten, und auch eure Waffen und eure Mauern können euch nicht mehr genügend schützen. Deshalb biete ich euch jetzt einen Frieden an, der mehr notwendig als billig ist. Eine Hoffnung liegt vielleicht noch darin, daß ihr als Besiegte auf Hannibal hört, wie er als Sieger euch die Bedingungen vorschreibt. Was ihr einbüßt, dürft ihr nicht als Verlust betrachten, denn alles ist Eigentum des Siegers. Nehmt also als Geschenk, was euch gelassen wird. Die Stadt, die er größtenteils zerstört und fast ganz erobert hat, nimmt er euch; er läßt euch eure Äcker. Er will euch einen Platz zuweisen, auf dem ihr eine neue Stadt errichten könnt. Alles Gold und Silber aus Privat- und Staatsbesitz läßt er sich ausliefern. Ihr, eure Frauen und Kinder bleiben unangetastet, wenn ihr ohne Waffen, jeder mit nur zwei Kleidungsstücken, gutwillig aus Sagunt herausgeht. Das verlangt der Feind als Sieger. Mögen die Bedingungen auch drückend und hart sein, so rät euch doch eure Lage zur Annahme. Ich gebe aber die Hoffnung nicht ganz auf, daß er einiges davon erlassen wird, wenn er die Macht über alles hat. Aber ich meine, ihr solltet lieber sogar dies erdulden als euch erschlagen und Frauen und Kinder nach Kriegsrecht vor euren Augen rauben und wegschleppen lassen."

Allmählich fand sich eine große Menschenmenge ein, und die Volksversammlung vermischte sich mit dem Senat, um diese Bedingungen zu hören. Da verließen plötzlich die angesehensten Bürger, noch ehe eine Antwort erteilt war, die Versammlung und brachten alles Gold und Silber aus Privat- und Staatsbesitz auf den Markt. Sie warfen es in ein zu diesem Zweck eilends entfachtes Feuer und stürzten sich größtenteils selbst hinein. Darauf durchdrang Furcht und Schrecken die ganze Stadt, und von der Burg her hörte man noch anderen Lärm. Ein schon lange angeschlagener Turm war eingestürzt. Durch diese Lücke drang eine punische Kohorte ein und

cum signum imperatori dedisset, nudatam stationibus custodiisque solitis hostium esse urbem, non cunctandum in tali occasione ratus Hannibal, totis viribus adgressus urbem momento cepit, signo dato, ut omnes puberes interficerentur. Quod imperium crudele, ceterum prope necessarium cognitum ipso eventu est; cui enim parci potuit ex iis, qui aut inclusi cum coniugibus ac liberis domos super se ipsos concremaverunt aut armati nullum ante finem pugnae quam morientes fecerunt?   3   4

Captum oppidum est cum ingenti praeda. Quamquam pleraque ab dominis de industria corrupta erant et in caedibus vix ullum discrimen aetatis ira fecerat et captivi militum praeda fuerant, tamen et ex pretio rerum venditarum aliquantum pecuniae redactum esse constat et multam pretiosam supellectilem vestemque missam Carthaginem.   15   2

Octavo mense quam coeptum oppugnari captum Saguntum quidam scripsere; inde Carthaginem Novam in hiberna Hannibalem concessisse; quinto deinde mense, quam ab Carthagine profectus sit, in Italiam pervenisse. Quae si ita sunt, fieri non potuit, ut P. Cornelius Ti. Sempronius consules fuerint, ad quos et principio oppugnationis legati Saguntini missi sint et qui in suo magistratu cum Hannibale, alter ad Ticinum amnem, ambo aliquanto post ad Trebiam pugnaverint. Aut omnia breviora aliquanto fuere aut Saguntum principio anni, quo P. Cornelius Ti. Sempronius consules fuerunt, non coeptum oppugnari est, sed captum. Nam excessisse pugna ad Trebiam in annum Cn. Servili et C. Flamini non potest, quia C. Flaminius Arimini consulatum iniit, creatus a Ti. Sempronio consule, qui post pugnam ad Trebiam ad creandos consules Romam cum venisset, comitiis perfectis ad exercitum in hiberna rediit.   3   4   5   6

Sub idem fere tempus et legati, qui redierant ab   16

meldete ihrem Feldherrn durch ein Zeichen, die Stadt der Feinde
sei von den üblichen Posten und Wachen frei. Da glaubte Hannibal,
bei einer solchen Gelegenheit nicht zögern zu dürfen. Er griff mit
allen Streitkräften an, eroberte im Augenblick die Stadt und gab
die Anweisung, alle Erwachsenen zu töten. Dieser grausame Befehl
wurde im übrigen durch die Ereignisse selbst fast als notwendig er-
kannt. Denn wen von solchen Feinden konnte man schonen, wenn
sie sich mit Weib und Kind in ihre Häuser einschlossen, sie über
ihren Köpfen niederbrannten oder in Waffen den Kampf nur mit
ihrem Tod beendeten?

Die Stadt fiel, und die Beute war riesengroß. Zwar war das meiste
von den Eigentümern absichtlich vernichtet worden, und bei dem
Gemetzel hatte die Wut kaum einen Unterschied im Alter gemacht;
die Gefangenen waren den Soldaten als Beute überlassen. Trotzdem steht fest, daß der Wert der verkauften Stücke eine beträchtliche Geldsumme einbrachte und viel kostbares Gerät und Kleidung
nach Karthago geschickt wurde.

Sieben Monate nach Beginn der Belagerung – so berichten einige
Schriftsteller – fiel Sagunt. Von da aus sei Hannibal nach Neu-
Karthago ins Winterlager gezogen, und erst vier Monate nach seinem Aufbruch aus Neu-Karthago sei er in Italien eingetroffen.
Wenn das der Fall ist, konnten Publius Cornelius und Tiberius
Sempronius nicht die Konsuln gewesen sein, zu denen am Anfang der
Belagerung Gesandte aus Sagunt geschickt wurden. Sie konnten auch
während ihrer Amtszeit nicht mit Hannibal – der eine am Ticinus,
und beide gemeinsam beträchtlich später an der Trebia – gekämpft
haben. Entweder war das alles erheblich kürzer, oder die Belagerung Sagunts wurde am Anfang des Jahres, in dem Publius Cornelius und Tiberius Sempronius Konsuln waren, nicht begonnen,
sondern beendet. Denn die Schlacht an der Trebia kann nicht in
das Jahr des Gnaeus Servilius und Gaius Flaminius gefallen sein,
weil Flaminius sein Konsulat in Ariminum antrat, nachdem ihn
der Konsul Tiberius Sempronius hatte wählen lassen. Dieser war
nach der Schlacht an der Trebia zur Konsulwahl nach Rom gekommen und kehrte danach wieder zum Heer in das Winterlager
zurück.

Die aus Karthago zurückgereisten Gesandten berichteten in Rom:

Carthagine, Romam rettulerunt omnia hostilia esse,
et Sagunti excidium nuntiatum est; tantusque simul   2
maeror patres misericordiaque sociorum peremptorum indigne et pudor non lati auxilii et ira in Carthaginienses metusque de summa rerum cepit, velut
si iam ad portas hostis esset, ut tot uno tempore
motibus animi turbati trepidarent magis quam consulerent: nam neque hostem acriorem bellicosiorem-   3
que secum congressum nec rem Romanam tam desi-
dem unquam fuisse atque imbellem. Sardos Cor-   4
sosque et Histros atque Illyrios lacessisse magis
quam exercuisse Romana arma et cum Gallis tumul-
tuatum verius quam belligeratum: Poenum hostem   5
veteranum, trium et viginti annorum militia duris-
sima inter Hispanas gentes semper victorem, duci
acerrimo adsuetum, recentem ab excidio opulen-
tissimae urbis Hiberum transire; trahere secum tot
excitos Hispanorum populos; conciturum avidas   6
semper armorum Gallicas gentes; cum orbe terrarum bellum gerendum in Italia ac pro moenibus
Romanis esse.

Nominatae iam antea consulibus provinciae   17
erant; tum sortiri iussi. Cornelio Hispania, Sempronio Africa cum Sicilia evenit. Sex in eum annum   2
decretae legiones et socium, quantum ipsis videretur, et classis, quanta parari posset. Quattuor et
viginti peditum Romanorum milia scripta et mille   3
octingenti equites, sociorum quadraginta milia peditum, quattuor milia et quadringenti equites; naves
ducentae viginti quinqueremes, celoces viginti de-
ducti. Latum inde ad populum, vellent iuberent   4
populo Carthaginiensi bellum indici; eiusque belli
causa supplicatio per urbem habita atque adorati
di, ut bene ac feliciter eveniret, quod bellum populus Romanus iussisset.

Inter consules ita copiae divisae: Sempronio da-   5
tae legiones duae – ea quaterna milia erant peditum

Feindschaft auf ganzer Linie! Fast gleichzeitig traf die Nachricht ein, Sagunt sei gefallen. Da ergriff die Senatoren eine solche Trauer und solches Mitleid mit den so schmählich umgekommenen Bundesgenossen, ferner so viel Scham, ihnen keine Hilfe gebracht zu haben, so großer Zorn auf die Karthager und solche Furcht um den ganzen Staat – als stünde der Feind bereits vor den Toren –, daß sie – von so vielen Ereignissen gleichzeitig erschüttert – mehr in kopflose Panik verfielen als daß sie berieten: Nie habe man es mit einem hartnäckigeren und kriegstüchtigeren Feind zu tun gehabt, und nie sei der römische Staat so abgespannt, so ungerüstet gewesen. Die Sarden und Korsen, die Istrier und Illyrier hätten das römische Militär mehr gereizt als geübt, und mit den Galliern habe man eher Lärm gemacht als Krieg geführt. Die punischen Feinde dagegen seien in härtestem Kriegsdienst 23 Jahre lang erprobt und über spanische Völker stets Sieger geblieben. Sie seien an einen äußerst unternehmenden Führer gewöhnt und kämen frisch von dem Fall der reichsten Stadt über den Ebro. Sie zögen ein Aufgebot zahlreicher spanischer Völker hinter sich her und würden die immer kriegslustigen gallischen Stämme mitreißen. So werde man schließlich in Italien und vor den Mauern Roms mit dem ganzen Erdkreis Krieg führen müssen.

Die Befehlsbereiche für die Konsuln waren schon vorher vorgeschlagen worden; jetzt mußten sie darum losen. Cornelius fiel Spanien zu, Sempronius Afrika mit Sizilien. Nach Beschluß wurden ihnen sechs Legionen für dieses Jahr bewilligt; an Bundesgenossen so viel, wie sie selbst für nötig hielten, und eine so große Flotte, wie sie ausrichten konnten. Sie stellten 24000 Mann an Fußvolk und 1800 Reiter auf. Der Anteil der Bundesgenossen betrug 40000 Mann zu Fuß und 4400 Reiter. 220 Fünfruderer und 20 leichte Segler lagen bereit. Darauf stellte man dem Volk die Frage, ob es gewillt sei und befehle, den Karthagern den Krieg zu erklären. Wegen dieses Krieges wurde in der Stadt ein Bittfest gehalten, und man flehte die Götter an, dem Krieg, den das römische Volk befohlen habe, einen glücklichen Ausgang zu verleihen.

Unter den Konsuln wurden die Truppen folgendermaßen verteilt: Sempronius erhielt zwei Legionen – sie bestanden aus je 4000 Mann

et treceni equites – et sociorum sedecim milia peditum, equites mille octingenti; naves longae centum
sexaginta, celoces duodecim. Cum his terrestribus   6
maritimisque copiis Ti. Sempronius missus in Siciliam, ita in Africam transmissurus, si ad arcendum
Italia Poenum consul alter satis esset. Cornelio   7
minus copiarum datum, quia L. Manlius praetor et
ipse cum haud invalido praesidio in Galliam mitte-
batur; navium maxime Cornelio numerus deminu-   8
tus; sexaginta quinqueremes datae – neque enim
mari venturum aut ea parte belli dimicaturum hostem credebant – et duae Romanae legiones cum
suo iusto equitatu et quattuordecim milibus sociorum peditum, equitibus mille sescentis. Duas legio-   9
nes Romanas et decem milia sociorum peditum,
mille equites socios, sescentos Romanos Gallia provincia eodem versa in Punicum bellum habuit.

His ita comparatis, ut omnia iusta ante bellum   18
fierent, legatos maiores natu, Q. Fabium, M. Livium,
L. Aemilium, C. Licinium, Q. Baebium in Africam
mittunt ad percontandos Carthaginienses, publi-
cone consilio Hannibal Saguntum oppugnasset, et,   2
si, id quod facturi videbantur, faterentur ac defen-
derent publico consilio factum, ut indicerent populo   3
Carthaginiensi bellum. Romani postquam Carthaginem venerunt, cum senatus datus esset et Q. Fabius nihil ultra quam unum, quod mandatum erat,   4
percontatus esset, tum ex Carthaginiensibus unus:
‚Praeceps vestra, Romani, et prior legatio fuit, cum
Hannibalem tamquam suo consilio Saguntum op-
pugnantem deposcebatis; ceterum haec legatio ver-   5
bis adhuc lenior est, re asperior. Tunc enim Hannibal et insimulabatur et deposcebatur; nunc ab nobis
et confessio culpae exprimitur et ut a confessis res   6
extemplo repetuntur. Ego autem non privato pu-
blicone consilio Saguntum oppugnatum sit, quaeren-
dum censeam, sed utrum iure an iniuria; nostra   7

zu Fuß und 300 Reitern – und an Bundesgenossen 16 000 Infanteristen und 1800 Reiter, 160 Kriegsschiffe und zwölf Schnellsegler. Mit diesen Land- und Seestreitkräften wurde Tiberius Sempronius nach Sizilien geschickt. Wenn der andre Konsul stark genug sei, die Punier von Italien abzuwehren, sollte er mit diesen Truppen nach Afrika übersetzen. Cornelius erhielt weniger Truppen, weil der Prätor Lucius Manlius seinerseits mit einem recht beträchtlichen Heer nach Gallien geschickt wurde. Besonders die Zahl der Schiffe wurde für Cornelius heruntergesetzt: Er erhielt 60 Fünfruderer, – man glaubte nämlich nicht, daß der Feind zur See herankommen oder auf diesem Kriegsschauplatz kämpfen werde – dazu zwei römische Legionen mit ihrer vollzähligen Reiterei und von den Bundesgenossen 14 000 Mann zu Fuß mit 1600 Reitern. Die Provinz Gallien, die gegen die gleiche Seite zum punischen Krieg gerichtet war, erhielt zwei römische Legionen und 10 000 Mann zu Fuß von den Bundesgenossen, dazu 1000 Bundesgenossen zu Pferd und 600 römische Reiter.

Um alle Formalitäten vor dem Krieg zu erfüllen, schickte man nach diesen Vorbereitungen Quintus Fabius, Marcus Livius, Lucius Aemilius, Gaius Licinius und Quintus Baebius, ältere Männer, als Gesandte nach Afrika, um bei den Karthagern fragen zu lassen, ob Hannibal Sagunt auf Staatsbeschluß belagert habe. Wenn sie dies zugäben – was wahrscheinlich war – und noch verteidigten, dann sollten sie dem karthagischen Volk den Krieg erklären. Als die Römer nach Karthago kamen und in eine Senatssitzung geführt wurden und als Q. Fabius auftragsgemäß nur diese eine Frage stellte, da entgegnete ein Karthager: „Auch eure vorige Gesandtschaft, Römer, wollte mit dem Kopf durch die Wand. Damals verlangtet ihr die Auslieferung Hannibals, als belagerte er Sagunt auf eigne Verantwortung. Diese heutige Gesandtschaft ist zwar bis jetzt milder in ihren Worten, in der Sache aber härter. Damals nämlich beschuldigte man Hannibal und verlangte seine Auslieferung. Jetzt erpreßt man sogar von uns ein Eingeständnis unserer Schuld und verlangt auf der Stelle Ersatz, als hätten wir die Schuld schon zugegeben. Ich meine allerdings, hier darf man nicht fragen, ob Sagunt auf eigenmächtiges Betreiben Hannibals oder mit staatlicher Zustimmung belagert wurde, sondern ob mit Recht oder zu Un-

enim haec quaestio atque animadversio in civem
nostrum est, quid nostro aut suo fecerit arbitrio: 8
vobiscum una disceptatio est, licueritne per foedus
fieri. Itaque quoniam discerni placet, quid publico
consilio, quid sua sponte imperatores faciant, nobis
vobiscum foedus est a C. Lutatio consule ictum, in
quo, cum caveretur utrorumque sociis, nihil de Saguntinis − necdum enim erant socii vestri − cautum   9
est. At enim eo foedere, quod cum Hasdrubale ictum
est, Saguntini excipiuntur. Adversus quod ego nihil   10
dicturus sum, nisi quod a vobis didici. Vos enim,
quod C. Lutatius consul primo nobiscum foedus
icit, quia neque auctoritate patrum nec populi iussu
ictum erat, negastis vos eo teneri; itaque aliud de
integro foedus publico consilio ictum est. Si vos non   11
tenent foedera vestra nisi ex auctoritate aut iussu
vestro icta, ne nos quidem Hasdrubalis foedus, quod
nobis insciis icit, obligare potuit. Proinde omittite   12
Sagunti atque Hiberi mentionem facere et, quod
diu parturit animus vester, aliquando pariat.' Tum   13
Romanus sinu ex toga facto, ,Hic' inquit, ,vobis
bellum et pacem portamus; utrum placet, sumite.'
Sub hanc vocem haud minus ferociter, daret, utrum
vellet, succlamatum est; et cum is iterum sinu effuso   14
bellum dare dixisset, accipere se omnes respon-
derunt et, quibus acciperent animis, iisdem se gesturos.

Haec derecta percontatio ac denuntiatio belli   19
magis ex dignitate populi Romani visa est quam de
foederum iure verbis disceptare, cum ante, tum maxime Sagunto excisa. Nam si verborum disscepta-   2
tionis res esset, quid foedus Hasdrubalis cum Lutati
priore foedere, quod mutatum est, comparandum
erat, cum in Lutati foedere diserte additum esset   3
ita id ratum fore, si populus censuisset, in Hasdru-

recht. Denn ein Untersuchungsverfahren gegen unseren Mitbürger, inwieweit er nach unserem Ermessen oder eigenmächtig handelte, ist ausschließlich unsere Angelegenheit. Mit euch geht der Streit nur darum, ob es nach dem Vertrag geschehen durfte. Da ihr es aber durchaus wissen wollt, was die Feldherrn von sich aus oder im Auftrag des Staates tun sollen: Euer Konsul Gaius Lutatius hat einen Vertrag zwischen euch und uns geschlossen. Obgleich es darin um die Sicherheit der beiderseitigen Bundesgenossen ging, traf man keine Vorsorge für die Saguntiner; denn sie waren ja noch nicht eure Bündnispartner. ‚Aber in dem Vertrag mit Hasdrubal wurden die Saguntiner ausgenommen!' Dem will ich nur das entgegenhalten, was ich von euch gelernt habe: Ihr wolltet nämlich nicht an den Vertrag gebunden sein, den der Konsul Gaius Lutatius mit uns schloß, weil er eben nicht auf Veranlassung des Senats und auch nicht auf Befehl des Volkes zustandegekommen war. Also wurde ein andrer, neuer Vertrag mit Zustimmung eures Staates geschlossen. Wenn ihr euch nur an Verträge binden laßt, die auf euern Beschluß oder Auftrag hin eingegangen wurden, konnte uns auch Hasdrubals Vertrag, den er ohne unser Wissen schloß, nicht verpflichten: hört endlich auf, immer nur an Sagunt und den Ebro zu erinnern, und rückt endlich mit dem heraus, was euch schon lange drückt!" Darauf machte der Römer aus seiner Toga einen Bausch und sagte: „Hier bringen wir euch Krieg und Frieden. Nehmt, was ihr wollt!" Da antworteten sie nicht weniger aufgebracht mit Geschrei, er solle nur geben, was er wolle. Und als er den Bausch seiner Toga ausschüttete und erklärte, er gebe ihnen den Krieg, da antworteten alle, sie nähmen ihn an und würden ihn auch mit dem gleichen Mut führen, mit dem sie ihn jetzt annähmen.

Diese direkte Befragung und Kriegserklärung schien der Würde des römischen Volkes angemessener, als sich mit Worten über das Recht der Verträge zu streiten, auch, wenn es vor der Zerstörung Sagunts gewesen wäre, erst recht aber jetzt danach. Denn wenn hierbei mit Worten hätte gerechtet werden sollen, wie hätte man den Vertrag Hasdrubals mit dem früheren Vertrag des Lutatius vergleichen können, der ja geändert worden war? Man hatte nämlich im Vertrag des Lutatius ausdrücklich den Zusatz gemacht, er solle nur dann gültig sein, wenn ihm das Volk zustimme. In den

balis foedere nec exceptum tale quicquam fuerit et
tot annorum silentio ita vivo eo comprobatum sit
foedus, ut ne mortuo quidem auctore quicquam
mutaretur? Quamquam, etsi priore foedere staretur,   4
satis cautum erat Saguntinis sociis utrorumque ex-
ceptis; nam neque additum erat ,iis, qui tunc essent'
nec ,ne qui postea adsumerentur'. Et cum adsumere   5
novos liceret socios, quis aequum censeret aut ob
nulla quemquam merita in amicitiam recipi aut
receptos in fidem non defendi, tantum ne Carthaginiensium socii aut sollicitarentur ad defectionem
aut sua sponte desciscentes reciperentur?

Legati Romani ab Carthagine, sicut iis Romae   6
imperatum erat, in Hispaniam, ut adirent civitates
et in societatem perlicerent aut averterent a Poenis,
traiecerunt. Ad Bargusios primum venerunt, a qui-   7
bus benigne excepti, quia taedebat imperii Punici,
multos trans Hiberum populos ad cupidinem novae
fortunae erexerunt. Inde est ventum ad Volcianos,   8
quorum celebre per Hispaniam responsum ceteros
populos ab societate Romana avertit. Ita enim maximus natu ex iis in concilio respondit: ,Quae vere-   9
cundia est, Romani, postulare vos, uti vestram Carthaginiensium amicitiae praeponamus, cum, qui id
fecerunt, Saguntinos crudelius, quam Poenus hostis
perdidit, vos socii prodideritis? Ibi quaeratis socios   10
censeo, ubi Saguntina clades ignota est; Hispanis
populis sicut lugubre, ita insigne documentum Sagunti ruinae erunt, ne quis fidei Romanae aut societati confidat.' Inde extemplo abire finibus Volcia-   11
norum iussi ab nullo deinde concilio Hispaniae be-
nigniora verba tulere. Ita nequiquam peragrata
Hispania in Galliam transeunt.

Vertrag Hasdrubals dagegen war eine solche Klausel nicht aufgenommen worden. Auch war er viele Jahre hindurch stillschweigend noch zu Hasdrubals Lebzeiten als Vertrag so anerkannt, daß man daran auch nichts änderte, als sein Urheber starb. Wollte man sich indes auch an den ersten Vertrag halten, so war für die Saguntiner dadurch genügend gesorgt, daß die beiderseitigen Bundesgenossen ausgenommen waren. Denn es war nicht hinzugefügt worden: „Die, die wir jetzt haben", und auch nicht: „daß man später keine hinzunehmen dürfe." Und wenn man neue Bundesgenossen annehmen durfte, wer hätte es dann für recht halten wollen, daß keine Verdienste mehr zur Aufnahme in die Freundschaft führten oder die in den Bund aufgenommenen nicht verteidigt würden, sofern man nur nicht karthagische Bundesgenossen zum Abfall animierte oder freiwillig Abgefallene aufnahm?

Die römischen Gesandten fuhren von Karthago, wie man es ihnen in Rom aufgetragen hatte, nach Spanien, um die spanischen Staaten aufzusuchen, sie für ein Bündnis zu gewinnen oder wenigstens den Puniern abspenstig zu machen. Zuerst gelangten sie zu den Bargusiern. Von ihnen wurden sie freundlich aufgenommen, weil diese der punischen Herrschaft überdrüssig waren, und sie weckten in vielen Völkern jenseits des Ebro den Wunsch nach neuen Verhältnissen. Darauf kamen sie zu den Volkianern, deren in ganz Spanien sattsam bekannte Antwort die übrigen Völker von einem Bündnis mit Rom abkehrte. Folgendes nämlich erwiderte der Älteste von ihnen im Rat: „Römer, was ist das für eine Unverschämtheit von euch zu verlangen, wir sollten die Freundschaft mit euch der karthagischen vorziehen? Seid ihr doch an den Saguntinern, die dies taten, als Bundesgenossen grausamer zum Verräter geworden als der punische Feind zum Mörder! Ich meine, ihr solltet eure Bundesgenossen dort suchen, wo man vom Unglück Sagunts nichts weiß. Für die Völker Spaniens werden die Trümmer Sagunts zugleich eine deutliche und traurige Warnung bleiben, sich nicht mehr auf die Bündnistreue Roms zu verlassen." Darauf legte man ihnen nahe, das Gebiet der Volkianer sofort zu verlassen. Von da ab erhielten sie von keiner einzigen Ratsversammlung Spaniens mehr eine freundlichere Antwort. Sie hatten also Spanien ergebnislos besucht und gingen dann nach Gallien hinüber.

In his nova terribilisque species visa est, quod   20
armati – ita mos gentis erat – in concilium venerunt.
Cum verbis extollentes gloriam virtutemque populi   2
Romani ac magnitudinem imperii petissent, ne
Poeno bellum Italiae inferenti per agros urbesque
suas transitum darent, tantus cum fremitu risus dici-   3
tur ortus, ut vix a magistratibus maioribusque natu
iuventus sedaretur; adeo stolida impudensque pos-   4
tulatio visa est censere, ne in Italiam transmittant
Galli bellum, ipsos id avertere in se agrosque suos
pro alienis populandos obicere. Sedato tandem fre-   5
mitu responsum legatis est neque Romanorum in se
meritum esse neque Carthaginiensium iniuriam, ob
quae aut pro Romanis aut adversus Poenos sumant
arma; contra ea audire sese gentis suae homines agro   6
finibusque Italiae pelli a populo Romano stipen-
diumque pendere et cetera indigna pati. Eadem   7
ferme in ceteris Galliae conciliis dicta auditaque,
nec hospitale quicquam pacatumve satis prius auditum, quam Massiliam venere. Ibi omnia ab sociis   8
inquisita cum cura ac fide cognita: praeoccupatos
iam ante ab Hannibale Gallorum animos esse; sed
ne illi quidem ipsi satis mitem gentem fore – adeo
ferocia atque indomita ingenia esse – ni subinde
auro, cuius avidissima gens est, principum animi
concilientur. Ita peragratis Hispaniae et Galliae   9
populis legati Romam redeunt haud ita multo post
quam consules in provincias profecti erant. Civitatem omnem in exspectationem belli erectam invenerunt satis constanti fama iam Hiberum Poenos
transisse.

Hannibal Sagunto capto Carthaginem Novam in   21
hiberna concesserat, ibique auditis, quae Romae
quaeque Carthagine acta decretaque forent, seque

Hier bot sich ihnen ein Anblick, der ihnen neu war und sie erschrecken ließ: man war in Waffen zur Versammlung erschienen; das war dort Stammessitte. Als sie wortreich den Ruhm und die Tapferkeit des römischen Volkes, dazu die Größe des Reiches gepriesen und darum gebeten hatten, dem Punier auf seinem Feldzug gegen Italien den Zug durch ihre Felder und Städte zu verweigern, soll sich ein solch schallendes Gelächter erhoben haben, daß die jungen Leute kaum von den Beamten und Älteren beruhigt werden konnten. So albern und unverschämt fanden die Gallier die Forderung, sie sollten, nur damit die Gallier den Krieg nicht nach Italien hinüberließen, ihn auf sich selbst lenken und ihre Felder und Städte anstelle der fremden zur Verwüstung hergeben. Als sich der Tumult endlich gelegt hatte, erteilte man den Gesandten die Antwort: Die Römer hätten sich keineswegs so um sie verdient gemacht und die Karthager an ihnen nicht so schlecht gehandelt, daß sie entweder für die Römer oder gegen die Punier zu den Waffen griffen. Im Gegenteil hörten sie, daß Menschen ihres Stammes vom römischen Volk aus dem Gebiet und den Grenzen Italiens vertrieben würden, daß sie Tribut zahlen und andere unwürdige Behandlung über sich ergehen lassen müßten. Fast das gleiche sagte man ihnen in den übrigen Versammlungen Galliens. Freundliche und einigermaßen friedliche Worte hörten sie erst wieder, als sie nach Massilia kamen. Dort erfuhren sie alles, was diese Bundesgenossen mit treuer Zuverlässigkeit erkundet hatten: Hannibal habe sich schon vorher um die Freundschaft der Gallier bemüht, aber dieses Volk werde nicht einmal ihm gegenüber zahm gesinnt sein – so wild und ungezähmt sei seine Haltung noch –, wenn er nicht von Zeit zu Zeit das Wohlwollen ihrer Häuptlinge durch Gold gewinne; darauf sei dieses Volk sehr aus. Die Gesandten hatten also die Völker Spaniens und Galliens bereist und kamen kurz nach dem Abgang der Konsuln in die Provinzen nach Rom zurück. Hier fanden sie die ganze Stadt bei der Aussicht auf Krieg in heller Aufregung; denn man glaubte mit ziemlicher Sicherheit zu wissen, die Punier seien bereits über den Ebro gegangen.

Hannibal war nach der Eroberung Sagunts nach Neu-Karthago ins Winterquartier abgerückt. Dort erfuhr er, was man in Rom und Karthago verhandelt und beschlossen hatte, und daß er nicht nur

non ducem solum, sed etiam causam esse belli, par- 2
titis divenditisque reliquiis praedae nihil ultra differendum ratus, Hispani generis milites convocat.
‚Credo ego vos‘ inquit, ‚socii, et ipsos cernere paca- 3
tis omnibus Hispaniae populis aut finiendam nobis
militiam exercitusque dimittendos esse aut in alias
terras transferendum bellum; ita enim hae gentes 4
non pacis solum, sed etiam victoriae bonis flore-
bunt, si ex aliis gentibus praedam et gloriam quae-
remus. Itaque cum longinqua ab domo instet militia 5
incertumque sit, quando domos vestras et, quae
cuique ibi cara sunt, visuri sitis, si quis vestrum
suos invisere volt, commeatum do. Primo vere edico 6
adsitis, ut dis bene iuvantibus bellum ingentis gloriae praedaeque futurum incipiamus.‘ Omnibus fere 7
visendi domos oblata ultro potestas grata erat, et
iam desiderantibus suos et longius in futurum pro-
videntibus desiderium. Per totum tempus hiemis 8
quies inter labores aut iam exhaustos aut mox ex-
hauriendos renovavit corpora animosque ad omnia
de integro patienda; vere primo ad edictum con-
venere.

Hannibal cum recensuisset omnium gentium au- 9
xilia, Gades profectus Herculi vota exsolvit novis-
que se obligat votis, si cetera prospera evenissent.
Inde partiens curas simul in inferendum atque ar- 10
cendum bellum, ne, dum ipse terrestri per Hispaniam Galliasque itinere Italiam peteret, nuda aper-
taque Romanis Africa ab Sicilia esset, valido praesidio firmare eam statuit; pro eo supplementum ipse 11
ex Africa maxime iaculatorum levium armis petiit,
ut Afri in Hispania, in Africa Hispani, melior procul ab domo futurus uterque miles, velut mutuis
pigneribus obligati stipendia facerent. Tredecim 12
milia octingentos quinquaginta pedites caetratos
misit in Africam et funditores Baliares octingentos

als Feldherr, sondern auch als Urheber des Krieges angesehen werde.
Da verteilte und verkaufte er noch den Rest der Beute und ließ
seine Soldaten spanischer Herkunft zusammenrufen, weil er
glaubte, nichts aufschieben zu dürfen. „Ich glaube," sagte er, „ihr
als Bundesgenossen seht selbst, daß wir nach der Unterwerfung aller
Völker Spaniens den Kriegsdienst aufgeben und die Heere entlassen
müssen; oder aber wir müssen den Krieg in andere Länder hinüber-
tragen. Denn erst dann werden sich diese Völker nicht nur der
Segnungen des Friedens, sondern auch des Sieges freuen, wenn wir
Beute und Ruhm von anderen Stämmen holen. Auf uns wartet also
ein Dienst fern der Heimat, und man weiß nicht, wann ihr eure
Häuser und alles Liebe daheim wiederseht. Deswegen gebe ich
jedem von euch, der seine Angehörigen besuchen will, Urlaub. Bei
Frühlingsanfang seid ihr wieder zur Stelle – das ist mein Befehl –,
damit wir dann mit der Götter Hilfe einen Krieg beginnen, der
uns Ruhm und Beute in Fülle bringen wird!" Fast alle freuten
sich über die unverhoffte Gelegenheit, ihre Heimat wiederzusehen;
denn sie sehnten sich nach ihren Angehörigen und wußten auch,
daß ihnen für die Zukunft eine längere Wartezeit bevorstand. Die
Ruhe während des ganzen Winters zwischen den bestandenen
Kämpfen und den kommenden erneuerte ihre Körperkraft und
ihren Mut, alles wieder aufs neue zu ertragen. Zu Frühlingsbeginn
fanden sie sich befehlsgemäß wieder ein.

Hannibal musterte die Hilfstruppen sämtlicher Völker. Dann begab
er sich nach Gades, löste Herkules sein Gelübde ein und verpflich-
tete sich zu neuen Versprechen, wenn ihm auch in Zukunft alles
gelänge. Von nun an war er gleichzeitig auf Angriffs- und Vertei-
digungskrieg bedacht: Die Römer sollten Afrika von Sizilien aus
nicht wehrlos und offen finden, während er selbst auf dem Landweg durch Spanien und Gallien nach Italien zog. Deshalb beschloß
er das Land mit einem starken Truppenkorps zu sichern. Anstelle
dieser Soldaten ließ er sich als Ersatz aus Afrika eine Verstärkung
aus größtenteils leichtbewaffneten Wurfschützen schicken. So sollten, gleichsam durch gegenseitige Unterpfänder einander verpflichtet, Afrer in Spanien, in Afrika Spanier Kriegsdienst leisten. Von
beiden konnte man daher erwarten, daß sie fern der Heimat bessere
Soldaten sein würden. 13850 Mann Fußvolk mit kleinen Schilden

septuaginta, equites mixtos ex multis gentibus mille
ducentos. Has copias partim Carthagini praesidio
esse, partim distribui per Africam iubet. Simul conquisitoribus in civitates missis quattuor milia conscripta delectae iuventutis, praesidium eosdem et
obsides, duci Carthaginem iubet.

Neque Hispaniam neglegendam ratus, atque id
eo minus, quod haud ignarus erat circumitam ab
Romanis eam legatis ad sollicitandos principum animos, Hasdrubali fratri, viro impigro, eam provinciam destinat firmatque eum Africis maxime praesidiis, peditum Afrorum undecim milibus octingen-
tis quinquaginta, Liguribus trecentis, Baliaribus
quingentis. Ad haec peditum auxilia additi equites
Libyphoenices, mixtum Punicum Afris genus, quadringenti quinquaginta et Numidae Maurique accolae Oceani ad mille octingenti et parva Ilergetum
manus ex Hispania, ducenti equites, et, ne quod
terrestris deesset auxilii genus, elephanti viginti
unus. Classis praeterea data tuendae maritimae orae,
quia, qua parte belli vicerant, ea tum quoque rem
gesturos Romanos credi poterat, quinquaginta quinqueremes, quadriremes duae, triremes quinque; sed
aptae instructaeque remigio triginta et duae quinqueremes erant et triremes quinque.

Ab Gadibus Carthaginem ad hiberna exercitus
rediit; atque inde profectus praeter Onussam urbem
ad Hiberum maritima ora ducit. Ibi fama est in
quiete visum ab eo iuvenem divina specie, qui se ab
Iove diceret ducem in Italiam Hannibali missum;
proinde sequeretur neque usquam a se deflecteret
oculos. Pavidum primo, nusquam circumspicientem
aut respicientem, secutum; deinde cura ingenii hu-
mani cum, quidnam id esset, quod respicere vetitus
esset, agitaret animo, temperare oculis nequivisse;
tum vidisse post sese serpentem mira magnitudine
cum ingenti arborum ac virgultorum strage ferri ac

schickte er nach Afrika, dazu 870 Schleuderer von den Balearen und 1200 Reiter, aus mehreren Völkern gemischt. Diese Truppen bestimmte er teils als Schutztruppe für Karthago, teils ließ er sie über Afrika verteilen. Gleichzeitig ließ er 4000 ausgesuchte junge Männer, die seine Werber in den Gemeinden ausgehoben hatten, zugleich als Besatzung und Geiseln nach Karthago bringen.

Er war aber der Meinung, man dürfe auch Spanien nicht außer acht lassen, und dies besonders, weil er genau wußte, daß eine römische Gesandtschaft dort umhergereist war, um die Stammesfürsten aufzuhetzen. So übertrug er diese Provinz als Aufgabengebiet seinem Bruder Hasdrubal, einem rührigen Mann. Er teilte ihm ein starkes Heer meist afrikanischer Truppen zu mit einem Fußvolk von 11850 Afrern, 300 Ligurern und 500 Balearen. Zu diesen Hilfstruppen zu Fuß gab er ihm 450 Reiter der Libyphöniker, eines mit Afrern vermischten punischen Menschenschlages, 1800 Numider und Mauren von der Atlantikküste und eine kleine Schar Ilergeten aus Spanien, nämlich 200 Reiter, und – damit es eine vollständige Landstreitmacht war – 21 Elefanten. Außerdem überließ er ihm eine Flotte als Küstenschutz: 50 Fünfruderer, zwei Vierruderer und fünf Dreiruderer. Man konnte nämlich vermuten, daß sich die Römer auch jetzt auf dem Gebiet der Kriegsführung betätigen würden, auf dem sie ehedem gesiegt hatten; aber startklar und bemannt waren nur 32 Fünfruderer und die fünf Dreiruderer.

Von Gades kehrte er nach Karthago ins Winterquartier seines Heeres zurück. Von dort brach er dann auf und zog an der Stadt Onussa vorbei auf der Küstenstraße an den Ebro. Dort – so erzählt man – sah er im Traum einen Jüngling von göttlicher Erscheinung, der ihm mitteilte, Jupiter schicke ihn dem Hannibal als Führer nach Italien. Er solle ihm also folgen und seinen Blick nirgends von ihm wenden. Zunächst sei Hannibal furchtsam gefolgt, ohne seitwärts und rückwärts zu blicken. Dann aber ergriff ihn eine innere Unruhe aus menschlicher Neugier, warum er denn nicht zurückschauen dürfe; und er konnte seine Augen nicht länger beherrschen. Da erblickte er hinter sich einen Drachen von unglaublicher Größe, der ihm über gebrochene Bäume und Gebüsch nach-

post insequi cum fragore caeli nimbum. Tum, quae   9
moles ea quidve prodigii esset, quaerentem, audisse
vastitatem Italiae esse; pergeret porro ire nec ultra
inquireret sineretque fata in occulto esse.

Hoc visu laetus tripertito Hiberum copias traie-   23
cit, praemissis, qui Gallorum animos, qua traducen-
dus exercitus erat, donis conciliarent Alpiumque
transitus specularentur. Nonaginta milia peditum,
duodecim milia equitum Hiberum traduxit. Ilerge-   2
tes inde Bargusiosque et Ausetanos et Lacetaniam,
quae subiecta Pyrenaeis montibus est, subegit orae-
que huic omni praefecit Hannonem, ut fauces, quae
Hispanias Galliis iungunt, in potestate essent. De-   3
cem milia peditum Hannoni ad praesidium obti-
nendae regionis data et mille equites. Postquam per   4
Pyrenaeum saltum traduci exercitus est coeptus ru-
morque per barbaros manavit certior de bello Romano, tria milia inde Carpetanorum peditum iter
averterunt. Constabat non tam bello motos quam
longinquitate viae insuperabilique Alpium transitu.
Hannibal quia revocare aut vi retinere eos anceps   5
erat, ne ceterorum etiam feroces animi inritarentur,   6
supra septem milia hominum domos remisit, quos et
ipse gravari militia senserat, Carpetanos quoque ab
se dimissos simulans.

Inde, ne mora atque otium animos sollicitaret,   24
cum reliquis copiis Pyrenaeum transgreditur et ad
oppidum Iliberri castra locat. Galli quamquam   2
Italiae bellum inferri audiebant, tamen, quia vi sub-
actos trans Pyrenaeum Hispanos fama erat praesidiaque valida imposita, metu servitutis ad arma
consternati Ruscinonem aliquot populi conveniunt.
Quod ubi Hannibali nuntiatum est, moram magis   3
quam bellum metuens, oratores ad regulos eorum

stürzte. Und hinter dem Untier folgte eine Wetterwolke, die mit Krachen vom Himmel hervorbrach. Als er darauf gefragt habe, was das für ein Ungetüm sei und was das Zeichen bedeute, habe er erfahren, es bedeute die Verwüstung Italiens. Er solle nur weiterziehen, nicht mehr fragen und die Zukunft in ihrem Dunkel belassen.

Dieser Traum machte ihn froh. Er setzte sein Heer in drei Abteilungen über den Ebro. Er hatte bereits Leute vorausgeschickt, die ihm die Gallier in dem Abschnitt seines Durchzugs mit Geschenken gewinnen und die Wege über die Alpen erkunden sollten. Er führte 90 000 Mann und 12 000 Reiter über den Ebro. Dann unterwarf er die Ilergeten, Bargusier, Ausetaner und Laketanien, das unmittelbar am Fuß der Pyrenäen liegt, und machte Hanno zum Kommandeur dieses ganzen Küstenstriches, um den Paß, der Spanien mit Gallien verbindet, in seiner Gewalt zu haben. 10 000 Mann und 1000 Reiter ließ er Hanno als Besatzungstruppe für diese Gegend zurück. Als das Heer den Übergang über die Pyrenäen begonnen und sich unter den Hilfsvölkern das ziemlich sichere Gerücht von einem Krieg gegen Rom verbreitet hatte, machten 3000 Mann Fußvolk der Karpetaner kehrt. Es war klar, daß nicht so sehr der Krieg als vielmehr die Länge des Weges und der unüberwindliche Alpenübergang sie zu diesem Schritt bewogen. Sie zurückzurufen oder mit Gewalt festzuhalten, wäre riskant gewesen. Deshalb schickte Hannibal, um nicht auch noch bei den übrigen Widerstandsgeist zu wecken, über 7000 Mann in ihre Heimat zurück, bei denen er selbst gespürt hatte, daß sie nur unlustig Kriegsdienst taten. Damit erweckte er den Eindruck, als habe er auch die Karpetaner von sich aus weggeschickt.

Darauf zog er mit den übrigen Truppen über die Pyrenäen, um sie nicht durch Verzögerung und Untätigkeit rebellisch zu machen, und schlug in der Nähe der Stadt Iliberri sein Lager auf. Obwohl die Gallier gehört hatten, daß Italien angegriffen werden solle, sammelten sich mehrere Völkerschaften in Ruscino. Das Gerücht, Spanien jenseits der Pyrenäen sei unterworfen und mit starker Besatzung belegt worden, war zu ihnen gedrungen und hatte sie aus Furcht vor Knechtschaft zu den Waffen getrieben. Als Hannibal dies hörte, fürchtete er mehr die Verzögerung als den Krieg und

misit: conloqui semet ipsum cum iis velle; et vel illi
propius Iliberrim accederent, vel se Ruscinonem
processurum, ut ex propinquo congressus facilior
esset; nam et accepturum eos in castra sua se laetum
nec cunctanter se ipsum ad eos venturum; hospitem   **4**
enim se Galliae, non hostem advenisse nec strictu-
rum ante gladium, si per Gallos liceat, quam in
Italiam venisset. Et per nuntios quidem haec; ut   **5**
vero reguli Gallorum castris ad Iliberrim extemplo
motis haud gravate ad Poenum venerunt, capti
donis cum bona pace exercitum per fines suos praeter Ruscinonem oppidum transmiserunt.

In Italiam interim nihil ultra quam Hiberum   **25**
transisse Hannibalem a Massiliensium legatis Romam perlatum erat, cum, perinde ac si Alpes iam
transisset, Boii sollicitatis Insubribus defecerunt,   **2**
nec tam ob veteres in populum Romanum iras,
quam quod nuper circa Padum Placentiam Cremo-
namque colonias in agrum Gallicum deductas aegre
patiebantur. Itaque armis repente arreptis, in eum   **3**
ipsum agrum impetu facto tantum terroris ac tumultus fecerunt, ut non agrestis modo multitudo,
sed ipsi triumviri Romani, qui ad agrum venerant
adsignandum, diffisi Placentiae moenibus Mutinam
confugerint, C. Lutatius, C. Servilius, M. Annius. –   **4**
Lutati nomen haud dubium est; pro Annio Servi-
lioque M'. Acilium et C. Herennium habent quidam annales, alii P. Cornelium Asinam et C. Pa-
pirium Masonem. Id quoque dubium est, legati ad   **5**
expostulandum missi ad Boios violati sint, an in
triumviros agrum metantes impetus sit factus.

Mutinae cum obsiderentur et gens ad oppugnan-   **6**
darum urbium artes rudis, pigerrima eadem ad militaria opera, segnis intactis adsideret muris, simu-

schickte Unterhändler zu ihren Häuptlingen mit der Nachricht, er wolle gerne persönlich mit ihnen sprechen. Entweder sollten sie näher an Iliberri herankommen, oder er werde nach Ruscino vorrücken, damit eine direkte Zusammenkunft leichter möglich sei. Er werde sie mit Freuden in sein Lager aufnehmen, aber sich ebenso bedenkenlos bei ihnen einfinden. Schließlich komme er als Galliens Freund, nicht als Feind. Wenn die Gallier nichts dagegen hätten, werde er sein Schwert erst wieder in Italien ziehen. So lautete seine Botschaft durch die Gesandten. Die gallischen Häuptlinge kamen nun sogleich bis an Iliberri heran und fanden sich bereitwillig bei dem Punier ein. Dort ließen sie sich durch Geschenke gewinnen, und sein Heer durfte ungestört durch ihr Gebiet an der Stadt Ruscino vorbeiziehen.

Nach Italien war inzwischen noch keine weitere Nachricht gelangt, als daß man durch die Gesandten der Massilier in Rom erfahren hatte, Hannibal habe den Ebro überschritten. Da fielen auch schon die Boier ab, die die Insubrer aufgehetzt hatten, als habe Hannibal bereits die Alpen überquert. Sie taten es nicht so sehr aus ihrer angestammten Erbitterung gegen Rom, sondern sie waren verärgert, weil vor kurzem in der Nähe des Po Placentia und Cremona als Kolonien auf gallischem Gebiet errichtet worden waren. Daher griffen sie plötzlich zu den Waffen und fielen gerade in dieses Gebiet ein. Damit verursachten sie einen so gewaltigen Schrecken und eine so heillose Aufregung, daß nicht nur eine Masse Landbewohner, sondern selbst die römischen Triumvirn Gaius Lutatius, Gaius Servilius und Titus Annius nach Mutina flüchteten, weil Placentia ihnen nicht mehr sicher genug schien. Sie waren als Landvermesser in dieses Gebiet gekommen. Der Name Lutatius ist voll verbürgt; für Annius und Servilius verzeichnen einige Jahrbücher Manius Acilius und Gaius Herennius, andere Publius Cornelius Asina und Gaius Papirius Maso. Auch dies ist ungewiß, ob die Boier den Gesandten, die sie zur Rechenschaft ziehen sollten, Gewalt antaten oder ob sie die Triumvirn bei der Landvermessung anfielen.

Die Gallier, von denen sie in Mutina belagert wurden und die ohne Erfolg vor den unversehrten Mauern saßen – denn dem Volk ist der Sturm auf Städte unbekannt, und zur Errichtung von

lari coeptum de pace agi; evocatique ab Gallorum 7
principibus legati ad conloquium non contra ius
modo gentium, sed violata etiam, quae data in id
tempus erat, fide comprehenduntur, negantibus
Gallis, nisi obsides sibi redderentur, eos dimissuros.
Cum haec de legatis nuntiata essent et Mutina prae- 8
sidiumque in periculo esset, L. Manlius praetor ira
accensus effusum agmen ad Mutinam ducit.

Silvae tunc circa viam erant plerisque incultis. 9
Ibi inexplorato profectus in insidias praecipitat
multaque cum caede suorum aegre in apertos campos emersit. Ibi castra communita et, quia Gallis ad 10
temptanda ea defuit spes, refecti sunt militum animi, quamquam ad quingentos cecidisse satis constabat. Iter deinde de integro coeptum nec, dum per 11
patentia loca ducebatur agmen, apparuit hostis; ubi 12
rursus silvae intratae, tum postremos adorti cum
magna trepidatione ac pavore omnium septingentos
milites occiderunt, sex signa ademere. Finis et Gallis 13
territandi et pavendi fuit Romanis, ut ex saltu invio
atque impedito evasere. Inde apertis locis facile
tutantes agmen Romani Tannetum, vicum propinquum Pado, contendere. Ibi se munimento ad tem- 14
pus commeatibusque fluminis et Brixianorum etiam
Gallorum auxilio adversus crescentem in dies multitudinem hostium tutabantur.

Qui tumultus repens postquam est Romam per- 26
latus et Punicum insuper Gallico bellum auctum
patres acceperunt, C. Atilium praetorem cum una
legione Romana et quinque milibus sociorum di- 2
lectu novo a consule conscriptis auxilium ferre
Manlio iubent; qui sine ullo certamine — abscesse-
rant enim metu hostes — Tannetum pervenit.

Schanzwerken sind sie viel zu träge –, ließen sich zum Schein auf Friedensverhandlungen ein. Als die gallischen Führer Gesandte aus der Stadt zu einer Unterredung herausgerufen hatten, wurden diese verhaftet, nicht nur gegen das Völkerrecht, sondern unter Bruch des für diesen Anlaß gegebenen Wortes. Die Gallier erklärten, sie nur gegen Rückgabe ihrer Geiseln wieder freizulassen. Als dieses Schicksal der Gesandten bekannt wurde, und weil Mutina mitsamt der Besatzung gefährdet war, rückte der Prätor Lucius Manlius voller Zorn mit seinem Heer in loser Formation gegen Mutina an.

Beidseits der Straße standen damals noch Wälder, weil die Gegend größtenteils unbebaut war. Dort benutzte er einen vorher nicht erkundeten Weg und geriet dadurch in eine Falle. Nur mit Mühe und unter großen Verlusten seiner Leute rettete er sich auf offenes Gelände. Dort schlug er ein befestigtes Lager auf. Weil die Gallier keine Hoffnung auf Erfolg beim Angriff auf das Lager hatten, stellte sich der Kampfgeist seiner Soldaten wieder ein, obwohl zur Genüge bekannt war, daß an die 500 gefallen waren. Darauf begann man den Marsch von neuem, und nirgends zeigte sich ein Feind, solange man durch offenes Gelände zog. Als man aber wieder in Waldgebiet geriet, griffen die Feinde die Nachhut an, machten bei großer allgemeiner Panik und Angst 700 Soldaten nieder und erbeuteten sechs Feldzeichen. Für die Gallier hörten die Angriffe und für die Römer der Schrecken auf, sobald sie aus dem weglosen und beschwerlichen Waldgebirge in freies Gelände gelangten. Von da an konnten die Römer im offenen Feld ihr Heer leicht sichern und zogen rasch nach Tannetum, einem Marktflecken in der Nähe des Po. Für den Augenblick schützten sie sich hier durch Verschanzung gegen die täglich wachsende Menge der Feinde, darauf durch die Zufuhr auf dem Fluß und mit Hilfe der Gallier von Brixia.

Dieser plötzliche Aufruhr wurde in Rom gemeldet. Außerdem mußten die Senatoren noch hören, daß der punische Krieg durch einen gallischen erweitert sei. Da beauftragten sie den Prätor Gaius Atilius, dem Manlius mit einer römischen Legion und 5000 Bundesgenossen, die der Konsul in einer neuen Aushebung angeworben hatte, Hilfe zu bringen. Ohne jeden Kampf gelangte er nach Tannetum. Die Feinde waren nämlich aus Angst abgerückt.

Et P. Cornelius in locum eius, quae missa cum 3
praetore erat, scripta legione nova profectus ab urbe
sexaginta longis navibus praeter oram Etruriae
Ligurumque et inde Salluvium montes pervenit 4
Massiliam et ad proximum ostium Rhodani — pluribus enim divisus amnis in mare decurrit — castra
locat, vixdum satis credens Hannibalem superasse
Pyrenaeos montes. Quem ut de Rhodani quoque 5
transitu agitare animadvertit, incertus, quonam ei
loco occurreret, necdum satis refectis ab iactatione
maritima militibus trecentos interim delectos equites ducibus Massiliensibus et auxiliaribus Gallis ad
exploranda omnia visendosque ex tuto hostes praemittit.

Hannibal ceteris metu aut pretio pacatis iam in 6
Volcarum pervenerat agrum, gentis validae. Colunt
autem circa utramque ripam Rhodani; sed diffisi
citeriore agro arceri Poenum posse, ut flumen pro
munimento haberent, omnibus ferme suis trans
Rhodanum traiectis ulteriorem ripam amnis armis
obtinebant. Ceteros accolas fluminis Hannibal et 7
eorum ipsorum, quos sedes suae tenuerant, simul
perlicit donis ad naves undique contrahendas fabri-
candasque; simul et ipsi traici exercitum levarique
quam primum regionem suam tanta hominum urgente turba cupiebant. Itaque ingens coacta vis na- 8
vium est lintriumque temere ad vicinalem usum
paratarum; novasque alias primum Galli incohan- 9
tes cavabant ex singulis arboribus, deinde et ipsi
milites simul copia materiae, simul facilitate operis
inducti, alveos informes, nihil, dummodo innare
aquae et capere onera possent, curantes, raptim,
quibus se suaque transveherent, faciebant.

Der Konsul Publius Cornelius hatte für die Legion, die mit dem Prätor losgeschickt worden war, eine neue ausgehoben. Er brach mit 60 Kriegsschiffen von Rom auf, fuhr an der Küste Etruriens und Liguriens entlang, von da an den Bergen der Salluvier vorbei und gelangte nach Massilia. Am nächstgelegenen Rhônearm – der Fluß teilt sich nämlich vor seiner Mündung ins Meer in mehrere Arme – schlug er sein Lager auf. Er hielt es kaum für möglich, daß Hannibal die Pyrenäen bereits überschritten habe. Als er jetzt merkte, daß dieser aber schon an den Übergang über die Rhône dachte, wußte er nicht, an welcher Stelle er ihm entgegentreten sollte. Zudem hatten sich seine Soldaten noch nicht von der Seekrankheit erholt. Deshalb schickte er erst einmal 300 auserwählte Reiter unter der Führung von Massiliern und gallischen Hilfstruppen voraus, die alles erkunden und von einem sicheren Platz aus die Feinde beobachten sollten.

Hannibal hatte die übrigen Völker inzwischen eingeschüchtert oder durch Geld zur Ruhe gebracht und stand bereits im Gebiet der Volker, eines mächtigen Stammes. Sie wohnen zu beiden Seiten der Rhône. Aber sie trauten es sich nicht zu, die Punier vom diesseitigen Land fernhalten zu können. Deshalb brachten sie, um den Strom als Bollwerk zu haben, fast ihre ganze Habe über die Rhône und hielten das jenseitige Ufer mit ihren Truppen besetzt. Die übrigen Anwohner des Flusses und diejenigen Volker, die sich von ihren Wohnsitzen nicht hatten trennen können, brachte Hannibal durch Geschenke dazu, daß sie allerseits Schiffe zusammenzogen und neue bauten. Zugleich hegten sie aber selbst den Wunsch, daß das Heer übersetze und ihre Gegend möglichst bald von einer so drückenden Menschenmenge erlöst werde. So wurde also eine gewaltige Menge von Schiffen und Kähnen zusammengebracht, die ohnehin für den Verkehr mit den Nachbarn bereitstanden. Dazu höhlten die Gallier zunächst auch noch neue Boote aus einzelnen Baumstämmen aus. Dann wurden auch die Soldaten durch das viele Bauholz und die leichte Arbeit dazu verleitet und machten hastig plumpe Einbäume zurecht. Sie hatten ja dabei auf nichts anderes zu achten, als daß diese nur auf dem Wasser schwimmen und Lasten fassen konnten. Auf ihnen wollten sie sich und ihr Gepäck über den Strom schaffen.

Iamque omnibus satis comparatis ad traiciendum   27
terrebant ex adverso hostes omnem ripam equites
virique obtinentes. Quos ut averteret, Hannonem   2
Bomilcaris filium vigilia prima noctis cum parte
copiarum, maxime Hispanis, adverso flumine ire
iter unius diei iubet et, ubi primum possit, quam   3
occultissime traiecto amni, circumducere agmen, ut,
cum opus facto sit, adoriatur ab tergo hostes. Ad id   4
dati duces Galli edocent inde milia quinque et viginti ferme supra parvae insulae circumfusum amnem latiore, ubi dividebatur, eoque minus alto
alveo transitum ostendere. Ibi raptim caesa materia   5
ratesque fabricatae, in quibus equi virique et alia
onera traicerentur. Hispani sine ulla mole in utres
vestimentis coniectis ipsi caetris superpositis incu-
bantes flumen tranavere. Et alius exercitus ratibus   6
iunctis traiectus, castris prope flumen positis, nocturno itinere atque operis labore fessus quiete unius
diei reficitur, intento duce ad consilium opportune
exsequendum. Postero die profecti ex loco edito fu-   7
mo significant transisse et haud procul abesse; quod
ubi accepit Hannibal, ne tempori deesset, dat signum ad traiciendum.

Iam paratas aptatasque habebat pedes lintres,   8
eques fere propter equos naves. Navium agmen ad
excipiendum adversi impetum fluminis parte superiore transmittens tranquillitatem infra traicientibus
lintribus praebebat; equorum pars magna nantes   9
loris a puppibus trahebantur, praeter eos instratos
frenatosque, ut extemplo egresso in ripam equiti
usui essent, imposuerant in naves.

Galli occursant in ripa cum variis ululatibus can-   28
tuque moris sui quatientes scuta super capita vibran-

Als schon alles zur Überfahrt hinlänglich bereit war, erschraken sie doch über die Feinde auf der andern Seite, die das gesamte Ufer mit Reitern und Fußvolk besetzt hielten. Um sie zum Abzug zu bewegen, befahl Hannibal dem Hanno, einem Sohn Bomilkars, um die erste Nachtwache mit einem Teil der Truppen, fast nur Spaniern, einen Tag flußaufwärts zu marschieren. Sobald es möglich sei, solle er in aller Heimlichkeit über den Strom setzen und den Zug herumführen. So sollte er die Feinde von rückwärts angreifen, sobald es die Situation verlange. Gallische Führer, die man ihm für diesen Zweck mitgab, erklärten, etwa 37,5 km oberhalb dieser Stelle umfließe der Strom eine kleine Insel. An der Stelle, wo er sich teile, sei sein Flußbett zwar breiter, dadurch aber seichter und biete somit eine Übergangsmöglichkeit. Eilig wurden dort Bäume gefällt und Flöße gezimmert, um darauf Pferde, Menschen und die sonstigen Lasten überzusetzen. Die Spanier schwammen ohne jede Mühe über den Fluß: ihre Kleidungsstücke hatten sie in Schläuche gestopft, ihre Rundschilde darüber geschnallt und sich selbst daraufgelegt. Das übrige Heer baute sich Flöße, setzte damit über, schlug in der Nähe des Flusses ein Lager auf und erholte sich an einem einzigen Rasttag von den Strapazen des Nachtmarsches und der Schanzarbeit. Dabei war der Anführer darauf aus, den Plan zur rechten Zeit durchzuführen. Am folgenden Tag zogen sie weiter und teilten von einer Höhe aus durch Rauchzeichen mit, daß sie den Fluß überschritten hätten und in unmittelbarer Nähe seien. Als Hannibal das erfuhr, gab er das Zeichen zum Übergang, um den rechten Augenblick genau zu nützen.

Die Kähne, die die Soldaten hatten, und die Schiffe, die die Reiter in der Regel wegen der Pferde brauchten, lagen längst in richtiger Ordnung bereit: Die Schiffsgruppe ließ Hannibal weiter oberhalb übersetzen, um die reißende Strömung aufzufangen; dadurch hatten die unterhalb übersetzenden Kähne eine ruhige Strömung. Ein großer Teil der Pferde wurde schwimmend an Riemen vom Heck der Schiffe aus nachgezogen außer denen, die man gesattelt und gezäumt auf die Schiffe verladen hatte, um sie sofort bei der Landung verfügbar zu haben.

Die Gallier traten ihnen am Ufer mit wildem Geheul und ihrem üblichen Schlachtgesang entgegen, schüttelten die Schilde über

tesque dextris tela, quamquam et ex adverso terre-   2
bat tanta vis navium cum ingenti sono fluminis et
clamore vario nautarum militumque, et qui nite-
bantur perrumpere impetum fluminis et qui ex al-
tera ripa traicientes suos hortabantur. Iam satis pa-   3
ventes adverso tumultu terribilior ab tergo adortus
clamor castris ab Hannone captis. Mox et ipse aderat ancepsque terror circumstabat, et e navibus tanta vi armatorum in terram evadente et ab tergo im-
provisa premente acie. Galli postquam utroque vim   4
facere conati pellebantur, qua patere visum maxime
iter, perrumpunt trepidique in vicos passim suos
diffugiunt. Hannibal ceteris copiis per otium traiectis spernens iam Gallicos tumultus castra locat.

Elephantorum traiciendorum varia consilia fuisse   5
credo; certe variat memoria actae rei. Quidam con-
gregatis ad ripam elephantis tradunt ferocissimum
ex iis inritatum ab rectore suo, cum refugientem in
aquam nantem sequeretur, traxisse gregem, ut quemque timentem altitudinem destitueret vadum, impetu ipso fluminis in alteram ripam rapiente. Cete-   6
rum magis constat ratibus traiectos; id ut tutius consilium ante rem foret, ita acta re ad fidem pronius
est. Ratem unam ducentos longam pedes, quinqua-   7
ginta latam a terra in amnem porrexerunt, quam,
ne secunda aqua deferretur, pluribus validis retina-
culis parte superiore ripae religatam pontis in modum humo iniecta constraverunt, ut beluae audac-
ter velut per solum ingrederentur. Altera ratis aeque   8
lata, longa pedes centum, ad traiciendum flumen
apta, huic copulata est; tres tum elephanti per sta-

ihren Köpfen und schwangen die Waffen in der Rechten, obwohl
auch sie ein solches Aufgebot an Schiffen, die ihnen entgegen kamen, in Schrecken versetzte, zusammen mit dem gewaltigen Rauschen des Flusses und dem vielfältigen Geschrei der Matrosen und
Soldaten, die sich mühten, den reißenden Strom zu durchteilen,
und die von der anderen Seite her ihre Leute beim Übersetzen
durch Zurufe ermunterten. Schon eingeschüchtert genug durch den
Lärm vor ihnen, wurden sie von rückwärts von noch schreckliche-
rem Geschrei bedrängt, weil Hanno ihr Lager erobert hatte. Gleich
darauf war er selbst zur Stelle, und Schrecken lähmte die Gallier
auf beiden Seiten: Von den Schiffen drängte eine so gewaltige
Menge bewaffneter Soldaten an Land, und im Rücken bedrohte sie
ein Heer, mit dessen Erscheinen sie nicht gerechnet hatten. Die
Gallier versuchten es nach beiden Seiten mit Gewalt, wurden dabei
aber zurückgeschlagen. Da brachen sie durch, wo ihnen der Weg
am freiesten schien, und verzogen sich in panikartiger Flucht nach
allen Richtungen in ihre Dörfer. Darauf setzte Hannibal den Rest
seiner Truppen in aller Ruhe über, beachtete die lärmenden Auf-
tritte der Gallier gar nicht mehr und schlug ein Lager auf.
Um die Elefanten hinüberzuschaffen, gab es, glaube ich, verschiedene Pläne; jedenfalls erzählt man den Vorgang auf verschiedene Art. Einige berichten: Man trieb die Elefanten am Ufer zusammen. Der Treiber reizte den wildesten. Als ihn das Tier, wie er
im Wasser davonschwamm, verfolgte, habe es die ganze Herde
nachgezogen. Die Gewalt des Stromes selbst trieb sie an das andere Ufer, sooft einer in seiner Angst vor der Tiefe den Boden
unter den Füßen verlor. Glaubhafter jedoch ist der Bericht, daß die
Elefanten auf Flößen übergesetzt wurden. Und wie diese Maßnahme
vor ihrer Ausführung die sicherste sein mußte, so ist sie auch von
der Durchführung her die wahrscheinlichere: Sie bauten eine 200
Fuß lange und 50 Fuß breite Floßplattform vom Lande in den Fluß
hinaus und banden sie am oberen Ufer mit mehreren starken Seilen
fest, damit die Strömung sie nicht forttrieb. Wie bei einer Brücke
legten sie eine Straßendecke aus Erdreich darauf, daß die Tiere
sie ohne Scheu wie festen Boden betreten konnten. Ein zweites
Floß, ebenso breit, aber nur 100 Fuß lang, wurde zur Überfahrt
hergerichtet und mit diesem verbunden. Darauf ließ man auf dem

bilem ratem tamquam viam praegredientibus femi-
nis acti, ubi in minorem adplicatam transgressi sunt,
extemplo resolutis, quibus leviter adnexa erat vin-   9
culis, ab actuariis aliquot navibus ad alteram ripam
pertrahitur; ita primis expositis alii deinde repetiti
ac traiecti sunt. Nihil sane trepidabant, donec con-   10
tinenti velut ponte agerentur; primus erat pavor,
cum soluta ab ceteris rate in altum raperentur. Ibi   11
urgentes inter se cedentibus extremis ab aqua trepi-
dationis aliquantum edebant, donec quietem ipse timor circumspectantibus aquam fecisset. Excidere   12
etiam saevientes quidam in flumen; sed pondere
ipso stabiles deiectis rectoribus quaerendis pede-
temptim vadis in terram evasere.

Dum elephanti traiciuntur, interim Hannibal   29
Numidas equites quingentos ad castra Romana mi-
serat speculatum, ubi et quantae copiae essent et
quid pararent. Huic alae equitum missi, ut ante dic-   2
tum est, ab ostio Rhodani trecenti Romanorum
equites occurrunt. Proelium atrocius quam pro numero pugnantium editur; nam praeter multa volne-   3
ra caedes etiam prope par utrimque fuit, fugaque et
pavor Numidarum Romanis iam admodum fessis
victoriam dedit. Victores ad centum sexaginta, nec
omnes Romani, sed pars Gallorum, victi amplius
ducenti ceciderunt. Hoc principium simul omenque
belli ut summae rerum prosperum eventum, ita   4
haud sane incruentam ancipitisque certaminis victoriam Romanis portendit.
   Ut re ita gesta ad utrumque ducem sui redierunt,   5
nec Scipioni stare sententia poterat, nisi ut ex consiliis coeptisque hostis et ipse conatus caperet, et
Hannibalem incertum, utrum coeptum in Italiam   6
intenderet iter an cum eo, qui primus se obtulisset
Romanus exercitus, manus consereret, avertit a

festen Floß drei Bullen wie auf einer Straße hinter Elefantenkühen
herlaufen. Sobald sie auf das kleinere angehängte Floß kamen, wurden die Seile, mit denen es nur leicht befestigt war, plötzlich gelöst und das Floß von einigen Ruderschiffen zum anderen Ufer
hinübergezogen. So landete man die ersten Tiere, holte dann wieder
andere ab und setzte sie über. Sie zeigten nicht die geringste Furcht,
solange sie noch wie auf einer festen Brücke dahinstampften. Die
erste Unruhe trat ein, als sich das eine Floß von dem andern gelöst
hatte und sie in der Mitte des Flusses trieben. Da drängten sie gegeneinander, ziemlich unruhig geworden, und die am Rande zogen
sich vom Wasser zurück, bis endlich gerade die Angst sie beruhigte,
weil sie nur Wasser um sich sahen. Ein paar freilich wurden so
wild, daß sie in den Fluß fielen. Aber sie waren schon durch ihr
Gewicht standfest. Sie warfen ihre Treiber ab und suchten sich
dann selbst Schritt vor Schritt seichte Stellen und gelangten so an
Land.

Während die Elefanten übergesetzt wurden, hatte Hannibal inzwischen 500 numidische Reiter zum römischen Lager geschickt,
um Standort, die Truppenstärke und Absichten des Feindes zu erkunden. Die 300 römischen Reiter, die, wie oben berichtet, von der
Rhônemündung ausgeschickt worden waren, stießen auf diese
Reiterschwadron. Es kam zu einem Gefecht, das viel blutiger war,
als man nach der Zahl der Kämpfenden annehmen konnte. Denn
abgesehen von den vielen Verwundeten waren auch die Verluste
auf beiden Seiten beinahe gleich. Nur die Flucht und die Angst
der Numider überließ den schon sehr entkräfteten Römern den
Sieg. Von den Siegern fielen etwa 160, nicht alles Römer, sondern
zum Teil auch Gallier, von den Besiegten über 200. Dieser Anfang
zeigte den Römern gleichzeitig als Vorzeichen für den Krieg im
ganzen zwar einen glücklichen Ausgang an, aber auch einen keineswegs unblutigen Sieg nach einem wechselhaften Kampf.

Als beide Teile nach dem so verlaufenen Kampf zu ihren Feldherrn zurückkehrten, konnte einerseits Scipio nur zu dem Entschluß gelangen, daß er seine Versuche nach den Plänen und Be-
wegungen des Feindes einrichten müsse. Hannibal andererseits
wurde unsicher, ob er seinen begonnenen Zug gegen Italien fort-
setzen oder mit dem ersten Römerheer, das ihm entgegentrete, einen

praesenti certamine Boiorum legatorum regulique
Magali adventus, qui se duces itinerum, socios periculi fore adfirmantes integro bello nusquam ante
libatis viribus Italiam adgrediendam censent. Multitudo timebat quidem hostem nondum oblitterata
memoria superioris belli; sed magis iter immensum
Alpesque, rem fama utique inexpertis horrendam,
metuebat.

Itaque Hannibal, postquam ipsi sententia stetit
pergere ire atque Italiam petere, advocata contione
varie militum versat animos castigando adhortan-
doque: mirari se, quinam pectora semper impavida
repens terror invaserit. Per tot annos vincentes eos
stipendia facere neque ante Hispania excessisse,
quam omnes gentesque et terrae, quas duo diversa
maria amplectantur, Carthaginiensium essent. In-
dignatos deinde, quod, quicumque Saguntum obse-
dissent, velut ob noxam sibi dedi postularet populus Romanus, Hiberum traiecisse ad delendum nomen Romanorum liberandumque orbem terrarum.
Tum nemini visum id longum, cum ab occasu solis
ad exortus intenderent iter: nunc, postquam multo
maiorem partem itineris emensam cernant, Pyrenaeum saltum inter ferocissimas gentes superatum,
Rhodanum, tantum amnem, tot milibus Gallorum
prohibentibus, domita etiam ipsius fluminis vi tra-
iectum, in conspectu Alpes habeant, quarum alterum
latus Italiae sit, in ipsis portis hostium fatigatos
subsistere, quid Alpes aliud esse credentes quam
montium altitudines? Fingerent altiores Pyrenaei
iugis: nullas profecto terras caelum contingere nec
inexsuperabiles humano generi esse. Alpes quidem
habitari, coli, gignere atque alere animantes; per-
vias paucis esse, esse et exercitibus. Eos ipsos, quos

Kampf beginnen solle. Im Augenblick lenkte ihn jedoch die Ankunft der Gesandten der Boier und des Häuptlings Magalus von einem Kampf ab. Sie erboten sich als wegekundige Führer, die bereit seien, alle Gefahren zu teilen, und meinten, man müsse, ohne vorher Kräfte zu opfern, Italien in einem Krieg angreifen, der noch keine Verluste gefordert hatte. Die meisten fürchteten zwar den Feind, weil die Erinnerungen an den ersten Krieg noch nicht erloschen war. Aber noch größere Angst hatten sie vor dem ungeheuren Weg und den Alpen, die natürlich das Gerücht den Leuten, die sie nie gesehen hatten, als etwas Unheimliches erscheinen ließ.

Daher berief Hannibal eine Soldatenversammlung ein; denn sein Entschluß stand fest, weiterzuziehen und Italien anzugreifen. Er versuchte, sie so und so zu beeinflussen, indem er sie scharf tadelte und auch wieder ermunterte: Er wundere sich, warum denn plötzlich Schrecken ihre sonst so furchtlosen Herzen befallen habe. Täten sie doch bereits so viele Jahre siegreichen Kriegsdienst; Spanien hätten sie nicht früher verlassen, bevor nicht alle Stämme und Länder, von dem einen Meer bis zu dem auf der anderen Seite, in karthagischer Gewalt waren. Entrüstet darüber, daß das römische Volk alle Belagerer Sagunts wie Verbrecher ausgeliefert haben wolle, seien sie über den Ebro gegangen, um den römischen Namen zu vertilgen und die Welt von ihm zu befreien. Damals sei keinem der Weg zu weit erschienen, als sie ihn vom Untergang der Sonne ihrem Aufgang entgegen begonnen hätten. Jetzt, da sie den viel größeren Teil des Weges zurückgelegt sähen, die Pyrenäen zwischen den wildesten Volksstämmen überschritten, die Rhône, einen so gewaltigen Strom, überquert hätten, wo ihnen trotz der Behinderung durch viele tausend Gallier die Überwindung des reißenden Stromes selbst gelungen sei, gerade jetzt, da sie die Alpen schon vor sich sähen, deren andere Seite bereits zu Italien gehöre, unmittelbar vor den Toren der Feinde blieben sie erschöpft stehen; was, glaubten sie denn, seien die Alpen anderes als hohe Berge? Zwar müßten sie sich diese höher vorstellen als die Züge der Pyrenäen. Aber bestimmt reiche kein Land bis an den Himmel, unersteigbar für das Menschengeschlecht. Die Alpen würden ja sogar bewohnt und bebaut; sie erzeugten und ernährten lebende Geschöpfe. Sie seien für einzelne passierbar, sie seien es auch für Heere. Ge-

cernant, legatos non pinnis sublime elatos Alpes   8
transgressos. Ne maiores quidem eorum indigenas,
sed advenas Italiae cultores has ipsas Alpes ingentibus saepe agminibus cum liberis ac coniugibus mi-
grantium modo tuto transmisisse. Militi quidem ar-   9
mato nihil secum praeter instrumenta belli portanti
quid invium aut inexsuperabile esse? Saguntum ut
caperetur, quid per octo menses periculi, quid labo-
ris exhaustum esse? Romam, caput orbis terrarum,   10
petentibus quicquam adeo asperum atque arduum
videri, quod inceptum moretur? Cepisse quondam   11
Gallos ea, quae adiri posse Poenus desperet; proinde
aut cederent animo atque virtute genti per eos dies
totiens ab se victae aut itineris finem sperent campum interiacentem Tiberi ac moenibus Romanis.

His adhortationibus incitatos corpora curare   31
atque ad iter se parare iubet. Postero die profectus   2
adversa ripa Rhodani mediterranea Galliae petit,
non quia rectior ad Alpes via esset, sed quantum a
mari recessisset, minus obvium fore Romanum cre-   3
dens, cum quo, priusquam in Italiam ventum foret,
non erat in animo manus conserere. Quartis castris   4
ad Insulam pervenit. Ibi Isara Rhodanusque amnes
diversis ex Alpibus decurrentes, agri aliquantum
amplexi confluunt in unum; mediis campis Insulae
nomen inditum. Incolunt prope Allobroges, gens   5
iam inde nulla Gallica gente opibus aut fama infe-
rior. Tum discors erat. Regni certamine ambigebant   6
fratres; maior et qui prius imperitarat, Braneus nomine, minore a fratre et coetu iuniorum, qui iure
minus, vi plus poterant, pellebatur. Huius seditionis   7
peropportuna disceptatio cum ad Hannibalem delata esset, arbiter regni factus, quod ea senatus prin-
cipumque sententia fuerat, imperium maiori resti-

rade die Gesandten, die sie hier sähen, seien ja schließlich nicht
fliegend über die Alpen gekommen. Nicht einmal ihre Vorfahren
seien Eingeborene, sondern nach Italien eingewanderte Bauern, und
hätten oft in gewaltigen Zügen mit Weib und Kind nach Art wan-
dernder Völker eben diese „Alpen" ohne jede Gefahr überstiegen.
Was sei denn für einen bewaffneten Krieger, der außer dem
Kriegsgerät nichts mit sich trage, unwegsam und unübersteigbar?
Welche Gefahren, welche Mühen hätten sie denn acht Monate lang
ertragen müssen, um Sagunt zu erobern? Könnte ihnen jetzt, wo es
auf Rom, die Hauptstadt der Welt, zuging, etwas so hart und steil
erscheinen, daß es ihr Vorhaben aufhalte? Einst hätten sogar Gallier das Land erobert und sie, die Punier, gäben jetzt die Hoffnung
auf, es betreten zu können? Also müßten sie sich entweder als weniger mutig und tapfer bekennen als das Volk, das sie in den letzten
Tagen so oft besiegt hätten, oder sie müßten als Ziel ihres Weges
das Gelände erwarten, das zwischen dem Tiber und den Mauern
Roms liege.

Als er sie durch diese anfeuernden Worte begeistert hatte, sagte
er, sie sollten sich frisch machen und zum Weitermarsch rüsten. Am
folgenden Tage zog er am Ufer der Rhône aufwärts tiefer nach
Gallien hinein, nicht etwa, weil dies der kürzere Weg zu den Alpen
gewesen wäre, sondern weil er meinte, er würde den Römern umso
weniger begegnen, je weiter er sich vom Meer entferne. Er wollte
nämlich mit ihnen nicht in einen Kampf geraten, bevor er nicht
Italien erreicht habe. In vier Marschtagen gelangte er zur Insel.
Dort fließen Isère und Rhône zusammen, die aus verschiedenen
Alpengegenden kommen und ein beträchtliches Stück Land um-
schließen. Das Gebiet zwischen den beiden heißt „Insel". In der
Nähe wohnen die Allobroger, ein Volksstamm, der schon damals
keinem gallischen Stamm an Macht und Berühmtheit nachstand. Zu
dieser Zeit aber war er uneinig: Zwei Brüder stritten sich um den
Thron. Der ältere Braneus, der auch schon früher geherrscht hatte,
sollte von seinem Bruder und dessen jugendlichem Anhang gestürzt
werden. Diese galten rechtlich zwar weniger, waren aber die Stärkeren. Die Entscheidung in diesem Thronstreit kam Hannibal sehr
gelegen. Er wurde zum Schiedsrichter über die Königsherrschaft ernannt und stellte die Machtbefugnisse des Älteren wieder her, weil

tuit. Ob id meritum commeatu copiaque rerum om- 8
nium, maxime vestis, est adiutus, quam infames frigoribus Alpes praeparari cogebant.

Sedatis certaminibus Allobrogum cum iam Alpes 9
peteret, non recta regione iter instituit, sed ad lae-
vam in Tricastinos flexit; inde per extremam oram
Vocontiorum agri tendit in Tricorios, haud usquam
impedita via, priusquam ad Druentiam flumen pervenit. Is et ipse Alpinus amnis longe omnium Gal- 10
liae fluminum difficillimus transitu est; nam cum
aquae vim vehat ingentem, non tamen navium patiens est, quia nullis coercitus ripis, pluribus simul 11
neque iisdem alveis fluens, nova semper vada
novosque gurgites gignit – et ob eadem pediti quoque incerta via est – ad hoc saxa glareosa volvens
nihil stabile nec tutum ingredienti praebet; et tum 12
forte imbribus auctus ingentem transgredientibus tumultum fecit, cum super cetera trepidatione ipsi sua
atque incertis clamoribus turbarentur.

P. Cornelius consul triduo fere, postquam Han- 32
nibal a ripa Rhodani movit, quadrato agmine ad
castra hostium venerat, nullam dimicandi moram
facturus; ceterum ubi deserta munimenta nec facile 2
se tantum praegressos adsecuturum videt, ad mare
ac naves rediit, tutius faciliusque ita descendenti ab
Alpibus Hannibali occursurus. Ne tamen nuda au- 3
xiliis Romanis Hispania esset, quam provinciam
sortitus erat, Cn. Scipionem fratrem cum maxima
parte copiarum adversus Hasdrubalem misit, non 4
ad tuendos tantummodo veteres socios concilian-
dosque novos, sed etiam ad pellendum Hispania
Hasdrubalem. Ipse cum admodum exiguis copiis 5
Genuam repetit, eo, qui circa Padum erat, exercitu
Italiam defensurus.

Hannibal ab Druentia campestri maxime itinere 6

der Senat und die Fürsten es so gewollt hatten. Dafür wurde er mit
Proviant und allem anderen Vorrat, hauptsächlich mit Kleidung,
unterstützt. Die Kälte der Alpen war berüchtigt, und man mußte
für Kleidung vorsorgen.

Als Hannibal den Streit der Allobroger beigelegt hatte und näher
an die Alpen rückte, zog er nicht geradeaus, sondern bog nach
links ab in das Gebiet der Trikastiner. Von da aus marschierte
er am äußersten Rand des Vokontierlandes entlang in das Gebiet
der Trikorier. Bis zur Druentia zeigten sich keinerlei Behinderungen des Weges. Sie ist auch ein Alpenstrom, aber von allen gallischen Flüssen am schwersten passierbar. Obwohl sie ungeheure
Wassermengen mit sich führt, ist sie doch nicht schiffbar, weil sie
sich nicht in feste Ufer zwängen läßt, sondern zugleich in mehreren, und zwar ungleichen Flußbetten fließt und immer neue Untiefen und Strudel bildet. Deswegen ist auch die Durchquerung zu
Fuß riskant; zudem ist sie voller Rollkies, so daß sie nirgends eine
feste und sichere Grundlage bietet, wenn man zu Fuß hinüber will.
Damals war sie gerade von Regengüssen angeschwollen und ver-
ursachte beim Überqueren ein gewaltiges Durcheinander, da obendrein die Punier noch durch ihre eigne Angst und irremachende
Rufe aus der Fassung gebracht wurden.

Der Konsul Publius Cornelius Scipio war etwa drei Tage nach
Hannibals Aufbruch vom Rhôneufer in Schlachtordnung zum feindlichen Lager gelangt. Er war bereit, unverzüglich loszuschlagen. Als
er aber merkte, daß die Bollwerke verlassen waren und daß er die
weit vorgerückten Feinde nicht ohne weiteres einholen könne,
kehrte er zu seinem Schiffslager am Meer zurück: Er wollte Hannibal umso sicherer und leichter begegnen, wenn er von den Alpen
herabstieg. Um aber Spanien, das ihm durch das Los als Provinz
zugefallen war, nicht ohne römischen Schutz zu lassen, schickte er
seinen Bruder Gnaeus Scipio mit einem sehr großen Teil seiner
Truppen gegen Hasdrubal. Er tat dies nicht nur, um die alten Bundesgenossen zu schützen und neue zu gewinnen, sondern auch, um
Hasdrubal aus Spanien zu vertreiben. Er selbst fuhr mit nur sehr
geringen Truppen nach Genua zurück, um Italien mit dem Heer zu
verteidigen, das in der Poebene stand.

Hannibal war von der Druentia ab größtenteils in Märschen auf

ad Alpes cum bona pace incolentium ea loca Gallorum pervenit. Tum, quamquam fama prius, qua   7
incerta in maius vero ferri solent, praecepta res erat,
tamen ex propinquo visa montium altitudo nives-
que caelo prope immixtae, tecta informia imposita
rupibus, pecora iumentaque torrida frigore, homines intonsi et inculti, animalia inanimaque omnia
rigentia gelu, cetera visu quam dictu foediora terrorem renovarunt. Erigentibus in primos agmen   8
clivos apparuerunt imminentes tumulos insidentes
montani, qui, si valles occultiores insedissent, coorti
ad pugnam repente ingentem fugam stragemque de-
dissent. Hannibal consistere signa iussit; Gallisque   9
ad visenda loca praemissis, postquam comperit transitum ea non esse, castra inter confragosa omnia
praeruptaque quam extentissima potest valle locat.
Tum per eosdem Gallos, haud sane multum lingua   10
moribusque abhorrentes, cum se immiscuissent conloquiis montanorum, edoctus interdiu tantum ob-
sideri saltum, nocte in sua quemque dilabi tecta, luce
prima subiit tumulos, ut ex aperto atque interdiu
vim per angustias facturus. Die deinde simulando   11
aliud, quam quod parabatur, consumpto, cum eodem, quo constiterant, loco castra communissent,   12
ubi primum degressos tumulis montanos laxatasque
sensit custodias, pluribus ignibus quam pro numero
manentium in speciem factis impedimentisque cum
equite relictis et maxima parte peditum, ipse cum   13
expeditis, acerrimo quoque viro, raptim angustias
evadit iisque ipsis tumulis, quos hostes tenuerant,
consedit.

ebenem Gelände bis an die Alpen gelangt. Die gallischen Bewohner dieser Gebiete hatten sich recht verträglich gezeigt. Die ganze Angelegenheit war schon früher durch Gerüchte, durch die ja Ungewisses meistens aufgebauscht wird, vorweggenommen worden. Trotzdem ließen die Höhe der Berge, die man jetzt aus der Nähe sah, die Schneemassen, die sich fast mit dem Himmel vereinigten, die elenden, auf Felsvorsprüngen gebauten Hütten, die Herdentiere und das Zugvieh, das vor Kälte verkümmert aussah, die ungeschorenen und verwilderten Menschen, die gesamte lebende und leblose Natur, vor Frost erstarrt, und alle übrigen Erscheinungen, die beim Anblick noch abscheulicher wirken als in der Schilderung, den Schrecken jetzt wieder neu entstehen. Als der Zug die ersten Hügel hinaufstieg, wurden sie gewahr, daß die Bergbewohner die höheren Erhebungen besetzt hielten. Hätten sie sich in den verborgeneren Tälern festgesetzt und plötzlich angegriffen, hätten sie bei einem plötzlichen Angriff eine ungeheure Flucht und Vernichtung verursacht. Hannibal ließ haltmachen. Er schickte Gallier zur Erkundung der Gegend voraus und erfuhr dann von ihnen, daß ein Übergang dort nicht möglich sei. So schlug er in einem möglichst weiten Talkessel, zwischen lauter Unebenheiten und schroffen Felsen, sein Lager auf. Er wurde nun von denselben Galliern, die sich, da sie sich in Sprache und Sitte kaum unterschieden, in Gespräche mit den Bergbewohnern eingelassen hatten, belehrt, daß der Paß nur tagsüber besetzt gehalten werde, bei Nacht aber alle Leute in ihre Häuser verschwänden. Er rückte darauf bei Tagesanbruch an die Hügel heran, als wollte er den Paß vor ihren Augen am hellichten Tage gewaltsam nehmen. Den Tag verbrachte er dann zur Täuschung mit ganz anderen Dingen, als geplant. An der gleichen Stelle, wo sie haltgemacht hatten, schlugen sie ein befestigtes Lager. Als Hannibal dann merkte, daß die Bergbewohner von den Höhen herabgestiegen waren und nur noch vereinzelt Posten dastanden, ließ er zum Schein mehr Feuer anzünden, als im Verhältnis zur Zahl der Bleibenden notwendig war. Den Troß mit der Reiterei und dem größten Teil der Fußtruppen ließ er zurück, und an der Spitze seiner kampfbereiten Kerntruppen rückte er selbst eilends durch den Paß und bezog auf denselben Anhöhen Stellung, auf denen sich vorher die Feinde festgesetzt hatten.

Prima deinde luce castra mota et agmen reli- 33
quum incedere coepit. Iam montani signo dato ex 2
castellis ad stationem solitam conveniebant, cum
repente conspiciunt alios arce occupata sua super
caput imminentes, alios via transire hostes. Utraque 3
simul obiecta res oculis animisque immobiles parumper eos defixit; deinde, ut trepidationem in angustiis suoque ipsum tumultu misceri agmen videre,
equis maxime consternatis, quidquid adiecissent ipsi 4
terroris satis ad perniciem fore rati, perversis rupibus iuxta invia ac devia adsueti decurrunt. Tum 5
vero simul ab hostibus, simul ab iniquitate locorum
Poeni oppugnabantur plusque inter ipsos, sibi quoque tendente, ut periculo primus evaderet, quam
cum hostibus certaminis erat. Et equi maxime in- 6
festum agmen faciebant, qui et clamoribus dissonis,
quos nemora etiam repercussaeque valles augebant,
territi trepidabant, et icti forte aut volnerati adeo
consternabantur, ut stragem ingentem simul hominum ac sarcinarum omnis generis facerent; multos- 7
que turba, cum praecipites deruptaeque utrimque
angustiae essent, in immensum altitudinis deiecit,
quosdam et armatos; et ruinae maxime modo iumenta cum oneribus devolvebantur. Quae quamquam 8
foeda visu erant, stetit parumper tamen Hannibal
ac suos continuit, ne tumultum ac trepidationem
augeret; deinde, postquam interrumpi agmen vidit 9
periculumque esse, ne exutum impedimentis exercitum nequiquam incolumem traduxisset, decurrit ex
superiore loco et, cum impetu ipso fudisset hostem,
suis quoque tumultum auxit. Sed is tumultus mo- 10
mento temporis, postquam liberata itinera fuga
montanorum erant, sedatur, nec per otium modo,
sed prope silentio mox omnes traducti. Castellum 11

Dann brach man im Morgengrauen das Lager ab, und der übrige
Zug begann den Marsch. Schon wollten sich die Bergbewohner auf
ein gegebenes Zeichen aus den Gebirgsdörfern an ihre gewohnten
Posten begeben; da sahen sie plötzlich, daß bereits drohend über
ihren Köpfen Feinde standen, die ihre „Festung" genommen hatten,
und daß andere auf dem Weg marschierten. Dies beides bot sich
ihnen gleichzeitig und lähmte sie für kurze Zeit. Als sie aber Aufregung im Paß bemerkten und den Zug selbst durch sein eigenes
Getümmel, am meisten durch scheu gewordene Pferde, in Verwirrung sahen, meinten sie, die kleinste Vergrößerung des Schreckens
von ihrer Seite würde zum völligen Verhängnis führen. Und so
kippten sie Felsen herunter und liefen herab; an wegloses oder ab-
schüssiges Gelände waren sie ja in gleicher Weise gewöhnt. Da waren die Punier von den Feinden und dem ungünstigen Gelände
gleichzeitig bedrängt. Es kam mehr zu Getümmel in den eigenen
Reihen als zu einem Kampf gegen die Feinde; denn jeder wollte als
erster der Gefahr entgehen. Hauptsächlich die Pferde machten den
Zug unsicher, weil sie durch das schreckliche Geschrei scheuten, das
die Wälder und Täler mit ihrem Echo noch verstärkten. Sie liefen
ängstlich hin und her; und wenn sie zufällig einen Stoß bekamen
oder verwundet wurden, wurden sie derart wild, daß sie gleichzeitig Leute und alles mögliche Gepäck massenweise zu Boden rissen. Der Paß war auf beiden Seiten steil und abschüssig; so schleu-
derte das Gedränge auch viele in den unermeßlichen Abgrund,
manche sogar samt Rüstung. Die Lasttiere aber rollten mit ihren
Lasten fast wie bei einem Bergrutsch in die Tiefe. Obgleich dies
schrecklich anzusehen war, blieb Hannibal doch für kurze Zeit
stehen und hielt seine Leute zurück, um die schreckliche Panik
nicht noch zu vergrößern. Dann erkannte er aber, daß der Zug
durchbrochen wurde und Gefahr bestand, das Heer zwar unge-
schlagen, aber ohne alles Gepäck vergebens über den Paß gebracht
zu haben. Daher eilte er rasch von der Höhe herab. Zwar zerstreute
er die Feinde durch den bloßen Angriff, aber er brachte auch seine
Leute noch mehr in Verwirrung. Doch dieses Durcheinander wurde
augenblicklich behoben, sobald durch die Flucht der Bergbewohner die Wege wieder frei waren. Und bald zog das ganze Heer über
den Paß, nicht nur in Ruhe, sondern fast in Stille. Darauf eroberte

inde, quod caput eius regionis erat, viculosque cir-
cumiectos capit et capto cibo ac pecoribus per triduum exercitum aluit; et, quia nec a montanis primo perculsis nec loco magno opere impediebantur,
aliquantum eo triduo viae confecit.

Perventum inde ad frequentem cultoribus alium, 34
ut inter montanos, populum. Ibi non bello aperto,
sed suis artibus, fraude et insidiis, est prope circum-
ventus. Magno natu principes castellorum oratores 2
ad Poenum veniunt, alienis malis, utili exemplo,
doctos memorantes amicitiam malle quam vim experiri Poenorum; itaque oboedienter imperata fac- 3
turos; commeatum itinerisque duces et ad fidem
promissorum obsides acciperet. Hannibal nec te- 4
mere credendum nec aspernandum ratus, ne repu-
diati aperte hostes fierent, benigne cum respondis-
set, obsidibus, quos dabant, acceptis et commeatu,
quem in viam ipsi detulerant, usus, nequaquam ut
inter pacatos composito agmine duces eorum sequitur. Primum agmen elephanti et equites erant; ipse 5
post cum robore peditum circumspectans sollicitus
omnia incedebat. Ubi in angustiorem viam et ex 6
parte altera subiectam iugo insuper imminenti ventum est, undique ex insidiis barbari a fronte ab
tergo coorti, comminus eminus petunt, saxa ingentia
in agmen devolvunt. Maxima ab tergo vis hominum 7
urgebat. In eos versa peditum acies haud dubium
fecit, quin, nisi firmata extrema agminis fuissent,
ingens in eo saltu accipienda clades fuerit. Tunc 8
quoque ad extremum periculi ac prope perniciem
ventum est; nam dum cunctatur Hannibal demittere agmen in angustias, quia non, ut ipse cquitibus

er ein Kastell, die Hauptbefestigung dieser Gegend, und einige umliegende kleine Dörfer und ernährte sein Heer drei Tage lang von dem erbeuteten Proviant und dem Kleinvieh. Er wurde weder von den Bergbewohnern, denen der Schrecken noch in den Gliedern saß, noch durch das Gelände besonders aufgehalten, so daß er in diesen drei Tagen einen beträchtlichen Teil des Weges zurücklegte.

Von da aus gelangte er zu einem andern Volksstamm, der für eine Gebirgsgegend eine Menge Bauern aufwies. Dort wurde er nicht offen angegriffen, sondern durch seine eigenen Kriegskünste, nämlich durch Betrug und Hinterhalt, beinahe überwältigt. Die einzelnen Dorfältesten kamen als Unterhändler zu Hannibal und erklärten, sie seien durch das Unglück anderer zu ihrem eignen Nutzen belehrt worden und wollten daher lieber die Freundschaft als die Stärke der Punier herausfordern. So würden sie gehorsam alle Befehle ausführen. Er möge von ihnen Proviant, Wegführer und Geiseln als Gewähr für ihre Versprechen entgegennehmen. Hannibal glaubte, man dürfe ihnen nicht blindlings vertrauen, sie aber auch nicht abweisen, damit sie nicht gekränkt zu offenen Feinden würden. Er antwortete ihnen also freundlich und nahm dann die Geiseln, die sie ihm überstellten, in Empfang, auch ihren Proviant, den sie selbst bis an den Marschweg gebracht hatten. Dann folgte er ihren Wegführern in völlig geordnetem Zug, keineswegs wie durch Freundesland. Die erste Abteilung bildeten die Elefanten und Reiter. Er selbst zog mit der Kerntruppe des Heeres hinter ihnen her, hielt nach allen Seiten Ausschau und war auf der Hut. Schließlich kam man in einen Hohlweg, der auf der einen Seite unter einem drohenden Bergjoch dahinführte. Da brachen die Barbaren von allen Seiten aus dem Hinterhalt hervor, griffen vorn und im Rücken an und kämpften im Nahkampf und aus der Ferne. Sie wälzten große Felsen auf den Zug herab. Die größte Menschenmenge bedrängte den Schluß des Zuges. Gegen sie wandte sich das Fußvolk in Schlachtordnung. Das machte völlig klar, daß man eine gewaltige Niederlage in diesem Bergpaß hätte einstecken müssen, wäre nicht der Schluß des Zuges abgesichert gewesen. Auch damals befanden sie sich in äußerster Gefahr und am Rande des Verderbens: Hannibal zögerte noch, mit seinem Heeresteil in den

praesidio erat, ita peditibus quicquam ab tergo auxilii reliquerat, occursantes per obliqua montani   9
interrupto medio agmine viam insedere, noxque una
Hannibali sine equitibus atque impedimentis acta
est.

Postero die iam segnius intercursantibus barbaris   35
iunctae copiae saltusque haud sine clade, maiore tamen iumentorum quam hominum pernicie supera-
tus. Inde montani pauciores iam et latrocinii magis   2
quam belli more concursabant modo in primum,
modo in novissimum agmen, utcumque aut locus
opportunitatem daret aut progressi morative aliquam occasionem fecissent. Elephanti sicut per artas   3
praecipitesque vias magna mora agebantur, ita tutum ab hostibus, quacumque incederent, quia insue-
tis adeundi propius metus erat, agmen praebebant.

Nono die in iugum Alpium perventum est per   4
invia pleraque et errores, quos aut ducentium fraus
aut, ubi fides iis non esset, temere initae valles a
coniectantibus iter faciebant. Biduum in iugo sta-   5
tiva habita fessisque labore ac pugnando quies data
militibus; iumentaque aliquot, quae prolapsa in rupibus erant, sequendo vestigia agminis in castra pervenere. Fessis taedio tot malorum nivis etiam casus   6
occidente iam sidere Vergiliarum ingentem terro-   7
rem adiecit. Per omnia nive oppleta cum signis prima luce motis segniter agmen incederet pigritiaque
et desperatio in omnium voltu emineret, praegressus
signa Hannibal in promunturio quodam, unde longe   8
ac late prospectus erat, consistere iussis militibus
Italiam ostentat subiectosque Alpinis montibus Cir-
cumpadanos campos, moeniaque eos tum transcen-   9
dere non Italiae modo, sed etiam urbis Romanae;
cetera plana, proclivia fore; uno aut summum altero proelio arcem et caput Italiae in manu ac po-

Paß einzurücken; denn er hatte zwar selbst die Reiter gedeckt, für das Fußvolk aber keinen Schutz im Rücken. Da stürzten die Bergbewohner von der Seite herbei und stellten sich in dem Weg auf, weil der Zug in der Mitte auseinandergerissen war. Hannibal verbrachte auf diese Weise eine Nacht ohne Reiterei und Gepäck.

Weil die Barbaren am folgenden Tage nicht mehr so heftig gegen die Lücke drängten, konnten sich Hannibals Truppen wieder vereinigen und den Paß hinter sich bringen. Dies geschah unter beträchtlichen Verlusten, wobei jedoch mehr Zugtiere als Menschen umkamen. Seitdem fielen die Bergbewohner sie nur noch in kleineren Haufen an, mehr wie Räuber als nach Kriegsart. Bald galt dies der Vorhut, bald der Nachhut, je nachdem ihnen die Gegend einen Vorteil oder der Zug durch Vormarsch oder Verweilen Gelegenheit dazu bot. Die Elefanten wurden zwar mit großem Zeitverlust über die engen und steilen Wege getrieben, aber wiederum machten sie den Zug überall dort, wo sie auftauchten, sicher, weil die Feinde, die sie ja nicht kannten, Angst hatten, näher heranzukommen.

Am neunten Tag erreichte man den Alpenhauptkamm durch meist wegeloses Gelände, auf dem man oft nicht mehr weiter gekommen war. Dies lag an der Tücke der Führer oder, wo man ihnen nicht traute, daran, daß man bedenkenlos durch ein Tal marschierte, wo man einen Weg nur vermutete. Zwei Tage hielten sie auf der Höhe ein Standlager; die Soldaten waren von der Anstrengung und vom Kampf erschöpft, und man gönnte ihnen Ruhe. Ziemlich viele Lasttiere, die in den Felsen gestürzt waren, folgten den Spuren des Zuges und gelangten ins Lager. Zu allem Überdruß an so viel Unbill versetzte sie auch noch ein Schneetreiben – das Siebengestirn begann bereits zu sinken – in großen Schrecken. Das Heer brach beim Morgengrauen auf und zog verdrossen durch den Schnee, der alles bedeckte; Unlust und Verzweiflung sprach aus dem Blick aller Leute. Da ritt Hannibal an die Spitze des Zuges und ließ die Soldaten auf einem Felsvorsprung halten, von wo aus man eine gute und weite Fernsicht hatte. Er zeigte ihnen Italien und die Poebene am Fuße der Alpen und wies darauf hin, daß sie jetzt nicht nur die Mauern Italiens überstiegen, sondern auch die der Stadt Rom. Von jetzt an gehe es durch Ebenen, ja sogar bergab. Nach einem, höchstens zwei Kämpfen würden sie die Burg und die

testate habituros. Procedere inde agmen coepit iam   10
nihil ne hostibus quidem praeter parva furta per
occasionem temptantibus. Ceterum iter multo quam
in adscensu fuerat – ut pleraque Alpium ab Italia
sicut breviora ita arrectiora sunt – difficilius fuit;   11
omnis enim ferme via praeceps, angusta, lubrica
erat, ut neque sustinere se ab lapsu possent nec, qui   12
paulum titubassent, haerere adflicti vestigio suo,
aliique super alios et iumenta in homines occiderent.

Ventum deinde ad multo angustiorem rupem   36
atque ita rectis saxis, ut aegre expeditus miles temp-
tabundus manibusque retinens virgulta ac stirpes
circa eminentes demittere sese posset. Natura locus   2
iam ante praeceps recenti lapsu terrae in pedum
mille admodum altitudinem abruptus erat. Ibi cum
velut ad finem viae equites constitissent, miranti   3
Hannibali, quae res moraretur agmen, nuntiatur
rupem inviam esse. Digressus deinde ipse ad locum
visendum. Haud dubia res visa, quin per invia circa   4
nec trita antea, quamvis longo ambitu, circumdu-
ceret agmen. Ea vero via insuperabilis fuit; nam   5
cum super veterem nivem intactam nova modicae
altitudinis esset, molli nec praealtae facile pedes
ingredientium insistebant; ut vero tot hominum   6
iumentorumque incessu dilapsa est, per nudam infra
glaciem fluentemque tabem liquescentis nivis ingrediebantur. Taetra ibi luctatio erat, lubrica glacie   7
non recipiente vestigium et in prono citius pedes
fallente, ut, seu manibus in adsurgendo seu genu se
adiuvissent, ipsis adminiculis prolapsis iterum cor-
ruerent; nec stirpes circa radicesve, ad quas pede
aut manu quisquam eniti posset, erant; ita in levi
tantum glacie tabidaque nive volutabantur. Iumenta   8

Hauptstadt Italiens in ihrer vollen Gewalt haben. Da setzte sich
der Zug wieder in Bewegung. Feinde belästigten die Punier höchstens noch durch kleine und gelegentliche Raubüberfälle. Aber das
Vordringen war viel schwieriger als beim Aufstieg, weil die Alpen
auf italienischer Seite in der Regel zwar gedrängter, dafür aber
umso steiler sind. Fast der ganze Weg war nämlich abschüssig, eng
und glatt, so daß Stürze nicht zu vermeiden waren, wenn sie erst
einmal strauchelten. Waren sie aber getaumelt und gestürzt, konnten sie sich nicht an der einen Stelle festklammern; und so stürzten
Menschen und Tiere übereinander.

Danach kamen sie zu einem noch viel schmaleren Felspfad. Die
Felswände waren so steil, daß sich kaum ein unbewaffneter Soldat
hinablassen konnte, selbst wenn er sich mit den Händen an den
herausstehenden Büschen und Stämmen festzuhalten suchte. Diese
schon vorher von Natur aus in jähen Abgrund führende Stelle war
erst kürzlich durch einen Erdrutsch in eine Tiefe von beinahe 1000
Fuß abgestürzt. Die Reiterei blieb hier wie in einer Sackgasse
stehen, und Hannibal wunderte sich, was den Zug aufhielt. Man
meldete ihm, auf diesem Felspfad sei ein Weiterkommen unmög-
lich. Sofort ritt er selbst nach vorn, um sich die Stelle anzusehen. Tatsächlich mußte er das Heer auf einem Umweg – und wäre
er auch noch so weit – durch unwegsame, nie betretene Gegenden
führen. Jetzt aber war der Weg völlig unbegehbar. Denn solange
der Neuschnee nicht zu hoch auf dem alten, noch nicht zertretenen
Schnee lag, konnten sie in dem weichen und nicht sehr tiefen
Schnee festen Fuß fassen. Nun aber war er durch den Zug so vieler
Menschen und Tiere zusammengetreten, und sie zogen auf dem
bloßen Eis darunter und im Matsch des fast aufgetauten Schnees
dahin. Schreckliche Schwierigkeiten gab es durch das Glatteis, auf
dem kein Tritt haftete; und dadurch, daß es steil bergab ging, glitt
der Fuß noch leichter aus. Wollten sie sich mit Händen oder stüt-
zendem Knie aufrichten, so rutschten sie selbst damit aus und fielen
von neuem hin. Es gab auch ringsum keine Baumstöcke oder Wurzeln, gegen die man sich mit dem Fuß oder der Hand hätte stem-
men können. So schoben sie sich nun auf lauter Glatteis durch den
Schneematsch vorwärts. Die Lasttiere traten oft durch, weil sie

secabant interdum etiam infimam ingredientia nivem et prolapsa iactandis gravius in conitendo
ungulis penitus perfringebant, ut pleraque velut pe-
dica capta haererent in dura et alta concreta glacie.

Tandem nequiquam iumentis atque hominibus   37
fatigatis castra in iugo posita, aegerrime ad id ipsum
loco purgato; tantum nivis fodiendum atque ege-
rendum fuit.

Inde ad rupem muniendam, per quam unam via   2
esse poterat, milites ducti, cum caedendum esset
saxum, arboribus circa immanibus deiectis detrun-
catisque struem ingentem lignorum faciunt eamque,
cum et vis venti apta faciendo igni coorta esset,
succendunt ardentiaque saxa infuso aceto putrefa-
ciunt. Ita torridam incendio rupem ferro pandunt   3
molliuntque anfractibus modicis clivos, ut non
iumenta solum, sed elephanti etiam deduci possent.
Quadriduum circa rupem consumptum iumentis   4
prope fame absumptis; nuda enim fere cacumina
sunt et, si quid est pabuli, obruunt nives. Inferiora   5
vallis apricos quosdam colles habent rivosque
prope silvas et iam humano cultu digniora loca.
Ibi iumenta in pabulum missa et quies muniendo   6
fessis hominibus data. Triduo inde ad planum de-   7
scensum et iam locis mollioribus et accolarum ingeniis.

Hoc maxime modo in Italiam perventum est   38
quinto mense a Carthagine Nova, ut quidam auctores sunt, quinto decimo die Alpibus superatis.
Quantae copiae transgresso in Italiam Hannibali   2
fuerint, nequaquam inter auctores constat. Qui plurimum, centum milia peditum, viginti equitum
fuisse scribunt; qui minimum, viginti milia peditum,
sex equitum. L. Cincius Alimentus, qui captum se   3

ohnehin schon auf der untersten Schneeschicht gingen. Und wenn
sie mit den Hufen kräftiger aufschlugen, um nach einem Sturz
wieder aufzustehen, brachen sie völlig ein, so daß sie vielfach in
dem harten, tiefen Eis steckenblieben wie in einem Fangeisen.

Menschen und Tiere hatten sich vergeblich abgemüht, und endlich schlug man auf der Höhe des Bergrückens ein Lager. Vorher
wurde das Gelände mit sehr großer Anstrengung vom Schnee ge-
säubert. Man mußte eine Menge Schnee weggraben und ausschach-
ten.

Nun wurden die Soldaten an den einzigen Felspfad geführt, an
dem ein Durchbruch möglich war, und sollten ihn gangbar machen.
Es galt, Fels wegzuschlagen. Dazu fällten sie die ringsum stehenden
riesigen Bäume und schichteten einen sehr großen Holzstoß auf.
Als sich ein günstiger Wind erhoben hatte, der das Feuer entfachen
konnte, wurde der Stoß angezündet. Dann machten sie den er-
hitzten Felsen durch Begießen mit Essig mürbe. Sie zertrümmerten
den so durch das Feuer spröde gewordenen Stein mit eisernen
Werkzeugen und machten die abschüssige Stelle durch kleine Ser-
pentinen begehbar. So konnte man nicht nur die Zugtiere, sondern
sogar die Elefanten hinabführen. Vier Tage hatten sie mit diesem
Felsen zu tun, und die Tiere wären beinahe verhungert. Denn die
Höhen sind fast kahl, und das vielleicht vorhandene Futter bedeckt der Schnee. Weiter talwärts gibt es manche sonnige Hügel,
in der Nähe der Wälder auch Bäche und Plätze, die einer menschlichen Kultur schon mehr entsprechen. Hier trieb man die Tiere
auf die Weide, und den vom Wegebau erschöpften Leuten wurde
eine Ruhepause gegönnt. Nach drei Tagen ging es von da in die
Ebene hinab, wo Gegend und Menschen schon nicht mehr so un-
wirtlich waren.

So etwa gelangten sie nach Italien, vier Monate nach dem Aufbruch von Neu-Karthago, wie einige Schriftsteller berichten; die
Alpen hatten sie in 14 Tagen überwunden. Wieviele Truppen Hannibal nach seinem Übergang nach Italien noch geblieben waren,
darüber sind sich die Schriftsteller durchaus nicht einig. Nach der
höchsten Angabe hatte er noch 100 000 Mann und 20 000 Berittene,
nach der niedrigsten 20 000 zu Fuß und 6000 Reiter. Mir würde
Lucius Cincius Alimentus – er schreibt, er sei von Hannibal gefan-

ab Hannibale scribit, maxime auctor moveret, nisi
confunderet numerum Gallis Liguribusque additis;   4
cum his octoginta milia peditum, decem equitum
adducta; – in Italia magis adfluxisse veri simile est
et ita quidam auctores sunt; – ex ipso autem audisse   5
Hannibale, postquam Rhodanum transierit, triginta
sex milia hominum ingentemque numerum equorum
et aliorum iumentorum amisisse. Taurini Semigalli
proxima gens erat in Italiam degresso. Id cum inter   6
omnes constet, eo magis miror ambigi, quanam Alpes transierit, et volgo credere Poenino – atque inde
nomen ei iugo Alpium inditum – transgressum, Coelium per Cremonis iugum dicere transisse; qui ambo   7
saltus eum non in Taurinos, sed per Salassos montanos ad Libuos Gallos deduxerint. Nec veri simile   8
est ea tum ad Galliam patuisse itinera; utique, quae
ad Poeninum ferunt, obsaepta gentibus semiger-
manis fuissent. Neque hercule nomen montibus his,   9
si quem forte id movet, ab transitu Poenorum ullo
Seduni et Veragri, incolae iugi eius, norint inditum,
sed ab eo, quem in summo sacratum vertice Poeninum montani appellant.

Peropportune ad principia rerum Taurinis, pro-   39
ximae genti, adversus Insubres motum bellum erat.
Sed armare exercitum Hannibal, ut parti alteri
auxilio esset, in reficiendo maxime sentientem con-   2
tracta ante mala, non poterat; otium enim ex labore,
copia ex inopia, cultus ex inluvie tabeque squalida
et prope efferata corpora varie movebat. Ea P. Cor-   3
nelio consuli causa fuit, cum Pisas navibus venisset,
exercitu a Manlio Atilioque accepto tirone et in

gen worden – als Gewährsmann am meisten entsprechen, wenn er nicht die Zahl völlig unklar machte, indem er Gallier und Ligurer dazuzählt: Mit diesen zusammen habe Hannibal 80 000 Mann zu Fuß und 10 000 Reiter mitgebracht. Es ist wahrscheinlicher, daß er in Italien Zulauf bekam, was auch einige Schriftsteller bezeugen. Ferner habe er aber nach dem Rhôneübergang von Hannibal selbst gehört, er habe 36 000 Menschen und sehr viele Pferde und andere Tiere verloren. Die halbgallischen Tauriner waren für Hannibal der nächste Volksstamm, als er nach Italien hinunterkam. Da alle Schriftsteller darin übereinstimmen, wundere ich mich umso mehr über den Streit, wo er denn die Alpen überschritten habe, auch über die allgemeine Annahme, er sei über den Poeninus gegangen, und von daher trage jener Alpenzug seinen Namen; ferner darüber, daß Coelius ihn über das Cremon-Gebirge ziehen läßt. Diese beiden Alpenpässe hätten ihn nicht zu den Taurinern, sondern durch die Bergsalasser zu den gallischen Libuern geführt. Es ist auch unwahrscheinlich, daß diese Wege nach Gallien damals schon bekannt waren. Jedenfalls wäre die Gegend, die zum Poeninus führt, von halbgermanischen Stämmen versperrt gewesen. Und daß dieses Gebirge nach irgendeinem Übergang der Punier so benannt worden sei – wenn das schon jemand beeindruckt –, das dürften die Bewohner dieser Berge, die Seduner und Veragrer, wahrhaftig nicht wissen; sonst wüßten sie nicht zu sagen, daß der Name von dem Poeninus komme, den die Bergbewohner auf dem höchsten Gipfel unter dieser Bezeichnung göttlich verehrten.

Sehr zum Vorteil für den Beginn des Unternehmens hatten die Tauriner, das angrenzende Volk, einen Krieg gegen die Insubrer begonnen. Aber Hannibal konnte sein Heer jetzt nicht zu den Waffen greifen lassen, um der einen oder andern Partei auszuhelfen; denn es merkte jetzt, während es sich erholte, so recht, wieviele Leiden es sich vorher zugezogen hatte. Die Ruhe nach der Anstrengung, der Überfluß nach den Entbehrungen, die Körperpflege nach Verschmutzung und Nässe wirkte auf die verwahrlosten, beinahe verwilderten Soldaten verschieden. Dies war für den Konsul Publius Cornelius Scipio ein Grund – er war mit seinen Schiffen nach Pisa gekommen –, mit dem Heer, das er von Manlius und Atilius übernommen hatte, schleunigst an den Po zu ziehen. Zwar

novis ignominiis trepido ad Padum festinandi, ut
cum hoste nondum refecto manus consereret. Sed   4
cum Placentiam consul venit, iam ex stativis mo-
verat Hannibal Taurinorumque unam urbem, caput
gentis eius, quia volentes in amicitiam non venie-
bant, vi expugnarat; iunxissetque sibi non metu so-   5
lum, sed etiam voluntate Gallos accolas Padi, ni eos
circumspectantes defectionis tempus subito adventu
consul oppressisset. Et Hannibal movit ex Taurinis,   6
incertos, quae pars sequenda esset, Gallos praesen-   7
tem secuturos esse ratus. Iam prope in conspectu
erant exercitus convenerantque duces sicuti inter
se nondum satis noti, ita iam imbutus uterque quadam admiratione alterius. Nam Hannibalis et apud
Romanos iam ante Sagunti excidium celeberrimum   8
nomen erat, et Scipionem Hannibal eo ipso, quod
adversus se dux potissimum lectus esset, praestan-   9
tem virum credebat; et auxerant inter se opinionem,
Scipio, quod relictus in Gallia obvius fuerat in
Italiam transgresso Hannibali, Hannibal et conatu
tam audaci traiciendarum Alpium et effectu. Occu-   10
pavit tamen Scipio Padum traicere et ad Ticinum
amnem motis castris, priusquam educeret in aciem,
adhortandorum militum causa talem orationem est
exorsus.

,Si eum exercitum, milites, educerem in aciem,   40
quem in Gallia mecum habui, supersedissem loqui   2
apud vos; quid enim adhortari referret aut eos equites, qui equitatum hostium ad Rhodanum flumen
egregie vicissent, aut eas legiones, cum quibus fugientem hunc ipsum hostem secutus confessionem
cedentis ac detractantis certamen pro victoria ha-   3
bui? Nunc quia ille exercitus, Hispaniae provinciae

war die Truppe noch nicht ausgebildet und noch mutlos durch die
jüngsten unrühmlichen Vorfälle; doch er wollte mit einem Feind
kämpfen, der sich noch nicht recht erholt hatte. Als aber der Konsul nach Placentia kam, war Hannibal schon aus seinem Standlager aufgebrochen. Er hatte die einzige Stadt der Tauriner, die
Hauptstadt dieses Stammes, mit Waffengewalt erobert, weil sie
nicht freiwillig als Freunde zu ihm übergingen. Und er hätte sich die
gallischen Anwohner des Po nicht nur durch Angst, sondern auch
gutwillig zu Verbündeten gemacht, wenn sie nicht der Konsul
durch sein plötzliches Erscheinen überrascht hätte, gerade als sie
auf den rechten Zeitpunkt zum Abfall warteten. Hannibal zog nun
vom Gebiet der Tauriner aus weiter, da er hoffte, die Gallier, die
sich noch nicht entscheiden konnten, welcher Seite sie folgen sollten, würden sich ihm anschließen, wenn er erst einmal da sei. Schon
standen sich die Heere fast auf Sichtweite gegenüber, und es waren
Heerführer aufeinandergestoßen, die sich zwar gegenseitig noch
nicht richtig kannten, aber doch beide recht viel Respekt voreinander hatten. Denn Hannibals Name war bei den Römern bereits
vor dem Fall Sagunts sehr berühmt, und Hannibal hielt Scipio
schon deswegen für einen hervorragenden Mann, weil gerade er
zum Heerführer gegen ihn gewählt war. Die gegenseitige Hoch-
achtung war bei beiden noch gestiegen: Scipio imponierte dadurch,
daß er in Gallien zurückgeblieben war und jetzt Hannibal gegen-
überstand, als dieser nach Italien einrückte. Hannibal beeindruckte
durch den so kühnen und tatsächlich gelungenen Versuch des Übergangs über die Alpen. Scipio war jedoch zuerst am Po und überschritt ihn; und als er sich mit seinem Lager bis an den Ticinus
herangeschoben hatte, hielt er vor dem Ausrücken zum Kampf zur
Ermutigung seiner Soldaten folgende Rede:

„Soldaten! Wenn ich das Heer, das mir in Gallien zur Verfügung
stand, in den Kampf führen könnte, brauchte ich keine Rede vor
euch zu halten. Warum sollte ich denn diejenigen Reiter ermun-
tern, die an der Rhône die feindliche Reiterei so eindrucksvoll geschlagen haben? Oder wozu die Legionen anfeuern, mit denen ich
gerade diesen Feind auf seiner Flucht verfolgte? Der Feind wich
eingestandenermaßen und vermied den Kampf: ein Zeichen des
Sieges für mich! Nun aber steht jenes Heer, das nur für Spanien

scriptus, ibi cum fratre Cn. Scipione meis auspiciis
rem gerit, ubi eum gerere senatus populusque Ro-   4
manus voluit, ego, ut consulem ducem adversus
Hannibalem ac Poenos haberetis, ipse me huic
voluntario certamini obtuli, novo imperatori apud
novos milites pauca verba facienda sunt. Ne genus   5
belli neve hostem ignoretis, cum iis est vobis, milites,
pugnandum, quos terra marique priore bello vicistis,
a quibus stipendium per viginti annos exegistis, a
quibus capta belli praemia Siciliam ac Sardiniam   6
habetis. Erit igitur in hoc certamine is vobis illis-
que animus, qui victoribus et victis esse solet. Nec
nunc illi quia audent, sed quia necesse est, pugnaturi
sunt, qui plures paene perierint, quam supersint;   7
nisi creditis, qui exercitu incolumi pugnam detractavere, eos duabus partibus peditum equitumque in
transitu Alpium amissis plus spei nactos esse. At   8
enim pauci quidem sunt, sed vigentes animis cor-
poribusque, quorum robora ac vires vix sustinere
vis ulla possit. Effigies immo, umbrae hominum,   9
fame, frigore, inluvie, squalore enecti, contusi ac
debilitati inter saxa rupesque; ad hoc praeusti artus,
nive rigentes nervi, membra torrida gelu, quassata
fractaque arma, claudi ac debiles equi. Cum hoc   10
equite, cum hoc pedite pugnaturi estis; reliquias
extremas hostis, non hostem habetis, ac nihil magis
vereor, quam ne cui, vos cum pugnaveritis, Alpes   11
vicisse Hannibalem videantur. Sed ita forsitan de-
cuit, cum foederum ruptore duce ac populo deos
ipsos sine ulla humana ope committere ac profligare
bellum, nos, qui secundum deos violati sumus, commissum ac profligatum conficere.

bestimmt war, in meinem Namen unter der Führung meines Bruders Gnaeus Scipio dort, wo es nach dem Willen des römischen Senates und Volkes stehen soll. Ich aber habe mich freiwillig für diesen Kampf hier zur Verfügung gestellt, damit ihr einen Konsul als Führer gegen Hannibal und die Punier habt. Daher habe ich als neuer Feldherr meinem neuen Heer wenigstens einige Worte zu sagen. Damit ihr diesen Krieg und den Feind gründlich kennt: Ihr müßt gegen Leute kämpfen, Soldaten, die ihr zu Wasser und zu Lande bereits im vorigen Krieg besiegt habt. Zwanzig Jahre lang habt ihr von ihnen Kriegsabgaben eingetrieben, und als Lohn für diesen Kampf habt ihr Sizilien und Sardinien gewonnen. Also wird euch und ihnen in dem bevorstehenden Krieg zumute sein, wie es eben Siegern und Besiegten zumute ist. Auch jetzt werden sie nicht kämpfen, weil sie den Mut dazu aufbringen, sondern weil sie müssen. Und es dürften schon beinahe mehr von ihnen umgekommen sein, als noch übrig sind. Oder glaubt ihr, daß solche Leute, die mit ihrem ganzen Heer dem Kampf auswichen, nunmehr, nachdem sie beim Überqueren der Alpen zwei Drittel ihres Fußvolks und ihrer Reiterei verloren haben, bessere Aussichten hätten? Zwar behauptet man jetzt, es seien wohl nur noch wenige, aber kraftstrotzende Gestalten voller Mut, deren Körperstärke kaum eine Streitmacht standhalten könne. Ich behaupte dagegen, es sind keine wirklichen Menschen mehr, nur noch Menschenschatten, ausgemergelt von Hunger, Kälte und starrendem Schmutz, an Felsen und Klippen wundgestoßen und gelähmt. Überdies: Finger und Zehenspitzen sind ihnen erfroren, die Gelenke steif vom Schnee, die Glieder vor Frost erstarrt, ihre Waffen wacklig und zerbrochen, lahm und schwach die Pferde. Das also sind die Reiter und das Fußvolk, mit denen ihr kämpfen werdet. Den armseligen Rest des Feindes, nicht ,die Feinde', habt ihr vor euch. Ja, ich habe sogar die größten Bedenken, es könnte nach eurem siegreichen Kampf der Eindruck aufkommen, als hätten die Alpen Hannibal besiegt. Aber vielleicht wäre es recht so, daß im Krieg mit einem bundbrüchigen Feldherrn und Volk die Götter selbst die Entscheidung ohne unser Zutun fällen. Wir, nächst den Göttern als Beleidigte, müssen den Kampf, der begonnen und schon entschieden ist, zu Ende führen.

Non vereor, ne quis me haec vestri adhortandi 41
causa magnifice loqui existimet, ipsum aliter animo
adfectum esse. Licuit in Hispaniam, provinciam 2
meam, quo iam profectus eram, cum exercitu ire
meo, ubi et fratrem consilii participem ac periculi
socium haberem et Hasdrubalem potius quam Hannibalem hostem et minorem haud dubie molem
belli; tamen, cum praeterveherer navibus Galliae 3
oram, ad famam huius hostis in terram egressus,
praemisso equitatu ad Rhodanum movi castra.
Equestri proelio, qua parte copiarum conserendi 4
manum fortuna data est, hostem fudi; peditum agmen, quod in modum fugientium raptim agebatur,
quia adsequi terra non poteram, regressus ad naves,
quanta maxime potui celeritate, tanto maris terrarumque circuitu, in radicibus prope Alpium huic
timendo hosti obvius fui. Utrum, cum declinarem 5
certamen, improvidus incidisse videor an occurrere
in vestigiis eius, lacessere ac trahere ad decernen-
dum? Experiri iuvat, utrum alios repente Cartha- 6
ginienses per viginti annos terra ediderit an iidem
sint, qui ad Aegates pugnaverunt insulas et quos ab
Eryce duodevicenis denariis aestimatos emisistis, et
utrum Hannibal hic sit aemulus itinerum Herculis, 7
ut ipse fert, an vectigalis stipendiariusque et servus
populi Romani a patre relictus. Quem nisi Sagun- 8
tinum scelus agitaret, respiceret profecto, si non patriam victam, domum certe patremque et foedera
Hamilcaris scripta manu, qui iussus ab consule nos- 9
tro praesidium deduxit ab Eryce, qui graves impo-
sitas victis Carthaginiensibus leges fremens mae-
rensque accepit, qui decedens Sicilia stipendium
populo Romano dare pactus est.

Itaque vos ego, milites, non eo solum animo, quo 10

Ich nehme nicht an, jemand könnte glauben, meine schwung-
volle Rede sollte euch Mut machen, in Wirklichkeit aber sei mir
ganz anders zumute. Mir hätte es ja freigestanden, mit meinem
Heer nach Spanien, dem mir angewiesenen Amtsbereich, zu gehen;
dorthin war ich schon unterwegs, wo ich in meinem Bruder nicht
nur einen Mitplaner und Gefährten in der Gefahr gehabt hätte. Lieber hätte ich auch Hasdrubal als Feind vor mir gesehen als Hannibal; und der Kampf wäre zweifellos weniger schwer geworden.
Doch als ich mit meiner Flotte an Galliens Küste vorbeisegelte und
von diesem Feind hörte, landete ich hier, schickte meine Reiterei
voraus und schlug mein Lager an der Rhône auf. In einem Reitergefecht – ich hatte zum Glück diese Kampfmöglichkeit – warf ich
den Feind. Weil ich sein Fußvolk, das sich – Fliehenden gleich –
eilig davonmachte, auf dem Landweg nicht einholen konnte, kehrte
ich zu den Schiffen zurück, um mich möglichst schnell, soweit es
mir auf einem so weiten Umweg über Meer und Land möglich war,
diesem schrecklichen Feind am Fuße der Alpen entgegenzustellen.
Sieht es nun aus, als sei ich zufällig auf den Feind gestoßen, weil
ich dem Kampf auswich, oder habe ich nicht vielmehr offensichtlich seine Spur verfolgt, ihn zum Kampf gereizt und zur Entscheidungsschlacht gezwungen? Ich möchte doch gern erfahren, ob die
Erde in den letzten zwanzig Jahren plötzlich andere Karthager
hervorgebracht hat oder ob es noch die gleichen sind, die an den
Ägatischen Inseln kämpften und die ihr vom Eryx gefangen abziehen ließt, den Mann mit 18 Denaren berechnet. Ob dieser Hannibal
es in seinen Märschen wirklich mit Herkules aufnimmt, wie er sich
rühmt, oder ob ihn sein Vater dem römischen Volk als steuer- und
tributpflichtigen Diener hinterlassen hat. Triebe ihn nicht das Verbrechen an Sagunt in die Welt, würde er bestimmt, wenn nicht auf
sein besiegtes Vaterland, so doch auf sein Haus, seinen Vater und
auf die handgeschriebenen Verträge Hamilkars Rücksicht nehmen:
Gerade dieser Hamilkar führte auf Befehl unsres Konsuls die Besatzung vom Eryx weg, mußte knirschend und trauernd die harten,
den besiegten Karthagern auferlegten Bedingungen annehmen und
bei seinem Abzug von Sizilien in die Zahlung von Kriegslasten an
das römische Volk einwilligen.
Darum, Soldaten, möchte ich, daß ihr nicht nur mit dem Mut

adversus alios hostes soletis, pugnare velim, sed cum
indignatione quadam atque ira, velut si servos videatis vestros arma repente contra vos ferentes. Licuit   11
ad Erycem clausos ultimo supplicio humanorum,
fame interficere; licuit victricem classem in Africam
traicere atque intra paucos dies sine ullo certamine
Carthaginem delere; veniam dedimus precantibus,   12
emisimus ex obsidione, pacem cum victis fecimus,
tutelae deinde nostrae duximus, cum Africo bello
urgerentur. Pro his impertitis furiosum iuvenem   13
sequentes oppugnatum patriam nostram veniunt.
Atque utinam pro decore tantum hoc vobis et non
pro salute esset certamen! Non de possessione Sici-   14
liae ac Sardiniae, de quibus quondam agebatur, sed
pro Italia vobis est pugnandum. Nec est alius ab   15
tergo exercitus, qui, nisi nos vincimus, hosti obsistat,
nec Alpes aliae sunt, quas dum superant, comparari
nova possint praesidia; hic est obstandum, milites,
velut si ante Romana moenia pugnemus. Unusquis-   16
que se non corpus suum, sed coniugem ac liberos
parvos armis protegere putet; nec domesticas solum
agitet curas, sed identidem hoc animo reputet nostras nunc intueri manus senatum populumque Romanum: qualis nostra vis virtusque fuerit, talem   17
deinde fortunam illius urbis ac Romani imperii
fore.'

Haec apud Romanos consul. Hannibal rebus   42
prius quam verbis adhortandos milites ratus, cir-
cumdato ad spectaculum exercitu captivos montanos vinctos in medio statuit armisque Gallicis ante
pedes eorum proiectis interrogare interpretem iussit,
ecquis, si vinculis levaretur armaque et equum victor acciperet, decertare ferro vellet. Cum ad unum   2
omnes ferrum pugnamque poscerent et deiecta in id
sors esset, se quisque eum optabat, quem fortuna   3
in id certamen legeret, et, cuiusque sors exciderat,
alacer, inter gratulantes gaudio exsultans, cum sui

kämpft, den ihr gewöhnlich gegen andere Feinde an den Tag legt, sondern mit zorniger Entrüstung, als sähet ihr plötzlich eure eignen Sklaven in Waffen gegen euch. Als wir damals unsre Feinde am Eryx eingeschlossen hatten, hätten wir sie durch die für Menschen grausamste Qual, den Hunger, umkommen lassen können. Wir hätten mit unserer siegreichen Flotte nach Afrika übersetzen und in wenigen Tagen Karthago kampflos vernichten können. Aber wir haben ihnen verziehen, weil sie darum baten. Wir ließen sie aus dem Kessel abziehen, wir schlossen Frieden mit den Besiegten und betrachteten sie sogar als unsere Schützlinge, als sie später im afrikanischen Krieg in Bedrängnis gerieten. Als Dank dafür folgen sie einem wutentbrannten jungen Mann und wollen unser Vaterland angreifen. Dürftet ihr doch diese Schlacht allein zu eurem Ruhm statt für eure Rettung schlagen! Ihr habt nicht um den Besitz Siziliens und Sardiniens zu kämpfen, worauf es damals ankam, sondern um Italien! Wir haben kein andres Heer im Rückhalt, das dem Feind entgegentreten könnte, wenn uns der Sieg nicht glückt. Und es gibt keine zweite Alpenkette, deren Überwindung uns Zeit ließe, neue Truppen aufzustellen. Hier, Soldaten, hier müssen wir standhalten, als kämpften wir vor den Mauern Roms! Jeder soll daran denken, daß er mit seinen Waffen nicht nur sich selbst, sondern seine Frau und seine kleinen Kinder schützt. Er sorge sich auch nicht nur um sein Haus, sondern bedenke immer wieder, daß der Senat und das römische Volk jetzt auf unsere Hände sehen: Wie jetzt unsere Kraft und Tapferkeit, so wird später das Schicksal unserer Stadt und des römischen Reiches aussehen."

Dies war des Konsuls Rede vor den Römern. Hannibal meinte, er müßte seine Soldaten eher durch Taten als durch Worte aufmuntern. Dazu ließ er das Heer einen Kreis bilden wie zu einem Schauspiel und stellte gefangene und gefesselte Bergbewohner in die Kreismitte. Er befahl, ihnen gallische Waffen vor die Füße zu werfen und sie durch einen Dolmetscher fragen zu lassen, ob jemand zum Zweikampf bereit sei, wenn man ihn von den Fesseln befreie und dann dem Sieger Waffen und ein Pferd schenke. Als alle ohne Ausnahme Schwert und Kampf forderten und die Lose dazu bereits gemischt waren, wollte jeder unter denen sein, die der Zufall für diesen Kampf auswählte. Sobald ein Los gezogen war,

moris tripudiis arma raptim capiebat. Ubi vero
dimicarent, is habitus animorum non inter eiusdem   4
modo condicionis homines erat, sed etiam inter
spectantes volgo, ut non vincentium magis quam
bene morientium fortuna laudaretur.

Cum sic aliquot spectatis paribus adfectos dimi-   43
sisset, contione inde advocata ita apud eos locutus
fertur.

,Si, quem animum in alienae sortis exemplo paulo   2
ante habuistis, eundem mox in aestimanda fortuna
vestra habueritis, vicimus, milites; neque enim spectaculum modo illud, sed quaedam veluti imago
vestrae condicionis erat. Ac nescio, an maiora vin-   3
cula maioresque necessitates vobis quam captivis
vestris fortuna circumdederit. Dextra laevaque duo   4
maria claudunt nullam ne ad effugium quidem navem habentes; circa Padus amnis maior ac
violentior Rhodano, ab tergo Alpes urgent, vix
integris vobis ac vigentibus transitae. Hic vincen-   5
dum aut moriendum, milites, est, ubi primum hosti
occurristis. Et eadem fortuna, quae necessitatem
pugnandi imposuit, praemia vobis ea victoribus
proponit, quibus ampliora homines ne ab dis quidem immortalibus optare solent. Si Siciliam tantum   6
ac Sardiniam parentibus nostris ereptas nostra virtute reciperaturi essemus, satis tamen ampla pretia
essent: quidquid Romani tot triumphis partum con-
gestumque possident, id omne vestrum cum ipsis   7
dominis futurum est; in hanc tam opimam mercedem, agite dum, dis bene iuvantibus arma capite.
Satis adhuc in vastis Lusitaniae Celtiberiaeque mon-   8
tibus pecora consectando nullum emolumentum tot
laborum periculorumque vestrorum vidistis; tempus   9
est iam opulenta vos ac ditia stipendia facere et
magna operae pretia mereri, tantum itineris per tot

sprang der Betroffene freudig auf, und alle beglückwünschten ihn. Eiligst nahm er im Tanz des Dreischrittes nach Landessitte die Waffen auf. Als sie kämpften, herrschte über das Schicksal des Siegers nicht nur bei den Mitgefangenen Freude, sondern auch bei den Zuschauern allgemein, so daß sie das Schicksal der Sieger nicht mehr lobten als der Besiegten, die einen so schönen Tod fanden.

Als sie einigen kämpfenden Paaren zugeschaut hatten, entließ sie Hannibal in dieser Stimmung. Darauf soll er eine Versammlung einberufen und folgende Rede gehalten haben: „Soldaten! Wenn ihr euer eignes Schicksal ebenso würdigt wie kurz vorher die Entscheidung des fremden Loses, dann haben wir bereits gesiegt. Denn dies war nicht nur ein Schauspiel, sondern gewissermaßen das Bild eurer Lage. Euch hat das Schicksal vielleicht mit stärkeren Fesseln und ärgerer Not umgeben als eure Gefangenen: Zwei Meere, eines rechts und eines links, versperren uns den Ausweg, und dazu haben wir kein einziges Schiff, nicht einmal zur Flucht. Ringsum der Po, und er ist ein größerer und reißenderer Fluß als die Rhône. Im Rücken haben wir die Alpen, die ihr mit frischen Kräften kaum übersteigen konntet. Soldaten! Hier gilt es zu siegen oder zu sterben, sobald ihr dem Feind begegnet. Und das gleiche Schicksal, das euch den Kampf aufzwang, hält für euch, wenn ihr siegt, Belohnungen bereit, wie sie sich Menschen für gewöhnlich nicht einmal aus der Hand der unsterblichen Götter herrlicher wünschen können. Wenn wir mit unsrer Tapferkeit nur Sizilien und Sardinien, die man unsern Eltern geraubt hat, wiedererobern wollten, wäre dieser Preis schon reich genug. Aber euch wird nun all das, was die Römer in so vielen Siegen gewonnen und zusammengetragen haben, samt den Besitzern gehören. Auf denn! Mit Hilfe der Götter ergreift die Waffen für einen so reichen Lohn! Lange genug habt ihr in den öden Bergen Lusitaniens und Keltiberiens, wo ihr nur Kleinviehjagd betreiben konntet, keinen Entgelt für so viele Anstrengungen und Gefahren gesehen. Es ist höchste Zeit, daß ihr nun lohnende und reiche Soldjahre schafft und eure Mühe großen Lohn erhält. Habt ihr doch einen gewaltigen Marsch über so viele

montes fluminaque et tot armatas gentes emensos.
Hic vobis terminum laborum fortuna dedit; hic
dignam mercedem emeritis stipendiis dabit.   10

Nec, quam magni nominis bellum est, tam difficilem existimaritis victoriam fore; saepe et con-   11
temptus hostis cruentum certamen edidit et incliti
populi regesque perlevi momento victi sunt. Nam
dempto hoc uno fulgore nominis Romani, quid est   12
cur illi vobis comparandi sint? Ut viginti annorum   13
militiam vestram cum illa virtute, cum illa fortuna
taceam, ab Herculis columnis, ab Oceano terminis-
que ultimis terrarum per tot ferocissimos Hispaniae
et Galliae populos vincentes huc pervenistis; pugna-
bitis cum exercitu tirone, hac ipsa aestate caeso,   14
victo, circumsesso a Gallis, ignoto adhuc duci suo
ignorantique ducem. An me in praetorio patris, cla-
rissimi imperatoris, prope natum, certe eductum,   15
domitorem Hispaniae Galliaeque, victorem eundem
non Alpinarum modo gentium, sed ipsarum, quod
multo maius est, Alpium, cum semenstri hoc conferam duce, desertore exercitus sui? Cui si quis
demptis signis Poenos Romanosque hodie ostendat,
ignoraturum certum habeo, utrius exercitus sit con-   16
sul. Non ego illud parvi aestimo, milites, quod nemo
est vestrum, cuius non ante oculos ipse saepe mili-   17
tare aliquod ediderim facinus, cui non idem ego
virtutis spectator ac testis notata temporibus locisque referre sua possim decora. Cum laudatis a me
miliens donatisque, alumnus prius omnium vestrum   18
quam imperator, procedam in aciem adversus igno-
tos inter se ignorantesque.

Quocumque circumtuli oculos, plena omnia video   44
animorum ac roboris, veteranum peditem, genero-
sissimarum gentium equites frenatos infrenatosque,

Berge und Flüsse und durch das Gebiet so vieler bewaffneter Völker hinter euch! Hier bietet euch das Schicksal ein Ziel eurer Plagen; hier wird es euch einen Lohn bieten, der eurer überstandenen Dienstjahre würdig ist.

Glaubt nicht, der Sieg werde uns so schwerfallen, wie es bei dem großen Namen des Krieges aussieht! Oft schon hat ein verachteter Feind einen blutigen Kampf geliefert, und berühmte Völker und Könige wurden spielend besiegt. Denkt ihr euch nämlich diesen Glanz, der einzig in dem Namen ‚Rom‘ besteht, hinweg, was bleibt dann noch, worin man die Römer mit euch vergleichen könnte? Wenn ich auch eure zwanzig Dienstjahre, die mit soviel Tapferkeit und Glück verbunden waren, nicht mitzähle, so seid ihr doch von den Säulen des Herkules, vom Ozean und den äußersten Grenzen der Erde durch so viele wilde Völker Spaniens und Galliens von Sieg zu Sieg bis hierher gelangt. Ihr werdet mit einem Rekrutenheer kämpfen, das noch im vergangenen Sommer von den Galliern völlig besiegt und eingeschlossen wurde, bei dem sich Feldherr und Truppe bislang gegenseitig nicht kennen. Ich dagegen wurde beinahe im Feldherrnzelt meines Vaters, eines hochberühmten Heerführers, geboren, zumindest aber erzogen. Ich bin der Bezwinger Spaniens und Galliens und habe nicht nur die Alpenvölker besiegt, sondern die Alpen selbst; und das ist ja noch viel mehr. Soll ich mich nun mit diesem Sechsmonatsfeldherrn vergleichen, der von seinen eigenen Truppen weglief? Wenn ihm heute jemand Punier und Römer ohne Zeichen vorführte, dann bin ich überzeugt, er würde nicht wissen, zu welchem Heer er als Konsul gehört. Soldaten, ich glaube, es ist auch einiges wert, daß keiner unter euch ist, vor dessen Augen ich nicht schon oft eine Heldentat vollbracht habe. Es gibt auch wohl keinen, dem nicht ich als Zuschauer und Zeuge seiner Tapferkeit wiederum seine Ruhmestaten aufzählen könnte, die ich mir nach Zeit und Ort gemerkt habe. Mit euch, die ich tausendmal gelobt und beschenkt habe, will ich jetzt, der ich, bevor ich euer Feldherr wurde, schon euer aller Zögling gewesen war, in den Kampf gegen Männer ziehen, die einander völlig unbekannt sind.

Wohin ich auch blicke, überall sehe ich Mut und Kraft: ein Fußvolk altgedienter Soldaten, eine Reiterei aus Elitevölkern mit gezäumten und ungezäumten Pferden, euch, Bundesgenossen, eben-

vos socios fidelissimos fortissimosque, vos, Cartha-   2
ginienses, cum ob patriam, tum ob iram iustissimam
pugnaturos. Inferimus bellum infestisque signis de-   3
scendimus in Italiam, tanto audacius fortiusque pugnaturi quam hostis, quanto maior spes, maior est
animus inferentis vim quam arcentis. Accendit prae-   4
terea et stimulat animos dolor, iniuria, indignitas.
Ad supplicium depoposcerunt me ducem primum,
deinde vos omnes, qui Saguntum oppugnassetis;
deditos ultimis cruciatibus adfecturi fuerunt. Cru-   5
delissima ac superbissima gens sua omnia suique
arbitrii facit; cum quibus bellum, cum quibus pacem
habeamus, se modum imponere aequum censet. Cir-
cumscribit includitque nos terminis montium flumi-
numque, quos non excedamus, neque eos, quos statuit, terminos observat: „Ne transieris Hiberum;   6
ne quid rei tibi sit cum Saguntinis." Ad Hiberum
est Saguntum? „Nusquam te vestigio moveris." Pa-   7
rum est, quod veterrimas provincias meas, Siciliam
ac Sardiniam, ademisti? Adimis etiam Hispanias et,
si inde cessero, in Africam transcendes. Transcendes
autem? Transcendisse dico. Duos consules huius
anni, unum in Africam, alterum in Hispaniam
miserunt. Nihil usquam nobis relictum est nisi quod
armis vindicarimus. Illis timidis et ignavis esse licet,   8
qui respectum habent, quos sua terra, suus ager per
tuta ac pacata itinera fugientes accipient: vobis
necesse est fortibus viris esse et, omnibus inter victoriam mortemve certa desperatione abruptis, aut
vincere aut, si fortuna dubitabit, in proelio potius
quam in fuga mortem oppetere. Si hoc bene fixum   9
omnibus destinatum in animo est, iterum dicam,
vicistis; nullum contemptu mortis incitamentum ad
vincendum homini ab dis immortalibus acrius datum est.'

His adhortationibus cum utrimque ad certamen   45
accensi militum animi essent, Romani ponte Tici-

so treu und tapfer, euch, Karthager, die ihr für das Vaterland, hauptsächlich aber aus gerechtestem Zorn kämpfen wollt. Wir greifen an, und als Angreifer ziehen wir nach Italien hinunter, um soviel kühner und tapferer zu kämpfen als der Feind, je größer Hoffnung und Mut des Angreifers sind im Vergleich zum Verteidiger. Außerdem spornen uns Schmerz, Beleidigung und Entrüstung an. Zuerst verlangten sie meine Auslieferung zur Vollstreckung der Todesstrafe wegen meiner Führerrolle, darauf euch alle, weil ihr Sagunt belagert hättet; und sicherlich hätten sie die Ausgelieferten recht grausam gefoltert. Dieses höchst unmenschliche und sehr hochmütige Volk will überall besitzen, überall entscheiden. Immer maßt es sich die Entscheidung an, mit wem wir Krieg führen, mit wem wir Frieden haben sollen. Es engt und schließt uns in Grenzen von Bergen und Flüssen ein, die wir nicht verlassen dürfen; und selbst achtet es die Grenzen nicht, die es setzte. ‚Du darfst den Ebro nicht überschreiten! Du darfst dich nicht an den Saguntinern vergreifen!‘ Liegt Sagunt noch am Ebro? ‚Du darfst dich nirgends von der Stelle rühren!‘ Ist es denn noch zu wenig, daß du mir meine uralten Provinzen Sardinien und Sizilien geraubt hast? Du nimmst mir nun auch noch Spanien. Und wenn ich es aufgebe, dann wirst du auch nach Afrika kommen. Wirst du es tun? Ich behaupte, du bist schon da. Schon haben sie die beiden Konsuln dieses Jahres, einen nach Afrika, den andern nach Spanien geschickt. Uns bleibt höchstens das, was wir mit den Waffen behaupten können. Sie dürfen wohl feige und mutlos sein, weil sie einen Rückhalt haben; denn ihr eignes Land wird sie nach der Flucht über sichere und ungefährlichere Wege in Empfang nehmen. Ihr dagegen kommt nicht darum herum, tapfer zu sein! Denn zwischen Sieg und Tod gibt es für euch alle nichts als Verzweiflung. Ihr müßt siegen oder – sollte das Glück schwanken – lieber auf dem Schlachtfeld als auf der Flucht sterben. Wenn dies euer fester Entschluß und Vorsatz ist, dann will ich nochmals sagen: Ihr habt schon gesiegt! Es gibt kein wirksameres Mittel für den Sieg, das die unsterblichen Götter den Menschen geschenkt haben, als die Todesverachtung."

Nach solchen Aufmunterungen waren die Soldaten auf beiden Seiten für den Kampf begeistert. Die Römer schlugen dann eine

num iungunt tutandique pontis causa castellum insuper imponunt: Poenus hostibus opere occupatis   2
Maharbalem cum ala Numidarum, equitibus quingentis, ad depopulandos sociorum populi Romani
agros mittit; Gallis parci quam maxime iubet prin-   3
cipumque animos ad defectionem sollicitari. Ponte
perfecto traductus Romanus exercitus in agrum In-
subrium quinque milia passuum ab Victumulis consedit. Ibi Hannibal castra habebat; revocatoque   4
propere Maharbale atque equitibus cum instare certamen cerneret, nihil unquam satis dictum praemo-
nitumque ad cohortandos milites ratus, vocatis ad
contionem certa praemia pronuntiat, in quorum
spem pugnarent: agrum sese daturum esse in Italia,
Africa, Hispania, ubi quisque velit, immunem ipsi,   5
qui accepisset, liberisque; qui pecuniam quam agrum
maluisset, ei se argento satisfacturum; qui sociorum
cives Carthaginienses fieri vellent, potestatem fac-   6
turum; qui domos redire mallent, daturum se ope-
ram, ne cuius suorum popularium mutatam secum
fortunam esse vellent. Servis quoque dominos pro-   7
secutis libertatem proponit binaque pro his man-
cipia dominis se redditurum. Eaque ut rata scirent   8
fore, agnum laeva manu, dextra silicem retinens, si
falleret, Iovem ceterosque precatur deos, ita se mac-
tarent, quemadmodum ipse agnum mactasset, et
secundum precationem caput pecudis saxo elisit.   9
Tum vero omnes, velut dis auctoribus in spem suam
quisque acceptis, id morae, quod nondum pugnarent, ad potienda sperata rati, proelium uno animo
et voce una poscunt.

Apud Romanos haudquaquam tanta alacritas   46
erat, super cetera recentibus etiam territos prodigiis;
nam et lupus intraverat castra laniatisque obviis   2
ipse intactus evaserat, et examen apum in arbore

Brücke über den Ticinus und errichteten zu deren Schutz einen
Brückenkopf. Während die Feinde noch mit ihren Befestigungs-
arbeiten beschäftigt waren, schickte der Punier den Maharbal mit
einer Schwadron von 500 numidischen Reitern aus, um die Felder
der römischen Bundesgenossen verwüsten zu lassen. Er gab den
Auftrag, die Gallier weitgehend zu schonen und ihre Führer zum
Abfall zu bewegen. Als die Brücke fertig war, wurde das römische
Heer in das Gebiet der Insubrer geführt und lagerte sich etwa 7,5 km
von Victumulae entfernt. Dort hatte Hannibal sein Lager. Schnell
ließ er Maharbal und die Reiterei zurückrufen, weil er merkte, daß
der Kampf nun bevorstand. Er meinte, man könne nie genug Reden
halten und Ermahnungen vorausschicken, um die Soldaten anzu-
feuern. Er rief sie also wieder zu einer Heeresversammlung zusammen und versprach ihnen sichere Belohnung, in deren Erwartung
sie kämpfen sollten: Er werde ihnen in Italien, Afrika und Spanien,
wo jeder es wolle, Ländereien zuweisen, und zwar abgabenfrei für
den Empfänger und seine Kinder. Wer lieber Geld als Ackerland
wünsche, den werde er mit Silber entschädigen. Wer von den Bundesgenossen karthagischer Bürger werden wolle, dem werde er
dazu verhelfen. Gehe jemand lieber zurück in seine Heimat, dann
werde er dafür sorgen, daß keiner sein Schicksal mit einem seiner
Landsleute vertauscht wissen wolle. Auch den Sklaven, die ihren
Herren gefolgt waren, versprach er die Freiheit und ihren Herren
für einen jeden von ihnen zwei Leibeigene. Damit sie sich darauf
verlassen könnten, rief er, in der linken Hand ein Lamm, in der
rechten einen Kieselstein, Jupiter und die übrigen Götter an, sie
sollten ihn, falls er sie täusche, ebenso hinschlachten, wie er jetzt
das Lamm treffe. Und nach diesem Gebet zerschmetterte er den
Kopf des Tieres mit dem Stein. Da forderten sie alle einmütig und
einstimmig die Schlacht; es klang, als ob jeder die Götter als Bürgen für die Erfüllung seiner Hoffnung erhalten hätte; sie meinten,
allein die Tatsache, daß sie noch nicht kämpften, hindere daran,
alles Erhoffte gleich in Besitz zu nehmen.

Bei den Römern herrschte keineswegs eine solche Begeisterung.
Zu allem übrigen waren sie eben erst von dunklen Vorzeichen erschreckt worden: Ein Wolf war in das Lager eingedrungen, hatte
alle, die ihm begegneten, zerrissen und war dann unbeschadet ent-

praetorio imminente consederat. Quibus procuratis   3
Scipio cum equitatu iaculatoribusque expeditis profectus ad castra hostium exque propinquo copias,
quantae et cuius generis essent, speculandas obvius
fit Hannibali et ipsi cum equitibus ad exploranda
circa loca progresso. Neutri alteros primo cerne-   4
bant; densior deinde incessu tot hominum et equorum oriens pulvis signum propinquantium hostium
fuit. Consistit utrumque agmen et ad proelium sese
expediebant. Scipio iaculatores et Gallos equites in   5
fronte locat, Romanos sociorumque, quod roboris
fuit, in subsidiis; Hannibal frenatos equites in medium accipit, cornua Numidis firmat. Vixdum cla-   6
more sublato iaculatores fugerunt inter subsidia ac
secundam aciem. Inde equitum certamen erat aliquamdiu anceps; dein quia turbabant equos pedites
intermixti, multis labentibus ex equis aut desilien-
tibus, ubi suos premi circumventos vidissent, iam
magna ex parte ad pedes pugna abierat, donec Nu-   7
midae, qui in cornibus erant, circumvecti paulum
ab tergo se ostenderunt. Is pavor perculit Romanos,
auxitque pavorem consulis volnus periculumque
intercursu tum primum pubescentis filii propulsa-
tum. Hic erit iuvenis, penes quem perfecti huiusce   8
belli laus est, Africanus ob egregiam victoriam de
Hannibale Poenisque appellatus. Fuga tamen effusa   9
iaculatorum maxime fuit, quos primos Numidae
invaserunt; alius confertus equitatus consulem in
medium acceptum, non armis modo, sed etiam corporibus suis protegens, in castra nusquam trepide
neque effuse cedendo reduxit. Servati consulis decus   10
Coelius ad servum natione Ligurem delegat; malim

kommen. Überdies hatte sich ein Bienenschwarm auf einem Baum nahe am Feldherrnzelt niedergelassen. Scipio sühnte diese Zeichen und rückte mit der Reiterei und den leichten Wurfschützen aus, um das Lager der Feinde, sowie die Stärke und Beschaffenheit der Truppen aus der Nähe zu betrachten. Dabei stieß er auf Hannibal, der ebenfalls mit Reitern ausgerückt war, um sich mit der Gegend vertraut zu machen. Beide bemerkten einander anfangs nicht. Weil dann aber durch die Bewegung so vieler Menschen und Pferde der aufgewirbelte Staub immer dichter wurde, erkannte man daran das Nahen der Feinde. Beide Abteilungen machten halt und bereiteten sich zum Kampfe vor. Scipio stellte die Schleuderer und die gallischen Reiter in die erste Linie, die Römer und Kerntruppen der Bundesgenossen in die Reserve. Hannibal nahm die Reiterei mit den gezäumten Pferden in die Mitte; die Flanken sicherte er durch die Numider. Kaum hörte man Schlachtgeschrei, da flüchteten die Schleuderer schon in die zweite Schlachtreihe zur Reserve. Das Gefecht blieb zwischen den Reitern eine Zeit lang unentschieden. Dann aber kämpfte man bald nur noch zu Fuß, denn viele stürzten von den Pferden, weil die eingedrungene Infanterie die Tiere scheu machte. Einige sprangen auch von den Pferden, wenn sie ihre Leute umzingelt und in Bedrängnis sahen. Endlich schwenkten die Numider, die an den Flügeln standen, ein wenig herum und zeigten sich im Rücken. Der Schrecken versetzte die Römer in Panik, und er wurde noch durch eine Verwundung des Konsuls erhöht. Die drohende Gefahr für ihn wurde nur durch das Dazwischentreten seines Sohnes, eines noch nicht erwachsenen jungen Mannes, abgewehrt. Dieser wird der sein, dessen Ruhm es ist, diesen Krieg beendet zu haben, und der für seinen glänzenden Sieg über Hannibal und die Punier Africanus genannt wurde. Wilde Flucht herrschte aber hauptsächlich nur bei den Schleuderern, die die Numider als erstes Glied angegriffen hatten. Die übrige Reiterei brachte den Konsul in dichtem Schwarm ins Lager zurück; sie hatten ihn in ihre Mitte genommen und schützten ihn nicht nur mit Waffen, sondern auch mit ihren Leibern, ohne irgendwo in Unordnung zu geraten oder auseinandergesprengt zu weichen. Den Ruhm, den Konsul gerettet zu haben, schreibt Coelius einem Sklaven, seiner Herkunft nach einem Ligurer, zu. Mir gefällt die Geschichte mit dem Sohn

equidem de filio verum esse, quod et plures tradi-
dere auctores et fama obtinuit.

Hoc primum cum Hannibale proelium fuit; quo   47
facile apparuit et equitatu meliorem Poenum esse
et ob id campos patentes, quales sunt inter Padum
Alpesque, bello gerendo Romanis aptos non esse.
Itaque proxima nocte iussis militibus vasa silentio   2
colligere castra ab Ticino mota festinatumque ad
Padum est, ut ratibus, quibus iunxerat flumen, nondum resolutis sine tumultu atque insectatione hostis
copias traiceret. Prius Placentiam pervenere, quam   3
satis sciret Hannibal ab Ticino profectos; tamen
ad sescentos moratorum in citeriore ripa Padi segniter ratem solventes cepit. Transire pontem non
potuit, ut extrema resoluta erant tota rate in secundam aquam labente. Coelius auctor est Magonem   4
cum equitatu et Hispanis peditibus flumen extemplo tranasse, ipsum Hannibalem per superiora Padi
vada exercitum traduxisse elephantis in ordinem
ad sustinendum impetum fluminis oppositis. Ea pe-   5
ritis amnis eius vix fidem fecerint; nam neque
equites armis equisque salvis tantam vim fluminis
superasse veri simile est – ut iam Hispanos omnes
inflati travexerint utres –, et multorum dierum circuitu Padi vada petenda fuerunt, qua exercitus   6
gravis impedimentis traduci posset. Potiores apud
me auctores sunt, qui biduo vix locum rate iun-
gendo flumini inventum tradunt; ea cum Magone
equites et Hispanorum expeditos praemissos. Dum   7
Hannibal, circa flumen legationibus Gallorum
audiendis moratus, traicit gravius peditum agmen,
interim Mago equitesque ab transitu fluminis diei
unius itinere Placentiam ad hostes contendunt.   8
Hannibal paucis post diebus sex milia a Placentia

besser, weil mehr Schriftsteller davon berichten und auch die mündliche Überlieferung daran festgehalten hat.

Dies war das erste Gefecht mit Hannibal. Dadurch wurde leicht klar, daß die Punier mit ihrer Reiterei überlegen waren und daß gerade deshalb die weiten Ebenen, wie man sie zwischen dem Po und den Alpen vorfindet, für die Römer kein geeigneter Kriegsschauplatz waren. Also ließ Scipio in der folgenden Nacht seine Truppen stillschweigend die Sachen packen und das Lager am Ticinus abbrechen. Er eilte an den Po, um sein Heer auf der noch stehenden Schiffsbrücke, die er über den Fluß geschlagen hatte, in völliger Ordnung und ohne feindliche Verfolgung überzusetzen. Sie gelangten auch früher nach Placentia, als Hannibal überhaupt mit Sicherheit wußte, daß sie vom Ticinus abgerückt waren. Trotzdem machte er etwa 600 trödelnde Soldaten zu Gefangenen, weil sie am diesseitigen Poufer die Schiffsbrücke nicht schnell genug losmachen konnten. Es gelang ihm jedoch nicht mehr, über die Brücke zu gehen, da sie mit der Strömung fortgetrieben wurde, sobald die Enden losgemacht waren. Coelius berichtet, Mago habe den Fluß sofort mit der Reiterei und den spanischen Truppen durchschwommen. Hannibal selbst habe sein Heer weiter flußaufwärts an einer seichten Stelle über den Po geführt. Dazu habe er die Elefanten in eine Reihe aufgestellt, um die Gewalt der Strömung zu brechen. Dies dürften aber Leute, die den Fluß kennen, kaum glauben; denn es ist unwahrscheinlich, daß sich die Reiterei mit Waffen und Pferden durch einen so reißenden Fluß arbeiten konnte, selbst wenn aufgeblasene Schläuche alle Spanier hinübergetragen hätten. Außerdem hätte man die Untiefen des Po erst suchen müssen, wo ein Heer mit schwerem Gepäck durchzugehen vermochte, und das hätte einen Umweg von vielen Tagemärschen bedeutet. Ich schließe mich lieber den Schriftstellern an, die berichten, die Punier hätten in zwei Tagen mit Mühe eine Stelle für eine Schiffsbrücke gefunden, und darüber hätten sie die Reiterei und leichtbewaffneten Spanier unter Mago vorausgeschickt. Hannibal wurde in der Nähe des Po von gallischen Gesandten aufgehalten, denen er Audienz gewährte, und ließ hier sein schweres Fußvolk übersetzen. Inzwischen eilte die mit Mago übergesetzte Reiterei in einem Tagesritt nach Placentia gegen den Feind. Wenige Tage später schlug Hannibal 9 km

castra communivit et postero die in conspectu hostium acie directa potestatem pugnae fecit.

Insequenti nocte caedes in castris Romanis, tu- 48
multu tamen quam re maior, ab auxiliaribus Gallis
facta est. Ad duo milia peditum et ducenti equites 2
vigilibus ad portas trucidatis ad Hannibalem trans-
fugiunt; quos Poenus benigne adlocutus et spe in-
gentium donorum accensos in civitates quemque
suas ad sollicitandos popularium animos dimisit.

Scipio caedem eam signum defectionis omnium 3
Gallorum esse ratus contactosque eo scelere velut
iniecta rabie ad arma ituros, quamquam gravis
adhuc volnere erat, tamen quarta vigilia noctis 4
insequentis tacito agmine profectus, ad Trebiam
fluvium iam in loca altiora collesque impeditiores
equiti castra movet. Minus quam ad Ticinum fefellit; missisque Hannibal primum Numidis, deinde 5
omni equitatu turbasset utique novissimum agmen,
ni aviditate praedae in vacua Romana castra Numidae devertissent. Ibi dum perscrutantes loca om- 6
nia castrorum nullo satis digno morae pretio tempus
terunt, emissus hostis est de manibus; et cum iam
transgressos Trebiam Romanos metantesque castra
conspexissent, paucos moratorum occiderunt citra
flumen interceptos. Scipio, nec vexationem volneris 7
in via iactati ultra patiens et collegam – iam enim
et revocatum ex Sicilia audierat – ratus exspectan-
dum, locum, qui prope flumen tutissimus stativis
est visus, delectum communiit.

Nec procul inde Hannibal cum consedisset, quan- 8
tum victoria equestri elatus, tantum anxius inopia,

von Placentia entfernt ein befestigtes Lager auf und zeigte sich tags darauf den Feinden. Vor ihren Augen stellte er sein Heer kampfbereit auf und bot so die Gelegenheit zum Kampf.

In der folgenden Nacht gab es durch die gallischen Hilfstruppen im römischen Lager einen blutigen Zusammenstoß. Allerdings erschien er durch den Lärm größer als in Wirklichkeit. Fast 2000 Mann Fußvolk und 200 Reiter schlugen die Wächter an den Toren nieder und liefen dann zu Hannibal über. Der Punier sprach sie freundlich an, begeisterte sie mit der Hoffnung auf ungeheure Geschenke und entließ jeden in seine Heimatstadt, damit er dort seine Landsleute aufwiegele.

Scipio meinte, dieses Gemetzel sei das Zeichen zum Abfall aller Gallier; sie wären durch dieses Verbrechen angesteckt, und, wie von Wut befallen, würden sie zu den Waffen eilen. Deshalb brach er trotz seiner noch schweren Verwundung in der folgenden Nacht um die vierte Wache lautlos zur Trebia auf. Er zog dort auf eine höher gelegene Stelle, wo ein Hügel den Reitern den Angriff erschwerte. Diesmal konnte er Hannibal nicht so einfach täuschen wie am Ticinus. Hannibal schickte zuerst die Numider und dann seine ganze Reiterei los, und er hätte die Nachhut sicher allenthalben durcheinandergebracht, wenn die Numider nicht aus Gier nach Beute seitwärts auf das leere römische Lager abgeschwenkt wären. Während sie hier alle Ecken des Lagers durchstöberten und die Zeit vertaten, ohne daß sich die Verspätung eigentlich recht gelohnt hätte, entglitt ihnen der Feind gleichsam aus den Händen. Dann sahen sie, daß die Römer bereits über die Trebia gegangen waren und das Lager absteckten; so konnten sie nur einige Nachzügler niedermachen, die sie diesseits des Flusses abgefangen hatten. Scipio konnte die Schmerzen seiner Wunde, die sich durch die Erschütterung des Marsches verschlimmerte, nicht länger ertragen. Er glaubte auch, auf seinen Amtsgenossen warten zu müssen. Er hatte nämlich auch bereits erfahren, daß dieser aus Sizilien zurückbeordert worden war. So verschanzte er sich auf einem ausgesuchten Platz, der ihm in der Nähe des Flusses für ein Standlager am sichersten zu sein schien.

Nicht weit von ihm hatte sich Hannibal gelagert. Er schickte Leute nach dem Flecken Clastidium, wohin die Römer große Ge-

quae per hostium agros euntem nusquam praeparatis commeatibus maior in dies excipiebat, ad Clastidium vicum, quo magnum frumenti numerum congesserant Romani, mittit. Ibi cum vim pararent, spes facta proditionis; nec sane magno pretio, nummis aureis quadringentis, Dasio Brundisino praefecto praesidii corrupto traditur Hannibali Clastidium. Id horreum fuit Poenis sedentibus ad Trebiam. In captivos ex tradito praesidio, ut fama clementiae in principio rerum colligeretur, nihil saevitum est.

Cum ad Trebiam terrestre constitisset bellum, interim circa Siciliam insulasque Italiae imminentes et a Sempronio consule et ante adventum eius terra marique res gestae. Viginti quinqueremes cum mille armatis ad depopulandam oram Italiae a Carthaginiensibus missae; novem Liparas, octo ad insulam Volcani tenuerunt, tres in fretum avertit aestus. Ad eas conspectas a Messana duodecim naves ab Hierone rege Syracusanorum missae, qui tum forte Messanae erat consulem Romanum opperiens, nullo repugnante captas naves Messanam in portum deduxerunt. Cognitum ex captivis praeter viginti naves, cuius ipsi classis essent, in Italiam missas, quinque et triginta alias quinqueremes Siciliam petere ad sollicitandos veteres socios; Lilybaei occupandi praecipuam curam esse; credere eadem tempestate, qua ipsi disiecti forent, eam quoque classem ad Aegates insulas deiectam.

Haec, sicut audita erant, rex M. Aemilio praetori, cuius Sicilia provincia erat, perscribit monetque, ut Lilybaeum firmo teneret praesidio. Extemplo et circa a praetore ad civitates missi legati tribunique, qui suos ad curam custodiae intenderent, et ante omnia Lilybaeum tueri apparatu belli, edicto proposito, ut socii navales decem dierum cocta

treidemengen geschafft hatten. Wie stolz er auch auf seinen Reitersieg war, so bedrückte ihn der Mangel, der auf dem Marsch durch Feindesland mit jedem Tag schwerer wurde, da man ja nirgends für Proviant gesorgt hatte. Als die Punier dort zum Sturm ansetzen wollten, machte man ihnen Hoffnung auf Verrat. Und tatsächlich, für einen billigen Preis, für 400 Goldstücke, ließ sich der Besatzungskommandant Dasius aus Brundisium bestechen und übergab Clastidium dem Hannibal. Dies war nun die Kornkammer für die Punier, solange sie an der Trebia saßen. Die Gefangenen aus der übergebenen Besatzung behandelte man keineswegs grausam, um sich am Anfang in den Ruf der Milde zu bringen.

Als der Landkrieg an der Trebia zum Stehen kam, hatten sich die Römer in der Gegend um Sizilien und die italischen Inseln unter dem Konsul Sempronius auch schon vor seiner Ankunft zu Wasser und zu Lande betätigt. Von 20 Fünfruderern, die die Karthager mit 1000 Mann Besatzung zur Verwüstung der Küste Italiens geschickt hatten, liefen neun die Liparischen Inseln, acht die Insel des Vulkanus an, drei verschlug die Flut in die Meerenge. Gegen diese Schiffe, die man von Messana aus sehen konnte, sandte König Hiero von Syrakus, der sich gerade in Messana befand und den römischen Konsul erwartete, zwölf Schiffe. Ohne auf Widerstand zu stoßen, kaperten sie die Schiffe und schleppten sie in den Hafen von Messana. Von den Gefangenen erfuhr man, daß außer dieser Flotte von zwanzig Schiffen gegen Italien, zu der sie selbst gehörten, noch fünfunddreißig Fünfruderer in Richtung auf Sizilien fuhren, um die ehemaligen Bundesgenossen auf ihre Seite zu bringen. In erster Linie gelte es, Lilybaeum zu besetzen. Man glaube allerdings, daß auch diese Flotte von dem gleichen Sturm, durch den sie selbst zerstreut worden waren, zu den Ägatischen Inseln verschlagen wurde.

Dies teilte der König so, wie er es gehört hatte, schriftlich dem Prätor Marcus Aemilius mit, der Sizilien verwaltete. Er riet ihm, Lilybaeum durch eine starke Besatzung zu sichern. Sofort schickte der Prätor reihum in die Städte Unterfeldherrn und Militärtribunen, die seine Leute zu größter Wachsamkeit ermahnen sollten. Vor allem sollten sie Lilybaeum durch Kriegsbereitschaft absichern. Dabei gaben sie bekannt, die Matrosen sollten für zehn Tage fertigen

cibaria ad naves deferrent, et, ubi signum datum
esset, ne quis moram conscendendi faceret, perque
omnem oram, qui ex speculis prospicerent adven-
tantem hostium classem, missi.

Itaque quamquam de industria morati cursum   9
navium erant Carthaginienses, ut ante lucem accederent Lilybaeum, praesensum tamen est, quia et
luna pernox erat et sublatis armamentis veniebant.
Extemplo datum signum ex speculis et in oppido ad   10
arma conclamatum est et in naves conscensum; pars
militum in muris portarumque in stationibus, pars
in navibus erant. Et Carthaginienses, quia rem fore   11
haud cum imparatis cernebant, usque ad lucem
portu se abstinuerunt, demendis armamentis eo
tempore aptandaque ad pugnam classe absumpto.
Ubi inluxit, recepere classem in altum, ut spatium   12
pugnae esset exitumque liberum e portu naves
hostium haberent. Nec Romani detractavere pu-   13
gnam et memoria circa ea ipsa loca gestarum rerum
freti et militum multitudine ac virtute.

Ubi in altum evecti sunt, Romanus conserere pu-   50
gnam et ex propinquo vires conferre velle; contra   2
eludere Poenus et arte, non vi rem gerere naviumque
quam virorum aut armorum malle certamen facere.
Nam ut sociis navalibus adfatim instructam clas-   3
sem, ita inopem milite habebant et, sicubi conserta
navis esset, haudquaquam par numerus armatorum
ex ea pugnabat. Quod ubi animadversum est, et   4
Romanis multitudo sua auxit animum et paucitas
illis minuit. Extemplo septem naves Punicae cir-   5
cumventae: fugam ceterae ceperunt. Mille et septingenti fuere in navibus captis milites nautaeque, in
his tres nobiles Carthaginiensium. Classis Romana   6
incolumis, una tantum perforata navi, sed ea quoque ipsa reduce, in portum rediit.

Secundum hanc pugnam, nondum gnaris eius, qui   7

Proviant an Bord schaffen. Alle sollten sofort bei dem verabredeten Zeichen die Schiffe besteigen. An der ganzen Küste entlang wurden Leute verteilt, die von Beobachtungsplätzen aus die Ankunft der feindlichen Flotte früh genug entdecken sollten.

Die Karthager fuhren zwar absichtlich mit herabgesetzter Geschwindigkeit, um erst im Morgengrauen vor Lilybaeum einzutreffen; aber man merkte es trotzdem vorher, weil der Mond die ganze Nacht über schien und sie mit gehißten Segeln ankamen. Sofort gab man von den Beobachtungsplätzen aus das Zeichen. In der Stadt rief man zu den Waffen und bestieg die Schiffe. Ein Teil der Soldaten stand schon auf den Mauern und auf den Posten an den Toren, ein anderer auf den Schiffen. Die Karthager hielten sich bis zum Morgengrauen vom Hafen fern, weil sie sahen, daß sie nicht überraschend kamen. Sie zogen inzwischen die Segel ein und bereiteten die Flotte zum Kampf vor. Sobald es Tag wurde, fuhren sie mit der Flotte aufs offene Meer zurück, um selbst einen Kampfraum zu haben und den feindlichen Schiffen freie Ausfahrt aus dem Hafen zu gewähren. Die Römer nahmen den Kampf an, bauend auf die Erinnerung an den Sieg, den sie gerade in dieser Gegend errungen hatten, und im Vertrauen auf die Masse und Tapferkeit ihrer Soldaten.

Mitten auf hoher See wollten die Römer den Kampf beginnen und ihre Kräfte mit den Feinden aus der Nähe messen. Der Punier dagegen wich aus und kämpfte mehr taktisch als mit Gewalt. Er wollte lieber ein Treffen der Schiffe als der Männer und Waffen; denn seine Flotte besaß Matrosen genug, aber wenig Soldaten. Sobald sich ein Schiff auf einen Kampf einließ, waren seine Soldaten den Feinden zahlenmäßig nicht gewachsen. Als die Römer dies merkten, stärkte ihre Menge den Mut; bei den Feinden sank er wegen ihrer geringen Zahl. Auf der Stelle wurden sieben punische Schiffe umzingelt, die übrigen ergriffen die Flucht. 1700 Soldaten und Matrosen befanden sich auf diesen eroberten Schiffen, unter ihnen drei vornehme Karthager. Die römische Flotte lief ohne Verluste wieder in den Hafen ein; ein einziges Schiff war leck geschlagen, aber auch dieses fuhr mit zurück.

Nach dieser Schlacht, von der die Leute in Messana noch gar

Messanae erant, Ti. Sempronius consul Messanam
venit. Ei fretum intranti rex Hiero classem orna-
tam armatamque obviam duxit, transgressusque ex   8
regia in praetoriam navem, gratulatus sospitem cum
exercitu et navibus advenisse precatusque prosperum ac felicem in Siciliam transitum, statum deinde   9
insulae et Carthaginiensium conata exposuit polli-
citusque est, quo animo priore bello populum Romanum iuvenis adiuvisset, eo senem adiuturum;
frumentum vestimentaque sese legionibus consulis   10
sociisque navalibus gratis praebiturum; grande periculum Lilybaeo maritimisque civitatibus esse et quibusdam volentibus novas res fore.

Ob haec consuli nihil cunctandum visum, quin   11
Lilybaeum classe peteret. Et rex regiaque classis una
profecti. Navigantes inde pugnatum ad Lilybaeum
fusasque et captas hostium naves accepere.

A Lilybaeo consul, Hierone cum classe regia di-   51
misso relictoque praetore ad tuendam Siciliae oram,
ipse in insulam Melitam, quae a Carthaginiensibus
tenebatur, traiecit. Advenienti Hamilcar, Gisgonis   2
filius, praefectus praesidii, cum paulo minus duobus
milibus militum oppidumque cum insula traditur.
Inde post paucos dies reditum Lilybaeum captivique
et a consule et a praetore, praeter insignes nobilitate
viros, sub corona venierunt. Postquam ab ea parte   3
satis tutam Siciliam censebat consul, ad insulas Volcani, quia fama erat stare ibi Punicam classem,
traiecit; nec quisquam hostium circa eas insulas inventus; iam forte transmiserant ad vastandam Ita-   4
liae oram depopulatoque Vibonensi agro urbem
etiam terrebant. Repetenti Siciliam consuli escensio   5
hostium in agrum Vibonensem facta nuntiatur, lit-
teraeque ab senatu de transitu in Italiam Hanniba-

nichts gehört hatten, traf der Konsul Tiberius Sempronius dort ein. Als er in die Meerenge einlief, kam ihm König Hiero mit einer bestens gerüsteten Flotte entgegen. Er stieg vom Königsschiff auf das Fahrzeug des Admirals über und beglückwünschte den Konsul zu seiner glücklichen Ankunft mit Heer und Flotte. Er wünschte ihm eine gesegnete und glückliche Überfahrt nach Sizilien und beschrieb ihm darauf die Lage auf der Insel und die Unternehmungen der Karthager. Er versprach, auch jetzt, im hohen Alter, den römischen Staat mit der gleichen Gesinnung zu unterstützen, wie er ihm im vorigen Krieg als junger Mann geholfen habe. Den Legionen des Konsuls und den Matrosen werde er Verpflegung und Kleidung unentgeltlich zur Verfügung stellen. Schließlich meinte er, Lilybaeum und die Seestädte schwebten in großer Gefahr, und gewissen Kreisen wäre eine Änderung der bestehenden Verhältnisse willkommen.

Aus diesen Gründen beschloß der Konsul, unverzüglich mit der Flotte nach Lilybaeum zu fahren, und der König begleitete ihn mit seinen Schiffen. Unterwegs meldete man ihnen die Schlacht von Lilybaeum, und daß dort die feindlichen Schiffe teils verjagt, teils erobert worden waren.

In Lilybaeum trennte sich der Konsul von König Hiero und seiner Flotte und ließ den Prätor zum Schutz der Küste Siziliens zurück. Er selbst setzte zur Insel Melita über, die noch in karthagischer Hand war. Bei seiner Ankunft wurde ihm Hamilkar, Gisgos Sohn, der Besatzungskommandant, mit nicht ganz 2000 Soldaten samt Stadt und Insel übergeben. Von da aus kehrte er wenige Tage später nach Lilybaeum zurück, und Konsul und Prätor verkauften ihre Gefangenen bis auf einige, die aus vornehmen Kreisen stammten, öffentlich als Sklaven. In der Meinung, Sizilien sei von dieser Seite her genug gesichert, setzte der Konsul nach den Inseln des Vulkan über. Er hatte nämlich gehört, daß dort eine punische Flotte stehe. Aber er fand im Bereich dieser Inseln keinen Feind. Die Karthager waren eben hinübergefahren, um die Küste Italiens zu verwüsten. Sie bedrohten, nachdem sie die Gegend um Vibo geplündert hatten, auch die Stadt. Auf seiner Rückfahrt nach Sizilien erhielt der Konsul die Nachricht von der feindlichen Landung im Gebiet von Vibo. Außerdem soll ein Brief vom Senat eingetroffen

lis et, ut primo quoque tempore collegae ferret auxilium, missae traduntur. Multis simul anxius curis
exercitum extemplo in naves impositum Ariminum   6
mari supero misit, Sex. Pomponio legato cum viginti quinque longis navibus Vibonensem agrum
maritimamque oram Italiae tuendam attribuit, M.
Aemilio praetori quinquaginta navium classem ex-   7
plevit. Ipse compositis Siciliae rebus decem navibus
oram Italiae legens Ariminum pervenit. Inde cum
exercitu suo profectus ad Trebiam flumen collegae
coniungitur.

Iam ambo consules et, quidquid Romanarum vi-   52
rium erat, Hannibali oppositum aut illis copiis defendi posse Romanum imperium aut spem nullam
aliam esse satis declarabat. Tamen consul alter,   2
equestri proelio uno et volnere suo comminutus,
trahi rem malebat; recentis animi alter eoque ferocior nullam dilationem patiebatur. Quod inter Tre-   3
biam Padumque agri est, Galli tum incolebant, in
duorum praepotentium populorum certamine per
ambiguum favorem haud dubie gratiam victoris
spectantes. Id Romani, modo ne quid moverent,   4
aequo satis, Poenus periniquo animo ferebat, ab
Gallis accitum se venisse ad liberandos eos dictitans.
Ob eam iram, simul ut praeda militem aleret, duo   5
milia peditum et mille equites, Numidas plerosque,
mixtos quosdam et Gallos, populari omnem deinceps agrum usque ad Padi ripas iussit. Egentes ope   6
Galli, cum ad id dubios servassent animos, coacti ab
auctoribus iniuriae ad vindices futuros declinant le-
gatisque ad consulem missis auxilium Romanorum
terrae ob nimiam cultorum fidem in Romanos labo-
ranti orant. Cornelio nec causa nec tempus agendae   7

sein, der ihm Hannibals Übergang nach Italien mitteilte und den
Auftrag enthielt, er solle seinem Amtsgenossen möglichst bald Hilfe
bringen. Viele Sorgen bedrückten ihn nun gleichzeitig. Er ließ sofort sein Heer verladen und auf der Adria nach Ariminum fahren
und übertrug dem Unterfeldherrn Sextus Pomponius mit 25 Kriegsschiffen den Schutz des Gebietes von Vibo und der Küste Italiens.
Die Flotte des Prätors Marcus Aemilius verstärkte er auf 50
Schiffe. Er ordnete die Angelegenheiten Siziliens und fuhr dann
selbst mit zehn Schiffen an der Küste Italiens entlang und gelangte
nach Ariminum. Von hier aus brach er mit seinem Heer zur Trebia
auf und vereinigte sich dort mit seinem Mitkonsul.

Schon standen beide Konsuln und die gesamte römische Streitmacht Hannibal gegenüber. Diese Tatsache ließ deutlich erkennen,
daß die Verteidigung des römischen Reiches von diesen Truppen
allein abhing oder daß man nichts anderes mehr zu hoffen hatte.
Dennoch wollte der eine Konsul, der durch das eine Reitergefecht
und seine Verwundung geschwächt war, den Kampf lieber hinaus-
zögern. Der andere wollte keinen Aufschub dulden; denn er war
mit seinem ungebrochenen Mut um so tatkräftiger. Die gesamte Gegend zwischen Trebia und Po bewohnten damals Gallier. In dem
Kampf der beiden übermächtigen Völker vergaben sie ihre Gunst
der einen und der anderen Partei und hatten dabei zweifellos nur
die Gunst des Siegers im Auge. Diese Neutralität konnte den Römern ziemlich gleichgültig sein, solange sich jene Gallier ruhig ver-
hielten. Den Puniern aber kam sie sehr ungelegen; denn sie be-
haupteten, sie seien auf den Hilferuf der Gallier zu ihrer Befreiung hier erschienen. Aus Wut darüber und, um sein Heer von der
Beute ernähren zu können, ließ Hannibal 200 Mann zu Fuß und
1000 Reiter, meist Numider, denen auch einige Gallier beigegeben
waren, das ganze Gebiet strichweise bis an die Ufer des Po plündern. Obwohl sie bis dahin ihre neutrale Haltung gewahrt hatten,
wandten sie sich in ihrer Hilflosigkeit nunmehr zwangsläufig von
denen, die ihnen Gewalt antaten, ab und ihren Rächern und Be-
schützern zu. So schickten sie denn Gesandte an den Konsul und
baten ihn um Hilfe für ihr Land, das wegen der allzu großen
Treue seiner Bewohner zu den Römern jetzt büßen müsse. Cornelius paßten weder Grund noch Zeit, sich mit dieser Sache zu be-

rei placebat suspectaque ei gens erat cum ob infida
multa facinora, tum, ut alia vetustate obsolevissent,
ob recentem Boiorum perfidiam: Sempronius contra   8
continendis in fide sociis maximum vinculum esse
primos, qui eguissent ope, defensos censebat. Tum   9
collega cunctante equitatum suum, mille peditum
iaculatoribus ferme admixtis, ad defendendum Gal-   10
licum agrum trans Trebiam mittit. Sparsos et in-
compositos, ad hoc graves praeda plerosque cum
inopinato invasissent, ingentem terrorem caedemque
ac fugam usque ad castra stationesque hostium fecere; unde multitudine effusa pulsi, rursus subsidio
suorum proelium restituere. Varia inde pugna inter   11
recedentes insequentesque, cumque ad extremum
aequassent certamen, maior tamen hostium cum
caedes esset, penes Romanos fama victoriae fuit.

Ceterum nemini omnium maior ea iustiorque   53
quam ipsi consuli videri; gaudio efferri, qua parte
copiarum alter consul victus foret, ea se vicisse: re-   2
stitutos ac refectos militibus animos nec quemquam
esse praeter collegam, qui dilatam dimicationem
vellet; eum animo magis quam corpore aegrum memoria volneris aciem ac tela horrere. sed non esse   3
cum aegro senescendum. quid enim ultra differri aut
teri tempus? quem tertium consulem, quem alium
exercitum exspectari? castra Carthaginiensium in   4
Italia ac prope in conspectu urbis esse. non Siciliam
ac Sardiniam victis ademptas nec cis Hiberum Hispaniam peti, sed solo patrio terraque, in qua geniti
forent, pelli Romanos. ,Quantum ingemiscant' in-   5
quit ,patres nostri, circa moenia Carthaginis bellare
soliti, si videant nos, progeniem suam, duos consules consularesque exercitus, in media Italia paventes

fassen. Dazu war ihm dieses Volk verdächtig nicht nur wegen der so oft erwiesenen Untreue, sondern auch wegen der kürzlichen Treulosigkeit der Boier. Manches andere könnte man als verjährt gelten lassen. Sempronius dagegen erklärte, es gebe kein stärkeres Mittel, Bundesgenossen an sich zu binden als dies, sich der ersten Hilfesuchenden anzunehmen. Während sein Amtsgenosse sich noch nicht entscheiden konnte, schickte er seine Reiterei, der er fast 1000 Wurfschützen des Fußvolkes mitgab, zur Verteidigung gallischen Gebietes auf die andere Seite der Trebia. Diese Soldaten griffen die Feinde, die zerstreut und ungeordnet umherliefen, dazu noch meist mit Beute beladen waren, unerwartet an. So verbreiteten sie überall Schrecken und Tod und jagten die Flüchtigen bis ans feindliche Lager zu den Vorposten. Darauf brach eine Masse Feinde aus dem Lager hervor, und sie wurden wieder zurückgetrieben. Mit Unterstützung ihrer Leute stellten sie jedoch die Schlacht wieder her. Der Kampf wogte dann zwischen Verfolgung hin und her. Er stand schließlich auf beiden Seiten gleich, aber es gab bei den Feinden doch mehr Verluste, weshalb es hieß, gesiegt hätten die Römer.

Im übrigen erschien der Sieg niemandem größer und verdienter als dem Konsul selbst. Er war außer sich vor Freude, gerade mit dem Teil seiner Truppen gesiegt zu haben, mit dem der andere Konsul eine Niederlage erlitten hatte: Nun sei den Soldaten der Mut wiedergegeben und gestärkt; und nur noch sein Amtsgenosse wünsche einen Aufschub des entscheidenden Kampfes. Der aber schaudere vor Schlacht und Waffen zurück, wenn er an seine Verwundung dachte. So fühlte er sich mehr seelisch als körperlich krank. Aber man dürfe nicht an der Seite eines Kranken schwach werden. Wozu weiterer Aufschub und bloßes Zeitvertrödeln? Welchen dritten Konsul, welch neues Heer erwarte man denn? Das Lager der Karthager stehe ja bereits in Italien, fast schon im Blickfeld Roms. Nicht Sizilien und Sardinien, die man ihnen als Besiegte abgenommen hatte, auch nicht Spanien diesseits des Ebro sei nun das Kampfziel; von ihrem väterlichen Boden und aus dem Land, wo sie geboren seien, würden die Römer vertrieben. „Wie würden wohl unsre Väter klagen", sagte er, „die gewöhnlich an den Mauern Karthagos ihren Krieg führten, wenn sie sähen, daß wir, ihre Nachkommen, zwei Konsuln mit zwei konsularischen Herren, uns hier

intra castra, Poenum, quod inter Alpes Appenni-
numque agri sit, suae dicionis fecisse?' Haec adsi-   6
dens aegro collegae, haec in praetorio prope contionabundus agere. Stimulabat et tempus propinquum comitiorum, ne in novos consules bellum
differretur, et occasio in se unum vertendae gloriae,
dum aeger collega erat. Itaque nequiquam dissen-
tiente Cornelio parari ad propinquum certamen mi-   7
lites iubet.

Hannibal cum, quid optimum foret hosti, cerneret, vix ullam spem habebat temere atque impro-
vide quicquam consules acturos; cum alterius inge-   8
nium, fama prius, deinde re cognitum, percitum ac
ferox sciret esse ferociusque factum prospero cum
praedatoribus suis certamine crederet, adesse gerendae rei fortunam haud diffidebat. Cuius ne quod   9
praetermitteret tempus, sollicitus intentusque erat,
dum tiro hostium miles esset, dum meliorem ex ducibus inutilem volnus faceret, dum Gallorum animi   10
vigerent, quorum ingentem multitudinem sciebat
segnius secuturam, quanto longius ab domo trahe-
rentur. Cum ob haec taliaque speraret propinquum   11
certamen et facere, si cessaretur, cuperet specula-
toresque Galli, ad ea exploranda, quae vellet, tutio-
res, quia in utrisque castris militabant, paratos pugnae esse Romanos rettulissent, locum insidiis cir-
cumspectare Poenus coepit.

Erat in medio rivus praealtis utrimque clausus   54
ripis et circa obsitus palustribus herbis et, quibus
inculta ferme vestiuntur, virgultis vepribusque.
Quem ubi equites quoque tegendo satis latebrosum
locum circumvectus ipse oculis perlustravit, ,Hic   2
erit locus' Magoni fratri ait ,quem teneas. Delige

in Italien mitten in ihrem Lager fürchten, während der Punier das ganze Land zwischen Alpen und Apennin unterworfen hat?" So sprach er, als er am Bettrand seines verwundeten Kollegen saß; das Gleiche sagte er in seinem Hauptquartier fast so, als spräche er in einer Versammlung zu den Soldaten. Einerseits trieb ihn die nahe Konsulwahl. Er fürchtete, der Krieg könne in das Amtsjahr der neuen Konsuln verschoben werden. Andererseits war hier eine Gelegenheit, den Ruhm für sich allein zu ernten, solange der Amtsgenosse noch krank war. Vergeblich versagte Cornelius seine Zustimmung: Sempronius gab den Befehl, sich zum bevorstehenden Kampf zu rüsten.

Hannibal wußte, was für den Feind am günstigsten war. Daher rechnete er kaum damit, daß die Konsuln etwas unüberlegt und unvorsichtig tun würden. Er wußte aber auch, daß der eine Konsul leicht erregbar und ein Draufgänger sei, – das hatte er zunächst gerüchtweise gehört, dann aber durch Erfahrung gelernt – und meinte nun, durch den erfolgreichen Kampf gegen seine Plünderer sei er noch kampflustiger geworden. Deshalb glaubte er sicher, eine günstige Gelegenheit zu einem entscheidenden Schlag zu finden. Er befand sich in ständiger Spannung und Bereitschaft, um keine Gelegenheit zu diesem Schlag ungenützt lassen, solange die feindlichen Soldaten noch ungeübt waren, solange die Wunde den besseren der beiden Konsuln kampfunfähig machte, solange die Gallier noch Mut hatten. Er wußte, daß ihre große Menge umso unwilliger mitziehen würde, je weiter er sie von der Heimat fortführe. Aus diesen und ähnlichen Gründen erhoffte er den baldigen Kampf. Sollte man auf der Gegenseite zögern, würde er ihn sogar provozieren. Als ihm die gallischen Späher – sie waren für seine Erkundungen weniger gefährdet, weil ja in beiden Lagern Gallier dienten – meldeten, die Römer seien zum Kampf bereit, sah er sich nach einer Stelle für einen Hinterhalt um.

In der Mitte floß ein Bach, auf beiden Seiten von steilen Ufern eingefaßt. Überall wucherten Sumpfpflanzen mit Buschwerk und Dorngestrüpp, wie es auf unbebautem Gelände so ist. Dieser Platz bot genug Verstecke, um sogar Reiter zu verbergen, und Hannibal durchritt und musterte ihn genau. Zu seinem Bruder Mago sagte er: „Dies wird die Stelle sein, die du besetzen sollst. Suche dir von dem

centenos viros ex omni pedite atque equite, cum
quibus ad me vigilia prima venias; nunc corpora
curare tempus est.' Ita praetorium missum. Mox
cum delectis Mago aderat. ,Robora virorum cerno'
inquit Hannibal; ,sed uti numero etiam, non animis
modo valeatis, singuli vobis novenos ex turmis ma-
nipulisque vestri similes eligite. Mago locum mons-   3
trabit, quem insideatis; hostem caecum ad has belli
artes habetis.' Ita cum mille equitibus Magone, mille 4
peditibus dimisso Hannibal prima luce Numidas
equites transgressos Trebiam flumen obequitare
iubet hostium portis iaculandoque in stationes elicere ad pugnam hostem, iniecto deinde certamine
cedendo sensim citra flumen pertrahere. Haec mandata Numidis: ceteris ducibus peditum equitumque   5
praeceptum, ut prandere omnes iuberent, armatos
deinde instratisque equis signum exspectare.

Sempronius ad tumultum Numidarum primum   6
omnem equitatum, ferox ea parte virium, deinde
sex milia peditum, postremo omnes copias ad destinatum iam ante consilio avidus certaminis eduxit.
Erat forte brumae tempus et nivalis dies in locis   7
Alpibus Appenninoque interiectis, propinquitate
etiam fluminum ac paludum praegelidis. Ad hoc   8
raptim eductis hominibus atque equis, non capto
ante cibo, non ope ulla ad arcendum frigus adhibita,
nihil caloris inerat, et quidquid aurae fluminis
appropinquabant, adflabat acrior frigoris vis. Ut
vero refugientes Numidas insequentes aquam in-   9
gressi sunt – et erat pectoribus tenus aucta nocturno
imbri – tum utique egressis rigere omnibus corpora,

gesamten Fußvolk und der Reiterei je 100 Mann aus und komme mit ihnen um die erste Nachtwache zu mir! Jetzt ist es Zeit, euch zu stärken." So wurde der Kriegsrat entlassen. Mago war bald mit seinen ausgewählten Soldaten zur Stelle. „Ich sehe hier eine Kerntruppe", sagte Hannibal; „aber damit ihr auch zahlenmäßig, nicht nur durch euren Mut überlegen seid, soll sich jeder von euch je neun gleichwertige Männer aus den Schwadronen und Manipeln aussuchen. Mago wird euch die Stelle zeigen, die ihr als Falle benutzen sollt. Ihr habt einen Feind vor euch, der für derartige Kriegslisten blind ist". So ließ er 1000 Reiter und 1000 Soldaten unter Magos Führung abziehen. Bei Tagesanbruch schickte er numidische Reiter über die Trebia. Sie sollten vor die Tore der Feinde reiten, auf die Vorposten schießen und so den Feind zur Schlacht herauslocken. Wenn es dann aber zu einem Kampf gekommen sei, sollten sie ihn durch allmähliches Zurückweichen über den Fluß herüberziehen. Dies waren seine Befehle für die Numider. Den übrigen Führern des Fußvolkes und der Reiterei trug er auf, jetzt allen die Anweisung zu geben, sie sollten eine Mahlzeit zu sich nehmen und dann bewaffnet – die Pferde gesattelt – auf das Zeichen warten.

Sempronius ließ beim Kampflärm der Numider zuerst die gesamte Reiterei – mit diesem Teil seiner Streitmacht fühlte er sich besonders stark –, darauf 6000 Soldaten, schließlich alle Truppen ausrücken, wozu er schon längst entschlossen gewesen war, da er die Schlacht wünschte. Es war gerade die Zeit der Wintersonnenwende, ein schneereicher Tag, zwischen den Alpen und dem Apennin, wo es auch durch die nahen Flüsse und Sümpfe sehr kalt war. Überdies waren die Leute mit ihren Pferden hastig aus dem Lager geführt worden, ohne vorher genügend gegessen und irgendeinen Schutz gegen die Kälte mitgenommen zu haben. So hatten sie keine Wärme von innen und, je näher sie dem Luftzug, der am Fluß wehte, kamen, desto heftigere Kälte blies ihnen entgegen. Als sie aber bei der Verfolgung der flüchtenden Numider sogar ins Wasser stiegen, – es reichte ihnen bis an die Brust, weil es durch den Regen der vergangenen Nacht gestiegen war – waren ihre Körper völlig

ut vix armorum tenendorum potentia esset, et simul
lassitudine et procedente iam die fame etiam deficere.

Hannibalis interim miles ignibus ante tentoria   55
factis oleoque per manipulos, ut mollirent artus,
misso et cibo per otium capto, ubi transgressos flumen hostes nuntiatum est, alacer animis corpori-
busque arma capit atque in aciem procedit. Baliares   2
locat ante signa ac levem armaturam, octo ferme
milia hominum, dein graviorem armis peditem,
quod virium, quod roboris erat; in cornibus circum-
fudit decem milia equitum et ab cornibus in utramque partem diversos elephantos statuit. Consul   3
effuse sequentes equites, cum ab resistentibus subito
Numidis incauti exciperentur, signo receptui dato
revocatos circumdedit peditibus. Duodeviginti milia   4
Romani erant, socium nominis Latini viginti, auxilia praeterea Cenomanorum; ea sola in fide man-
serat Gallica gens. Iis copiis concursum est.

Proelium a Baliaribus ortum est; quibus cum   5
maiore robore legiones obsisterent, diducta propere
in cornua levis armatura est, quae res effecit, ut equitatus Romanus extemplo urgeretur. Nam cum vix   6
iam per se resisterent decem milibus equitum quattuor milia et fessi integris plerisque, obruti sunt insuper velut nube iaculorum a Baliaribus coniecta.
Ad hoc elephanti eminentes ab extremis cornibus,   7
equis maxime non visu modo, sed odore insolito
territis, fugam late faciebant. Pedestris pugna par   8
animis magis quam viribus erat, quas recentes Poenus paulo ante curatis corporibus in proelium attu-
lerat; contra ieiuna fessaque corpora Romanis et

erstarrt, besonders als sie wieder an Land gingen. Sie konnten kaum die Waffen halten, und ihre Kräfte schwanden vor Ermattung und, als es später wurde, auch vor Hunger.

Hannibals Soldaten hatten inzwischen vor den Zelten Feuer angezündet; an die einzelnen Abteilungen war Öl ausgegeben worden, um damit die Glieder geschmeidig zu machen. Außerdem hatten sie in Ruhe gegessen. Als sie nun die Meldung erhielten, der Feind sei über den Fluß gegangen, ergriffen sie mit frischen seelischen und körperlichen Kräften die Waffen und rückten zum Kampf aus. Die Balearen und die andern Leichtbewaffneten, etwa 8000 Mann, stellte Hannibal in die vorderste Linie, dahinter die Soldaten mit schwerer Bewaffnung, sowie alle anderen Streitkräfte und Kerntruppen. Auf die Flügel stellte er in weitem Bogen 10 000 Reiter, und die Elefanten verteilte er an den Flügeln. Als die Römer planlos heranritten, wurden sie, ohne darauf gefaßt zu sein, von den Numidern, die plötzlich Widerstand leisteten, aufgefangen. Da gab der Konsul seiner Reiterei das Zeichen zum Rückzug und schützte sie mit dem Fußvolk. Es waren 18 000 Römer und 20 000 latinische Bundesgenossen. Dazu kamen die Hilfsvölker der Cenomanen; dies war der einzige gallische Volksstamm, der ihnen die Treue gehalten hatte. Diese Truppen trafen also jetzt aufeinander.

Das Gefecht begann bei den Balearen. Als die Legionen ihnen mit größerer Überlegenheit Widerstand leisteten, wurden die Leichtbewaffneten schnell auf die Flügel geführt. Dadurch geriet die römische Reiterei sogleich in Bedrängnis. Denn während die 4000 Römer gegenüber den 10 000 karthagischen Reitern an sich schon kaum standhalten konnten – überdies standen vorwiegend frische Truppen gegen ganz erschöpfte –, wurden sie jetzt obendrein mit einem Hagel von Pfeilen überschüttet, die die Balearen auf sie schossen. Dazu jagten die Elefanten, die von den äußersten Flügeln her sichtbar wurden, sie weit und breit in die Flucht, hauptsächlich dadurch, daß die Pferde nicht nur durch ihren ungewohnten Anblick, sondern auch durch den eigenartigen Geruch scheu wurden. Das Gefecht der Fußtruppen hielt sich mehr an Mut, weniger kräftemäßig die Waage; denn die Punier brachten frische Kräfte in den Kampf, die sich vorher hatten pflegen und stärken können. Dagegen erlahmten den hungrigen, müden und vor Kälte erstarrten

rigentia gelu torpebant. Restitissent tamen animis,
si cum pedite solum foret pugnatum; sed et Baliares   9
pulso equite iaculabantur in latera et elephanti iam
in mediam peditum aciem se tulerant et Mago Numidaeque, simul latebras eorum improvida praeter-
lata acies est, exorti ab tergo ingentem tumultum ac
terrorem fecere. Tamen in tot circumstantibus malis   10
mansit aliquamdiu immota acies, maxime praeter
spem omnium adversus elephantos. Eos velites ad   11
id ipsum locati verutis coniectis et avertere et insecuti aversos sub caudis, qua maxime molli cute volnera accipiunt, fodiebant.

Trepidantesque et prope iam in suos consternatos   56
e media acie in extremam ad sinistrum cornu adversus Gallos auxiliares agi iussit Hannibal.

Ibi extemplo haud dubiam fecere fugam; novus
quoque terror additus Romanis, ut fusa auxilia sua
viderunt. Itaque cum in orbem pugnarent, decem   2
milia ferme hominum – cum alia evadere nequis-
sent – media Afrorum acie, quae Gallicis auxiliis
firmata erat, cum ingenti caede hostium perrupere   3
et, cum neque in castra reditus esset flumine inter-
clusis neque prae imbri satis decernere possent, qua
suis opem ferrent, Placentiam recto itinere perre-   4
xere. Plures deinde in omnes partes eruptiones fac-
tae; et qui flumen petiere, aut gurgitibus absumpti
sunt aut inter cunctationem ingrediendi ab hostibus
oppressi. Qui passim per agros fuga sparsi erant   5
vestigia cedentis sequentes agminis Placentiam contendere; aliis timor hostium audaciam ingrediendi
flumen fecit, transgressique in castra pervenerunt.
Imber nive mixtus et intoleranda vis frigoris et ho-   6
mines multos et iumenta et elephantos prope omnes
absumpsit. Finis insequendi hostis Poenis flumen   7

Römern die Kräfte. Mit ihrem Kampfgeist hätten sie wohl stand-
gehalten, wenn sie allein gegen die Infantrie hätten kämpfen müssen. So aber vertrieben die Balearen erst die Reiter und beschossen
dann die Flanken, und die Elefanten waren mitten in ihre Linien
eingebrochen. Mago und die Numider versetzten sie überdies noch
in eine schreckliche Panik. Er warf sich ihnen nämlich mit den
Numidern in den Rücken, sobald die römischen Truppen an ihrem
Versteck vorbeigezogen waren. Trotzdem hielt die Kampflinie eine
Zeitlang unerschüttert stand, obwohl soviel Unheil auf sie ein-
stürmte, und, was am wenigsten zu erwarten war, besonders gegen
die Elefanten. Die hierfür bestimmten Leichtbewaffneten schossen
mit Wurfspeeren auf die Tiere und trieben sie zurück. Dabei sta-
chen sie ihnen auf der Verfolgung unter den Schwanz, wo sie wegen der weicheren Haut am leichtesten verwundbar sind.

Hannibal ließ die Elefanten, die sich verwirrt und wütend fast
schon auf die eigenen Reihen stürzten, aus der Mitte der Schlacht
nach außen auf den linken Flügel gegen die gallischen Hilfstruppen treiben.

Dort verursachten sie auch sofort eine heillose Flucht; und daraus
erwuchs ein neuer Schrecken für die Römer, als sie ihre Hilfstruppen geschlagen sahen. Jetzt mußten sie bereits in einem Kreis nach
allen Seiten kämpfen. Da erzwangen fast 10 000 Mann für sich
den Durchbruch, der ihnen auf keiner andern Seite hatte gelingen
können, mitten durch die Linie der Afrer, die an dieser Stelle mit
gallischen Hilfsvölkern verstärkt war, mit großen Verlusten für die
Feinde. In ihr Lager konnten die Römer nicht zurück; denn der
Strom schnitt sie davon ab. Wegen des Regens konnten sie auch
nicht mit Sicherheit bestimmen, wo sie ihre Leute unterstützen
sollten. Deswegen zogen sie geradewegs nach Placentia. Nun brach
man mehrmals nach allen Seiten hin aus. Die an den Strom eilten,
wurden entweder von seinen Strudeln mitgerissen oder, wenn sie
zögernd hineingingen, vom Feind überwältigt. Andere Flüchtende
zerstreuten sich über die Felder. Sie folgten den Spuren des wei-
chenden Heeres und eilten nach Placentia. Andere wieder wagten
sich aus Furcht vor den Feinden in den Strom, überquerten ihn und
gelangten ins Lager. Ein Schneeregen und unerträglich scharfe Kälte
raffte viele Menschen, Zugtiere und fast alle Elefanten hinweg. Die

Trebia fuit, et ita torpentes gelu in castra rediere, ut
vix laetitiam victoriae sentirent.

Itaque nocte insequenti, cum praesidium castro-   8
rum et, quod reliquum ex fuga semermium ex ma-
gna parte militum erat, ratibus Trebiam traicerent,   9
aut nihil sensere obstrepente pluvia aut, quia iam
moveri nequibant, prae lassitudine ac volneribus,
sentire sese dissimularunt, quietisque Poenis tacito
agmine ab Scipione consule exercitus Placentiam est
perductus, inde Pado traiectus Cremonam, ne duorum exercituum hibernis una colonia premeretur.

Romam tantus terror ex hac clade perlatus est, ut   57
iam ad urbem Romanam crederent infestis signis
hostem venturum, nec quicquam spei aut auxilii
esse, quo portis moenibusque vim arcerent: uno con-   2
sule ad Ticinum victo, altero ex Sicilia revocato,
duobus consulibus, duobus consularibus exercitibus
victis, quos alios duces, quas alias legiones esse, quae
arcessantur? Ita territis Sempronius consul advenit,   3
ingenti periculo per effusos passim ad praedandum
hostium equites audacia magis quam consilio aut spe
fallendi resistendive, si non falleret, transgressus. Is,   4
quod unum maxime in praesentia desiderabatur,
comitiis consularibus habitis in hiberna rediit. Creati
consules Cn. Servilius et C. Flaminius.

Ceterum ne hiberna quidem Romanis quieta erant   5
vagantibus passim Numidis equitibus et, quaeque
his impeditiora erant, Celtiberis Lusitanisque. Omnes igitur undique clausi commeatus erant, nisi quos
Pado naves subveherent. Emporium prope Placen-   6
tiam fuit et opere magno munitum et valido firma-

Trebia setzte den Puniern bei der Verfolgung des Feindes eine Grenze; und als sie ins Lager zurückkehrten, waren sie so durchgefroren, daß sie fast keine Freude über den Sieg empfanden.

Als daher in der folgenden Nacht die Schutztruppe des Lagers und der von der Flucht noch halbbewaffnete Rest von Soldaten auf Flößen über die Trebia gingen, hörten die Punier bei dem Rauschen des Regens nichts davon; oder aber sie taten nur so, weil sie sich vor Ermattung und wegen ihrer Verwundungen kaum noch rühren konnten. Unbehelligt von den Puniern führte der Konsul Scipio also sein Heer ohne großen Lärm nach Placentia. Von dort ging er über den Po nach Cremona, damit nicht eine Kolonialstadt allein durch das Winterquartier von zwei Heeren zu stark in Anspruch genommen werde.

Der Schrecken, der sich von dieser Niederlage bis nach Rom verbreitete, war so gewaltig, daß alle glaubten, der Feind werde sofort zum Angriff auf die Stadt ansetzen, und es gebe keine Hoffnung und keine Möglichkeit, seine Streitmacht von den Toren und Mauern abzuwehren. Ein Konsul sei am Ticinus besiegt, der zweite von Sizilien zurückgerufen; beide Konsuln und zwei konsularische Heere seien besiegt. Welche anderen Führer und Legionen gebe es denn noch, die man herbeirufen könne? In solchem Schrecken erlebte der Konsul Sempronius die Römer bei seiner Ankunft. Er war trotz größter Gefahr hierher gelangt, mitten durch die Reiter der Feinde, die sich überall in den Feldern verstreut hielten, um Beute zu machen. Dies tat er eher waghalsig als wohlüberlegt. Er hoffte, von den Feinden nicht bemerkt zu werden oder sich durchschlagen zu können, wenn man ihn entdecke. Dann führte er die Konsulwahl durch, die jetzt als dringendste Notwendigkeit anstand. Darauf kehrte er in das Winterquartier zurück. Zu Konsuln gewählt wurden Gnaeus Servilius und Gaius Flaminius.

Aber nicht einmal im Winterquartier hatten die Römer Ruhe. Überall schwärmten numidische Reiter, und wo die Wege für sie zu schlecht waren, Keltiberer und Lusitanier umher. So waren die Römer auf allen Seiten von der Zufuhr abgeschnitten mit Ausnahme der Güter, die die Schiffe auf dem Po heranschafften. In der Nähe von Placentia lag ein Handelsplatz, der mit großem technischem Aufwand befestigt und von einer starken Truppe

tum praesidio. Eius castelli oppugnandi spe cum
equitibus ac levi armatura profectus Hannibal, cum
plurimum in celando incepto ad effectum spei habuisset, nocte adortus non fefellit vigiles. Tantus 7
repente clamor est sublatus, ut Placentiae quoque
audiretur. Itaque sub lucem, cum equitatu consul
aderat, iussis quadrato agmine legionibus sequi.
Equestre interim proelium commissum; in quo, quia 8
saucius Hannibal pugna excessit, pavore hostibus
iniecto defensum egregie praesidium est. Paucorum 9
inde dierum quiete sumpta et vixdum satis percu-
rato volnere, ad Victumulas oppugnandas ire pergit. Id emporium Romanis Gallico bello fuerat; mu- 10
nitum inde locum frequentaverant accolae mixti
undique ex finitimis populis, et tum terror popula-
tionum eo plerosque ex agris compulerat. Huius ge- 11
neris multitudo fama impigre defensi ad Placentiam
praesidii accensa armis arreptis obviam Hannibali
procedit. Magis agmina quam acies in via concurre- 12
runt, et cum ex altera parte nihil praeter inconditam turbam esset, in altera et dux militi et duci miles fidens, ad triginta quinque milia hominum a
paucis fusa. Postero die deditione facta praesidium 13
intra moenia accepere; iussique arma tradere cum
dicto paruissent, signum repente victoribus datur,
ut tamquam vi captam urbem diriperent; neque
ulla, quae in tali re memorabilis scribentibus videri 14
solet, praetermissa clades est; adeo omne libidinis
crudelitatisque et inhumanae superbiae editum in
miseros exemplum est. Hae fuere hibernae expedi-
tiones Hannibalis.

　　Haud longi inde temporis, dum intolerabilia fri- 58
gora erant, quies militi data est; et ad prima ac du- 2

geschützt war. In der Hoffnung, diesen Brückenkopf erobern zu
können, brach Hannibal mit seinen Reitern und den Leichtbewaffneten auf. Obwohl er die größte Hoffnung auf Erfolg in der Ge-
heimhaltung seines Planes sah und deshalb bei Nacht angriff,
konnte er doch die Wachen nicht täuschen. Plötzlich erhob sich
ein so lautes Geschrei, daß man es auch in Placentia hörte. Also
war der Konsul im Morgengrauen mit seiner Reiterei zur Stelle;
ihm folgten befehlsgemäß die Legionen in Kampfordnung. Unterdessen kam es zu einem Reitergefecht. Weil Hannibal dabei verwundet den Kampfplatz verließ, waren die Feinde betroffen und
erschreckt. Der Stützpunkt aber war ehrenvoll verteidigt. Hannibal
gönnte sich nur wenige Tage Ruhe; und seine Wunde war kaum
verheilt, da zog er schon weiter zum Kampf auf Victumulae. Dieser Handelsplatz war von den Römern im Gallierkrieg angelegt
worden. Nachher hatten Anwohner, die sich von allen Seiten aus
benachbarten Völkern zusammenfanden, den befestigten Platz be-
siedelt. Jetzt hatte die Angst vor den Plünderungen die meisten
Landbewohner dorthin getrieben. Diese Leute wurden in großer
Zahl ermutigt durch die Nachricht von der tapferen Verteidigung
des Stützpunktes bei Placentia, griffen schnell zu den Waffen und
rückten Hannibal entgegen. Mehr wie auf dem Marsch als in geordnetem Treffen begegneten die Heere einander. Auf der einen
Seite ein ungeordneter Haufe, auf der andern aber stand ein Feldherr, der seinen Soldaten vertraute, und Soldaten, die auf ihren
Feldherrn bauten. So wurden fast 35 000 Menschen von wenigen
Soldaten in die Flucht gejagt. Am nächsten Tag erfolgte die Übergabe der Stadt, und man mußte in den eigenen Mauern eine Besatzung aufnehmen. Die Städter erhielten den Befehl, die Waffen
abzuliefern, und sie gehorchten. Da erhielten die Sieger plötzlich
das Zeichen, die Stadt wie nach einer Eroberung zu plündern. Keine
Untat, die bei solchem Geschehen den Geschichtsschreibern immer
erwähnenswert erscheint, wurde hier ausgelassen. So wurde jedes
Beispiel grausamster Lust und unmenschlicher Überheblichkeit gegenüber diesen Unglücklichen geliefert. Soweit die Unternehmungen Hannibals während des Winters.

Die Ruhe, die er seinen Truppen während der unerträglichen
Kälte gönnte, war nicht von langer Dauer. Schon bei den ersten

bia signa veris profectus ex hibernis in Etruriam
ducit, eam quoque gentem, sicut Gallos Liguresque,
aut vi aut voluntate adiuncturus. Transeuntem
Apenninum adeo atrox adorta tempestas est, ut   3
Alpium prope foeditatem superaverit. Vento mixtus
imber cum ferretur in ipsa ora, primo, quia aut
arma omittenda erant aut contra enitentes vertice
intorti adfligebantur, constitere; dein, cum iam spi-   4
ritum includeret nec reciprocare animam sineret,
aversi a vento parumper consedere. Tum vero in-   5
genti sono caelum strepere et inter horrendos frago-
res micare ignes; capti auribus et oculis metu omnes
torpere; tandem effuso imbre, cum eo magis accensa
vis venti esset, ipso illo, quo deprensi erant, loco   6
castra ponere necessarium visum est. Id vero labo-   7
ris velut de integro initium fuit; nam nec explicare
quicquam nec statuere poterant nec, quod statutum
esset, manebat omnia perscindente vento et rapiente. Et mox aqua levata vento cum super gelida mon-   8
tium iuga concreta esset, tantum nivosae grandinis
deiecit, ut omnibus omissis procumberent homines
tegminibus suis magis obruti quam tecti; tantaque   9
vis frigoris insecuta est, ut ex illa miserabili hominum iumentorumque strage, cum se quisque attol-
lere ac levare vellet, diu nequiret, quia torpentibus
rigore nervis vix flectere artus poterant. Deinde, ut   10
tandem agitando sese movere ac recipere animos et
raris locis ignis fieri est coeptus, ad alienam opem
quisque inops tendere. Biduum eo loco velut obsessi   11
mansere; multi homines, multa iumenta, elephanti
quoque ex iis, qui proelio ad Trebiam facto super-
fuerant, septem absumpti.

Degressus Apennino retro ad Placentiam castra   59
movit et ad decem milia progressus consedit. Postero die duodecim milia peditum, quinque equitum

trügerischen Zeichen des Frühlings brach er aus dem Winterquartier auf und führte sein Heer nach Etrurien, um auch dieses Volk, wie die Gallier und Ligurer, entweder mit Gewalt oder auf eigenen Wunsch zu Verbündeten zu machen. Beim Zug über den Apennin überfiel ihn ein derart heftiges Unwetter, daß es die Schrecknisse der Alpen fast noch übertraf. Gewitterregen mit starkem Wind schlug ihnen ins Gesicht, und sie machten zunächst Halt, da sie die Waffen abwerfen mußten oder, wenn sie sich gegen den Sturm stemmten, vom Wirbelwind erfaßt und zu Boden geschleudert wurden. Schließlich nahm ihnen der Sturm auch noch völlig den Atem, und sie setzten sich eine Zeitlang mit dem Rücken gegen den Wind auf die Erde. Da fing es furchtbar an zu donnern, und Blitze zuckten unter schrecklichem Krachen. Augen und Ohren waren benommen, und alle erstarrten vor Angst. Dann prasselte endlich ein gewaltiger Regen nieder. Der Sturm wurde dadurch noch heftiger, und sie sahen keine andere Möglichkeit als gerade an der Stelle ein Lager aufzuschlagen, wo sie vom Unwetter überrascht worden waren. Das bedeutete aber, daß ihre Not gleichsam von vorne anfing: Sie konnten nichts auseinanderrollen oder aufstellen; was man hingestellt hatte, blieb nicht stehen, weil der Wind alles zerfetzte und wegfegte. Da die Wasserdünste, die der Sturm emportrug, über den kalten Gebirgshöhen gefroren, ließen sie bald einen solchen Schneehagel niedergehen, daß die Menschen alles übrige sein ließen, sich zu Boden warfen und unter ihren Decken lagen, mehr vergraben als zugedeckt. Darauf folgte ein so harter Kälteeinbruch, daß niemand, wenn er sich aus jenem elenden Haufen von Menschen und Zugvieh erheben wollte, es allzu lange aushielt. Sie konnten ihre froststarren Sehnen und Glieder kaum bewegen. Endlich begannen sie wieder lebendig zu werden, indem sie sich Bewegung verschafften, hin und wieder versuchten sie, Feuer zu machen; aber jeder sah sich hilflos nach fremder Hilfe um. Zwei Tage lagen sie auf diesem Platz wie belagert. Viele Menschen, viele Zugtiere und auch sieben von den Elefanten, die nach der Schlacht an der Trebia noch übriggeblieben waren, gingen zugrunde.

Hannibal zog vom Apennin herab wieder rückwärts in Richtung auf Placentia, rückte etwa 15 km vor und lagerte dann dort. Am folgenden Tag führte er 12 000 Mann Fußvolk und 5000 Reiter

adversus hostem ducit; nec Sempronius consul – iam
enim redierat ab Roma – detractavit certamen. At-   2
que eo die tria milia passuum inter bina castra
fuere; postero die ingentibus animis vario eventu   3
pugnatum est. Primo concursu adeo res Romana
superior fuit, ut non acie vincerent solum, sed pul-
sos hostes in castra persequerentur, mox castra quoque oppugnarent. Hannibal paucis propugnatoribus   4
in vallo portisque positis, ceteros confertos in media
castra recepit intentosque signum ad erumpendum
exspectare iubet. Iam nona ferme diei hora erat,   5
cum Romanus nequiquam fatigato milite, postquam
nulla spes erat potiundi castris, signum receptui dedit. Quod ubi Hannibal accepit laxatamque pu-   6
gnam et recessum a castris vidit, extemplo equitibus
dextra laevaque emissis in hostem ipse cum peditum
robore mediis castris erupit. Pugna raro magis ulla   7
saeva aut utriusque partis pernicie clarior fuisset, si
extendi eam dies in longum spatium sivisset; nox
accensum ingentibus animis proelium diremit. Ita-   8
que acrior concursus fuit quam caedes et, sicut
aequata ferme pugna erat, ita clade pari discessum
est. Ab neutra parte sescentis plus peditibus et dimidium eius equitum cecidit; sed maior Romanis quam   9
pro numero iactura fuit, quia equestris ordinis aliquot et tribuni militum quinque et praefecti sociorum tres sunt interfecti. Secundum eam pugnam   10
Hannibal in Ligures, Sempronius Lucam concessit.
Venienti in Ligures Hannibali per insidias intercepti
duo quaestores Romani, C. Fulvius et L. Lucretius,
cum duobus tribunis militum et quinque equestris
ordinis, senatorum ferme liberis, quo magis ratam
fore cum iis pacem societatemque crederet, traduntur.

    Dum haec in Italia geruntur, Cn. Cornelius Scipio   60
in Hispaniam cum classe et exercitu missus, cum ab   2
ostio Rhodani profectus Pyrenaeosque montes cir-

gegen den Feind. Der Konsul Sempronius – er war bereits wieder von Rom zurückgekehrt – schlug den Kampf nicht aus. An diesem Tag betrug die Entfernung der beiden Lager nur 4,5 km. Am folgenden Tage zog man äußerst mutig in den Kampf, und der Erfolg wechselte. Schon beim ersten Zusammenstoß war die Lage der Römer so viel günstiger, daß sie nicht nur im Gefecht siegten, sondern die geschlagenen Feinde bis ins Lager verfolgten und dann sogar das Lager bestürmten. Hannibal stellte nur wenige Verteidiger an den Wall und die Tore; die übrigen Truppen zog er dicht geschlossen in die Mitte des Lagers zurück und befahl ihnen, aufmerksam auf das Zeichen zum Ausbrechen zu warten. Es war gegen 3 Uhr nachmittags. Der römische Feldherr konnte nun nicht mehr hoffen, das Lager zu erobern. Seine Soldaten hatten sich umsonst abgekämpft. Daher gab er das Zeichen zum Abzug. Als Hannibal dies hörte und sah, wie der Kampf müder wurde und der Rückzug vom Lager begann, schickte er sofort seine Reiter von rechts und von links auf den Feind los. Er selbst brach mit der Kerntruppe aus der Mitte des Lagers hervor. Selten wäre wohl eine Schlacht wütender und durch beiderseitige Verluste berüchtigter geworden, wenn das Tageslicht erlaubt hätte, sie noch lange auszudehnen. Die Nacht beendete den mit ungeheurer Wut geführten Kampf. So gab es im Verhältnis zu dem harten Zusammenprall relativ wenige Tote; und wie man mit fast gleichem Glück gefochten hatte, so trennte man sich auch mit gleichen Verlusten. Auf keiner Seite fielen im Fußvolk mehr als 600 Mann und halb so viele Reiter. Aber bei den Römern waren die Verluste unverhältnismäßig schwer, weil mehrere Ritter, fünf Militärtribunen und drei Oberste der Bundesgenossen auf dem Schlachtfeld geblieben waren. Nach diesem Treffen zog Hannibal nach Ligurien, Sempronius nach Luca. Die Ligurer übergaben Hannibal bei seiner Ankunft zwei hinterhältig gefangene römische Quästoren, Gaius Fulvius und Lucius Lucretius, dazu zwei Militärtribunen und fünf Ritter, meist Söhne von Senatoren, damit Hannibal umso fester daran glaube, daß Friede und Freundschaft mit ihnen besiegelt bleibe.

Während dieser Ereignisse in Italien wurde Gnaeus Cornelius Scipio mit der Flotte und einem Heer nach Spanien geschickt. Er fuhr von der Rhônemündung ab, segelte an den Pyrenäen vorbei

cumvectus Emporias appulisset classem, exposito ibi   3
exercitu orsus a Lacetanis omnem oram usque ad
Hiberum flumen partim renovandis societatibus,
partim novis instituendis Romanae dicionis fecit.
Inde conciliata clementiae fama non ad maritimos   4
modo populos, sed in mediterraneis quoque ac montanis ad ferociores iam gentes valuit; nec pax modo
apud eos, sed societas etiam armorum parta est, va-
lidaeque aliquot auxiliorum cohortes ex iis conscriptae sunt. Hannonis cis Hiberum provincia erat;   5
eum reliquerat Hannibal ad regionis eius praesidium. Itaque priusquam alienarentur omnia, obviam eundum ratus castris in conspectu hostium
positis in aciem eduxit. Nec Romano differendum   6
certamen visum, quippe qui sciret cum Hannone et
Hasdrubale sibi dimicandum esse malletque adversus singulos separatim quam adversus duos simul
rem gerere. Nec magni certaminis ea dimicatio fuit.   7
Sex milia hostium caesa, duo capta cum praesidio
castrorum; nam et castra expugnata sunt atque ipse
dux cum aliquot principibus capiuntur; et Cissis,
propinquum castris oppidum, expugnatur. Ceterum   8
praeda oppidi parvi pretii rerum fuit, supellex bar-
barica ac vilium mancipiorum; castra militem dita-   9
vere, non eius modo exercitus, qui victus erat, sed
et eius, qui cum Hannibale in Italia militabat, omnibus fere caris rebus, ne gravia impedimenta feren-
tibus essent, citra Pyrenaeum relictis.

   Priusquam certa huius cladis fama accideret,   61
transgressus Hiberum Hasdrubal cum octo milibus
peditum, mille equitum, tamquam ad primum adventum Romanorum occursurus, postquam perditas res ad Cissim amissaque castra accepit, iter ad
mare convertit. Haud procul Tarracone classicos   2
milites navalesque socios vagos palantesque per
agros, quod ferme fit, ut secundae res neglegentiam
creent, equite passim dimisso cum magna caede,

und landete dann bei Emporiae. Dort lud er sein Heer aus. Er
unterwarf, angefangen bei den Laketanern, den Römern die gesamte
Küste bis zum Ebro, indem er alte Bündnisse erneuerte oder neue
schuf. Er erwarb sich hier den Ruf der Milde und gewann so nicht
nur das Vertrauen der Küstenvölker, sondern gewann sogar die
kriegerischeren Völker, die tiefer landeinwärts in den Bergen wohnen. Er brachte sie nicht nur zum Friedensschluß; es kam sogar zu
einem Waffenbündnis, und man hob dort mehrere starke Kohorten
Hilfstruppen aus. Das Gebiet diesseits des Ebro war Aufgabenbe-
reich des Hanno. Hannibal hatte ihn zum Schutz dieser Gegend zurückgelassen. Er wollte dem Feind entgegenrücken, bevor alles von
ihm abfiel. Also schlug er vor den Augen der Feinde ein Lager auf
und führte die Truppen zur Schlacht heraus. Der römische Feldherr sah keinen Grund, den Kampf aufzuschieben. Er wußte ja, daß
er mit Hanno und Hasdrubal zu kämpfen hatte, und wollte lieber
gegen jeden einzeln als gegen beide gemeinsam antreten. Die Entscheidung fiel ohne großen Kampf. 6000 Feinde blieben auf dem
Schlachtfeld, 2000 wurden mit der Lagertruppe zu Gefangenen gemacht; denn auch das Lager wurde genommen, und der Heerführer selbst geriet mit einigen Hauptleuten in Gefangenschaft;
Cissis, eine Stadt in der Nähe, wurde erobert. Freilich bestand die
Beute in der Stadt nur aus wertloseren Dingen, aus Hausgerät wil-
der Völker und billigen Sklaven. Aber das Lager machte die Soldaten reich; denn sie fanden nicht nur das Eigentum der hier Besiegten, sondern auch des in Italien unter Hannibal kämpfenden
Heeres. Um nicht schweres Gepäck mitzuschleppen, hatte dieses
fast alle Wertsachen in Spanien gelassen.

Noch bevor eine bestätigte Nachricht von dieser Niederlage eintraf, überschritt Hasdrubal mit 8000 Soldaten und 1000 Reitern
den Ebro, als wollte er den Römern gleich bei ihrer Ankunft entgegentreten. Er hörte aber, daß die Schlacht bei Cissis verloren und
das Lager erobert sei; da marschierte er zum Meer. Nicht weit vor
Tarraco jagte er die römischen Matrosen und Schiffsleute der Bundesgenossen, die verstreut in den Dörfern umherzogen, – Glück er-
zeugt ja meistens Sorglosigkeit – weit und breit mit seiner Reiterei zu den Schiffen zurück. Die Verluste der Feinde waren groß,

maiore fuga ad naves compellit; nec diutius circa   3
ea loca morari ausus, ne ab Scipione opprimeretur,
trans Hiberum sese recepit. Et Scipio raptim ad   4
famam novorum hostium agmine acto, cum in paucos praefectos navium animadvertisset, praesidio
Tarracone modico relicto Emporias cum classe red-   5
iit. Vixdum digresso eo Hasdrubal aderat et Ilergetum populo, qui obsides Scipioni dederat, ad defectionem impulso cum eorum ipsorum iuventute
agros fidelium Romanis sociorum vastat; excito
deinde Scipione hibernis toto cis Hiberum rursus   6
cedit agro. Scipio relictam ab auctore defectionis
Ilergetum gentem cum infesto exercitu invasisset,
compulsis omnibus Atanagrum urbem, quae caput
eius populi erat, circumsedit, intraque dies paucos
pluribus quam ante obsidibus imperatis Ilergetes pe- 7
cunia etiam multatos in ius dicionemque recepit.
Inde in Ausetanos prope Hiberum, socios et ipsos   8
Poenorum, procedit atque urbe eorum obsessa La-
cetanos auxilium finitimis ferentes nocte haud procul iam urbe, cum intrare vellent, excepit insidiis.
Caesa ad duodecim milia; exuti prope omnes armis   9
domos passim palantes per agros diffugere; nec obsessos alia ulla res quam iniqua oppugnantibus hiems
tutabatur. Triginta dies obsidio fuit, per quos raro   10
unquam nix minus quattuor pedes alta iacuit adeoque pluteos ac vineas Romanorum operuerat, ut ea
sola ignibus aliquotiens coniectis ab hoste etiam tu-
tamentum fuerit. Postremo cum Amusicus princeps   11
eorum ad Hasdrubalem profugisset, viginti argenti
talentis pacti deduntur. Tarraconem in hiberna reditum est.

Romae aut circa urbem multa ea hieme prodigia   62
facta aut, quod evenire solet, motis semel in religio-
nem animis, multa nuntiata et temere credita sunt,   2

noch schlimmer ihre Flucht. Er wagte es aber nicht, sich in dieser Gegend allzu lange aufzuhalten, um sich nicht von Scipio überraschen zu lassen, und zog sich daher über den Ebro zurück. Bei der Nachricht von neuen Feinden brachte Scipio schleunigst sein Heer heran. Er bestrafte nur wenige Schiffshauptleute, ließ eine nicht besonders starke Besatzung in Tarraco und kehrte mit der Flotte nach Emporiae zurück. Kaum war er fort, da erschien auch Hasdrubal, verleitete die Ilergeten – ein Volk, das dem Scipio Geiseln gestellt hatte – zum Abfall, und gerade mit ihrer Mannschaft verwüstete er die Staaten, die den Römern treu geblieben waren. Dadurch wurde Scipio aus dem Winterquartier aufgestört, und so überließ ihm Hasdrubal die ganze Gegend diesseits des Ebro ein zweites Mal. Dann brach Scipio zum Stamm der Ilergeten auf, den der Unruhestifter verlassen hatte. Er fiel mit feindlichem Heer in ihr Gebiet ein und trieb sie alle nach Atanagrum, der Hauptstadt dieses Landes. Dort belagerte er sie und unterwarf die Ilergeten innerhalb weniger Tage, bestimmte ihnen noch mehr Geiseln als vorher und verhängte auch eine Geldstrafe. Von da aus zog er in das Gebiet der Ausetanier in der Nähe des Ebro – es waren ebenfalls Bundesgenossen der Punier – und belagerte ihre Stadt. Dabei überfiel er hinterhältig die Laketaner, die ihren Nachbarn zur Hilfe zogen. Dies geschah nachts, nicht weit von der Stadt, als sie eben einrücken wollten. Etwa 12000 Mann wurden erschlagen, die übrigen flohen fast alle waffenlos quer über die Felder in ihre Heimat. Nun schützte nur noch der Winter, der einen Nachteil für die Belagerer bedeutete, die Eingeschlossenen. Die Belagerung dauerte 30 Tage, und der Schnee lag kaum jemals weniger als vier Fuß tief. Er hatte die Sturmplanken und Sturmhütten der Römer so überdeckt, daß er mehrmals ausreichenden Schutz gegen das Feuer bot, das der Feind daraufgeworfen hatte. Ihr Fürst Amusicus flüchtete schließlich zu Hasdrubal. Da ergaben sie sich, nachdem sie sich durch einen Vertrag verpflichtet hatten, 20 Silbertalente zu zahlen. Darauf kehrten die Römer nach Tarraco ins Winterlager zurück.

In Rom oder in seiner Umgebung ereigneten sich in diesem Winter viele Wunderzeichen, oder – das tritt gewöhnlich ein, wenn die Menschen einmal zur Furcht vor den Göttern gebracht worden sind – viele derartige Dinge wurden berichtet und kritiklos hinge-

in quis ingenuum infantem semenstrem in foro holi-
torio triumphum clamasse, et in foro boario bovem   3
in tertiam contignationem sua sponte escendisse at-
que inde tumultu habitatorum territum sese deie-   4
cisse, et navium speciem de caelo adfulsisse, et ae-
dem Spei, quae est in foro holitorio, fulmine ictam,
et Lanuvi hastam se commovisse et corvum in aedem Iunonis devolasse atque in ipso pulvinari con-
sedisse, et in agro Amiternino multis locis hominum   5
specie procul candida veste visos nec cum ullo con-
gressos, et in Piceno lapidibus pluvisse, et Caere
sortes extenuatas, et in Gallia lupum vigili gladium
ex vagina raptum abstulisse. Ob cetera prodigia   6
libros adire decemviri iussi; quod autem lapidibus
pluvisset in Piceno, novendiale sacrum edictum; et
subinde aliis procurandis prope tota civitas operata
fuit. Iam primum omnium urbs lustrata est hostiae-   7
que maiores, quibus editum est, dis caesae, et donum   8
ex auri pondo quadraginta Lanuvium Iunoni porta-
tum est et signum aeneum matronae Iunoni in Aventino dedicaverunt, et lectisternium Caere, ubi sortes
attenuatae erant, imperatum, et supplicatio Fortunae in Algido; Romae quoque et lectisternium Iu-   9
ventati et supplicatio ad aedem Herculis nomina-
tim, deinde universo populo circa omnia pulvinaria
indicta, et Genio maiores hostiae caesae quinque, et   10
C. Atilius Serranus praetor vota suscipere iussus, si
in decem annos res publica eodem stetisset statu.
Haec procurata votaque ex libris Sibyllinis magna   11
ex parte levaverant religione animos.

Consulum designatorum alter Flaminius, cui eae   63
legiones, quae Placentiae hibernabant, sorte eveno-
rant, edictum et litteras ad consulem misit, ut is

nommen. Darunter waren folgende Berichte: Ein Kind freier Eltern
habe im Alter von einem halben Jahr auf dem Gemüsemarkt
„Triumph" gerufen; auf dem Rindermarkt sei ein Rind aus freien
Stücken in das dritte Stockwerk hinaufgestiegen und, durch den
Lärm der Hausbewohner erschreckt, hinabgesprungen; am Himmel
seien Schiffe erstrahlt, der Tempel der Hoffnung am Kohlmarkt
sei vom Blitz getroffen worden, in Lanuvium habe sich eine Lanze
bewegt, ein Rabe sei in den Tempel der Juno geflogen und habe sich
direkt auf das Götterpolster gesetzt. Im Gebiet von Amiternum
habe man an vielen Orten in der Ferne weißgekleidete Menschen
gesehen, die aber niemandem begegnet seien; in Picenum habe es
Steine geregnet; in Caere seien die Orakeltafeln kleiner geworden,
in Gallien habe ein Wolf einer Wache das Schwert aus der Scheide
gezogen und weggetragen. Wegen der übrigen Wunderzeichen befahl man den Decemvirn, die Bücher nachzuschlagen; aber wegen
des Steinregens in Picenum wurde ein neuntägiges Bittopfer ver-
kündet; und immer wieder war fast die ganze Bürgerschaft mit der
Ausrichtung anderer Sühneopfer beschäftigt. Vor allem entsühnte
man die Stadt und schlachtete allen in den Büchern angegebenen
Göttern größere Opfertiere. In den Tempel der Juno brachte man
nach Lanuvium ein Geschenk von 40 Pfund Gold; der Juno auf
dem Aventin weihten die Frauen der Vornehmen ein Standbild
aus Erz; in Caere, wo sich die Orakeltäfelchen verkleinert hatten,
wurde ein Göttermahl angeordnet und für Fortuna auf dem Algidus ein Bittfest; in Rom wurde ebenfalls für die Göttin der Jugend
ein Göttermahl befohlen; ein Bittfest setzte man namentlich für
den Tempel des Herkules an, und weiterhin ließ man eins vom ganzen Volk vor allen Altären durchführen; dem Schutzgeist wurden
fünf größere Tiere geopfert; der Prätor Gaius Atilius Serranus
wurde beauftragt, die Erfüllung einiger Gelübde zu übernehmen,
falls der Staat für die nächsten zehn Jahre bestehen bleibe, wie er
sei. Diese Sühnungen und Gelübde waren nach den Angaben der
sibyllinischen Bücher getan und hatten die Menschen großenteils
von ihrer Angst vor überirdischen Mächten befreit.

Flaminius, der eine von den beiden für das nächste Jahr ge-
wählten Konsuln, dem durch das Los die in Placentia überwinterten
Legionen zugefallen waren, sandte einen Aufruf mit einem Begleit-

exercitus idibus Martiis Arimini adesset in castris.
Hic in provincia consulatum inire consilium erat   2
memori veterum certaminum cum patribus, quae
tribunus plebis et quae postea consul prius de consulatu, qui abrogabatur, dein de triumpho habuerat,
invisus etiam patribus ob novam legem, quam Q.   3
Claudius tribunus plebis adversus senatum atque
uno patrum adiuvante C. Flaminio tulerat, ne quis
senator cuive senator pater fuisset maritimam navem, quae plus quam trecentarum amphorarum
esset, haberet. Id satis habitum ad fructus ex agris   4
vectandos; quaestus omnis patribus indecorus visus.
Res per summam contentionem acta invidiam apud
nobilitatem suasori legis Flaminio, favorem apud
plebem alterumque inde consulatum peperit. Ob   5
haec ratus auspiciis ementiendis Latinarumque fe-
riarum mora et consularibus aliis impedimentis re-
tenturos se in urbe, simulato itinere privatus clam in
provinciam abiit. Ea res ubi palam facta est, novam   6
insuper iram infestis iam ante patribus movit: non
cum senatu modo, sed iam cum dis immortalibus
C. Flaminium bellum gerere. consulem ante inau-   7
spicato factum revocantibus ex ipsa acie dis atque
hominibus non paruisse; nunc conscientia spretorum
et Capitolium et sollemnem votorum nuncupatio-
nem fugisse, ne di initi magistratus Iovis optimi   8
maximi templum adiret, ne senatum invisus ipse et
sibi uni invisum videret consuleretque, ne Latinas
indiceret Iovique Latiari sollemne sacrum in monte
faceret, ne auspicato profectus in Capitolium ad   9
vota nuncupanda, paludatus inde cum lictoribus in

brief an den Konsul, dieses Heer solle an den Iden des März in
Ariminum im Lager stehen. Er hatte die Absicht, hier in seiner
Provinz sein Konsulatsjahr zu beginnen; denn er erinnerte sich an
die alten Streitigkeiten mit den Senatoren, die er als Volkstribun
und später als Konsul zuerst wegen des Konsulats, das man ihm
absprechen wollte, dann wegen seines Triumphes gehabt hatte. Bei
den Senatoren hatte er sich auch wegen eines neuen Gesetzes Feinde
zugezogen, das der Volkstribun Quintus Claudius gegen den Senat
– als einziger Senator unterstützte Gaius Flaminius den Vorschlag –
durchgebracht hatte; in diesem Gesetz war beantragt, niemand, der
selbst oder dessen Vater Senator sei, dürfe ein Seeschiff von mehr
als 300 Amphoren halten. Diese Größe hielt man für genügend,
um damit Früchte aus den Landgütern abzuholen; jegliche Art Spekulation sah man für Senatoren als nicht ganz geziemend an. Die
Folge dieser mit großer Heftigkeit durchgeführten Verhandlung
war für Flaminius als Befürworter des Gesetzes beim Adel Haß,
beim Volk Wohlwollen und darauf das zweite Konsulat. Da er deswegen erwartete, man werde ihn durch erlogene Vorbedeutungen,
durch die Verzögerung infolge der latinischen Feiertage und andere
Behinderungen, wie man sie gegen Konsuln anwenden konnte, in
der Stadt festhalten, nahm er eine Reise zum Vorwand und ging
heimlich als Privatmann in die Provinz. Als dieses Verhalten bekannt wurde, brachte es ihm noch zusätzlich neuen Unwillen der
Senatoren ein, die ihm schon vorher nicht gerade wohl gesonnen
waren. Sie erklärten, C. Flaminius führe nicht nur mit dem Senat,
sondern bereits mit den Göttern Krieg. Früher bereits sei er ohne
Einverständnis der Götter zum Konsul gewählt worden; obwohl
ihn Götter wie Menschen vom Schlachtfeld zurückriefen, habe er
nicht gehorcht; jetzt sei er aus bösem Gewissen, weil er Götter und
Menschen verachtet habe, dem Capitol und der heiligen Ankün-
digung der Gelübde ferngeblieben. Damit beabsichtigte er, nur ja
nicht am ersten Tage seines Amtes den Tempel des allmächtigen
Jupiter zu betreten, den ihm allein verhaßten Senat, bei dem er
selbst verhaßt sei, sehen und fragen zu müssen oder die latinischen
Feiertage zu bestimmen und dem Jupiter Latiaris das jährliche
Opfer auf dem Berge darzubringen; um ja nicht nach Durchführung
der Auspizien auf das Kapitol zu ziehen, wo er die Gelübde hätte

provinciam iret. lixae modo sine insignibus, sine
lictoribus profectum clam, furtim, haud aliter quam
si exsilii causa solum vertisset. magis pro maiestate   10
videlicet imperii Arimini quam Romae magistratum
initurum et in deversorio hospitali quam apud penates suos praetextam sumpturum. Revocandum   11
universi retrahendumque censuerunt et cogendum
omnibus prius praesentem in deos hominesque fungi
officiis, quam ad exercitum et in provinciam iret. In   12
eam legationem – legatos enim mitti placuit – Q.
Terentius et M. Antistius profecti nihilo magis eum
moverunt, quam priore consulatu litterae moverant
ab senatu missae. Paucos post dies magistratum ·   13
iniit, immolantique ei vitulus iam ictus e manibus
sacrificantium sese cum proripuisset, multos circum-
stantes cruore respersit; fuga procul etiam maior   14
apud ignaros, quid trepidaretur, et concursatio fuit.
Id a plerisque in omen magni terroris acceptum.
Legionibus inde duabus a Sempronio prioris anni   15
consule, duabus a C. Atilio praetore acceptis in
Etruriam per Apennini tramites exercitus duci est
coeptus.

ablegen müssen, und darauf im Purpur des Feldherrn mit den
Liktoren in die Provinz zu gehen. Wie ein Marketender sei er ohne
die Insignien seiner Würde, ohne Liktoren wie ein Dieb auf
Schleichwegen davongegangen, gerade so, als hätte er als Verbann-
ter der Heimat den Rücken gekehrt. Offensichtlich finde er es der
Hoheit des konsularischen Oberbefehls würdiger, sein Amt in Ariminum als in Rom anzutreten und den Purpur lieber in der Her-
berge bei einem Gastfreund als vor seinen Hausgöttern anzulegen.
Alle stimmten dafür, ihn zurückrufen und abholen zu lassen und
ihn zu zwingen, alle seine Pflichten gegen Götter und Menschen
an Ort und Stelle zu erfüllen, bevor er zum Heere und in seine
Provinz gehe. Zu dieser Gesandtschaft – man beschloß eine solche –
machten sich Quintus Terentius und Marcus Antistius auf den Weg;
sie konnten ihn aber ebenso wenig bewegen, wie ihn in seinem ersten Konsulat das vom Senat an ihn gerichtete Schreiben beeindruckt hatte. Wenige Tage danach trat er sein Amt an. Beim Opfer
riß sich das schon gestochene Kalb aus den Händen der Opfer-
priester los und bespritzte viele Umstehende mit Blut. Es gab ein
aufgeregtes Durcheinander, noch schlimmer bei denen, die ferner
standen und den Grund der Aufregung nicht kannten. Die meisten
erblickten darin ein Vorzeichen von schrecklicher Vorbedeutung.
Nachdem er sich die zwei Legionen vom vorjährigen Konsul Sempronius und zwei vom Prätor Gaius Atilius hatte übergeben lassen,
begann das Heer den Marsch über Bergpfade des Apennin nach
Etrurien.

LIBER XXII

Iam ver appetebat, cum Hannibal ex hibernis movit, et nequiquam ante conatus transcendere Apenninum intolerandis frigoribus et cum ingenti periculo moratus ac metu. Galli, quos praedae populationumque conciverat spes, postquam pro eo, ut ipsi ex alieno agro raperent agerentque, suas terras sedem belli esse premique utriusque partis exercituum hibernis videre, verterunt retro in Hannibalem ab Romanis odia; petitusque saepe principum insidiis, ipsorum inter se fraude, eadem levitate, qua consenserant, consensum indicantium, servatus erat et mutando nunc vestem, nunc tegumenta capitis errore etiam sese ab insidiis munierat. Ceterum hic quoque ei timor causa fuit maturius movendi ex hibernis.

Per idem tempus Cn. Servilius consul Romae idibus Martiis magistratum iniit. Ibi cum de re publica rettulisset, redintegrata in C. Flaminium invidia est: duos se consules creasse, unum habere; quod enim illi iustum imperium, quod auspicium esse? magistratus id a domo, publicis privatisque penatibus, Latinis feriis actis, sacrificio in monte perfecto, votis rite in Capitolio nuncupatis, secum ferre; nec privatum auspicia sequi nec sine auspiciis profectum

BUCH XXII

Schon nahte das Frühjahr, und Hannibal verließ das Winterlager.
Wegen der unerträglichen Kälte hatte er schon vorher vergeblich
versucht, den Apennin zu übersteigen. Voller Furcht und unter
großer Gefahr war er dort festgelegen. Durch Hoffnung auf Beute
und die Möglichkeit zu plündern wachgerufen, richteten die Gallier
ihren Haß von den Römern weg gegen Hannibal. Sie hatten nämlich gesehen, daß ihr Land zum Kriegsschauplatz wurde und der
Druck durch die Winterquartiere der Heere beider Parteien auf
ihnen lasten bliebe, anstatt daß sie auf fremdem Boden selbst rauben und Beute machen konnten. Häufig bedrohte ihn ein Hinterhalt durch die Häuptlinge. Aber sie verrieten sich gegenseitig mit
der gleichen Leichtfertigkeit, mit der sie ihre Verabredungen eingegangen waren; und diese gegenseitige Untreue war Hannibals Rettung. Er wechselte auch die Kleidung, dann wieder die Frisur; und
so hatte er sich auch dadurch vor dem Hinterhalt geschützt, daß
er andere täuschte. Im übrigen war auch diese Furcht ein Grund
für ihn, das Winterlager früher zu verlassen.

Zur gleichen Zeit trat in Rom an den Iden des März der Konsul
Gnaeus Servilius sein Amt an. Als er dort im Senat ein Referat über
die Lage des Staates gehalten hatte, flammte der Haß gegen Gaius
Flaminius erneut wieder auf; zwei Konsuln hätten sie gewählt, und
nun besäßen sie nur einen. Denn rechtmäßig habe Flaminius weder
den Oberbefehl noch das Recht auf Auspizien. Dieses Recht müsse
ja jeder Beamte aus der Heimat, von den Schutzgöttern des Staates
und seines Hauses, mitnehmen, nachdem er das latinische Fest gefeiert, das Opfer auf der Höhe dargebracht und die Gelübde auf
dem Kapitol feierlich abgelegt habe; für einen Privatmann gebe es
keine Auspizien, und wer ohne Recht auf Auspizien Rom verlassen

in externo ea solo nova atque integra concipere
posse. Augebant metum prodigia ex pluribus simul   8
locis nuntiata: in Sicilia militibus aliquot spicula,
in Sardinia autem in muro circumeunti vigilias
equiti scipionem, quem manu tenuerit, arsisse et litora crebris ignibus fulsisse et scuta duo sanguine
sudasse, et milites quosdam ictos fulminibus et solis   9
orbem minui visum, et Praeneste ardentes lapides
caelo cecidisse, et Arpis parmas in caelo visas pu-
gnantemque cum luna solem, et Capenae duas inter-   10
diu lunas ortas, et aquas Caeretes sanguine mixtas
fluxisse fontemque ipsum Herculis cruentis manasse
respersum maculis, et in Antiati metentibus cruen-
tas in corbem spicas cecidisse, et Faleriis caelum   11
findi velut magno hiatu visum, quaque patuerit, ingens lumen effulsisse; sortes sua sponte attenuatas
unamque excidisse ita scriptam: ,Mavors telum
suum concutit', et per idem tempus Romae signum   12
Martis Appia via ac simulacra luporum sudasse, et
Capuae speciem caeli ardentis fuisse lunaeque inter
imbrem cadentis. Inde minoribus etiam dictu prodi-   13
giis fides habita: capras lanatas quibusdam factas,
et gallinam in marem, gallum in feminam sese ver-
tisse. His, sicut erant nuntiata, expositis auctoribus-   14
que in curiam introductis consul de religione patres
consuluit. Decretum, ut ea prodigia partim maiori-   15
bus hostiis, partim lactentibus procurarentur et uti
supplicatio per triduum ad omnia pulvinaria habe-
retur; cetera, cum decemviri libros inspexissent, ut   16
ita fierent, quemadmodum cordi esse divinis e car-
minibus praeferentur. Decemvirorum monitu decre-   17
tum est Iovi primum donum fulmen aureum pondo

habe, könne sie im fremden Land nicht neu und gültig anstellen. Und Schreckenszeichen, die gleichzeitig von mehreren Orten gemeldet wurden, vermehrten die Angst. In Sizilien hätten bei einigen Soldaten die Spitzen ihrer Lanzen, in Sardinien bei einem Ritter, der auf der Mauer die Nachtwachen kontrollierte, der Stab in der Hand aufgeglüht. Die Küsten seien häufig von aufblitzendem Feuer erhellt gewesen, zwei Schilde hätten blutigen Schweiß gezeigt, einige Soldaten seien vom Blitz getroffen worden, und man habe die Sonnenscheibe kleiner werden sehen. In Praeneste seien glühende Steine vom Himmel gefallen; in Arpi habe man am Himmel runde Schilde gesehen und den Kampf der Sonne mit dem Mond beobachtet; in Capena seien am Tage zwei Monde aufgegangen; die Quellen von Caere hätten blutiges Wasser emporsprudeln lassen, und sogar die Quelle des Herkules sei mit Blutspuren hervorgequollen. In Antium seien den Schnittern blutige Ähren in den Korb gefallen; und in Falerii habe man gesehen, wie sich der Himmel wie in einem großen Riß spaltete, und aus der Öffnung habe ein gewaltiges Licht aufgeleuchtet. Die Lostäfelchen seien dort ohne äußere Einwirkung kleiner geworden, eins sei herausgesprungen mit der Aufschrift: „Mars schwingt seinen Speer". Zur gleichen Zeit seien in Rom auf der Via Appia die Statue des Mars und die Bilder der Wölfe feucht von Schweiß gewesen; und in Capua habe man gesehen, wie der Himmel brannte und der Mond während eines Gewitterregens auf die Erde fiel. Daraufhin glaubte man auch an weniger wichtige Wunderzeichen: Bei einigen Leuten sei den Ziegen Wolle gewachsen; eine Henne habe sich in einen Hahn, ein Hahn in eine Henne verwandelt. Als der Konsul diese Angaben, wie sie gemeldet worden waren, mitgeteilt und die Gewährsleute ins Rathaus geführt hatte, fragte er die Senatoren wegen der religiösen Bräuche um Rat. Man kam zu dem Beschluß, diese Zeichen teils durch größere Opfertiere, teils durch Opferung saugender Jungtiere zu sühnen und bei allen Göttersitzen ein dreitägiges Bittfest abzuhalten; wenn die Decemvirn die sibyllinischen Bücher nachgeschlagen hätten, sollte alles übrige so gestaltet werden, wie es den Göttern gemäß ihrer Weissagung in den heiligen Sprüchen lieb sei. Auf den Rat der Decemvirn beschloß man, Jupiter zuerst als Geschenk einen 50 Pfund schweren Zackenblitz aus Gold zu

quinquaginta fieret, Iunoni Minervaeque ex argento dona darentur et Iunoni reginae in Aventino Iunonique Sospitae Lanuvi maioribus hostiis sacrificaretur, matronaeque pecunia conlata, quantum conferre cuique commodum esset, donum Iunoni reginae in Aventinum ferrent lectisterniumque fieret, et ut libertinae et ipsae, unde Feroniae donum daretur, pecuniam pro facultatibus suis conferrent. Haec ubi facta, decemviri Ardeae in foro maioribus hostiis sacrificarunt. Postremo Decembri iam mense ad aedem Saturni Romae immolatum est, lectisterniumque imperatum – et eum lectum senatores straverunt – et convivium publicum, ac per urbem Saturnalia diem ac noctem clamata, populusque eum diem festum habere ac servare in perpetuum iussus.

    Dum consul placandis Romae dis habendoque dilectu dat operam, Hannibal profectus ex hibernis, quia iam Flaminium consulem Arretium pervenisse fama erat, cum aliud longius, ceterum commodius ostenderetur iter, propiorem viam per paludes petit, qua fluvius Arnus per eos dies solito magis inundaverat. Hispanos et Afros – id omne veterani erat robur exercitus – admixtis ipsorum impedimentis, necubi consistere coactis necessaria ad usus deessent, primos ire iussit; sequi Gallos, ut id agminis medium esset; novissimos ire equites; Magonem inde cum expeditis Numidis cogere agmen, maxime Gallos, si taedio laboris longaeque viae – ut est mollis ad talia gens – dilaberentur aut subsisterent, cohibentem. Primi, qua modo praeirent duces, per praealtas fluvii ac profundas voragines, hausti paene limo

weihen; Juno und Minerva wollte man Silbergeschenke bringen.
Der Königin Juno auf dem Aventin und der Juno Sospita in Lanuvium wurden größere Opfertiere zugedacht. Die Frauen der vor-
nehmeren Gesellschaft sollten von einer erbrachten Geldsumme, zu
der jede nach ihrem Vermögen beisteuern solle, der Juno Regina
auf dem Aventin ein Geschenk bringen. Ferner sollte ein Göttermahl gehalten werden; die Frauen aus dem Stand der Freigelas-
senen sollten ihrerseits Geld nach ihrem Vermögen opfern, um davon Feronia ein Geschenk zu machen. Als dies alles vollzogen war,
brachten die Decemvirn auf dem Marktplatz von Ardea größere
Tiere zum Opfer dar. Noch in den letzten Tagen des Monats Dezember opferte man bereits am Tempel des Saturn in Rom. Ein
Göttermahl wurde angeordnet, bei dem die Senatoren den Göttern
das Polster bereiteten, und eine öffentliche Speisung auf Staats-
kosten. In der Stadt rief man einen Tag und eine Nacht „Saturn-
nalien". Das Volk erhielt den Auftrag, diesen Tag festlich zu begehen und dies auch in Zukunft so zu halten.

Während sich der Konsul in Rom bemühte, die Götter zu versöhnen und Truppen auszuheben, verließ Hannibal das Winterquartier; denn ein Gerücht ging um, der Konsul Flaminius sei bereits in Arretium eingetroffen. Obwohl man Hannibal einen anderen, längeren, dafür aber bequemeren Weg zeigte, wählte er doch
den kürzeren durch die Sümpfe, wo der Arnus in diesen Tagen
eine ungewöhnlich starke Überschwemmung verursacht hatte. Die
Spanier und Afrer – das war die ganze Kerntruppe seines alten
Heeres – ließ er an der Spitze marschieren, und zwar mit ihrem
Gepäck, damit sie überall, wo sie zum Anhalten gezwungen würden, alles Nötige sofort zur Verfügung hätten. Ihnen ließ er die
Gallier folgen; sie sollten die Mitte des Zuges bilden. Die Reiter
sollten als letzte ziehen. Mago bekam den Auftrag, mit den leichtbewaffneten Numidern den Heereszug zu beschließen und besonders die Gallier zusammenzuhalten, wenn sie vielleicht die Anstrengungen und den langen Weg leid wären und auseinanderlaufen
oder zurückbleiben sollten; denn dieses Volk hat nicht genug Ausdauer für solche Strapazen. Die ersten Soldaten folgten, wo nur die
Anführer vorauszogen, den Fahnen durch übertiefe und grundlose
Schlünde des Stromes, obwohl sie beinahe vom Schlamm ver-

immergentesque se, tamen signa sequebantur. Galli   6
neque sustinere se prolapsi neque adsurgere ex vora-
ginibus poterant neque aut corpora animis aut ani-   7
mos spe sustinebant, alii fessa aegre trahentes membra, alii, ubi semel victis taedio animis procubuis-
sent, inter iumenta et ipsa iacentia passim morientes;
maximeque omnium vigiliae conficiebant per quadriduum iam et tres noctes toleratae. Cum omnia   8
obtinentibus aquis nihil, ubi in sicco fessa sterne-
rent corpora, inveniri posset, cumulatis in aqua sar-
cinis insuper incumbebant, aut iumentorum itinere   9
toto prostratorum passim acervi tantum, quod exstaret aqua, quaerentibus ad quietem parvi temporis necessarium cubile dabant. Ipse Hannibal aeger   10
oculis ex verna primum intemperie variante calores
frigoraque, elephanto, qui unus superfuerat, quo
altius ab aqua exstaret, vectus, vigiliis tamen et noc-   11
turno umore palustrique caelo gravante caput et,
quia medendi nec locus nec tempus erat, altero
oculo capitur.

Multis hominibus iumentisque foede amissis cum   3
tandem e paludibus emersisset, ubi primum in sicco
potuit, castra locat, certumque per praemissos exploratores habuit exercitum Romanum circa Arreti
moenia esse. Consulis deinde consilia atque animum   2
et situm regionum itineraque et copias ad commeatus expediendos et cetera, quae cognosse in rem
erat, summa omnia cum cura inquirendo exseque-
batur. Regio erat in primis Italiae fertilis, Etrusci   3
campi, qui Faesulas inter Arretiumque iacent, frumenti ac pecoris et omnium copia rerum opulenti;
consul ferox ab consulatu priore et non modo legum   4
aut patrum maiestatis, sed ne deorum quidem satis
metuens; hanc insitam ingenio eius temeritatem for-

schlungen wurden und darin versanken. Die Gallier konnten sich nicht auf den Beinen halten, wenn sie ausglitten, und konnten sich aus den Löchern nicht mehr herausarbeiten. Ihre Körper konnten sie durch keine Energie, und ihre Energie durch keine Hoffnung aufrechterhalten; die einen schleppten kaum noch ihre müden Glieder weiter, andere starben, sobald sie einmal in völliger Verzweiflung zusammengebrochen waren, zwischen den Zugtieren, die auch da und dort auf der Strecke blieben. Vor allem rieb sie das Wachbleiben auf, das sie bereits vier Tage und drei Nächte ertragen hatten. Da die Wassermassen alles bedeckten und man kein Plätzchen finden konnte, sich erschöpft auf dem Trockenen auszustrecken, warfen sie ihr Gepäck im Wasser zu Haufen zusammen und legten sich darauf; oder die Leiber der Zugtiere, die auf dem ganzen Weg allenthalben gestürzt waren, boten ihnen für kurze Zeit den dringendsten Rastplatz; man suchte ja nur noch nach etwas, das aus dem Wasser herausragte. Hannibal selbst ritt auf dem einzigen noch lebenden Elefanten, um höher über dem Wasser zu bleiben. Er war nämlich an beiden Augen krank durch das unbeständige Frühlingswetter, das Hitze und Kälte dauernd wechseln ließ. Das Wachbleiben aber, die Feuchtigkeit in der Nacht und das Sumpfklima verursachten ihm Kopfschmerzen; und weil weder Ort noch Zeit vorhanden war, das Übel zu behandeln, erblindete er auf einem Auge.

Als er endlich nach dem gräßlichen Verlust vieler Menschen und Zugtiere aus den Sümpfen herauskam, schlug er ein Lager auf, sobald sich ihm auf trockenem Gelände die Möglichkeit dazu bot. Durch vorausgeschickte Kundschafter erhielt er die Gewißheit, daß das Römerheer in der Umgebung von Arretium stand. Darauf beschäftigte er sich damit, die Pläne und Absichten des Konsuls, die Beschaffenheit des Geländes, die Wege, die Möglichkeiten der Verproviantierung und alles, was er wissen mußte, mit größter Sorgfalt zu erkunden. Die Gegend war eine der fruchtbarsten Italiens; es waren die Ackergebiete Etruriens zwischen Faesulae und Arretium, die mit Überfluß an Getreide, Viehherden und allen anderen Gütern gesegnet waren; der Konsul hatte noch Mut aus seinem zurückliegenden Konsulat, aber nicht genug Ehrfurcht vor den Gesetzen und den Senatsbeschlüssen, ja nicht einmal vor den Göttern;

tuna prospero civilibus bellicisque rebus successu
aluerat. Itaque satis apparebat nec deos nec ho-   5
mines consulentem ferociter omnia ac praepropere
acturum; quoque pronior esset in vitia sua, agitare
eum atque inritare Poenus parat, et laeva relicto
hoste Faesulas praeteriens medio Etruriae agro prae-   6
datum profectus, quantam maximam vastitatem
potest, caedibus incendiisque consuli procul ostendit.
Flaminius, qui ne quieto quidem hoste ipse quieturus   7
erat, tum vero, postquam res sociorum ante oculos
prope suos ferri agique vidit, suum id dedecus ratus
per mediam iam Italiam vagari Poenum atque ob-
sistente nullo ad ipsa Romana moenia ire oppugnanda, ceteris omnibus in consilio salutaria magis   8
quam speciosa suadentibus: collegam exspectan-
dum, ut coniunctis exercitibus communi animo consilioque rem gererent, interim equitatu auxiliisque   9
levium armorum ab effusa praedandi licentia hostem cohibendum, – iratus se ex consilio proripuit,
signumque simul itineris pugnaeque cum dedisset
,Immo Arreti ante moenia sedeamus' inquit, ,hic   10
enim patria et penates sunt. Hannibal emissus e manibus perpopuletur Italiam vastandoque et urendo
omnia ad Romana moenia perveniat, nec ante nos
hinc moverimus quam, sicut olim Camillum ab
Veiis, C. Flaminium ab Arretio patres acciverint'.
Haec simul increpans cum ocius signa convelli iube-   11
ret et ipse in equum insiluisset, equus repente corruit
consulemque lapsum super caput effudit. Territis   12
omnibus, qui circa erant, velut foedo omine incipien-
dae rei, insuper nuntiatur signum omni vi moliente
signifero convelli nequire. Conversus ad nuntium   13

das Glück hatte diese seine angeborene Verwegenheit durch glücklichen Erfolg in Krieg und Frieden genährt. Daher war es ziemlich
klar, daß er weder Götter noch Menschen befragen, sondern alles
ungestüm und übereilt durchführen würde; und damit er umso mehr
seinen Fehlern nachgab, legte es Hannibal darauf an, ihn zu hetzen
und zu reizen. Er ließ den Feind links liegen, marschierte an Faesulae vorbei, zog mitten in den Fluren Etruriens auf Beute aus und
zeigte dem Konsul aus der Ferne die größte Verwüstung, die er
durch Mord und Brand anrichten konnte. Flaminius, der nicht einmal, wenn sich der Feind ruhig verhalten hätte, seinerseits ruhig
geblieben wäre, erblickte persönliche Schande darin, daß der Punier
schon mitten durch Italien Streifzüge machte und ohne Widerstand direkt zum Sturm auf die Mauern Roms weiterrückte; er
hatte es ja erlebt, daß der Besitz der Bundesgenossen fast vor seinen
Augen geplündert und geraubt wurde. Indes rieten alle anderen im
Kriegsrat zu Maßnahmen, die mehr heilsam als großartig waren:
Er müsse auf seinen Amtskollegen warten, um dann mit vereinten
Heeren nach gemeinsamer Gesinnung und Planung den Krieg zu
führen; inzwischen müsse er mit der Reiterei und den leichtbewaffneten Hilfstruppen den Feind an seiner maßlos frechen Plün-
derei hindern. Zornig stürzte er aus der Beratung. Als er gleichzeitig das Zeichen zum Aufbruch und zum Kampf gegeben hatte,
rief er: „Ja gewiß, wir wollen vor den Mauern von Arretium sitzen
bleiben; hier nämlich ist unsere Heimat, hier sind unsere heimischen
Götter! Hannibal, den wir entkommen ließen, soll Italien verwüsten! Alles niederbrennend und verheerend soll er ruhig bis an die
Mauern Roms kommen! Wir aber dürfen uns von hier nicht entfernen, bis die Senatoren Gaius Flaminius von Arretium zu Hilfe
rufen, wie sie einst Camillus von Veji abriefen." Als er so tobte und
gleichzeitig den Befehl gab, die Feldzeichen schneller aus dem Boden zu reißen, und er selbst sich auf sein Pferd geschwungen hatte,
brach dieses plötzlich zusammen und warf den Konsul, der den
Halt verlor, kopfüber ab. Alle Umstehenden waren erschrocken,
denn sie erblickten darin ein für den Beginn der Kampfhandlun-
gen schlimmes Vorzeichen; da wurde noch dazu gemeldet, der Fah-
nenträger könne trotz aller Anstrengung das Zeichen nicht aus der
Erde ziehen. Da sagte der Konsul, zum Boten gewandt: „Bringst

‚Num litteras quoque' inquit ‚ab senatu adfers,
quae me rem gerere vetant? Abi, nuntia, effodiant
signum, si ad convellendum manus prae metu obtor-
puerit'. Incedere inde agmen coepit primoribus,   14
superquam quod dissenserant ab consilio, territis
etiam duplici prodigio, milite in volgus laeto ferocia ducis, cum spem magis ipsam quam causam spei
intueretur.

Hannibal, quod agri est inter Cortonam urbem   4
Trasumennumque lacum, omni clade belli pervastat,
quo magis iram hosti ad vindicandas sociorum in-
iurias acuat; et iam pervenerant ad loca nata insi-   2
diis, ubi maxime montes Cortonenses Trasumennus
subit. Via tantum interest perangusta, velut ad id
ipsum de industria relicto spatio; deinde paulo la-
tior patescit campus; inde colles adsurgunt. Ibi   3
castra in aperto locat, ubi ipse cum Afris modo Hispanisque consideret; Baliares ceteramque levem armaturam post montes circumducit; equites ad ipsas
fauces saltus tumulis apte tegentibus locat, ut, ubi
intrassent Romani, obiecto equitatu clausa omnia
lacu ac montibus essent.

Flaminius cum pridie solis occasu ad lacum per-   4
venisset, inexplorato postero die vixdum satis certa
luce angustiis superatis, postquam in patentiorem
campum pandi agmen coepit, id tantum hostium,
quod ex adverso erat, conspexit: ab tergo ac super
caput non detectae insidiae. Poenus ubi, id quod   5
petierat, clausum lacu ac montibus et circumfusum
suis copiis habuit hostem, signum omnibus dat simul
invadendi. Qui ubi, qua cuique proximum fuit, de-   6
cucurrerunt, eo magis Romanis subita atque impro-
visa res fuit, quod orta ex lacu nebula campo quam

du etwa auch noch einen Brief vom Senat, der mir verbietet, mein
Vorhaben durchzuführen? Geh, sag' ihnen, sie sollen das Feldzeichen ausgraben, wenn ihre Hände vor Furcht zu steif geworden
sind, es herauszureißen." Darauf begann der Zug den Marsch,
während die Offiziere ganz abgesehen von der Tatsache, daß sie
mit dem Plan nicht einverstanden waren, auch noch durch das
doppelte Warnzeichen erschreckt waren, die Soldaten sich aber im
allgemeinen über das Draufgängertum ihres Heerführers freuten;
denn sie sahen nur ihre Hoffnung und überlegten nicht so sehr, ob
sie auch begründet war.

Hannibal ließ das gesamte Gebiet zwischen der Stadt Cortona
und dem Trasimennischen See alle Greuel des Krieges spüren. Damit wollte er den erbitterten Feind noch mehr zur Rache für das
Unrecht an den Bundesgenossen anstacheln. Schon war das Heer in
eine Gegend gelangt, die für einen Hinterhalt wie geschaffen war,
wo der Trasimennische See ganz dicht an die Berge von Cortona
heranreicht. Dazwischen bleibt nur ein recht schmaler Weg, als
wäre dazu absichtlich Platz gelassen. Dahinter breitet sich eine
etwas weitere Ebene aus; dann steigen bereits die Berge auf. Dort
schlug er in freiem Gelände sein Lager auf, wo er selbst nur mit
den Afrern und Spaniern bleiben wollte. Die Balearen und die
übrige leichte Truppe führte er auf die Rückseite der Berge. Die
Reiter stellte er unmittelbar an den Eingang des Passes, wo sie von
den Hügeln günstig verdeckt wurden. Alles sollte ringsum vom See
und den Bergen eingeschlossen sein, wenn die Reiterei den einge-
rückten Römern den Rückweg versperrte.

Flaminius war am Tage vorher bei Sonnenuntergang an den See
gekommen. Ohne vorherige Erkundung marschierte er am folgenden Tage fast noch in der Dämmerung durch den Paß. Als eben
sein Heer ins offene Gelände ausschwärmen wollte, sichtete er nur
die Feinde, die ihm direkt gegenüber standen; von dem Hinterhalt
im Rücken und über sich merkte er nichts. Nun hatte der Punier,
wie gewünscht, den Feind durch See und Berge eingeschlossen und
mit seinen Truppen umringt. Da gab er allen das Zeichen zum
gleichzeitigen Angriff. Sie rannten auf dem nächsten Weg herunter.
Dies kam für die Römer um so mehr völlig überraschend, weil Nebel aus dem See aufgestiegen war und über der Ebene dichter als

montibus densior sederat agminaque hostium ex pluribus collibus ipsa inter se satis conspecta eoque magis pariter decucurrerant. Romanus, clamore prius   7
undique orto quam satis cerneret, se circumventum
esse sensit, et ante in frontem lateraque pugnari
coeptum est, quam satis instrueretur acies aut expe-
diri arma stringique gladii possent.

Consul perculsis omnibus ipse satis ut in re tre-   5
pida impavidus, turbatos ordines, vertente se quoque ad dissonos clamores, instruit, ut tempus locus-
que patitur, et quacumque adire audirique potest,
adhortatur ac stare ac pugnare iubet: nec enim inde
votis aut imploratione deum, sed vi ac virtute eva-   2
dendum esse; per medias acies ferro viam fieri et,
quo timoris minus sit, eo minus ferme periculi esse.
Ceterum prae strepitu ac tumultu nec consilium nec   3
imperium accipi poterat, tantumque aberat, ut sua
signa atque ordines et locum noscerent, ut vix ad
arma capienda aptandaque pugnae competeret animus, opprimerenturque quidam onerati magis iis
quam tecti. Et erat in tanta caligine maior usus au-
rium quam oculorum. Ad gemitus volnerum ictus-   4
que corporum aut armorum et mixtos strepentium
paventiumque clamores circumferebant ora oculosque. Alii fugientes pugnantium globo inlati haere-   5
bant; alios redeuntes in pugnam avertebat fugientium
agmen. Deinde, ubi in omnes partes nequiquam im-   6
petus capti et ab lateribus montes ac lacus, a fronte
et ab tergo hostium acies claudebat apparuitque nullam nisi in dextera ferroque salutis spem esse, tum
sibi quisque dux adhortatorque factus ad rem gerendam, et nova de integro exorta pugna est, non illa   7

auf den Bergen lagerte. Die feindlichen Züge konnten einander von mehreren Hügeln aus deutlich genug sehen und waren um so leichter gleichzeitig herabgestürmt. Aus dem Geschrei überall, noch ehe man richtig sehen konnte, schlossen die Römer, daß sie umzingelt waren. Schon hatte auch von vorn und in den Flanken der Angriff begonnen, ehe sie überhaupt ihre Linie richtig aufstellen, ihre Waffen herrichten und ihre Schwerter ziehen konnten.

In dieser allseitigen Verwirrung hatte der Konsul allein noch einigermaßen die Fassung bewahrt, soweit es in einer so üblen Lage möglich war. Er stellte die durcheinandergekommenen Linien auf, wie es die Zeit und dieses Gelände zuließen, wo sich die Männer immer nur nach verworrenem Geschrei umdrehten. Überall, wo Flaminius hinkommen und gehört werden konnte, sprach er den Soldaten Mut zu und hieß sie standhalten und kämpfen: Denn hier könne man nicht durch Gelübde oder Gebet zu den Göttern, sondern nur mit tapferster Gewaltanstrengung herauskommen. Mitten durch die feindlichen Reihen könnten sie sich den Weg nur mit dem Schwert bahnen; und je weniger man Angst habe, desto geringer sei meistens auch die Gefahr! Die Soldaten waren vor lauter Lärm und Gewühl gar nicht in der Lage, Rat und Befehl zu hören; sie konnten längst nicht mehr auf ihre Feldzeichen, ihre Reihen und ihren Platz achten, gar nicht zu reden von der Konzentration, zu den Waffen zu greifen und sie zum Kampfe fertigzumachen. So stürzten einige unter ihren Waffen, von ihnen mehr belastet als geschützt. Bei dem dicken Nebel verließ man sich auch mehr auf die Ohren als auf die Augen. Man wandte sich nach dem Stöhnen der Verwundeten um und suchte sich an dem Aufschlagen der Hiebe auf Körper und Waffen und an dem wilden Durcheinander von Lärm und Angstgeschrei zu orientieren. Die einen wollten fliehen, gerieten dabei aber in eine Kampfgruppe und konnten nicht weiter. Andere wollten in die Schlacht zurückkehren; da riß sie ein flüchtender Haufe mit fort. Darauf versuchten sie nach allen Seiten vergebliche Angriffe. Die Berge und der See schlossen sie auf den Flügeln ein, vorn und im Rücken stand das feindliche Heer. Es war ganz klar, daß sie nur noch auf eine Rettung durch eigene Kampfkraft hoffen konnten. Da wurde jeder sein eigener Führer und riß sich selbst zur Tapferkeit hoch. Zwar kam es zu einer völ-

ordinata per principes hastatosque ac triarios nec
ut pro signis antesignani, post signa alia pugnaret
acies nec ut in sua legione miles aut cohorte aut ma-
nipulo esset; fors conglobat et animus suus cuique   8
ante aut post pugnandi ordinem dabat tantusque
fuit ardor animorum, adeo intentus pugnae animus,
ut eum motum terrae, qui multarum urbium Italiae
magnas partes prostravit avertitque cursu rapidos
amnes, mare fluminibus invexit, montes lapsu ingenti proruit, nemo pugnantium senserit.

Tres ferme horas pugnatum est et ubique atroci-   6
ter; circa consulem tamen acrior infestiorque pugna
est. Eum et robora virorum sequebantur et ipse,   2
quacumque in parte premi ac laborare senserat suos,
impigre ferebat opem, insignemque armis et hostes
summa vi petebant et tuebantur cives, donec Insu-
ber eques – Ducario nomen erat – facie quoque nos-   3
citans consulem, ‚En‘ inquit ‚hic est‘ popularibus
suis, ‚qui legiones nostras cecidit agrosque et urbem
est depopulatus; iam ego hanc victimam manibus
peremptorum foede civium dabo‘. Subditisque cal-   4
caribus equo per confertissimam hostium turbam
impetum facit obtruncatoque prius armigero, qui se
infesto venienti obviam obiecerat, consulem lancea
transfixit; spoliare cupientem triarii obiectis scutis
arcuere. Magnae partis fuga inde primum coepit; et   5
iam nec lacus nec montes pavori obstabant; per
omnia arta praeruptaque velut caeci evadunt, armaque et viri super alium alii praecipitantur. Pars   6
magna, ubi locus fugae deest, per prima vada palu-
dis in aquam progressi, quoad capitibus umerisque
exstare possunt, sese immergunt; fuere, quos incon-
sultus pavor nando etiam capessere fugam impule-
rit; quae ubi immensa ac sine spe erat, aut deficien-   7
tibus animis hauriebantur gurgitibus aut nequiquam

lig neuen Schlacht, allerdings nicht geordnet nach Vorder-, Mittel-
und Hintertreffen, auch nicht so verteilt, daß die Vorkämpfer vor
den Feldzeichen, die zweite Linie dahinter kämpfte, auch nicht so,
daß der Soldat in seiner eigenen Legion, Kohorte oder Abteilung
stand. Der Zufall ballte alles zusammen, und eigener Mut stellte
jeden vorn oder hinten an seinen Platz im Gefecht. So erbittert
gerieten sie aneinander, und alle Aufmerksamkeit galt so sehr dem
Kampf, daß kein Kämpfer jenes Erdbeben spürte, das große Teile
vieler Städte Italiens zerstörte, reißende Ströme aus ihrem Lauf
lenkte, das Meer in die Flüsse drängte und Berge durch ungeheuren
Rutsch abtrug.

Fast drei Stunden wurde allenthalben mörderisch gekämpft.
Trotzdem tobte der Kampf um den Konsul noch grimmiger und
härter. Ihm folgte ja die Kerntruppe, und er selbst leistete unent-
wegt Hilfe, wo er nur seine Leute in Not und in Schwierigkeiten
sah. Man erkannte ihn an seinen Waffen, und daher wurde er mit
höchstem Einsatz von den Feinden angegriffen und von seinen
Mitbürgern geschützt, bis schließlich ein insubrischer Reiter, – er
hieß Ducarius – der den Konsul auch an den Gesichtszügen erkannte, seinen Leuten zurief: „Da ist ja der Unmensch, der unsere
Legionen erschlug, unsere Felder und die Stadt verwüstete! Jetzt
will ich ihn den Geistern unserer grausam ermordeten Mitbürger
opfern!" Er gab seinem Pferd die Sporen, ritt durch das dichteste
Knäuel der Feinde und griff an. Zunächst erstach er den Waffen-
träger, der sich ihm bei seinem Angriff entgegengeworfen hatte.
Dann durchbohrte er den Konsul mit der Lanze. Er wollte ihm
noch die Waffen wegnehmen; aber die Triarier hinderten ihn mit
vorgehaltenen Schilden daran. Nun erst begann ein großer Teil der
Römer zu fliehen. Weder See noch Berge standen ihrer panischen
Furcht im Weg. Wie blind rannten sie durch Hohlwege und über
Klippen davon; Waffen und Männer stürzten übereinander. Viele
sahen überhaupt keine Möglichkeit zur Flucht und gingen an den
seichten Uferstellen des Sees ins Wasser. Sie wagten sich so weit
hinein, daß sie nur noch mit Kopf und Schultern herausragten.
Manche trieb die panische Furcht sogar dazu, schwimmend fliehen
zu wollen. Sobald aber dieser Fluchtweg kein Ende nehmen wollte
und aussichtslos wurde, gaben sie auf und ertranken in den Tiefen,

fessi vada retro aegerrime repetebant atque ibi ab
ingressis aquam hostium equitibus passim trucida-
bantur. Sex milia ferme primi agminis per adversos   8
hostes eruptione impigre facta, ignari omnium, quae
post se agerentur, ex saltu evasere et, cum in tumulo
quodam constitissent, clamorem modo ac sonum armorum audientes, quae fortuna pugnae esset, neque
scire nec perspicere prae caligine poterant. Inclinata
denique re, cum incalescente sole dispulsa nebula
aperuisset diem, tum liquida iam luce montes cam-   9
pique perditas res stratamque ostendere foede Romanam aciem. Itaque ne in conspectos procul im-   10
mitteretur eques, sublatis raptim signis quam citatis-
simo poterant agmine sese abripuerunt. Postero die   11
cum super cetera extrema fames etiam instaret, fidem dante Maharbale, qui cum omnibus equestribus
copiis nocte consecutus erat, si arma tradidissent,
abire cum singulis vestimentis passurum, sese dediderunt; quae Punica religione servata fides ab Han-   12
nibale est atque in vincula omnes coniecti.

Haec est nobilis ad Trasumennum pugna atque   7
inter paucas memorata populi Romani clades. Quin-   2
decim milia Romanorum in acie caesa sunt; decem
milia sparsa fuga per omnem Etruriam aversis itineribus urbem petiere; duo milia quingenti hostium   3
in acie, multi postea ex volneribus periere. Multiplex caedes utrimque facta traditur ab aliis; ego   4
praeterquam quod nihil auctum ex vano velim, quo
nimis inclinant ferme scribentium animi, Fabium,
aequalem temporibus huiusce belli, potissimum auctorem habui. Hannibal captivorum, qui Latini no-   5
minis essent, sine pretio dimissis, Romanis in vincula
datis, segregata ex hostium coacervatorum cumulis
corpora suorum cum sepeliri iussisset, Flamini quo-

oder sie versuchten nach dieser vergeblichen Anstrengung mit letzter Kraft, wieder seichte Uferstellen zu erreichen. Dort wurden sie
von den feindlichen Reitern, die ins Wasser geritten waren, restlos
niedergemacht. Etwa 6000 Mann der Spitze des Zuges hatten un-
verdrossen einen Ausbruch durch die von vorne kommenden Feinde
erzwungen. Sie hatten keinerlei Ahnung, was hinter ihnen geschah,
und entkamen aus dem Paß. Als sie auf einem Hügel haltmachten,
hörten sie nur Geschrei und Waffenlärm. Aber in dem dichten Nebel war nicht zu erfahren und nicht zu überschauen, wie die
Schlacht stand. Aber schließlich war der Kampf entschieden, und
die warme Sonne teilte den Nebel und ließ das Tageslicht durchbrechen. Da zeigten die Berge und Felder in hellem Licht die verlorene Schlacht mit dem gräßlich niedergemachten römischen Heer.
Die Entkommenen wollten verhindern, daß ihnen Reiterei nachge-
schickt werde, wenn man sie von weitem sehe. Schnell rissen sie ihre
Feldzeichen an sich und machten sich so rasch wie möglich davon.
Tags darauf quälte sie obendrein schlimmster Hunger; da ergaben
sie sich. Maharbal hatte sie nämlich nachts mit allen Reitergruppen
eingeholt und ihnen sein Wort gegeben, er werde sie mit je einem
Kleidungsstück abziehen lassen, wenn sie ihre Waffen ablieferten.
Diese Zusage erfüllte Hannibal mit punischer Gewissenhaftigkeit,
so daß alle in Ketten gelegt wurden.

Dies ist die berühmte Schlacht am Trasimennischen See, die als
eine der seltenen Niederlagen des römischen Volkes in die Geschichte eingegangen ist. 15 000 Römer fielen im Kampf. 10 000
zerstreuten sich auf der Flucht über ganz Etrurien hin und versuchten auf Nebenstraßen Rom zu erreichen. Von den Feinden
blieben 2500 im Kampf; viele starben noch nachher an ihren Verwundungen. Nach anderen Berichten sollen die Verluste auf beiden
Seiten um ein Vielfaches größer gewesen sein. Abgesehen davon,
daß ich unbegründete Übertreibung, zu der Schriftsteller gerne nei-
gen, ablehne, hielt ich Fabius, einen Zeitgenossen dieses Krieges,
für die beste Quelle. Hannibal entließ alle Gefangenen latinischen
Namens ohne Lösegeld. Die Römer ließ er fesseln. Dann gab er den
Befehl, die Leichen seiner Leute aus den Bergen der toten Feinde
herauszusuchen und zu begraben. Auch die Leiche des Flaminius

que corpus funeris causa magna cum cura inquisi-
tum non invenit.

Romae ad primum nuntium cladis eius cum ingenti terrore ac tumultu concursus in forum populi
est factus. Matronae vagae per vias, quae repens
clades allata quaeve fortuna exercitus esset, obvios
percontantur; et cum frequentis contionis modo turba in comitium et curiam versa magistratus vocaret,
tandem haud multo ante solis occasum M. Pomponius praetor ,Pugna' inquit ,magna victi sumus'. Et
quamquam nihil certius ex eo auditum est, tamen
alius ab alio impleti rumoribus domos referunt:
consulem cum magna parte copiarum caesum; superesse paucos aut fuga passim per Etruriam sparsos
aut captos ab hoste. Quot casus exercitus victi fuerant, tot in curas distracti animi eorum erant, quorum propinqui sub C. Flaminio consule meruerant,
ignorantium, quae cuiusque suorum fortuna esset;
nec quisquam satis certum habet, quid aut speret aut
timeat. Postero ac deinceps aliquot diebus ad portas
maior prope mulierum quam virorum multitudo
stetit, aut suorum aliquem aut nuntios de iis opperiens; circumfundebanturque obviis sciscitantes neque avelli, utique ab notis, priusquam ordine omnia
inquisissent, poterant. Inde varios voltus digredien-
tium ab nuntiis cerneres, ut cuique laeta aut tristia
nuntiabantur, gratulantesque aut consolantes red-
euntibus domos circumfusos. Feminarum praecipue
et gaudia insignia erant et luctus. Unam in ipsa
porta sospiti filio repente oblatam in complexu eius
exspirasse ferunt; alteram, cui mors filii falso nuntiata erat, maestam sedentem domi ad primum conspectum redeuntis filii gaudio nimio exanimatam.
Senatum praetores per dies aliquot ab orto usque ad
occidentem solem in curia retinent, consultantes,

6
7
8
9
10
11
12
13
14

ließ er, um sie zu bestatten, sehr sorgfältig suchen, man konnte sie aber nicht finden.

In Rom lief die Volksmenge bei der ersten Nachricht von dieser Niederlage voller Entsetzen und Unruhe auf das Forum. Vornehme Frauen hetzten durch die Straßen und fragten alle, die sie trafen, um welch plötzliche Unheilsbotschaft es sich denn handele und was mit dem Heer sei. Wie in einer gutbesuchten Volksversammlung strömte die Menge auf den Wahlplatz und zum Rathaus und rief die Beamten heraus. Endlich erklärte kurz vor Sonnenuntergang der Prätor Marcus Pomponius: „Wir haben eine große Schlacht verloren." Man konnte zwar nichts Genaueres von ihm erfahren, aber es sprach sich doch herum, und man brachte es nach Hause: Der Konsul sei mit einem großen Teil seiner Truppen gefallen. Nur noch wenige seien am Leben, entweder auf der Flucht überall in Etrurien verstreut oder von den Feinden gefangen. Bei der großen Zahl der Betroffenen des besiegten Heeres wurden alle in ebenso viele Sorgen gestürzt, deren Verwandte unter dem Konsul Gaius Flaminius gedient hatten. Sie konnten ja nicht ahnen, welches Schicksal ihre Angehörigen getroffen hatte. Keiner wußte genau, was er hoffen durfte oder fürchten mußte. Am folgenden und noch an mehreren Tagen nacheinander stand an den Stadttoren eine fast größere Menge Frauen als Männer, die auf einen Angehörigen oder auf Nachricht von ihnen warteten. Sie drängten sich um die Ankommenden, fragten sie aus und waren besonders von Bekannten nicht eher wegzubringen, als bis sie alles der Reihe nach erfragt hatten. Man stelle sich die Gegensätze ihres Gesichtsausdrucks vor, wenn sie sich dann von den Berichtenden verabschiedeten, je nachdem ob jemand freudige oder traurige Nachricht erhalten hatte. Auf dem Heimweg wurden sie von Leuten umdrängt, die sie beglückwünschten oder sie trösteten. Am deutlichsten erkannte man Freude und Schmerz bei den Frauen. Von einer Mutter, die gerade am Stadttor ihren geretteten Sohn traf, erzählt man, sie sei in seinen Armen gestorben. Einer anderen war fälschlich der Tod ihres Sohnes gemeldet worden, und sie saß traurig zu Hause. Als er dann doch zurückkehrte, sei sie, sobald sie ihn erblickte, vor Freude tot umgefallen. Die Prätoren hielten mehrere Tage hindurch den Senat von Sonnenaufgang bis zu ihrem Untergang im Rathaus versam-

quonam duce aut quibus copiis resisti victoribus
Poenis posset.

Priusquam satis certa consilia essent, repens alia   8
nuntiatur clades, quattuor milia equitum cum C.
Centenio propraetore missa ad collegam ab Servilio
consule in Umbria, quo post pugnam ad Trasumennum auditam averterant iter, ab Hannibale circumventa. Eius rei fama varie homines adfecit. Pars   2
occupatis maiore aegritudine animis levem ex com-
paratione priorum ducere recentem equitum iactu-
ram; pars non id, quod acciderat, per se aestimare,   3
sed, ut in adfecto corpore quamvis levis causa magis
quam in valido gravior sentiretur, ita tum aegrae et   4
adfectae civitati, quodcumque adversi inciderit, non
rerum magnitudine, sed viribus extenuatis, quae nihil, quod adgravaret, pati possent, aestimandum
esse. Itaque ad remedium iam diu neque desidera-   5
tum nec adhibitum, dictatorem dicendum, civitas
confugit; et quia et consul aberat, a quo uno dici
posse videbatur, nec per occupatam armis Punicis
Italiam facile erat aut nuntium aut litteras mitti;
nec dictatorem populus creare poterat; quod nun-   6
quam ante eam diem factum erat, dictatorem populus creavit Q. Fabium Maximum et magistrum
equitum M. Minucium Rufum; iisque negotium ab   7
senatu datum, ut muros turresque urbis firmarent
et praesidia disponerent, quibus locis videretur,
pontesque rescinderent fluminum: pro urbe dimicandum esse ac penatibus, quando Italiam tueri ne-
quissent.

Hannibal recto itinere per Umbriam usque ad   9
Spoletium venit. Inde, cum perpopulato agro urbem   2
oppugnare adortus esset, magna caede suorum re-
pulsus, coniectans ex unius coloniae minus prospere
temptatae viribus, quanta moles Romanae urbis
esset, in agrum Picenum avertit iter, non copia so-   3

melt. Man beriet, unter wessen Führung oder mit welchen Truppen man sich den siegreichen Puniern entgegenstellen könne.

Noch ehe sie sich für einen bestimmten Plan entschieden, traf plötzlich eine neue Hiobsbotschaft ein: 4000 Reiter, die der Konsul Servilius mit dem Proprätor Gaius Centenius zu seinem Kollegen geschickt hatte, seien in Umbrien, wohin sie sich auf die Nachricht von der Niederlage am Trasimennischen See begeben hätten, von Hannibal eingeschlossen. Diese Botschaft wirkte auf die Menschen ganz verschieden. Wer schon größeres Leid trug, hielt diesen neuen Verlust von Reitern im Vergleich zu den früheren für unbedeutend. Andere beurteilten dieses Mißgeschick nicht für sich allein, sondern meinten: Ein geschwächter Körper werde von einem noch so unwesentlichen Zufall viel spürbarer getroffen als ein gesunder von einem schwereren. Genauso müsse man auch jetzt jedes Mißgeschick, das dem kranken und angegriffenen Staat zustoße, nicht nach der Größe des Ereignisses, sondern nach den geschwächten Kräften beurteilen, die an der äußersten Grenze ihrer Belastbarkeit angelangt seien. So nahmen denn die Bürger ihre Zuflucht zu einem Mittel, das man lange nicht mehr verlangt oder angewendet hatte: zur Ernennung eines Diktators. Aber der Konsul, von dem er allein ernannt werden konnte, war abwesend; und es war auch nicht leicht, ihm durch den Teil Italiens, in dem punische Truppen standen, Boten oder einen Brief zu schicken. Das Volk aber durfte rechtlich keinen Diktator ernennen. Was also niemals vorher geschehen war, trat jetzt ein: Das Volk wählte Quintus Fabius Maximus zum Diktator und Marcus Minucius Rufus zum Reiterobersten. Diese beiden erhielten vom Senat den Auftrag, die Mauern und Türme Roms zu sichern, Schutztruppen aufzustellen, wo es nötig erscheine, und die Brücken über die Flüsse abbrechen zu lassen. Nun, da man Italien nicht habe schützen können, müsse man für die Stadt und die heimischen Götter kämpfen.

Hannibal kam geradewegs durch Umbrien bis nach Spoletium. Er verwüstete das Gebiet und versuchte dann, die Stadt im Sturm zu nehmen. Aber unter großen Verlusten wurde er zurückgeschlagen und merkte an der Stärke einer einzigen, erfolglos angegriffenen Provinzstadt, wie schwer es sein müsse, Rom zu erobern. So marschierte er seitwärts in die Gegend von Picenum. Dort gab es

lum omnis generis frugum abundantem, sed refer-
tum praeda, quam effuse avidi atque egentes rapie-
bant. Ibi per dies aliquot stativa habita refectusque   4
miles hibernis itineribus ac palustri via proelioque
magis ad eventum secundo quam levi aut facili ad-
fectus. Ubi satis quietis datum praeda ac popula-   5
tionibus magis quam otio aut requie gaudentibus,
profectus Praetutianum Hadrianumque agrum,
Marsos inde Marrucinosque et Paelignos devastat
circaque Arpos et Luceriam proximam Apuliae regionem. Cn. Servilius consul levibus proeliis cum   6
Gallis factis et uno oppido ignobili expugnato, postquam de collegae exercitusque caede audivit, iam
moenibus patriae metuens, ne abesset in discrimine
extremo, ad urbem iter intendit.

    Q. Fabius Maximus dictator iterum, quo die   7
magistratum iniit, vocato senatu, ab dis orsus, cum
edocuisset patres plus neglegentia caerimoniarum
quam temeritate atque inscitia peccatum a C. Fla-   8
minio consule esse, quaeque piacula irae deum essent,
ipsos deos consulendos esse, pervicit, ut, quod non
ferme decernitur, nisi cum taetra prodigia nuntiata
sunt, decemviri libros Sibyllinos adire iuberentur.
Qui inspectis fatalibus libris rettulerunt patribus,   9
quod eius belli causa votum Marti foret, id non rite
factum de integro atque amplius faciundum esse,
et Iovi ludos magnos et aedes Veneri Erycinae ac   10
Menti vovendas esse, et supplicationem lectisterniumque habendum, et ver sacrum vovendum, si
bellatum prospere esset resque publica in eodem,
quo ante bellum fuisset, statu permansisset. Senatus,   11
quoniam Fabium belli cura occupatura esset, M.
Aemilium praetorem, ex collegii pontificum sententia omnia ea, ut mature fiant, curare iubet.

nicht nur die verschiedensten Feldfrüchte in Hülle und Fülle, sondern auch viel Beute; und seine Truppen fielen in der Not gierig darüber her. Hier hatte er einige Tage sein Standlager. Die Soldaten erholten sich. Sie waren durch die Wintermärsche, den Weg durch die Sümpfe und die Schlacht sehr angegriffen, die zwar glücklich ausgegangen, aber an sich nicht leicht oder unbedeutend gewesen war. Er gönnte den Soldaten Ruhe genug. Aber es lag ihnen mehr an Plünderungen als an Rast und Erholung. Da brach er auf und verwüstete das Gebiet von Praetutii und Adria, dann das Land der Marser, Marruciner und Paeligner und die angrenzende Gegend Apuliens um Arpi und Luceria. Der Konsul Gnaeus Servilius hatte mit den Galliern leichte Gefechte ausgetragen und eine unbedeutende Stadt erobert. Als er von dem blutigen Ende seines Amtsgenossen und des Heeres erfuhr, fürchtete er gleich für die Mauern der Vaterstadt und machte sich auf den Weg nach Rom, um in der größten Gefahr zur Stelle zu sein.

Quintus Fabius Maximus als zum zweiten Mal ernannter Diktator berief am Tage seines Amtsantritts den Senat und begann seine Rede mit den Göttern: Er erklärte den Senatoren, der Konsul Gaius Flaminius habe durch Nichtachtung der heiligen Bräuche und Götterwinke mehr gesündigt als durch Unüberlegtheit und Ungeschicklichkeit. Man müsse die Götter selbst nach den Möglichkeiten fragen, wie ihr Zorn zu beruhigen sei. Er brachte die Senatoren zu einem Beschluß, der gewöhnlich nur bei bösen Vorzeichen gefaßt wird: Die Decemvirn sollten in den sibyllinischen Büchern nachschlagen. Sie sahen nun die Schicksalsbücher ein und berichteten dem Senat: Was man dem Mars für diesen Krieg versprochen habe, sei nicht ordentlich geschehen. Es müsse erneut und reichhaltiger vollzogen werden. Jupiter seien große Spiele, der Venus Erycina und der Mens Tempel zu versprechen. Außerdem solle man einen Bettag ausrufen, ein Göttermahl veranstalten und eine heilige Frühlingsspende geloben, wenn der Krieg glücklich ausgehe und der Staat so bleibe wie vor dem Kriege. Fabius werde durch die Sorge um den Krieg ganz in Anspruch genommen sein. Deshalb beauftragte der Senat den Prätor Marcus Aemilius, dies alles nach dem eingeholten Gutachten des Priesterkollegiums recht bald erledigen zu lassen.

His senatus consultis perfectis L. Cornelius Len- 10
tulus pontifex maximus consulente collegium praetore omnium primum populum consulendum de
vere sacro censet: iniussu populi voveri non posse.
Rogatus in haec verba populus: ,Velitis iubeatisne 2
haec sic fieri? Si res publica populi Romani Quiritium ad quinquennium proximum, sicut velim eam
salvam, servata erit hisce duellis, quod duellum populo Romano cum Carthaginiensi est quaeque duella
cum Gallis sunt, qui cis Alpes sunt, tum donum duit 3
populus Romanus Quiritium, quod ver attulerit ex
suillo, ovillo, caprino, bovillo grege, quaeque pro-
fana erunt, Iovi fieri, ex qua die senatus populusque iusserit. Qui faciet, quando volet quaque lege 4
volet, facito; quo modo faxit, probe factum esto. Si
id moritur, quod fieri oportebit, profanum esto, neque scelus esto. Si quis rumpet occidetve insciens, ne 5
fraus esto. Si quis clepsit, ne populo scelus esto, neve
cui cleptum erit. Si atro die faxit insciens, probe 6
factum esto. Si nocte sive luce, si servus sive liber
faxit, probe factum esto. Si antidea senatus populusque iusserit fieri ac faxitur, eo populus solutus liber
esto.' Eiusdem rei causa ludi magni voti aeris tre- 7
centis triginta tribus milibus trecentis triginta tribus
triente, praeterea bubus Iovi trecentis, multis aliis
divis bubus albis atque ceteris hostiis. Votis rite 8
nuncupatis supplicatio edicta; supplicatumque iere
cum coniugibus ac liberis non urbana multitudo tantum, sed agrestium etiam, quos in aliqua sua fortuna
publica quoque contingebat cura. Tum lectisternium 9
per triduum habitum decemviris sacrorum curanti-
bus: sex pulvinaria in conspectu fuerunt, Iovi ac
Iunoni unum, alterum Neptuno ac Minervae, tertium Marti ac Veneri, quartum Apollini ac Dianae, 10
quintum Volcano ac Vestae, sextum Mercurio et

Diese Senatsbeschlüsse wurden ausgefertigt, und der Oberpriester Lucius Cornelius Lentulus stellte nach einer Anfrage des Prätors bei der Priesterschaft den Antrag, zu allererst das Volk über die heilige Frühlingsspende zu befragen. Ohne diesen Auftrag des Volkes könne sie nicht gelobt werden. Der Antrag an das Volk hatte folgenden Wortlaut: „Ist es euer Wille und Gebot, daß dies so geschehe? Wenn der Staat des römischen Volkes der Quiriten für die nächsten fünf Jahre, wie ich es ihm wünsche, in diesen Kämpfen erhalten bleibt, – ich meine den Krieg Roms mit Karthago und die Kämpfe diesseits der Alpen mit den Galliern –, dann soll das römische Volk der Quiriten dem Jupiter zum Geschenk versprechen, was der Frühling an Herdenvieh, Schweinen, Schafen, Ziegen und Rindern hervorbringt. Was noch keinem anderen Gott bestimmt ist, soll Jupiter von dem Tage an, den Senat und Volk bestimmen, geweiht sein. Wer dann opfert, mag es tun, wann und wie er will; auf jeden Fall soll es als recht geopfert gelten. Stirbt das, was geopfert werden soll, dann gelte es als ungeweiht und bedeute keine Sünde. Verletzt oder tötet es jemand ohne Absicht, soll er keinen Schaden davon haben. Stiehlt es jemand, soll es weder dem Volk noch dem Bestohlenen als Sünde angerechnet werden. Opfert es jemand ohne Wissen an einem Unglückstag, dann soll es als recht geopfert gelten. Mag man bei Tage oder Nacht, mag ein Sklave oder Freier opfern, so soll es als recht geopfert gelten. Wenn Senat und Volk früher zu opfern befehlen und das Opfer vollzogen wird, dann soll das Volk als von dieser Verpflichtung frei gelten.“ Aus dem gleichen Anlaß wurden große Spiele im Wert von 333 333 1/3 Kupferas gelobt. Außerdem versprach man Jupiter dreihundert Rinder, vielen anderen Göttern weiße Rinder und die übrigen Opfertiere. Als die Gelübde feierlich abgelegt waren, wurde ein Bettag ausgerufen. Nicht nur das Stadtvolk zog mit Weib und Kind zur Anbetung in die Tempel, sondern auch wohlhabende Landleute, denen die Sorge um den Staat nicht gleichgültig war. Nun wurde das Göttermahl drei Tage hindurch gefeiert; das besorgten die Decemvirn, denen das Sakralwesen oblag. Sechs Tafeln waren für die Götter öffentlich aufgestellt: eine für Jupiter und Juno, die zweite für Neptun und Minerva, die dritte für Mars und Venus, eine vierte für Apoll und Diana, die fünfte für Vulkan und

Cereri. Tum aedes votae. Veneri Erycinae aedem
Q. Fabius Maximus dictator vovit, quia ita ex fatalibus libris editum erat, ut is voveret, cuius maximum imperium in civitate esset; Menti aedem T.
Otacilius praetor vovit.

Ita rebus divinis peractis tum de bello reque pu-   11
blica dictator rettulit, quibus quotve legionibus victori hosti obviam eundum esse patres censerent.
Decretum, ut ab Cn. Servilio consule exercitum   2
acciperet; scriberet praeterea ex civibus sociisque,
quantum equitum ac peditum videretur; cetera omnia ageret faceretque, ut e re publica duceret. Fabius 3
duas legiones se adiecturum ad Servilianum exercitum dixit. Iis per magistrum equitum scriptis Tibur
diem ad conveniendum edixit. Edictoque proposito,   4
ut, quibus oppida castellaque immunita essent, ut ii
commigrarent in loca tuta, ex agris quoque demi-
grarent omnes regionis eius, qua iturus Hannibal
esset, tectis prius incensis ac frugibus corruptis, ne
cuius rei copia esset, ipse via Flaminia profectus   5
obviam consuli exercituique, cum ad Tiberim circa
Ocriculum prospexisset agmen consulemque cum
equitibus ad se progredientem, viatorem misit, qui
consuli nuntiaret, ut sine lictoribus ad dictatorem
veniret. Qui cum dicto paruisset congressusque   6
eorum ingentem speciem dictaturae apud cives so-
ciosque vetustate iam prope oblitos eius imperii
fecisset, litterae ab urbe allatae sunt naves onerarias
commeatum ab Ostia in Hispaniam ad exercitum
portantes a classe Punica circa portum Cosanum
captas esse. Itaque extemplo consul Ostiam profi-   7
cisci iussus navibusque, quae ad urbem Romanam
aut Ostiae essent, completis milite ac navalibus
sociis persequi hostium classem ac litora Italiae
tutari. Magna vis hominum conscripta Romae erat;   8
libertini etiam, quibus liberi essent et aetas militaris,

Vesta, die sechste für Mercur und Ceres. Dann wurden Tempel versprochen. Der Diktator Quintus Fabius Maximus gelobte der Venus Erycina einen solchen, weil die Schicksalsbücher schrieben, wer die höchste Staatsgewalt habe, der solle das Gelübde sprechen. Der Prätor Titus Otacilius gelobte der Göttin Mens einen Tempel.

Nach Erledigung der Angelegenheiten der Götter fragte der Diktator auch wegen des Krieges und der Staatsinteressen an, welche und wieviele Legionen die Senatoren dazu bestimmten, dem siegreichen Feind entgegenzuziehen. Man beschloß, der Diktator solle das Heer vom Konsul Gnaeus Servilius übernehmen. Bei Bürgern und Bundesgenossen solle er soviele Reiter und Fußtruppen einberufen, wie er für nötig halte. In allen übrigen Punkten solle er so vorgehen, wie es seiner Meinung nach das Wohl des Staates verlange. Fabius erklärte, er werde das Heer des Servilius um zwei Legionen verstärken. Der Reiteroberst hob diese aus, und der Diktator bestimmte ihnen den Tag der Zusammenkunft in Tibur. Er erließ die Bekanntmachung: Wer in unbefestigten Städten und Marktflecken wohne, solle in sichere Orte ziehen. Alle sollten die Dörfer der Gegend verlassen, wo Hannibal durchmarschieren werde. Vorher aber sollten sie ihre Häuser anzünden und die Feldfrüchte vernichten, damit nicht der geringste Vorrat bleibe. Darauf zog er auf der Via Flaminia dem Konsul und dem Heer entgegen. Am Tiber in der Nähe von Ocriculum sah er den Zug und den Konsul mit der Reiterei auf sich zukommen. Er schickte ihm einen Amtsboten entgegen und ließ ihm mitteilen, er dürfe nur ohne Liktoren vor dem Diktator erscheinen. Der Konsul gehorchte, und dieses Zusammentreffen verlieh der Diktatur bei Bürgern und Bundesgenossen ein gewaltiges Ansehen, hatte es doch dieses Staatsamt schon so lange nicht mehr gegeben, daß man es fast schon vergessen hatte. Da meldete ein Brief aus Rom, daß die Frachtschiffe, die in Ostia Lebensmittel für das Heer in Spanien geladen hatten, in der Nähe des Hafens von Cosa von einer punischen Flotte gekapert worden seien. Deshalb erhielt der Konsul sofort den Auftrag, nach Ostia zu gehen, die bei Rom oder in Ostia liegenden Schiffe mit Soldaten und Matrosen der Bundesgenossen zu bemannen, mit ihnen die feindliche Flotte zu verfolgen und die Küsten Italiens zu sichern. In Rom war eine Masse Soldaten ausgehoben worden. So-

in verba iuraverant. Ex hoc urbano exercitu, qui   9
minores quinque et triginta annis erant, in naves
impositi, alii, ut urbi praesiderent, relicti.

Dictator exercitu consulis accepto a Fulvio Flacco   12
legato per agrum Sabinum Tibur, quo diem ad conveniendum edixerat novis militibus, venit. Inde   2
Praeneste ac transversis limitibus in viam Latinam
est egressus, unde itineribus summa cum cura exploratis ad hostem ducit, nullo loco, nisi quantum necessitas cogeret, fortunae se commissurus. Quo pri-   3
mum die haud procul Arpis in conspectu hostium
posuit castra, nulla mora facta, quin Poenus educeret in aciem copiamque pugnandi faceret. Sed   4
ubi quieta omnia apud hostes nec castra ullo tumultu
mota videt, increpans quidem victos tandem illos
Martios animos Romanis, debellatumque et concessum propalam de virtute ac gloria esse, in castra
rediit; ceterum tacita cura animum incessit, quod   5
cum duce haudquaquam Flamini Sempronique simili
futura sibi res esset ac tum demum edocti malis Romani parem Hannibali ducem quaesissent. Et pru-   6
dentiam quidem, non vim dictatoris extemplo ti-
muit; constantiam hauddum expertus, agitare ac
temptare animum movendo crebro castra popu-
landoque in oculis eius agros sociorum coepit, et   7
modo citato agmine ex conspectu abibat, modo
repente in aliquo flexu viae, si excipere degressum
in aequum posset, occultus subsistebat. Fabius per   8
loca alta agmen ducebat, modico ab hoste intervallo, ut neque omitteret eum neque congrederetur.
Castris, nisi quantum usus necessarii cogerent, tenebatur miles; pabulum et ligna nec pauci petebant
nec passim; equitum levisque armaturae statio,   9

gar Freigelassene hatten auf die Fahnen geschworen, wenn sie Kinder und das dienstfähige Alter hatten. Von diesem Heer aus Stadtvolk wurden alle Leute unter 35 Jahren auf die Schiffe verladen, die anderen ließ man zum Schutz der Stadt zurück.

Der Diktator übernahm das Heer des Konsuls vom Legaten Fulvius Flaccus. Dann kam er durch das Gebiet der Sabiner nach Tibur, wo sich nach seiner Anweisung die neuen Truppen zu einem bestimmten Zeitpunkt einfinden mußten. Von hier aus zog er nach Praeneste und auf Querwegen auf die Via Latina. Von dort aus erkundete er die Wege äußerst sorgfältig und führte sein Heer an den Feind. Nur im äußersten Notfall wollte er sich dabei auf das Glück verlassen. Gleich an dem Tage, an dem er nicht weit von Arpi vor den Augen der Feinde ein Lager aufschlug, zögerte der Punier keinen Augenblick, sein Heer in Schlachtordnung aufmarschieren zu lassen und dem Diktator ein Treffen anzubieten. Er merkte aber, daß beim Feind alles ruhig blieb und auch das Lager keinerlei Aufregung verriet. Da prahlte er bei der Rückkehr in sein Quartier, endlich sei den Römern ihr bekannter Kriegsmut vergangen, der Krieg sei beendet, man habe in aller Öffentlichkeit den Ruhm der Tapferkeit an andere verschenkt. Eine stille Sorge beschlich ihn jedoch: Daß er es mit einem Feldherrn zu tun haben werde, der keineswegs einem Flaminius und einem Sempronius ähnlich sei. Jetzt schließlich seien die Römer durch Unglücksschläge belehrt und hätten sich wohl nach einem Feldherrn umgesehen, der Hannibal gewachsen sei. Er fürchtete im Augenblick die Klugheit des neuen Diktators, nicht seine Stärke. Weil er seine Beharrlichkeit noch nicht kannte, fing er an, ihn zu beunruhigen und auf die Probe zu stellen, indem er häufig sein Lager verlegte und das Gebiet der Bundesgenossen vor seinen Augen verwüstete. Einmal entzog sich der Punier durch einen schnellen Marsch den Blicken des Diktators, dann wieder blieb er plötzlich an einer Wegkrümmung im Verborgenen stehen, um ihn vielleicht abfangen zu können, falls der Römer talwärts herabkäme. Fabius führte sein Heer über Anhöhen in mäßigem Abstand vom Feind, um ihn einerseits nicht aus den Augen zu verlieren, andererseits aber auch nicht mit ihm zusammenzustoßen. Die Soldaten mußten im Lager bleiben, soweit nicht zwingende Bedürfnisse drängten. Futter und Holz

composita instructaque in subitos tumultus, et suo
militi tuta omnia et infesta effusis hostium popu-
latoribus praebebat; neque universo periculo summa
rerum committebatur et parva momenta levium   10
certaminum ex tuto coeptorum finitimoque receptu,
adsuefaciebant territum pristinis cladibus militem
minus iam tandem aut virtutis aut fortunae paeni-
tere suae. Sed non Hannibalem magis infestum tam   11
sanis consiliis habebat quam magistrum equitum,
qui nihil aliud, quam quod impar erat imperio,
morae ad rem publicam praecipitandam habebat.
Ferox rapidusque consiliis ac lingua immodicus,
primo inter paucos, dein propalam in volgus, pro   12
cunctatore segnem, pro cauto timidum, adfingens
vicina virtutibus vitia, compellabat, premendoque
superiorem, quae pessima ars nimis prosperis multorum successibus crevit, sese extollebat.

   Hannibal ex Hirpinis in Samnium transit, Bene-   13
ventanum depopulatur agrum, Telesiam urbem
capit, inritat etiam de industria Romanum ducem,
si forte accensum tot indignitatibus cladibusque sociorum detrahere ad aequum certamen possit. Inter   2
multitudinem sociorum Italici generis, qui ad Trasumennum capti ab Hannibale dimissique fuerant,
tres Campani equites erant, multis iam tum inlecti
donis promissisque Hannibalis ad conciliandos popularium animos. Hi nuntiantes, si in Campaniam   3
exercitum admovisset, Capuae potiendae copiam
fore, cum res maior quam auctores esset, dubium
Hannibalem alternisque fidentem ac diffidentem
tamen, ut Campaniam ex Samnio peteret, moverunt.
Monitos etiam atque etiam promissa rebus adfir-   4
marent iussosque cum pluribus et aliquibus principum

holten sie nie in kleinen oder verstreuten Gruppen. Ein Posten
Reiter und Leichtbewaffnete standen für plötzliche Überfälle bereit. Diese Truppe sicherte die eigenen Soldaten in jeder Hinsicht
und machte die ganze Gegend für die Feinde gefährlich, wenn sie
zum Plündern ausschwärmten. Nie wurde alles auf eine Karte gesetzt. In leichten Kämpfen von einem sicheren nahen Zufluchtsort
aus errangen sie kleine Erfolge. Diese gewöhnten die von den bisherigen Mißerfolgen entmutigten Soldaten daran, mit ihrer Tapferkeit
und ihrem Glück endlich nicht mehr zu hadern. Aber nicht in Hannibal allein hatte Fabius einen Gegner seines so vernünftigen Vorge-
hens, sondern vielmehr in dem Reiterobersten, der nur deswegen den
Staat nicht an den Rand des Abgrundes bringen konnte, weil er dem
Diktator befehlsmäßig unterstand. In seinen Plänen war er waghalsig und übereilt; in seiner Rede konnte er sich schlecht beherrschen. So nannte er den Diktator zunächst in kleinem Kreis, später
aber ganz offen vor allen statt zögernd lässig, statt vorsichtig feige,
indem er dem Manne die seinen Vorzügen artverwandten Fehler an-
dichtete. Und indem er seinen Vorgesetzten herabsetzte – diese schäbige Kunst verhalf schon allzu vielen zum Erfolg und wurde deswegen immer mehr praktiziert –, versuchte er sich selbst hervorzuheben.

Hannibal ging aus dem Gebiet der Hirpiner nach Samnium, verwüstete die Gegend von Beneventum und eroberte die Stadt Telesia. Mit Absicht reizte er den römischen Feldherrn. Vielleicht
könnte er ihn durch so zahlreiche Mißhandlungen und Verletzun-
gen der Verbündeten zu einer Schlacht in die Ebene herablocken.
Zu den vielen italischen Bundesgenossen, die Hannibal am Trasimennischen See gefangen und wieder entlassen hatte, gehörten auch
drei kampanische Ritter. Hannibal hatte sie schon damals mit vielen
Geschenken und Versprechungen verlockt, ihre Landsleute zu
seinen Freunden zu machen. Diese Ritter berichteten ihm, wenn
er sein Heer in Kampanien einrücken lasse, werde er die Möglichkeit haben, Capua in Besitz zu nehmen. Die Größe des Unternehmens stand freilich zur geringen Zahl der Ratgeber in keinem Verhältnis, und daher hatte Hannibal Bedenken. Trotzdem brachten
sie ihn zwischen Vertrauen und Mißtrauen doch dazu, aus Samnium
nach Kampanien abzuziehen. Er forderte sie nachdrücklich auf,
ihre Versprechungen durch die Tat zu bestätigen. Er entließ sie,

redire ad se dimisit. Ipse imperat duci, ut se in   5
agrum Casinatem ducat, edoctus a peritis regionum,
si eum saltum occupasset, exitum Romano ad opem
ferendam sociis interclusurum; sed Punicum ab-   6
horrens ab Latinorum nominum pronuntiatione os,
Casilinum pro Casino dux ut acciperet, fecit, aver-
susque ab suo itinere per Allifanum Caiatinumque
et Calenum agrum in campum Stellatem descendit.
Ubi cum montibus fluminibusque clausam regionem   7
circumspexisset, vocatum ducem percontatur, ubi
terrarum esset. Cum is Casilini eo die mansurum   8
eum dixisset, tum demum cognitus est error et Casinum longe inde alia regione esse; virgisque caeso   9
duce et ad reliquorum terrorem in crucem sublato,
castris communitis Maharbalem cum equitibus in
agrum Falernum praedatum dimisit. Usque ad   10
aquas Sinuessanas populatio ea pervenit. Ingentem
cladem, fugam terroremque latius Numidae fecerunt; nec tamen is terror, cum omnia bello flagrarent,   11
fide socios dimovit, videlicet quia iusto et moderato
regebantur imperio nec abnuebant, quod unum
vinculum fidei est, melioribus parere.

Ut vero, postquam ad Volturnum flumen castra   14
sunt posita, exurebatur amoenissimus Italiae ager
villaeque passim incendiis fumabant, per iuga Massici montis Fabio ducente, tum prope de integro
seditio accensa; quieverant enim per paucos dies,   2
quia, cum celerius solito ductum agmen esset, festi-
nari ad prohibendam populationibus Campaniam
crediderant. Ut vero in extrema iuga Massici montis   3
ventum est et hostes sub oculis erant Falerni agri
colonorumque Sinuessae tecta urentes, nec ulla erat

nachdem er ihnen nahegelegt hatte, mit mehr Leuten, auch einigen führenden Persönlichkeiten, noch einmal zu ihm zu kommen. Er selbst verlangte vom Wegführer, ihn in das Gebiet von Casinum zu führen. Von Ortskundigen hatte er nämlich gehört, daß er den Römern durch die Besetzung dieses Passes jeden Zugang versperren würde, ihren Bundesgenossen Hilfe zu bringen. Aber sein punischer Schnabel, der sich mit der Aussprache latinischer Namen sehr schwer tat, ließ den Wegführer Casilinum statt Casinum verstehen. Und so kam Hannibal ganz von seiner Marschroute ab und kam durch das Gebiet von Allifae, Caiatia und Cales in die Gegend um Stella. Hier sah er sich von Bergen und Flüssen ringsum eingeschlossen. Er ließ also den Wegführer rufen und fragte, wo in aller Welt er sich denn befinde. Dieser versicherte ihm, er werde noch am gleichen Tage in Casilinum übernachten. Jetzt erst erkannte man das Mißverständnis. Man erfuhr auch, daß Casinum weit weg von hier in einer ganz anderen Gegend lag. Hannibal ließ den Führer mit Ruten peitschen und als abschreckendes Beispiel für die anderen kreuzigen. Darauf legte er ein festes Lager an und schickte Maharbal mit der Reiterei in das Gebiet der Falerner zum Plündern. Bis an die Bäder von Sinuessa reichte die damit verbundene Verwüstung des Landes. Die Numider richteten gewaltigen Schaden an, aber noch mehr verbreiteten sie Flucht und Schrecken. Und obwohl alles ringsum in Kriegsflammen stand, ließ dieser Terror die Bundesgenossen nicht untreu werden. Offenbar standen sie unter einer gerechten und maßvollen Regierung und lehnten es nicht ab, Besseren zu gehorchen; und das ist schließlich das einzige Band der Treue.

Hannibal schlug am Volturnus sein Lager auf und verwüstete die schönste Gegend Italiens durch Brandschatzung. Überall gingen die Landhäuser in Rauch auf. Währenddessen zog Fabius auf den Höhen des Massikergebirges einher. Dabei wäre es unter seinen Soldaten beinahe wieder zur Meuterei gekommen. Sie waren nämlich einige Tage ruhig geblieben, weil sie meinten, der Diktator beeile sich, die Plünderung Kampaniens zu verhüten. Er hatte nämlich den Zug ungewöhnlich schnell marschieren lassen. Als man aber an den Rand des Massikergebirges gelangte und den Feind vor sich sah, wie er die Häuser des Falernergebietes und die der Bauern von Sinuessa niederbrannte und von einer Schlacht immer noch

mentio pugnae, ‚Spectatum huc‘ inquit Minucius,   4
‚ad rem fruendam oculis, sociorum caedes et incen-
dia venimus? nec, si nullius alterius nos ne civium
quidem horum pudet, quos Sinuessam colonos patres nostri miserunt, ut ab Samnite hoste tuta haec   5
ora esset, quam nunc non vicinus Samnis urit, sed
Poenus advena, ab extremis orbis terrarum terminis
nostra cunctatione et socordia iam huc progressus?
Tantum pro! degeneramus a patribus nostris, ut,   6
praeter quam per oram illi Punicas vagari classes
dedecus esse imperii sui duxerint, eam nunc plenam
hostium Numidarumque ac Maurorum iam factam
videamus? Qui modo Saguntum oppugnari indi-   7
gnando non homines tantum, sed foedera et deos
ciebamus, scandentem moenia Romanae coloniae
Hannibalem laeti spectamus. Fumus ex incendiis   8
villarum agrorumque in oculos atque ora venit;
strepunt aures clamoribus plorantium sociorum, saepius nostram quam deorum invocantium opem; nos
hic pecorum modo per aestivos saltus deviasque
calles exercitum ducimus, conditi nubibus silvisque.
Si hoc modo peragrando cacumina saltusque M.   9
Furius recipere a Gallis urbem voluisset, quo hic
novus Camillus, nobis dictator unicus in rebus ad-
fectis quaesitus, Italiam ab Hannibale reciperare
parat, Gallorum Roma esset, quam vereor, ne sic
cunctantibus nobis Hannibali ac Poenis totiens ser-   10
vaverint maiores nostri. Sed vir ac vere Romanus,   11
quo die dictatorem eum ex autoritate patrum iussu-
que populi dictum Veios allatum est, cum esset satis
altum Ianiculum, ubi sedens prospectaret hostem,
descendit in aequum atque illo ipso die media in
urbe, qua nunc busta Gallica sunt, et postero die
citra Gabios cecidit Gallorum legiones. Quid? post
multos annos cum ad Furculas Caudinas ab Samnite   12

nicht die Rede war, meinte Minucius: „Sind wir denn hierher gekommen, um als Augenweide die Ermordung unserer Bundesgenossen und die Einäscherung ihres Besitzes mit anzusehen? Schämen
wir uns denn nicht wenigstens vor diesen unseren Mitbürgern, die
unsere Väter als Kolonialbauern nach Sinuessa geschickt haben,
damit diese Küste vor dem samnitischen Feind sicher sei? Jetzt
läßt sie aber nicht der benachbarte Samnite in Flammen aufgehen,
sondern der Punier aus Übersee, der durch unser Zögern und unsere
Sorglosigkeit von den Grenzen der Erde bereits bis hierher vordringen konnte. So weit also haben wir uns schon unseren Vätern
entfremdet, daß wir gleichmütig zuschauen, wie diese Küste jetzt
voller Feinde und in der Gewalt von Numidern und Mauren liegt?
Für unsere Vorfahren wäre es eine Schande gewesen, an dieser
Küste punische Flotten vorzufinden. Erst kürzlich, entrüstet über
die Bestürmung Sagunts, boten wir nicht nur Menschen, sondern
Bundesrecht und Götter auf. Jetzt sehen wir fröhlich zu, wie Hannibal schon an den Mauern einer römischen Kolonialstadt hinaufsteigt. Der Brandrauch der Landhäuser und Dörfer steigt uns in
Augen und Mund. Unsere Ohren gellen vom Wehgeschrei unserer
Bundesgenossen, die öfter uns als die Götter zu Hilfe rufen. Wir
aber führen unser Heer wie eine Herde auf sonnigen Waldwegen
und abgelegenen Pfaden, in Wolken und Wäldern versteckt. Hätte
Marcus Furius auf solchen Wanderungen über Gipfel und Pässe die
Stadt von den Galliern zurückerobern wollen, wie dieser neue Camillus – ein Diktator, der die einzige Rettung in unserer Not sein
soll – Italien von Hannibal zurückhaben will, so gehörte Rom heute
noch den Galliern. Dann hätten unsere Vorfahren die Stadt mehrmals für Hannibal gerettet und für die Punier aufbewahrt; bei
unserer Trödelei muß man das fürchten. Aber als ganzer Kerl und
echter Römer stieg er noch am gleichen Tage, als in Veji die Nachricht von seiner Ernennung zum Diktator auf Senatsbeschluß und
im Namen des Volkes eintraf, in die Ebene, obwohl der Janiculus
hoch genug war, um von da aus den Feind in Ruhe beobachten zu
können. Noch am gleichen Tag schlug er mitten in der Stadt, wo
jetzt die gallischen Grabhügel liegen, und am folgenden diesseits
Gabii die Legionen der Gallier. Und wie? Als uns viele Jahre später
die Samniten bei den Caudinischen Pässen unter das Joch schickten,

hoste sub iugum missi sumus, utrum tandem L.
Papirius Cursor iuga Samni perlustrando an Luceriam premendo obsidendoque et lacessendo victorem hostem depulsum ab Romanis cervicibus iugum
superbo Samniti imposuit? Modo C. Lutatio quae   13
alia res quam celeritas victoriam dedit, quod postero
die quam hostem vidit classem gravem commeatibus, impeditam suomet ipsam instrumento atque
apparatu, oppressit? Stultitia est sedendo aut votis   14
debellari credere posse. Arma capias oportet et
descendas in aequum et vir cum viro congrediaris.
Audendo atque agendo res Romana crevit, non his
segnibus consiliis, quae timidi cauta vocant.' Haec   15
velut contionanti Minucio circumfundebatur tribu-
norum equitumque Romanorum multitudo, et ad
aures quoque militum dicta ferocia evolvebantur;
ac si militaris suffragii res esset, haud dubie ferebant
Minucium Fabio duci praelaturos.

Fabius pariter in suos haud minus quam in hostes   15
intentus, prius ab illis invictum animum praestat.
Quamquam probe scit non in castris modo suis, sed
iam etiam Romae infamem suam cunctationem esse,
obstinatus tamen tenore eodem consiliorum aestatis
reliquum extraxit, ut Hannibal destitutus ab spe   2
summa ope petiti certaminis iam hibernis locum
circumspectaret, quia ea regio praesentis erat copiae,
non perpetuae, arbusta vineaeque et consita omnia
magis amoenis quam necessariis fructibus. Haec per   3
exploratores relata Fabio. Cum satis sciret per
easdem angustias, quibus intraverat Falernum
agrum, rediturum, Calliculam montem et Casilinum   4
occupat modicis praesidiis, quae urbs Volturno flumine dirempta Falernum a Campano agro dividit;
ipse iugis iisdem exercitum reducit, misso exploratum cum quandringentis equitibus sociorum L. Hos-

entfernte da Lucius Papirius Cursor das Joch vom Römernacken, um es endlich den übermütigen Samniten aufzulegen etwa dadurch, daß er die Höhen Samniums durchwanderte, oder so, daß er Luceria belagerte, es einschloß und den siegreichen Feind zum Kampfe forderte? Was sonst verhalf denn erst kürzlich dem Gaius Lutatius zum Sieg als seine Schnelligkeit? Er entdeckte den Feind, und schon am nächsten Tag überfiel er die mit Vorräten beladenen und durch ihre eigene Rüstung behinderte Flotte. Es ist Dummheit zu glauben, man könne einen Krieg durch Stillsitzen oder fromme Gebete beenden. Man muß schon Waffen in die Hand nehmen, in die Ebene hinabsteigen und Mann gegen Mann kämpfen! Durch Wagen und Handeln wuchs der römische Staat, nicht durch solche Untätigkeitsbeschlüsse, die der Feige Vorsicht nennt." Bei dieser Ansprache, die er wie ein Volksredner hielt, umstand eine Menge Offiziere und Reiter Minucius. Seine kecken Äußerungen drangen sogar bis zu den Ohren der Soldaten: Wenn es auf ihre Stimme ankäme, so sagten sie offen, würden sie lieber Minucius als Fabius zum Feldherrn haben.

Fabius achtete in gleicher Weise auf seine eigenen Leute wie auf die Feinde. Gegen erstere zeigte er sich zunächst unbeugsam und entschlossen. Er wußte aber recht gut, daß sein Zögern nicht nur in seinem Lager, sondern auch schon in Rom unrühmlich bekannt war. Trotzdem blieb er hartnäckig, hielt an seinen Plänen nach wie vor fest und ließ den Rest des Sommers vergehen. Hannibal sah sich in der Hoffnung auf einen Kampf, den er mit allen Mitteln angestrebt hatte, getäuscht und kümmerte sich bereits um ein Winterquartier. Die jetzige Gegend lieferte zwar Vorräte für den Augenblick, nicht aber für die Dauer. Es waren nämlich lauter Obstgärten und Weinberge, und sie trugen mehr schöne als notwendige Früchte. Diese Umstände wurden Fabius durch seine Kundschafter berichtet. Er konnte ziemlich sicher damit rechnen, daß Hannibal durch die gleichen Pässe, durch die er ins Gebiet der Falerner eingerückt war, wieder abziehen werde. Deshalb besetzte er mit einer nur mäßigen Truppe den Berg Callicula und die Stadt Casilinum, die durch den Volturnus geteilt wird und das falernische Gebiet von Kampanien trennt. Er selbst führte sein Heer auf den gleichen Höhenzügen zurück. Lucius Hostilius Mancinus hatte er mit 400 Reitern der Bun-

tilio Mancino. Qui ex turba iuvenum audientium 5
saepe ferociter contionantem magistrum equitum,
progressus primo exploratoris modo, ut ex tuto
specularetur hostem, ubi vagos passim per vicos
Numidas pervastantes vidit, ac per occasionem etiam
paucos occidit, extemplo occupatus certamine est 6
animus excideruntque praecepta dictatoris, qui,
quantum tuto posset, progressum prius recipere sese
iusserat, quam in conspectum hostium veniret. Nu- 7
midae alii atque alii, occursantes refugientesque, ad
castra prope ipsa cum fatigatione equorum atque
hominum pertraxere. Inde Carthalo, penes quem 8
summa equestris imperii erat, concitatis equis in-
vectus, cum, priusquam ad coniectum teli veniret,
avertisset hostes, quinque ferme milia continenti
cursu secutus est fugientes. Mancinus postquam nec 9
hostem desistere sequi nec spem vidit effugiendi
esse, cohortatus suos in proelium rediit, omni parte
virium impar. Itaque ipse et delecti equitum cir- 10
cumventi occiduntur; ceteri effuso rursus cursu Cales primum, inde prope inviis callibus ad dictatorem
perfugerunt.

Eo forte die Minucius se coniunxerat Fabio missus 11
ad firmandum praesidio saltum, qui super Tarra-
cinam in artas coactus fauces imminet mari, ne ab
Sinuessa Poenus Appiae limite pervenire in agrum
Romanum posset. Coniunctis exercitibus dictator ac 12
magister equitum castra in viam deferunt, qua Hannibal ducturus erat; duo inde milia hostes aberant.

Postero die Poeni, quod viae inter bina castra 16
erat, agmine complevere. Cum Romani sub ipso 2
constitissent vallo haud dubie aequiore loco, suc-
cessit tamen Poenus cum expeditis equitibusque ad
lacessendum hostem. Carptim Poeni et procursando
recipiendoque sese pugnavere; restitit suo loco Ro- 3

desgenossen auf Kundschaft ausgeschickt. Mancinus gehörte zu den jungen Männern, die oft den kecken Reden des Reiterobersten zuhörten. Anfangs wagte er sich wie ein Kundschafter nur so weit vor, daß er den Feind aus sicherer Stellung beobachten konnte. Als er aber die Numider überall in den Dörfern umherschweifen und plündern sah und zufällig ein paar erschlagen konnte, ließ er sich sofort von Kampfbegeisterung hinreißen. Vergessen waren die Vorschriften des Diktators, der ihm aufgetragen hatte, sich nur so weit vorzuwagen, wie es gefahrlos ging, sich aber sofort wieder zurückzuziehen, ehe er ins Blickfeld der Feinde komme. Jetzt zogen ihn die Numider in gruppenweisem Wechsel zwischen Angriff und Flucht, was Pferde und Soldaten völlig erschöpfte, bis fast unmittelbar an ihr Lager. Carthalo, der Chef der Reitertruppe, vertrieb die Feinde in vollem Galopp, noch ehe es zum ersten Schuß kam. Er verfolgte die Fliehenden in pausenlosem Ritt beinahe 7,5 km weit. Mancinus erkannte, daß der Feind in seiner Verfolgung nicht locker ließ und ihm keine Möglichkeit zur Flucht mehr blieb. So ermunterte er seine Leute und kehrte in ein Gefecht zurück, dem er in keiner Weise gewachsen war. Er selbst und seine ausgewählten Reiter wurden umringt und erschlagen. Der Rest flüchtete Hals über Kopf zunächst nach Cales, und von hier auf fast unbegehbaren Pfaden zum Diktator.

Gerade an diesem Tag hatten sich Minucius und Fabius zufällig vereinigt. Minucius war vorher abgeschickt worden, mit einer Mannschaft einen Waldpaß zu sichern, der oberhalb von Tarracina sehr eng wird und direkt am Meer liegt. Der Punier sollte nämlich von Sinuessa aus nicht auf der appischen Heerstraße in das Gebiet von Rom gelangen können. Die beiden Heere vereinigten sich, und der Diktator und der Reiteroberst verschoben ihr Lager an den Weg, den Hannibal kommen würde. Die Feinde standen nur 3,5 km von dort entfernt.

Am folgenden Tage füllten die Punier mit ihrem Heereszug die ganze Strecke zwischen den beiden Lagern. Die Römer standen zwar dicht unterhalb des Walles auf zweifellos günstigerem Gelände. Trotzdem rückten die Punier mit leichten Truppen und Reitern vor, um den Feind zu reizen. Bald sprengten sie vor, dann wieder zogen sie sich zurück. Die römische Linie blieb in ihrer

mana acies; lenta pugna et ex dictatoris magis quam
Hannibalis fuit voluntate. Ducenti ab Romanis,
octingenti hostium cecidere.

Inclusus inde videri Hannibal via ad Casilinum   4
obsessa, cum Capua et Samnium et tantum ab tergo
divitum sociorum Romanis commeatus subveheret,
Poenus inter Formiana saxa ac Literni harenas
stagnaque et per horridas silvas hibernaturus esset;
nec Hannibalem fefellit suis se artibus peti. Itaque   5
cum per Casilinum evadere non posset petendique
montes et iugum Calliculae superandum esset,
necubi Romanus inclusum vallibus agmen adgre-   6
deretur, ludibrium oculorum specie terribile ad frus-
trandum hostem commentus, principio noctis furtim succedere ad montes statuit. Fallacis consilii   7
talis apparatus fuit. Faces undique ex agris collectae
fascesque virgarum atque aridi sarmenti praeligan-
tur cornibus boum, quos domitos indomitosque
multos inter ceteram agrestem praedam agebat. Ad   8
duo milia ferme boum effecta, Hasdrubalique negotium datum, ut nocte id armentum accensis cornibus ad montes ageret, maxime, si posset, super
saltus ab hoste insessos.

Primis tenebris silentio mota castra; boves ali-   17
quanto ante signa acti. Ubi ad radices montium   2
viasque angustas ventum est, signum extemplo
datur, ut accensis cornibus armenta in adversos
concitentur montes; et metus ipse relucentis flammae a capite calorque iam ad vivum ad imaque
cornua veniens velut stimulatos furore agebat boves.
Quo repente discursu, haud secus quam silvis   3
montibusque accensis, omnia circum virgulta arde-
re visa; capitumque inrita quassatio excitans flam-
mam hominum passim discurrentium speciem praebebat. Qui ad transitum saltus insidendum locati   4
erant, ubi in summis montibus ac super se quosdam
ignes conspexere, circumventos se esse rati prae-

Stellung. Der Kampf war lahm, mehr vom Diktator bestimmt als
von Hannibal. Auf römischer Seite fielen 200, bei den Feinden
800 Mann.

Die Straße bei Casilinum war besetzt, und Hannibal schien eingeschlossen: Capua und Samnium und viele reiche Bundesgenossen im Rücken der Römer konnten den Nachschub liefern, während dem Punier kein anderer Platz für ein Winterquartier geblieben wäre als die Klippen von Formiae, die Sandsteppen und Sümpfe
Liternums und schreckliche Wälder. Hannibal merkte allmählich
sehr wohl, daß man seine eigenen Künste gegen ihn ausspielte. Als
er daher bei Casilinum nicht durchkommen konnte, mußte er sich
zu den Höhenzügen wenden und das Joch des Callicula übersteigen.
gen. Dafür ersann er eine fürchterlich anzusehende optische Täuschung, damit die Römer nicht irgendwo den eingeschlossenen Zug
angreifen konnten. Er wollte mit einbrechender Nacht unbemerkt
die Berge erreichen. Für die Täuschung traf er folgende Vorbereitungen: Aus den Dörfern ringsum ließ er Fackeln zusammentragen.
Dann ließ er den Ochsen, die er in großer Zahl, zahme und wilde,
bei der übrigen Beute aus den ländlichen Gebieten mitführte, Bün-
del aus Zweigen und dürrem Reisig an die Hörner binden. Es waren fast 2000 Tiere. Hasdrubal erhielt den Auftrag, bei Nacht die
Herde mit angezündeten Hörnern gegen die Berge zu treiben, nach
Möglichkeit über die von den Feinden besetzten Waldpässe.

Bei Einbruch der Dunkelheit zog man stillschweigend los. Die
Ochsen wurden eine ziemliche Strecke weit vorausgetrieben. Sobald man an den Fuß der Berge und an den Engpaß gekommen
war, erging sofort das Zeichen, das Reisig an den Hörnern anzu-
zünden und die Rinder die Berge hinaufzutreiben. Schon die Angst
vor der hell lodernden Flamme auf ihrem Schädel, sowie die Hitze,
die ihnen bald bis an den Nerv und das Mark der Hörner drang,
jagten die Tiere wie rasend gewordene dahin. Sie stoben so plötzlich auseinander, daß man glaubte alles Buschwerk im Umkreis
brennen zu sehen, gerade als wären die Wälder und Berge in Brand
gesteckt. Das vergebliche Kopfschütteln entfachte die Flammen
noch mehr und erweckte den Anschein, als liefen Menschen nach
allen Seiten auseinander. Als die Besatzungstruppen des Passes auf
den Gipfeln über sich einige Feuer sahen, glaubten sie an eine Ein-

sidio excessere. Qua minime densae micabant flammae, velut tutissimum iter petentes summa montium iuga, tamen in quosdam boves palatos a suis gregibus inciderunt. Et primo cum procul cernerent, veluti flammas spirantium miraculo attoniti constiterunt; deinde, ut humana apparuit fraus, tum vero insidias rati esse, cum maiore tumultu concitant se in fugam. Levi quoque armaturae hostium incurrere; ceterum nox aequato timore neutros pugnam incipientes ad lucem tenuit. Interea toto agmine Hannibal transducto per saltum et quibusdam in ipso saltu hostium oppressis in agro Allifano posuit castra.

Hunc tumultum sensit Fabius; ceterum et insidias esse ratus et ab nocturno utique abhorrens certamine, suos munimentis tenuit. Luce prima sub iugo montis proelium fuit, quo interclusam ab suis levem armaturam facile (etenim numero aliquantum praestabant) Romani superassent, nisi Hispanorum cohors ad id ipsum remissa ab Hannibale supervenisset. Ea adsuetior montibus et ad concursandum inter saxa rupesque aptior ac levior cum velocitate corporum, tum armorum habitu, campestrem hostem, gravem armis statariumque, pugnae genere facile elusit. Ita haudquaquam pari certamine digressi, Hispani fere omnes incolumes, Romani aliquot suis amissis in castra contenderunt.

Fabius quoque movit castra transgressusque saltum super Allifas loco alto ac munito consedit. Tum per Samnium Romam se petere simulans Hannibal usque in Paelignos populabundus rediit; Fabius medius inter hostium agmen urbemque Romam iugis ducebat nec absistens nec congrediens. Ex Paelignis Poenus flexit iter retroque Apuliam repetens Gereonium pervenit, urbem metu, quia con-

schließung und verließen ihren Posten. Sie hielten den Weg mit den wenigsten Flammen für den sichersten und strebten den Gipfeln zu. Trotzdem trafen sie auf einige Ochsen, die von ihrer Herde abgeirrt waren. Als sie sie zunächst von Ferne sahen, blieben sie wie angewurzelt vor der seltsamen Erscheinung dieser feuerspeienden Wesen stehen. Dann durchschauten sie die menschliche List und glaubten an eine Falle, worauf sie in noch größerer Panik davonstürzten. Dabei liefen sie leichtbewaffneten Gruppen der Feinde in die Hände. Im übrigen hinderte die Nacht beide Parteien, sich in ein Gefecht einzulassen, weil sie sich beide voreinander fürchteten. Inzwischen hatte Hannibal seinen ganzen Zug über den Paß geführt und in dem Gebiet von Allifae sein Lager aufgeschlagen; unmittelbar im Paß hatte er feindliche Gruppen überrascht.

Den dadurch verursachten Lärm hörte Fabius wohl, aber er vermutete eine Falle und scheute jedes Gefecht bei Nacht. So hielt er seine Leute in den Verschanzungen. Frühmorgens kam es am Berghang zu einer Schlacht. Die Römer hätten hier die leichten Truppen des Feindes, die von ihrem Zug abgeschnitten waren, leicht besiegt, – sie waren ihnen nämlich zahlenmäßig beträchtlich überlegen –, wenn nicht eine Kohorte Spanier, die Hannibal zu eben diesem Zweck zurückgeschickt hatte, überraschend aufgetaucht wäre. Sie war an Berge besser gewöhnt und geeigneter für einen Kampf zwischen Felsen und Klippen, sowohl wegen ihrer körperlichen Wendigkeit als auch besonders wegen der Handlichkeit ihrer Ausrüstung. So hatte sie durch ihre Kampfart leichtes Spiel mit einem Feind, der mit seiner schweren Rüstung in die Feldschlacht und in Reih und Glied gehörte. Folglich trennte man sich nach einem durchaus ungleichen Kampf. Fast alle Spanier zogen unverletzt, die Römer unter Verlust einiger Leute in ihr Lager zurück.

Auch Fabius brach auf, überschritt den Paß und bezog oberhalb von Allifae auf hohem und geschützten Gelände ein Lager. Jetzt tat Hannibal so, als wollte er durch Samnium nach Rom ziehen, kehrte dabei wieder in das Gebiet der Paeligner zurück und plünderte dort. Fabius führte sein Heer zwischen den Feinden und der Stadt Rom auf Gebirgszügen hin, ohne vom Feinde zu lassen, aber auch ohne ihn anzugreifen. Aus dem Gebiet der Paeligner bog Hannibal seitwärts ab und kam auf seinem Rückmarsch nach Apulien

lapsa ruinis pars moenium erat, ab suis desertam:
dictator in Larinate agro castra communiit. Inde   8
sacrorum causa Romam revocatus, non imperio
modo, sed consilio etiam ac prope precibus agens
cum magistro equitum, ut plus consilio quam for-   9
tunae confidat et se potius ducem quam Sempro-
nium Flaminiumque imitetur: ne nihil actum censeret extracta prope aestate per ludificationem
hostis; medicos quoque plus interdum quiete quam
movendo atque agendo proficere; haud parvam
rem esse ab totiens victore hoste vinci desisse ac   10
respirasse ab continuis cladibus, — haec nequiquam
praemonito magistro equitum Romam est profectus.

Principio aestatis, qua haec gerebantur, in Hispa-   19
nia quoque terra marique coeptum bellum est.
Hasdrubal ad eum navium numerum, quem a fratre   2
instructum paratumque acceperat, decem adiecit;
quadraginta navium classem Himilconi tradit atque   3
ita Carthagine profectus navibus prope terram,
exercitum in litore ducebat, paratus confligere, quacumque parte copiarum hostis occurrisset. Cn. Sci-   4
pio postquam movisse ex hibernis hostem audivit,
primo idem consilii fuit; deinde minus terra propter
ingentem famam novorum auxiliorum concurrere
ausus, delecto milite ad naves imposito quinque et
triginta navium classe ire obviam hosti pergit. Altero   5
ab Tarracone die ad stationem decem milia passuum
distantem ab ostio Hiberi amnis pervenit. Inde duae
Massiliensium speculatoriae praemissae rettulere
classem Punicam stare in ostio fluminis castraque
in ripa posita. Itaque ut improvidos incautosque   6
universo simul offuso terrore opprimeret, sublatis
ancoris ad hostem vadit.

nach Gereonium. Die Einwohner hatten diese Stadt aus Angst verlassen; denn ein Teil ihrer Mauern lag in Trümmern. Der Diktator bezog ein festes Lager im Gebiet von Larinum. Als man ihn von hier aus zur Regelung sakraler Belange nach Rom zurückberief, verhandelte er mit seinem Reiterobersten nicht nur als Befehlshaber, sondern auch mit wohlgemeintem Rat, beinahe fast mit Bitten. Er solle doch lieber vorsichtig planen, als auf den Zufall vertrauen. Als Feldherrn solle er lieber ihn als den Sempronius und Flaminius nachahmen. Er solle doch nicht glauben, damit sei nichts erreicht, den Feind beinahe den ganzen Sommer an der Nase herumgeführt zu haben. Auch die Ärzte erreichten manchmal mehr durch Ruhe als durch intensive Bewegung. Es sei keine Kleinigkeit, von einem so oft siegreichen Feinde nicht mehr geschlagen worden zu sein und sich von den andauernden Niederlagen erholt zu haben. So brach er denn nach Rom auf; die Mahnungen an den Reiteroberst blieben allerdings vergeblich.

Zu Beginn des Sommers, in dem sich dies alles zutrug, begann auch in Spanien der Land- und Seekrieg. Hasdrubal vermehrte die Zahl der Schiffe, die er in voller Ausstattung von seinem Bruder übernommen hatte, um zehn weitere und unterstellte die vierzig Schiffe starke Flotte dem Himilko. Dann verließ er Karthago und segelte an der Küste entlang; das Heer ließ er am Strand mitziehen. So war er kampfbereit, egal, welche Waffengattung der Feind ihm entgegenwerfen würde. Als Gnaeus Scipio hörte, der Feind sei aus dem Winterquartier aufgebrochen, hatte er zunächst den gleichen Plan. Aber bei dem allgemeinen Gerede von gewaltigen neuen Hilfstruppen hielt er es für zu gewagt, sich in einen Landkampf einzulassen. Er holte doch lieber ausgesuchte Soldaten an Bord und fuhr dem Feind mit einer Flotte von 35 Schiffen entgegen. Am zweiten Tag nach seiner Abfahrt von Tarraco erreichte er einen Ankerplatz, der 15 km von der Ebromündung entfernt lag. Von hier aus schickte er zwei Spähschiffe der Massilier voraus. Sie meldeten ihm, die punische Flotte liege in der Flußmündung und habe ihr Lager am Ufer. Daher ließ er die Anker lichten und fuhr gegen die Feinde los, um sie im Zustand der Ahnungslosigkeit und Unvorsichtigkeit dadurch zu überrumpeln, daß er mit seiner gesamten furchtbaren Streitmacht auf einen Schlag über sie herfiel.

Multas et locis altis positas turres Hispania habet,
quibus et speculis et propugnaculis adversus latrones
utuntur. Inde primo conspectis hostium navibus   7
datum signum Hasdrubali est, tumultusque prius
in terra et castris quam ad mare et ad naves est
ortus, nondum aut pulsu remorum strepituque alio
nautico exaudito aut aperientibus classem promun-
turiis, cum repente eques alius super alium ab Has-   8
drubale missus vagos in litore quietosque in tentoriis suis, nihil minus quam hostem aut proelium
eo die exspectantes, conscendere naves propere atque
arma capere iubet: classem Romanam iam haud
procul portu esse. Haec equites dimissi passim im-   9
perabant; mox Hasdrubal ipse cum omni exercitu
aderat, varioque omnia tumultu strepunt ruentibus
in naves simul remigibus militibusque, fugientium
magis e terra quam in pugnam euntium modo. Vix-   10
dum omnes conscenderant, cum alii resolutis oris
in ancoras evehuntur, alii, ne quid teneat, ancoralia
incidunt; raptimque omnia praepropere agendo
militum apparatu nautica ministeria impediuntur,
trepidatione nautarum capere et aptare arma miles
prohibetur. Et iam Romanus non appropinquabat   11
modo, sed direxerat etiam in pugnam naves. Itaque
non ab hoste et proelio magis Poeni quam suomet
ipsi tumultu turbati, temptata verius pugna quam
inita in fugam averterunt classem; et, cum adversi   12
amnis os lato agmini et tam multis simul venientibus
haud sane intrabile esset, in litus passim naves
egerunt, atque alii vadis, alii sicco litore excepti,
partim armati, partim inermes ad instructam per
litus aciem suorum perfugere; duae tamen primo
concursu captae erant Punicae naves, quattuor
suppressae.

In Spanien gibt es viele auf Höhen angelegte Türme, die als Beobachtungsposten oder Bastionen gegen Seeräuber dienen. Von einem solchen Turm aus erhielt Hasdrubal ein Zeichen, sobald die feindliche Flotte in Sicht kam. Da entstand auf dem Lande und im Lager früher Bewegung als auf der See und den Schiffen, obgleich man noch keinen Ruderschlag oder anderen Lärm der Matrosen gehört hatte und die Vorgebirge noch keine Flotte sichtbar werden ließen. Plötzlich traf ein Reiter nach dem andern von Hasdrubal ein. Er schickte die Matrosen, die am Strand verstreut oder in ihren Zelten an diesem Tag in Ruhe alles andere als den Feind oder einen Kampf erwarteten, schnellstens auf die Schiffe und ließ zu den Waffen greifen: Eine römische Flotte sei schon ganz nahe am Hafen. Diese Befehle gaben die ausgesandten Reiter überall bekannt. Bald war Hasdrubal selbst mit dem ganzen Heere zur Stelle. Es gab ein lärmerfülltes Durcheinander, weil Ruderknechte und Soldaten gleichzeitig auf die Schiffe stürzten. Der Vorgang glich eher einem fluchtartigen Verlassen des Festlandes als einem Aufbruch zum Kampf. Kaum waren alle an Bord, da lösten sie die Taue und fuhren gegen die Anker an. Andere kappten die Ankertaue, um sich durch nichts aufhalten zu lassen. Alles geschah überstürzt und in rasender Eile, daß die Geschäftigkeit der Soldaten die Handgriffe der Matrosen störte, während durch das aufgeregte Hin und Her der Seeleute wiederum die Soldaten gehindert wurden, die Waffen aufzunehmen und anzulegen. Schon näherte sich der Römer nicht nur, sondern hatte seine Schiffe bereits in Kampfformation auffahren lassen. So gerieten die Punier weniger durch den Feind und das Treffen als durch ihre eigene Aufregung in Verwirrung. Sie wandten ihre Schiffe bereits zur Flucht, nachdem sie die Schlacht eigentlich bloß versucht, aber nicht wirklich begonnen hatten. Doch die Mündung des Flusses mit seiner Gegenströmung war für eine so breite Front und für so viele Schiffe, die gleichzeitig ankamen, natürlich nicht befahrbar, und so lenkten sie hier und dort ihre Schiffe auf den Strand. Einige fanden dabei seichte Stellen, andere trockenen Strand. So flüchteten sie mit oder ohne Waffen zur formierten Schlachtordnung ihrer Kameraden am Ufer. Gleich beim ersten Zusammenstoß waren jedoch zwei Schiffe der Punier gekapert und vier versenkt worden.

Romani, quamquam terra hostium erat armatam-   20
que aciem toto praetentam in litore cernebant, haud
cunctanter insecuti trepidam hostium classem naves   2
omnes, quae non aut perfregerant proras litori in-
lisas aut carinas fixerant vadis, religatas puppibus
in altum extraxere; ad quinque et viginti naves e
quadraginta cepere.

Neque id pulcherrimum eius victoriae fuit, sed   3
quod una levi pugna toto eius orae mari potiti
erant. Itaque ad Onusam classe provecti; escensio   4
ab navibus in terram facta. Cum urbem vi cepissent
captamque diripuissent, Carthaginem inde petunt,
atque omnem agrum circa depopulati postremo
tecta quoque iuncta muro portisque incenderunt.   5
Inde iam praeda gravis ad Longunticam pervenit   6
classis, ubi vis magna sparti erat ad rem nauticam
congesta ab Hasdrubale. Quod satis in usum fuit   7
sublato, ceterum omne incensum est. Nec continentis
modo praelecta est ora, sed in Ebusum insulam
transmissum. Ibi urbe, quae caput insulae est, biduum nequiquam summo labore oppugnata, ubi in
spem inritam frustra teri tempus animadversum est,   8
ad populationem agri versi, direptis aliquot incen-   9
sisque vicis maiore quam ex continenti praeda parta,
cum in naves se recepissent, ex Baliaribus insulis
legati pacem petentes ad Scipionem venerunt. Inde   10
flexa retro classis reditumque in citeriora provinciae,
quo omnium populorum, qui cis Hiberum incolunt,
multorum et ultimae Hispaniae legati concurrerunt; sed qui vere dicionis imperiique Romani facti   11
sunt obsidibus datis, populi amplius fuere centum
viginti. Igitur terrestribus quoque copiis satis fidens
Romanus usque ad saltum Castulonensem est pro-   12
gressus; Hasdrubal in Lusitaniam ac propius Oceanum concessit.

Quietum inde fore videbatur reliquum aestatis   21

Ohne Zögern setzten die Römer der durcheinander geratenen
feindlichen Flotte nach, obwohl das Land fest in Feindeshand lag
und sie sahen, wie die bewaffneten feindlichen Linien an der ganzen Küste entlang standen. Sie banden alle Schiffe, deren Bug beim
Stranden nicht zerstört worden war und nicht mit dem Kiel auf
Sandbänken festsaßen, an die Hecks ihrer Schiffe und schleppten
sie aufs Meer hinaus. Von den 40 Fahrzeugen kaperten sie bei dieser Gelegenheit etwa 25.

Das war allerdings nicht das Schönste an ihrem Sieg; vielmehr
dies, daß sie sich durch eine einzige leichte Schlacht zu Beherr-
schern des ganzen vor dieser Küste liegenden Meeres gemacht hatten. Daher segelten sie mit ihrer Flotte in die Gegend von Onussa
und landeten dort. Als sie die Stadt erobert und geplündert hatten,
fuhren sie von da aus gegen Neu-Karthago und verwüsteten alles
Land ringsumher. Zuletzt steckten sie sogar die an Stadtmauer
und Tore grenzenden Häuser in Brand. Von da gelangte die Flotte,
bereits mit Beute beladen, nach Longuntica, wo Hasdrubal eine
Menge Pfriemengras für den Schiffsbedarf eingelagert hatte. Die
Römer nahmen davon mit, soviel sie brauchten, und verbrannten
den Rest. Nun fuhren sie nicht nur an der Küste des Festlandes
entlang, sondern setzten sogar auf die Insel Ebusus über. Dort
wurde die Hauptstadt der Insel zwei Tage lang unter großem
Kraftaufwand erfolglos belagert. Aber bald merkten sie, daß die
Zeit ungenutzt verging, und sie begannen die Felder auszurauben.
Sie plünderten und verbrannten einige Dörfer und kehrten mit
reicherer Beute als vom Festland auf die Schiffe zurück. Da erschienen Gesandte der Balearen vor Scipio mit der Bitte um Frieden. Von hier aus fuhr die Flotte zurück und kam wieder in das
diesseitige Gebiet der Provinz. Gesandte aller Völker diesseits des
Ebro und viele aus den entlegensten Teilen Spaniens fanden sich
eiligst dort ein. Mehr als 120 Völker stellten Geiseln und unterwarfen sich damit ernsthaft der römischen Oberhoheit. Nun durfte
sich der Römer auch auf seine Landstreitkräfte genügend verlassen,
und er rückte bis zum Waldgebirge von Castulo vor. Hasdrubal
wich nach Lusitanien und näher an den Ozean zurück.

Jetzt schien es, als würde der Rest des Sommers ruhig bleiben.

tempus fuissetque per Poenum hostem; sed praeter- 2
quam quod ipsorum Hispanorum inquieta avidaque
in novas res sunt ingenia, Mandonius Indibilisque,
qui antea Ilergetum regulus fuerat, postquam Ro- 3
mani ab saltu recessere ad maritimam oram, con-
citis popularibus in agrum pacatum sociorum Romanorum ad populandum venerunt. Adversus eos 4
tribuni militum cum expeditis auxiliis a Scipione
missi, levi certamine ut tumultuariam manum fu-
dere mille hominibus occisis, quibusdam captis,
magnaque parte armis exuta. Hic tamen tumultus 5
cedentem ad Oceanum Hasdrubalem cis Hiberum
ad socios tutandos retraxit. Castra Punica in agro 6
Ilergavonensium, castra Romana ad Novam Classem erant, cum fama repens alio avertit bellum.
Celtiberi, qui principes regionis suae legatos miserant 7
obsidesque dederant Romanis, nuntio misso a Scipione exciti arma capiunt provinciamque Carthaginiensium valido exercitu invadunt. Tria oppida
vi expugnant; inde cum ipso Hasdrubale duobus 8
proeliis egregie pugnantes quindecim milia hostium
occiderunt, quattuor milia cum multis militaribus
signis capiunt.

Hoc statu rerum in Hispania P. Scipio in pro- 22
vinciam venit, prorogato post consulatum imperio
ab senatu missus, cum triginta longis navibus et
octo milibus militum magnoque commeatu advecto.
Ea classis ingens agmine onerariarum procul visa 2
cum magna laetitia civium sociorumque portum
Tarraconis ex alto tenuit. Ibi milite exposito pro- 3
fectus Scipio fratri se coniungit, ac deinde communi
animo consilioque gerebant bellum. Occupatis igitur 4
Carthaginiensibus Celtiberico bello haud cunctanter
Hiberum transgrediuntur nec ullo viso hoste Saguntum pergunt ire, quod ibi obsides totius Hispaniae traditos ab Hannibale fama erat modico in

Vom Punier aus wäre diese Ruhe auch eingehalten worden. Aber abgesehen von der Tatsache, daß die Spanier an sich schon temperamentvoll und revolutionär veranlagt sind, hetzten Mandonius und Indibilis, der vorherige Stammesfürst der Ilergeten, ihre Landsleute auf und rückten in das unterworfene Gebiet römischer Bundesgenossen ein, um zu plündern. Dies geschah, als die Römer vom Gebirge an die Küste zurückgegangen waren. Scipio schickte Militärtribunen mit leichtbewaffneten Hilfstruppen gegen sie. In einem leichten Gefecht jagten sie sie wie einen zusammengewürfelten Haufen auseinander. Dabei erschlugen sie 1000 Mann und nahmen einige gefangen, einen großen Teil entwaffneten sie. Dieses Kampfgeschehen ließ allerdings Hasdrubal, der sich auf dem Weg zum Ozean befand, zum Schutz seiner Verbündeten wieder in die Gegend diesseits des Ebro zurückmarschieren. Das punische Lager stand auf dem Gebiet der Ilergavonen, das römische bei Nova Classis, als eine plötzliche Nachricht dem Krieg eine Wendung brachte. Die Keltiberer, die die Häuptlinge ihrer Gegend als Gesandte geschickt und den Römern Geiseln gestellt hatten, griffen auf einen Wink Scipios, der ihnen eine Botschaft gesandt hatte, zu den Waffen und brachen mit einem starken Heer in die Provinz der Karthager ein. Im Sturm nahmen sie drei Städte. In zwei Schlachten gegen Hasdrubal selbst hielten sie sich hervorragend. Sie töteten 15 000 Feinde, nahmen 4000 gefangen und erbeuteten viele Feldzeichen.

So lagen die Verhältnisse in Spanien, als Publius Scipio in der Provinz eintraf. Der Senat hatte ihm nach seinem Konsulat den Oberbefehl verlängert und ihn mit 30 Kriegsschiffen, 8000 Mann und großen Vorräten dorthin geschickt. Diese Flotte mit ihrer Menge von Lastschiffen konnte man schon von fern erkennen; zur großen Freude der Bürger und der Bundesgenossen hielt sie Kurs von hoher See auf den Hafen von Tarraco. Hier ließ Scipio seine Truppen an Land gehen, marschierte los und vereinigte sich mit seinem Bruder. In der nächsten Zeit führten sie den Krieg gemeinsam nach einem Geist und einem Plan. Die Karthager waren also durch den Krieg mit den Keltiberern gebunden. Ohne Zögern gingen daher die Römer über den Ebro und drangen rasch bis Sagunt vor, ohne einen Feind zu sehen. In Sagunt hielt nämlich

arce custodiri praesidio. Id unum pignus inclinatos   5
ad Romanam societatem omnium Hispaniae popu-
lorum animos morabatur, ne sanguine liberum suorum culpa defectionis lueretur. Eo vinculo Hispa-   6
niam vir unus sollerti magis quam fideli consilio
exsolvit. Abelux erat Sagunti nobilis Hispanus,
fidus ante Poenis; tum, qualia plerumque sunt bar-
barorum ingenia, cum fortuna mutaverat fidem.
Ceterum transfugam sine magnae rei proditione   7
venientem ad hostes nihil aliud quam unum vile
atque infame corpus esse ratus, id agebat, ut quam
maximum emolumentum novis sociis esset. Circum-   8
spectis igitur omnibus, quae fortuna potestatis eius
poterat facere, obsidibus potissimum tradendis animum adiecit, eam unam rem maxime ratus concilia-
turam Romanis principum Hispaniae amicitiam.
Sed cum iniussu Bostaris praefecti satis sciret nihil   9
obsidum custodes facturos esse, Bostarem ipsum arte
adgreditur.

Castra extra urbem in ipso litore habebat Bostar,   10
ut aditum ea parte intercluderet Romanis. Ibi eum
in secretum abductum, velut ignorantem, monet,
quo statu sit res: metum continuisse ad eam diem   11
Hispanorum animos, quia procul Romani abessent;
nunc cis Hiberum castra Romana esse, arcem tutam
perfugiumque novas volentibus res; itaque quos metus non teneat, beneficio et gratia devinciendos esse.
Miranti Bostari percontantique, quodnam id sub-   12
itum tantae rei donum posset esse, ,Obsides' inquit,   13
,in civitates remitte. Id et privatim parentibus, quorum maximum nomen in civitatibus est suis, et publice populis gratum erit. Volt sibi quisque credi et   14
habita fides ipsam plerumque obligat fidem. Minis-
terium restituendorum domos obsidum mihimet de-
posco ipse, ut opera quoque impensa consilium

Hannibal, wie man erfuhr, die Geiseln ganz Spaniens bei nur
schwacher Besatzung auf der Burg in Gewahrsam. Dieses Pfand
war das einzige, was alle zum Bündnis mit Rom geneigten Völker
Spaniens noch hinderte; sonst hätten sie ja die Schuld des Abfalls
mit dem Blute ihrer Kinder bezahlen müssen. Von diesem Zwang
befreite Spanien ein einziger Mann mit einem ausgeklügelten, gar
nicht einmal so ehrlichen Plan. Es war Abelux in Sagunt, ein vornehmer Spanier, bisher ein treuer Freund der Punier. Dann aber
hatte er mit dem Glück auch seine Treue geändert; so etwas liegt
häufig in der Denkart der Barbaren. Er glaubte, ein Überläufer,
der nichts Wichtiges verrät, bringe nichts mit als sein unbedeutendes und ehrloses Ich. So bemühte er sich sehr, seinen neuen Freunden von möglichst großem Nutzen zu sein. Als er alle Möglichkeiten durchdachte, die ihm seine Lage an die Hand geben konnte,
faßte er vor allem die Auslieferung der Geiseln ins Auge. Dieser
eine Handstreich, meinte er, werde den Römern die Freundschaft
der spanischen Großen in erster Linie einbringen. Er wußte aber
genau, daß sich die Wächter der Geiseln ohne den Befehl des Kommandanten Bostar auf nichts einlassen würden. Darum machte er
sich mit einer List an Bostar heran.

Dieser hatte sein Lager außerhalb der Stadt dicht am Ufer, um
von dieser Seite aus den Römern den Zugang zu versperren. Dort
nahm ihn Abelux auf die Seite und belehrte ihn, als wüßte er um die
Lage nicht Bescheid: Bis heute habe die Angst vor Karthago die
Spanier zurückgehalten, weil die Römer weit weg waren. Aber
jetzt stehe ein römisches Lager diesseits des Ebro, eine sichere Burg
und Zuflucht für alle, die umschwenken wollten. Also müsse man
sich die Leute, die nun keine Angst mehr halte, durch Geschenke
und Freundlichkeit verpflichten. Bostar wunderte sich und fragte,
womit man denn ein so plötzliches Geschenk für eine so wichtige
Sache machen könne; da antwortete Abelux: „Schicke die Geiseln
in ihre Staaten zurück! Dies wird den Vätern, die in ihren Staaten
einen sehr großen Einfluß besitzen, persönlich sehr willkommen
und den Völkern ein·Staatsgeschenk sein. Jeder möchte, daß man
ihm Vertrauen schenkt; und meist verpflichtet bewiesenes Vertrauen zu Gegenseitigkeit. Die Aufgabe, die Geiseln in ihre Heimat
zurückzubringen, erbitte ich mir selbst aus, um meinen Plan auch

adiuvem meum et rei suapte natura gratae, quantam
insuper gratiam possim, adiciam.' Homini non ad   15
cetera Punica ingenia callido ut persuasit, nocte
clam progressus ad hostium stationes, conventis quibusdam auxiliaribus Hispanis et ab his ad Scipio-   16
nem perductus, quid adferret, expromit et fide
accepta dataque ac loco et tempore constituto ad
obsides tradendos Saguntum redit. Diem insequentem absumpsit cum Bostare mandatis ad rem agen-
dam accipiendis. Dimissus, cum se nocte iturum, ut   17
custodias hostium falleret, constituisset, ad compo-
sitam cum iis horam excitatis custodibus puerorum
profectus, veluti ignarus in praeparatas sua fraude
insidias ducit. In castra Romana perducti; cetera   18
omnia de reddendis obsidibus, sicut cum Bostare
constitutum erat, acta per eum eodem ordine, quo
si Carthaginiensium nomine sic ageretur. Maior ali-   19
quanto Romanorum gratia fuit in re pari, quam
quanta futura Carthaginiensium fuerat. Illos enim
graves superbosque in rebus secundis expertos fortuna et timor mitigasse videri poterat: Romanus   20
primo adventu, incognitus ante, ab re clementi libe-
ralique initium fecerat et Abelux, vir prudens, haud
frustra videbatur socios mutasse. Itaque ingenti   21
consensu defectionem omnes spectare; armaque extemplo mota forent, ni hiems, quae Romanos quoque et Carthaginienses concedere in tecta coegit,
intervenisset.

Haec in Hispania secunda aestate Punici belli   23
gesta, cum in Italia paulum intervalli cladibus Romanis sollers cunctatio Fabi fecisset; quae ut Han-   2
nibalem non mediocri sollicitum cura habebat, tandem eum militiae magistrum delegisse Romanos cer-
nentem, qui bellum ratione, non fortuna gereret, ita
contempta erat inter cives armatos pariter togatos-   3

durch persönliche Bemühungen voranzubringen und eine Sache, die schon an sich etwas gilt, mit möglichst vielen Dankesverpflichtungen zu verknüpfen." Der Mann war im Vergleich zu anderen Puniern nicht so schlau. Daher konnte ihn Abelux überreden und ging dann nachts heimlich zu den Posten der Feinde. Er wandte sich an einige Spanier von den Hilfstruppen und ließ sich von ihnen zu Scipio führen. Ihm eröffnete er seinen Plan. Sie versicherten sich gegenseitig ihre Treue und vereinbarten Zeit und Ort für die Auslieferung der Geiseln. Darauf kehrte er nach Sagunt zurück. Den folgenden Tag verbrachte er bei Bostar, um die nötigen Anordnungen zur Ausführung seines Planes zu erhalten. Von Bostar verabschiedet, weckte er, da er sich entschlossen hatte, bei Nacht aus der Stadt zu gehen, um die Wachen der Feinde zu täuschen, zur vereinbarten Zeit die Wachen der Feinde, zog mit ihnen los und führte sie, als wüßte er nichts, in eine von ihm selbst listig vorbereitete Falle. Sie wurden ins römische Lager gebracht. Im übrigen ging bei der Rückgabe der Geiseln alles so vor sich, wie es mit Bostar vereinbart war, genau so, als geschähe es im Namen der Karthager. Aber die Dankbarkeit gegenüber den Römern war in der gleichen Lage beträchtlich höher, als sie gegen die Karthager gewesen wäre. Die Karthager hatten sich auch im Glück grausam und überheblich gezeigt. Man konnte nun denken, Unglück und Furcht hätten sie milder gemacht. Der Römer aber hatte als völlig Fremder schon bei seiner Ankunft Gnade und Edelmut bewiesen. Ein so kluger Mann wie Abelux schien also mit gutem Grund seine Bundesgenossen gewechselt zu haben. Daher herrschte bei den Spaniern eine allgemeine und höchst einmütige Neigung zum Abfall. Auf der Stelle hätten sie zu den Waffen gegriffen, wenn nicht der Winter dazwischengekommen wäre, der Römer und Karthager in ihre Quartiere trieb.

Soviel von dem, was in Spanien im zweiten Sommer des Punischen Krieges geschah. In Italien hatte inzwischen das kluge Zögern des Fabius eine kurze Pause in den Niederlagen der Römer eintreten lassen. Dieses Zögern versetzte Hannibal in eine nicht gerade geringe Sorge. Er sah, daß die Römer jetzt endlich einen Meister der Kriegskunst gewählt hatten, der den Krieg mit Überlegung und nicht auf gut Glück führte. Doch bei den römischen Bürgern, bei

que, utique postquam absente eo temeritate magistri
equitum laeto verius dixerim, quam prospero eventu
pugnatum fuerat. Accesserant duae res ad augen-   4
dam invidiam dictatoris, una fraude ac dolo Hannibalis, quod, cum a perfugis ei monstratus ager dictatoris esset, omnibus circa solo aequatis ab uno eo
ferrum ignemque et vim omnem hostium abstineri
iussit, ut occulti alicuius pacti ea merces videri posset, altera ipsius facto, primo forsitan dubio, quia   5
non exspectata in eo senatus autoritas est, ad extremum haud ambigue in maximam laudem verso. In   6
permutandis captivis, quod sic primo Punico bello
factum erat, convenerat inter duces Romanum Poenumque, ut, quae pars plus reciperet quam daret,
argenti pondo bina et selibras in militem praestaret.
Ducentis quadraginta septem, cum plures Romanus   7
quam Poenus recepisset argentumque pro eis debitum, saepe iactata in senatu re, quoniam non con-
suluisset patres, tardius erogaretur, inviolatum ab
hoste agrum misso Romam Quinto filio vendidit,   8
fidemque publicam impendio privato exsolvit.

Hannibal pro Gereoni moenibus, cuius urbis cap-   9
tae atque incensae ab se in usum horreorum pauca
reliquerat tecta, in stativis erat. Inde frumentatum   10
duas exercitus partes mittebat; cum tertia ipse expe-
dita in statione erat, simul castris praesidio et circumspectans, necunde impetus in frumentatores
fieret.

Romanus tunc exercitus in agro Larinati erat;   24
praeerat Minucius magister equitum profecto, sicut
ante dictum est, ad urbem dictatore. Ceterum castra,   2

denen im Heer genau so wie bei denen in Rom, galt die Kriegführung des Diktators als eine Schande; und dies besonders, nachdem in seiner Abwesenheit durch die Unbesonnenheit des Reiterobersten ein Gefecht stattgefunden hatte, dessen Ausgang, um genauer zu sein, mehr erfreulich als glücklich war. Noch zwei Ereignisse waren dazugekommen, um die Unzufriedenheit mit dem Diktator zu erhöhen: Das erste beruhte auf einem listigen Betrug Hannibals: Er ließ das Landgut des Diktators, das ihm Überläufer gezeigt hatten, als einziges von Feuer, Schwert und jeglicher feindlichen Gewalt unberührt, während er alles rings umher dem Erdboden hatte gleichmachen lassen. Dies sollte wie die Belohnung für eine geheime Abmachung aussehen. Dazu kam noch zweitens seine eigene Handlungsweise, und anfangs erschien sie vielleicht in zweifelhaftem Licht: Er hatte die Genehmigung des Senats nicht abgewartet. Aber zuletzt schlug die Angelegenheit zweifellos zu seiner größten Ehre aus. Beim Gefangenenaustausch waren, wie man es im ersten Punischen Krieg gehalten hatte, der punische und der römische Feldherr so übereingekommen: Der Teil, der mehr Gefangene erhielt als ablieferte, sollte für den Mann zweieinhalb Pfund Silber zahlen. Die Römer erhielten 247 Mann Gefangene mehr zurück als die Punier, aber das fällige Geld wurde viel zu langsam gezahlt, sooft die Sache auch im Senat zur Sprache kam. Fabius habe nämlich die Senatoren deswegen nicht befragt. Deshalb schickte er seinen Sohn Quintus nach Rom, ließ das vom Feinde unbeschädigte Landgut verkaufen und beglich so auf eigene Kosten die staatliche Zahlungsverpflichtung.

Hannibal stand mit seinem Lager vor den Mauern der Stadt Gereonium. Er hatte einige wenige Häuser bei der Eroberung und Einäscherung dieser Stadt als Vorratshäuser stehen lassen. Von hier schickte er zwei Drittel seines Heeres aus, um Proviant zu beschaffen. Mit dem letzten Drittel, das kampfbereit war, blieb er in seiner Stellung, gleichzeitig zum Schutze des Lagers und zur Sicherung nach allen Seiten, damit die Proviantholer nirgends überfallen wurden.

Das römische Heer stand damals in der Gegend von Larinum. Den Oberbefehl führte der Reiteroberst Minucius, weil der Diktator, wie oben berichtet, nach Rom gereist war. Das Lager, auf einem

quae in monte alto ac tuto loco posita fuerant, iam
in planum deferuntur; agitabanturque pro ingenio
ducis consilia calidiora, ut impetus aut in frumentatores palatos aut in castra relicta cum levi praesidio fieret. Nec Hannibalem fefellit cum duce mu-   3
tatam esse belli rationem et ferocius quam consul-
tius rem hostes gesturos; ipse autem, quod minime   4
quis crederet, cum hostis propius esset, tertiam partem militum frumentatum duabus in castris retentis
dimisit; dein castra ipsa propius hostem movit, duo   5
ferme a Gereonio milia, in tumulum hosti conspectum, ut intentum se sciret esse ad frumentatores, si
qua vis fieret, tutandos. Propior inde ei atque ipsis   6
imminens Romanorum castris tumulus apparuit; ad
quem capiendum, si luce palam iretur, quia haud
dubie hostis breviore via praeventurus erat, nocte
clam missi Numidae ceperunt. Quos tenentes lo-   7
cum contempta paucitate Romani postero die cum
deiecissent, ipsi eo transferunt castra. Itaque exi-   8
guum spatii vallum a vallo aberat et id ipsum totum ut prope compleverat Romana acies, simul et
per aversa castra equitatus cum levi armatura emissus in frumentatores late caedem fugamque hostium
palatorum fecit. Nec acie certare Hannibal ausus,   9
quia tanta paucitate – pars exercitus aberat iam
fame – vix castra, si oppugnarentur, tutari poterat;
iamque artibus Fabi sedendo et cunctando bellum   10
gerebat receperatque suos in priora castra, quae pro
Gereoni moenibus erant. Iusta quoque acie et conlatis signis dimicatum quidam autores sunt; primo   11
concursu Poenum usque ad castra fusum; inde eruptione facta repente versum terrorem in Romanos;
Numeri Decimi Samnitis deinde adventu proelium   12

hohen Berg und damit an sicherer Stelle errichtet, wurde im übrigen sofort in die Ebene verlegt. Entsprechend dem Temperament des Kommandeurs befaßte man sich jetzt mit „heißeren" Sachen: Die herumstreunenden Proviantholer oder das nur schwachbesetzte Lager wurden angegriffen. Hannibal entging dabei nicht, daß sich mit dem Befehlshaber auch die Kriegführung geändert hatte und die Feinde eher waghalsig als mit Überlegung ans Werk gehen würden. Er selbst aber schickte – man hätte es kaum glauben mögen –, obwohl der Feind schon bedenklich näher gekommen war, ein Drittel seiner Truppen zum Proviantholen aus und behielt nur zwei Drittel bei sich im Lager. Darauf verlegte er das Lager selbst näher an den Feind heran, auf einen Hügel im Blickfeld der Feinde, etwa 3,5 km von Gereonium entfernt. Damit wollte er den Römern zu verstehen geben, daß er auf den Schutz seiner Proviantholer bedacht sei, falls man sie angreifen wolle. Von hier aus zeigte sich ihm ein zweiter noch näherer Hügel, der das römische Lager direkt beherrschte. Wenn er ihn vor aller Augen bei Tage besetzen wollte, wäre ihm der Feind auf kürzerem Wege zuvorgekommen. Deshalb mußten ihn nachts Numider heimlich besetzen. Aber es waren nur verächtlich wenige, die die Stellung besetzt hielten, so daß die Römer sie am folgenden Tage wieder davontrieben und selbst ihr Lager dorthin verlegten. Zwischen den beiden Wällen lag nun nur ein geringer Raum, und das römische Heer in Kampfordnung hatte ihn beinahe ganz ausgefüllt. Zugleich wurde die Reiterei mit leichtbewaffneten Truppen durch das rückwärtige Lagertor gegen die Proviantholer geschickt und verbreitete Tod und Flucht bei den verstreuten Feinden. Hannibal wagte es aber nicht, sich in einen Feldkampf einzulassen; denn er hätte mit so wenigen Truppen sein Lager im Falle eines Sturmangriffs kaum schützen können. Ein Teil seines Heeres fehlte ja, da man bereits Hunger litt. Und schon führte er den Krieg mit den Künsten des Fabius: Er blieb ruhig und zögerte. Er hatte sich in das frühere Lager vor den Mauern Gereoniums zurückgezogen. Einige Historiker berichten, man habe in geordneter Linie und einer richtigen Schlacht gekämpft. Beim ersten Zusammenprall seien die Punier bis ans Lager zurückgeschlagen worden. Darauf habe der Schrecken infolge eines Ausfalls plötzlich die Römer befallen. Endlich sei durch das Eingreifen des Sam-

restitutum. hunc, principem genere ac divitiis, non
Boviani modo – unde erat –, sed toto Samnio, iussu
dictatoris octo milia peditum et equites ad quingentos ducentem in castra, ab tergo cum apparuisset
Hannibali, speciem parti utrique praebuisse novi
praesidii cum Q. Fabio ab Roma venientis. Hanni- 13
balem, insidiarum quoque aliquid timentem, rece-
pisse suos; Romanum insecutum adiuvante Samnite
duo castella eo die expugnasse. sex milia hostium 14
caesa, quinque admodum Romanorum; tamen in
tam pari prope clade famam vanam egregiae victoriae cum vanioribus litteris magistri equitum Romam perlatam.

De iis rebus persaepe et in senatu et in contione 25
actum est. Cum laeta civitate dictator unus nihil 2
nec famae nec litteris crederet, ut vera omnia essent,
secunda se magis quam adversa timere diceret, tum
M. Metilius tribunus plebis id enim vero ferendum 3
esse negat, non praesentem solum dictatorem obsti- 4
tisse rei bene gerendae, sed absentem etiam gestae
obstare et in ducendo bello sedulo tempus terere,
quo diutius in magistratu sit solusque et Romae et
in exercitu imperium habeat. quippe consulum al- 5
terum in acie cecidisse, alterum specie classis Punicae persequendae procul ab Italia ablegatum;
duos praetores Sicilia atque Sardinia occupatos, 6
quarum neutra hoc tempore provincia praetore
egeat; M. Minucium magistrum equitum, ne hostem
videret, ne quid rei bellicae gereret, prope in custodia habitum. itaque hercule non Samnium modo, 7
quo iam tamquam trans Hiberum agro Poenis concessum sit, sed et Campanum Calenumque et Falernum agrum pervastatos esse sedente Casilini dictatore et legionibus populi Romani agrum suum tu- 8

niten Numerus Decimus die Kampfordnung wiederhergestellt worden. Dieser Mann, der vornehmste und reichste nicht nur in Bovianum, wo er zu Hause war, sondern in ganz Samnium, sei zum römischen Lager gezogen und habe ihm auf Befehl des Diktators 8000 Mann Fußvolk und 500 Reiter zugeführt. Als er im Rücken Hannibals erschien, hätten beide Teile geglaubt, ein neues Heer sei mit Quintus Fabius aus Rom eingetroffen. Hannibal habe seine Truppen, auch aus Furcht vor einer Falle, zurückgezogen. Die Römer seien ihm gefolgt und hätten mit Unterstützung der Samniten an diesem Tage zwei Kastelle erobert. 6000 Feinde seien gefallen, von den Römern mindestens 5000. Trotzdem sei bei fast gleichem Verlust in Rom das eitle Gerede von einem herrlichen Sieg mit einem noch mehr prahlenden Bericht des Reiterobersten eingetroffen.

Die Ereignisse kamen recht häufig im Senat und in der Volksversammlung zur Sprache. Aber trotz der allgemeinen Freude der Bürger wollte der Diktator als einziger weder dem Gerücht noch dem schriftlichen Bericht glauben. Ja, er tat sogar die Äußerung, er fürchte, falls dies alles wahr sei, mehr das Glück als das Unglück. Da erklärte der Volkstribun Marcus Metilius, das sei doch bald nicht mehr zu ertragen. Der Diktator habe sich nicht nur bei seiner Anwesenheit im Kriegsgebiet jeder Aktivität widersetzt, sondern auch in Abwesenheit tue er es bei einer gelungenen Tat. Er setze seinen Eifer dafür ein, den Krieg hinauszuziehen und Zeit vergehen zu lassen, um auf diese Weise länger im Amt zu bleiben und den Oberbefehl in Rom und beim Heer allein zu behalten. Der eine Konsul sei ja schon in der Schlacht gefallen, der andere unter dem Vorwand, die punische Flotte zu verfolgen, weit von Italien weggeschickt. Zwei Prätoren habe man mit Sizilien und Sardinien betraut; und keine der beiden Provinzen brauche doch jetzt einen Prätor. Den Reiterobersten Marcus Minucius habe der Diktator beinahe in Haft gehalten, damit er nur ja keinen Feind zu sehen bekomme und nichts, was an Krieg erinnert, unternehme. So habe der Feind – Gott sei es geklagt – nicht nur Samnium, das man den Puniern schon wie ein Land jenseits des Ebro abgetreten habe, sondern auch Kampanien, das Gebiet von Cales und das Falernerland gänzlich verwüstet. Unterdessen sei der Diktator in Casilinum ge-

tante. exercitum cupientem pugnare et magistrum
equitum clausos prope intra vallum retentos; tamquam hostibus captivis arma adempta. tandem, ut
abscesserit inde dictator, ut obsidione liberatos,
extra vallum egressos fudisse ac fugasse hostes. quas
ob res, si antiquus animus plebei Romanae esset, au-
daciter se laturum fuisse de abrogando Q. Fabi imperio; nunc modicam rogationem promulgaturum
de aequando magistri equitum et dictatoris iure. nec
tamen ne ita quidem prius mittendum ad exercitum
Q. Fabium, quam consulem in locum C. Flamini
suffecisset.

Dictator contionibus se abstinuit in actione minime populari. Ne in senatu quidem satis aequis auribus audiebatur tunc, cum hostem verbis extolleret
bienniique clades per temeritatem atque inscientiam
ducum acceptas referret, magistro equitum, quod
contra dictum suum pugnasset, rationem diceret
reddendam esse. si penes se summa imperii consilii-
que sit, propediem effecturum, ut sciant homines
bono imperatore haud magni fortunam momenti
esse, mentem rationemque dominari, et in tempore
et sine ignominia servasse exercitum quam multa
milia hostium occidisse maiorem gloriam esse. Huius
generis orationibus frustra habitis et consule creato
M. Atilio Regulo, ne praesens de iure imperii dimi-
caret, pridie quam rogationis ferendae dies adesset,
nocte ad exercitum abiit. Luce orta cum plebis concilium esset, magis tacita invidia dictatoris favor-
que magistri equitum animos versabat, quam satis
audebant homines ad suadendum, quod volgo placebat, prodire, et favore superante auctoritas tamen
rogationi deerat. Unus inventus est suasor legis C.
Terentius Varro, qui priore anno praetor fuerat,

9

10

11

12

13

14

15

16

17

18

sessen und habe mit den Legionen des römischen Volkes sein Landgut geschützt. Das Heer, das sich nach einer Schlacht sehnte, und
den Reiterobersten habe er, fast eingesperrt, hinter dem Wall festgehalten und ihnen wie gefangenen Feinden die Waffen abgenommen. Endlich hätten sie nach der Abreise des Diktators, wie von
einem Belagerungszustand befreit, das Lager verlassen und die
Feinde völlig in die Flucht geschlagen. Dafür hätte er, wenn noch
der alte Geist im römischen Volke leben würde, dreist den Antrag
gestellt, den Quintus Fabius abzusetzen. Jetzt aber komme er nur
mit einem gemäßigten Antrag: die Rechte des Reiterobersten und
des Diktators gleichzustellen. Trotzdem dürfe man Quintus Fabius
nicht eher zum Heer schicken, als bis er anstelle des Gaius Flaminius einen Konsul habe nachwählen lassen.

Der Diktator konnte sich bei seiner keineswegs volkstümlichen
Amtsführung in Volksversammlungen nicht blicken lassen. Nicht
einmal im Senat hörte man ihm damals gern zu, weil er den Feind
in Worten hervorhob und die Niederlagen dieser zwei Jahre der
Unvernunft und Unwissenheit der Generale zuschob und außerdem
erklärte, daß der Reiteroberst zur Rechenschaft gezogen werde,
weil er sich gegen seinen Befehl auf einen Kampf eingelassen habe.
Blieben der Oberbefehl und die Planung des Krieges in seinen Händen, werde er den Leuten bald klarmachen, daß für einen tüchtigen Feldherrn das Glück nicht so wichtig sei! Hier hätten Verstand und Überlegung zu gebieten. Ihm bedeute es größeren Ruhm,
das Heer in Notzeiten ohne Ehrverlust erhalten als viele tausend
Menschen getötet zu haben. Vergeblich hielt er mehrere solcher
Reden. Dann wurde Marcus Atilius Regulus zum Konsul nachgewählt. Um nicht an Ort und Stelle um das Recht des Oberbefehls
kämpfen zu müssen, ging Fabius in der Nacht vor jenem Tage zum
Heer, an dem der Antrag zur Abstimmung gestellt werden sollte.
Als die Volksversammlung mit Tagesanbruch stattfand, bewegte die
Menschen mehr eine heimliche Unzufriedenheit mit dem Diktator
und eine offene Vorliebe für den Reiterobersten. Aber sie hatten
nicht Mut genug, hinzutreten und das zu raten, was die große
Masse wünschte. Wenn man auch den Antrag günstig beurteilte, so
fehlte doch die Unterstützung maßgebender Männer. Ein einziger
befürwortete das Gesetz, nämlich Gaius Terentius Varro, ein Prä-

loco non humili solum, sed etiam sordido ortus. Pa-   19
trem lanium fuisse ferunt, ipsum institorem mercis,
filioque hoc ipso in servilia eius artis ministeria
usum.

Is iuvenis, ut primum ex eo genere quaestus pe-   26
cunia a patre relicta animos ad spem liberalioris
fortunae fecit, togaque et forum placuere, procla-   2
mando pro sordidis hominibus causisque adversus
rem et famam bonorum primum in notitiam populi,
deinde ad honores pervenit, quaesturaque et duabus   3
aedilitatibus, plebeia et curuli, postremo et praetura, perfunctus, iam ad consulatus spem cum attolle-
ret animos, haud parum callide auram favoris popularis ex dictatoria invidia petit scitique plebis   4
unus gratiam tulit.

Omnes eam rogationem, quique Romae quique in   5
exercitu erant, aequi atque iniqui, praeter ipsum
dictatorem in contumeliam eius latam acceperunt.
Ipse, qua gravitate animi criminantes se ad multi-   6
tudinem inimicos tulerat, eadem et populi in se sae-
vientis iniuriam tulit; acceptisque in ipso itinere lit-   7
teris de aequato imperio, satis fidens haudquaquam
cum imperii iure artem imperandi aequatam, cum
invicto a civibus hostibusque animo ad exercitum
rediit.

Minucius vero cum iam ante vix tolerabilis fuisset   27
rebus secundis ac favore volgi, tum utique immo-   2
dice immodesteque non Hannibale magis victo ab se
quam Q. Fabio gloriari: illum in rebus asperis unicum ducem ac parem quaesitum Hannibali, maio-   3
rem minori, dictatorem magistro equitum, quod
nulla memoria habeat annalium, iussu populi aequa-
tum in eadem civitate, in qua magistri equitum vir-
gas ac secures dictatoris tremere atque horrere soliti

tor des vergangenen Jahres. Er stammte nicht nur aus niedrigen, sondern sogar aus schmutzigen Verhältnissen. Sein Vater soll Metzger gewesen sein und selbst mit seiner Ware gehandelt haben. Auch diesen seinen Sohn soll er zu den niedrigen Diensten dieses Gewerbes herangezogen haben.

Der junge Mann hoffte, das Geld, das ihm der Vater von dieser Art Erwerb hinterlassen hatte, würde ihm zu dem glücklichen Leben eines Freien verhelfen. Ihm reizten die Toga und das Leben auf dem Forum. Dadurch, daß er lautstark für schmutzige Menschen und schmutzige Prozeßsachen gegen das Vermögen und den Ruf anständiger Menschen auftrat, wurde er beim Volke zuerst einmal bekannt und erlangte dann sogar Ehrenämter. Als er die Quästur und beide Ädilenämter, das plebeische und das kurulische, zuletzt auch die Prätur verwaltet hatte, glaubte er jetzt, auch auf das Konsulat hoffen zu dürfen. So suchte er, gar nicht dumm, für sich die Gunst des Volkes aus der Unzufriedenheit mit dem Diktator. Er allein erntete den Dank für das Zustandekommen des Volksentscheides.

Alle, in Rom und beim Heer, Freund und Feind, faßten diesen Antrag als beabsichtigte Kränkung des Fabius auf, nur der Diktator selbst nicht. Mit der gleichen Würde, mit der er ertragen hatte, wie ihn seine Feinde bei der Menge verleumdeten, nahm er auch die Beleidigung des Volkes hin, das gegen ihn so aufgebracht war. Noch unterwegs erhielt er das Schreiben über die Gleichstellung im Oberbefehl. Er war jedoch fest davon überzeugt, daß keineswegs mit dem Befehlsrecht auch die Befehlskunst gleichgestellt sei; und so fühlte er sich bei seiner Rückkehr zum Heer weder von den Mitbürgern noch von den Feinden besiegt.

Minucius hatten schon vorher sein Glück und die Volksgunst unausstehlich gemacht. Nun rühmte er sich vollends ohne Maß und schamlos ebensehr seines Sieges über Hannibal wie über Fabius. Ihn habe man in der Not als einzigen Führer zum ebenbürtigen Gegner für Hannibal ausgesucht. Ohne jedes Vorbild in der Chronik habe man nunmehr den Höheren dem Untergebenen, den Diktator dem Reiteroberſten auf Weisung des Volkes in dem Staat gleichgestellt, in dem sonst die Reiteroberſten vor den Ruten und Beilen des Diktators gewöhnlich voller Angst gezittert hätten. So

sint; tantum suam felicitatem virtutemque enituisse. 4
ergo secuturum se fortunam suam, si dictator in
cunctatione ac segnitie deorum hominumque iudi-
cio damnata perstaret. Itaque quo die primum con- 5
gressus est cum Q. Fabio, statuendum omnium primum ait esse, quemadmodum imperio aequato utan-
tur: se optimum ducere aut diebus alternis aut, si 6
maiora intervalla placerent, partitis temporibus alterius summum ius imperiumque esse, ut par hosti
non solum consilio, sed viribus etiam esset, si quam 7
occasionem rei gerendae habuisset. Q. Fabio haud- 8
quaquam id placere: omnia fortunam eam habitura,
quamcumque temeritas collegae habuisset; sibi com-
municatum cum alio, non ademptum imperium esse;
itaque se nunquam volentem parte, qua posset, re- 9
rum consilio gerendarum cessurum, nec se tempora
aut dies imperii cum eo, exercitum divisurum suis-
que consiliis, quoniam omnia non liceret, quae posset,
servaturum. Ita obtinuit, ut legiones, sicut consuli- 10
bus mos esset, inter se dividerent. Prima et quarta
Minucio, secunda et tertia Fabio evenerunt. Item 11
equites pari numero sociumque et Latini nominis
auxilia diviserunt. Castris quoque separari magister
equitum voluit.

Duplex inde Hannibali gaudium fuit; neque enim 28
quicquam eorum, quae apud hostes agerentur, eum
fallebat et perfugis multa indicantibus et per suos
explorantem: nam et liberam Minuci temeritatem se 2
suo modo captaturum et sollertiae Fabi dimidium
virium decessisse. Tumulus erat inter castra Minuci 3
et Poenorum, quem qui occupasset, haud dubie ini-
quiorem erat hosti locum facturus. Eum non tam 4
capere sine certamine volebat Hannibal, quamquam
id operae pretium erat, quam causam certaminis

hervorstechend seien sein Glück und seine Tapferkeit gewesen. Darum werde er seinem Glücksstern folgen, wenn der Diktator in seinem Zögern und in seiner Faulheit, die Götter und Menschen verurteilten, verharre. Gleich am ersten Tag, als er mit Fabius zusammentraf, erklärte er, es müsse zuerst geklärt werden, wie sie es mit dem gleichgestellten Oberbefehl halten wollten. Ihm scheine es das beste, wenn sie die höchste Gewalt und das höchste Recht tageweise wechselnd oder, wenn man größere Zwischenräume für besser halte, in zugeteilten Zeitabschnitten ausübten. Damit sollte der amtierende Oberbefehlshaber dem Feinde nicht nur in der Planung, sondern auch kräftemäßig gewachsen sein, falls sich ihm die Gelegenheit zu einem Unternehmen biete. Diesen Vorschlag lehnte Fabius mit Entschiedenheit ab: Damit werde alles dem Schicksal überlassen, das die Unüberlegtheit des Amtsgenossen herbeiführe. Ihm sei der Oberbefehl mit einem anderen zusammen übergeben, aber nicht genommen worden. Daher werde er niemals freiwillig auf eine ihm mögliche Teilnahme mit dem Ziel einer überlegten Kriegführung verzichten. Nicht die Zeiten oder Tage des Oberbefehls werde er mit ihm teilen, wohl aber das Heer, um mit seinen Maßnahmen das Bestmögliche zu retten, da er ja das ganze nicht mehr erhalten könne. So erreichte er, wie dies bei Konsuln üblich war, daß sie die Legionen untereinander aufteilten. Die erste und vierte fielen Minucius zu, die zweite und dritte Fabius. Im gleichen Zahlenverhältnis teilten sie auch die Reiter und die Hilfstruppen der Bundesgenossen und der Latiner auf. Der Reiteroberst wollte auch getrennte Lager.

Doppelte Freude herrschte daraufhin bei Hannibal. Ihm blieb nämlich nichts von den Vorgängen bei den Feinden verborgen. Vieles meldeten ihm Überläufer, und manches ließ er von seinen Leuten erkunden. Er meinte, den Minucius in seiner zügellosen Verwegenheit werde er auf seine Art zu fassen bekommen und der Geschicklichkeit des Fabius sei die Hälfte ihrer Kraft bereits genommen. Ein Hügel lag zwischen dem Lager des Minucius und dem der Punier. Wer ihn zuerst besetzte, brachte den Feind ohne Zweifel in eine ungünstigere Lage. Diese kampflos zu besetzen, darauf kam es Hannibal gar nicht so sehr an, obwohl es sich gelohnt hätte.

cum Minucio, quem semper occursurum ad obsisten-
dum satis sciebat, contrahere.

Ager omnis medius erat prima specie inutilis insi-   5
diatori, quia non modo silvestre quicquam, sed ne
vepribus quidem vestitum habebat, re ipsa natus te-
gendis insidiis, eo magis quod in nuda valle nulla   6
talis fraus timeri poterat; et erant in anfractibus
cavae rupes, ut quaedam earum ducenos armatos
possent capere. In has latebras, quot quemque locum   7
apte insidere poterant, quinque milia conduntur
peditum equitumque. Necubi tamen aut motus alicuius temere egressi aut fulgor armorum fraudem in   8
valle tam aperta detegeret, missis paucis prima luce
ad capiendum, quem ante diximus, tumulum avertit
oculos hostium. Primo statim conspectu contempta   9
paucitas ac sibi quisque deposcere pellendos inde
hostes ac locum capiendum; dux ipse inter stolidissi-
mos ferocissimosque ad arma vocat et vanis minis
increpat hostem. Principio levem armaturam emit-   10
tit, deinde conferto agmine equites; postremo, cum
hostibus quoque subsidia mitti videret, instructis legionibus procedit. Et Hannibal laborantibus suis   11
alia atque accrescente certamine mittens auxilia peditum equitumque iam iustam expleverat aciem, ac
totis utrimque viribus certatur. Prima levis arma-   12
tura Romanorum, praeoccupatum ex inferiore loco
succedens tumulum, pulsa detrusaque terrorem in
succedentem intulit equitem et ad signa legionum
refugit. Peditum acies inter perculsos impavida sola   13
erat videbaturque, si iusta ac directa pugna esset,
haudquaquam impar futura; tantum animorum fecerat prospere ante paucos dies res gesta; sed exorti   14
repente insidiatores eum tumultum terroremque in

Er wollte vielmehr einen Anlaß heraufbeschwören, in einen Kampf mit Minucius zu geraten, von dem er bestimmt wußte, daß er stets bereit war, ihm als Angreifer entgegenzutreten.

Das ganze Gelände in der Mitte schien auf den ersten Blick für einen Hinterhalt ungeeignet zu sein; denn es hatte kein Waldstück, nicht einmal einen Platz mit Gebüsch. In Wirklichkeit aber war es zur Deckung eines Hinterhaltes besonders geschaffen, weil es gar nicht sein konnte, daß jemand in dem kahlen Tal eine derartige List befürchtete. Es gab in den Talkrümmungen Felsenhöhlen, die teilweise sogar 200 Bewaffnete fassen konnten. In diesen Schlupfwinkeln wurden 5000 Mann zu Fuß und zu Pferde versteckt, wieviele eben jeden Platz bequem einnehmen konnten. Damit aber nirgends die Bewegung eines Mannes, der unvorsichtig heraustrat, oder das Aufblitzen der Waffen die List in dem wenig geschützten Tale verriet, schickte Hannibal bei Tagesanbruch ein paar Leute aus, um den oben erwähnten Hügel zu besetzen. Auf diese Weise lenkte er die Augen der Feinde ab. Gleich beim ersten Anblick sahen die Römer verächtlich auf die armselige Gruppe herab, und sie rissen sich um den Auftrag, die Feinde von dort zu vertreiben und die Stelle zu besetzen. Der Feldherr selbst benahm sich wie einer der Dümmsten und Dreistesten. Er rief zu den Waffen und bedachte den Feind mit leeren Drohungen. Zuerst ließ er die Leichtbewaffneten ausrücken, dann die Reiterei in geschlossenem Verband. Als er schließlich sah, daß auch die Feinde Reserven erhielten, rückte er mit den Legionen in Schlachtordnung vor. Auch Hannibal schickte, als der Kampf sich steigerte, seinen bedrängten Soldaten immer neue Verstärkungen an Fußvolk und Reiterei und hatte seine Kampffront bereits regelrecht aufgefüllt. Auf beiden Seiten kämpfte man mit Einsatz aller Kräfte. Zuerst wurden die leichtbewaffneten Römer, die zum vorher besetzten Hügel von unten nachrückten, geschlagen und hinuntergedrängt. Sie übertrugen ihren Schrecken auf die nachfolgende Reiterei und flohen zu den Zeichen ihrer Legionen zurück. Die Front der Infanterie blieb unter all den Verwirrten als einzige gelassen. Sie machte einen durchaus ebenbürtigen Eindruck, wenn es zu einer regelrechten Schlacht kommen sollte. Soviel Mut hatte der erst vor wenigen Tagen errungene Erfolg schon bewirkt. Aber nun brachen die Feinde plötzlich aus ihrem Hinterhalt her-

latera utrimque ab tergoque incursantes fecerunt, ut
neque animus ad pugnam neque ad fugam spes cuiquam superesset.

Tum Fabius, primo clamore paventium audito,   **29**
dein conspecta procul turbata acie, ‚Ita est‘ inquit;
‚non celerius quam timui, deprendit fortuna temeritatem. Fabio aequatus imperio Hannibalem et vir-   **2**
tute et fortuna superiorem videt. Sed aliud iurgandi
suscensendique tempus erit: nunc signa extra vallum
proferte; victoriam hosti extorqueamus, confessionem erroris civibus.‘ Iam magna ex parte caesis aliis,   **3**
aliis circumspectantibus fugam, Fabiana se acies repente velut caelo demissa ad auxilium ostendit. Ita-   **4**
que priusquam ad coniectum teli veniret aut manum
consereret, et suos a fuga effusa et ab nimis feroci
pugna hostes continuit. Qui solutis ordinibus vage   **5**
dissipati erant, undique confugerunt ad integram
aciem; qui plures simul terga dederant, conversi in
hostem volventesque orbem nunc sensim referre pedem, nunc conglobati restare. Ac iam prope una   **6**
acies facta erat victi atque integri exercitus infere-
bantque signa in hostem, cum Poenus receptui ceci-
nit, palam ferente Hannibale ab se Minucium, se ab
Fabio victum.

Ita per variam fortunam diei maiore parte exacta   **7**
cum in castra reditum esset, Minucius convocatis   **8**
militibus ‚Saepe ego‘ inquit, ‚audivi, milites, eum
primum esse virum, qui ipse consulat, quid in rem
sit, secundum eum, qui bene monenti oboediat; qui
nec ipse consulere nec alteri parere sciat, eum extremi ingenii esse. Nobis quoniam prima animi ingenii-   **9**
que negata sors est, secundam ac mediam teneamus
et, dum imperare discimus, parere prudenti in animum inducamus. Castra cum Fabio iungamus. Ad   **10**

vor. Sie griffen auf beiden Flanken und im Rücken an und verursachten soviel Durcheinander und Schrecken, daß keiner mehr Mut zum Kampf oder sogar Hoffnung auf Flucht hatte.

Kaum hatte Fabius die ersten Angstschreie gehört, sah er auch von weitem die Unordnung der Front. „Nun ist es so weit", rief er. „So schnell, wie ich befürchtete, hat das Schicksal die Unüberlegtheit gefaßt. Der dem Fabius im Oberbefehl gleichgestellt ist, erlebt jetzt Hannibals Überlegenheit an Tapferkeit und Glück. Aber zum Streiten und Schimpfen haben wir ein andermal Zeit. Jetzt heraus zum Sturm! Dem Feind wollen wir den Sieg abnehmen und unseren Mitbürgern das Geständnis ihres Irrtums!" Schon war ein großer Teil erschlagen, und andere sahen sich nach Fluchtmöglichkeiten um. Da erschien plötzlich Fabius' Heer wie vom Himmel gesandt, zu ihrer Hilfe. Noch ehe es zum Schußwechsel oder Handgemenge kam, hielt dieses Erscheinen die eigenen Leute von kopfloser Flucht, die Feinde von allzu wildem Kampfe zurück. Die Soldaten, die von ihren Reihen weg weit und breit auseinandergelaufen waren, flohen von allen Seiten zu der bis jetzt noch heilen Schlachtreihe. Die zuerst scharenweise gleichzeitig geflohen waren, wandten sich jetzt wieder gegen den Feind und schlossen einen Kreis. Sie zogen sich Schritt für Schritt zurück oder leisteten zusammengeballt sogar Widerstand. Schon war aus dem besiegten und aus dem ungeschlagenen Heer beinahe eine einzige Front entstanden. Und schon war man drauf und dran, den Feind anzugreifen, da bließ der Punier zum Rückzug. Damit gab Hannibal offen zu, daß zwar Minucius von ihm, er aber von Fabius besiegt worden war.

So verging der größere Teil des Tages mit wechselndem Glück. Sie zogen ins Lager zurück, und Minucius rief seine Soldaten zusammen. Er sagte: „Soldaten! Oft schon habe ich gehört, der sei der erste Mann, der die vernünftigsten Ratschläge erteilt; der zweite sei der, der gutem Rate folgt. Wer aber weder einen Rat geben noch einem anderen gehorchen kann, der ist, wie man sagt, der letzte Dummkopf. Weil uns die erste Stufe an Verstand und Geist versagt ist, wollen wir an der zweiten, mittleren festhalten. Solange wir also noch befehlen lernen, wollen wir uns entschließen, dem Klugen zu gehorchen. Wir wollen unser Lager mit dem des

praetorium eius signa cum tulerimus, ubi ego eum
parentem appellavero, quod beneficio eius erga nos
ac maiestate eius dignum est, vos, milites, eos, quo-   11
rum vos modo arma ac dexterae texerunt, patronos
salutabitis, et, si nihil aliud, gratorum certe nobis
animorum gloriam dies hic dederit.'

Signo dato conclamatur inde, ut colligantur vasa.   30
Profecti et agmine incedentes in dictatoris castra in
admirationem et ipsum et omnes, qui circa erant,
converterunt. Ut constituta sunt ante tribunal signa,   2
progressus ante alios magister equitum, cum patrem
Fabium appellasset circumfusosque militum eius totum agmen patronos consalutasset, ,Parentibus' in-   3
quit, ,meis, dictator, quibus te modo nomine, quod
fando possum aequavi, vitam tantum debeo, tibi
cum meam salutem, tum omnium horum. Itaque   4
plebei scitum, quo oneratus sum magis quam hono-
ratus, primus antiquo abrogoque et, quod tibi mihi-
que exercitibusque his tuis – servato ac conserva-
tori – sit felix, sub imperium auspiciumque tuum
redeo et signa haec legionesque restituo. Tu, quaeso,   5
placatus me magisterium equitum, hos ordines suos
quemque tenere iubeas.' Tum dextrae interiunctae   6
militesque contione dimissa ab notis ignotisque benigne atque hospitaliter invitati laetusque dies ex
admodum tristi paulo ante ac prope exsecrabili factus. Romae, ut est perlata fama rei gestae, dein lit-   7
teris non magis ipsorum imperatorum quam volgo
militum ex utroque exercitu adfirmata, pro se quisque Maximum laudibus ad caelum ferre. Pari gloria   8
apud Hannibalem hostesque Poenos erat; ac tum
demum sentire cum Romanis atque in Italia bellum   9
esse; nam biennio ante adeo et duces Romanos et
milites spreverant, ut vix cum eadem gente bellum
esse crederent, cuius terribilem eam famam a patribus accepissent. Hannibalem quoque ex acie redeun-   10

Fabius vereinigen! Wenn wir die Feldzeichen zu seinem Feldherrnzelt getragen haben und ich ihn mit Vater anrede, wie er es um uns und für sein Hoheit verdient, dann werdet ihr die Soldaten, deren Waffen und Fäuste euch soeben beschützt haben, als eure Schutzherren begrüßen. Und wenn es schon sonst nichts gibt, so wird uns der heutige Tag wenigstens den Ruhm der Dankbarkeit einbringen."

Auf ein gegebenes Zeichen ertönte das Kommando zum Einpakken. Dann brachen sie auf und rückten geschlossen in das Lager des Diktators ein. Damit setzten sie ihn selbst und die ganze Umgebung in Erstaunen. Als man die Zeichen vor dem Tribunal aufgestellt hatte, trat der Reiteroberst vor. Er redete Fabius mit „Vater" an, und sein ganzer Zug begrüßte die Soldaten, die sich um ihn geschart hatten, als ihre Schutzherren. Und der Reiteroberst sprach: „Diktator! Eben habe ich dich meinen Eltern in der Anrede gleichgestellt, soweit ich es in Worten kann. Ihnen verdanke ich nur mein Leben, dir aber meine eigene und dieser aller Rettung. Ich verwerfe daher als erster den Volksbeschluß, der mich mehr belastet als geehrt hat, und hebe ihn auf. Ich kehre unter deinen Oberbefehl und deine Leitung zurück und stelle dir diese Zeichen und Legionen wieder zur Verfügung. Dieser Entschluß möge dir und mir, diesen deinen Heeren – dem geretteten und den Rettern – Glück bringen! Dich aber bitte ich, laß dich versöhnen! Laß mich mein Amt als Reiteroberst und diese alle hier ihre Ränge behalten!" Darauf reichten sie sich die Hand und entließen die Versammlung. Von Bekannten und Unbekannten wurden die Soldaten herzlich und gastlich eingeladen. So verwandelte sich der Tag, der noch kurz vorher düster und beinahe zu verwünschen war, in einen Freudentag. Bald traf die Nachricht von diesem Ereignis in Rom ein. Durch Briefe der Feldherrn selbst und durch viele Soldaten aus beiden Heeren wurde sie bestätigt. Da lobte jeder nach seiner Weise Maximus bis in den Himmel. Gleichen Ruhm erntete er aber auch bei Hannibal und den punischen Feinden. Jetzt endlich merkten sie, daß sie gegen Römer und in Italien Krieg führten. Denn in den letzten zwei Jahren hatten sie die römischen Feldherrn und Soldaten so verachtet, daß sie kaum noch mit dem Volk Krieg zu führen glaubten, das ihre Väter ihnen so schrecklich beschrieben hatten. Als Hannibal

tem dixisse ferunt tandem eam nubem, quae sedere
in iugis montium solita sit, cum procella imbrem
dedisse.

Dum haec geruntur in Italia, Cn. Servilius Gemi-　　31
nus consul cum classe centum viginti navium circumvectus Sardiniae et Corsicae oram, et obsidibus
utrimque acceptis in Africam transmisit et, prius-　　2
quam in continentem escensiones faceret, Menige insula vastata et ab incolentibus Cercinam, ne et ipsorum ureretur diripereturque ager, decem talentis
argenti acceptis ad litora Africae accessit copiasque　　3
exposuit. Inde ad populandum agrum ducti milites
navalesque socii iuxta effusi ac si in insulis cultorum egentibus praedarentur. Itaque in insidias te-　　4
mere inlati, cum a frequentibus palantes et locorum
ignari ab gnaris circumvenirentur, cum multa caede
ac foeda fuga retro ad naves compulsi sunt. Ad　　5
mille hominum cum Ti. Sempronio Blaeso quaestore
amissum, classis ab litoribus hostium plenis trepide
soluta in Siciliam cursum tenuit, traditaque Lilybaei T. Otacilio praetori, ut ab legato eius P. Cincio　　6
Romam reduceretur. Ipse per Siciliam pedibus pro-　　7
fectus freto in Italiam traiecit, litteris Q. Fabi accitus et ipse et collega eius M. Atilius, ut exercitus ab
se exacto iam prope semenstri imperio acciperent.

Omnium prope annales Fabium dictatorem ad-　　8
versus Hannibalem rem gessisse tradunt; Coelius
etiam eum primum a populo creatum dictatorem
scribit. Sed et Coelium et ceteros fugit uni consuli　　9
Cn. Servilio, qui tum procul in Gallia provincia
aberat, ius fuisse dicendi dictatoris; quam moram,　　10
quia exspectare territa tertia iam clade civitas non
poterat, eo decursum esse, ut a populo crearetur,
qui pro dictatore esset; res inde gestas gloriamque　　11

aus der Schlacht zurückkehrte, soll er gesagt haben, endlich habe die Wolke, die sonst gewöhnlich auf Bergrücken lagere, einen Platzregen mit Sturm gebracht.

Während dieser Vorgänge in Italien umfuhr der Konsul Gnaeus Servilius Geminus mit einer Flotte von 120 Schiffen die Küste von Sardinien und Korsika. Von beiden Inseln erhielt er Geiseln; dann setzte er nach Afrika über. Bevor er dort an Land ging, verwüstete er die Insel Menix und erhielt von den Einwohnern Cercinas zehn Talente Silber, damit ihr Gebiet nicht verbrannt und ausgeplündert werde. Von da aus erreichte er die Küste Afrikas und ließ seine Truppen an Land gehen. Die Soldaten durften das Gebiet plündern. Die Bundesgenossen zur See liefen so sorglos herum, als ob sie ihre Beute auf unbewohnten Inseln holten. So liefen sie blindlings in die Fallen, die man ihnen stellte: Verstreut und ohne Ortskenntnis wurden sie von größeren Scharen, die die Gegend genau kannten, eingeschlossen. Unter großen Verlusten wurden sie so in unrühmlicher Flucht zu den Schiffen zurückgetrieben. Dabei gingen ungefähr 1000 Mann verloren, unter ihnen der Quästor Tiberius Sempronius Blaesus. Die Flotte setzte sich von der Küste, an der überall Feinde standen, in größter Eile ab und hielt Kurs auf Sizilien. In Lilybaeum wurde sie dem Prätor Titus Otacilius übergeben; sie sollte von seinem Legaten Publius Cincius nach Rom zurückgebracht werden. Er selbst zog auf dem Landweg durch Sizilien und setzte über die Meerenge nach Italien über. Er und sein Amtsgenosse Marcus Atilius waren durch ein Schreiben des Quintus Fabius dorthin beordert worden, um die Heere von ihm zu übernehmen; denn sein halbjähriges Kommando war beinahe abgelaufen.

Die Jahrbücher fast aller Historiker schreiben die Taten gegen Hannibal dem Diktator Fabius zu; Coelius berichtet sogar, er sei der erste vom Volk gewählte Diktator gewesen. Aber Coelius und den anderen entging es, daß der Konsul Gnaeus Servilius, der damals weit entfernt in der Provinz Gallien stand, allein das Recht gehabt hätte, einen Diktator zu ernennen: Nach dem Schrecken der dritten Niederlage konnte die Bürgerschaft einfach nicht so lange warten, und man hatte seine Zuflucht dazu genommen, das Volk einen Mann wählen zu lassen, der dann als Diktator amtierte. Seine

insignem ducis et augentes titulum imaginis poste-
ros, ut, qui pro dictatore creatus erat, dictator cre-
deretur, facile obtinuisse.

Consules Atilius Fabiano, Geminus Servilius Mi-   32
nuciano exercitu accepto, hibernaculis mature communitis, quod reliquum autumni erat, Fabi artibus   2
cum summa inter se concordia bellum gesserunt.
Frumentatum exeunti Hannibali diversis locis op-
portuni aderant, carpentes agmen palatosque exci-
pientes; in casum universae dimicationis, quam omnibus artibus petebat hostis, non veniebant, adeoque   3
inopia est coactus Hannibal, ut, nisi cum fugae
specie abeundum timuisset, Galliam repetiturus
fuerit nulla spe relicta alendi exercitus in eis locis,
si insequentes consules eisdem artibus bellum gererent.

Cum ad Gereonium iam hieme impediente consti-   4
tisset bellum, Neapolitani legati Romam venere.
Ab iis quadraginta paterae aureae magni ponderis
in curiam inlatae atque ita verba facta, ut dicerent:
scire sese populi Romani aerarium bello exhauriri   5
et, cum iuxta pro urbibus agrisque sociorum ac pro
capite atque arce Italiae urbe Romana atque imperio geratur, aequum censuisse Neapolitanos, quod   6
auri sibi cum ad templorum ornatum tum ad subsidium fortunae a maioribus relictum foret, eo iuvare
populum Romanum. si quam opem in sese crederent,   7
eodem studio fuisse oblaturos. gratum sibi patres
Romanos populumque facturum, si omnes res Nea-   8
politanorum suas duxissent, dignosque iudicaverint,
ab quibus donum animo ac voluntate eorum, qui
libentes darent, quam re maius ampliusque acci-

folgenden Taten, der besondere Ruhm des Heerführers und die Nachkommen, die dies in der Aufschrift seines Ahnenbildes besonders hervorhoben, haben dann die Bezeichnung Diktator statt Prodiktator leicht ermöglicht.

Die Konsuln übernahmen die Heere: Atilius das des Fabius, Geminus Servilius das des Minucius, verschanzten frühzeitig ihr Winterlager und führten den Rest des Herbstes den Krieg nach den Regeln des Fabius in schönster Eintracht weiter. Wenn Hannibal ausrücken ließ, um Getreide zu holen, waren sie von entgegengesetzten Seiten rechtzeitig zur Stelle, belästigten den Zug und fingen die Verstreuten ein. Zu einer zufälligen allgemeinen Schlacht, die die Feinde mit allen Mitteln suchten, ließen sie es nicht kommen. Hannibal hatte derartige Versorgungsschwierigkeiten, daß er nach Gallien zurückgegangen wäre, wenn er nicht hätte befürchten müssen, daß sein Abzug wie Flucht aussah. Aber es blieb ihm keine Hoffnung, sein Heer in dieser Gegend ernähren zu können, wenn die nachfolgenden Konsuln den Krieg mit der gleichen Taktik führten.

Bei Gereonium wirkte sich der Winter schon recht hinderlich aus, und deshalb geriet der Krieg ins Stocken. Da kamen Gesandte aus Neapel nach Rom. Sie brachten 40 schwere goldene Schalen ins Rathaus und kleideten ihre Rede in folgende Worte: Sie wüßten, daß der Staatsschatz des römischen Volkes durch den Krieg erschöpft werde. Aber der Kampf werde in gleicher Weise für die Städte und die Gebiete der Bundesgenossen wie für die Hauptstadt und die Burg Italiens, für die Stadt Rom und ihre Herrschaft geführt. So hätten es die Einwohner von Neapel nur für recht gehalten, das römische Volk mit allem Gold, das ihnen ihre Ahnen zum Schmuck der Tempel und als Notgroschen für schlimme Zeiten hinterlassen hätten, zu unterstützen. Wenn sie sich selbst eine tatkräftige Hilfe zutrauten, dann würden sie diese ebenso eifrig anbieten. Die römischen Senatoren und das Volk täten ihnen einen Gefallen, wenn sie alles Eigentum der Neapolitaner als das Ihre betrachteten und sie für würdig hielten, ein Geschenk von ihnen anzunehmen, das durch die Absicht und den guten Willen der bereitwilligen Spender größer und bedeutender sei als sein Sachwert.

perent. Legatis gratiae actae pro munificentia cura- 9
que; patera, quae ponderis minimi fuit, accepta.

Per eosdem dies speculator Carthaginiensis, qui 33
per biennium fefellerat, Romae deprensus praecisis-
que manibus dimissus, et servi quinque et viginti in 2
crucem acti, quod in campo Martio coniurassent;
indici data libertas et aeris gravis viginti milia. Le- 3
gati et ad Philippum Macedonum regem missi ad
deposcendum Demetrium Pharium, qui bello victus
ad eum fugisset, et alii in Ligures ad expostulandum, 4
quod Poenum opibus auxiliisque suis iuvissent,
simul ad visendum ex propinquo, quae in Boiis
atque Insubribus gererentur. Ad Pineum quoque 5
regem in Illyrios legati missi ad stipendium, cuius
dies exierat, poscendum aut, si diem proferri vellet,
obsides accipiendos. Adeo, etsi bellum ingens in 6
cervicibus erat, nullius usquam terrarum rei cura
Romanos, ne longinquae quidem, effugiebat. In reli- 7
gionem etiam venit aedem Concordiae, quam per
seditionem militarem biennio ante L. Manlius praetor in Gallia vovisset, locatam ad id tempus non
esse. Itaque duumviri ad eam rem creati a M. Aemi- 8
lio praetore urbano, C. Pupius et Caeso Quinctius
Flamininus, aedem in arce faciendam locaverunt.

Ab eodem praetore ex senatus consulto litterae 9
ad consules missae, ut, si iis videretur, alter eorum
ad consules creandos Romam veniret; se in eam
diem, quam iussissent, comitia edicturum. Ad haec 10
a consulibus rescriptum sine detrimento rei publicae
abscedi non posse ab hoste; itaque per interregem
comitia habenda esse potius, quam consul alter a
bello avocaretur. Patribus rectius visum est dicta- 11
torem a consule dici comitiorum habendorum causa.
Dictus L. Veturius Philo M. Pomponium Mathonem

Man dankte den Gesandten für ihre hochherzige Spende und ihre
Anteilnahme und nahm die Schale mit dem kleinsten Gewicht an.
Eben in diesen Tagen wurde ein karthagischer Spion, der zwei
Jahre lang unentdeckt geblieben war, in Rom verhaftet und mit
abgehauenen Händen entlassen. 25 Sklaven wurden gekreuzigt,
weil sie sich angeblich auf dem Marsfeld zu einer Verschwörung
zusammengefunden hatten. Der Denuntiant erhielt die Freiheit und
20 000 schwere Kupfer-As. Man schickte auch zum Makedonen-
könig Philippus Gesandte, um die Auslieferung des Demetrius aus
Pharia zu fordern, der nach dem unglücklichen Krieg zu ihm geflohen war. Weitere Gesandte gingen zu den Ligurern, um eine Er-
klärung dafür zu verlangen, daß sie die Punier mit Vorräten und
Hilfstruppen unterstützt hätten. Gleichzeitig sollten sie sich aus der
Nähe ansehen, was bei den Boiern und Insubrern vorgehe. Auch
nach Illyrien zum König Pineus reisten Gesandte, um die Abgabe,
deren Zahlungsfrist abgelaufen war, einzutreiben. Falls er die Zahlungsfrist verlängern wolle, sollten sie sich dafür Geiseln geben
lassen. Ein noch so schwerer Krieg mochte auf den Römern lasten –
die sorgfältige Beachtung aller Vorgänge in der Welt, auch der ent-
ferntesten, ließen sie sich nicht entgehen. Auch deswegen drückte
sie ihr Gewissen, weil sie den Tempel der Concordia bis jetzt noch
nicht in Auftrag gegeben hatten, den der Prätor Lucius Manlius
schon vor zwei Jahren bei einem Soldatenaufstand in Gallien versprochen hatte. Deswegen wurden vom Stadtprätor Marcus Aemilius zwei Männer gewählt, nämlich Gaius Pupius und Caeso Quinctius Flamininus, und sie vergaben den Bau des Tempels auf der
Burg.
   Von dem gleichen Prätor ging nach einem Senatsbeschluß ein
Brief an die Konsuln: Wenn sie es für richtig hielten, solle doch
einer von ihnen zur Konsulwahl nach Rom kommen. Der Prätor
werde die Wahlversammlung für den Tag ausrufen lassen, den die
Konsuln festsetzten. Auf diesen Brief antworteten die Konsuln,
ohne Nachteil für den Staat könne man sich nicht gut vom Feind
entfernen. Daher müsse man die Wahl lieber durch einen Zwischen-
könig halten lassen als einen Konsul vom Krieg abzurufen. Den
Senatoren schien es richtiger, einen Diktator von einem Konsul ernennen zu lassen, um die Wahlen durchzuführen. Ernannt wurde

magistrum equitum dixit. Iis vitio creatis iussisque   12
die quarto decimo se magistratu abdicare, ad interregnum res rediit.

Consulibus prorogatum in annum imperium. In-   34
terreges proditi sunt a patribus C. Claudius Appi
filius Cento, inde P. Cornelius Asina. In eius inter-
regno comitia habita magno certamine patrum ac
plebis. C. Terentio Varroni, quem sui generis homi-   2
nem, plebi insectatione principum popularibusque
artibus conciliatum, ab Q. Fabi opibus et dictatorio
imperio concusso aliena invidia splendentem volgus
extrahere ad consulatum nitebatur, patres summa
ope obstabant, ne se insectando sibi aequari adsuescerent homines. Q. Baebius Herennius tribunus ple-   3
bis, cognatus C. Terenti, criminando non senatum
modo, sed etiam augures, quod dictatorem prohi-
buissent comitia perficere, per invidiam eorum favorem candidato suo conciliabat: ab hominibus no-   4
bilibus per multos annos bellum quaerentibus Hannibalem in Italiam adductum; ab iisdem, cum debellari possit, fraude bellum trahi. cum quattuor   5
legionibus universis pugnari posse apparuisset eo,
quod M. Minucius absente Fabio prospere pugnasset,   6
duas legiones hosti ad caedem obiectas, deinde ex
ipsa caede ereptas, ut pater patronusque appellare-
tur, qui prius vincere prohibuisset Romanos quam   7
vinci. consules deinde Fabianis artibus, cum debel-
lare possent, bellum traxisse. id foedus inter omnes
nobiles ictum nec finem ante belli habituros quam
consulem vere plebeium, id est, hominem novum
fecissent; nam plebeios nobiles iam eisdem initiatos   8

Lucius Veturius Philo; er ernannte Marcus Pomponius Matho zu
seinem Reiterobersten. Bei ihrer Wahl war jedoch ein Fehler unter-
laufen, und sie mußten vierzehn Tage später ihr Amt niederlegen.
Deshalb kam es doch zu einem Zwischenkönigtum.

Den Konsuln wurde der Oberbefehl auf ein Jahr verlängert. Als
Zwischenkönige stellten die Senatoren Gaius Claudius Cento, den
Sohn des Appius, als zweiten Publius Cornelius Asina auf. In dem
Interregnum des Asina gab es am Wahltag einen heftigen Streit
zwischen Senatoren und Plebs. Das Volk versuchte, Gaius Terentius Varro als Mann seines Standes mit allen Mitteln ins Konsulat
zu bringen. Er hatte sich bei den Bürgern durch Verleumdung führender Männer und andere volkstümliche Mittel beliebt gemacht
und sonnte sich in der Unzufriedenheit anderer dadurch, daß er
den Einfluß des Quintus Fabius und damit die Stellung eines Diktators erschütterte. Dem widersetzten sich die Senatoren auf das
heftigste, damit es nicht üblich werde, sich ihnen durch Denunzie-
ren gleichzustellen. Der Volkstribun Quintus Baebius Herennius,
ein Verwandter des Gaius Terentius, machte nicht nur dem Senat,
sondern auch den Auguren Vorwürfe, weil sie den Diktator daran
gehindert hätten, die Wahl durchzuführen. Er versuchte so, seinem
Kandidaten Beliebtheit zu verschaffen, indem er den Haß gegen
sie wachrief. Der Adel, der seit vielen Jahren schon den Krieg
suche, habe Hannibal nach Italien gezogen. Und diese Leute ver-
längerten hinterlistig den Krieg, obwohl man ihn beenden könne.
Daß man mit vier vollständigen Legionen durchaus in einer
Schlacht erfolgreich kämpfen könne, sei dadurch erwiesen, daß
sich Marcus Minucius in Abwesenheit des Fabius glücklich geschlagen habe. Aber nur zwei Legionen wurden den Feinden zur Vernichtung entgegengeworfen. Darauf habe man sie unmittelbar vor
dem Untergang errettet, damit nur der Mann den Namen Vater
und Schutzherr erhielt, der eher die Siege der Römer als ihre Niederlage verhindert habe. Dann hätten die Konsuln den Krieg mit
der Taktik des Fabius in die Länge gezogen, trotz der Möglichkeit,
ihn zu beenden. So sei es unter dem gesamten Adel vereinbart gewesen; und man werde das Ende des Krieges nicht früher erleben,
als bis man einen wirklich plebeischen Konsul, d. h. einen Mann
ohne Adel, gewählt habe. Die Leute vom Bürgeradel seien schon in

esse sacris et contemnere plebem, ex quo contemni
patribus desierint, coepisse. cui non apparere id
actum et quaesitum esse, ut interregnum iniretur, ut   9
in patrum potestate comitia essent? id consules am-   10
bos ad exercitum morando quaesisse; id postea, quia
invitis iis dictator esset dictus comitiorum causa,
expugnatum esse, ut vitiosus dictator per augures
fieret. habere igitur interregnum eos; consulatum   11
unum certe plebis Romanae esse; populum liberum
habiturum ac daturum ei, qui magis vere vincere
quam diu imperare malit.

Cum his orationibus accensa plebs esset, tribus pa-   35
triciis petentibus, P. Cornelio Merenda, L. Manlio
Volsone, M. Aemilio Lepido, duobus nobilium iam   2
familiarum plebeiis, C. Atilio Serrano et Q. Aelio
Paeto, quorum alter pontifex, alter augur erat, C.
Terentius consul unus creatur, ut in manu eius essent
comitia rogando collegae. Tum experta nobilitas   3
parum fuisse virium in competitoribus eius, L. Aemilium Paulum, qui cum M. Livio consul fuerat et
damnatione collegae sui prope ambustus evaserat,
infestum plebei, diu ac multum recusantem ad peti-
tionem compellit. Is proximo comitiali die conce-   4
dentibus omnibus, qui cum Varrone certaverant,
par magis in adversandum quam collega datur consuli. Inde praetorum comitia habita. Creati M.   5
Pomponius Matho et P. Furius Philus; Philo Romae
iuri dicundo urbana sors, Pomponio inter cives Romanos et peregrinos evenit; additi duo praetores,
M. Claudius Marcellus in Siciliam, L. Postumius   6
Albinus in Galliam. Omnes absentes creati sunt nec   7
cuiquam eorum praeter Terentium consulem man-
datus honos, quem non iam antea gessisset, praeter-
itis aliquot fortibus ac strenuis viris, quia in tali
tempore nulli novus magistratus videbatur man-
dandus.

eben diese Geheimnisse eingeweiht und fingen auch schon an, das Volk zu verachten, seitdem sie von den Patriziern nicht mehr verachtet würden. Wem sei denn nicht klar, daß man alles getan habe, ein Zwischenkönigtum einzurichten, damit die Wahlen in der Hand der Senatoren blieben? Dies wollten doch beide Konsuln durch ihr Verbleiben beim Heer erreichen. Später sei nun doch gegen ihren Willen ein Diktator für die Wahlen ernannt worden. Daher habe man erzwungen, daß die Auguren die Wahl des Diktators für unrechtmäßig erklärten. Nun also hätten sie ein Zwischenkönigtum. Wenigstens eine Konsulstelle gehöre bestimmt der römischen Plebs. Das freie Volk werde sie behaupten und dem zusprechen, der lieber wirklich siegen als lange Feldherr sein wolle.

Durch solche Reden wurde das Volk aufgehetzt. Obwohl sich drei Patrizier, Publius Cornelius Merenda, Lucius Manlius Volso und Marcus Aemilius Lepidus, und zwei Männer aus schon adligen Bürgerfamilien, Gaius Atilius Serranus und Quintus Aelius Paetus, von denen der eine Oberpriester, der andere Augur war, bewarben, wurde Gaius Terentius allein zum Konsul gewählt, damit er die Versammlung zur Wahl seines Amtsgenossen in der Hand habe. Da machte der Adel die Erfahrung, daß die Mitbewerber zu wenig Einfluß besaßen, und überredete Lucius Aemilius Paulus, nach vielem langen Weigern, sich zu bewerben. Er war schon mit Marcus Livius Konsul gewesen und bei der Verurteilung seines Amtsgenossen selbst kaum mit heiler Haut davongekommen. Beim Volk war er höchst unbeliebt. Als am nächsten Wahltermin alle Mitbewerber des Varro zurücktraten, wurde er dem Konsul mehr als gleichstarker Gegner denn als Amtskollege zur Seite gestellt. Darauf erfolgte die Wahl der Prätoren. Sie fiel auf Marcus Pomponius Matho und Publius Furius Philus. Für Philus bestimmte das Los die städtische Rechtsprechung, Pomponius fiel sie zwischen römischen Bürgern und Fremden zu. Zwei weitere Prätoren wurden hinzubestellt: Marcus Claudius Marcellus für Sizilien und Lucius Postumius Albinus für Gallien. Ihrer aller Wahl erfolgte in Abwesenheit, und keiner von ihnen, außer dem Konsul Terentius, erhielt ein Amt, das er nicht schon vorher verwaltet hatte. Dabei überging man einige tapfere und tüchtige Männer, weil man meinte, in einer solchen Lage keinem ein neues Staatsamt übertragen zu dürfen.

Exercitus quoque multiplicati sunt; quantae   36
autem copiae peditum equitumque additae sint,
adeo et numero et genere copiarum variant auctores,
ut vix quicquam satis certum adfirmare ausus sim.
Decem milia novorum militum alii scripta in sup-   2
plementum, alii novas quattuor legiones, ut octo
legionibus rem gererent; numero quoque peditum   3
equitumque legiones auctas milibus peditum et centenis equitibus in singulas adiectis, ut quina milia
peditum, treceni equites essent, socii duplicem
numerum equitum darent, peditis aequarent, septem
et octoginta milia armatorum et ducentos in castris   4
Romanis fuisse, cum pugnatum ad Cannas est, quidam auctores sunt. Illud haudquaquam discrepat   5
maiore conatu atque impetu rem actam quam prio-
ribus annis, quia spem posse vinci hostem dictator
praebuerat.

Ceterum priusquam signa ab urbe novae legiones   6
moverent, decemviri libros adire atque inspicere
iussi propter territos volgo homines novis prodigiis.
Nam et Romae in Aventino et Ariciae nuntiatum   7
erat sub idem tempus lapidibus pluvisse, et multo
cruore signa in Sabinis sudasse, Caeretes aquas e
fonte calido gelidas manasse; id quidem etiam, quod   8
saepius acciderat, magis terrebat; et in via fornicata,
quae ad Campum erat, aliquot homines de caelo
tacti exanimatique fuerant. Ea prodigia ex libris
procurata. Legati a Paesto pateras aureas Romam   9
attulerunt. Iis, sicut Neapolitanis, gratiae actae,
aurum non acceptum.

Per eosdem dies ab Hierone classis Ostia cum   37
magno commeatu accessit. Legati in senatum intro-   2
ducti nuntiarunt caedem C. Flamini consulis exercitusque allatam adeo aegre tulisse regem Hieronem,

Auch die Heere wurden verstärkt. Meine Gewährsmänner stimmen aber in Zahl und Art der hinzugekommenen Truppen an Fußvolk und Reiterei so wenig überein, daß ich kaum etwas als halbwegs sicher zu bekräftigen wage. Einige schreiben, man habe 10 000 Mann zur Ergänzung neu einberufen, andere reden von vier neuen Legionen, um mit acht Legionen ins Feld zu ziehen. Auch habe man die Legionen durch eine Anzahl von Fußtruppen und Reitern verstärkt, indem zu jeder 1000 Mann zu Fuß und 100 Reiter kamen. Dadurch standen bei jeder Legion 5000 Mann und 300 Reiter. Die Bundesgenossen sollten die doppelte Zahl Reiter und die gleiche Zahl an Fußtruppen schicken. Als es zur Schlacht bei Cannae kam, hätten im römischen Heer 87 200 Mann unter Waffen gestanden, wie einige berichten. Alle aber berichten übereinstimmend, daß man nun die Angelegenheit mit mehr Schwung und Angriffsgeist weiterführte als in den vorausgegangenen Jahren; denn der Diktator hatte die Hoffnung geweckt, den Feind besiegen zu können.

Noch ehe aber die neuen Legionen von der Stadt aufbrachen, erhielten die Decemvirn den Auftrag, die Bücher nachzuschlagen und dort nachzulesen, weil die Menschen allgemein durch neue Vorzeichen erschreckt waren. Denn nicht nur in Rom auf dem Aventin und in Aricia hatte es zur gleichen Zeit, wie gemeldet, Steine geregnet; auch im Gebiet der Sabiner sei von Götterbildern viel Blut getropft, und in Caere sei kaltes Wasser aus einer Heißwasserquelle herausgesprudelt. Dies war schon öfter vorgekommen und darum umso erschreckender. Auch waren auf dem Laubenwege am Marsfeld einige Leute tödlich vom Blitz getroffen worden. Diese Vorzeichen wurden nach den heiligen Büchern gesühnt. Gesandte aus Paestum brachten goldene Schalen nach Rom. Man dankte ihnen wie den Einwohnern von Neapel, nahm aber das Gold nicht an.

In diesen Tagen lief eine Flotte von Hiero mit großem Nachschub Ostia an. Die Gesandten wurden zum Senat geführt und berichteten, die Nachricht vom Tode des Konsuls Gaius Flaminius und die Vernichtung seines Heeres habe König Hiero so erschüttert,

ut nulla sua propria regnique sui clade moveri magis potuerit. itaque, quamquam probe sciat magni- 3
tudinem populi Romani admirabiliorem prope adversis rebus quam secundis esse, tamen se omnia, 4
quibus a bonis fidelibusque sociis bella iuvari so-
leant, misisse; quae ne accipere abnuant, magno
opere se patres conscriptos orare. iam omnium pri- 5
mum ominis causa Victoriam auream pondo ducen-
tum ac viginti adferre sese. acciperent eam tenerent-
que et haberent propriam et perpetuam. advexisse 6
etiam trecenta milia modium tritici, ducenta hordei,
ne commeatus deessent, et quantum praeterea opus
esset, quo iussissent, subvecturos. milite atque equite
scire nisi Romano Latinique nominis non uti popu- 7
lum Romanum: levium armorum auxilia etiam ex-
terna vidisse in castris Romanis. itaque misisse mille 8
sagittariorum ac funditorum, aptam manum adversus Baliares ac Mauros pugnacesque alias missili
telo gentes. Ad ea dona consilium quoque addebant, 9
ut praetor, cui provincia Sicilia evenisset, classem
in Africam traiceret, ut et hostes in terra sua bellum
haberent minusque laxamenti daretur iis ad auxilia
Hannibali summittenda. Ab senatu ita responsum 10
regis legatis est: virum bonum egregiumque socium
Hieronem esse atque uno tenore, ex quo in amicitiam populi Romani venerit, fidem coluisse ac rem
Romanam omni tempore ac loco munifice adiuvisse.
id perinde ac deberet, gratum populo Romano esse. 11
aurum et a civitatibus quibusdam allatum gratia
rei accepta non accepisse populum Romanum; Vic- 12
toriam omenque accipere sedemque ei se divae dare
dicare Capitolium, templum Iovis optimi maximi,
in ea arce urbis Romanae sacratam volentem pro-
pitiamque, firmam ac stabilem fore populo Romano. Funditores sagittariique et frumentum traditum consulibus. Quinqueremes ad quinquaginta na- 13
vium classem, quae cum T. Otacilio propraetore in

daß kein persönlicher Verlust noch der seines Reiches ihn härter hätte treffen können. Er wisse wohl, daß die Größe des römischen Volkes im Unglück fast bewundernswerter sei als in guten Tagen. Aber er habe dennoch alles geschickt, womit man gewöhnlich von guten und treuen Bundesgenossen im Kriege unterstützt werde. Er bitte die Senatoren sehr herzlich, die Annahme nicht abzulehnen. Zuallererst lasse er als gutes Vorzeichen eine goldene Siegesgöttin von 220 Pfund überbringen. Sie sollten sie annehmen und behalten und für alle Zeit als Eigentum betrachten. Er habe auch 300 000 Scheffel Weizen und 200 000 Scheffel Gerste heranschaffen lassen, damit es nicht an Vorrat fehle. Was man noch brauche, würden sie an jeden gewünschten Ort bringen. Er wisse zwar, daß das römische Volk nur Römer und latinische Bundesgenossen als Soldaten und Reiter verwende. Er habe aber schon leichtbewaffnete Hilfstruppen aus fremden Ländern im römischen Lager gesehen. Deshalb habe er tausend Bogenschützen und Schleuderer mitgeschickt, eine brauchbare Mannschaft gegen Balearen, Mauren und andere wurfgeübte Stämme. Diesen Geschenken fügten sie noch den guten Rat hinzu, der Prätor, dem die Provinz Sizilien zugefallen sei, solle eine Flotte nach Afrika übersetzen. Dann hätten die Feinde den Krieg auch im eigenen Lande, und es würde ihnen nicht mehr so leicht fallen, Hannibal Hilfstruppen zu schicken. Der Senat antwortete den Gesandten des Königs: Hiero sei ein vortrefflicher Mann und ausgezeichneter Bundesgenosse. Seit er mit dem römischen Volk Freundschaft geschlossen, habe er ununterbrochen die Treue gehalten und Roms Interesse jederzeit und überall hochherzig unterstützt. Dafür habe er den Dank des römischen Volkes, wie er ihn verdiene. Das auch von einigen anderen Bürgerschaften überbrachte Gold habe das römische Volk nicht angenommen, wohl aber den guten Willen anerkannt. Die Siegesgöttin dagegen und ihr Vorzeichen nehme es an und gebe dieser Göttin das Capitol zum Wohnsitz, den Tempel des Jupiter Optimus Maximus. Geheiligt auf dieser Burg der römischen Stadt werde sie dem römischen Volk wohlwollend und gütig, fest und beständig verbleiben. Die Schleuderer, die Bogenschützen und das Getreide wurde den Konsuln übergeben. Die Flotte von etwa 50 Schiffen, die unter dem Proprätor Titus Otacilius in Sizilien stand, verstärkte man mit 25 Fünfruderern.

Sicilia erat, quinque et viginti additae, permissumque est, ut, si e re publica censeret esse, in Africam
traiceret.

Dilectu perfecto consules paucos morati dies, dum   38
ab sociis ac nomine Latino venirent milites. Tum,   2
quod nunquam antea factum erat, iure iurando ab
tribunis militum adacti milites; nam ad eam diem   3
nihil praeter sacramentum fuerat iussu consulum
conventuros neque iniussu abituros; et ubi ad decu-
riandum aut centuriandum convenissent, sua voluntate ipsi inter sese decuriati equites, centuriati pe-   4
dites coniurabant sese fugae atque formidinis ergo
non abituros neque ex ordine recessuros nisi teli
sumendi aut petendi et aut hostis feriendi aut civis
servandi causa. Id ex voluntario inter ipsos foedere   5
ad tribunos ac legitimam iuris iurandi adactionem
translatum.

Contiones, priusquam ab urbe signa moverentur,   6
consulis Varronis multae ac feroces fuere denun-
tiantis bellum arcessitum in Italiam ab nobilibus   7
mansurumque in visceribus rei publicae, si plures
Fabios imperatores haberet, se, quo die hostem
vidisset, perfecturum. Collegae eius Pauli una, pri-   8
die quam ex urbe proficisceretur, contio fuit, verior
quam gratior populo, qua nihil inclementer in
Varronem dictum nisi id modo, mirari se, quidni
qui dux, priusquam aut suum aut hostium exercitum   9
locorum situm naturam regionis nosset, iam nunc
togatus in urbe sciret, quae sibi agenda armato forent, et diem quoque praedicere posset, qua cum   10
hoste signis conlatis esset dimicaturus: se, quae con-   11
silia magis res dent hominibus quam homines rebus,
ea ante tempus immatura non praecepturum; optare,
ut, quae caute ac consulte gesta essent, satis prospere
evenirent; temeritatem, praeterquam quod stulta   12
sit, infelicem etiam ad id locorum fuisse. Et sua   13

Man gestattete ihm, nach Afrika überzusetzen, wenn es seiner Meinung nach zum Nutzen des Staates geschehe.

Nach Abschluß der Aufstellung der neuen Truppen blieben die Konsuln noch einige Tage, bis die Truppen der Bundesgenossen und der Latiner kamen. Darauf wurden die Soldaten, was bisher nie vorgekommen war, von den Kriegstribunen vereidigt. Denn bisher hatte es nur den allgemeinen Militäreid gegeben, die Soldaten würden auf Befehl der Konsuln zusammenkommen und nicht ohne Befehl auseinandergehen. Trafen sie zur Einteilung in einer Dekurie oder Zenturie zusammen, leisteten sie freiwillig untereinander, zu je zehn Mann bei der Reiterei, zu je 100 Mann bei der Infanterie, den Eid, die Fahnen nie zur Flucht oder aus Angst zu verlassen, nicht aus Reihe und Glied zu treten außer, um eine Waffe zu holen, sich kampfbereit zu machen, einen Feind zu treffen oder einen Mitbürger zu retten. Diese freiwillige Vereinbarung untereinander übertrug man auf die Tribunen und machte sie zu einer gesetzmäßigen eidlichen Verpflichtung.

Bevor man die Stadt verließ, hörte man noch viele freche Reden des Konsuls Varro. Er verkündete laut und offen, der Krieg sei vom Adel nach Italien geholt worden und werde im Innern des Staates festsitzen, wenn es noch mehr solche Feldherrn wie Fabius gebe. Er dagegen werde den Krieg am Tage der ersten Feindberührung beenden. Sein Amtsgenosse Paulus hielt nur eine einzige Rede am Vortag seines Aufbruchs aus Rom. Sie enthielt mehr Wahrheiten, als es dem Volke gefiel. Gegen Varro wurde er nur einmal darin ausfällig, als er erklärte: Er wundere sich, welcher Feldherr denn schon jetzt noch als Zivilist in der Hauptstadt wisse, was er in Waffen zu tun haben werde, bevor er sein eigenes oder das feindliche Heer, die Örtlichkeit und Beschaffenheit der Gegend kennengelernt habe und sogar den Termin voraussagen könne, an dem er mit dem Feind in einer regelrechten Schlacht kämpfen werde. Er dagegen werde sich mit solch unreifen Plänen, die mehr die Lage den Menschen als die Menschen den Umständen anpaßten, nicht voreilig befassen. Er wünsche nur, daß alles ein glückliches Ende finde, was man vorsichtig und überlegt unternehme. Draufgängertum sei, ganz abgesehen, daß es von Dummheit zeuge,

sponte apparebat tuta celeribus consiliis praepositurum, et, quo id constantius perseveraret, Q. Fabius Maximus sic eum proficiscentem adlocutus fertur.

,Si aut collegam, id quod mallem, tui similem, L. Aemili, haberes aut tu collegae tui esses similis, supervacanea esset oratio mea; nam et duo boni consules, etiam me indicente, omnia e re publica fide vestra faceretis, et mali nec mea verba auribus vestris nec consilia animis acciperetis. Nunc et collegam tuum et te talem virum intuenti mihi tecum omnis oratio est, quem video nequiquam et virum bonum et civem fore, si altera parte claudente re publica malis consiliis idem ac bonis iuris et potestatis erit. Erras enim, L. Paule, si tibi minus certaminis cum C. Terentio quam cum Hannibale futurum censes; nescio, an infestior hic adversarius quam ille hostis maneat; cum illo in acie tantum, cum hoc omnibus locis ac temporibus certaturus es; adversus Hannibalem legionesque eius tuis equitibus ac peditibus pugnandum tibi est, Varro dux tuis militibus te est oppugnaturus. Ominis etiam tibi causa absit C. Flamini memoria. Tamen ille consul demum et in provincia et ad exercitum coepit furere: hic, priusquam peteret consulatum, deinde in petendo consulatu, nunc quoque consul, priusquam castra videat aut hostem, insanit. Et qui tantas iam nunc procellas proelia atque acies iactando inter togatos ciet, quid inter armatam iuventutem censes facturum et ubi extemplo res verba sequitur? Atqui si, quod facturum se denuntiat, extemplo pugnaverit, aut ego rem militarem, belli hoc genus, hostem hunc ignoro, aut nobilior alius

39

2

3

4

5

6

7

8

bis heute immer noch schlecht ausgegangen. Ganz klar war es, daß
er von sich aus sichere Maßnahmen den voreiligen vorziehen würde. Damit er hierin umso fester bleibe, soll ihm Quintus Fabius bei
seinem Aufbruch gesagt haben:

„Hättest du, Lucius Aemilius, einen Amtsgenossen, der dir
ähnelte, was ich eher wünschte, oder wärest du deinem Amtsgenossen ähnlich, dann wäre meine Rede überflüssig. Ihr würdet
nämlich als zwei gute Konsuln, auch ohne meine Worte, alles im
Interesse des Staates nach bestem Gewissen tun. Als zwei schlechte
Konsuln würdet ihr nicht auf meine Worte hören und euch meine
Ratschläge nicht zu Herzen nehmen. Nun aber, wenn ich auf der
einen Seite deinen Amtsgenossen und auf der anderen dich mit
deinen großen Qualitäten betrachte, habe ich mit dir allein noch zu
reden. Denn ich stelle mir vor, daß du vergebens ein Patriot und
guter Bürger sein wirst, wenn die eine Hälfte der Staatsführung
krankt und ihre schlechten Pläne genau so viel Recht und Geltung
haben sollen wie die guten. Du irrst nämlich, Lucius Paulus, wenn
du glaubst, du würdest mit Gaius Terentius weniger zu kämpfen
haben als mit Hannibal. Vielleicht ist für dich dieser Terentius ein
schlimmerer Gegner als Hannibal ein Feind des Staates. Mit jenem
wirst du nur auf dem Schlachtfeld kämpfen müssen, mit diesem an
allen Plätzen und zu allen Zeiten. Gegen Hannibal und seine Legionen hast du mit deinen eigenen Reitern und Fußgruppen anzutreten. Der Feldherr Varro aber will dich mit deinen eigenen Soldaten bekämpfen. Schon wegen der Vorbedeutung möchte ich dich
nicht an Gaius Flaminius erinnern. Und doch: Jener begann mit
seinem Wahnsinn erst als Konsul auf dem Kriegsschauplatz und
beim Heer. Dieser aber war schon närrisch, bevor er sich um das
Konsulat bewarb, und weiter auch während seiner Bewerbung um
dieses Amt, auch jetzt noch als Konsul, bevor er Lager oder Feind
zu sehen bekommt. Und er, der schon jetzt in seiner Prahlerei mit
Gefechten und Schlachten solche Stürme unter seinen Mitbürgern
in der Heimat erregt, was, meinst du, wird der erst bei der jungen
bewaffneten Mannschaft anstellen, dort, wo den Worten auf der
Stelle die Tat folgt? Wenn er nun aber – er kündigt dieses Vorhaben ja bereits an – sofort kämpfen will, dann kenne ich entweder
das Kriegswesen, die gegenwärtige Art des Krieges und diesen Feind

Trasumenno locus nostris cladibus erit. Nec glo- 9
riandi tempus adversus unum est, et ego contem-
nendo potius quam appetendo gloriam modum ex-
cesserim; sed ita res se habet: una ratio belli gerendi
adversus Hannibalem est, qua ego gessi. Nec even- 10
tus modo hoc docet – stultorum iste magister est –,
sed eadem ratio, quae fuit futuraque, donec res
eaedem manebunt, immutabilis est. In Italia bellum 11
gerimus, in sede ac solo nostro; omnia circa plena
civium ac sociorum sunt; armis, viris, equis, commeatibus iuvant iuvabuntque – id iam fidei docu- 12
mentum in adversis rebus nostris dederunt; meliores,
prudentiores, constantiores nos tempus diesque facit.
Hannibal contra in aliena, in hostili est terra inter 13
omnia inimica infestaque, procul ab domo, ab patria;
neque illi terra neque mari est pax; nullae eum urbes
accipiunt, nulla moenia; nihil usquam sui videt, in
diem rapto vivit; partem vix tertiam exercitus eius
habet, quem Hiberum amnem traiecit; plures fame 14
quam ferro absumpti; nec his paucis iam victus
suppeditat. Dubitas ergo, quin sedendo superaturi 15
simus eum, qui senescat in dies, non commeatus, non
supplementum, non pecuniam habeat? Quamdiu 16
pro Gereoni, castelli Apuliae inopis, tamquam pro
Carthaginis moenibus sedet? Ne adversus te quidem 17
de me gloriabor: Servilius atque Atilius, proximi
consules, vide, quemadmodum eum ludificati sint.
Haec una salutis est via, L. Paule, quam difficilem
infestamque cives tibi magis quam hostes facient.
Idem enim tui quod hostium milites volent; idem 18
Varro consul Romanus, quod Hannibal Poenus
imperator cupiet. Duobus ducibus unus resistas
oportet. Resistes autem, adversus famam rumores-

nicht, oder ein anderer Ort als der Trasimennische See wird durch
römische Niederlagen noch berühmter werden. Doch jetzt ist keine
Zeit, sich einem einzelnen gegenüber zu rühmen, und ich möchte
lieber in der Verachtung des Ruhmes als im Streben danach über
das Ziel hinausgehen. Aber die Verhältnisse liegen doch so: Es gibt
nur eine einzige Methode, gegen Hannibal Krieg zu führen; und
das ist die, die ich angewandt habe. Dies lehrt nicht nur der Erfolg
– er ist ein Lehrmeister der Toren –, sondern die gleiche Überlegung, die bereits galt und die auch in Zukunft unabänderlich wei-
tergelten wird, solange die Verhältnisse die gleichen bleiben: In
Italien führen wir Krieg, auf unserem heimatlichen Grund und Boden.
Alles ringsum ist voll von Mitbürgern und Bundesgenossen. Sie helfen uns mit Waffen, Soldaten, Pferden und Proviant und werden es
immer tun. Diesen Beweis der Treue haben sie uns schon im Unglück gegeben. Besser, klüger und härter werden wir durch die Zeit
mit jedem Tag. Hannibal dagegen steht auf fremder, feindlicher
Erde. Alles um ihn ist feindlich und bedrohend. Er ist fern von
Hause, fern vom Vaterland. Keinen Frieden gibt es für ihn, weder
auf dem Land noch zur See. Keine Städte nehmen ihn auf, keine
Mauern; nirgends sieht er etwas, was ihm gehört. Tag für Tag lebt
er vom Raub. Kaum den dritten Teil besitzt er noch von dem
Heer, das er über den Ebro führte. Er verlor mehr Leute durch
Hunger als durch das Schwert; und nicht einmal mehr für diese
wenigen reichen die Lebensmittel. Zweifelst du nun noch, daß wir
ihn durch ruhiges Verhalten bezwingen werden, da er doch von Tag
zu Tag schwächer wird, keine Zufuhr, keinen Ersatz von Mannschaften und kein Geld hat? Wie lange liegt er schon vor den
Mauern Gereoniums, einem armseligen Kastell Apuliens, als wären es die Mauern Karthagos! Aber ich will mich auch dir gegenüber nicht rühmen: Sieh nur, wie die beiden letzten Konsuln Servilius und Atilius ihn genarrt haben! Das ist der einzige Weg zur
Rettung, Lucius Paulus, doch mehr deine Mitbürger als die Feinde
werden ihn dir erschweren und anfechten. Denn deine Soldaten
werden das gleiche wollen wie die der Feinde. Der römische Konsul Varro wird das Gleiche wünschen, was der punische Feldherr
Hannibal will. Du mußt dich allein gegen zwei Feldherrn durch-
setzen. Du wirst es aber können, wenn du gegen leeres Gerede und

que hominum, si satis firmus steteris, si te neque
collegae vana gloria neque tua falsa infamia mo-
verit. Veritatem laborare nimis saepe aiunt, exstin-   19
gui nunquam. Gloriam vanam qui spreverit, veram   20
habebit. Sine timidum pro cauto, tardum pro consi-
derato, imbellem pro perito belli vocent. Malo te
sapiens hostis metuat quam stulti cives laudent.
Omnia audentem contemnet Hannibal, nihil temere
agentem metuet. Nec ego ut nihil agatur, hortor,   21
sed ut agentem te ratio ducat, non fortuna; tuae
potestatis semper tu tuaque omnia sint; armatus
intentusque sis; neque occasioni tuae desis neque
suam occasionem hosti des. Omnia non properanti   22
clara certaque erunt; festinatio improvida est et
caeca.'

Adversus ea consulis oratio haud sane laeta fuit,   40
magis fatentis ea, quae diceret, vera quam facilia   2
factu esse; dictatori magistrum equitum intolerabi-
lem fuisse; quid consuli adversus collegam seditio-
sum ac temerarium virium atque auctoritatis fore?   3
se populare incendium priore consulatu semustum
effugisse; optare, ut omnia prospere evenirent; sed
si quid adversi caderet, hostium se telis potius quam
suffragiis iratorum civium caput obiecturum.

Ab hoc sermone profectum Paulum tradunt pro-   4
sequentibus primoribus patrum: plebeium consulem
sua plebes prosecuta, turba conspectior, cum digni-
tates deessent. Ut in castra venerunt, permixto novo   5
exercitu ac vetere, castris bifariam factis, ut nova
minora essent propius Hannibalem, in veteribus
maior pars et omne robur virium esset, consulum   6
anni prioris M. Atilium, aetatem excusantem, Romam miserunt, Geminum Servilium in minoribus
castris legioni Romanae et socium peditum equitum-

die Gerüchte der Menschen auf deinem festen Standpunkt bleibst
und wenn dich das eitle Geltungsbedürfnis deines Kollegen im Amt
und die Verleumdung deiner Person nicht treffen können. Wie man
sagt, wird die Wahrheit allzu oft verdunkelt; ausgelöscht werden
kann sie nie: Wer leeren Ruhm verachtet, wird wahren ernten. Mögen sie dich furchtsam statt vorsichtig, träge statt überlegt, unkrie-
gerisch statt kriegserfahren nennen! Laß sie nur! Mir ist lieber,
wenn ein kluger Feind dich fürchtet, als wenn dumme Mitbürger
dich loben. Hannibal wird den verachten, der alles wagt; den aber
wird er fürchten, der nichts übereilt tut. Aber ich bin gar nicht dafür, daß überhaupt nichts geschieht, sondern daß dich bei deinem
Tun und Handeln die Vernunft, nicht das Glück leite. Wie über
dich selbst, so sollst du auch über alles, was dir untersteht, allein
verfügen. Du sollst gerüstet und wachsam sein! Keine günstige Gelegenheit darfst du versäumen und keine dem Feind bieten! Alles
wird dem, der nicht überstürzt handelt, klar und sicher sein. Über-
eilung bedeutet unvorsichtig zu sein und blind!"
   Was der Konsul darauf erwiderte, klang nicht gerade froh. Er
gab zwar zu, daß die Vorschläge des Fabius wahr, aber nicht so
leicht auszuführen seien. Für den Diktator sei nur der Reiteroberst
unerträglich gewesen. Aber welche Kräfte und welche Autorität
würden einem Konsul gegen einen aufsässigen und unüberlegten
Amtsgenossen bleiben? In seinem vorigen Konsulat sei er der
Volkswut halbverbrannt entkommen. Er wünsche wohl, alles möge
gut ausgehen. Sollte sich aber doch ein Unglück ereignen, dann
wolle er sein Haupt lieber den Geschossen der Feinde als dem Urteil wütender Mitbürger hinhalten.
   Gleich nach dieser Unterredung soll Paulus unter dem Geleit
führender Männer des Senats aufgebrochen sein. Den bürgerlichen
Konsul begleitete seine Plebs, eine Menge, die mehr ins Auge fiel,
aber die Würdenträger fehlten. Nach der Ankunft im Lager wurde
das neue Heer mit dem alten vermischt und ein doppeltes Lager so
aufgeschlagen, daß das neue kleinere näher bei Hannibal lag. Das
alte beherbergte den größeren Teil des Heeres und alle Kerntruppen. Von den Konsuln des vergangenen Jahres sandte man Marcus
Atilius, der sich auf sein hohes Alter berief, nach Rom. Geminus
Servilius aber ernannte man im kleineren Lager zum Kommandeur

que duobus milibus praeficiunt. Hannibal quam- 7
quam parte dimidia auctas hostium copias cernebat,
tamen adventu consulum mire gaudere. Non solum 8
enim nihil ex raptis in diem commeatibus superabat,
sed, ne unde raperet quidem, quicquam reliqui erat,
omni undique frumento, postquam ager parum tutus
erat, in urbes munitas convecto, ut vix decem die- 9
rum, quod compertum postea est, frumentum superesset, Hispanorumque ob inopiam transitio parata
fuerit, si maturitas temporum exspectata foret.

Ceterum temeritati consulis ac praepropero ingenio materiam etiam fortuna dedit, quod in pro- 41
hibendis praedatoribus tumultuario proelio ac pro-
cursu magis militum quam ex praeparato aut iussu
imperatorum orto haudquaquam par Poenis dimicatio fuit. Ad mille et septingenti caesi, non plus 2
centum Romanorum sociorumque occisis. Ceterum
victoribus effuse sequentibus metu insidiarum ob-
stitit Paulus consul, cuius eo die – nam alternis im- 3
peritabant – imperium erat, Varrone indignante ac
vociferante emissum hostem e manibus debellarique,
ni cessatum foret, potuisse. Hannibal id damnum 4
haud aegerrime pati; quin potius credere velut
inescatam temeritatem ferocioris consulis ac novorum maxime militum esse. Et omnia ei hostium 5
haud secus quam sua nota erant: dissimiles discor-
desque imperitare, duas prope partes tironum militum in exercitu esse. Itaque locum et tempus insidiis 6
aptum se habere ratus, nocte proxima nihil praeter
arma ferente secum milite castra plena omnis fortunae publicae privataeque relinquit, transque proximos montes laeva pedites instructos condit, dextra 7
equites, impedimenta per convallem mediam tra- 8
ducit, ut diripiendis velut desertis fuga dominorum
castris occupatum impeditumque hostem opprimeret. Crebri relicti in castris ignes, ut fides fieret, 9

einer Legion und 2000 Bundesgenossen, beritten und zu Fuß. Hannibal sah zwar die feindlichen Truppen um die Hälfte verstärkt, freute sich aber in auffälliger Weise über die Ankunft der Konsuln. Es war nämlich nichts mehr da von den Lebensmitteln, die er von Tag zu Tag raubte. Es blieb auch nirgends mehr etwas zu rauben. Denn seitdem das flache Land zu unsicher wurde, hatte man das Getreide in die befestigten Städte gebracht, so daß kaum – wie man später erfuhr – Proviant für zehn Tage übrig war. Die Spanier wären todsicher wegen Proviantmangels übergelaufen, wenn man bis dahin gewartet hätte.

Übrigens fand auch durch einen Zufall die unüberlegte und vorschnelle Art des einen Konsuls Nahrung: Bei der Abwehr von Plünderern in einem überraschenden Zusammentreffen, das mehr durch vorstürmende Soldaten als wohlvorbereitet oder auf Befehl der Feldherrn geschah, waren die Punier im Kampf den Römern haushoch unterlegen. Etwa 1700 Punier fielen im Kampf, bei den Römern und ihren Bundesgenossen waren es nicht mehr als 100. Übrigens nahmen die Sieger ohne jede Ordnung die Verfolgung auf; aber der Konsul Paulus trat ihnen aus Furcht vor einem Hinterhalt entgegen. Er hatte an diesem Tage – sie wechselten jeden Tag in der Führung – den Oberbefehl. Varro indes regte sich furchtbar auf und schimpfte, man habe den Feind entwischen lassen und hätte den Krieg beenden können, hätte man den Augenblick nicht versäumt. Hannibal nahm diese Schlappe nicht übermäßig tragisch. Er glaubte im Gegenteil, die Verwegenheit des allzu dreisten Konsuls und hauptsächlich der neuen Soldaten dadurch wie mit einem Köder hervorgelockt zu haben. Er kannte auch alle Verhältnisse bei den Feinden ebenso wie seine eigenen: Zwei unähnliche und nicht einige Männer führten den Oberbefehl, und fast zwei Drittel des Heeres seien Rekruten. Er glaubte daher, er habe einen geeigneten Ort und die rechte Zeit für einen Hinterhalt erreicht. So verließ er in der folgenden Nacht mit seinen Truppen, die nur ihre Waffen mitnahmen, das Lager. Es war voller Güter aus Privat- und Staatseigentum. Hinter den nahen Hügeln verbarg er links in Kampfordnung das Fußvolk, rechts die Reiter. Den Troß ließ er mitten durch einen Talkessel ziehen. Dann wollte er den Feind überfallen, wenn er sich zum Plündern auf das durch vermeintliche Flucht

dum ipse longius spatium fuga praeciperet, falsa
imagine castrorum, sicut Fabium priore anno frus-
tratus esset, tenere in locis consules voluisse.

Ubi inluxit, subductae primo stationes, deinde   42
propius adeuntibus insolitum silentium admirationem fecit. Tum satis comperta solitudine in castris   2
concursus fit ad praetoria consulum nuntiantium
fugam hostium adeo trepidam, ut tabernaculis stantibus castra reliquerint, quoque fuga obscurior esset,
crebros etiam relictos ignes. Clamor inde ortus, ut   3
signa proferri iuberent ducerentque ad persequendos hostes ac protinus castra diripienda. Et consul
alter velut unus turbae militaris erat: Paulus etiam   4
atque etiam dicere providendum praecavendumque
esse; postremo, cum aliter neque seditionem neque
ducem seditionis sustinere posset, Marium Statilium
praefectum cum turma Lucana exploratum mittit.
Qui ubi adequitavit portis, subsistere extra muni-   5
menta ceteris iussis ipse cum duobus equitibus vallum intravit speculatusque omnia cum cura renun-
tiat insidias profecto esse: ignes in parte castrorum,   6
quae vergat in hostem, relictos; tabernacula aperta
et omnia cara in promptu relicta; argentum quibusdam locis temere per vias velut obiectum ad praedam vidisse. Quae ad deterrendos a cupiditate ani-   7
mos nuntiata erant, ea accenderunt, et clamore orto
a militibus, ni signum detur, sine ducibus ituros,
haudquaquam dux defuit; nam extemplo Varro
signum dedit proficiscendi. Paulus, cum ei sua   8
sponte cunctanti pulli quoque auspicio non addixis-
sent, nuntiari iam efferenti porta signa collegae
iussit. Quod quamquam Varro aegre est passus,   9
Flamini tamen recens casus Claudique consulis
primo Punico bello memorata navalis clades reli-

herrenlose Lager stürzte und so nicht kampffähig war. Viele Feuer hatte er im Lager brennen lassen, um den Eindruck zu erwecken, er wolle auf der Flucht einen weiteren Vorsprung gewinnen und durch ein falsches Bild vom Lager die Konsuln in ihren Stellungen festhalten, wie er im vergangenen Jahr den Fabius getäuscht hatte.

Als es Tag wurde, erregten zuerst die eingezogenen Posten, dann, als man näher heranrückte, die ungewöhnliche Stille Verwunderung. Man überzeugte sich von der Räumung des Lagers, und dann liefen die Soldaten in Scharen zu den Feldherrnzelten der Konsuln und berichteten, der Feind sei so überstürzt geflohen, daß er die Zelte beim Verlassen des Lagers einfach habe stehen und zahlreiche Feuer habe brennen lassen, damit man die Flucht umso weniger leicht bemerke. Darauf erhob sich ein Geschrei: Die Konsuln sollten den Befehl zum Aufbruch geben und die Soldaten hinführen, die Feinde zu verfolgen und das Lager auf der Stelle zu plündern. Dabei benahm sich der zweite Konsul genau so, als wäre er einer aus der Menge der Soldaten. Paulus dagegen betonte immer wieder, man müsse sehr vorsichtig sein. Als er schließlich den Aufruhr und dessen Anstifter auf keine andere Weise mehr aufhalten konnte, schickte er den Präfekten Marius Statilius mit einer Schwadron Lukaner zur Aufklärung los. Dieser ritt an die Tore, ließ die anderen außerhalb der Befestigungen absitzen und ritt selbst mit zwei Reitern in das Lager hinein. Er untersuchte alles sorgfältig und gab dann Bescheid, es handle sich bestimmt um eine Falle: die Feuer habe man nur auf der Feindseite brennen lassen, die Zelte stünden offen und allerlei Wertsachen lägen griffbereit. An einigen Stellen habe er Silber gesehen, in den Lagerstraßen wie zur Beute achtlos hingeworfen. Was man hier gemeldet hatte, um die Soldaten von der Beutesucht abzuschrecken, gerade das reizte sie erst recht. Unter lautem Geschrei erklärten sie, wenn kein Zeichen gegeben werde, würden sie auch ohne Führung marschieren. Aber ein Führer war gleich zur Stelle; denn sofort gab Varro das Zeichen zum Aufbruch. Dem Paulus, der an sich schon bedächtig war, zeigten sich auch die Hühner bei der Vogelschau nicht günstig. Er ließ dies seinem Amtsgenossen mitteilen, der bereits durch das Tor hinauszog. Varro war darüber ärgerlich; aber das kürzliche Unglück des Flaminius und die denkwürdige Niederlage zur See, die der

gionem animo incussit. Di prope ipsi eo die magis   10
distulere quam prohibuere imminentem pestem Romanis; nam forte ita evenit, ut, cum referri signa
in castra iubenti consuli milites non parerent, servi
duo, Formiani unus, alter Sidicini equitis, qui Ser-   11
vilio atque Atilio consulibus inter pabulatores excepti a Numidis fuerant, profugerent eo die ad dominos; deductique ad consules nuntiant omnem
exercitum Hannibalis trans proximos montes sedere
in insidiis. Horum opportunus adventus consules   12
imperii potentes fecit, cum ambitio alterius suam
primum apud eos prava indulgentia maiestatem
solvisset.

Hannibal postquam motos magis inconsulte Ro-   43
manos quam ad ultimum temere evectos vidit,
nequiquam detecta fraude in castra rediit. Ibi plures
dies propter inopiam frumenti manere nequit, nova-   2
que consilia in dies non apud milites solum mixtos
ex conluvione omnium gentium, sed etiam apud
ducem ipsum oriebantur. Nam cum initio fremitus,   3
deinde aperta vociferatio fuisset exposcentium stipendium debitum querentiumque annonam primo,
postremo famem, et mercennarios milites, maxime
Hispani generis, de transitione cepisse consilium
fama esset, ipse etiam interdum Hannibal de fuga   4
in Galliam dicitur agitasse ita, ut relicto peditatu
omni cum equitibus se proriperet. Cum haec consilia   5
atque hic habitus animorum esset in castris, movere
inde statuit in calidiora atque eo maturiora messi-
bus Apuliae loca, simul quod, quo longius ab hoste
recessisset, eo transfugia impeditiora levibus ingeniis
essent. Profectus est nocte ignibus similiter factis   6
tabernaculisque paucis in speciem relictis, ut insidiarum par priori metus contineret Romanus. Sed   7
per eundem Lucanum Statilium omnibus ultra

Konsul Claudius im ersten Punischen Krieg erlitten hatte, riefen in ihm religiöse Bedenken wach. So waren es beinahe die Götter selbst, die an diesem Tage das drohende Unheil für die Römer mehr als aufhoben. Denn zufällig ereignete sich folgendes: Als der Konsul den Soldaten den Befehl gab, ins Lager zurückzukehren, und sie nicht gehorchten, liefen an diesem Tage zwei Sklaven – der eine gehörte einem Ritter aus Formiae, der andere einem aus Sidicinum – zu ihren Herren zurück. Sie waren beide unter den Konsuln Servilius und Atilius beim Futterholen von den Numidern gefangen worden. Sie wurden vor die Konsuln geführt und berichteten, das ganze Heer Hannibals liege hinter den nächsten Bergen in einem Hinterhalt. Das rechtzeitige Erscheinen der beiden Sklaven setzte die Befehle der Konsuln wieder in Kraft, obwohl der eine in seinem Ehrgeiz gleich anfangs durch falsche Nachgiebigkeit sein Ansehen bei den Soldaten untergraben hatte.

Als Hannibal sah, daß sich die Römer zwar zu unüberlegtem Ausrücken, aber doch nicht zum Äußersten hatten hinreißen lassen, kehrte er unverrichteter Sache ins Lager zurück; denn seine List war entdeckt. Dort konnte er aber aus Getreidemangel nicht noch mehr Tage bleiben. Täglich entstanden neue Pläne, nicht nur bei den Soldaten, dem reinsten Völkergemisch, sondern auch beim Feldherrn selbst. Zunächst murrten sie nur. Dann aber entstand ganz offenes lautes Geschrei von Leuten, die den schuldigen Sold forderten und sich zuerst über die Brotzuteilung, dann über Hunger beklagten. Bald ging auch das Gerücht, die Söldner, vor allem die aus Spanien, seien zum Überlaufen entschlossen. Da soll Hannibal selbst bisweilen mit dem Gedanken einer Flucht nach Gallien gespielt haben. Er wollte das ganze Fußvolk zurücklassen und sich mit der Reiterei eiligst davonmachen. Bei solchen Plänen und dieser Stimmung im Lager entschloß sich Hannibal, in die wärmeren Gegenden Apuliens mit ihren früheren Ernten zu ziehen. Dadurch erschwerte er auch, wie er meinte, die Fahnenflucht unzuverlässiger Elemente, je weiter er sich vom Feind absetzte. Er brach in der Nacht auf. Vorher hatte er in ähnlicher Weise Wachtfeuer anzünden lassen und wenige Zelte zum Schein zurückgelassen, damit die Furcht vor einer Falle die Römer, wie vorher schon, festhalte. Aber von eben dem gleichen Statilius aus Lukanien wurde das gesamte

castra transque montes exploratis, cum relatum
esset visum procul hostium agmen, tum de inse-
quendo eo consilia agitari coepta. Cum utriusque   8
consulis eadem, quae ante semper fuisset sententia,
ceterum Varroni fere omnes, Paulo nemo praeter
Servilium, prioris anni consulem, adsentiretur, ex   9
maioris partis sententia ad nobilitandas clade Romana Cannas urgente fato profecti sunt. Prope eum   10
vicum Hannibal castra posuerat aversa a Volturno
vento, qui campis torridis siccitate nubes pulveris
vehit. Id cum ipsis castris percommodum fuit, tum   11
salutare praecipue futurum erat, cum aciem diri-
gerent, ipsi aversi terga tantum adflante vento in
occaecatum pulvere offuso hostem pugnaturi.

Consules satis exploratis itineribus sequentes Poe-   44
num, ut ventum ad Cannas est et in conspectu Poenum habebant, bina castra communiunt, eodem
ferme intervallo, quo ad Gereonium, sicut ante
copiis divisis. Aufidus amnis utrisque castris ad-   2
fluens aditum aquatoribus ex sua cuiusque oppor-
tunitate haud sine certamine dabat; ex minoribus   3
tamen castris, quae posita trans Aufidum erant,
liberius aquabantur Romani, quia ripa ulterior nullum habebat hostium praesidium. Hannibal spem   4
nanctus locis natis ad equestrem pugnam, qua parte
virium invictus erat, facturos copiam pugnandi
consules, dirigit aciem lacessitque Numidarum pro-
cursatione hostes. Inde rursus sollicitari seditione   5
militari ac discordia consulum Romana castra, cum
Paulus Semproninque et Flamini temeritatem Varroni, Varro Paulo speciosum timidis ac segnibus
ducibus exemplum Fabium obiceret testareturque
deos hominesque hic nullam penes se culpam esse,   6
quod Hannibal iam vel ut usu cepisset Italiam; se
constrictum a collega teneri; ferrum atque arma   7
iratis et pugnare cupientibus adimi militibus; ille,

Gebiet jenseits des Lagers und der Berge ausgekundschaftet. Er berichtete, man habe den feindlichen Heereszug in der Ferne gesehen; da hielt man Kriegsrat, wie man ihn verfolgen könne. Beide Konsuln vertraten ihre übliche Meinung, wie vorher schon immer. Im übrigen stimmten fast alle dem Varro, Paulus niemand außer dem vorjährigen Konsul Servilius zu. Da brachen sie nach der Stimmenmehrheit auf, um Cannae durch die Niederlage der Römer berühmt zu machen; denn darauf drängte das Schicksal. Nahe bei diesem Dorf hatte Hannibal sein Lager aufgeschlagen, mit dem Rücken gegen den Südostwind, der Staubwolken dahertreibt, wenn die Felder trocken und ausgedörrt sind. Dies war für das Lager selbst schon sehr vorteilhaft, sollte sich aber in der Zukunft besonders günstig auswirken, als man die Fronten formierte, um selbst mit dem wehenden Wind im Rücken gegen einen Feind zu kämpfen, der von dem entgegengewirbelten Staub blind wurde.

Die Konsuln erkundeten die Marschwege gründlich und folgten dann Hannibal. In der Gegend von Cannae sahen sie den Punier vor sich. Dort bezogen sie zwei Lager in etwa der gleichen Entfernung wie bei Gereonium; ihre Truppen hatten sie wie vorher aufgeteilt. Der Aufidus, der an beiden Lagern vorbeifloß, bot den Wasserholern Zutritt, jedem dort, wo es für ihn günstig war. Das ging allerdings nicht ohne Kampf ab. Trotzdem konnten die Römer von dem kleineren Lager auf der anderen Seite des Aufidus ungehinderter Wasser holen, weil auf dem jenseitigen Ufer keine feindliche Besatzung stand. Hannibal hoffte, die Konsuln würden ihm auf einem Gelände, das für einen Reiterkampf wie geschaffen war – mit diesem Teil seiner Streitkräfte war er bisher unbesiegt geblieben –, eine Gelegenheit zum Kampfe bieten. So stellte er sein Heer zur Schlacht auf und reizte die Feinde durch ein Geplänkel der Numider. Da geriet das Römerlager durch die Meuterei der Soldaten und die Uneinigkeit der Konsuln wieder in Unruhe: Paulus warf Varro die Unüberlegtheit eines Sempronius und Flaminius vor, Varro hielt Paulus den Fabius als typisches Beispiel für feige und untätige Führer entgegen. Er rief Götter und Menschen zu Zeugen an, bei ihm liege keine Schuld, daß Hannibal Italien bereits wie durch Verjährung besetzt halte. Er werde ja von seinem Amtsgenossen wie in Fesseln gehalten; Schwert und Waffen würden den

si quid proiectis ac proditis ad inconsultam atque
improvidam pugnam legionibus accideret, se omnis
culpae exsortem, omnis eventus participem fore
diceret; videret, ut, quibus lingua prompta ac teme-
raria, aeque in pugna vigerent manus.

Dum altercationibus magis quam consiliis tempus   45
teritur, Hannibal ex acie, quam ad multum diei
tenuerat instructam, cum in castra ceteras reciperet
copias, Numidas ad invadendos ex minoribus castris   2
Romanorum aquatores trans flumen mittit. Quam   3
inconditam turbam cum vixdum in ripam egressi   4
clamore ac tumultu fugassent, in stationem quoque
pro vallo locatam atque ipsas prope portas evecti
sunt. Id vero indignum visum ab tumultuario auxilio iam etiam castra Romana terreri, ut ea modo
una causa, ne extemplo transirent flumen dirige-
rentque aciem, tenuerit Romanos, quod summa
imperii eo die penes Paulum fuerit. Itaque postero   5
die Varro, cui sors eius diei imperii erat, nihil consulto collega signum proposuit instructasque copias
flumen traduxit, sequente Paulo, quia magis non
probare quam non adiuvare consilium poterat.
Transgressi flumen eas quoque, quas in castris mino-   6
ribus habuerant copias, suis adiungunt atque ita
instructa acie in dextro cornu – id erat flumini propius – Romanos equites locant, deinde pedites: lae-   7
vum cornu extremi equites sociorum, intra pedites,
ad medium iuncti legionibus Romanis, tenuerunt:
iaculatores ex ceteris levium armorum auxiliis prima acies facta. Consules cornua tenuerunt, Teren-   8
tius laevum, Aemilius dextrum: Gemino Servilio
media pugna tuenda data.

Hannibal luce prima Baliaribus levique alia ar-   46
matura praemissa transgressus flumen, ut quosque

erbosten und kampfgierigen Soldaten weggenommen. Jener erklärte, wenn den Legionen, die man zu einer unüberlegten und unvorhergesehenen Schlacht loslasse, etwas zustoße, dann treffe ihn keine Schuld, er werde aber jedweden Ausgang mitzutragen haben. Er solle darauf sehen, daß die, die jetzt eine so schlagfertige und verwegene Sprache führten, im Kampf ensprechend starke Arme zeigten.

So verrann die Zeit mehr mit Zänkereien als mit ernsthaften Beratungen. Hannibal zog die übrigen Truppen aus der Kampfstellung, die er bis weit in den Tag hinein aufrechterhalten hatte, ins Lager zurück. Die Numider schickte er über den Fluß, um die Wasserholer aus dem kleineren Lager der Römer angreifen zu lassen. Als sie eben ans Ufer gestiegen waren, verscheuchten sie diesen ungeordneten Haufen mit Lärm und Geschrei. Sogar an die Wache vor dem Wall und fast bis unmittelbar an die Tore ritten sie daraufhin heran. Die Römer fanden es unerhört, ihr Lager sogar von einem lärmenden Haufen Hilfstruppen bedroht zu sehen. Nur diese eine Sache hinderte sie, sofort über den Fluß zu gehen und ihre Front zu bilden: der Oberbefehl lag an diesem Tag bei Paulus. Daher gab am folgenden Tage Varro, dem der Oberbefehl an diesem Tage zugefallen war, ohne vorherige Beratung mit seinem Amtsgenossen das Zeichen zum Aufbruch und führte die Truppen in Schlachtordnung über den Fluß. Paulus folgte, weil er dem Plan zwar nicht zustimmen, ihm aber seine Unterstützung auch nicht versagen konnte. Sie überquerten den Fluß, vereinigten auch die Truppen aus dem kleineren Lager mit ihren Soldaten und stellten das Heer folgendermaßen zum Kampfe auf: Auf dem rechten Flügel – er stand dem Fluß näher – teilten sie den römischen Reitern ihren Platz zu; anschließend kam das Fußvolk. Die Reiter der Bundesgenossen hielten den äußersten linken Flügel; weiter innen stand das Fußvolk, das sich in der Mitte den römischen Legionen anschloß. Die Wurfschützen der übrigen leichten Hilfstruppen bildeten die erste Kampflinie. Die Konsuln führten den Oberbefehl auf den Flanken, Terentius auf der linken, Aemilius auf der rechten. Geminus Servilius erhielt die Leitung des Kampfes in der Mitte.

Hannibal schickte bei Tagesanbruch die Balearen und seine anderen Leichtbewaffneten voraus und ging dann über den Fluß. So,

traduxerat, ita in acie locabat, Gallos Hispanosque   2
equites prope ripam laevo in cornu adversus Romanum equitatum; dextrum cornu Numidis equi-   3
tibus datum media acie peditibus firmata ita, ut
Afrorum utraque cornua essent, interponerentur his
medii Galli atque Hispani. Afros Romanam cre-   4
deres aciem; ita armati erant armis et ad Trebiam,
ceterum magna ex parte ad Trasumennum captis.
Gallis Hispanisque scuta eiusdem formae fere erant,
dispares ac dissimiles gladii, Gallis praelongi ac sine   5
mucronibus, Hispano, punctim magis quam caesim
adsueto petere hostem, brevitate habiles et cum
mucronibus. Ante alios habitus gentium harum cum
magnitudine corporum, tum specie terribilis erat:
Galli super umbilicum erant nudi: Hispani linteis   6
praetextis purpura tunicis candore miro fulgentibus
constiterant. Numerus omnium peditum, qui tum
stetere in acie, milium fuit quadraginta, decem equitum. Duces cornibus praeerant sinistro Hasdrubal,   7
dextro Maharbal; mediam aciem Hannibal ipse cum
fratre Magone tenuit. Sol, seu de industria ita lo-   8
catis seu quod forte ita stetere, peropportune utrique parti obliquus erat Romanis in meridiem, Poenis in septentrionem versis; ventus − Volturnum   9
regionis incolae vocant − adversus Romanis coortus
multo pulvere in ipsa ora volvendo prospectum
ademit.

Clamore sublato procursum ab auxiliis et pugna   47
levibus primum armis commissa; deinde equitum
Gallorum Hispanorumque laevum cornu cum dextro Romano concurrit, minime equestris more pugnae; frontibus enim adversis concurrendum erat,   2
quia nullo circa ad evagandum relicto spatio hinc
amnis, hinc peditum acies claudebant. In derectum   3
utrimque nitentes stantibus ac confertis postremo
turba equis vir virum amplexus detrahebat equo.

wie er die einzelnen Truppenteile hinübergeführt hatte, stellte er sie zum Kampfe auf: Die gallischen und spanischen Reiter in Ufernähe auf dem linken Flügel der römischen Reiterei gegenüber; den rechten Flügel erhielten die numidischen Reiter. Die Mitte war durch Fußtruppen so gesichert, daß auf beiden Ecken Afrer standen und zwischen ihnen Gallier und Spanier Aufstellung fanden. Man hätte die Afrer für eine römische Kampfreihe halten können; so waren sie mit Beutewaffen von der Trebia und sonst größtenteils vom Trasimennus ausgerüstet. Gallier und Spanier trugen Schilde von fast gleicher Form; ihre Schwerter glichen und ähnelten sich gar nicht; die Gallier hatten überlange ohne Spitzen. Die Spanier waren gewöhnt, den Feind mehr mit Stich als mit Hieb zu treffen. Ihre Schwerter waren kurz, dadurch handlich, und hatten Spitzen. Vor allen anderen erschien das Benehmen dieser Völker mit ihrer Körpergröße und ihrem sonstigen Aussehen schreckenerregend. Die Gallier waren bis an den Nabel nackt. Die Spanier standen in leinenen Leibröcken da, die vorn mit Purpur gesäumt waren und in reinstem Weiß schimmerten. Die Zahl des gesamten Fußvolkes damals in der Kampflinie betrug 40 000, die der Reiterei 10 000. Hasdrubal führte das Kommando auf dem linken Flügel, Maharbal auf dem rechten. Das Zentrum befehligte Hannibal selbst mit seinem Bruder Mago. Die Sonne schien von der Seite her, für beide Teile günstig, weil sie mit Absicht oder zufällig so aufgestellt waren: Die Römer standen nach Süden, die Punier nach Norden. Der Wind jedoch – die Bewohner der Gegend nennen ihn Volturnus – erhob sich gegen die Römer, wehte ihnen viel Staub ins Gesicht und nahm ihnen dadurch die Sicht.

Es ertönte der Kriegsruf, und die Hilfstruppen stürmten vor; die Schlacht eröffneten zunächst die Leichtbewaffneten. Darauf stieß der linke Flügel der gallischen und spanischen Reiter mit der rechten Flanke der Römer zusammen, keineswegs wie bei einem Reitergefecht. Denn sie mußten Front gegen Front aufeinanderprallen, weil es auf beiden Seiten keinen Raum zum Ausschwärmen gab. Hier schloß der Fluß, dort die Kampflinie der Fußtruppen das Gelände ab. Da beide Seiten geradeaus aufeinander losgingen, konnten sich die Pferde nicht bewegen und waren schließlich eingekeilt. Da umklammerte ein Reiter den anderen und suchte ihn vom Pferd

Pedestre magna iam ex parte certamen factum erat;
acrius tamen quam diutius pugnatum est pulsique
Romani equites terga vertunt. Sub equestris finem   4
certaminis coorta est peditum pugna, primo et viribus et animis par, dum constabant ordines Gallis
Hispanisque; tandem Romani, diu ac saepe conisi,   5
aequa fronte acieque densa impulere hostium cu-
neum nimis tenuem eoque parum validum, a cetera
prominentem acie. Impulsis deinde ac trepide refe-   6
rentibus pedem institere ac tenore uno per praeceps
pavore fugientium agmen in mediam primum aciem
inlati, postremo nullo resistente ad subsidia Afrorum pervenerunt, qui utrimque reductis alis consti-   7
terant, media, qua Galli Hispanique steterant, aliquantum prominente acie. Qui cuneus ut pulsus   8
aequavit frontem primum, dein cedendo etiam
sinum in medio dedit, Afri circa iam cornua fecerant
inruentibusque incaute in medium Romanis circum-
dedere alas; mox cornua extendendo clausere et ab
tergo hostes. Hinc Romani defuncti nequiquam   9
proelio uno omissis Gallis Hispanisque, quorum
terga ceciderant, adversus Afros integram pugnam   10
ineunt, non tantum eo iniquam, quod inclusi adversus circumfusos, sed etiam quod fessi cum recentibus
ac vegetis pugnabant.

Iam et sinistro cornu Romanis, ubi sociorum   48
equites adversus Numidas steterant, consertum proelium erat, segne primo et a Punica coeptum fraude.
Quingenti ferme Numidae, praeter solita arma tela-   2
que gladios occultos sub loricis habentes, specie
transfugarum cum ab suis parmas post terga habentes adequitassent, repente ex equis desiliunt armis-   3
que et iaculis ante pedes hostium proiectis in mediam aciem accepti ductique ad ultimos considere

zu ziehen. So hatte sich schon größtenteils ein Kampf zu Fuß entwickelt; doch man kämpfte mehr erbittert als lange. Geschlagen
wandten sich die römischen Reiter zur Flucht. Gleich nach Beendigung des Reiterkampfes entbrannte die Schlacht beim Fußvolk, zuerst gleich an Kraft und Mut, solange die Reihen der Gallier und
Spanier standhielten. Endlich konnten die Römer nach wiederhol-
ter langer Anstrengung mit gerader Front und in dichter Reihe den
Keil der Feinde eindrücken, der zu dünn und deswegen nicht stark
genug war und aus der übrigen Front hervorsprang. Dann setzten
sie den verdrängten und bestürzt fliehenden Feinden nach. In einem
Zuge brachen sie durch die in kopfloser Angst fliehende Gruppe
mitten in die feindliche Front ein, und so gelangten sie zu den Reserven der Afrer, ohne auf Widerstand zu stoßen. Diese hatten ihre
Flügel auf beiden Seiten zurückgezogen, während die Mitte der
Kampffront, wo Gallier und Spanier gestanden hatetn, bedeutend
vorsprang. Als dieser Keil eingedrückt war und dadurch die Front
zunächst begradigte, dann aber durch weiteres Zurückweichen sogar eine Ausbuchtung bildete, hatten die Afrer ringsum schon die
Flügel formiert. Die Römer stürmten unvorsichtig in das Zentrum
vor, und die Afrer ließen ihre Flügel um sie herum schwenken.
Durch Ausdehnung ihrer Flanken schlossen sie die Feinde auch im
Rücken ein. Eine Schlacht hatten die Römer bereits vergeblich
durchgestanden. Nun mußten sie die Gallier und Spanier, auf deren Rücken sie bereits eingehauen hatten, laufen lassen und einen
neuen Kampf gegen die Afrer beginnen. Dieser war nicht nur ungleich, weil Eingeschlossene sich gegen ihre Umzingelung wehren,
sondern auch, weil sie müde gegen frische und kräftige Truppen
kämpfen mußten.

Schon hatten die Römer auch auf dem linken Flügel, wo die
Reiter der Bundesgenossen gegen die Numider aufgestellt waren,
den Kampf begonnen. Anfangs blieb er lahm und begann mit einer
punischen List. Etwa 500 Numider, die außer ihren gewohnten
Waffen und Speeren Dolche unter ihren Panzern verborgen hielten,
sprangen plötzlich von den Pferden, als sie wie Überläufer mit
Schilden auf dem Rücken von ihren Reihen weg herübergeritten
waren. Sie warfen ihre Schilde und Speere den Feinden vor die
Füße. Man nahm sie mitten in die Schlachtreihe, führte sie dann

ab tergo iubentur. Ac dum proelium ab omni parte
conseritur, quieti manserunt; postquam omnium
animos oculosque occupaverat certamen, tum arrep- 4
tis scutis, quae passim inter acervos caesorum corporum strata erant, aversam adoriuntur Romanam
aciem, tergaque ferientes ac poplites caedentes stragem ingentem ac maiorem aliquanto pavorem ac
tumultum fecerunt. Cum alibi terror ac fuga, alibi 5
pertinax in mala iam spe proelium esset, Hasdrubal,
qui ea parte praeerat, subductos ex media acie Numidas, quia segnis eorum cum adversis pugna erat,
ad persequendos passim fugientes mittit, Hispanos 6
et Gallos pedites Afris prope iam fessis caede magis
quam pugna adiungit.

Parte altera pugnae Paulus, quamquam primo 49
statim proelio funda graviter ictus fuerat, tamen et
occurrit saepe cum confertis Hannibali et aliquot 2
locis proelium restituit, protegentibus eum equitibus
Romanis, omissis postremo equis, quia consulem et 3
ad regendum equum vires deficiebant. Tum denun-
tianti cuidam iussisse consulem ad pedes descendere
equites dixisse Hannibalem ferunt: ,Quam mallem,
vinctos mihi traderet.' Equitum pedestre proelium,
quale iam haud dubia hostium victoria, fuit, cum 4
victi mori in vestigio mallent quam fugere, victores
morantibus victoriam irati trucidarent, quos pellere
non poterant. Pepulerunt tamen iam paucos supe- 5
rantes et labore ac volneribus fessos. Inde dissipati
omnes sunt, equosque ad fugam, qui poterant, repetebant.

Cn. Lentulus tribunus militum cum praetervehens 6
equo sedentem in saxo cruore oppletum consulem
vidisset, ,L. Aemili' inquit, ,quem unum insontem 7
culpae cladis hodiernae dei respicere debent, cape
hunc equum, dum et tibi virium aliquid superest et 8

in die hintersten Glieder und gaben ihnen den Befehl, hier im Rücken des Heeres zu bleiben. Bis auf allen Seiten der Kampf begann, blieben sie ruhig. Als aber die Schlacht aller Augen und Sinne in ihren Bann gezogen hatte, packten sie die Schilde, die· überall zwischen den Haufen der Leichen verstreut lagen, und griffen das römische Heer von hinten an. Sie hieben auf ihre Rücken, durchschlugen ihre Kniekehlen und verursachten so ein schreckliches Morden und eine noch viel größere Bestürzung und Unordnung. Hier herrschten Schrecken und Flucht, dort ging ein zäher Kampf trotz schlechter Aussichten weiter. Da schickte Hasdrubal, der hier das Kommando führte, seine Numider mitten aus der Kampflinie hinüber zur Verfolgung der überall fliehenden Feinde. Denn der Kampf der Numider mit ihren Gegnern fing bereits an zu erlahmen. Die spanischen und gallischen Fußtruppen ließ er zu den Afrern aufrücken, die fast mehr vom Morden als vom Kampf erschöpft waren.

Auf der anderen Seite der Schlacht warf sich Paulus, obgleich ihn schon am Anfang des Gefechts ein Schleuderstein schwer getroffen hatte, mehrmals Hannibal mit dichtgeschlossener Reihe entgegen und stellte das Treffen an mehreren Stellen wieder her. Dabei deckten ihn römische Reiter, die schließlich ihre Pferde abgaben, weil der Konsul nicht mehr die Kraft hatte, sein Pferd zu lenken. Da soll Hannibal einem Soldaten, der ihm meldete, der Konsul habe die Reiter absitzen lassen, gesagt haben: „Noch lieber wäre es mir, er übergäbe sie mir gefesselt". Das Bodengefecht der Reiter verlief so, wie es eben bei einem bereits sicheren Sieg der Feinde immer geht: Die Besiegten wollten lieber auf der Stelle sterben als fliehen; die Sieger dagegen waren wütend auf die, die ihren Sieg verzögerten, und schlugen alle nieder, die sie nicht zurücktreiben konnten. Doch jagten sie die wenigen Überlebenden, die von Anstrengung und Wunden erschöpft waren, noch davon. Nun wurden sie alle versprengt und suchten nach Möglichkeit wieder ein Pferd zur Flucht.

Als der Militärtribun Gnaeus Lentulus im Vorbeireiten den Konsul blutüberströmt auf einem Stein sitzen sah, rief er: „Lucius Aemilius, der einzige Unschuldige an dem heutigen Unglück bist du; und die Götter müssen sich deiner erbarmen. Nimm dieses Pferd, solange du noch einen Rest von Kraft hast und ich dich als

comes ego te tollere possum ac protegere. Ne funes-
tam hanc pugnam morte consulis feceris; etiam sine
hoc lacrimarum satis luctusque est.' Ad ea consul: 9
,Tu quidem, Cn. Corneli, macte virtute esto; sed
cave, frustra miserando exiguum tempus e manibus
hostium evadendi absumas. Abi, nuntia publice pa-   10
tribus, urbem Romanam muniant ac, priusquam vic-
tor hostis adveniat, praesidiis firment; privatim
Q. Fabio L. Aemilium praeceptorum eius memorem
et vixisse adhuc et mori. Me in hac strage militum   11
meorum patere exspirare, ne aut reus iterum e consulatu sim aut accusator collegae exsistam, ut alieno
crimine innocentiam meam protegam.' Haec eos   12
agentes prius turba fugientium civium, deinde hos-
tes oppressere; consulem ignorantes, quis esset, ob-
ruere telis, Lentulum in tumultu abripuit equus.
Tum undique effuse fugiunt.   13

   Septem milia hominum in minora castra, decem
in maiora, duo ferme in vicum ipsum Cannas perfugerunt, qui extemplo a Carthalone atque equitibus nullo munimento tegente vicum circumventi
sunt. Consul alter, seu forte seu consilio nulli fu-   14
gientium insertus agmini, cum quinquaginta fere
equitibus Venusiam perfugit. Quadraginta quinque   15
milia quingenti pedites, duo milia septingenti equites, et tantadem prope civium sociorumque pars,
caesi dicuntur; in his ambo consulum quaestores,
L. Atilius et L. Furius Bibaculus, et undetriginta   16
tribuni militum, consulares quidam praetoriique et
aedilicii – inter eos Cn. Servilium Geminum et M.
Minucium numerant, qui magister equitum priore
anno, consul aliquot annis ante fuerat – octoginta   17
praeterea aut senatores aut, qui eos magistratus
gessissent, unde in senatum legi deberent, cum sua
voluntate milites in legionibus facti essent. Capta eo   18

Begleiter hinaufheben und schützen kann. Mache diese Schlacht nicht auch noch durch den Tod des Konsuls zur Katastrophe! Ohnehin schon gibt es Tränen und Trauer genug!" Darauf entgegnete der Konsul: „Gnaeus Cornelius, deine edle Gesinnung in allen Ehren! Aber vergeude durch unnötiges Bedauern nicht die spärliche Zeit, den Feinden zu entkommen! Geh und melde amtlich den Senatoren, sie müssen die Stadt Rom befestigen und mit Besatzungen sichern, bevor der siegreiche Feind anrückt. Persönlich melde dem Quintus Fabius, Lucius Aemilius sei seinen Lehren im Leben und im Tode treu geblieben. Laß mich hier bei meinen gefallenen Soldaten sterben; ich will nicht wieder nach meinem Konsulat als Angeklagter dastehen oder gegen meinen Amtsgenossen als Kläger auftreten, um durch den Schuldbeweis des anderen meine eigene Unschuld zu wahren." Während sie noch so miteinander sprachen, stürzten zunächst eine Schar fliehender Mitbürger, dann die Feinde heran. Sie begruben den Konsul, ohne zu wissen, wer er war, unter dem Hagel ihrer Schleuderwaffen. Den Lentulus aber trug sein Pferd im Getümmel davon. Dann setzte überall eine regellose Flucht ein.

7000 Menschen flohen in das kleinere Lager, 10000 in das größere, etwa 2000 unmittelbar in das Dorf Cannae. Diese wurden sofort von Carthalo und seinen Reitern überwältigt, da keine Befestigungsanlage das Dorf schützte. Der zweite Konsul, der sich zufällig oder auch mit Absicht keinem Haufen Fliehender beigesellt hatte, entkam mit etwa 50 Reitern nach Venusia. Vom Fußvolk sollen 45000 Mann, von den Reitern 2700 niedergemacht worden sein, wobei der Anteil der Bürger und der Bundesgenossen etwa gleich groß gewesen sei. Unter ihnen befanden sich auch beide Quästoren der Konsuln, Lucius Atilius und Lucius Furius Bibaculus, dazu 29 Militärtribunen, einige ehemalige Konsuln, Prätoren und Ädilen – unter ihrer Zahl werden Gnaeus Servilius Geminus und Marcus Minucius genannt, der im vergangenen Jahr Reiteroberst und einige Jahre früher Konsul gewesen war –: außerdem 80 Senatoren oder doch Leute, die schon Ämter bekleidet hatten, von denen aus sie in den Senat gewählt werden mußten. Sie waren freiwillig

proelio tria milia peditum et equites mille et quingenti dicuntur.

Haec est pugna Cannensis, Alliensi cladi nobilitate par, ceterum ut illis quae post pugnam acci-
dere levior, quia ab hoste est cessatum, sic strage
exercitus gravior foediorque. Fuga namque ad Alliam sicut urbem prodidit, ita exercitum servavit:
ad Cannas fugientem consulem vix quinquaginta
secuti sunt, alterius morientis prope totus exercitus
fuit.

Binis in castris cum multitudo semiermis sine ducibus esset, nuntium, qui in maioribus erant, mittunt, dum proelio, deinde ex laetitia epulis fatigatos quies noturna hostes premeret, ut ad se transirent: uno agmine Canusium abituros esse. Eam
sententiam alii totam aspernari; cur enim illos, qui
se arcessant, ipsos non venire, cum aeque coniungi
possent? quia videlicet plena hostium omnia in medio essent, et aliorum quam sua corpora tanto periculo mallent obicere. Aliis non tam sententia displi-
cere quam animus deesse: P. Sempronius Tuditanus
tribunus militum ‚Capi ergo mavoltis‘ inquit, ‚ab
avarissimo et crudelissimo hoste aestimarique capita
vestra et exquiri pretia ab interrogantibus, Romanus civis sis an Latinus socius, ut ex tua contume-
lia et miseria alteri honos quaeratur? Non tu, si
quidem L. Aemili consulis, qui se bene mori quam
turpiter vivere maluit, et tot fortissimorum virorum,
qui circa eum cumulati iacent, cives estis. Sed antequam opprimit lux maioraque hostium agmina ob-
saepiunt iter, per hos, qui inordinati atque incompositi obstrepunt portis, erumpamus. Ferro atque
audacia via fit quamvis per confertos hostes.
Cuneo quidem hoc laxum atque solutum agmen, ut,
si nihil obstet, disicias. Itaque ite mecum, qui et vos-
met ipsos et rem publicam salvam voltis‘. Haec ubi

Legionssoldaten geworden. 3000 Soldaten und 1500 Reiter sollen in dieser Schlacht gefangen worden sein.

Dies ist die Schlacht von Cannae, ebenso berühmt wie die Niederlage an der Allia, sonst in den Folgeereignissen der Schlacht zwar nicht so schlimm, weil der Feind seine Möglichkeiten nicht wahrnahm, am Verlust des Heeres gemessen allerdings schwerer und schrecklicher. Denn die Flucht an der Allia bedeutete zwar die Preisgabe Roms, rettete aber das Heer. Bei Cannae folgten dem fliehenden Konsul kaum 50 Mann; das Schicksal des anderen, des gefallenen Konsuls, teilte fast das ganze Heer.

Nun war in beiden Lagern die halbbewaffnete Menge ohne Führer. Deshalb schickte die Besatzung des größeren Lagers einen Boten mit der Nachricht: Während die Feinde, vom Kampf und dann vom Freudengelage erschöpft, tief schliefen, sollten sie zu ihnen herüberkommen. Sie wollten dann gemeinsam nach Canusium abrücken. Diesen Gedanken verwarfen die einen völlig: Warum kämen denn nicht, die da riefen, zu ihnen? Sie könnten sich doch ebensogut anschließen. Offensichtlich nur deswegen nicht, weil das zwischen ihnen liegende Gebiet voller Feinde sei und sie lieber andere als sich selbst einer so großen Gefahr aussetzen wollten. Anderen wieder gefiel der Vorschlag nicht schlecht, aber sie hatten keinen Mut. Da sagte der Militärtribun Publius Sempronius Tuditanus: „Also wollt ihr euch lieber von dem habgierigsten und grausamsten Feind gefangennehmen, eure Köpfe schätzen und eure Preise mit den Worten erfragen lassen: Bist du römischer Bürger oder latinischer Bundesgenosse? Soll so aus deiner Schmach und deinem Unglück dem anderen Ehre erwachsen? Das wird keiner von euch tun, wenn ihr Mitbürger des Konsuls Lucius Aemilius, der den ehrenvollen Tod einem Leben in Schande vorzog, und so vieler tapferster Männer sein wollt, die in Haufen rings um ihn gefallen daliegen. Bevor der Tag uns überrascht und größere feindliche Scharen uns den Weg versperren, wollen wir mitten durch die Feinde durchstoßen, die ohne jede Ordnung vor den Ausgängen herumtoben. Mit Wagemut und Schwert bahnt man sich selbst durch dichtgedrängte Feinde einen Weg. In Keilform könnten wir diesen lockeren und aufgelösten Haufen auseinandersprengen, als stünde nichts im Wege. Los also, kommt mit mir, wenn ihr euch selbst und

dicta dedit, stringit gladium cuneoque facto per
medios vadit hostes et, cum in latus dextrum, quod   11
patebat, Numidae iacularentur, translatis in dextrum scutis in maiora castra ad sescenti evaserunt
atque inde protinus alio magno agmine adiuncto
Canusium incolumes perveniunt. Haec apud victos   12
magis impetu animorum, quos ingenium suum cuique aut fors dabat, quam ex consilio ipsorum aut
imperio cuiusquam agebantur.

Hannibali victori cum ceteri circumfusi gratu-   51
larentur suaderentque, ut, tanto perfunctus bello,
diei, quod reliquum esset, noctisque insequentis
quietem et ipse sibi sumeret et fessis daret militibus,
Maharbal praefectus equitum, minime cessandum   2
ratus, ,Immo, ut, quid hac pugna sit actum, scias,
die quinto' inquit, ,victor in Capitolio epulaberis.
Sequere; cum equite, ut prius venisse quam venturum sciant, praecedam.' Hannibali nimis laeta res   3
est visa maiorque, quam ut eam statim capere animo posset. Itaque voluntatem se laudare Maharbalis
ait; ad consilium pensandum temporis opus esse.
Tum Maharbal: ,Non omnia nimirum eidem di   4
dedere. Vincere scis, Hannibal; victoria uti nescis.'
Mora eius diei satis creditur saluti fuisse urbi atque
imperio.

Postero die ubi primum inluxit, ad spolia legenda   5
foedamque etiam hostibus spectandam stragem in-
sistunt. Iacebant tot Romanorum milia, pedites pas-   6
sim equitesque, ut quem cuique fors aut pugna iunxerat aut fuga; adsurgentes quidam ex strage media
cruenti, quos stricta matutino frigore excitaverant
volnera, ab hoste oppressi sunt; quosdam et iacentes   7
vivos succisis feminibus poplitibusque invenerunt,
nudantes cervicem iugulumque et reliquum sangui-
nem iubentes haurire; inventi quidam sunt mersis

den Staat retten wollt!" Mit diesen Worten zog er sein Schwert, ließ einen Keil bilden und brach mitten durch die Feinde. Die Numider schossen auf ihre rechte ungedeckte Flanke. Da nahmen sie ihren Schild auf den rechten Arm und entkamen mit etwa 600 Mann in das größere Lager. Dort schloß sich ihnen sofort ein zweiter großer Zug an, und sie gelangten heil nach Canusium. Dies geschah bei den Besiegten mehr aus einer inneren Aufwallung von Mut, den Veranlagung oder Zufall dem einzelnen eingaben, als mit eigener Überlegung oder auf Befehl irgendeines Führers.

Den siegreichen Hannibal umringte man, wünschte ihm Glück und riet ihm, nach einem so schweren Krieg sich selbst und den erschöpften Soldaten für den Rest des Tages und die folgende Nacht Ruhe zu gönnen. Nur der Reiteroberst Maharbal war der Meinung, man dürfe die Möglichkeit keinesfalls ungenützt lassen, und sagte: „Im Gegenteil! Damit du weißt, was durch diese Schlacht gewonnen ist: Nach vier Tagen wirst du als Sieger auf dem Capitol speisen. Folge mir! Mit den Reitern will ich vorauseilen, damit die Römer eher merken, daß du gekommen bist, als daß du kommen wirst." Hannibal erschien die Lage zu glücklich und zu groß, um sie sofort begreifen zu können. Daher entgegnete er: Er lobe zwar den guten Willen Maharbals, aber er brauche Zeit, um seinen Vorschlag zu überprüfen. Darauf antwortete Maharbal: „Nicht alles haben die Götter freilich einem einzigen Manne gegeben; zu siegen verstehst du, Hannibal; den Sieg zu nutzen, verstehst du nicht." Man nimmt als ziemlich sicher an, daß der Aufschub dieses einen Tages die Rettung für Hauptstadt und Reich bedeutete.

Bei Anbruch des folgenden Tages zogen sie aus, um die Beutestücke zu sammeln und das selbst für Feinde gräßliche Blutbad zu besehen. Da lagen so viele tausend Römer, Fußvolk und Reiterei durcheinander, wie sie Zufall, Kampf oder Flucht vereint hatten. Einige versuchten blutüberströmt, mitten auf dem Kampffeld aufzustehen; ihre Wunden hatten sich in der Morgenkälte zusammengezogen, so daß sie aus der Ohnmacht erwacht waren. Sie wurden von den Feinden erschlagen. Andere fand man mit abgehauenen Schenkeln und Kniekehlen, und sie lebten noch. Sie entblößten ihren Nacken und den Hals und forderten den Feind auf, auch ihr letztes Blut noch fließen zu lassen. Man fand auch einige, deren

in effossam terram capitibus, quos sibi ipsos fecisse   8
foveas obruentesque ora superiecta humo interclu-
sisse spiritum apparebat. Praecipue convertit omnes   9
subtractus Numida mortuo superincubanti Romano
vivus naso auribusque laceratis, cum manibus ad
capiendum telum inutilibus, in rabiem ira versa
laniando dentibus hostem exspirasset.

Spoliis ad multum diei lectis, Hannibal ad minora   52
ducit castra oppugnanda et omnium primum bra-
chio obiecto a flumine eos excludit; ceterum omni-   2
bus labore, vigiliis, volneribus etiam fessis maturior
ipsius spe deditio est facta. Pacti, ut arma atque
equos traderent, in capita Romana trecenis nummis
quadrigatis, in socios ducenis, in servos centenis et,
ut eo pretio persoluto cum singulis abirent vesti-   3
mentis, in castra hostes acceperunt tradetique in
custodiam omnes sunt, seorsum cives sociique. Dum   4
ibi tempus teritur, interea cum ex maioribus castris,
quibus satis virium aut animi fuit, ad quattuor milia
hominum et ducenti equites, alii agmine, alii palati
passim per agros, quod haud minus tutum erat,
Canusium perfugissent, castra ipsa ab sauciis timi-
disque eadem condicione qua altera tradita hosti.
Praeda ingens parta est, et praeter equos virosque   5
et, si quid argenti, quod plurimum in phaleris equorum erat; nam ad vescendum facto perexiguo, utique militantes, utebantur – omnis cetera praeda
diripienda data est. Tum sepeliendi causa conferri
in unum corpora suorum iussit; ad octo milia fuisse   6
dicuntur fortissimorum virorum. Consulem quoque
Romanum conquisitum sepultumque quidam auctores sunt.
Eos, qui Canusium perfugerant, mulier Apula   7
nomine Busa, genere clara ac divitiis, moenibus
tantum tectisque a Canusinis acceptos, frumento,

Kopf in der aufgescharrten Erde steckte. Offenbar hatten sie sich selbst diese Löcher gegraben, ihr Gesicht mit aufgeworfener Erde überschüttet und sich so erstickt. Besondere Aufmerksamkeit erweckte allgemein ein Numider, der noch lebend mit zerfetzter Nase und mit zerrissenen Ohren unter einem toten Römer lag und den man jetzt hervorzerrte. Da der Römer mit den Händen keine Waffe mehr halten konnte, war er so wütend geworden, daß er seinen Feind mit den Zähnen zerfleischte; darüber war er gestorben.

Bis tief in den Tag hinein sammelten sie die Beutestücke ein. Dann führte Hannibal seine Leute zum Sturm auf das kleinere Lager. Zuerst schnitt er die Feinde durch ein Bollwerk vom Flusse ab. Im übrigen ergaben sich alle diese Leute schneller als er selbst erwartet hatte; denn sie waren durch Anstrengung, Wachen und auch durch Wunden erschöpft. Sie verpflichteten sich zur Abgabe von Waffen und Pferden, zur Zahlung von 300 Silberdenaren für jeden Römer, von 200 für jeden Bundesgenossen, 100 für jeden Sklaven. Nach Entrichtung dieses Lösegeldes sollte jeder mit einem Kleidungsstück abziehen dürfen. Darauf nahmen sie die Feinde ins Lager auf. Alle wurden in Gewahrsam genommen, Römer und Bundesgenossen voneinander getrennt. Während hier Zeit verging, brachen aus dem größeren Lager von den noch kräftigen und mutigen etwa 4000 Mann und 200 Reiter in geschlossenem Zug oder einzeln querfeldein – denn das war ebenso sicher – nach Canusium durch. Das Lager selbst wurde von den Verwundeten und Mutlosen dem Feind unter den gleichen Bedingungen übergeben wie das andere. Man machte ungeheure Beute. Außer Pferden, Mannschaften und Silbersachen – diese bestanden zum größten Teil in Stirnschilden der Pferde; denn für Tafelgerät benutzte man kaum Silber, besonders nicht im Feld – wurde die ganze übrige Beute zum Plündern freigegeben. Dann ließ Hannibal die Leichen seiner Leute auf einem Platz zusammentragen, um sie bestatten zu lassen. Es sollen etwa 8000 der tapfersten Männer gewesen sein. Einige Schriftsteller berichten, man habe auch den römischen Konsul gesucht und begraben.

Eine durch ihre vornehme Herkunft und ihren Reichtum bekannte Dame aus Apulien, namens Busa, unterstützte die nach Canusium geflohenen Römer mit Getreide, Kleidung und sogar

veste, viatico etiam iuvit, pro qua ei munificentia
postea bello perfecto ab senatu honores habiti sunt.

Ceterum cum ibi tribuni militum quattuor essent,   53
Fabius Maximus de legione prima, cuius pater priore
anno dictator fuerat, et de legione secunda L. Pu-   2
blicius Bibulus et P. Cornelius Scipio et de legione
tertia Ap. Claudius Pulcher, qui proxime aedilis   3
fuerat, omnium consensu ad P. Scipionem admodum adulescentem et ad Ap. Claudium summa imperii delata est. Quibus consultantibus inter paucos   4
de summa rerum nuntiat P. Furius Philus, consularis
viri filius, nequiquam eos perditam spem fovere;
desperatam comploratamque rem esse publicam;
nobiles iuvenes quosdam, quorum principem L.   5
Caecilium Metellum, mare ac naves spectare, ut
deserta Italia ad regum aliquem transfugiant.

Quod malum, praeterquam atrox, super tot cla-   6
des etiam novum, cum stupore ac miraculo torpidos
defixisset, qui aderant, et consilium advocandum
de eo censerent, negat consilii rem esse Scipio iuvenis, fatalis dux huiusce belli: audendum atque agendum, non consultandum ait in tanto malo esse.   7
irent secum extemplo armati, qui rem publicam
salvam vellent; nulla verius, quam ubi ea cogitentur, 8
hostium castra esse. Pergit ire sequentibus paucis   9
in hospitium Metelli et, cum concilium ibi iuvenum,
de quibus allatum erat, invenisset, stricto super
capita consultantium gladio, ‚Ex mei animi senten-   10
tia‘ inquit, ‚ut ego rem publicam populi Romani
non deseram neque alium civem Romanum deserere   11
patiar; si sciens fallo, tum me, Iuppiter optime maxime, domum, familiam remque meam pessimo leto
adficias. In haec verba, L. Caecili, iures postulo,   12
ceterique, qui adestis. Qui non iuraverit, in se hunc
gladium strictum esse sciat.‘ Haud secus pavidi,   13

Wegegeld. Sie waren nämlich von den Canusiern nur in die Stadt und die Häuser aufgenommen worden. Für diese Freigebigkeit wurde die Frau später nach Kriegsende vom Senat geehrt.

Obgleich sich dort vier Militärtribunen aufhielten: Quintus Fabius Maximus von der ersten Legion, dessen Vater im vergangenen Jahr Diktator gewesen war, von der zweiten Legion Lucius Publicius Bibulus und Publius Cornelius Scipio, und von der dritten Legion Appius Claudius Pulcher, der kürzlich erst als Ädil amtiert hatte, übertrug man einstimmig den Oberbefehl trotz seiner Jugend dem Publius Scipio und dem Appius Claudius. Im kleinen Kreis berieten sie über die Gesamtlage; da berichtete ihnen Publius Furius Philus, der Sohn eines gewesenen Konsuls: Umsonst hegten sie eine längst verlorene Hoffnung; den Staat habe man bereits völlig aufgegeben. Einige junge Adlige unter Marcus Caecilius Metellus schauten schon nach dem Meer und nach Schiffen aus, um Italien zu verlassen und zu irgendeinem der Könige zu flüchten.

Dieses an sich schon abscheuliche Unheil, das allem Unglück auch noch den Gipfel des Unerhörten draufsetzte, ließ alle Anwesenden vor Entsetzen und Staunen erstarren. Man stimmte dafür, darüber einen Kriegsrat einzuberufen. Hierzu erklärte der junge Scipio, der vom Schicksal berufene Führer dieses Krieges, die Angelegenheit gehöre nicht vor einen Kriegsrat. In einer so schlimmen Lage habe man zu wagen und zu handeln, nicht zu beraten. Wer den Staat gerettet sehen wolle, solle sofort bewaffnet mit ihm gehen. Nirgends stehe das feindliche Lager wirklicher als dort, wo man so denke. Von wenigen begleitet ging er direkt in das Quartier des Metellus. Dort fand er die jungen Männer, über die man ihm berichtet hatte, versammelt; er zog sein Schwert über die Köpfe der Beratenden und rief: „Es ist mein ernster Vorsatz, den Staat des römischen Volkes nicht im Stich zu lassen und auch nicht zu dulden, daß ein anderer römischer Bürger ihn verläßt. Wenn ich wissentlich diesen Eid breche, dann sollst du, Jupiter Optimus Maximus, mich, mein Haus, meine Familie und meinen ganzen Besitz elend vernichten! Lucius Caecilius, ich verlange von dir, diese Worte nachzuschwören. Auch von euch anderen, die ihr hier anwesend seid, verlange ich dies. Wer nicht schwört, soll wissen, daß dieses

quam si victorem Hannibalem cernerent, iurant
omnes custodiendosque semet ipsos Scipioni tradunt.

Eo tempore, quo haec Canusi agebantur, Venusiam ad consulem ad quattuor milia et quingenti
pedites equitesque, qui sparsi fuga per agros fuerant,
pervenere. Eos omnes Venusini per familias benigne
accipiendos curandosque cum divisissent, in singulos
equites togas et tunicas et quadrigatos nummos qui-
nos vicenos, et pediti denos et arma, quibus deerant,
dederunt, ceteraque publice ac privatim hospitaliter
facta certatumque, ne a muliere Canusina populus
Venusinus officiis vinceretur. Sed gravius onus Bu-
sae multitudo faciebat; et iam ad decem milia hominum erant, Appiusque et Scipio, postquam incolumem esse alterum consulem acceperunt, nuntium
extemplo mittunt, quantae secum peditum equitumque copiae essent, sciscitatumque simul, utrum Venusiam adduci exercitum an manere iuberet Canusi.
Varro ipse Canusium copias traduxit; et iam aliqua
species consularis exercitus erat moenibusque se
certe, si non armis, ab hoste videbantur defensuri.

Romam ne has quidem reliquias superesse civium
sociorumque, sed occidione occisum cum duobus
consularibus ducibus exercitum deletasque omnes
copias allatum fuerat. Nunquam salva urbe tantum
pavoris tumultusque intra moenia Romana fuit. Itaque succumbam oneri neque adgrediar narrare, quae
edissertando minora vero faciam. Consule exerci-
tuque ad Trasumennum priore anno amisso non
volnus super volnus, sed multiplex clades, cum duobus consulibus duo consulares exercitus amissi nuntiabantur nec ulla iam castra Romana nec ducem
nec militem esse; Hannibalis Apuliam, Samnium

Schwert gegen ihn gezogen ist." Alle leisteten den Eid, nicht weniger erschreckt, als sähen sie den siegreichen Hannibal vor sich, und gaben sich selbst in Scipios Hand.

Während dieser Vorgänge in Canusium kamen etwa 4500 Mann zu Fuß und zu Pferd, die sich auf der Flucht über das Land zerstreut hatten, nach Venusia zum Konsul. Die Bewohner der Stadt verteilten sie alle als Gäste zur Aufnahme und Pflege auf ihre Familien. Dann schenkten sie jedem Reiter ein Ober- und Untergewand und 25 Silberdenare. Jeder Mann bekam 10 Silberdenare und die fehlenden Waffen. Auch sonst zeigten sie sich öffentlich und privat sehr gastfreundlich und wetteiferten miteinander, die Bevölkerung von Venusia nicht von einer Frau aus Canusium im Diensteifer in den Schatten stellen zu lassen. Aber für Busa bedeutete die große Zahl eine allzu schwere Belastung. Schon waren es an die 10 000 Mann. Als Appius und Scipio erfuhren, daß der eine Konsul gerettet sei, schickten sie ihm sofort einen Boten mit der Nachricht, wieviele Truppen zu Fuß und zu Pferde bei ihnen ständen. Zugleich ließen sie fragen, ob sie ihm dieses Heer nach Venusia zuführen sollten oder ob er es in Canusium lassen wolle. Varro selbst brachte seine Truppen nach Canusium. Und schon hatte man wieder einigermaßen den äußeren Eindruck von einem konsularischen Heer; es sah aus, als wollte man sich wenigstens hinter Mauern, wenn auch nicht mit Waffen, verteidigen.

In Rom war die Nachricht eingetroffen, nicht einmal diese Reste von Bürgern und Bundesgenossen seien noch am Leben; vielmehr sei das Heer mit seinen zwei Befehlshabern – ehemaligen Konsuln – gänzlich vernichtet und alle Truppen vollständig aufgerieben. Niemals herrschte, solange die Stadt verschont blieb, innerhalb der Mauern Roms soviel Schrecken und Aufregung. Deshalb dürfte ich der Aufgabe nicht gewachsen sein und möchte mich auch nicht an Schilderungen wagen, wo ich durch mein ausführliches Erzählen die Wahrheit nur verkleinern würde. Im Jahr zuvor hatte man am Trasimennischen See einen Konsul und sein Heer verloren. Jetzt dagegen sprach man nicht von einer neuen empfindlichen Wunde, sondern von einem vielfach größeren Unglück: Zwei Konsuln und gleichzeitig zwei konsularische Heere seien verloren; es gebe kein römisches Kriegslager, keinen Feldherrn und keinen Soldaten mehr.

ac iam prope totam Italiam factam. Nulla profecto
alia gens tanta mole cladis non obruta esset. Com-   11
pares cladem ad Aegates insulas Carthaginiensium
proelio navali acceptam, qua fracti Sicilia ac Sardinia cessere, inde vectigales ac stipendiarios fieri
se passi sunt, aut pugnam adversam in Africa, cui
postea hic ipse Hannibal succubuit; nulla ex parte
comparandae sunt, nisi quod minore animo latae
sunt.

P. Furius Philus et M. Pomponius praetores sena-   55
tum in curiam Hostiliam vocaverunt, ut de urbis
custodia consulerent; neque enim dubitabant deletis   2
exercitibus hostem ad oppugnandam Romam, quod
unum opus belli restaret, venturum. Cum in malis
sicuti ingentibus ita ignotis ne consilium quidem   3
satis expedirent obstreperetque clamor lamentan-
tium mulierum et nondum palam facto vivi mortui-
que et per omnes paene domos promiscue complora-   4
rentur, tum Q. Fabius Maximus censuit equites expeditos et Appia et Latina via mittendos, qui obvios
percontando – aliquos profecto ex fuga passim dissi-
patos fore – referant, quae fortuna consulum atque   5
exercituum sit et, si quid di immortales miseriti imperii reliquum Romani nominis fecerint, ubi eae
copiae sint; quo se Hannibal post proelium contu-
lerit, quid paret, quid agat acturusque sit. haec   6
exploranda noscendaque per impigros iuvenes esse;
illud per patres ipsos agendum, quoniam magistratuum parum sit, ut tumultum ac trepidationem in
urbe tollant, matronas publico arceant continerique
intra suum quamque limen cogant, comploratus   7
familiarum coerceant, silentium per urbem faciant,
nuntios rerum omnium ad praetores deducendos
curent, suae quisque fortunae domi auctorem ex-   8

Weiter wurde gemeldet, daß Apulien, Samnium und schon fast ganz Italien in Hannibals Gewalt seien. Jedes andere Volk wäre bestimmt unter der Wucht einer solchen Niederlage zusammengebrochen. Man ist wohl versucht, das Unglück der Karthager in der Seeschlacht bei den Ägatischen Inseln mit ihr zu vergleichen; an ihm zerbrachen sie, mußten sogar Sizilien und Sardinien aufgeben und es über sich ergehen lassen, steuer- und zinspflichtig zu werden; oder die Niederlage in Afrika, die später Hannibal selbst zu Fall brachte: Sie lassen sich in keiner Hinsicht vergleichen, außer daß man sie mit weniger Haltung ertragen hat.

Die Prätoren Publius Furius Philus und Marcus Pomponius beriefen den Senat in die Curia Hostilia, um über die Sicherung der Stadt zu beraten. Sie zweifelten nämlich nicht daran, daß der Feind nach der Vernichtung der Heere zu der einzigen noch ausstehenden Kriegsaufgabe antreten werde, nämlich zum Sturm auf Rom. In dem Unheil, das ebenso unüberschaubar wie gewaltig war, konnte man nicht einmal einen richtigen Plan entwickeln. Das Jammergeschrei der Frauen lag ihnen in den Ohren; und da es noch keine öffentliche Verlustliste gab, hörte man beinahe in allen Häusern ohne Unterschied Wehklagen über Tote wie über Lebende. Da beantragte Quintus Fabius Maximus, berittene Eilboten auf der Via Appia und der Via Latina auszuschicken, um die Entgegenkommenden – einige würden doch bestimmt auf der Flucht dahin und dorthin versprengt sein – auszufragen und dann zu berichten, wie es um die Konsuln und die Heere stehe, und – wenn die unsterblichen Götter in Erbarmen mit dem Staat noch einen Rest vom römischen Namen übriggelassen hätten –, wo diese Truppen ständen, wohin sich Hannibal nach der Schlacht begeben habe, was er vorhabe, was er tue und für die Zukunft plane. Dies müsse man durch tüchtige junge Leute genau zu erfahren suchen. Jene andere Aufgabe, das Durcheinander und die Aufregung in der Stadt zu beenden, müßten die Senatoren selbst in die Hand nehmen, weil es zu wenige Beamte gebe. Sie sollten die Frauen von der Straße fernhalten und sie zwingen, in ihren vier Wänden zu bleiben, das Gejammer in den Familien mäßigen und Ruhe in der Stadt schaffen. Alle Boten, die irgendetwas zu berichten hätten, sollten den Prätoren vorgeführt werden. Jeder solle den Gewährsmann seines

spectent, custodesque praeterea ad portas ponant,
qui prohibeant quemquam egredi urbe cogantque
homines nullam nisi urbe ac moenibus salvis salutem sperare. ubi conticuerit tumultus, tum in curiam
patres revocandos consulendumque de urbis custodia esse.

Cum in hanc sententiam pedibus omnes issent   56
summotaque foro magistratibus turba patres diversi
ad sedandos tumultus discessissent, tum demum litterae a C. Terentio consule allatae sunt: L. Aemi-   2
lium consulem exercitumque caesum; sese Canusi
esse, reliquias tantae cladis velut ex naufragio colli-
gentem; ad decem milia militum ferme esse incom-
positorum inordinatorumque; Poenum sedere ad   3
Cannas, in captivorum pretiis praedaque alia nec
victoris animo nec magni ducis more nundinantem.
Tum privatae quoque per domos clades volgatae   4
sunt adeoque totam urbem opplevit luctus, ut sa-
crum anniversarium Cereris intermissum sit, quia
nec lugentibus id facere est fas nec ulla in illa tempestate matrona expers luctus fuerat. Itaque ne ob   5
eandem causam alia quoque sacra publica aut pri-
vata desererentur, senatus consulto diebus triginta
luctus est finitus. Ceterum cum sedato urbis tumultu   6
revocati in curiam patres essent, aliae insuper ex
Sicilia litterae allatae sunt ab T. Otacilio propraetore, regnum Hieronis classe Punica vastari; cui
cum opem imploranti ferre vellent, nuntiatum his   7
esse aliam classem ad Aegates insulas stare paratam
instructamque, ut, ubi se versum ad tuendam Syra-   8
cusanam oram Poeni sensissent, Lilybaeum extemplo
provinciamque aliam Romanam adgrederentur; itaque classe opus esse, si regem socium Siciliamque
tueri vellent.

Litteris consulis praetorisque recitatis censuere   57
patres M. Claudium, qui classi ad Ostiam stanti
praeesset, Canusium ad exercitum mittendum scri-

Schicksals zu Hause erwarten. Sie sollten dazu noch Wächter an die Tore stellen, die verhindern sollten, daß jemand die Stadt verlasse. und die Leute zwingen sollten, die eigene Rettung nur von der Erhaltung der Stadt und ihrer Mauern zu erwarten. Sobald sich die Panikstimmung gelegt habe, solle man die Senatoren wieder ins Rathaus rufen und über die Sicherung der Stadt beraten.

Alle schlossen sich dieser Meinung an; Beamte entfernten die Menschenmenge vom Forum, und die Senatoren verteilten sich in der Stadt, um die Aufregungen zu beschwichtigen. Da traf endlich ein Brief des Konsuls Gaius Terentius ein: Der Konsul Lucius Aemilius und sein Heer seien vernichtet; er selbst befinde sich in Canusium und sammle wie nach einem Schiffbruch die Trümmer aus der so furchtbaren Niederlage; es seien etwa 10 000 Soldaten, die nicht zusammengehörten und keinen Truppenverband hätten. Der Punier sitze in der Gegend von Cannae und feilsche um den Preis der Gefangenen und die andere Beute, gar nicht wie ein Sieger oder großer Feldherr. Jetzt wurden auch die persönlichen Verluste in den einzelnen Häusern bekannt. Eine solche Trauer erfüllte die ganze Stadt, daß das jährliche Opfer der Ceres unterblieb, weil Leidtragende es nicht darbringen dürfen; und es gab damals in der Stadt keine Frau ohne Trauer. Um daher nicht aus dem gleichen Grunde auch andere staatliche oder private religiöse Handlungen ausfallen zu lassen, beschränkte man durch Senatsbeschluß die Zeit der Trauer auf 30 Tage. Als sich die Unruhe in der Stadt gelegt hatte und die Senatoren wieder ins Rathaus gerufen worden waren, traf noch ein weiterer Brief ein, der aus Sizilien vom Proprätor Titus Otacilius kam: Hieros Reich werde von einer punischen Flotte verwüstet. Als sie ihm auf seine Bitten Hilfe bringen wollten, sei ihnen gemeldet worden, eine zweite Flotte stehe gerüstet und angriffsbereit bei den Ägatischen Inseln, um sofort Lilybaeum und die übrige römische Provinz zu überfallen, wenn die Punier merkten, daß er sich zum Schutz der syrakusanischen Küste anschicke. Wenn man also den verbündeten König und Sizilien schützen wolle, brauche man eine Flotte.

Als man die Briefe des Konsuls und des Prätors verlesen hatte, beschlossen die Senatoren, den Prätor Marcus Claudius, der die bei Ostia stehende Flotte kommandierte, nach Canusium zum Heer zu

bendumque consuli, ut, cum praetori exercitum
tradidisset, primo quoque tempore, quantum per
commodum rei publicae fieri posset, Romam veniret. Territi etiam super tantas clades cum ceteris 2
prodigiis, tum quod duae Vestales eo anno, Opimia atque Floronia, stupri compertae et altera sub
terra, uti mos est, ad portam Collinam necata fuerat, altera sibimet ipsa mortem consciverat; L. Can- 3
tilius scriba pontificius, quos nunc minores pontifices appellant, qui cum Floronia stuprum fecerat, a
pontifice maximo eo usque virgis in comitio caesus
erat, ut inter verbera exspiraret. Hoc nefas cum 4
inter tot, ut fit, clades in prodigium versum esset, 5
decemviri libros adire iussi sunt et Q. Fabius Pictor
Delphos ad oraculum missus est sciscitatum, quibus
precibus suppliciisque deos possent placare et quae-
nam futura finis tantis cladibus foret. Interim ex 6
fatalibus libris sacrificia aliquot extraordinaria
facta, inter quae Gallus et Galla, Graecus et Graeca
in foro bovario sub terram vivi demissi sunt in locum saxo consaeptum, iam ante hostiis humanis,
minime Romano sacro, imbutum.

Placatis satis, ut rebantur, deis M. Claudius Mar- 7
cellus ab Ostia mille et quingentos milites, quos in
classem scriptos habebat, Romam, ut urbi praesidio 8
essent, mittit; ipse legione classica – ea legio tertia
erat – cum tribunis militum Teanum Sidicinum
praemissa, classe tradita P. Furio Philo collegae
paucos post dies Canusium magnis itineribus con-
tendit. Inde dictator ex auctoritate patrum dictus
M. Iunius et Ti. Sempronius magister equitum di- 9
lectu edicto iuniores ab annis septemdecim et quosdam praetextatos scribunt; quattuor ex his legiones
et mille equites effecti. Item ad socios Latinumque 10

schicken. Dem Konsul müsse man schreiben, er solle nach der Übergabe des Heeres an den Prätor möglichst schnell nach Rom kommen, soweit sich dies mit dem Interesse des Staates vereinbaren lasse. Abgesehen von den so schweren Niederlagen war man noch durch eine Reihe böser Vorzeichen erschreckt, besonders durch die Tatsache, daß in diesem Jahr zwei Vestalinnen, Opimia und Floronia, der Unzucht überführt worden waren. Die eine wurde wie üblich am collinischen Tor lebendig begraben, die andere hatte Selbstmord verübt. Lucius Cantilius, Sekretär bei den Oberpriestern – man nennt sie jetzt die kleineren Oberpriester –, der mit Floronia den unerlaubten Umgang gehabt hatte, ließ der Pontifex Maximus auf dem Versammlungsplatz solange mit Ruten peitschen, bis er unter den Schlägen starb. Weil man nun auch diese Sünde, wie es so geschieht, unter so vielen Schicksalsschlägen für ein schlechtes Vorzeichen hielt, beauftragte man die Decemvirn, die Bücher nachzuschlagen. Quintus Fabius Pictor wurde nach Delphi zum Orakel geschickt, um dort anzufragen, mit welchen Gebeten und Anrufungen die Götter zu versöhnen seien, und wann die so schweren Schicksalsschläge denn ein Ende nähmen. Inzwischen brachte man nach der Anordnung der Schicksalsbücher einige außerordentliche Opfer dar. Unter anderem ließ man einen Gallier und eine Gallierin, einen Griechen und eine Griechin auf dem Rindermarkt lebendig in ein unterirdisches Felsverlies hinab, das schon früher Menschenopfer erlebt hatte, eine sonst keineswegs bei Römern übliche Form des Opferns.

Als die Götter nach ihrer Meinung zur Genüge versöhnt waren, schickte Marcus Claudius Marcellus von Ostia 1500 Mann, die er für die Flotte ausgehoben hatte, nach Rom, damit sie hier als Schutz für die Stadt dienten. Er sandte die Flottenlegion – es war die dritte – mit den Militärtribunen nach Teanum im Gebiet der Sidiciner voraus und übergab die Flotte seinem Amtskollegen Publius Furius Philus. Dann begab er sich selbst wenige Tage darauf in Eilmärschen nach Canusium. Der Senat ernannte Marcus Junius zum Diktator und Tiberius Sempronius zu seinem Reiteroberen. Sie ordneten eine Einberufung an. Man zog junge Leute von 17 Jahren an ein, einige sogar, die noch die verbrämte Toga trugen. Sie ergaben vier Legionen und 1000 Reiter. Außerdem schickten

nomen ad milites ex formula accipiendos mittunt.
Arma, tela, alia parari iubent et vetera spolia hostium detrahunt templis porticibusque. Et aliam for-   11
mam novi dilectus inopia liberorum capitum ac
necessitas dedit: octo milia iuvenum validorum ex
servitiis, prius sciscitantes singulos, vellentne militare, empta publice armaverunt. Hic miles magis   12
placuit, cum pretio minore redimendi captivos copia fieret.

Namque Hannibal secundum tam prosperam ad   58
Cannas pugnam victoris magis quam bellum gerentis
intentus curis, cum captivis productis segregatisque   2
socios, sicut ante ad Trebiam Trasumennumque lacum, benigne adlocutus sine pretio dimisisset, Romanos quoque vocatos, quod nunquam alias antea,
satis miti sermone adloquitur: non internecivum   3
sibi esse cum Romanis bellum; de dignitate atque
imperio certare. et patres virtuti Romanae cessisse
et se id adniti, ut suae in vicem simul felicitati et
virtuti cedatur. itaque redimendi se captivis copiam   4
facere; pretium fore in capita equiti quingenos quadrigatos nummos, trecenos pediti, servo centenos.
Quamquam aliquantum adiciebatur equitibus ad id   5
pretium, quo pepigerant dedentes se, laeti tamen
quamcumque condicionem paciscendi acceperunt.
Placuit suffragio ipsorum decem deligi, qui Romam   6
ad senatum irent nec pignus aliud fidei, quam ut
iurarent se redituros acceptum. Missus cum his Carthalo, nobilis Carthaginiensis, qui, si forte ad pacem   7
inclinaret animus, condiciones ferret. Cum egressi   8
castris essent, unus ex iis, minime Romani ingenii
homo, velut aliquid oblitus, iuris iurandi solvendi
causa cum in castra redisset, ante noctem comites
adsequitur. Ubi Romam venire eos nuntiatum est,   9

sie Beauftragte zu den Bundesgenossen und zu den Latinern, um die vertragsmäßig zustehenden Soldaten in Empfang zu nehmen. Sie ließen Schutz- und Angriffswaffen und andere Ausrüstungsgegenstände bereitstellen. Aus den Tempeln und Säulenhallen holten sie die früher erbeuteten feindlichen Waffenstücke. Der Mangel an freien Männern und die Not der Stunde erzwangen noch eine neue Art der Werbung. Man kaufte für Staatsgelder 8000 stämmige junge Sklaven und bewaffnete sie. Vorher hatte man sie einzeln befragt, ob sie zum Kriegsdienst bereit wären. Diese Art von Soldaten war ihnen lieber, obwohl man Gelegenheit gehabt hätte, die eigenen Gefangenen billiger loszukaufen.

Denn Hannibal befaßte sich nach dem glänzenden Erfolg der Schlacht bei Cannae mehr mit den Aufgaben eines Siegers als mit denen eines kriegführenden Feldherrn. Er hatte sich die Gefangenen vorführen und sie trennen lassen. Dabei sprach er wie vorher an der Trebia und am Trasimennischen See die Bundesgenossen freundlich an und entließ sie dann ohne Lösegeld. Auch die Römer ließ er rufen und sprach sie, was niemals zuvor sonst geschehen war, recht gnädig an: Er führe keinen Vernichtungskrieg gegen die Römer; er kämpfe nur um seine Ehre und um die Herrschaft. Seine Vorfahren seien der Tapferkeit der Römer gewichen; sein Streben gehe dahin, daß man umgekehrt auch seinem Glück und seiner Tüchtigkeit weiche. Deshalb gebe er den Gefangenen die Möglichkeit, sich loszukaufen. Der Preis betrage pro Kopf für jeden Reiter 500 Silberdenare, für jeden Mann 300 und 100 für den Sklaven. Zwar wurde den Reitern noch eine beträchtliche Summe zu dem Preis hinzugesetzt, den sie bei der Übergabe verabredet hatten; doch mit Freuden nahmen sie den Vertrag unter jeder Bedingung an. In eigener Abstimmung ließ man sie zehn Männer auswählen, die nach Rom zum Senat gehen sollten. Man nahm ihnen kein anderes Treuepfand ab als die eidliche Verpflichtung zu ihrer Rückkehr. Mit ihnen schickte man Carthalo, einen vornehmen Karthager, der die Bedingungen vorbringen sollte, falls man zufällig in Rom zum Frieden geneigt sei. Als sie das Lager verlassen hatten, kehrte einer von ihnen, bestimmt kein Mensch von römischer Wesensart, in das Lager zurück, als hätte er etwas vergessen, um sich so von seinem Eid zu lösen. Vor Einbruch der Nacht holte er seine Kameraden

Carthaloni obviam lictor missus, qui dictatoris verbis nuntiaret, ut ante noctem excederet finibus Romanis.

Legatis captivorum senatus ab dictatore datus est,   59
quorum princeps:,M. Iuni vosque, patres conscripti',
inquit, ,nemo nostrum ignorat nulli unquam civitati viliores fuisse captivos quam nostrae; ceterum,   2
nisi nobis plus iusto nostra placet causa, non alii
unquam minus neglegendi vobis quam nos in hostium potestatem venerunt. Non enim in acie per   3
timorem arma tradidimus, sed cum prope ad noctem superstantes cumulis caesorum corporum proelium extraxissemus, in castra recepimus nos; diei   4
reliquum ac noctem insequentem, fessi labore ac
volneribus, vallum sumus tutati; postero die, cum   5
circumsessi ab exercitu victore aqua arceremur nec
ulla iam per confertos hostes erumpendi spes esset
nec esse nefas duceremus quinquaginta milibus hominum ex acie nostra trucidatis aliquem ex Cannensi pugna Romanum militem restare, tunc demum   6
pacti sumus pretium, quo redempti dimitteremur,
arma, in quibus nihil iam auxilii erat, hosti tradidimus. Maiores quoque acceperamus se a Gallis auro   7
redemisse et patres vestros, asperrimos illos ad condiciones pacis, legatos tamen captivorum redimen-
dorum gratia Tarentum misisse. Atqui et ad Alliam   8
cum Gallis et ad Heracleam cum Pyrrho utraque
non tam clade infamis quam pavore et fuga pugna
fuit: Cannenses campos acervi Romanorum corporum tegunt, nec supersumus pugnae, nisi in quibus
trucidandis et ferrum et vires hostem defecerunt.
Sunt etiam de nostris quidam, qui ne in acie quidem   9
fuerunt, sed praesidio castris relicti, cum castra tra-
derentur, in potestatem hostium venerunt. Haud   10
equidem ullius civis et commilitonis fortunae aut

wieder ein. Als man in Rom ihr Kommen gemeldet hatte, schickte
man Carthalo einen Liktor entgegen, der ihm im Auftrag des Diktators erklären mußte, er solle noch vor Einbruch der Nacht das
Gebiet von Rom wieder verlassen.

Den Gesandten der Gefangenen gewährte der Diktator im Senat
Gehör. Ihr Sprecher erklärte: „Marcus Junius und ihr, Senatoren!
Jeder von uns weiß selbst gut, daß nie in einem Staat die Gefangenen
weniger wert waren als in unserem eigenen. Im übrigen aber, wenn
wir unseren Fall nicht überschätzen, so gerieten niemals Römer, die
von euch weniger vernachlässigt werden durften als wir, in feindliche Gewalt. Denn wir haben in der Schlacht nicht aus Feigheit
die Waffen gestreckt, sondern wir haben beinahe bis zum Einbruch
der Nacht, auf Bergen von Leichen stehend, den Kampf weiterge-
führt und uns erst dann ins Lager zurückgezogen. Den Rest des Tages und die folgende Nacht hindurch haben wir dann trotz Er-
schöpfung und Wunden den Wall verteidigt. Als wir am folgenden
Tage, vom siegreichen Heer umstellt, am Wasserholen gehindert
wurden und keine Hoffnung mehr bestand, die dichten feindlichen
Scharen zu durchbrechen, hielten wir es für kein Verbrechen, wenn
von 50 000 Mann, die aus unserem Heer fielen, wenigstens hin und
wieder einmal ein römischer Soldat aus der Schlacht von Cannae
übrigbliebe. Da haben wir dann schließlich einen Preis ausgehan-
delt, um den wir uns loskaufen könnten, und die Waffen, die uns
keine Hilfe mehr bedeuteten, dem Feinde übergeben. Wir hatten
gehört, daß sich auch unsere Vorfahren von den Galliern mit Gold
loskauften und daß eure Väter, erbitterte Gegner von Friedensbedingungen, trotzdem Gesandte nach Tarent geschickt haben, um
die Gefangenen auszulösen. Und doch waren beide Schlachten, die
an der Allia mit den Galliern und die bei Heraklea mit Pyrrhus
nicht so sehr durch den Verlust berüchtigt als vielmehr durch Entsetzen und Flucht: Die Ebene von Cannae dagegen bedecken Haufen von Römerleichen; und nur diejenigen von uns überlebten die
Schlacht, die zu erschlagen der Feind kein Schwert und keine Kraft
mehr hatte. Es gibt auch bei uns einige, die nicht einmal in der
Schlacht gewesen sind, sondern als Lagerbesatzung zurückgelassen
waren und dem Feind in die Hände fielen, als man das Lager übergab. Ich selbst beneide keinen Mitbürger und keinen Kameraden um

condicioni invideo, nec premendo alium me extu-
lisse velim: ne illi quidem, nisi pernicitatis pedum
et cursus aliquod praemium est, qui plerique inermes ex acie fugientes non prius, quam Venusiae aut
Canusii constiterunt, se nobis merito praetulerint
gloriatique sint in se plus quam in nobis praesidii
rei publicae esse. Sed illis et bonis ac fortibus mili-   11
tibus utemini et nobis etiam promptioribus pro patria, quod beneficio vestro redempti atque in patriam restituti fuerimus.

Dilectum ex omni aetate et fortuna habetis; octo   12
milia servorum audio armari. Non minor numerus
noster est nec maiore pretio redimi possumus, quam
ii emuntur; nam si conferam nos cum illis, iniuriam
nomini Romano faciam. Illud etiam in tali consilio   13
animadvertendum vobis censeam, patres conscripti,
si iam duriores esse velitis, quod nullo nostro merito
faciatis, cui nos hosti relicturi sitis. Pyrrho videli-   14
cet, qui hospitum numero captivos habuit? An bar-
baro ac Poeno, qui, utrum avarior an crudelior sit,
vix existimari potest? Si videatis catenas, squalorem,   15
deformitatem civium vestrorum, non minus profecto vos ea species moveat, quam si ex altera parte
cernatis stratas Cannensibus campis legiones vestras.
Intueri potestis sollicitudinem et lacrimas in vesti-   16
bulo curiae stantium cognatorum nostrorum exspec-
tantiumque responsum vestrum. Cum ii pro nobis
proque iis, qui absunt, ita suspensi ac solliciti sint,
quem censetis animum ipsorum esse, quorum in
discrimine vita libertasque est? Si, mediusfidius,
ipse in nos mitis Hannibal contra naturam suam   17
esse velit, nihil tamen nobis vita opus esse censea-
mus, cum indigni, ut redimeremur a vobis, visi simus.
Rediere Romam quondam remissi a Pyrrho sine   18
pretio captivi; sed rediere cum legatis, primoribus
civitatis, ad redimendos sese missis. Redeam ego in

sein Glück oder um seine Lage; und ich möchte mich auch nicht selbst durch Herabsetzung eines andern besonders hervorheben. Wenn es aber keinerlei Belohnung für schnelle Füße und Langlauf gibt, dann dürfen wohl nicht einmal die, die meist ohne Waffen vom Schlachtfeld flohen und erst in Venusia oder Canusium haltmachten, einen verdienten Vorrang vor uns erhalten und sich rühmen, daß der Staat an ihnen mehr Schutz habe als an uns. Aber ihr werdet sie als gute und tapfere Soldaten genauso verwenden wie uns; und wir werden noch bereitwilliger für das Vaterland eintreten, weil wir durch eure Güte losgekauft und in die Heimat zurückgeholt sein werden.

Ihr veranstaltet eine Aushebung aus jeder Altersstufe und jedem Stand. Wie ich höre, werden 8000 Sklaven bewaffnet. Unsere Zahl ist nicht geringer, und es kostet nicht mehr, uns loszukaufen als diese zu kaufen. Denn wollte ich uns mit jenen vergleichen, dann beleidigte ich den römischen Namen. Auch das müßt ihr meiner Ansicht nach bei einem solchen Beschluß beachten, Senatoren – wenn ihr schon härter sein wollt, was wir nicht verdient haben –, welchem Feind ihr uns zu überlassen gedenkt. Etwa einem Pyrrhus, der die Gefangenen wie Gastfreunde behandelte? Oder nicht vielmehr einem Barbaren, einem Punier, bei dem man kaum entscheiden kann, ob bei ihm Habgier oder Grausamkeit überwiegt? Solltet ihr die Ketten, den Schmutz, den jämmerlichen Anblick eurer Mitbürger erleben, dann würde euch wohl dieses Bild bestimmt nicht weniger rühren, als wenn ihr auf der anderen Seite eure auf den Feldern von Cannae hingemähten Legionen erblicktet. Ihr könnt den Kummer und die Tränen unserer Verwandten ansehen, die im Vorraum des Rathauses stehen und auf eure Antwort warten. Wenn sie schon um uns und diejenigen von uns, die nicht hier sind, so besorgt sind und bangen, wie muß es dann nach euerer Ansicht erst denen zumute sein, deren Leben und Freiheit auf dem Spiel steht? Wenn, bei Gott, Hannibal selbst wider seine Natur gegen uns milde sein wollte, dann werden wir wohl doch glauben, das Leben habe für uns keinen Wert mehr, da wir euch unwürdig erschienen, von euch losgekauft zu werden. Einst kehrten die von Pyrrhus ohne Lösegeld zurückgeschickten Gefangenen nach Rom zurück. Aber sie kamen mit den Gesandten wieder, den ersten Männern des Staates, die

patriam trecentis nummis non aestimatus civis?
Suum quisque animum, patres conscripti. Scio in   19
discrimine esse vitam corpusque meum; magis me
famae periculum movet, ne a vobis damnati ac re-
pulsi abeamus; neque enim vos pretio pepercisse
homines credent.'

Ubi is finem fecit, extemplo ab ea turba, quae in   60
comitio erat, clamor flebilis est sublatus manusque
ad curiam tendebant orantes, ut sibi liberos, fratres,
cognatos redderent. Feminas quoque metus ac ne-   2
cessitas in foro turbae virorum immiscuerat. Senatus
summotis arbitris consuli coeptus. Ibi cum senten-   3
tiis variaretur et alii redimendos de publico, alii
nullam publice impensam faciendam nec prohi-
bendos ex privato redimi; si quibus argentum in   4
praesentia deesset, dandam ex aerario pecuniam
mutuam praedibusque ac praediis cavendum populo censerent, tum T. Manlius Torquatus, priscae   5
ac nimis durae, ut plerisque videbatur, severitatis,
interrogatus sententiam ita locutus fertur:

,Si tantummodo postulassent legati pro iis, qui in   6
hostium potestate sunt, ut redimerentur, sine ullius
insectatione eorum brevi sententiam peregissem;   7
quid enim aliud, quam admonendi essetis, ut morem
traditum a patribus necessario ad rem militarem
exemplo servaretis? Nunc autem, cum prope glo-
riati sint, quod se hostibus dediderint, praeferrique
non captis modo in acie ab hostibus, sed etiam iis,
qui Venusiam Canusiumque pervenerunt, atque ipsi
C. Terentio consuli aequum censuerint, nihil vos
eorum, patres conscripti, quae illic acta sunt igno-
rare patiar. Atque utinam haec, quae apud vos   8
acturus sum, Canusii apud ipsum exercitum agerem,
optimum testem ignaviae cuiusque et virtutis, aut
unus hic saltem adesset P. Sempronius, quem, si isti

man zu ihrem Loskauf hingeschickt hatte. Soll ich denn in meine Heimat zurückkehren als Bürger, der nicht einmal auf 300 Denare eingeschätzt worden ist? Jeder hat sein Selbstbewußtsein, Senatoren. Ich weiß, es geht um mein Leben und meinen Kopf. Mehr aber noch sorge ich mich um unseren guten Ruf, von euch verurteilt und abgewiesen fortgehen zu müssen; denn kein Mensch wird glauben, daß ihr das Lösegeld einsparen wolltet."

Nach seiner Rede erhob die Volksmenge auf dem Versammlungsplatz ein jammervolles Geschrei. Sie hoben die Hände zum Rathaus empor und baten, ihnen ihre Söhne, Brüder und Verwandten wiederzugeben. Angst und Not hatten auch Frauen auf dem Markt unter die Schar der Männer gemischt. Nun begann der Senat die Beratung unter Ausschluß der Öffentlichkeit. Dort hörte man verschiedene Ansichten. Die einen stellten den Antrag, man solle die Gefangenen mit Staatsgeldern loskaufen; andere meinten, staatliche Mittel dürfe man dafür nicht aufwenden. Man solle aber niemand daran hindern, sie mit privaten Geldern loszukaufen. Wenn jemandem das Geld gegenwärtig fehle, solle man es ihm aus der Staatskasse leihen und den Staat durch Bürgen und Grundbesitz absichern. Darauf fragte man Titus Manlius Torquatus, einen Mann von alter und, wie es den meisten schien, allzu harter Strenge, um seine Meinung. Er soll seine Ansicht so formuliert haben:

„Hätten die Gesandten lediglich den Loskauf verlangt für die, die sich in Feindeshand befinden, hätte ich meine Meinung kurz und ohne Anspielung gegen auch nur einen von ihnen geäußert. Denn was gäbe es dann sonst als euch zu erinnern, die von unsern Vätern überlieferte Sitte durch ein im Hinblick auf die militärische Lage notwendiges Beispiel zu wahren? Nun aber, da sie fast schon damit prahlen, sich den Feinden ausgeliefert zu haben, und es für recht halten, nicht nur den im Kampfe vom Feind Gefangenen, sondern auch denen vorgezogen zu werden, die nach Venusia und Canusium gelangten, ja sogar dem Konsul Gaius Terentius selbst, will ich nicht zulassen, Senatoren, daß euch etwas von den dortigen Vorgängern unbekannt bleibt. Könnte ich doch das, was ich euch vortragen will, in Canusium vor dem Heere selbst vorbringen, das der beste Zeuge für die Feigheit und Tapferkeit jedes einzelnen ist! Oder wäre doch wenigstens Publius Sempronius als einziger hier!

ducem secuti essent, milites hodie in castris Romanis,
non captivi in hostium potestate essent. Sed cum
fessis pugnando hostibus, tum victoria laetis et ipsis
plerisque regressis in castra sua, noctem ad erumpendum liberam habuissent et septem milia armatorum hominum erumpere etiam per confertos hostes
possent, neque per se ipsi id facere conati sunt neque
alium sequi voluerunt. Nocte prope tota P. Sempronius Tuditanus non destitit monere, adhortari
eos, dum paucitas hostium circa castra, dum quies
ac silentium esset, dum nox inceptum tegere posset,
se ducem sequerentur: ante lucem pervenire in tuta
loca, in sociorum urbes posse. Si ut avorum memoria P. Decius tribunus militum in Samnio, si ut
nobis adulescentibus priore Punico bello Calpurnius
Flamma trecentis voluntariis, cum ad tumulum eos
capiendum situm inter medios duceret hostes, dixit
„moriamur, milites, et morte nostra eripiamus ex
obsidione circumventas legiones", si hoc P. Sempronius diceret, nec viros quidem nec Romanos vos
ducerem, si nemo tantae virtutis exstitisset comes.
Viam non ad gloriam magis quam ad salutem feren-
tem demonstrat; reduces in patriam ad parentes, ad
coniuges ac liberos facit. Ut servemini, deest vobis
animus: quid, si moriendum pro patria esset, faceretis? Quinquaginta milia civium sociorumque circa
vos eo ipso die caesa iacent. Si tot exempla virtutis
non movent, nihil unquam movebit; si tanta clades
vilem vitam non fecit, nulla faciet.

Liberi atque incolumes desiderate patriam; immo
desiderate, dum patria est, dum cives eius estis! sero
nunc desideratis, deminuti capite, abalienati iure
civium servi Carthaginiensium facti. Pretio redituri
estis eo, unde ignavia ac nequitia abistis? P. Sem-

Wären ihm diese Leute als ihrem Führer gefolgt, dann wären sie
heute Soldaten im römischen Lager, nicht Gefangene in feindlicher
Gewalt. Die Feinde waren vom Kampf erschöpft, insbesondere aber
hatten sie sich im Siegestaumel auch ihrerseits größtenteils ins Lager
zurückgezogen. Man hätte also die Nacht zu einem Ausfall frei-
gehabt, und 7000 Bewaffnete hätten sogar durch eine dichte Kette
von Feinden durchbrechen können. Trotzdem machten sie diesen
Versuch weder von sich aus noch wollten sie einem anderen folgen.
Fast die ganze Nacht hörte Publius Sempronius Tuditanus nicht
auf, sie eindringlich zu ermahnen, sie sollten ihm als Führer folgen,
solange nur so wenige Feinde rings um das Lager stünden, solange
Ruhe und Stille herrsche, solange die Nacht ihr Unternehmen decke;
noch vor Tagesanbruch könnten sie an sichere Plätze, in die Städte
der Bundesgenossen gelangen. Wenn wie zur Zeit unserer Groß-
väter der Militärtribun Publius Decius in Samnium, in unserer Ju-
gendzeit im ersten Punischen Krieg Calpurnius Flamma zu 300
Freiwilligen, als er sie zur Besetzung eines Hügels inmitten der
Feinde führte, sprach: „Soldaten, wir wollen sterben und mit unserem Tod die eingeschlossenen Legionen aus der Umklammerung
befreien!" Wenn dies Publius Sempronius zu euch sagte, würde ich
euch nicht für Männer, noch weniger für Römer halten, wenn sich
niemand für ein solches Heldenstück als Begleiter angeboten hätte.
Er zeigt ihnen einen Weg, der weniger zum Ruhm als zu ihrer Rettung führt. Er ermöglicht die Rückkehr ins Vaterland, zu Eltern,
Frauen und Kindern. Um euch retten zu lassen, fehlt euch der Mut.
Was würdet ihr tun, wenn ihr für das Vaterland sterben müßtet?
50 000 Bürger und Bundesgenossen, die am gleichen Tage erschlagen
wurden, liegen um euch herum. Wenn euch soviele Beispiele von
Tapferkeit nicht ansprechen, dann wird euch nichts mehr beein-
drucken; wenn eine so schwere Niederlage das Leben nicht wertlos
gemacht hat, dann wird es keine tun.

Sehnt euch frei und unversehrt zurück ins Vaterland! Ja, sehnt
euch danach, solange es noch Vaterland ist, solange ihr noch seine
Bürger seid! Jetzt kommt euer Wunsch zu spät, wo ihr eure bürgerliche Ehre teilweise verloren, euer Bürgerrecht eingebüßt habt,
da ihr Sklaven der Karthager geworden seid. Für Geld wollt ihr
dorthin zurückkehren, von wo ihr aus Feigheit und Untauglichkeit

pronium civem vestrum non audistis arma capere
ac sequi se iubentem; Hannibalem post paulo
audistis castra prodi et arma tradi iubentem. Quam-   17
quam quid ego ignaviam istorum accuso, cum scelus
possim accusare? Non modo enim sequi recusarunt
bene monentem, sed obsistere ac retinere conati sunt,
ni strictis gladiis viri fortissimi inertes summovis-
sent. Prius, inquam, P. Sempronio per civium ag-   18
men, quam per hostium fuit erumpendum. Hos cives
patria desideret, quorum si ceteri similes fuissent,
neminem hodie ex iis, qui ad Cannas pugnaverunt,
civem haberet. Ex milibus septem armatorum ses-   19
centi exstiterunt, qui erumpere auderent, qui in
patriam liberi atque armati redirent, neque his
sescentis hostes obstitere; quam tutum iter duarum   20
prope legionum agmini futurum censetis fuisse?
Haberetis hodie viginti milia armatorum Canusii
fortia, fidelia, patres conscripti. Nunc autem quemadmodum hi boni fidelesque – nam „fortes" ne
ipsi quidem dixerint – cives esse possunt? Nisi quis   21
credere potest aut adfuisse erumpentibus, qui, ne
erumperent, obsistere conati sunt, aut non invidere
eos cum incolumitati, tum gloriae illorum per virtutem partae, cum sibi timorem ignaviamque servitutis ignominiosae causam esse sciant. Maluerunt   22
in tentoriis latentes simul lucem atque hostem
exspectare, cum silentio noctis erumpendi occasio
esset.

At ad erumpendum e castris defuit animus, ad
tutanda fortiter castra animum habuerunt; dies noc-
tesque aliquot obsessi vallum armis, se ipsi tutati   23
vallo sunt; tandem ultima ausi passique, cum omnia subsidia vitae deessent adfectisque fame viribus
arma iam sustinere nequirent, necessitatibus magis
humanis quam armis victi sunt. Orto sole ab hosti-   24

weggegangen seid? Auf euern Mitbürger Publius Sempronius habt
ihr nicht gehört, als er von euch verlangte, die Waffen aufzunehmen und ihm zu folgen. Auf Hannibal aber habt ihr bald darauf
gehört, als er befahl, das Lager zu übergeben und die Waffen abzuliefern. Aber warum klage ich ihre Feigheit an, da ich ihnen ein
Verbrechen vorwerfen kann? Sie weigerten sich nicht nur, ihm zu
folgen, als er zum Guten mahnte, sondern sie versuchten sogar, sich
ihm zu widersetzen und ihn zurückzuhalten, wenn nicht beherzte
Männer die Feiglinge mit gezückten Schwertern weggejagt hätten.
Publius Sempronius, möchte ich sagen, mußte zuerst die Schar seiner Mitbürger und dann erst den Schwarm der Feinde durchbrechen. Soll sich das Vaterland solche Bürger zurückwünschen? Wären ihnen die anderen ähnlich gewesen, dann könnte es heute
keinen mehr von denen, die bei Cannae gekämpft haben, als Bürger bezeichnen. Von 7000 Bewaffneten fanden sich ganze 600, die
einen Ausbruch wagten, die frei und mit ihren Waffen heimkehrten,
und diesen 600 stellten sich die Feinde nicht in den Weg. Wie sicher,
meint ihr, wäre der Weg für eine Abteilung von fast zwei Legionen
gewesen? Dann hättet ihr heute in Canusium 20 000 tapfere, treue
Männer unter Waffen, Senatoren. Wie könnten dagegen diese jetzt
gute und treue Mitbürger sein? Denn „tapfer" dürften sie sich nicht
einmal selbst nennen. Es müßte höchstens jemand glauben, daß die
Männer, die sich dem Ausbruch zu widersetzen wagten, dadurch
den Ausbrechenden halfen oder nicht neidisch sind auf deren Rettung und auf den Ruhm, den sie sich durch Tapferkeit erworben
haben. Sie wissen doch selbst, daß Furcht und Feigheit ihre schmäh-
liche Knechtschaft verschuldet haben. In ihren Zelten verkrochen
wollten sie lieber auf den Tag und damit auf den Feind warten,
obgleich sich in der Stille der Nacht eine Gelegenheit zum Ausbrechen geboten hätte.

Aber zum Ausbruch aus dem Lager fehlte es ihnen an Mut; zur
tapferen Verteidigung des Lagers hatten sie ihn. Einige Tage und
Nächte wurden sie belagert und schützten den Wall mit Waffen,
sich selbst mit dem Wall. Schließlich wagten und erduldeten sie das
äußerste; da ihnen sämtliche Lebensmittel fehlten, ihre Kräfte
durch Hunger verzehrt waren und sie die Waffen nicht mehr halten
konnten, wurden sie mehr durch menschliche Notlage als durch

bus ad vallum accessum; ante secundam horam,
nullam fortunam certaminis experti, tradiderunt
arma ac se ipsos. Haec vobis istorum per biduum
militia fuit. Cum in acie stare ac pugnare decuerat,   25
in castra refugerunt; cum pro vallo pugnandum
erat, castra tradiderunt, neque in acie neque in
castris utiles. Et vos redimam? Cum erumpere e   26
castris oportet, cunctamini ac manetis; cum manere
et castra tutari armis necesse est, et castra et arma
et vos ipsos traditis hosti. Ego non magis istos redi-   27
mendos, patres conscripti, censeo quam illos dedendos Hannibali, qui per medios hostes e castris eru-
perunt ac per summam virtutem se patriae resti-
tuerunt.'

Postquam Manlius dixit, quamquam patrum quo-   61
que plerosque captivi cognatione attingebant, praeter exemplum civitatis minime in captivos iam inde
antiquitus indulgentis, pecuniae quoque summa ho-   2
mines movit, quia nec aerarium exhauriri, magna
iam summa erogata in servos ad militiam emendos
armandosque, nec Hannibalem, maxime huiusce rei,
ut fama erat, egentem, locupletari volebant. Cum   3
triste responsum non redimi captivos redditum esset
novusque super veterem luctus tot iactura civium
adiectus esset, cum magnis fletibus questibus legatos
ad portam prosecuti sunt. Unus ex iis domum abiit,   4
quod fallaci reditu in castra iure iurando se exsol-
visset. Quod ubi innotuit relatumque ad senatum
est, omnes censuerunt comprehendendum et custodibus publice datis deducendum ad Hannibalem
esse.

Est et alia de captivis fama: decem primos ve-   5
nisse; de eis cum dubitatum in senatu esset, admitte-
rentur in urbem necne, ita admissos esse, ne tamen
iis senatus daretur; morantibus deinde longius om-   6
nium spe alios tres insuper legatos venisse, L. Scri-

bewaffnete Feinde besiegt. Indes: Bereits nach Sonnenaufgang rückte der Feind an den Wall. Ohne das Kampfglück nur zu versuchen, lieferten sie noch vor der zweiten Tagesstunde sich selbst und ihre Waffen aus. Das war der Kriegsdienst dieser Leute während der zwei Tage. Als sie in der Schlacht stehen und kämpfen sollten, flohen sie ins Lager zurück. Als sie den Wall verteidigen sollten, übergaben sie das Lager, in der Kampflinie ebenso unbrauchbar wie dort. Und euch soll ich loskaufen? Wenn ihr einen Ausfall aus dem Lager machen sollt, zögert ihr und bleibt. Wenn ihr bleiben und das Lager mit euren Waffen schützen müßt, übergebt ihr Lager, Waffen und euch selbst dem Feind. Ich, Senatoren, kann so wenig dafür stimmen, diese Leute loszukaufen, wie ich die Männer dem Hannibal ausliefern wollte, die mitten durch die Feinde aus dem Lager durchbrachen und sich durch höchste Tapferkeit dem Vaterland wieder zur Verfügung gestellt haben."

Nach diesen Worten des Manlius beeindruckte auch die Geldsumme die Leute sehr, obwohl die Gefangenen sogar meist mit Senatoren verwandt waren. Dazu kam noch die Einstellung des Staates, der schon von jeher nicht die geringste Nachsicht gegen Gefangene kannte; man wollte nicht, daß die Staatskasse restlos geleert wurde – der Staat hatte ja bereits für den Kauf der Sklaven zum Kriegsdienst und für ihre Bewaffnung eine große Summe angewiesen –, und daß Hannibal sich bereichere, dem es, wie man allgemein hörte, gerade an solchen Mitteln fehlte. So gab man also die betrübliche Antwort, die Gefangenen würden nicht losgekauft. Zu der alten Trauer kam nun noch die neue über den Verlust so vieler Mitbürger. Unter vielen Tränen und Klagen geleiteten sie also die Gesandten zum Stadttor. Nur einer von ihnen ging nach Hause, weil er sich durch seine betrügerische Rückkehr ins Lager von seinem Eid gelöst hatte. Dies sprach sich aber herum und wurde dem Senat hinterbracht. Da stimmten alle dafür, ihn zu verhaften und unter staatlicher Bewachung Hannibal zu überstellen.

Es gibt noch eine andere Version über die Gefangenen: Zuerst seien zehn Gesandte gekommen. Als man sich im Senat über sie nicht schlüssig war, ob sie in die Stadt einzulassen seien oder nicht, seien sie doch hereingelassen worden, aber mit dem Hinweis, daß sie im Senat nicht angehört würden. Als sie sich wider Erwarten

bonium et C. Calpurnium et L. Manlium; tum
demum ab cognato Scriboni tribuno plebis de redi-   7
mendis captivis relatum esse nec censuisse redimendos senatum; et novos legatos tres ad Hannibalem
revertisse, decem veteres remansisse, quod per cau-   8
sam recognoscendi nomina captivorum ad Hanni-
balem ex itinere regressi religione sese exsolvissent;
de iis dedendis magna contentione actum in senatu
esse victosque paucis sententiis, qui dedendos censuerint; ceterum proximis censoribus adeo omnibus   9
notis ignominiisque confectos esse, ut quidam eorum
mortem sibi ipsi extemplo consciverint, ceteri non
foro solum omni deinde vita, sed prope luce ac publico caruerint. Mirari magis adeo discrepare inter   10
auctores, quam, quid veri sit, discernere queas.

Quanto autem maior ea clades superioribus cladibus fuerit vel ea res indicio est, quod fides sociorum,
quae ad eam diem firma steterat, tum labare coepit
nulla profecto alia de re, quam quod desperaverant
de imperio. Defecere autem ad Poenos hi populi: 11
Campani, Atellani, Calatini, Hirpini, Apulorum
pars, Samnites praeter Pentros, Bruttii omnes, Lu-   12
cani, praeter hos Uzentini, et Graecorum omnis
ferme ora, Tarentini, Metapontini, Crotonienses
Locrique, et Cisalpini omnes Galli. Nec tamen eae   13
clades defectionesque sociorum moverunt, ut pacis
usquam mentio apud Romanos fieret neque ante
consulis Romam adventum nec postquam is rediit
renovavitque memoriam acceptae cladis; quo in   14
tempore ipso adeo magno animo civitas fuit, ut

lange aufhielten, seien dazu noch drei andere Gesandte eingetroffen: Lucius Scribonius, Gaius Calpurnius und Lucius Manlius. Jetzt erst habe ein Verwandter des Scribonius, ein Volkstribun, an den Senat den Antrag gestellt, die Gefangenen loszukaufen; der Senat aber habe beschlossen, es nicht zu tun. Darauf seien die drei letzten Gesandten zu Hannibal zurückgekehrt; die zehn ersten seien geblieben, weil sie, bereits unterwegs unter dem Vorwand, die Namen der Gefangenen überprüfen zu wollen, zu Hannibal zurückgekehrt seien und sich dadurch von ihrem Eid befreit hätten. Über ihre Auslieferung sei es im Senat zu lebhaften Auseinandersetzungen gekommen. Schließlich seien die, welche sich für ihre Auslieferung ausgesprochen hätten, einer geringen Stimmenmehrheit unterlegen. Im übrigen hätten die folgenden Censoren diese Leute durch alle nur erdenklichen Beschimpfungen und Entehrungen so weit gebracht, daß einige von ihnen auf der Stelle Selbstmord verübten, die anderen aber ihr Leben lang nicht nur vom Forum fernblieben, sondern auch das Tageslicht und ein Auftreten in der Öffentlichkeit vermieden. Man könnte sich eher darüber wundern, daß die Geschichtsschreiber so weit voneinander abweichen, als entscheiden, was der Wahrheit entspricht.

Wieviel größer aber diese Niederlage im Vergleich zu früheren gewesen ist, zeigt schon die Tatsache, daß die bis zu diesem Tag unerschütterliche Treue der Bundesgenossen zu wanken begann, bestimmt aus keinem anderen Grunde, als weil sie den Weiterbestand des Reiches für verloren hielten. Folgende Völker traten zu den Puniern über: die Kampaner, die Atellaner, die Kalatiner, die Hirpiner, ein Teil der Apuler, die Samniten außer den Pentrern, alle Bruttier, die Lukaner, außerdem die Uzentiner und fast die ganze Küste der Griechen, die Tarentiner, die Metapontiner, die Bewohner von Kroton und Lokri und alle Gallier diesseits der Alpen. Trotzdem führten diese Niederlagen und der Abfall der Bundesgenossen nicht dazu, daß man bei den Römern irgendwo einmal das Wort Frieden erwähnte. Das geschah nicht vor der Ankunft des Konsuls in Rom und auch nachher nicht, als er nach seiner Rückkehr die Erinnerung an die erlittene Niederlage auffrischte. Gerade in dieser Stunde der Not beseelte die Bürger eine so erhabene Gesinnung, daß sehr viele Menschen aller

consuli ex tanta clade, cuius ipse causa maxima
fuisset, redeunti et obviam itum frequenter ab omnibus ordinibus sit et gratiae actae, quod de re publica non desperasset; qui si Carthaginiensium duc-   15
tor fuisset, nihil recusandum supplicii foret.

Stände dem Konsul bei seiner Rückkehr trotz einer so schweren
Niederlage, für die er selbst doch einen beachtlichen Teil der Verantwortung trug, entgegengingen und ihm dafür dankten, daß er
den Staat nicht ganz aufgegeben habe. Als Heerführer Karthagos
hätte er jede Art von Strafe zu gewärtigen gehabt.

LIBER XXIII

Hannibal post Cannensem pugnam castraque 1
capta ac direpta confestim ex Apulia in Samnium
moverat, accitus in Hirpinos a Statio Trebio polli-
cente se Compsam traditurum. Compsanus erat Tre- 2
bius nobilis inter suos; sed premebat eum Mopsio-
rum factio, familiae per gratiam Romanorum po-
tentis. Post famam Cannensis pugnae voigatumque 3
Trebi sermonibus adventum Hannibalis cum Mopsiani urbe excessissent, sine certamine tradita urbs
Poeno praesidiumque acceptum est. Ibi praeda omni 4
atque impedimentis relictis, exercitu partito Magonem regionis eius urbes aut deficientes ab Romanis
accipere aut detractantes cogere ad defectionem
iubet, ipse per agrum Campanum mare inferum 5
petit, oppugnaturus Neapolim, ut urbem maritimam haberet. Ubi fines Neapolitanorum intravit, 6
Numidas partim in insidiis – et pleraeque cavae
sunt viae sinusque occulti – quacumque apte poterat, disposuit, alios prae se actam praedam ex agris
ostentantes obequitare portis iussit. In quos, quia 7
nec multi et incompositi videbantur, cum turma
equitum erupisset, ab cedentibus consulto tracta in
insidias circumventa est; nec evasisset quisquam, ni 8
mare propinquum et haud procul litore naves, pis-
catoriae pleraeque, conspectae peritis nandi dedis-

BUCH XXIII

Nach der Schlacht bei Cannae hatte Hannibal das Lager genommen und geplündert; dann war er sofort aus Apulien nach Samnium abmarschiert. Statius Trebius hatte ihn nämlich ins Land der Hirpiner gerufen und versprochen, Compsa zu übergeben. Trebius stammte aus Compsa und war bei seinen Mitbürgern recht angesehen. Aber die Partei der Mopsier hielt ihn nieder; diese Familie hatte durch römische Gunst erheblichen Einfluß erworben. Auf die Nachricht von der Schlacht bei Cannae und nach dem von Trebius gesprächsweise bekanntgemachten Anrücken Hannibals räumten die Mopsier die Stadt. Sie wurde dann kampflos dem Punier übergeben und erhielt eine Besatzung. Hannibal ließ die ganze Beute und das Gepäck dort zurück, teilte sein Heer und gab Mago den Auftrag, die Städte dieser Gegend, wenn sie den Römern untreu würden, zu besetzen oder, wenn sie sich weigerten, zum Übertritt zu zwingen. Darauf zog er durch das kampanische Gebiet zum unteren Meer, um Neapel anzugreifen und damit eine Seestadt in der Hand zu haben. Sobald er das Gebiet von Neapel betreten hatte, legte er die Numider überall, wo sich eine passende Möglichkeit bot – es gibt dort recht viele Hohlwege und versteckte Buchten – teilweise in einen Hinterhalt; andere wieder sollten bis an die Tore heranreiten und dabei den Städtern vorführen und zur Schau stellen, was sie auf dem flachen Land erbeutet hatten. Sie machten den Eindruck einer nur kleinen, ungeordneten Abteilung. Daher versuchte eine Reiterschwadron einen Ausfall gegen sie. Sie wurde von den absichtlich zurückweichenden Feinden in den Hinterhalt gelockt und eingeschlossen. Sicherlich wäre niemand entkommen, wenn nicht das nahe Meer und die nicht weit vom Strand liegenden Schiffe, meistens Fischkutter, zu sehen gewesen wären und denen,

sent effugium. Aliquot tamen eo proelio nobiles   9
iuvenes capti caesique, inter quos et Hegeas, praefectus equitum, intemperantius cedentes secutus cecidit. Ab urbe oppugnanda Poenum absterruere   10
conspecta moenia haudquaquam prompta oppu-
gnanti.

Inde Capuam flectit iter, luxuriantem longa feli-   2
citate atque indulgentia fortunae, maxime tamen
inter corrupta omnia licentia plebis sine modo libertatem exercentis. Senatum et sibi et plebi obnoxium
Pacuvius Calavius fecerat, nobilis idem ac popularis   2
homo, ceterum malis artibus nanctus opes. Is cum   3
eo forte anno, quo res male gesta ad Trasumennum
est, in summo magistratu esset, iam diu infestam
senatui plebem ratus per occasionem novandi res
magnum ausuram facinus, ut, si in ea loca Hannibal cum victore exercitu venisset, trucidato senatu
traderet Capuam Poenis, improbus homo, sed non   4
ad extremum perditus, cum mallet incolumi quam
eversa re publica dominari, nullam autem incolumem esse orbatam publico consilio crederet, rationem iniit, qua et senatum servaret et obnoxium sibi
ac plebi faceret. Vocato senatu cum sibi defectionis   5
ab Romanis consilium placiturum nullo modo, nisi
necessarium fuisset, praefatus esset, quippe qui liberos ex Ap. Claudi filia haberet filiamque Romam   6
nuptum M. Livio dedisset; ceterum maiorem multo
rem magisque timendam instare; non enim per defectionem ad tollendum ex civitate senatum plebem   7
spectare, sed per caedem senatus vacuam rem publicam tradere Hannibali ac Poenis velle; eo se peri-   8
culo posse liberare eos, si permittant sibi et certaminum in re publica obliti credant, – cum omnes
victi metu permitterent, ,claudam‘ inquit ,in curia   9

die schwimmen konnten, eine Fluchtmöglichkeit geboten hätten. Trotzdem wurden in diesem Gefecht einige vornehme junge Leute gefangen und getötet. Unter ihnen fiel auch Hegeas, der Kommandeur der Reitertruppe, der die Zurückweichenden zu unbedacht verfolgt hatte. Der Anblick der Mauern, die für einen Angreifer keineswegs leichte Arbeit verhießen, schreckte Hannibal von einem Sturm auf die Stadt ab.

Von da zog er in einem Bogen nach Capua. Lang anhaltendes Glück und ein gütiges Schicksal hatten dieser Stadt üppigen Reichtum beschert; die größte Rolle im allgemeinen Sittenverfall spielte jedoch die Willkür der Menge, die ihre Freiheit maßlos ausnutzte. Pacuvius Calavius hatte den Senat von sich und der Masse abhängig gemacht. Er stammte aus dem Adel, war zugleich ein Volksfreund und hatte im übrigen seine Macht durch üble Künste erworben. In dem Jahre, das die Niederlage am Trasimennus brachte, war er der höchste Verwaltungsbeamte. Er glaubte, die dem Senat seit langem nicht gewogene Volksmenge werde bei Gelegenheit zu einem Staatsstreich den entscheidenden Schlag wagen: Wenn Hannibal mit dem siegreichen Heer in diese Gegend käme, würde sie die Senatoren ermorden und Capua den Puniern übergeben. So schlug der verkommene, aber doch nicht ganz verdorbene Mensch einen Weg ein, auf dem er den Senat retten und von sich und dem Volk abhängig machen könnte. Denn er wollte lieber in einem erhaltengebliebenen als in einem umgestürzten Staat herrschen; allerdings glaubte er, ein Staat ohne Staatsrat könne nicht bestehen. Er berief den Senat und erklärte einleitend, der Gedanke, den Römern untreu zu werden, gefalle ihm gar nicht, wenn er nicht notwendig werde; er habe ja Kinder von der Tochter des Appius Claudius, und seine Tochter habe er mit Marcus Livius in Rom verheiratet; im übrigen stehe ein wesentlich bedeutenderes, furchtbareres Ereignis bevor. Das Volk beabsichtige gar nicht, den Senat durch einen Abfall von Rom aus der Stadt zu verbannen; vielmehr wolle es den Staat durch Ermordung des Senats herrenlos machen und dann Hannibal und den Puniern übergeben. Von dieser Gefahr könne er sie befreien, wenn sie ihm Vollmacht gäben, die Streitigkeiten im Staat vergäßen und ihm vertrauten. Als ihm alle aus lauter Angst diese Vollmacht erteilten, sagte er weiter: „Ich werde euch ins Rat-

vos et, tamquam et ipse cogitati facinoris particeps,
approbando consilia, quibus nequiquam adversarer,
viam saluti vestrae inveniam. In hoc fidem, quam
voltis ipsi, accipite.' Fide data egressus claudi cu-   10
riam iubet praesidiumque in vestibulo relinquit, ne
quis adire curiam iniussu suo neve inde egredi possit.

Tum vocato ad contionem populo ,quod saepe'   3
inquit ,optastis, Campani, ut supplicii sumendi vobis ex improbo ac detestabili senatu potestas esset,   2
eam non per tumultum expugnantes domos singu-
lorum, quas praesidiis clientium servorumque tuen-
tur, cum summo vestro periculo, sed tutam habetis
ac liberam; clausos omnes in curia accipite, solos,
inermes. Nec quicquam raptim aut forte temere   3
egeritis; de singulorum capite vobis ius sententiae
dicendae faciam, ut, quas quisque meritus est, poe-
nas pendat; sed ante omnia ita vos irae indulgere   4
oportet, ut potiorem ira salutem atque utilitatem
vestram habeatis. Etenim hos, ut opinor, odistis senatores, non senatum omnino habere non voltis;
quippe aut rex, quod abominandum, aut, quod   5
unum liberae civitatis consilium est, senatus habendus est. Itaque duae res simul agendae vobis sunt,
ut et veterem senatum tollatis et novum cooptetis.
Citari singulos senatores iubebo, de quorum capite   6
vos consulam; quod de quoque censueritis, fiet; sed
prius in eius locum virum fortem ac strenuum novum senatorem cooptabitis, quam de noxio supplicium sumatur.' Inde consedit et nominibus in urnam   7
coniectis citari, quod primum sorte nomen excidit,
ipsumque e curia produci iussit. Ubi auditum est   8
nomen, malum et improbum pro se quisque clamare
et supplicio dignum. Tum Pacuvius: ,Video, quae   9
de hoc sententia sit; date igitur pro malo atque

haus einschließen; und als ob ich selbst an dem geplanten Verbrechen beteiligt wäre, indem ich den Maßnahmen zustimmte, denen ich mich vergeblich widersetzen würde, werde ich eine Möglichkeit finden, euch zu retten. Darauf nehmt mein Versprechen, wie ihr es selbst wollt." Nachdem er das Versprechen geleistet hatte, ging er weg und ließ das Rathaus verschließen. In die Vorhalle setzte er eine Wache, damit niemand ohne seine Erlaubnis das Rathaus betreten oder verlassen könne.

Dann berief er das Volk zu einer Versammlung und sprach: „Was ihr euch so oft gewünscht habt, Kampaner, nämlich die Möglichkeit, die Todesstrafe an dem schlechten, verachtungswürdigen Senat zu vollziehen, habt ihr jetzt; doch nicht so, daß ihr unter eigener höchster Gefahr im Aufruhr die Häuser der einzelnen stürmen müßtet, die sie mit Posten von Hörigen und Sklaven schützen, sondern sicher und unbehindert. Nehmt sie alle in Empfang, die ich im Rathaus einschließen ließ, sie sind allein und ohne Waffen! Aber handelt dabei nicht überstürzt und unüberlegt! Ich werde euch das Recht geben, das Urteil über jeden einzeln zu fällen, damit jeder die Strafe erhält, die er verdient hat. Aber vor allem dürft ihr eurem Zorn nur soweit freien Lauf lassen, daß euch euer Wohl und euer Nutzen wichtiger ist als eure Wut. Denn, wie ich meine, haßt ihr zwar diese Senatoren, lehnt aber einen Senat als solchen nicht ab. Man muß nämlich entweder einen König haben, was Gott verhüten möge, oder, was für einen freien Staat die einzig mögliche Art einer Ratsbehörde ist, einen Senat. Ihr habt also zwei Dinge auf einmal zu tun: Ihr müßt den alten Senat beseitigen und einen neuen wählen. Ich werde die Senatoren einzeln aufrufen lassen und euch über ihr Leben und ihren Tod befragen. Was ihr über jeden von ihnen entscheidet, wird geschehen. Bevor aber ein Schuldiger hingerichtet wird, werdet ihr an seine Stelle einen wackeren, tüchtigen Mann als neuen Senator wählen." Darauf setzte er sich. Die Namen wurden in eine Urne geworfen, und er ließ den Namen aufrufen, der beim Auslosen als erster herausgefallen war, und den Mann selbst aus dem Rathaus vorführen. Als man den Namen hörte, schrie jeder, so laut er konnte, das sei ein böser und schlechter Mensch; er verdiene die Todesstrafe. Da sagte Pacuvius: „Ich sehe, wie dieser Mensch von euch beurteilt wird. Ersetzt also

improbo bonum senatorem et iustum.' Primo silentium erat inopia potioris subiciundi; deinde cum
aliquis omissa verecundia quempiam nominasset,
multo maior extemplo clamor oriebatur, cum alii   11
negarent nosse, alii nunc probra, nunc humilitatem
sordidamque inopiam et pudendae artis aut quaestus genus obicerent. Hoc multo magis in secundo   12
ac tertio citato senatore est factum, ut ipsius paenitere homines appareret, quem autem in eius substi-
tuerent locum, deesse, quia nec eosdem nominari   13
attinebat, nihil aliud quam ad audienda probra no-
minatos, et multo humiliores obscurioresque ceteri
erant eis, qui primi memoriae occurrebant. Ita di-   14
labi homines, notissimum quodque malum maxime
tolerabile dicentes esse iubentesque senatum ex custodia dimitti.

Hoc modo Pacuvius cum obnoxium vitae bene-   4
ficio senatum multo sibi magis quam plebi fecisset,
sine armis iam omnibus concedentibus dominaba-
tur. Hinc senatores omissa dignitatis libertatisque   2
memoria plebem adulari; salutare, benigne invitare,
apparatis accipere epulis, eas causas suscipere, ei   3
semper parti adesse, secundum eam litem iudices
dare, quae magis popularis aptiorque in volgus fa-
vori conciliando esset; iam vero nihil in senatu agi
aliter, quam si plebis ibi esset concilium. Prona   4
semper civitas in luxuriam non ingeniorum modo
vitio, sed affluenti copia voluptatium et illecebris
omnis amoenitatis maritimae terrestrisque, tum vero
ita obsequio principum et licentia plebei lascivire,   5
ut nec libidini nec sumptibus modus esset. Ad con-   6
temptum legum, magistratuum, senatus accessit tum,
post Cannensem cladem, ut, cuius aliqua verecundia erat, Romanum quoque spernerent imperium.
Id modo erat in mora, ne extemplo deficerent, quod   7

diesen bösen und schlechten Senator durch einen guten und gerechten!" Zuerst blieb alles still, weil man keinen besseren als Ersatz vorzuschlagen hatte. Als dann jemand seine Zurückhaltung aufgab und einen nannte, erhob sich sofort ein noch viel lauteres Geschrei. Die einen sagten, sie kennten den Mann gar nicht; andere warfen ihm seine Schandtaten vor, seine niedere Herkunft, seine elende Mittellosigkeit und seinen anrüchigen Beruf und Erwerb. Dies steigerte sich noch, als man den zweiten und dritten Senator aufrief. So wurde klar, daß man ihn zwar ablehnte, aber keinen an seine Stelle zu setzen hatte; denn es hatte ja keinen Zweck, dieselben Leute noch einmal zu nennen, weil man sie nur aufgerufen hatte, um ihre Schandtaten zu hören. Dazu waren die übrigen noch viel gewöhnlicher und unbekannter als die, auf die man zuerst verfallen war. So zerstreuten sich die Leute und sagten, das bekannteste Übel sei immer noch das erträglichste, und verlangten, den Senat aus der Haft zu entlassen.

Auf diese Weise, durch die Rettung des Lebens, hatte Pacuvius den Senat viel mehr sich selbst verpflichtet als dem Volk. So herrschte er ohne Waffen, weil sich ihm bereits alle fügten. Seitdem dachten die Senatoren nicht mehr an ihre Würde und ihre Selbständigkeit, sondern schmeichelten den Bürgern aus der breiten Masse. Sie grüßten sie, luden sie höflich ein und bewirteten sie mit großem Aufwand. Sie übernahmen ihre Prozesse und unterstützten stets ihre Partei. Als Schöffen entschieden sie alle Streitigkeiten zugunsten der Partei, die volkstümlicher war und sich besser eignete, die Sympathie der Menge zu gewinnen. Schon ging es im Senat nicht mehr anders zu, als wenn die Volksmenge dort Versammlung hätte. Die Menschen in Capua neigten schon immer zu einem üppigen Lebensstil, und das nicht nur wegen ihrer unseriösen Veranlagung, sondern auch, weil sich ihnen eine Fülle von Vergnügungen und Verlockungen aller möglichen Annehmlichkeiten vom Meer und vom Lande her bot. Sie ließen sich aber durch die Nachgiebigkeit der führenden Männer und die Willkür des Volkes so gehen, daß sie für Lust und Aufwand kein Maß mehr kannten. Zur Nichtachtung der Gesetze, der Behörden, des Senates kam jetzt nach der Niederlage von Cannae noch hinzu, daß auch die römische Herrschaft, bisher doch recht geachtet, von ihnen abgelehnt wurde. An

conubium vetustum multas familias claras ac po- 8
tentes Romanis miscuerat, et, quod maximum vinculum erat, trecenti equites, nobilissimus quisque
Campanorum, cum militarent aliquando apud Romanos in praesidia Sicularum urbium delecti ab
Romanis ac missi.

Horum parentes cognatique aegre pervicerunt, ut 5
legati ad consulem Romanum mitterentur. Ii nondum Canusium profectum, sed Venusiae cum paucis ac semiermibus consulem invenerunt, quam poterant maxime miserabilem bonis sociis, superbis
atque infidelibus, ut erant Campani, spernendum. 2
Et auxit rerum suarum suique contemptum consul
nimis detegendo cladem nudandoque. Nam cum 3
legati aegre ferre senatum populumque Campanum
adversi quicquam evenisse Romanis nuntiassent
pollicerenturque omnia, quae ad bellum opus essent, 4
‚morem magis‘ inquit ‚loquendi cum sociis servastis,
Campani, iubentes, quae opus essent ad bellum, imperare, quam convenienter ad praesentem fortunae
nostrae statum locuti estis. Quid enim nobis ad Can- 5
nas relictum est, ut, quasi aliquid habeamus, id,
quod deest, expleri ab sociis velimus? Pedites vobis
imperemus tamquam equites habeamus? Pecuniam
deesse dicamus tamquam ea tantum desit? Nihil, ne 6
quod suppleremus quidem, nobis reliquit fortuna.
Legiones, equitatus, arma, signa, equi virique, pecunia, commeatus aut in acie aut binis postero die
amissis castris perierunt. Itaque non iuvetis nos in 7
bello oportet, Campani, sed paene bellum pro nobis
suscipiatis. Veniat in mentem, ut trepidos quondam 8
maiores vestros intra moenia compulsos, nec Sam-
nitem modo hostem, sed etiam Sidicinum paventes,
receptos in fidem ad Saticulam defenderimus coep-
tumque propter vos cum Samnitibus bellum per centum prope annos variante fortuna eventum tuleri-

einem sofortigen Abfall hinderte sie nur die Tatsache, daß das alte
Eherecht viele berühmte, einflußreiche Familien mit römischen verbunden hatte. Das stärkste Band aber bildeten 300 Ritter, gerade
die vornehmsten Kampaner, die, gelegentlich in römischen Diensten
stehend, zu Besatzungstruppen sizilischer Städte von den Römern
ausgewählt und dorthin geschickt worden waren.

Nur mit Mühe setzten es ihre Eltern und Verwandten durch,
daß man Gesandte zum römischen Konsul schickte. Diese trafen
ihn an, als er noch nicht nach Canusium aufgebrochen war, sondern
sich noch mit einer kleinen Schar Halbbewaffneter in Venusia aufhielt. Auf wohlgesonnene Bundesgenossen wirkte er äußerst mit-
leiderregend, auf überhebliche und untreue, wie es die Kampaner
waren, nur verachtenswert. Diese verächtliche Haltung gegen sich
und seine Lage steigerte der Konsul noch dadurch, daß er die Niederlage allzu sehr aufdeckte und enthüllte. Denn als ihm die Gesandten versicherten, dem Senat und Volk der Kampaner gehe es
sehr nahe, daß den Römern ein Unglück widerfahren sei, und als
sie alles versprachen, was man zur Kriegführung brauche, antwortete er: „Kampaner, ihr habt euch mehr an die alte Redeweise mit
Bundesgenossen gehalten, indem ihr uns auffordert, die nötigen
Kriegslieferungen festzusetzen, als daß ihr euch zum Stand unserer
augenblicklichen Lage vernünftig geäußert hättet. Denn was ist uns
bei Cannae noch geblieben, daß wir, als besäßen wir noch etwas,
das Fehlende von den Bundesgenossen ergänzen lassen wollten?
Sollen wir Soldaten von euch verlangen, als hätten wir noch Reiter?
Sollen wir sagen, uns fehle Geld, als ob wir nur dies nicht hätten?
Nichts hat uns das Schicksal gelassen, nicht einmal etwas, was wir
ergänzen könnten. Legionen, Reiterei, Waffen, Feldzeichen, Pferde
und Soldaten, Geld und Lebensmittel gingen uns in der Schlacht
oder beim Verlust der beiden Lager am folgenden Tage verloren.
Daher sollt ihr uns nicht im Kriege helfen, Kampaner, sondern den
Krieg fast für uns übernehmen! Bedenkt, wie wir einst eure verängstigten Vorfahren, die innerhalb ihrer Stadtmauern zusammen-
gedrängt, nicht nur den Feind aus Samnium, sondern auch den aus
Sidicinum fürchteten, in unseren Schutz nahmen und bei Saticula
verteidigten, und wie wir den euretwegen mit den Samniten begonnenen Krieg fast 100 Jahre lang trotz des wechselnden Erfolges

mus. Adicite ad haec, quod foedus aequum deditis,   9
quod leges vestras, quod ad extremum, id quod ante
Cannensem certe cladem maximum fuit, civitatem
nostram magnae parti vestrum dedimus communi-
cavimusque vobiscum. Itaque communem vos hanc   10
cladem, quae accepta est, credere, Campani, oportet,
communem patriam tuendam arbitrari esse. Non   11
cum Samnite aut Etrusco res est, ut, quod a nobis
ablatum sit, in Italia tamen imperium maneat; Poenus hostis ne Africae quidem indigenam ab ultimis
terrarum oris, freto Oceani Herculisque columnis,
expertem omnis iuris et condicionis et linguae prope
humanae militem trahit. Hunc natura et moribus   12
immitem ferumque insuper dux ipse efferavit, pon-
tibus ac molibus ex humanorum corporum strue
faciendis et, quod proloqui etiam piget, vesci corporibus humanis docendo. His infandis pastos epu-   13
lis, quos contingere etiam nefas sit, videre atque
habere dominos et ex Africa et a Carthagine iura
petere et Italiam Numidarum ac Maurorum pati
provinciam esse, cui non, genito modo in Italia, de-
testabile sit? Pulchrum erit, Campani, prolapsum   14
clade Romanum imperium vestra fide, vestris viribus retentum ac reciperatum esse. Triginta milia   15
peditum, quattuor milia equitum arbitror ex Campania scribi posse; iam pecuniae adfatim est fru-
mentique. Si parem fortunae vestrae fidem habetis,
nec Hannibal se vicisse sentiet nec Romani victos
esse.'

Ab hac oratione consulis dimissis redeuntibusque   6
domum legatis unus ex iis Vibius Virrius tempus
venisse ait, quo Campani non agrum solum ab Romanis quondam per iniuriam ademptum reciperare,
sed imperio etiam Italiae potiri possint; foedus
enim cum Hannibale, quibus velint legibus, fac-   2
turos; neque controversiam fore, quin, cum ipse

durchhielten. Rechnet noch hinzu, daß wir euch nach eurer Übergabe einen Vertrag mit gleichen Rechten einräumten, eure Gesetze
beließen und schließlich, was vor der Niederlage bei Cannae gewiß
von Bedeutung war, einem großen Teil von euch unser Bürgerrecht
verliehen und es mit euch teilten. Daher müßt ihr, Kampaner, diese
jetzige Niederlage als eine gemeinsame für uns und für euch betrachten, müßt glauben, wir hätten ein gemeinsames Vaterland zu
schützen! Nicht mit Samniten oder Etruskern haben wir es zu tun,
daß die Herrschaft doch wenigstens in Italien bliebe, wenn man sie
uns abnähme. Der punische Feind schleppt von den äußersten Küsten der Erde, von der Meerenge des Ozeans und den Säulen des
Herkules Soldaten heran, die nicht einmal in Afrika heimisch sind
und die kein Recht, keinen Vertrag, ja beinahe nicht die menschliche Sprache kennen. Diese Soldaten, die schon von Natur und Gewohnheit roh und wild sind, hat obendrein ihr Feldherr selbst zu
wilden Tieren gemacht: Er ließ sie Brücken und Dämme aus aufge-
häuften Leichen errichten und – man kann es nur mit Abscheu aus-
sprechen – brachte ihnen bei, Menschenfleisch zu essen. Wer wollte
es nicht verabscheuen, und wäre er in Italien auch nur geboren,
wenn er Geschöpfe, die solch entsetzliche Speisen gegessen haben,
die anzurühren schon eine Sünde wäre, als Herren über sich aner-
kennen, sein Recht aus Afrika und Karthago holen und zulassen
müßte, daß Italien eine Provinz der Numider und Mauren sei?
Schön wird es sein, Kampaner, wenn das nach dieser Niederlage
zusammengebrochene römische Reich durch eure Treue, eure Kraft
behauptet und wieder aufgerichtet ist. 30 000 Mann und 4000 Reiter
können, glaube ich, in Kampanien aufgestellt werden. Auch Geld
und Getreide gibt es genug. Wenn ihr die Treue haltet, die euerm
Wohlstand entspricht, dann wird Hannibal nicht denken, daß er
gesiegt habe, und die Römer nicht, daß sie besiegt worden seien.«
Nach dieser Ansprache des Konsuls wurden die Gesandten entlassen. Auf dem Heimweg erklärte Vibius Virrius, einer von ihnen,
nun sei die Zeit gekommen, wo die Kampaner nicht nur das Gebiet
zurückbekommen könnten, das ihnen die Römer einst unrechtmäßig weggenommen hätten; es bestehe sogar die Möglichkeit, die
Herrschaft über Italien zu gewinnen. Mit Hannibal würden sie
einen Vertrag mit den von ihnen gewünschten Bedingungen schlie-

confecto bello Hannibal victor in Africam decedat
exercitumque deportet, Italiae imperium Campanis   3
relinquatur. Haec Virrio loquenti assensi omnes
ita renuntiant legationem, uti deletum omnibus videretur nomen Romanum. Extemplo plebes ad de-   4
fectionem ac pars maior senatus spectare; extracta   5
tamen auctoritatibus seniorum per paucos dies est
res. Postremo vicit sententia plurium, ut iidem legati, qui ad consulem Romanum ierant, ad Hanni-
balem mitterentur. Quo priusquam iretur certum-   6
que defectionis consilium esset, Romam legatos mis-
sos a Campanis in quibusdam annalibus invenio
postulantes, ut alter consul Campanus fieret, si rem
Romanam adiuvari vellent; indignatione orta sum-   7
moveri a curia iussos esse, missumque lictorem, qui
ex urbe educeret eos atque eo die manere extra fines
Romanos iuberet. Quia nimis compar Latinorum   8
quondam postulatio erat Coeliusque et alii id haud
sine causa praetermiserint scriptores, ponere pro
certo sum veritus.

Legati ad Hannibalem venerunt pacemque cum   7
eo his condicionibus fecerunt, ne quis imperator
magistratusve Poenorum ius ullum in civem Cam-
panum haberet neve civis Campanus invitus mili-   2
taret munusve faceret; ut suae leges, sui magistratus
Capuae essent; ut trecentos ex Romanis captivis
Poenus daret Campanis, quos ipsi elegissent, cum
quibus equitum Campanorum, qui in Sicilia stipen-
dia facerent, permutatio fieret. Haec pacta: illa   3
insuper, quam quae pacta erant, facinora Campani
ediderunt: nam praefectos socium civesque Romanos alios, partim aliquo militiae munere occupatos,
partim privatis negotiis implicitos, plebs repente
omnes comprehensos velut custodiae causa balneis

ßen; es werde keinen Streit darum geben, daß die Herrschaft über Italien den Kampanern überlassen werde, wenn Hannibal nach Kriegsende als Sieger nach Afrika zurückgehe und sein Heer abziehe. Alle stimmten dieser Äußerung des Virrius zu, und sie erstatteten einen solchen Bericht über das Ergebnis ihrer Sendung, daß jeder glauben mußte, der römische Name sei ausgelöscht. Sofort liebäugelte das Volk und ein großer Teil des Senats mit dem Abfall. Aber die Entscheidung wurde durch die gewichtigen Stimmen der Älteren noch für einige Tage hinausgeschoben. Schließlich setzte sich die Meinung der Mehrheit durch, man solle dieselben Gesandten, die zum römischen Konsul gegangen waren, auch zu Hannibal schicken. Bevor man sich dorthin begab und einen endgültigen Entschluß zum Abfall faßte, wurden, wie ich in einigen Jahrbüchern finde, Abgeordnete von den Kampanern nach Rom geschickt mit der Forderung, einer der beiden Konsuln solle Kampaner sein, wenn sie eine Unterstützung des römischen Staates erreichen wollten. Mit Entrüstung habe man sie aus dem Rathaus entfernen lassen; ein Liktor sei noch mitgeschickt worden, der sie aus der Stadt geleiten und ihnen raten sollte, noch heute außerhalb des römischen Gebietes zu übernachten. Weil früher einmal eine Forderung der Latiner gar zu gleich klang und Coelius und andere Schriftsteller wohl nicht ohne Grund darüber hinweggegangen sind, habe ich Bedenken, es als sicher hinzustellen.

Die Gesandten kamen zu Hannibal und schlossen mit ihm einen Friedensvertrag unter folgenden Bedingungen: Keinem punischen Feldherrn oder Beamten sollte irgendein Recht über einen kampanischen Bürger zustehen; und kein kampanischer Bürger sollte gegen seinen Willen Kriegsdienst oder andere Aufgaben leisten. Capua sollte seine eigenen Gesetze und seine eigene Verwaltung behalten. Der Punier sollte den Kampanern 300 römische Gefangene geben, die die Kampaner selbst aussuchen würden; sie sollten gegen die kampanischen Ritter, die in Sizilien Dienst taten, ausgetauscht werden. Dies waren die Vereinbarungen. Aber die Kampaner leisteten sich über diese Abmachung hinaus noch folgende Schandtaten: Der Pöbel ließ plötzlich die Heerführer der Bundesgenossen und andere römische Bürger, die mit Kriegsaufgaben betraut oder mit Privataufträgen beschäftigt waren, verhaften und unter dem

includi iussit, ubi fervore atque aestu anima inter-
clusa foedum in modum exspirarent.

Ea ne fierent neu legatio mitteretur ad Poenum,   4
summa ope Decius Magius, vir, cui ad summam
auctoritatem nihil praeter sanam civium mentem
defuit, restiterat. Ut vero praesidium mitti ab Han-   5
nibale audivit, Pyrrhi superbam dominationem mi-
serabilemque Tarentinorum servitutem exempla re-
ferens, primo, ne reciperetur praesidium palam vo-
ciferatus est, deinde, ut receptum aut eiceretur aut,   6
si malum facinus, quod a vetustissimis sociis con-
sanguineisque defecissent, forti ac memorabili fa-
cinore purgare vellent, ut interfecto Punico praesidio restituerent Romanis se.

Haec – nec enim occulta agebantur – cum relata   7
Hannibali essent, primo misit, qui vocarent Magium
ad sese in castra; deinde, cum is ferociter negasset se
iturum nec enim Hannibali ius esse in civem Campanum, concitatus ira Poenus comprehendi hominem vinctumque attrahi ad sese iussit. Veritus   8
deinde, ne quid inter vim tumultus atque ex conci-
tatione animorum inconsulti certaminis oreretur,
ipse praemisso nuntio ad Marium Blossium, praetorem Campanum, postero die se Capuae futurum,
proficiscitur e castris cum modico praesidio. Marius   9
contione advocata edicit, ut frequentes cum coniugibus ac liberis obviam irent Hannibali. Ab universis id non oboedienter modo, sed enixe, favore
etiam volgi et studio visendi tot iam victoriis cla-
rum imperatorem, factum est. Decius Magius nec   10
obviam egressus est nec, quo timorem aliquem ex
conscientia significare posset, privatim se tenuit; in
foro cum filio clientibusque paucis otiose inambu-
lavit trepidante tota civitate ad excipiendum Poenum visendumque. Hannibal ingressus urbem sena-   11

Vorwand ihrer Sicherheit in Badehäuser einschließen. Dort mußten sie an Hitze und Dampf ersticken und so auf gräßliche Weise sterben.

Diesen Untaten und auch der Gesandtschaft an die Punier hatte sich Decius Magius mit allen Kräften widersetzt. Er war ein Mann, dem zum eigenen höchsten Ansehen eigentlich nichts fehlte als der gesunde Menschenverstand seiner Mitbürger. Als er hörte, Hannibal schicke eine Besatzungstruppe, führte er die überhebliche Herrschaft des Pyrrhus und die elende Knechtschaft der Tarentiner als warnendes Beispiel an. Zuerst sagte er laut und öffentlich, man solle die Besatzungstruppe erst gar nicht aufnehmen. Später dann, man solle die aufgenommene Besatzung wieder hinauswerfen oder, wenn man das schäbige Vorgehen, den Abfall von den ältesten Bundesgenossen und Blutsbrüdern, durch eine tapfere, bemerkenswerte Tat wiedergutmachen wolle, die punische Besatzung töten und sich den Römern wieder anschließen.

Alles das geschah nicht geheim; es wurde Hannibal hinterbracht, und er schickte zuerst ein paar Leute hin, die Magius zu ihm ins Lager rufen sollten. Dieser erklärte trotzig, er werde nicht hingehen; denn Hannibal habe kein Recht über einen kampanischen Bürger. Das machte den Punier so wütend, daß er befahl, den Mann zu ergreifen und gefesselt zu ihm zu bringen. Dann fürchtete er doch, bei seinem gewaltsamen Vorgehen würde ein Aufruhr entstehen und aus den erregten Gemütern ein unbedachter Kampf. Also teilte er nur dem kampanischen Prätor Marius Blossius durch einen Boten mit, er werde am nächsten Tag in Capua sein. Darauf verließ er das Lager mit einer unbedeutenden Begleitung. Marius berief eine Volksversammlung und forderte die Teilnehmer auf, dem Hannibal scharenweise mit Frauen und Kindern entgegenzugehen. Sie taten es alle, nicht nur aus Gehorsam, sondern auch mit Eifer. Sympathie und Neugier, den durch so viele Siege berühmten Feldherrn zu sehen, spielten natürlich beim Volk auch eine Rolle. Decius Magius ging nicht hinaus und blieb auch nicht in seinem eignen Haus; denn das hätte wie Furcht aus schlechtem Gewissen aussehen können. Mit seinem Sohn und einigen Klienten ging er ruhig auf dem Markt auf und ab, während die ganze Stadt auf den Beinen war, den Punier zu empfangen und zu sehen. Hannibal ver-

tum extemplo postulat, precantibusque inde primoribus Campanorum, ne quid eo die seriae rei gereret
diemque et ipse adventu suo festum laetus ac libens   12
celebraret, quamquam praeceps ingenio in iram
erat, tamen, ne quid in principio negaret, visenda
urbe magnam partem diei consumpsit.

Deversatus est apud Ninnios Celeres, Sthenium   8
Pacuviumque, inclitos nobilitate ac divitiis. Eo Pa-   2
cuvius Calavius, de quo ante dictum est, princeps
factionis eius, quae traxerat rem ad Poenos, filium   3
iuvenem adduxit abstractum ab Deci Magi latere,
cum quo ferocissime pro Romana societate adversus Punicum foedus steterat, nec eum aut inclinata
in partem alteram civitas aut patria maiestas sententia depulerat. Huic tum pater iuveni Hanniba-   4
lem deprecando magis quam purgando placavit,
victusque patris precibus lacrimisque etiam ad ce-
nam eum cum patre vocari iussit, cui convivio neminem Campanum praeterquam hospites Vibellium-   5
que Tauream, insignem bello virum, adhibiturus
erat. Epulari coeperunt de die, et convivium non   6
ex more Punico aut militari disciplina esse, sed, ut
in civitate atque etiam domo diti ac luxuriosa, omnibus voluptatium inlecebris instructum. Unus nec   7
dominorum invitatione nec ipsius interdum Hannibalis Calavius filius perlici ad vinum potuit, ipse
valetudinem excusans patre animi quoque eius haud
mirabilem perturbationem causante. Solis ferme   8
occasu patrem Calavium ex convivio egressum secutus filius, ubi in secretum – hortus erat posticis
aedium partibus – pervenerunt, ‚consilium‘ inquit   9
‚adfero, pater, quo non veniam solum peccati, quod
defecimus ad Hannibalem, impetraturi ab Romanis,
sed in multo maiore dignitate et gratia simus Cam-   10
pani ⟨futuri⟩, quam unquam fuimus. Cum mira-
bundus pater, quidnam id esset consilii, quaereret,

langte nach seinem Einzug in die Stadt sofort eine Senatssitzung. Die führenden Kampaner baten ihn, für heute nichts Wichtiges mehr vorzunehmen und den durch seine Ankunft festlichen Tag auch seinerseits froh und freudig zu feiern. Trotz seiner Veranlagung zum Jähzorn verbrachte er daher einen großen Teil des Tages mit der Stadtbesichtigung, um nicht schon am Anfang eine Bitte abzuschlagen.

Hannibal stieg bei den Brüdern Ninnius Celer, bei Sthenius und Pacuvius, ab; sie waren durch Vornehmheit und Reichtum bekannt. Dorthin brachte Pacuvius Calavius, von dem vorher die Rede war, der Führer jener Partei, die den Übergang zu den Puniern durchgebracht hatte, seinen jungen Sohn mit. Er hatte ihn dem Einfluß des Decius Magius entzogen; denn mit diesem hatte er sich äußerst tatkräftig für ein Bündnis mit Rom gegen einen Vertrag mit den Puniern eingesetzt. Weder die Hinneigung der Mitbürger zur andern Partei noch die Würde seines Vaters hatten ihn von dieser Gesinnung abgebracht. Jetzt versöhnte der Vater diesen jungen Mann mit Hannibal, mehr durch Fürbitten als durch Rechtfertigung. Hannibal war gerührt von den Bitten und Tränen des Vaters und ließ Vater und Sohn sogar zur Tafel bitten. Zu diesem Mahl wollte er sonst keinen Kampaner außer seinen Gastgebern und dem hervorragenden Soldaten Vibellius Taurea einladen. Sie begannen noch bei hellem Tag zu speisen; und das Gelage entsprach nicht punischer Sitte oder den Kriegsverhältnissen, sondern wurde von allen möglichen verlockenden Genüssen begleitet, wie es eben in einem reichen, üppigen Staat und Haus geschieht. Nur einer ließ sich nicht durch Zureden der Hausherrn, noch manchmal Hannibals selbst zum Weintrinken verleiten: der Sohn des Calavius. Er entschuldigte sich mit Unpäßlichkeit, und der Vater begründete sie mit der verständlichen Aufregung. Ungefähr bei Sonnenuntergang verließ der Vater die Gesellschaft. Sein Sohn folgte ihm, und als sie an eine verborgene Stelle – es war ein Garten an der Rückseite des Hauses – kamen, sagte er: „Ich teile dir einen Plan mit, Vater, für den uns die Römer nicht nur das Unrecht, zu Hannibal übergetreten zu sein, verzeihen werden, sondern durch den wir Kampaner in ihrer Liebe und Achtung höher steigen werden, als wir je gestanden haben." Voll Verwunderung fragte der

toga reiecta ab umero latus succinctum gladio nu-
dat. ,Iam ego' inquit ,sanguine Hannibalis sanciam   11
Romanum foedus. Te id prius scire volui, si forte
abesse, dum facinus patratur, malles.'

Quae ubi vidit audivitque senex, velut si iam   9
agendis, quae audiebat, interesset, amens metu ,per   2
ego te' inquit, ,fili, quaecumque iura liberos iungunt
parentibus, precor quaesoque, ne ante oculos patris
facere et pati omnia infanda velis. Paucae horae   3
sunt, intra quas iurantes per quidquid deorum est,
dextrae dextras iungentes, fidem obstrinximus – ut
sacratas fide manus, digressi a conloquio, extemplo
in eum armaremus? Ab hospitali mensa surgis, ad   4
quam tertius Campanorum adhibitus es ab Hannibale, ut eam ipsam mensam cruentares hospitis
sanguine? Hannibalem pater filio meo potui placare, filium Hannibali non possum? Sed sit nihil   5
sancti, non fides, non religio, non pietas; audeantur
infanda, si non perniciem nobis cum scelere ferunt.
Unus adgressurus es Hannibalem? Quid illa turba   6
tot liberorum servorumque? Quid in unum intenti
omnium oculi? Quid tot dextrae? Torpescent in
amentia illa? Voltum ipsius Hannibalis, quem ar-   7
mati exercitus sustinere nequeunt, quem horret populus Romanus, tu sustinebis? Ut alia auxilia desint,
me ipsum ferire corpus meum opponentem pro corpore Hannibalis sustinebis? Atqui per meum pectus   8
petendus ille tibi transfigendusque est. Sed hic te
deterreri sine potius quam illic vinci. Valeant preces apud te meae, sicut pro te hodie valuerunt.' La- 9
crimantem inde iuvenem cernens medium complec-
titur atque osculo haerens non ante precibus abstitit,
quam pervicit, ut gladium poneret fidemque daret
nihil facturum tale. Tum iuvenis ,ego quidem' in-   10

Vater, was es denn für ein Plan sei. Da warf der Sohn die Toga
von der Schulter und zeigte ihm seine Seite mit dem Schwert am
Gürtel. Er sagte: „Mit Hannibals Blut will ich jetzt gleich das
Bündnis mit Rom besiegeln. Ich wollte, daß du es vorher weißt.
Denn möglicherweise willst du lieber nicht dabei sein, wenn die
Tat geschieht."

Als der Alte dies sah und hörte, war ihm, als sei er bei der Ausführung des Gehörten schon dabei; und außer sich vor Angst
sprach er: „Bei allem, was Kinder und Eltern verbindet, bitte ich
dich von Herzen, all dies Schreckliche nicht vor den Augen deines
Vaters begehen und dulden zu wollen. Es sind erst wenige Stunden
her, daß wir bei allen Göttern den Eid leisteten und ihm mit Hand-
schlag Treue versprachen. Geschah dies, um diese durch das Versprechen gebundenen Hände gleich nach dem Gespräch gegen ihn
zu bewaffnen? Stehst du von dieser Tafel des Gastfreundes auf,
zu der du als dritter Kampaner von Hannibal geladen wurdest,
um gerade sie mit dem Blut des Gastgebers zu besudeln? Ich konnte
als Vater den Hannibal mit meinem Sohn versöhnen; meinen Sohn
mit Hannibal versöhnen kann ich nicht? Doch gesetzt den Fall, es
gäbe nichts Heiliges mehr, keine Treue, kein religiöses Denken,
keine Sohnespflicht, und man würde das Entsetzliche wagen, wenn
es uns mit dem Verbrechen nicht auch das Verderben bringt: Willst
du allein gegen Hannibal losgehen? Was werden die vielen Freien
und Sklaven tun, die in großer Menge vorhanden sind? Wie steht
es mit den Augen aller, die nur auf ihn allein schauen? Was ist mit
den vielen Händen? Werden sie bei deiner Wahnsinnstat erstarren?
Und Hannibals Blick selbst, den bewaffnete Heere nicht ertragen
können und vor dem das römische Volk erschauderte, den willst du
aushalten können? Nehmen wir an, er hätte keine andere Hilfe;
brächtest du es fertig, mich zu erstechen, wenn ich mich vor Hannibal stellte? Ja, erst durch meine Brust mußt du nach ihm stechen,
wenn du ihn durchbohren willst. Laß dich lieber hier davon ab-
schrecken als dort überwältigen! Mögen meine Bitten bei dir dies
erreichen, wie sie heute für dich Erfolg hatten!" Da sah er den jungen Mann weinen, umarmte ihn, hängte sich an ihn, küßte ihn und
hörte nicht auf zu bitten, bis er ihn dahin gebracht hatte, daß er
das Schwert ablegte und fest versprach, er werde so etwas nicht

quit, ‚quam patriae debeo, pietatem exsolvam patri.
Tuam doleo vicem, cui ter proditae patriae sustinendum est crimen, semel cum defectionem inisti ab   11
Romanis, iterum cum pacis cum Hannibale fuisti
auctor, tertio hodie, cum restituendae Romanis Ca-   12
puae mora atque impedimentum es. Tu, patria, ferrum, quo pro te armatus hanc arcem hostium inii,
quoniam parens extorquet, recipe.' Haec cum dixisset, gladium in publicum trans maceriam horti abie-   13
cit et, quo minus res suspecta esset, se ipse convivio
reddidit.

Postero die senatus frequens datus Hannibali; ubi   10
prima eius oratio perblanda ac benigna fuit, qua
gratias egit Campanis quod amicitiam suam Roma-
nae societati praeposuissent, et inter cetera magni-   2
fica promissa pollicitus brevi caput Italiae omni
Capuam fore iuraque inde cum ceteris populis Ro-   3
manum etiam petiturum. unum esse exsortem Punicae amicitiae foederisque secum facti, quem neque
esse Campanum neque dici debere, Magium Decium; eum postulare, ut sibi dedatur ac se praesente
de eo referatur senatusque consultum fiat. Omnes   4
in eam sententiam ierunt, quamquam magnae parti
et vir indignus esse ea calamitate et haud parvo
initio minui videbatur ius libertatis. Egressus curia   5
in templo magistratuum consedit comprehendique
Decium Magium atque ante pedes destitutum causam dicere iussit. Qui cum manente ferocia animi   6
negaret lege foederis id cogi posse, tum iniectae
catenae ducique ante lictorem in castra est iussus.
Quoad capite aperto est ductus, contionabundus   7
incessit, ad circumfusam undique multitudinem vo-
ciferans: ‚Habetis libertatem, Campani, quam pe-
tistis. Foro medio, luce clara, videntibus vobis nulli
Campanorum secundus vinctus ad mortem rapior.

tun. Dann sagte der junge Mann: „Ja, ich will die Liebe, die ich der Vaterstadt schulde, meinem Vater hingeben. Dein Schicksal jedoch bedaure ich: Auf dir lastet der Vorwurf, die Heimat dreimal verraten zu haben. Einmal, als du den Abfall von Rom, zweitens, als du das Bündnis mit Hannibal ins Leben riefst; und zum dritten Mal heute, da du es verzögerst und verhinderst, Capua den Römern wiederzugeben. Nimm, Vaterstadt, das Schwert an dich, mit dem ich die Burg der Feinde betrat, bewaffnet für dich! Denn der Vater nimmt es mir aus der Hand." Mit diesen Worten warf er das Schwert über die Gartenmauer auf die Gasse. Um keinen Verdacht zu erwecken, kehrte er auch wieder zur Gesellschaft zurück.

Am folgenden Tag versammelte sich der Senat zahlreich zu Ehren Hannibals. Hier war der Anfang seiner Rede noch sehr schmeichelhaft und gnädig. Er dankte darin den Kampanern, daß sie die Freundschaft mit ihm einer Verbindung mit Rom vorgezogen hätten. Und unter andern großartigen Versprechungen versicherte er, Capua solle in kurzer Zeit die Hauptstadt ganz Italiens werden. Mit andern Völkern zusammen werde sich auch das römische sein Recht von hier holen müssen. Nur einer distanziere sich von der punischen Freundschaft und dem mit ihm geschlossenen Bund: Decius Magius, der nicht Kampaner sein und auch nicht so genannt werden dürfe. Er verlange dessen Auslieferung, und daß noch in seiner Gegenwart der Fall vorgebracht und ein Senatsbeschluß gefaßt werde. Alle schlossen sich seiner Meinung an, obwohl viele von ihnen meinten, daß der Mann diesen Sturz nicht verdiene; auch schien dies ein beachtlicher Anfang, ihr Recht auf Freiheit zu beschneiden. Hannibal verließ das Rathaus und setzte sich auf das Tribunal der Beamten, ließ Decius Magius verhaften und befahl ihm, als er ganz alleine zu seinen Füßen stand, sich zu verteidigen. Der behauptete aber mit gleichbleibender Starrköpfigkeit, laut Vertrag könne er nicht dazu gezwungen werden. Da wurde er gefesselt, und vor einem Liktor her sollte er ins Lager geführt werden. Solange sein Kopf unverhüllt blieb, hielt er beim Gehen dauernd Reden an die Menge, die allerseits herbeiströmte. Laut rief er: „Da habt ihr die Freiheit, die ihr euch wünschtet, Kampaner! Mitten auf dem Markt, am hellen Tag und vor euer aller Augen werde ich, obgleich ich keinem Kampaner nachstehe,

Quid violentius capta Capua fieret? Ite obviam   8
Hannibali, exornate urbem diemque adventus eius
consecrate, ut hunc triumphum de cive vestro spec-
tetis.' Haec vociferanti, cum moveri volgus videre-   9
tur, obvolutum caput est ociusque rapi extra portam iussus. Ita in castra perducitur extemploque
impositus in navem et Carthaginem missus, ne motu   10
aliquo Capuae ex indignitate rei orto senatum quoque paeniteret dediti principis et legatione missa ad
repetendum eum aut negando rem, quam primam
peterent, offendendi sibi novi socii aut tribuendo
habendus Capuae esset seditionis ac turbarum auctor. Navem Cyrenas detulit tempestas, quae tum in   11
dicione regum erant. Ibi cum Magius ad statuam
Ptolomaei regis confugisset, deportatus a custodibus
Alexandream ad Ptolomaeum, cum eum docuisset
contra ius foederis vinctum se ab Hannibale esse,   12
vinclis liberatur, permissumque, ut rediret seu Romam seu Capuam mallet. Nec Magius Capuam sibi   13
tutam dicere et Romam eo tempore, quo inter Romanos Campanosque bellum sit, transfugae magis
quam hospitis fore domicilium; nusquam malle
quam in regno eius vivere, quem vindicem atque
auctorem habeat libertatis.

Dum haec geruntur, Q. Fabius Pictor legatus a   11
Delphis Romam rediit responsumque ex scripto
recitavit. Divi divaeque in eo erant, quibus quoque
modo supplicaretur; tum: ,Si ita faxitis, Romani,   2
vestrae res meliores facilioresque erunt magisque ex
sententia res publica vestra vobis procedet victo-
riaque duelli populi Romani erit. Pythio Apollini   3
re publica vestra bene gesta servataque e lucris meritis donum mittitote deque praeda manibus spoliisque honorem habetote; lasciviam a vobis prohibe-

gefesselt zum Tode geschleppt! Was könnte Gewaltsameres im eroberten Capua geschehen? Geht doch Hannibal entgegen! Schmückt die Stadt! Weiht den Tag seiner Ankunft, damit ihr diesen Siegeszug über euren Mitbürger erlebt." Als das Volk bei seinem lauten Rufen unruhig zu werden schien, verhüllte man ihm den Kopf und ließ ihn beschleunigt zum Tor hinausschleppen. Er wurde ins Lager geführt, gleich auf ein Schiff gebracht und nach Karthago geschickt, damit nicht auch der Senat die Auslieferung des vornehmen Mannes bereue, falls es in Capua einige Unruhe über die würdelose Behandlung gebe; außerdem, damit Hannibal, wenn eine Gesandtschaft ihn zurückfordern sollte, die neuen Bundesgenossen nicht beleidigte, indem er ihnen die erste Bitte abschlug; oder damit er, gewährte er die Bitte, den Anstifter von Aufruhr und Unruhen nicht in Capua behalten müßte.

Ein Sturm verschlug das Schiff nach Kyrene, das damals von Königen regiert wurde. Hier floh Magius zur Bildsäule des Königs Ptolomäus und wurde dann von der Wache nach Alexandria zu Ptolomäus gebracht. Er bewies ihm, daß er von Hannibal vertragswidrig gefesselt worden war. Darauf befreite man ihn von den Fesseln, und er erhielt die Erlaubnis, nach Rom oder Capua zurückzugehen, wohin er am liebsten wolle. Magius erwiderte, in Capua sei er nicht sicher, und in Rom werde er zu dieser Zeit, wo zwischen Römern und Kampanern der Kriegszustand herrschte, eher als Überläufer, nicht als Gast weilen. Er wolle nirgends lieber als im Reich des Mannes leben, in dem er seinen Retter und Befreier gefunden habe.

Während dieser Ereignisse kehrte der Gesandte Quintus Fabius Pictor aus Delphi nach Rom zurück und las die Antwort vor, wie sie aufgeschrieben war. Darin wurden auch die Götter und Göttinnen genannt, denen man einen Bußgottesdienst halten solle und wie dies zu geschehen habe. Dann hieß es weiter: „Wenn ihr danach handelt, Römer, werden eure Probleme besser und leichter werden. Die Lage eures Staates wird sich mehr nach eurem Sinne gestalten, und der Sieg in diesem Krieg wird den Römern beschieden sein. Wenn ihr dann den Staat wohl geführt und gerettet habt, sollt ihr dem pythischen Apollo von eurem erworbenen Gewinn ein Geschenk schicken und von der Beute, ihrem Ertrag und den

tote.' Haec ubi ex Graeco carmine interpretata reci-   4
tavit, tum dixit se oraculo egressum extemplo iis
omnibus divis rem divinam ture ac vino fecisse, ius-
sumque ab templi antistite, sicut coronatus laurea   5
corona et oraculum adisset et rem divinam fecisset,
ita coronatum navem adscendere nec ante deponere
eam, quam Romam pervenisset; se, quaecumque im-   6
perata sint, cum summa religione ac diligentia ex-
secutum coronam Romae in aram Apollinis depo-
suisse. Senatus decrevit, ut eae res divinae suppli-
cationesque primo quoque tempore cum cura fierent.

Dum haec Romae atque in Italia geruntur, nun-   7
tius victoriae ad Cannas Carthaginem venerat Mago Hamilcaris filius, non ex ipsa acie a fratre missus, sed retentus aliquot dies in recipiendis civitatibus Bruttiorum, quae deficiebant. Is, cum ei senatus   8
datus esset, res gestas in Italia a fratre exponit: cum
sex imperatoribus eum, quorum quattuor consules,
duo dictator ac magister equitum fuerint, cum sex
consularibus exercitibus acie conflixisse; occidisse   9
supra ducenta milia hostium, supra quinquaginta
milia cepisse. ex quattuor consulibus duos occidisse;
ex duobus saucium alterum, alterum toto amisso
exercitu vix cum quinquaginta hominibus effugisse.
magistrum equitum, quae consularis potestas sit,
fusum, fugatum; dictatorem, quia se in aciem nun-   10
quam commiserit, unicum haberi imperatorem.
Bruttios Apulosque, partim Samnitium ac Lucano-
rum defecisse ad Poenos. Capuam, quod caput non   11
Campaniae modo, sed post adflictam rem Romanam Cannensi pugna Italiae sit, Hannibali se tradi-
disse. pro his tantis totque victoriis verum esse gra-   12
tes deis immortalibus agi haberique.

Ad fidem deinde tam laetarum rerum effundi in   12
vestibulo curiae iussit anulos aureos, qui tantus

eroberten Rüstungen ihm ein Ehrengeschenk darbringen. Werdet aber nicht überheblich!" Als er dies aus dem griechischen Orakeltext übersetzt vorgelesen hatte, sagte er, er habe die Orakelstätte verlassen und dann sofort allen diesen Göttern ein Opfer mit Weihrauch und Wein dargebracht. Auch sei ihm vom Tempelvorsteher befohlen worden: Wie er mit einem Lorbeerkranz geschmückt das Orakel betreten und das Opfer dargebracht habe, so bekränzt solle er auch sein Schiff besteigen und den Kranz nicht eher ablegen, als bis er nach Rom gelangt sei. Alle Anordnungen habe er äußerst gewissenhaft und forgfältig befolgt und den Kranz in Rom auf den Altar des Apollo gelegt. Der Senat beschloß, diese Opfer und Bußgottesdienste möglichst bald mit Sorgfalt durchzuführen.

Während dieser Geschehnisse in Rom und in Italien war Mago, Hamilkars Sohn, mit der Siegesnachricht von Cannae nach Karthago gekommen. Sein Bruder hatte ihn nicht direkt vom Schlachtfeld hingeschickt, sondern mehrere Tage aufgehalten: Er hatte den Anschluß der von den Römern abfallenden Gemeinden der Bruttier zu vollziehen. Mago wurde im Senat vorgelassen und schilderte die Taten seines Bruders in Italien so: Er habe mit sechs Feldherrn gekämpft; vier von ihnen seien Konsuln, zwei seien ein Diktator mit seinem Reiteroberst gewesen. Gegen sechs konsularische Heere habe er Schlachten geschlagen. Mehr als 200 000 Feinde habe er getötet, über 50 000 Gefangene gemacht. Von den vier Konsuln habe er zwei getötet; von den beiden übrigen sei der eine verwundet, der andere nach dem Verlust seines ganzen Heeres mit 50 Mann gerade noch entkommen. Der Reiteroberst, der im Rang eines Konsuls stehe, sei völlig in die Flucht geschlagen. Der Diktator gelte nur deswegen allein noch als Feldherr, weil er sich nie in eine Schlacht habe verwickeln lassen. Die Bruttier und Apulier, ein Teil der Samniten und Lukaner seien zu den Puniern übergetreten. Capua, das nicht nur die Hauptstadt Kampaniens, sondern nach der Schlacht von Cannae, dem Todesstoß für die Römer, auch Italiens sei, habe sich Hannibal ergeben. Es sei nicht mehr als recht, den unsterblichen Göttern für diese so großen, zahlreichen Siege mit Wort und Tat zu danken.

Zur Bestätigung dieser so erfreulichen Nachrichten ließ er im Vorhof des Rathauses die goldenen Ringe ausschütten. Sie ergaben

acervus fuit, ut metientibus supra tres modios ex-
plesse sint quidam auctores: fama tenuit, quae pro-   2
pior vero est, haud plus fuisse modio. Adiecit deinde
verbis, quo maioris cladis indicium esset, neminem
nisi equitem, atque eorum ipsorum primores, id gerere insigne. Summa fuit orationis, quo propius   3
spem belli perficiendi sit, eo magis omni ope iuvan-
dum Hannibalem esse; procul enim ab domo militiam esse, in media hostium terra; magnam vim fru-   4
menti pecuniae absumi, et tot acies, ut hostium
exercitus delesse, ita victoris etiam copias parte   5
aliqua minuisse; mittendum igitur supplementum
esse, mittendam in stipendium pecuniam frumen-
tumque tam bene meritis de nomine Punico militibus.

Secundum haec dicta Magonis laetis omnibus   6
Himilco, vir factionis Barcinae, locum Hannonis
increpandi esse ratus, ,quid est, Hanno?' inquit;
,etiam nunc paenitet belli suscepti adversus Romanos? Iube dedi Hannibalem; veta in tam prosperis
rebus grates deis immortalibus agi; audiamus Ro-   7
manum senatorem in Carthaginiensium curia.' Tum
Hanno: ,Tacuissem hodie, patres conscripti, ne quid
in communi omnium gaudio, minus laetum quod   8
esset vobis, loquerer; nunc interroganti senatori,
paeniteatne adhuc suscepti adversus Romanos belli,   9
si reticeam, aut superbus aut obnoxius videar, quorum alterum est hominis alienae libertatis obliti,
alterum suae. Respondeo' inquit ,Himilconi non
desisse paenitere me belli neque desiturum ante   10
invictum vestrum imperatorem incusare, quam fini-
tum aliqua tolerabili condicione bellum videro; nec
mihi pacis antiquae desiderium ulla alia res quam
pax nova finiet. Itaque ista, quae modo Mago iac-   11
tavit, Himilconi ceterisque Hannibalis satellitibus
iam laeta sunt: mihi possunt laeta esse, quia res

einen solchen Berg, daß sie beim Messen mehr als drei Scheffel ausmachten, wie einige Schriftsteller angeben. Nach einem anderen erhaltenen Bericht, der der Wahrheit näher kommt, war es nicht mehr als ein Scheffel. Dabei betonte er ausdrücklich, um die Niederlage noch größer darzustellen, daß nur die Ritter, und zwar nur die Vornehmsten unter ihnen, dieses Ehrenzeichen trugen. Das Wichtigste in seiner Rede war: Je näher Hannibal der Hoffnung auf ein Kriegsende sei, umso mehr müsse man ihn mit allen Kräften unterstützen; denn der Kriegsschauplatz liege weit von der Heimat, mitten im Land der Feinde. Eine Masse Getreide, viel Geld werde verbraucht. Wie die vielen Kämpfe die feindlichen Heere vernichtet hätten, so hätten sie doch auch die Truppen des Siegers zu einem Teil verzehrt. Es müsse also Verstärkung geschickt werden, Geld für den Sold und Getreide für die Soldaten, die sich solche Verdienste um den punischen Namen erworben hätten.

Sofort nach diesem Bericht des Mago, der alle freute, glaubte Himilko von der barkinischen Partei jetzt dem Hanno einen Hieb versetzen zu können. Er sagte: „Wie, Hanno? Bist du immer noch dagegen, daß der Krieg gegen Rom unternommen wurde? Befiehl doch, Hannibal auszuliefern! Verbiete es, für so große Erfolge den unsterblichen Göttern zu danken! Wir wollen doch einmal den römischen Senator im karthagischen Rathaus anhören!" Da erwiderte Hanno: „Ich hätte heute geschwiegen, verehrte Senatoren, um bei der allgemeinen Freude nicht von etwas zu reden, das euch weniger angenehm ist. Wenn ich aber jetzt einem Senator auf seine Frage, ob ich noch immer gegen den Krieg mit Rom bin, nicht antwortete, machte ich wohl entweder einen hochmütigen oder einen unterwürfigen Eindruck; das eine hieße fremde, das letztere eigene Freiheit vergessen. Ich antworte also Himilko," sagte er, „daß ich noch nicht aufgehört habe, mit dem Krieg unzufrieden zu sein. Und ich werde auch nicht aufhören, euren unbesiegbaren Feldherrn anzuklagen, bis ich den Krieg unter einigermaßen tragbaren Bedingungen beendet sehe. Bei mir wird nichts andres als ein neuer Friede den sehnlichen Wunsch nach dem alten Frieden erfüllen. So ist das, womit Mago eben geprahlt hat, einem Himilko und Hannibals übrigen Anhängern schon jetzt sehr erfreulich: Für mich kann es erfreulich sein, weil ja erfolgreiche

bello bene gestae, si volumus fortuna uti, pacem
nobis aequiorem dabunt; nam si praetermittimus   12
hoc tempus, quo magis dare quam accipere possu-
mus videri pacem, vereor, ne haec quoque laetitia
luxuriet nobis ac vana evadat. Quae tamen nunc   13
quoque qualis est? „Occidi exercitus hostium; mit-
tite milites mihi." Quid aliud rogares, si esses victus? „Hostium cepi bina castra" – praedae videlicet   14
plena et commeatuum – „frumentum et pecuniam
date." Quid aliud, si spoliatus, si exutus castris esses,
peteres? Et ne omnia ipse mirer – mihi quoque enim,   15
quoniam respondi Himilconi, interrogare ius fas-
que est – velim seu Himilco seu Mago respondeat,
cum ad internecionem Romani imperii pugnatum
ad Cannas sit constetque in defectione totam Ita-   16
liam esse, primum, ecquis Latini nominis populus
defecerit ad nos, deinde, ecquis homo ex quinque
et triginta tribubus ad Hannibalem transfugerit.'
Cum utrumque Mago negasset, ‚hostium quidem   17
ergo' inquit ‚adhuc nimis multum superest. Sed
multitudo ea, quid animorum quidve spei habeat,
scire velim.'

Cum id nescire Mago diceret, ‚Nihil facilius scitu   13
est' inquit. ‚Ecquos legatos ad Hannibalem Romani
miserunt de pace? Ecquam denique mentionem pacis
Romae factam esse allatum ad vos est?' Cum id   2
quoque negasset, ‚bellum igitur' inquit ‚tam inte-
grum habemus, quam habuimus, qua die Hannibal
in Italiam est transgressus. Quam varia victoria   3
priore Punico bello fuerit plerique, qui memineri-
mus, supersumus. Nunquam terra marique magis
prosperae res nostrae visae sunt, quam ante consules
C. Lutatium et A. Postumium fuerunt; Lutatio et   4
Postumio consulibus devicti ad Aegates insulas sumus. Quod si, id quod di omen avertant, nunc quoque fortuna aliquid variaverit, tum pacem speratis,
cum vincemur, quam nunc, cum vincimus, dat nemo?

Kriegshandlungen, wenn wir das Glück nutzen wollen, uns einen
günstigeren Frieden bringen werden. Lassen wir nämlich diese
Stunde verstreichen, in der wir in den Augen der Welt den Frieden
mehr diktieren als annehmen können, dann fürchte ich, daß auch
diese Freude für uns zu hoch gesteckt ist und leer entschwindet.
Wie sieht sie denn jetzt schon aus? „Ich habe die feindlichen Heere
erschlagen – schickt mir Soldaten!" Was würdest du andres verlangen, wenn du besiegt wärst? „Ich habe zwei feindliche Lager erobert, – die doch wohl voller Beute und Vorräte waren – gebt mir
Lebensmittel und Geld!" Was würdest du andres erbitten, wenn du
beraubt und aus deinem Lager verjagt wärst? Doch ich will mich
nicht allein über alles wundern. Ich habe dem Himilko geantwortet;
dafür steht mir das heilige Recht zu, auch selbst zu fragen. So soll
mir jetzt Himilko oder Mago Rede und Antwort stehen: Die
Schlacht bei Cannae hat die Vernichtung des ganzen römischen
Reiches erreicht; ganz Italien ist bekanntlich im Abfall begriffen.
So frage ich erstens, ob wohl ein einziger latinischer Volksstamm
auf unsre Seite getreten ist? Weiter, ob ein Mann aus den 35 Stadt-
bezirken zu Hannibal übergelaufen ist?" Als Mago beides ver-
neinte, meinte Hanno: „So gibt es immer noch mehr Feinde als zu
viele. Ich möchte wissen, was diese Menschenmenge noch an Mut
und Hoffnung aufbringt."

Mago sagte, das wisse er nicht. Darauf meinte Hanno: „Nichts
ist leichter zu wissen. Haben die Römer etwa Gesandte zu Hannibal geschickt, um über Frieden zu reden? Habt ihr vielleicht davon gehört, daß man in Rom den Frieden überhaupt erwähnt
hat?" Mago mußte auch dies verneinen, und Hanno fuhr fort:
„Also haben wir den Krieg noch unverändert so wie an dem Tag,
da Hannibal nach Italien hinüberging. Wie wechselhaft der Sieg im
ersten Punischen Krieg war, wissen noch die meisten von uns.
Nie sah die Lage zu Wasser und auf dem Lande besser für uns aus
als vor dem Konsulat des Gaius Lutatius und Aulus Postumius.
Unter den Konsuln Lutatius und Postumius wurden wir bei den
Ägatischen Inseln geschlagen. Wenn auch jetzt das Schicksal sich
irgendwie ändert, – was die Götter verhüten mögen! – hofft ihr
dann auf einen Frieden, wenn wir besiegt werden, wo ihn uns jetzt
niemand gewährt, während wir Sieger sind? Wenn mich jemand nach

Ego, si quis de pace consulet seu deferenda hostibus   5
seu accipienda, habeo, quid sententiae dicam; si de
iis, quae Mago postulat, refertis, nec victoribus mitti
attinere puto et frustrantibus nos falsa atque inani
spe multo minus censeo mittenda esse.'

   Haud multos movit Hannonis oratio; nam et   6
simultas cum familia Barcina leviorem auctorem
faciebat et occupati animi praesenti laetitia nihil,
quo vanius fieret gaudium suum, auribus admitte-
bant debellatumque mox fore, si adniti paulum voluissent, rebantur. Itaque ingenti consensu fit sena-   7
tus consultum, ut Hannibali quattuor milia Numidarum in supplementum mitterentur et quadraginta
elephanti et mille argenti talenta, dictatorque cum
Magone in Hispaniam praemissus est ad condu-   8
cenda viginti milia peditum, quattuor milia equitum, quibus exercitus, qui in Italia quique in Hispania erant, supplerentur.
   Ceterum haec, ut in secundis rebus, segniter otio-   14
seque gesta; Romanos praeter insitam industriam
animis fortuna etiam cunctari prohibebat. Nam nec   2
consul ulli rei, quae per eum agenda esset, deerat,
et dictator M. Iunius Pera, rebus divinis perfectis
latoque, ut solet, ad populum, ut equum escendere
liceret, praeter duas urbanas legiones, quae principio anni a consulibus conscriptae fuerant et servorum dilectum cohortesque ex agro Piceno et Gallico
collectas, ad ultimum prope desperatae rei publicae auxilium – cum honesta utilibus cedunt – de-   3
scendit edixitque, qui capitalem fraudem ausi quique pecuniae iudicati in vinculis essent, qui eorum
apud se milites fierent, eos noxa pecuniaque sese
exsolvi iussurum. Ea sex milia hominum Gallicis   4
spoliis, quae triumpho C. Flamini tralata erant, ar-

dem Frieden fragen will, ob man ihn dem Feind anbieten oder wir
ihn annehmen sollen, kann ich ihm meine Meinung gleich sagen.
Wenn ihr Magos Forderungen als Antrag behandelt, so halte ich es
für unnötig, Siegern etwas zu schicken. Täuschen sie uns durch
falsche und leere Hoffnungen, so darf man ihnen, meine ich, erst
recht nichts schicken."

Hannos Rede machte auf nur wenige Zuhörer Eindruck. Einmal ließ sein gespanntes Verhältnis zur barkinischen Familie seine
Worte weniger wichtig erscheinen. Zum anderen hatte man kein
Ohr für alles, was die frohe Stimmung schmälerte; denn man
war von der Freude des Augenblicks noch ganz gefangen. Man
glaubte sogar, der Krieg sei bald vorbei, wenn man sich nur noch
ein bißchen anstrengen wolle. Daher wurde mit überwältigender
Zustimmung der Senatsbeschluß gefaßt, daß Hannibal 4000 Numider zur Verstärkung geschickt werden sollten, dazu 40 Elefanten
und 1000 Talente Silber. Mit Mago wurde ein Diktator nach Spanien vorausgesandt, um dort 20000 Mann und 4000 Reiter zu verpflichten. Mit ihnen sollten die Heere in Italien und Spanien aufgefüllt werden.

Man ging hierbei übrigens sehr langsam und lässig vor, da man
sich „obenauf" fühlte. Die Römer dagegen ließ außer ihrer ange-
borenen Regsamkeit auch ihr Schicksal nicht zögern. Der Konsul
fehlte nirgends, wo es etwas für ihn zu tun gab. Der Diktator
Marcus Junius Pera hatte zuerst die Gottesdienste durchgeführt
und dann beim Volk, wie üblich, den Antrag gestellt, sein Pferd
besteigen zu dürfen. Außer den beiden städtischen Legionen,
welche die Konsuln am Jahresanfang ausgehoben hatten, außer
der Anwerbung von Sklaven und den aus picenischem und gallischem Gebiet einberufenen Kohorten griff er noch zu einem letzten Mittel, das sich einem fast aufgegebenen Staat noch als Hilfe
bietet, wenn die Ehre dem Nutzen weichen muß: Er gab öffentlich
bekannt, er wolle solche, die wegen eines todeswürdigen Verbre-
chens oder wegen ihrer Schulden verurteilt und in Haft seien, von
Strafe und Schulden freisprechen lassen, wenn sie bei ihm Soldaten
würden. 6000 solcher Leute stattete er mit erbeuteten gallischen

mavit, itaque cum viginti quinque milibus armatorum ab urbe proficiscitur.

Hannibal Capua recepta, cum iterum Neapoli-   5
tanorum animos partim spe, partim metu nequiquam temptasset, in agrum Nolanum exercitum tra-   6
ducit, ut non hostiliter statim, quia non despera-
bat voluntariam deditionem, ita, si morarentur
spem, nihil eorum, quae pati aut timere possent,
praetermissurus. Senatus ac maxime primores eius   7
in societate Romana cum fide perstare; plebs nova-
rum, ut solet, rerum atque Hannibalis tota esse
metumque agrorum populationis et patienda in obsidione multa gravia indignaque proponere animo;
neque auctores defectionis deerant. Itaque ubi sena-   8
tum metus cepit, si propalam tenderent, resisti mul-
titudini concitatae non posse, secunda simulando
dilationem mali inveniunt. Placere enim sibi defec-   9
tionem ad Hannibalem simulant; quibus autem
condicionibus in foedus amicitiamque novam trans-
eant, parum constare. Ita spatio sumpto legatos   10
propere ad praetorem Romanum Marcellum Clau-
dium, qui Casilini cum exercitu erat, mittunt do-
centque, quanto in discrimine sit Nolana res: agrum
Hannibalis esse et Poenorum, urbem extemplo futu-   11
ram, ni subveniatur; concedendo plebei senatum,
ubi velint defecturos se, ne deficere praefestinarent,
effecisse. Marcellus conlaudatis Nolanis eadem si-   12
mulatione extrahi rem in suum adventum iussit; interim celari, quae secum acta essent, spemque omnem auxilii Romani. Ipse a Casilino Caiatiam petit   13
atque inde Volturno amni traiecto per agrum Sati-

Waffen aus, die man beim Triumphzug des Gaius Flaminius durch die Straßen getragen hatte. So brach er mit 25 000 bewaffneten Soldaten aus Rom auf.

Hannibal hatte Capua in Besitz genommen. Sein erneuter Versuch, die Einstellung der Neapolitaner durch Versprechungen und Drohungen zu beeinflussen, war gescheitert. Deshalb führte er sein Heer in die Gegend von Nola hinüber. Dort wollte er zwar nicht gleich als Feind auftreten, da er durchaus Hoffnung auf ihre freiwillige Unterwerfung hegte; wenn sie aber seine Hoffnung hinhielten, wollte er sie alle Leiden und Schrecken spüren lassen. Der Senat, und besonders seine vornehmsten Mitglieder, blieben dem römischen Bund treu. Das Volk trat völlig, wie es sonst auch der Fall ist, für einen Umschwung und für Hannibal ein. Im Geiste stellte es sich schon die Angst vor der Verwüstung der Felder und die vielfachen Leiden und würdelosen Schikanen vor, die man während einer Belagerung ertragen mußte. Es fehlte auch nicht an Leuten, die zum Abfall rieten. Der Senat mußte also fürchten, er würde der aufgebrachten Menge, wenn man offen vorging, nicht widerstehen können. Er fand daher eine Weg, das Übel durch vorgetäuschte Förderung aufzuschieben: Er tat so, als gefiele ihm der Übertritt zu Hannibal; nur stünden die Bedingungen, unter denen man die neue Verbindung und Freundschaft eingehen solle, noch nicht endgültig fest. Dadurch gewann der Senat Zeit, ganz schnell Gesandte an den römischen Prätor Claudius Marcellus zu schicken, der mit seinem Heer in Casilinum stand, und ihn davon zu unterrichten, wie kritisch die Situation in Nola sei: Das Land gehöre schon Hannibal und den Puniern; wenn keine Hilfe komme, werde es der Stadt gleich ebenso gehen. Nur durch das Zugeständnis des Senats gegenüber dem Volk, den Abfall zum gewünschten Zeitpunkt zu vollziehen, sei erreicht worden, daß man sich vor einem übereilten Abfall hütete. Marcellus lobte die Nolaner und befahl ihnen, die Sache unter eben diesem Vorwand bis zu seinem Eintreffen hinauszuziehen. Unterdessen sollten sie sich die Verhandlungen mit ihm und all ihre Hoffnung auf römische Hilfe auf keinen Fall anmerken lassen. Er selbst brach von Casilinum nach Caiatia auf und ging dort über den Volturnus. Dann gelangte er

culanum Trebianumque super Suessulam per montes Nolam pervenit.

Sub adventum praetoris Romani Poenus agro 15
Nolano excessit et ad mare proxime Neapolim
descendit, cupidus maritimi oppidi potiundi, quo
cursus navibus tutus ex Africa esset; ceterum postquam Neapolim a praefecto Romano teneri accepit – 2
M. Iunius Silanus erat, ab ipsis Neapolitanis accitus – Neapoli quoque, sicut Nola, omissa petit Nu-
ceriam. Eam cum aliquamdiu circumsedisset, saepe 3
vi, saepe sollicitandis nequiquam nunc plebe, nunc
principibus, fame demum in deditionem accepit,
pactus, ut inermes cum singulis abirent vestimentis.
Deinde, ut qui a principio mitis omnibus Italicis 4
praeter Romanos videri vellet, praemia atque honores, qui remanserint ac militare secum voluissent,
proposuit. Nec ea spe quemquam tenuit; dilapsi 5
omnes, quocumque hospitia aut fortuitus animi impetus tulit, per Campaniae urbes, maxime Nolam
Neapolimque. Cum ferme triginta senatores, ac 6
forte primus quisque, Capuam petissent, exclusi
inde, quod portas Hannibali clausissent, Cumas se
contulerunt. Nuceriae praeda militi data est, urbs
direpta atque incensa.

Nolam Marcellus non sui magis fiducia praesidii 7
quam voluntate principum habebat; plebs timeba-
tur et ante omnes L. Bantius, quem conscientia
temptatae defectionis ac metus a praetore Romano
nunc ad proditionem patriae, nunc, si ad id fortuna
defuisset, ad transfugiendum stimulabat. Erat iuve- 8
nis acer et sociorum ea tempestate prope nobilissimus eques. Seminecem eum ad Cannas in acervo
caesorum corporum inventum curatumque benigne
etiam cum donis Hannibal domum remiserat. Ob 9
eius gratiam meriti rem Nolanam in ius dicionemque dare voluerat Poeno, anxiumque eum et sollici-

durch das Gebiet von Saticula und Trebula oberhalb von Suessula über die Berge nach Nola.

Knapp vor der Ankunft des römischen Prätors verließ der Punier das Gebiet von Nola und zog abwärts ans Meer in die unmittelbare Nähe von Neapel. Er wollte eine Seestadt erobern, um den Schiffen aus Afrika ein sicheres Anlaufen zu ermöglichen. Als er aber hörte, Neapel stehe unter einem römischen Kommandanten – es war Marcus Junius Silanus, den die Einwohner Neapels von sich aus gerufen hatten –, gab er Neapel ebenso wie Nola auf und zog nach Nuceria. Als er diese Stadt eine Zeitlang eingeschlossen hatte, versuchte er es oft mit Gewalt, oft, doch vergeblich mit Aufwiegelung bald der Bürger, dann wieder des Adels. Schließlich brachte er sie durch Hunger zur Übergabe unter der Bedingung, sie ohne Waffen mit je einem Kleidungsstück abziehen zu lassen. Weil er am Anfang gegen alle Italiker außer den Römern mild erscheinen wollte, bot er denen, die bleiben und in seine Kriegsdienste treten wollten, Belohnungen und Ehrenämter an. Aber er konnte keinen durch diese Aussichten zurückhalten: Sie liefen alle auseinander, wohin sie gastliche Beziehungen oder eine zufällige Eingebung führten, in die Städte Kampaniens, in der Hauptsache nach Nola und Neapel. Ungefähr 30 Senatoren, und gerade die vornehmsten, gingen nach Capua. Aber man wies sie hier ab, weil sie Hannibal ihre Tore verschlossen hätten, und sie begaben sich nach Cumae. In Nuceria wurde die Beute den Soldaten überlassen, die Stadt geplündert und angezündet.

Marcellus' Einfluß auf Nola beruhte weniger auf dem Vertrauen zu seiner Besatzungstruppe als auf der Zuneigung des Adels. Die Bürger dagegen und besonders den Lucius Bantius hatte man zu fürchten; der hatte ein schlechtes Gewissen wegen eines versuchten Abfalls und lebte nun in Angst vor dem römischen Prätor. Die Lage stachelte ihn zum Verrat seiner Vaterstadt und weiter, sollte er dabei kein Glück haben, zum Überlaufen an. Er war ein temperamentvoller junger Mann und unter den Bundesgenossen damals fast der vornehmste Ritter. Bei Cannae war er halbtot in einem Haufen Gefallener gefunden worden, und Hannibal hatte ihn freundlicherweise ausheilen und sogar mit Geschenken heimgehen lassen. Aus Dankbarkeit für diese Hilfe hatte er Nola unter die Gewalt und

tum cura novandi res praetor cernebat. Ceterum
cum aut poena cohibendus esset aut beneficio con-
ciliandus, sibi adsumpsisse quam hosti ademisse for- 10
tem ac strenuum maluit socium, accitumque ad se
benigne appellat: multos eum invidos inter popu-
lares habere inde existimatu facile esse, quod nemo
civis Nolanus sibi indicaverit, quam multa eius egre- 11
gia facinora militaria essent; sed qui in Romanis
militaverit castris, non posse obscuram eius virtutem esse. multos sibi, qui cum eo stipendia fecerint, 12
referre, qui vir esset ille quaeque et quotiens pericula
pro salute ac dignitate populi Romani adisset, utique Cannensi proelio non prius pugna abstiterit,
quam prope exsanguis ruina superincidentium viro- 13
rum equorum armorumque sit oppressus. ‚Itaque
macte virtute esto‘ inquit. ‚Apud me tibi omnis ho- 14
nos atque omne praemium erit et, quo frequentior
mecum fueris, senties eam rem tibi dignitati atque
emolumento esse.‘ Laetoque iuveni promissis equum 15
eximium dono dat bigatosque quingentos quaesto-
rem numerare iubet; lictoribus imperat, ut eum se
adire, quotiens velit, patiantur.

Hac comitate Marcelli ferocis iuvenis animus 16
adeo est mollitus, ut nemo inde sociorum rem Romanam fortius ac fidelius iuverit.

Cum Hannibal ad portas esset – Nolam enim 2
rursus a Nuceria movit castra – plebesque Nolana
de integro ad defectionem spectaret, Marcellus sub 3
adventum hostium intra muros se recepit, non castris metuens, sed ne prodendae urbis occasionem
nimis multis in eam imminentibus daret. Instrui 4
deinde utrimque acies coeptae, Romanorum pro
moenibus Nolae, Poenorum ante castra sua. Proelia
hinc parva inter urbem castraque et vario eventu
fiebant, quia duces nec prohibere paucos temere

Herrschaft des Puniers bringen wollen, und der Prätor bemerkte
sein ängstliches, aufgeregtes Bemühen um neue Verhältnisse wohl.
Aber er mußte durch Strafe davon abgehalten oder durch Wohlwollen gewonnen werden; und so wollte Marcellus lieber einen
tapferen, eifrigen Bundesgenossen auf seine Seite ziehen als nur dem
Feind wegnehmen. Er ließ ihn also zu sich rufen und sprach ihn
freundlich an: Er müsse unter seinen Landsleuten viele Neider haben. Das könnte man leicht daraus schließen, daß ihm noch kein no-
lanischer Bürger gesagt habe, wie zahlreich und außergewöhnlich
seine Kriegsleistungen seien. Wer aber im römischen Heer gedient
habe, dessen Tapferkeit könne nicht verborgen bleiben. Viele seiner
ehemaligen Kampfgefährten erzählten ihm, was er für ein Mann sei,
welche und wieviele Gefahren er für das Wohl und die Ehre des
römischen Volkes bestanden habe, und wie er in der Schlacht von
Cannae nicht eher vom Kampf gelassen habe, als bis er beinahe
verblutet unter dem Gewühl über ihn stürzender Männer, Pferde
und Waffen begraben war. „Also, Heil deiner Tapferkeit", fügte
er hinzu. „Bei mir wirst du alle Ehre und Belohnung erfahren; je
öfter du um mich sein wirst, desto mehr wirst du fühlen, daß dir
dies Ehre und Vorteil bringt." Nun schenkte er dem jungen Mann,
der sich über diese Zusagen sehr freute, ein erlesenes Pferd und beauftragte den Quästor, ihm 500 Silberdenare auszuzahlen. Den
Liktoren gebot er, ihn immer, sooft er wolle, zu ihm vorzulassen.

Durch diese Höflichkeit des Marcellus wurde der Trotz des
jungen Mannes so sehr besänftigt, daß von da an keiner der Bundesgenossen für Roms Angelegenheiten kräftiger und treuer ein-
trat.

Als Hannibal vor den Toren stand, – er hatte nämlich sein Lager
wieder von Nuceria nach Nola verlegt – wollte das Nolaner Volk
von neuem abfallen. Marcellus zog sich gleich bei der Ankunft
des Feindes in die Mauern zurück, nicht, weil er um sein Lager
fürchtete, sondern, um keine Gelegenheit zum Verrat der Stadt zu
geben; denn gar zu viele warteten darauf. Beide Heere formierten
sich nun zum Kampf: Die Römer vor den Mauern Nolas, die Punier vor ihrem Lager. Dabei kam es zu unbedeutenden Gefechten in
dem Raum zwischen der Stadt und dem Lager, und zwar mit wechselndem Ausgang. Die Heerführer wollten nämlich die kleinen

provocantes nec dare signum universae pugnae volebant. In hac cotidiana duorum exercituum sta-   5
tione principes Nolanorum nuntiant Marcello noc-
turna conloquia inter plebem ac Poenos fieri sta-   6
tutumque esse, ut, cum Romana acies egressa portis
foret, impedimenta eorum ac sarcinas diriperent,
clauderent deinde portas murosque occuparent, ut
potentes rerum suarum atque urbis Poenum inde
pro Romano acciperent. Haec ubi nuntiata Mar-   7
cello sunt, conlaudatis senatoribus Nolanis, priusquam aliqui motus in urbe oreretur, fortunam pu-
gnae experiri statuit. Ad tres portas in hostes versas   8
tripertito exercitum instruxit; impedimenta subse-
qui iussit, calones lixasque et invalidos milites vallum ferre. Media porta robora legionum et Romanos equites, duabus circa portis novos milites le-
vemque armaturam ac sociorum equites statuit.
Nolani muros portasque adire vetiti subsidiaque   9
destinata impedimentis data, ne occupatis proelio
legionibus in ea impetus fieret. Ita instructi intra
portas stabant.

  Hannibali sub signis, id quod per aliquot dies   10
fecerat, ad multum diei in acie stanti primo miraculo esse, quod nec exercitus Romanus porta egrederetur nec armatus quisquam in muris esset. Ratus   11
deinde prodita conloquia esse metuque resides fac-
tos, partem militum in castra remittit iussos propere apparatum omnem oppugnandae urbis in primam aciem adferre, satis fidens, si cunctantibus
instaret, tumultum aliquem in urbe plebem motu-
ram. Dum in sua quisque ministeria discursu trepi-   12
dat ad prima signa succeditque ad muros acies, pa-
tefacta repente porta Marcellus signa canere clamo-
remque tolli ac pedites primum, deinde equites,

Gruppen, die den Feind planlos herausforderten, nicht daran hindern, aber auch das Zeichen zum Großangriff nicht geben. Beide Heere behielten diese Aufstellung tagelang bei. Da meldeten die führenden Männer von Nola dem Marcellus, zwischen ihren Bürgern und dem Punier komme es zu nächtlichen Besprechungen. Es sei beschlossen, sobald das römische Heer ausrücke und vor den Toren stehe, seinen Troß und das Gepäck zu plündern. Dann wolle man die Tore schließen und die Mauern besetzen, um den Punier statt des Römers einzulassen, sobald sie ihre Angelegenheiten und die Stadt fest in der Hand hätten. Marcellus lobte die Nolaner Senatoren für diese Nachricht und entschloß sich, eine Schlacht zu wagen, bevor sich in der Stadt noch etwas rege. An den drei in Feindrichtung liegenden Toren stellte er sein Heer in drei Abteilungen auf. Er ließ den Troß folgen, und die Reitknechte, die Marketender und Invaliden mußten Schanzpfähle tragen. Am Mitteltor stellte er die Kerntruppen der Legionen und die römischen Reiter auf, an den beiden Toren daneben die neuangeworbenen Soldaten, die leichtbewaffnete Truppe und die Reiter der Bundesgenossen. Den Nolanern wurde verboten, sich den Mauern und Toren zu nähern. Der Troß erhielt eine eigne Schutztruppe zugewiesen, damit er nicht angegriffen werde, während die Legionen kämpften. Das war ihre Aufstellung innerhalb der Stadttore.

Hannibal hatte bis tief in den Tag hinein – er hatte es schon mehrere Tage lang getan – kampfbereit dagestanden. Ihm fiel anfangs auf, daß kein römisches Heer zum Tor ausrückte und daß kein bewaffneter Soldat auf den Mauern stand. Daraus schloß er, daß man seine Unterredungen verraten hatte und die Leute aus Angst so zurückhaltend geworden seien. Er schickte daher einen Teil seiner Soldaten mit dem Auftrag ins Lager zurück, schnell sämtliche Geräte zum Sturm auf die Stadt in die vorderste Linie zu bringen. Er rechnete fest damit, daß das Volk in der Stadt revoltieren werde, wenn er ihnen jetzt, wo sie unschlüssig seien, kräftig zusetze. Alle verteilten sich jetzt hastig, um in vorderster Linie ihre Aufgaben wahrzunehmen, und das Heer rückte gegen die Mauer an. Da öffnete sich plötzlich ein Tor, und Marcellus ließ die Trompete blasen, zugleich auch den Schlachtruf erheben. Er befahl den Ausbruch gegen den Feind: Voran die Infanterie, ihr nach die Rei-

quanto maximo possent impetu, in hostem erum-
pere iubet. Satis terroris tumultusque in aciem me-   13
diam intulerant, cum duabus circa portis P. Valerius Flaccus et C. Aurelius legati in cornua hostium
erupere. Addidere clamorem lixae calonesque et   14
alia turba custodiae impedimentorum adposita, ut
paucitatem maxime spernentibus Poenis ingentis repente exercitus speciem fecerit. Vix equidem ausim   15
adfirmare, quod quidam auctores sunt, duo milia et
octingentos hostium caesos non plus quingentis Romanorum amissis; sed, sive tanta sive minor victo-   16
ria fuit, ingens eo die res ac nescio an maxima illo
bello gesta sit; non vinci enim ab Hannibale [vin-
centibus] difficilius fuit quam postea vincere.

Hannibal spe potiundae Nolae adempta cum   17
Acerras recessisset, Marcellus extemplo clausis portis custodibusque dispositis, ne quis egrederetur,
quaestionem in foro de iis, qui clam in conloquiis
hostium fuerant, habuit. Supra septuaginta damna-   2
tos proditionis securi percussit bonaque eorum iussit
publica populi Romani esse et summa rerum senatui   3
tradita cum exercitu omni profectus supra Suessulam castris positis consedit. Poenus Acerras primum   4
ad voluntariam deditionem conatus perlicere, inde
postquam obstinatos videt, obsidere atque oppugnare parat. Ceterum Acerranis plus animi quam
virium erat; itaque desperata tutela urbis, ut cir-   5
cumvallari moenia viderunt, priusquam continua-
rentur hostium opera, per intermissa munimenta
neglectasque custodias silentio noctis dilapsi, per   6
vias inviaque, qua quemque aut consilium aut error
tulit, in urbes Campaniae, quas satis certum erat
non mutasse fidem, perfugerunt.

Hannibal Acerris direptis atque incensis, cum a   7

terei, und dies in möglichst kräftigem Ansturm. Schon hatten sie
den Mittelabschnitt mächtig durcheinandergebracht, da brachen
die Legaten Publius Valerius Flaccus und Gaius Aurelius aus den
beiden Nachbartoren gegen die feindlichen Flügel hervor. Die
Marketender und Troßknechte verstärkten das Geschrei, dazu noch
die zum Schutz des Gepäcks aufgestellte Truppe. So kamen sie
plötzlich den Puniern, die hauptsächlich den zahlenmäßig schwa-
chen Feind verachteten, wie ein riesengroßes Kriegsheer vor. Ich
habe fast Bedenken, hier als gesichert anzuführen, was einige
Schriftsteller berichten: Daß 2800 Feinde auf dem Feld blieben, die
Römer aber nicht mehr als 500 Soldaten verloren. Aber ob der Sieg
nun so groß oder kleiner war, an diesem Tag wurde eine sehr große,
vielleicht die größte Leistung dieses Krieges vollbracht. Denn von
Hannibal nicht besiegt zu werden war damals schwerer, als ihn
später zu besiegen.

Hannibal war so die Hoffnung auf Eroberung Nolas genommen,
und er zog sich nach Acerrae zurück. Marcellus ließ sofort die
Stadttore schließen und Wachen aufstellen, um niemanden heraus-
zulassen. Auf dem Marktplatz untersuchte er den Fall derer, die
sich in heimliche Verhandlungen mit dem Feind eingelassen hatten.
Über 70 Personen, die man des Verrats beschuldigte, ließ er ent-
haupten und erklärte ihr Vermögen zum römischen Staatseigentum. Er übergab die Regierung Nolas ihrem Senat und zog mit seinem ganzen Heer ab. Oberhalb von Suessula schlug er sein Lager
auf und richtete sich dort ein. Der Punier versuchte zuerst, die
Stadt Acerrae zur freiwilligen Übergabe zu überreden. Als er aber
ihre Hartnäckigkeit erkannte, machte er sich daran, sie zu belagern und zu erstürmen. Im übrigen besaßen die Acerraner mehr
Mut als Kraft. Sie verloren daher die Hoffnung, ihre Stadt schützen zu können. Als sie sahen, wie ihre Mauern ringsum von einem
Wall eingeschlossen wurden, schlichen sie sich, noch ehe sich die
feindliche Umklammerung schloß, durch Lücken der Belagerungs-
schanzen und der Postenkette nachts heimlich davon. Auf Wegen
und durch ungangbares Gelände, wohin sie absichtlich oder irr-
tümlicherweise gerieten, flohen sie in die Städte Kampaniens, deren
unveränderter Treue sie sich ganz sicher waren.

Hannibal plünderte und brandschatzte Acerrae. Da erhielt er die

Casilino dictatorem Romanum legionesque novas
acciri nuntiassent, ne quid novi tam propinquis hostium castris Capuae quoque occurreret, exercitum
ad Casilinum ducit. Casilinum eo tempore quin- 8
genti Praenestini habebant cum paucis Romanis
Latinique nominis, quos eodem audita Cannensis
clades contulerat. Hi, non confecto Praeneste ad 9
diem dilectu, serius profecti domo cum Casilinum
ante famam adversae pugnae venissent et aliis ad-
gregantibus sese Romanis sociisque, profecti a Casilino cum satis magno agmine irent, avertit eos retro
Casilinum nuntius Cannensis pugnae. Ibi cum dies 10
aliquot, suspecti Campanis timentesque, cavendis ac
struendis in vicem insidiis traduxissent, ut de Capuae defectione agi accipique Hannibalem satis pro
certo habuere, interfectis nocte oppidanis partem
urbis, quae cis Volturnum est – eo enim dividitur
amni – occupavere idque praesidii Casilini habebant Romani. Additur et Perusina cohors, homines 11
quadringenti sexaginta, eodem nuntio, quo Praenestini paucos ante dies, Casilinum compulsi. Et satis 12
ferme armatorum ad tam exigua moenia et flumine
altera parte cincta tuenda erat: penuria frumenti,
nimium etiam ut videretur hominum, efficiebat.

Hannibal cum iam inde haud procul esset, Gae- 18
tulos cum praefecto nomine Isalca praemittit ac
primo, si fiat conloquii copia, verbis benignis ad
portas aperiundas praesidiumque accipiendum perlicere iubet: si in pertinacia perstent, vi rem gerere
ac temptare, si qua parte invadere urbem possit. Ubi
ad moenia accessere, quia silentium erat, solitudo 2
visa; metuque concessum barbarus ratus moliri por-

Meldung, von Casilinum aus werde der römische Diktator mit den neuen Legionen herangezogen. Also führte auch er sein Heer nach Casilinum, damit bei der Nähe des römischen Lagers nicht auch noch Capua in eine überraschende neue Lage gerate. Damals hielten 500 Praenestiner Casilinum besetzt, zusammen mit einigen Römern und Latinern, die die Nachricht von der Niederlage bei Cannae hierher verschlagen hatte. Weil die Einberufung in Praeneste nicht an dem bestimmten Tag beendet war, hatten sie sich zu spät aus ihrer Heimat auf den Weg gemacht. In Casilinum waren sie noch vor der Nachricht von der verlorenen Schlacht eingetroffen, andere Römer und Bundesgenossen hatten sich ihnen angeschlossen, und dann waren sie – ein ziemlich starkes Heer – von Casilinum aus weitergezogen. Da aber bewog sie die Nachricht von der Schlacht bei Cannae, nach Casilinum umzukehren. Hier verbrachten sie einige Tage, von den Kampanern beargwöhnt und in Angst vor ihnen; man war voreinander auf der Hut, stellte sich aber auch gegenseitig Fallen. Dann aber, als sie sicher wußten, daß man wegen des Abfalls Capuas Verhandlungen führe und Hannibal einlasse, ermordeten sie nachts die Stadtbewohner und nahmen den Teil der Stadt diesseits des Volturnus – von ihm wird sie nämlich geteilt – in Besitz. Das war die Besatzung, die die Römer in Casilinum hatten. Ihnen gesellte sich eine Kohorte Perusiner von 460 Mann zu, die durch die gleiche Nachricht wie einige Tage vorher die Praenestiner nach Casilinum getrieben wurden. So war die Mannschaft eigentlich stark genug, um eine so kleine Festung zu verteidigen, die überdies noch auf einer Seite der Fluß deckte. Der Mangel an Getreide erweckte sogar den Eindruck von zu vielen Menschen.

Hannibal war nun nicht mehr weit entfernt und schickte die Gaetuler mit ihrem Kommandeur Isalcas voraus. Wenn es eine Gelegenheit zum Gespräch gebe, sollte er die Einwohner zuerst mit guten Worten zur Öffnung der Tore und zur Aufnahme einer Besatzung überreden. Blieben sie aber hartnäckig, sollte er Gewalt anwenden und versuchen, auf irgendeiner Seite in die Stadt einzudringen. Als sie sich den Stadtmauern näherten, hielten sie den Ort, da sich nichts rührte, für menschenleer. Der fremde Oberst meinte, man habe den Ort aus Furcht geräumt, und wollte schon

tas et claustra refringere parat, cum patefactis repente portis cohortes duae, ad id ipsum instructae   3
intus, ingenti cum tumultu erumpunt stragemque
hostium faciunt. Ita primis repulsis Maharbal cum   4
maiore robore virorum missus nec ipse eruptionem
cohortium sustinuit. Postremo Hannibal castris ante   5
ipsa moenia oppositis parvam urbem parvumque
praesidium summa vi atque omnibus copiis oppugnare parat, ac dum instat lacessitque corona undique circumdatis moenibus, aliquot milites et promp-
tissimum quemque e muro turribusque ictos amisit.
Semel ultro erumpentes agmine elephantorum oppo-   6
sito prope interclusit trepidosque compulit in urbem
satis multis ut ex tanta paucitate interfectis; plures
cecidissent, ni nox proelio intervenisset. Postero die   7
omnium animi ad oppugnandum accenduntur, utique
postquam corona aurea muralis proposita est atque
ipse dux castelli plano loco positi segnem oppugna-
tionem Sagunti expugnatoribus exprobrabat, Cannarum Trasumennique et Trebiae singulos admo-
nens universosque. Inde vineae quoque coeptae agi   8
cuniculique; nec ad varios conatus hostium aut vis
ulla aut ars deerat sociis Romanorum. Propugna-   9
cula adversus vineas statuere, transversis cuniculis
hostium cuniculos excipere, et palam et clam coeptis
obviam ire, donec pudor etiam Hannibalem ab incepto avertit, castrisque communitis ac praesidio
modico imposito, ne omissa res videretur, in hiberna
Capuam concessit.

Ibi partem maiorem hiemis exercitum in tectis   10
habuit, adversus omnia humana mala saepe ac diu
duratum, bonis inexpertum atque insuetum. Itaque,   11

die Tore sprengen und die Schlösser aufbrechen lassen. Da öffne-
ten sich plötzlich die Tore, und die zwei Kohorten, die man zu
eben diesem Zweck im Innern aufgestellt hatte, stürzten mit unge-
heurem Lärm hervor und richteten unter den Feinden ein Blutbad
an. So wurden die ersten zurückgeschlagen. Darauf wurde Maharbal mit einer stärkeren Mannschaft losgeschickt, aber auch er konnte
dem Ausfall der Kohorten nicht standhalten. Schließlich stellte
ihnen Hannibal sein Lager unmittelbar vor die Mauern und ging
daran, die kleine Stadt und die kleine Besatzung mit höchstem Einsatz sämtlicher Kräfte zu bestürmen. Er setzte ihnen mit seinen
kreisförmig um die Mauern aufgestellten Reihen mächtig zu und
stürmte vor, aber dabei verlor er eine erhebliche Anzahl, und zwar
die tapfersten seiner Leute, die von der Mauer und den Türmen
herunter getroffen wurden. Einmal, als sie ihrerseits einen Ausfall
machten, hätte er sie mit einem vorgeschobenen Trupp Elefanten
beinahe abgeschnitten. Er trieb die verwirrten Gegner in die Stadt
zurück, nachdem sie für ihre kleine Zahl beträchtlich viele verloren
hatten. Es wären noch mehr gefallen, wenn die Nacht den Kampf
nicht unterbrochen hätte. Am nächsten Tage kam es bei allen zu
flammender Begeisterung für einen Sturmangriff, zumal nachdem
ein goldner Mauerkranz ausgesetzt wurde und der Feldherr selbst
den Eroberern Sagunts Kraftlosigkeit bei der Belagerung einer kleinen, eben gelegenen Festung vorwarf, wobei er sie einzeln und gemeinsam an Cannae, den Trasimennus und die Trebia erinnerte.
Nun wurden auch Schutzdächer vorgetrieben und Minen angelegt.
Aber gegen die verschiedenen feindlichen Versuche fehlte es auch
den römischen Bundesgenossen durchaus nicht an Tatkraft oder
technischem Können: Sie legten Schutzmauern gegen die Sturmdächer an, gruben die feindlichen Minen durch Querstollen ab und
konnten jedem offenen und heimlichen Versuch entgegenarbeiten.
Da schämte sich sogar Hannibal und ließ von dem Unternehmen
ab; und damit nicht alles aufgegeben zu sein schien, befestigte er
sein Lager, setzte dort eine ziemlich schwache Besatzung ein und
zog dann nach Capua ins Winterquartier.

Dort ließ er das Heer den größten Teil des Winters in den Un-
terkünften bleiben; es war zwar gegen alle menschlichen Leiden oft
und lange abgehärtet und kannte das gute Leben überhaupt nicht

quos nulla mali vicerat vis, perdidere nimia bona ac
voluptates immodicae, et eo impensius, quo avidius
ex insolentia in eas se merserant. Somnus enim et   12
vinum et epulae et scorta balineaque et otium con-
suetudine in dies blandius ita enervaverunt corpora
animosque, ut magis deinde praeteritae victoriae eos
quam praesentes tutarentur vires, maiusque id peccatum ducis apud peritos artium militarium habere-   13
tur, quam quod non ex Cannensi acie protinus ad
urbem Romanam duxisset; illa enim cunctatio distu-
lisse victoriam videri potuit, hic error vires ademisse ad vincendum. Itaque hercule, velut si cum   14
alio exercitu a Capua exiret, nihil usquam pristinae
disciplinae tenuit. Nam et redierunt plerique scortis   15
impliciti et, ubi primum sub pellibus haberi coepti
sunt, viaque et alius militaris labor excepit, tironum
modo corporibus animisque deficiebant, et deinde   16
per omne aestivorum tempus magna pars sine commeatibus ab signis dilabebantur neque aliae latebrae
quam Capua desertoribus erant.

Ceterum mitescente iam hieme educto ex hibernis   19
milite Casilinum redit, ubi, quamquam ab oppu-   2
gnatione cessatum erat, obsidio tamen continua oppidanos praesidiumque ad ultimum inopiae adduxe-
rat. Castris Romanis Ti. Sempronius praeerat dic-   3
tatore auspiciorum repetendorum causa profecto
Romam. Marcellum et ipsum cupientem ferre au-   4
xilium obsessis et Volturnus amnis inflatus aquis et
preces Nolanorum Acerranorumque tenebant, Campanos timentium, si praesidium Romanum abces-
sisset. Gracchus adsidens tantum Casilino, quia   5
praedictum erat dictatoris, ne quid absente eo rei
gereret, nihil movebat, quamquam, quae facile omnem patientiam vincerent, nuntiabantur a Casilino;   6
nam et praecipitasse se quosdam non tolerantes fa-

mehr. Deshalb wurden nunmehr die Männer, die keine Macht des
Unglücks bezwungen hatte, durch die übermäßigen Freuden und
die übertriebenen Vergnügungen verdorben, und zwar umso gründlicher, je gieriger sie sich aus dem ungewohnten Zustand da hinein-
stürzten. Denn Schlaf und Wein, üppige Mahlzeiten und Dirnen,
Bäder und Nichtstun, durch die Gewöhnung behaglicher mit jedem
Tag, entkräfteten sie an Körper und Geist so sehr, daß ihnen nachher ihre vorherigen Sieger mehr Schutz boten als ihre gegenwärtige
Kampfkraft. Fachleute der Kriegskunst hielten dies für einen größeren Fehler des Feldherrn als die Tatsache, daß er sie nicht sofort
nach der Schlacht von Cannae vor die Stadt Rom geführt hatte.
Denn jene Verzögerung konnte den Sieg nur verschoben, dieser
Fehler aber schien die Kräfte zum Sieg genommen zu haben. Und
wirklich hat er, als ob er von Capua mit einem andern Heer los-
zöge, nirgends mehr eine Spur der ehemaligen Ordnung beibehal-
ten. Denn sehr viele kehrten um, weil sie von ihren Dirnen nicht
mehr loskamen; andre wieder wurde mutlos und kraftlos wie Neu-
linge, sobald sie wieder im Zelt leben mußten und das weite Marschieren mit den übrigen Strapazen des Soldatenlebens dazukam.
Außerdem verließ ein großer Teil während des Sommerfeldzugs die
Truppe ohne Urlaub; und für solche Deserteure war Capua das
einzige Versteck.

Bereits beim Abflauen des Winters hatte Hannibal sein Heer aus
dem Winterquartier abgezogen und erschien darauf wieder vor Casilinum. Hier hatte man zwar auf einen Sturmangriff verzichtet,
aber die dauernde Belagerung hatte die Bewohner und die Besatzung
in ärgste Not gebracht. Das römische Lager befehligte Tiberius Sempronius, weil der Diktator nach Rom gereist war, um die Auspizien
zu wiederholen. Marcellus wollte gleichfalls den Belagerten gern zu
Hilfe kommen; aber der stark angestiegene Volturnus hielt ihn zurück, und auch die Bitten der Nolaner und Acerraner; sie fürchteten
die Kampaner, wenn sich die römische Besatzung entfernte. Gracchus saß nur ruhig bei Casilinum, weil der Diktator ausdrücklich
bestimmt hatte, sich in seiner Abwesenheit auf nichts einzulassen. Er
unternahm also nichts, obwohl aus Casilinum Dinge gemeldet wurden, die auch die äußerste Geduld reißen lassen konnten. Denn es
war bekannt, daß sich einige Bewohner aus unerträglichem Hunger

mem constabat et stare inermes in muris, nuda corpora ad missilium telorum ictus praebentes. Ea   7
aegre patiens Gracchus, cum neque pugnam conserere dictatoris iniussu auderet – pugnandum autem
esse, si palam frumentum importaret, videbat – neque clam importandi spes esset, farre ex agris circa   8
undique convecto cum complura dolia complesset,
nuntium ad magistratum Casilinum misit, ut exciperent dolia, quae amnis deferret. Insequenti nocte   9
intentis omnibus in flumen ac spem ab nuntio Romano factam dolia medio missa amni defluxerunt;
aequaliter inter omnes frumentum divisum. Id pos-   10
tero quoque die ac tertio factum est; nocte et mit-
tebantur et perveniebant; eo custodias hostium
fallebant. Imbribus deinde continuis citatior solito   11
amnis transverso vertice dolia impulit ad ripam,
quam hostes servabant. Ibi haerentia inter obnata
ripis salicta conspiciuntur, nuntiatumque Hannibali
est et deinde intentiore custodia cautum, ne quid
falleret Volturno ad urbem missum. Nuces tamen   12
fusae ab Romanis castris, cum medio amni ad Casilinum defluerent, cratibus excipiebantur.

Postremo ad id ventum inopiae est, ut lora de-   13
tractasque scutis pelles, ubi fervida mollissent aqua,
mandere conarentur nec muribus aliove animali abs-
tinerent et omne herbarum radicumque genus agge-
ribus infimis muri eruerent. Et cum hostes obaras-   14
sent, quidquid herbidi terreni extra murum erat,
raporum semen iniecerunt, ut Hannibal ,eone usque,
dum ea nascuntur, ad Casilinum sessurus sum?' ex-
clamaret; et qui nullam antea pactionem auribus   15
admiserat, tum demum agi secum est passus de red-
emptione liberorum capitum. Septunces auri in
singulos pretium convenit. Fide accepta tradiderunt   16

in die Tiefe gestürzt hatten, andre sich ohne Waffen auf die Mauer stellten und sich entblößt den Geschossen aussetzten. Gracchus konnte es kaum mit ansehen, durfte aber ohne den Befehl des Diktators keine Schlacht wagen. – Er sah jedoch, daß er kämpfen mußte, wollte er vor aller Augen Getreide hineinschaffen. – Es gab aber auch keine Aussicht, es heimlich hineinzubringen. So ließ er aus den Dörfern der Gegend Dinkel zusammenfahren und mehrere Fässer damit füllen. Der Verwaltung in Casilinum schickte er die Nachricht, sie sollten die Fässer, die auf dem Fluß herantrieben, ans Ufer holen. In der folgenden Nacht war alles gespannt auf den Fluß und die Hoffnung, die ihnen die römische Nachricht gemacht hatte: Da kamen die zugeschickten Fässer mitten auf dem Fluß dahergeschwommen. Gleichmäßig wurde das Getreide unter alle verteilt. So ging es am nächsten und auch am dritten Tage wieder. Bei Nacht wurden sie geschickt und kamen auch an; damit konnte man die feindlichen Wachen hinters Licht führen. Dann aber regnete es ununterbrochen; dadurch wurde der Strom ungewöhnlich reißend und trieb die Fässer durch Strudel quer an das Ufer, das die Feinde besetzt hielten. Dort sah man sie dann in dem Weidengebüsch am Ufer hängen. Dies wurde Hannibal gemeldet, und man achtete dann mit verstärkter Wachsamkeit darauf, daß nichts unbemerkt blieb, was auf dem Volturnus der Stadt zugeschickt wurde. Es wurden aber doch Nüsse vom römischen Lager hineingeschüttet; und weil sie mitten im Fluß nach Casilinum herunterschwammen, wurden sie mit Reisiggeflecht aufgefangen.

Schließlich wuchs die Not derart an, daß sie Riemen und von den Schilden gezogenes Leder in siedendem Wasser weich kochten und dann zu essen versuchten, sich gierig auch auf Mäuse und andere Tiere stürzten und alle Arten von Kräutern und Wurzeln ganz unten an den Dämmen der Mauer aufgruben. Weil die Feinde alles umgepflügt hatten, was es noch an Grün außerhalb der Mauer gab, warfen sie Rübensamen in die Furchen. Da rief Hannibal: „So lange soll ich noch vor Casilinum liegen, bis diese Rüben wachsen?" Er, der vorher von keiner Verhandlung hatte hören wollen, ließ nun endlich mit sich über den Loskauf der freien Bürger reden. Sieben Unzen Gold für jeden waren der vereinbarte Preis. Als sie die Zusicherung erlangt hatten, ergaben sie sich. Bis zur völligen

sese. Donec omne aurum persolutum est, in vinculis
habiti; tum remissi summa cum fide. Id verius est   17
quam ab equite in abeuntes immisso interfectos.
Praenestini maxima pars fuere. Ex quingentis septuaginta, qui in praesidio fuerunt, minus dimidium
ferrum famesque absumpsit: ceteri incolumes Praeneste cum praetore suo M. Anicio — scriba is antea   18
fuerat — redierunt. Statua eius indicio fuit, Praeneste in foro statuta, loricata, amicta toga, velato
capite, et tria signa cum titulo lamnae aeneae in-
scripto, M. Anicium pro militibus, qui Casilini in
praesidio fuerint, votum solvisse. Idem titulus tribus signis in aede Fortunae positis fuit subiectus.

Casilinum oppidum redditum Campanis est, fir-   20
matum septingentorum militum de exercitu Hannibalis praesidio, ne, ubi Poenus inde abscessisset, Romani oppugnarent. Praenestinis militibus senatus   2
Romanus duplex stipendium et quinquennii militiae
vacationem decrevit; civitate cum donarentur ob
virtutem, non mutaverunt. Perusinorum casus ob-   3
scurior fama est, quia nec ipsorum monumento ullo
est illustratus nec decreto Romanorum.

Eodem tempore Petelinos, qui uni ex Bruttiis   4
manserant in amicitia Romana, non Carthaginienses modo, qui regionem obtinebant, sed Bruttii quoque ceteri ob separata ab se consilia oppugnabant.
Quibus cum obsistere malis nequirent Petelini, le-   5
gatos Romam ad praesidium petendum miserunt.
Quorum preces lacrimaeque — in questus enim flebi-
les, cum sibimet ipsi consulere iussi sunt, sese in
vestibulo curiae profuderunt — ingentem misericor-
diam patribus ac populo moverunt, consultique iterum a M. Aemilio praetore patres cicumspectis om-   6
nibus imperii viribus fateri coacti nihil iam longin-
quis sociis in se praesidii esse, redire domum fideque

Bezahlung des Goldes blieben sie in Haft; dann wurden sie, genau
wie versprochen, entlassen. Dies ist wahrscheinlicher, als daß man
ihnen bei ihrem Abzug Reiter nachschickte und sie erschlagen ließ.
Es waren größtenteils Praenestiner. Von den 570 Mann, die dort
als Besatzung lagen, rafften Schwert und Hunger beinahe die
Hälfte weg. Die übrigen kehrten wohlbehalten mit ihrem Prätor
Marcus Anicius, einem ehemaligen Schreiber, nach Praeneste zurück. An diese Tat erinnerte sein Standbild auf dem Markt zu
Praeneste: Gepanzert, angetan mit der Toga, das Haupt verhüllt;
dazu noch drei Bilder mit folgender Inschrift auf einer Metall-
platte: Dieses Gelübde habe Marcus Anicius für seine Soldaten
erfüllt, die als Besatzungstruppe in Casilinum gestanden hätten.
Die gleiche Inschrift fand sich auch unter drei Bildern, die im
Tempel der Fortuna aufgestellt waren.

Die Stadt Casilinum wurde den Kampanern zurückgegeben und
durch eine Besatzungstruppe von 700 Mann aus Hannibals Heer
gesichert. Die Römer sollten sie nach dem Abzug der Punier nicht
angreifen können. Für die Soldaten aus Praeneste setzte der römische Senat doppelten Sold fest, dazu eine fünfjährige Befreiung
vom Dienst. Wegen ihrer Tapferkeit wurde ihnen das Bürgerrecht
verliehen, aber sie nahmen den Tausch nicht an. Die Berichte über
das Schicksal der Perusiner enthalten einige dunkle Stellen mehr; es
findet keine Aufklärung durch ein eignes Denkmal, auch nicht
durch einen römischen Senatsbeschluß.

Gerade damals wurden auch die Petelier, die als einzige der brut-
tischen Stämme dem römischen Bund treu geblieben waren, belagert, und zwar nicht nur von den Karthagern, den Besitzern des
Landes, sondern auch von den übrigen Bruttiern, weil sie sich von
ihnen politisch getrennt hatten. Die Petelier wußten nicht, wie sie
sich gegen diese üble Bedrängnis wehren sollten, und schickten deshalb Gesandte nach Rom mit der Bitte um Hilfe. Ihre Bitten und
Tränen erweckten bei Senatoren und Bürgern ein ungeheures Mitleid; denn als man ihnen sagte, sie sollten sich selber helfen, ergingen
sie sich im Vorsaal des Rathauses in wehmütigen Klagen. Der Prätor Marcus Aemilius fragte die Senatoren noch ein zweites Mal. Sie
gingen all ihre militärischen Möglichkeiten durch, sahen sich aber
zu dem Geständnis gezwungen, daß für weit entfernte Bundesgenos-

ad ultimum expleta consulere sibimet ipsos in reliquum ⟨pro⟩ praesenti fortuna iusserunt. Haec postquam renuntiata legatio Petelinis est, tantus repente maeror pavorque senatum eorum cepit, ut pars profugiendi, qua quisque posset ac deserendae urbis auctores essent, pars, quando deserti a veteribus sociis essent, adiungendi se ceteris Bruttiis ac per eos dedendi Hannibali. Vicit tamen ea pars, quae nihil raptim nec temere agendum consulendumque de integro censuit. Relata postero die per minorem trepidationem re tenuerunt optimates, ut convectis omnibus ex agris urbem ac muros firmarent.

Per idem fere tempus litterae ex Sicilia Sardiniaque Romam allatae. Priores ex Sicilia T. Otacili propraetoris in senatu recitatae sunt: P. Furium praetorem cum classe ex Africa Lilybaeum venisse; ipsum graviter saucium in discrimine ultimo vitae esse; militi ac navalibus sociis neque stipendium neque frumentum ad diem dari neque, unde detur, esse; magno opere suadere, ut quam primum ea mittantur, sibique, si ita videatur, ex novis praetoribus successorem mittant. Eademque ferme de stipendio frumentoque ab A. Cornelio Mammula propraetore ex Sardinia scripta. Responsum utrique non esse, unde mitteretur, iussique ipsi classibus atque exercitibus suis consulere. T. Otacilius ad unicum subsidium populi Romani, Hieronem, legatos cum misisset, in stipendium, quanti argenti opus fuit, et sex mensum frumentum accepit; Cornelio in Sardinia civitates sociae benigne contulerunt. Et Romae quoque propter penuriam argenti triumviri mensarii rogatione M. Minucii tribuni plebis facti, L. Aemilius Papus, qui consul censorque fuerat, et M. Atilius Regulus, qui bis consul fuerat, et L. Scribonius Libo,

sen bei ihnen kein Schutz mehr zu finden sei; sie sollten wieder heimgehen. Sie hätten ihre Treue als Bundesgenossen bis zum Letzten bewiesen und sollten sich unter den jetzigen Umständen um ihr Schicksal in Zukunft selbst kümmern. Als die Gesandten den Peteliern diesen Bescheid mitgeteilt hatten, wurde der dortige Senat gleich sehr traurig und verzagt. Ein Teil meinte, jeder müsse fliehen, wohin er könne, und die Stadt aufgeben; andre wieder, man solle sich den übrigen Bruttiern anschließen und durch ihre Vermittlung sich Hannibal ergeben, weil man von den alten Bundesgenossen nun verlassen sei. Trotzdem siegte die Partei, die sich dafür entschied, nichts übereilt und unüberlegt zu tun, sondern nochmals zu beraten. Als man am folgenden Tag – die Bestürzung hatte sich gelegt – erneut beriet, setzten die Angesehensten durch, daß man alle Vorräte vom Lande einbrachte und Stadt und Mauern befestigte.

Ungefähr um die gleiche Zeit erreichten Berichte aus Sizilien und Sardinien die Stadt Rom. Zuerst wurde die Nachricht des Proprätors Titus Otacilius aus Sizilien im Senat verlesen: Der Prätor Publius Furius sei mit seiner Flotte aus Afrika in Lilybaeum eingetroffen. Er selbst sei schwer verwundet und schwebe in höchster Lebensgefahr. Soldaten und Seeleute der Bundesgenossen bekämen zum fälligen Termin keinen Sold und kein Getreide; man wisse auch nicht, woher man es nehmen solle. Er rate dringend, Sold und Getreide so bald wie möglich zu übersenden. Auch sollten sie ihm, wenn sie es für richtig hielten, einen Nachfolger aus den Reihen der neuen Prätoren schicken. Fast das gleiche in bezug auf Sold und Getreide wurde vom Proprätor Aulus Cornelius Mammula aus Sardinien berichtet. Beide erhielten zur Antwort, es seien keine Bestände da, aus denen man etwas schicken könne, und sie sollten selbst für ihre Flotten und Heere sorgen. Titus Otacilius schickte Gesandte an die einzige Hilfsquelle des römischen Volkes, an Hiero. Von ihm erhielt er soviel Silbergeld, wie er für den Sold brauchte, dazu Getreide für sechs Monate. Für Cornelius sammelten freundlicherweise die Städte der Bundesgenossen in Sardinien. Auch in Rom wurden wegen des Geldmangels auf Vorschlag des Volkstribuns Marcus Minucius drei Bankfachleute ernannt: Lucius Aemilius Papus, der schon Konsul und Censor gewesen war. Marcus Atilius Regulus ein zweimaliger Konsul, und Lucius Scribonius

qui tum tribunus plebis erat. Et duumviri creati M.
et C. Atilii aedem Concordiae, quam L. Manlius
praetor voverat, dedicaverunt; et tres pontifices
creati, Q. Caecilius Metellus et Q. Fabius Maximus
et Q. Fulvius Flaccus, in locum P. Scantini demor-
tui et L. Aemili Pauli consulis et Q. Aeli Paeti, qui
ceciderant pugna Cannensi.

Cum cetera, quae continuis cladibus fortuna mi-　　　22
nuerat, quantum consiliis humanis adsequi poterant,
patres explessent, tandem se quoque et solitudinem　　2
curiae paucitatemque convenientium ad publicum　　　3
consilium respexerunt; neque enim post L. Aemilium et C. Flaminium censores senatus lectus fuerat,
cum tantum senatorum adversae pugnae, ad hoc sui
quemque casus per quinquennium absumpsissent.
Cum de ea re M. Aemilius praetor, dictatore post　　　4
Casilinum amissum profecto iam ad exercitum, ex-
poscentibus cunctis rettulisset, tum Sp. Carvilius
cum longa oratione non solum patrum inopiam, sed
paucitatem etiam civium, ex quibus in patres legerentur, conquestus esset, explendi senatus causa et　　5
iungendi artius Latini nominis cum populo Romano
magno opere se suadere dixit, ut ex singulis populis
Latinorum binis senatoribus, quibus patres Romani
censuissent, civitas daretur, atque inde in demortuorum locum in senatum legerentur. Eam senten-　　6
tiam haud aequioribus animis quam ipsorum quondam postulatum Latinorum patres audierunt; et　　　7
cum fremitus indignantium tota curia esset et praecipue T. Manlius esse etiam nunc eius stirpis virum
diceret, ex qua quondam in Capitolio consul mina-
tus esset, quem Latinum in curia vidisset, eum sua
manu se interfecturum, Q. Fabius Maximus nun-　　　8
quam rei ullius alieniore tempore mentionem factam in senatu dicit, quam inter tam suspensos sociorum animos incertamque fidem id iactum, quod in-

Libo, ein amtierender Volkstribun. Die beiden Atilier Marcus und
Gaius haben als neu ernannte Duumvirn den Tempel der Concordia
eingeweiht, den Lucius Manlius als Prätor gelobt hatte. Auch drei
Oberpriester wurden gewählt: Quintus Caecilius Metellus, Quintus
Fabius Maximus und Quintus Fulvius Flaccus. Sie traten an die
Stelle des verstorbenen Publius Scantinius, des Konsuls Lucius
Aemilius Paulus und des Quintus Aelius Paetus, die in der Schlacht
bei Cannae gefallen waren.

Soweit es menschenmöglich war, hatten die Ratsherren die Verluste, die eine Reihe von Niederlagen verursacht hatte, wieder ersetzt. Dann endlich dachten sie auch an sich selbst, an ihr leeres
Rathaus und an die kleine Zahl der Männer, die sich zur Versammlung des Staatsrates einfanden. Denn seit den Censoren Lucius
Aemilius und Gaius Flaminius war keine Senatorenliste mehr aufgestellt worden, obwohl verlorene Schlachten so viele Senatoren, dazu noch Einzelschicksale den einen und den andern während
der fünf Jahre dahingerafft hatten. Der Diktator war nach dem
Verlust von Casilinum schon zum Heer gereist. Also brachte der
Prätor Marcus Aemilius auf allgemeinen Wunsch diesen Punkt zur
Sprache. Darauf bedauerte Spurius Carvilius in einer langen Rede
nicht nur den Mangel an Senatoren, sondern auch die geringe Zahl
von Bürgern, aus denen Ratsmitglieder gewählt werden konnten.
Er sagte, er rate dringend dazu, zur Ergänzung des Senats und zur
engeren Verbindung der Latiner mit Rom jeweils zwei Senatoren
aus jedem latinischen Stamm, mit denen die römischen Ratsherren
einverstanden seien, das Bürgerrecht zu verleihen und sie darauf
anstelle der Verstorbenen in den Senat zu wählen. Diesen Vorschlag
hörten die Senatoren ebenso ungnädig an wie damals die Forderung
der Latiner selbst. Der Lärm ihres Unwillens erfüllte das ganze
Rathaus; und besonders Titus Manlius meinte, es gebe auch jetzt
noch einen Mann aus der Familie, der einst der Konsul entstammte,
der auf dem Capitol gedroht habe, jeden Latiner, den er im Rathaus erblicke, eigenhändig zu ermorden. Und Quintus Fabius Maximus sagte, noch nie sei ein Problem im Senat zu einer ungünstige-
ren Zeit bei der so labilen Haltung und der unzuverlässigen Treue
der Bundesgenossen vorgebracht worden als dieses jetzt aufgewor-
fene, das sie dazu noch verärgern könne. Diese unüberlegte Äuße-

super sollicitaret eos; eam unius hominis temerariam 9
vocem silentio omnium exstinguendam esse et, si
quid unquam arcani sanctive ad silendum in curia
fuerit, id omnium maxime tegendum, occulendum,
obliviscendum, pro non dicto habendum esse. Ita
eius rei oppressa mentio est.

Dictatorem, qui censor ante fuisset vetustissimus- 10
que ex iis, qui viverent, censoriis esset, creari placuit, qui senatum legeret, accirique C. Terentium
consulem ad dictatorem dicendum iusserunt. Qui ex 11
Apulia relicto ibi praesidio cum magnis itineribus
Romam redisset, nocte proxima, ut mos erat, M.
Fabium Buteonem ex senatus consulto sine magistro
equitum dictatorem in sex menses dixit.

Is ubi cum lictoribus in rostra escendit, neque 23
duos dictatores tempore uno, quod nunquam antea 2
factum esset, probare se dixit, neque dictatorem
sine magistro equitum, nec censoriam vim uni per-
missam et eidem iterum, nec dictatori, nisi rei gerendae causa creato, in sex menses datum imperium.
Quae immoderata fors, tempus ac necessitas fecerit, 3
iis se modum impositurum; nam neque senatu quemquam moturum ex iis, quos C. Flaminius L. Aemilius
censores in senatum legissent; transcribi tantum 4
recitarique eos iussurum, ne penes unum hominem
iudicium arbitriumque de fama ac moribus senato-
riis fuerit; et ita in demortuorum locum sublectu-
rum, ut ordo ordini, non homo homini praelatus
videretur. Recitato vetere senatu, inde primos in de- 5
mortuorum locum legit, qui post L. Aemilium C.
Flaminium censores curulem magistratum cepissent
necdum in senatum lecti essent, ut quisque eorum
primus creatus erat; tum legit, qui aediles, tribuni 6
plebis, quaestoresve fuerant; tum ex iis, qui non ma-

rung eines einzelnen Mannes müsse allgemein totgeschwiegen werden. Wenn man jemals im Rathaus etwas Geheimes, Heiliges zu verschweigen gehabt habe, so müsse man dieses hier besonders zudecken, verheimlichen, vergessen und für ungesagt halten. So wurde der Fall niedergeschlagen.

Zum Diktator erkor man einen ehemaligen Censor, und zwar den ältesten der noch lebenden früheren Censoren, der den Senat auswählen sollte; und man entschied, den Konsul Gaius Terentius zur Ernennung des Diktators kommen zu lassen. Dieser ließ seine Truppen in Apulien und kehrte von dort beschleunigt nach Rom zurück. Wie es üblich war, ernannte er in der folgenden Nacht aufgrund des Senatsbeschlusses den Marcus Fabius Buteo für sechs Monate zum Diktator ohne Reiterobersten.

Kaum war dieser mit seinen Liktoren auf die Rednertribüne gestiegen, als er schon erklärte: Er könne es nicht zulassen, daß zwei Diktatoren zu gleicher Zeit da seien; das habe es noch nie gegeben, außerdem, daß er Diktator ohne Reiteroberst sei und daß man die censorische Gewalt einem einzigen, noch dazu demselben Mann zum zweiten Mal übertrug. Auch sei er nicht einverstanden, daß man einem Diktator den Oberbefehl für sechs Monate zugesprochen habe, wenn er nicht zur Kriegsführung ernannt sei. Was bisher Schicksal, Zeit und Not übertrieben habe, das wolle er wieder ins Gleichmaß bringen: Er werde keinen von denen aus dem Senat entfernen, die von den Censoren Gaius Flaminius und Lucius Aemilius in den Senat gewählt seien. Er werde sie nur in die neue Liste schreiben und vorlesen lassen, damit nicht Urteil und Entscheidung über den Ruf und das Gebaren eines Senators von einem einzelnen abhingen. An die Stelle der Verstorbenen werde er so nachwählen, daß man auch sehen könne, er habe einen Stand dem andern, aber nicht einen Mann dem andern vorgezogen. Er ließ also die alte Senatsliste verlesen. Dann nahm er erst die Männer anstelle der Verstorbenen dazu, die nach den Censoren Lucius Aemilius und Gaius Flaminius ein kurulisches Amt bekleidet hatten, aber noch nicht Mitglieder des Senats waren, und zwar nach der Reihenfolge ihrer Wahl. Danach kamen die dran, die Ädilen, Volkstribunen oder Quästoren gewesen waren. Von denen, die noch keine

gistratus cepissent, qui spolia ex hoste fixa domi
haberent aut civicam coronam accepissent. Ita cen-   7
tum septuaginta septem cum ingenti adprobatione
hominum in senatum lectis, extemplo se magistratu
abdicavit privatusque de rostris descendit lictoribus   8
abire iussis, turbaeque se immiscuit privatas agen-
tium res, tempus hoc sedulo terens, ne deducendi sui
causa populum de foro abduceret. Neque tamen
elanguit cura hominum ea mora frequentesque eum
domum deduxerunt. Consul nocte insequenti ad   9
exercitum redit non facto certiore senatu, ne comitiorum causa in urbe retineretur.

Postero die consultus a M. Pomponio praetore   24
senatus decrevit dictatori scribendum, uti, si e re
publica censeret esse, ad consules subrogandos veniret cum magistro equitum et praetore M. Mar-   2
cello, ut ex iis praesentibus noscere patres possent,
quo statu res publica esset consiliaque ex rebus ca-
perent. Qui acciti erant, omnes venerunt relictis legatis, qui legionibus praeessent. Dictator de se pauca   3
ac modice locutus in magistrum equitum Ti. Sem-
pronium Gracchum magnam partem gloriae vertit
comitiaque edixit, quibus L. Postumius tertium ab-
sens, qui tum Galliam provinciam obtinebat, et Ti.
Sempronius Gracchus, qui tum magister equitum
et aedilis curulis erat, consules creantur. Praetores   4
inde creati M. Valerius Laevinus iterum, Ap. Claudius Pulcher, Q. Fulvius Flaccus, Q. Mucius Scae-   5
vola. Dictator creatis magistratibus Teanum in hiberna ad exercitum redit relicto magistro equitum
Romae, qui, cum post paucos dies magistratum in-
iturus esset, de exercitibus scribendis comparandis-
que in annum patres consuleret.

Cum eae res maxime agerentur, nova clades nun-   6

Ämter verwaltet hatten, waren die Leute an der Reihe, die in ihrem
Haus aufgehängte feindliche Rüstungen vorweisen konnten oder
einen Bürgerkranz erhalten hatten. Auf diese Weise nahm er unter
großem Beifall 177 Mitglieder in den Senat auf. Dann legte er sofort
sein Amt nieder, entließ seine Liktoren und stieg als Privatmann
von der Rednerbühne herunter. Er mischte sich unter die Menge
der Leute, die private Geschäfte abwickelten, und hielt sich da absichtlich auf, damit er das Volk nicht vom Marktplatz weglockte,
um sich von ihm nach Hause geleiten zu lassen. Trotzdem wurde
das öffentliche Interesse durch sein Zögern nicht geschmälert: Viele
begleiteten ihn auf seinem Heimweg. In der folgenden Nacht
kehrte der Konsul zum Heer zurück, ohne den Senat davon be-
nachrichtigt zu haben. Er wollte nicht wegen der Wahlen in der
Stadt zurückgehalten werden.

Am folgenden Tag beschloß der Senat auf die Frage des Prätors
Marcus Pomponius, dem Diktator schreiben zu lassen, er möge mit
dem Reiterobersten und dem Prätor Marcus Marcellus zur Konsul-
nachwahl nach Rom kommen, wenn Staatsinteressen nicht ent-
gegenstünden. Durch sie persönlich sollten sich die Stadtväter über
die Lage des Staates informieren lassen und ihre Maßnahmen danach ergreifen können. Die Aufgeforderten fanden sich alle ein.
Sie hatten ihre Legaten als Befehlshaber der Legionen zurückgelassen. Von sich selbst sprach der Diktator nur wenig und bescheiden.
Einen großen Teil des Ruhmes schanzte er dem Reiterobersten Tiberius Gracchus zu und setzte einen Wahltermin fest; zu diesem
wurden Lucius Postumius, der damals den Bezirk Gallien verwaltete, in Abwesenheit zum dritten Mal und Tiberius Sempronius
Gracchus, derzeitiger Reiteroberst und Kurulädil, zu Konsuln gewählt. Dann wurden Marcus Valerius Laevinus zum zweiten Mal,
Appius Claudius Pulcher, Quintus Fulvius Flaccus und Quintus
Mucius Scaevola zu Prätoren gewählt. Der Diktator kehrte nach
der Wahl der Beamten nach Teanum in das Winterlager zu seinem
Heer zurück. Den Reiterobersten ließ er aber in Rom. Dieser
mußte nämlich in wenigen Tagen sein Amt antreten und daher mit
den Senatoren über die Heere verhandeln, die für das nächste Jahr
einzuberufen und aufzustellen waren.

Als man sich gerade damit besonders beschäftigte, wurde

tiata aliam super aliam cumulante in eum annum
fortuna, L. Postumium consulem designatum in
Gallia ipsum atque exercitum deletos. Silva erat   7
vasta – Litanam Galli vocabant – qua exercitum
traducturus erat. Eius silvae dextra laevaque circa
viam Galli arbores ita inciderunt, ut immotae starent, momento levi impulsae occiderent. Legiones   8
duas Romanas habebat Postumius, sociumque ab
supero mari tantum conscripserat, ut viginti quinque milia armatorum in agros hostium induxerit.
Galli oram extremae silvae cum circumsedissent,   9
ubi intravit agmen saltum, tum extremas arborum
succisarum impellunt; quae alia in aliam, instabilem
per se ac male haerentem, incidentes ancipiti strage
arma, viros, equos obruerunt, ut vix decem homines
effugerent. Nam cum exanimati plerique essent ar-   10
borum truncis fragmentisque ramorum, ceteram
multitudinem inopinato malo trepidam Galli saltum omnem armati circumsedentes interfecerunt
paucis e tanto numero captis, qui pontem fluminis
petentes obsesso ante ab hostibus ponte interclusi
sunt. Ibi Postumius omni vi, ne caperetur, dimicans   11
occubuit. Spolia corporis caputque praecisum ducis
Boii ovantes templo, quod sanctissimum est apud
eos, intulere. Purgato inde capite, ut mos iis est, cal-   12
vam auro caelavere, idque sacrum vas iis erat, quo
sollemnibus libarent poculumque idem sacerdoti esset ac templi antistitibus. Praeda quoque haud mi-   13
nor Gallis quam victoria fuit; nam etsi magna pars
animalium strage silvae oppressa erat, tamen ceterae
res, quia nihil dissipatum fuga est, stratae per omnem iacentis agminis ordinem inventae sunt.

Hac nuntiata clade cum per dies multos in tanto   25
pavore fuisset civitas, ut tabernis clausis velut noc-
turna solitudine per urbem acta senatus aedilibus   2
negotium daret, ut urbem circumirent aperirique ta-

eine neue Niederlage gemeldet. Das Schicksal häufte in diesem Jahr wirklich eine auf die andere. Es hieß, der zum Konsul gewählte Lucius Postumius selbst und sein Heer seien in Gallien vernichtet. Es war ein riesiger Wald – die Gallier nannten ihn Litana –, durch den er mit seinem Heer ziehen wollte. Auf der linken und rechten Wegseite durch diesen Wald hatten die Gallier die Bäume so angesägt, daß sie ohne Berührung standen, aber beim ersten leichten Stoß umstürzten. Postumius hatte zwei römische Legionen bei sich, und am Obermeer hatte er so viele Bundesgenossen angeworben, daß er mit 25 000 Mann in das feindliche Gebiet einrückte. Die Gallier hielten den äußeren Waldrand umstellt. Als der Heereszug in den Wald einrückte, stießen sie die äußersten angesägten Bäume um. Diese standen ohnehin nicht mehr fest und hatten kaum noch Halt. Sie fielen übereinander und begruben in beiderseitigem Sturz Waffen, Menschen und Pferde, so daß kaum zehn Mann davonkamen. Die meisten wurden von den Baumstämmen und Aststücken erschlagen; die übrige Menge geriet durch das unerwartete Unglück durcheinander und wurde von den Galliern, die den ganzen Wald bewaffnet umstellt hatten, getötet. Nur wenige aus einer so großen Zahl gerieten in Gefangenschaft, nämlich die Männer, die auf ihrer Flucht zur Flußbrücke vom Feind, der die Brücke schon besetzt hielt, abgeschnitten wurden. Hier kam Postumius ums Leben, als er sich mit allen Kräften gegen seine Gefangennahme wehrte. Die Bojer brachten die Rüstung des Feldherrn und seinen abgeschlagenen Kopf voll Jubel in ihren heiligsten Tempel. Dann nahmen sie den Kopf aus und verzierten die Hirnschale nach ihrer Art mit eingelegte Gold. Sie diente ihnen als heiliges Gefäß, um bei Feiern damit zu opfern, oder auch als Trinkschale für den Priester und die Tempelvorsteher. Auch die Beute war für die Gallier nicht kleiner als der Sieg. Zwar waren die Tiere größtenteils von dem stürzenden Wald erschlagen; aber die übrigen Güter waren durch keine Flucht verstreut, und man fand sie in der gesamten Länge des hingestreckten Heeres ausgebreitet.

Die Nachricht von dieser Niederlage versetzte die Bürger für mehrere Tage in solche Angst – die Läden blieben geschlossen wie in der Nacht, wenn alles menschenleer ist –, daß der Senat die Ädilen in der Stadt herumschickte, um die Läden öffnen und der

bernas et maestitiae publicae speciem urbi demi
iuberent, tum Ti. Sempronius senatum habuit con-
solatusque patres est et adhortatus, ne, qui Cannensi   3
ruinae non succubuissent, ad minores calamitates
animos summitterent: quod ad Carthaginienses hostes Hannibalemque attineret, prospera modo essent,
sicut speraret, futura, Gallicum bellum et omitti   4
tuto et differri posse ultionemque eam fraudis in
deorum ac populi Romani potestate fore: de hoste
Poeno exercitibusque, per quos id bellum gereretur,
consultandum atque agitandum. Ipse primum, quid   5
peditum equitumque, quid civium, quid sociorum in
exercitu esset dictatoris, disseruit; tum Marcellus
suarum copiarum summam exposuit. Quid in Apulia   6
cum C. Terentio consule esset, a peritis quaesitum
est nec, unde duo consulares exercitus satis firmi ad
tantum bellum efficerentur, inibatur ratio. Itaque
Galliam, quamquam stimulabat iusta ira, omitti eo
anno placuit. Exercitus dictatoris consuli decretus
est. De exercitu M. Marcelli, qui eorum ex fuga   7
Cannensi essent, in Siciliam eos traduci atque ibi
militare, donec in Italia bellum esset, placuit; eodem   8
ex dictatoris legionibus reici militem minimi quemque roboris nullo praestituto militiae tempore, nisi
quod stipendiorum legitimorum esset. Duae legiones   9
urbanae alteri consuli, qui in locum L. Postumi suffectus esset, decretae sunt eumque, cum primum salvis auspiciis posset, creari placuit; legiones praeterea duas primo quoque tempore ex Sicilia acciri,   10
atque inde consulem, cui legiones urbanae evenissent, militum sumere, quantum opus esset; C. Te-   11
rentio consuli prorogari in annum imperium neque
de eo exercitu, quem ad praesidium Apuliae haberet,
quicquam minui.

Dum haec in Italia geruntur apparanturque, ni-   26

Stadt den Eindruck öffentlicher Trauer nehmen zu lassen. Da hielt
Tiberius Sempronius eine Senatsversammlung, tröstete die Stadtväter und munterte sie auf: Sie, die der Fall von Cannae nicht er-
drückt habe, sollten jetzt bei kleineren Niederlagen nicht den Mut
verlieren. Wenn nur alles gut gehe mit den karthagischen Feinden
und Hannibal, wie er es hoffe, dann könne man den gallischen
Krieg ohne Gefahr aufgeben oder verschieben, und die Rache für
diese Hinterhältigkeit werde in der Hand der Götter und des römischen Volkes liegen. Jetzt gehe es darum, über den punischen Feind
und die Heere, mit denen man diesen Kampf führen wolle, zu beraten und zu verhandeln. Zuerst gab er selbst darüber Auskunft,
was im Heer des Diktators an Fußvolk und Reiterei, an römischen
Bürgern und Bundesgenossen vorhanden sei. Dann nannte Marcellus die Stärke seiner Truppen. Wieviele sich mit dem Konsul Gaius
Terentius in Apulien befänden, suchte man von Sachverständigen
zu erfahren. Aber man fand keinen Weg, die ausreichende Verstärkung für zwei konsularische Heere zu einem so wichtigen
Krieg sicherzustellen. Also entschieden sie sich, Gallien für dieses
Jahr aufzugeben, obwohl sie eine gerechte Erbitterung trieb. Das
Heer des Diktators wurde für den Konsul bestimmt. Die Flüchtlinge von Cannae aus dem Heer des Marcus Marcellus sollten nach
Sizilien gebracht werden und dort dienen, solange in Italien noch
Krieg herrsche. Alle besonders geschwächten Soldaten sollten aus
den Legionen des Diktators entfernt und auch dorthin geschafft
werden, ohne daß eine Dienstzeit für sie vorherbestimmt werde,
außer wenn einer die gesetzmäßigen Dienstjahre habe. Die zwei
städtischen Legionen wurden dem andern Konsul, der an die Stelle
des Lucius Postumius nachgewählt worden war, zugesprochen. Man
beschloß auch, ihn sofort zu wählen, wenn sich gute Vorzeichen
aus der Vogelschau zeigten. Außerdem sollten zwei Legionen recht
bald aus Sizilien abberufen werden. Aus ihren Reihen könne dann
der Konsul, dem die Stadtlegionen zugefallen waren, so viele Soldaten nehmen, wie er brauche. Das Feldherrnamt des Konsuls
Gaius Terentius sollte um ein weiteres Jahr verlängert werden. Für
sein Heer zum Schutze Apuliens wurde keine Minderung vorge-
sehen.

Während dieser Ereignisse und Vorbereitungen in Italien ging

hilo segnius in Hispania bellum erat, sed ad eam
diem magis prosperum Romanis. P. et Cn. Scipioni- 2
bus inter se partitis copias, ut Gnaeus terra, Publius
navibus rem gereret, Hasdrubal, Poenorum imperator, neutri parti virium satis fidens, procul ab hoste
intervallo ac locis tutus tenebat se, quoad multum
ac diu obtestanti quattuor milia peditum et quingenti
equites in supplementum missi ex Africa sunt. Tum 3
refecta tandem spe, castra propius hostem movit
classemque et ipse instrui pararique iubet ad insulas
maritimamque oram tutandam. In ipso impetu mo- 4
vendarum de integro rerum perculit eum praefec-
torum navium transitio, qui post classem ad Hiberum per pavorem desertam graviter increpiti nunquam deinde satis fidi aut duci aut Carthaginiensium rebus fuerant. Fecerant hi transfugae motum 5
in Tartesiorum gente, desciverantque his auctoribus
urbes aliquot; una etiam ab ipsis vi capta fuerat.

In eam gentem versum ab Romanis bellum est, 6
infestoque exercitu Hasdrubal ingressus agrum hostium pro captae ante dies paucos urbis moenibus
Chalbum, nobilem Tartesiorum ducem, cum valido
exercitu castris se tenentem, adgredi statuit. Prae- 7
missa igitur levi armatura, quae eliceret hostes ad
certamen, equitum partem ad populandum per agros
passim dimisit, ut palantes exciperent. Simul et ad 8
castra tumultus erat et per agros fugaque et caedes;
deinde undique diversis itineribus cum in castra se
recepissent, adeo repente decessit animis pavor, ut
non ad munimenta modo defendenda satis animorum esset, etiam ad lacessendum proelio hostem.
Erumpunt igitur agmine e castris, tripudiantes more 9
suo, repentinaque eorum audacia terrorem hosti
paulo ante ultro lacessenti incussit. Itaque et ipse 10

der Krieg in Spanien mit unverminderter Heftigkeit weiter, bis
jetzt allerdings günstiger für die Römer. Die Scipionen Publius
und Gnaeus hatten die Truppen unter sich so aufgeteilt, daß Gnaeus
den Landkrieg führte, Publius den Kampf zur See. Deswegen hielt
sich der punische Feldherr Hasdrubal weit vom Feind, gesichert
durch Entfernung und Stellung; denn er traute seinen Kräften auf
beiden Gebieten nicht sehr. Endlich, nach langen, eindringlichen
Anträgen, wurden ihm 4000 Soldaten und 500 Reiter aus Afrika
als Verstärkung geschickt. Jetzt konnte er wieder hoffen und
rückte mit seinem Lager näher an den Feind. Auch er ließ jetzt
seine Flotte ausrüsten und fahrbereit machen, zum Schutz der Inseln und der Küste. Mitten in diesem Aufschwung, die Dinge neu
ins Rollen zu bringen, traf ihn wie ein Schlag der Übertritt seiner
Admirale. Sie hatten einmal die Flotte am Ebro aus Angst im Stich
gelassen und dafür einen schweren Verweis hinnehmen müssen.
Seitdem waren sie nie mehr dem Feldherrn und der Sache Karthagos so recht treu gewesen. Diese Überläufer hatten beim Volk der
Tartesier einen Aufstand hervorgerufen, und einige Städte waren
auf ihr Betreiben abgefallen; eine hatten sie selbst im Sturm erobert.
   Gegen dieses Volk wandte sich nun der Krieg und damit von
den Römern weg. Mit kampfbereitem Heer rückte Hasdrubal in
das Land der Feinde ein und wollte Chalbus angreifen. Das war
ein vornehmer tartesischer Heerführer, der sich mit einem starken
Heer in seinem Lager vor den Mauern der vor wenigen Tagen eroberten Stadt hielt. Er schickte also leichtbewaffnete Soldaten
voraus, die den Feind zum Kampf verleiten sollten. Einen Teil
der Reiterei ließ er über das ganze Land hin zur Plünderung ausschwärmen, und um die Herumstreifenden aufzufangen. Es gab
also ein Getümmel vor dem Lager und auf den Feldern unterdessen
Flucht und Mord. Dann zogen sie sich von allen Seiten auf verschiedenen Wegen in ihr Lager zurück, und plötzlich war ihre
Angst völlig vorüber. Sie fühlten sich mutig genug, nicht nur ihre
Verschanzungen zu verteidigen, sondern auch den Feind zum Kampf
herauszufordern. Sie brachen also in geschlossenen Reihen aus dem
Lager hervor, mit ihren üblichen Tanzsprüngen, und ihre plötzliche
Kühnheit erschreckte den Feind, der kurz vorher sie herausgefor-
dert hatte, gewaltig. Deshalb führte auch Hasdrubal seine Truppen

Hasdrubal in collem satis arduum, flumine etiam
obiecto tutum, copias subducit et praemissam levem
armaturam equitesque palatos eodem recipit, nec
aut colli aut flumini satis fidens, castra vallo per-
munit. In hoc alterno pavore certamina aliquot sunt
contracta; nec Numida Hispano eques par fuit nec
iaculator Maurus caetrato, velocitate pari, robore
animi viriumque aliquantum praestanti.

11

Postquam neque elicere Poenum ad certamen ob-
versati castris poterant neque castrorum oppugnatio facilis erat, urbem Ascuam, quo fines hostium
ingrediens Hasdrubal frumentum commeatusque
alios convexerat, vi capiunt omnique circa agro po-
tiuntur; nec iam aut in agmine aut in castris ullo
imperio contineri. Quam ubi neglegentiam ex re, ut
fit, bene gesta oriri senserat Hasdrubal, cohortatus
milites, ut palatos sine signis hostes adgrederentur,
degressus colle pergit ire acie instructa ad castra.
Quem ut adesse tumultuose nuntii refugientes ex
speculis stationibusque attulere, ad arma conclamatum est. Ut quisque arma ceperat, sine imperio,
sine signo, incompositi, inordinati in proelium ruunt.
Iam primi conseruerant manus, cum alii catervatim
currerent, alii nondum e castris exissent; tamen primo ipsa audacia terruere hostem; deinde rari in
confertos inlati, cum paucitas parum tuta esset, respicere alii alios et undique pulsi coire in orbem, et,
dum corpora corporibus applicant armaque armis
iungunt, in artum compulsi, cum vix movendis armis satis spatii esset, corona hostium cincti ad multum diei caeduntur; exigua pars eruptione facta
silvas ac montes petit. Parique terrore et castra sunt

27
2

3

4

5

6

7

8

an einen ziemlich steilen Hügel, der vorn noch durch den Fluß gedeckt war, zurück. Die vorgeschickten leichten Truppen und die
umherstreifende Reiterei nahm er ebenfalls dorthin zurück. Er verließ sich aber nicht recht auf diese Anhöhe, auch nicht auf den
Fluß, und ließ deshalb noch einen Wall um das Lager errichten. So
herrschte wechselweise auf beiden Seiten Angst, und es kam zu
mehreren Gefechten. In der Reiterei konnte es der Numider nicht
mit dem Spanier aufnehmen, aber auch der maurische Schleuderer
nicht mit dem ledergeschützten Mann. Dieser war zwar ebenso
schnell, aber an innerer Haltung und Körperkraft weit überlegen.

Die Tartesier konnten den Punier, vor dessen Lager sie sich her-
umtrieben, trotzdem nicht zum Kampf herauslocken; die Bestürzung
des Lagers selbst war aber auch nicht leicht. Daher eroberten sie die
Stadt Ascua im Sturm und unterwarfen die ganze Gegend ringsum.
Als Hasdrubal in Feindesland eingerückt war, hatte er Getreide und
andere Vorräte nach Ascua transportiert. Nun ließen sie sich weder
unterwegs noch im Lager durch irgendwelchen Befehl mehr zur
Ordnung rufen. Hasdrubal aber hatte gespürt, daß bei ihnen nach
dem Glück die übliche Unordnung einzureißen begann. Also ermunterte er seine Soldaten, die ohne militärische Ordnung umherstrei-
fenden Feinde anzugreifen. Er stieg von der Anhöhe herunter und
zog in geordneten Reihen zum Lager. Die Leute von den Beobach-
tungsstellen und Posten flohen mit viel Lärm und meldeten seine
Ankunft; dann rief man zu den Waffen. Jeder griff danach und
stürzte sich ohne Befehl, ohne Fahnen, unaufgestellt und ohne Ordnung in den Kampf. Schon waren die ersten aneinandergeraten, da
liefen andere noch in Scharen herbei; andre wieder hatten das Lager noch gar nicht verlassen. Zuerst erschreckte allerdings schon ihr
mutiges Auftreten den Feind. Dann stießen sie vereinzelt auf geschlossene Reihen und konnten sich bei ihrer geringen Zahl nicht
schützen. So sahen sie sich nach einander um; sie wurden allerseits
zurückgetrieben und bildeten einen Kreis. Dabei drängte sich Mann
an Mann, Waffe an Waffe; sie wurden auf so engen Raum zusam-
mengetrieben, daß sie kaum Platz hatten, ihre Waffen zu hand-
haben. So wurden sie von den Feinden völlig eingekesselt und bis
tief in den Tag hinein abgeschlachtet. Nur ein kleiner Teil kämpfte
sich durch und lief den Wäldern und Bergen zu. In gleicher Panik

deserta et universa gens postero die in deditionem
venit.

Nec diu in pacto mansit; nam subinde ab Cartha- 9
gine allatum est, ut Hasdrubal primo quoque tempore in Italiam exercitum duceret, quae volgata res
per Hispaniam omnium ferme animos ad Romanos
avertit. Itaque Hasdrubal extemplo litteras Cartha- 10
ginem mittit, indicans, quanto fama profectionis
suae damno fuisset: si vero inde pergeret, priusquam
Hiberum transiret, Romanorum Hispaniam fore; 11
nam praeterquam quod nec praesidium nec ducem
haberet, quem relinqueret pro se, eos imperatores
esse Romanos, quibus vix aequis viribus resisti possit. itaque si ulla Hispaniae cura esset, successorem 12
sibi cum valido exercitu mitterent; cui si omnia
prospere evenirent, non tamen otiosam provinciam
fore.

Eae litterae quamquam primo admodum move- 28
runt senatum, tamen, quia Italiae cura prior potior-
que erat, nihil de Hasdrubale neque de copiis eius
mutatum est: Himilco cum exercitu iusto et aucta 2
classe ad retinendam terra marique ac tuendam
Hispaniam est missus. Qui ut pedestres navalesque 3
copias traiecit, castris communitis navibusque subductis et vallo circumdatis cum equitibus delectis
ipse, quantum maxime accelerare poterat, per dubios infestosque populos iuxta intentus ad Hasdrubalem pervenit. Cum decreta senatus mandataque 4
exposuisset atque edoctus fuisset ipse in vicem, quemadmodum tractandum bellum in Hispania foret,
retro in sua castra rediit, nulla re quam celeritate
tutior, quod undique abierat, antequam consenti-
rent. Hasdrubal priusquam moveret castra, pecu- 5
nias imperat populis omnibus suae dicionis, satis
gnarus Hannibalem transitus quosdam pretio mer- 6
catum nec auxilia Gallica aliter quam conducta
habuisse; inopem tantum iter ingressum vix pene-

wurde auch das Lager verlassen, und am nächsten Tag unterwarf sich das ganze Volk.

Doch es hielt den Vertrag nicht lange. Denn schon bald danach traf aus Karthago die Weisung ein, Hasdrubal solle sein Heer baldmöglichst nach Italien bringen. Diese Nachricht verbreitete sich in Spanien und wandte die Stimmung fast aller Völker den Römern zu. Deshalb schrieb Hasdrubal sofort nach Karthago und teilte mit, welch nachteilige Folgen das Gerede von seinem Abzug gehabt habe. Gehe er aber wirklich von hier dorthin, werde Spanien den Römern gehören, noch ehe er den Ebro überschreite. Abgesehen davon, daß er keine Truppen und keinen Feldherrn habe, den er an seiner Stelle zurücklassen könnte, seien die römischen Feldherrn solche Leute, denen man auch bei gleichen Kräften kaum widerstehen könne. Wenn ihnen also an Spanien noch etwas liege, sollten sie ihm einen Nachfolger mit einem starken Heer schicken. Selbst bei anhaltenden Erfolgen werde es diesem in der Provinz nicht langweilig werden.

Dieses Schreiben beeindruckte den Senat am Anfang sehr. Trotzdem änderte sich nichts in bezug auf Hasdrubal und seine Truppen; denn die erste und größere Sorge galt Italien. Mit einem entsprechenden Heer und einer verstärkten Flotte wurde Himilko losgeschickt, um Spanien zu Wasser und auf dem Lande zu behaupten und zu schützen. Er setzte das Landheer und die Seeleute über, bezog dann ein Lager, schaffte die Schiffe an Land und umgab sie mit einem Wall. Mit einer Elitetruppe von Reitern traf er bei Hasdrubal ein; er hatte sich so sehr wie möglich beeilt und dabei in gleicher Weise vor unzuverlässigen wie vor feindlichen Völkern auf der Hut sein müssen. Er legte Hasdrubal die Beschlüsse und Aufträge des Senats dar und wurde seinerseits von ihm belehrt, wie der Krieg in Spanien geführt sein wollte. Dann eilte er in sein Lager zurück; dabei schützte ihn nichts mehr als seine Schnelligkeit, weil er überall schon weg war, bevor sich die Feinde einigen konnten. Ehe Hasdrubal sein Lager abbrach, trieb er bei allen von ihm abhängigen Völkern Gelder ein. Denn er wußte wohl, daß auch Hannibal den Durchzug in manchen Fällen erkauft und von den Galliern nur gedungene Hilfstruppen gehabt hatte und daß er auch kaum bis an die Alpen gelangt wäre, hätte er diesen weiten

traturum ad Alpes fuisse. Pecuniis igitur raptim
exactis ad Hiberum descendit.

Decreta Carthaginiensium et Hasdrubalis iter,   7
ubi ad Romanos sunt perlata, omnibus omissis rebus
ambo duces iunctis copiis ire obviam coeptis atque   8
obsistere parant, rati, si Hannibali, vix per se ipsi
tolerando Italiae hosti, Hasdrubal dux atque His-
paniensis exercitus esset iunctus, illum finem Romani imperii fore. His anxii curis ad Hiberum con-   9
trahunt copias et transito amne, cum diu consul-
tassent, utrum castra castris conferrent an satis haberent sociis Carthaginiensium oppugnandis morari   10
ab itinere proposito hostem, urbem a propinquo flumine Hiberam appellatam, opulentissimam ea tempestate regionis eius, oppugnare parant. Quod ubi   11
sensit Hasdrubal, pro ope ferenda sociis pergit ire
ipse ad urbem deditam nuper in fidem Romanorum
oppugnandam. Ita iam coepta obsidio omissa ab   12
Romanis est et in ipsum Hasdrubalem versum bellum.

Quinque milium intervallo castra distantia ha-   29
buere paucos dies, nec sine levibus proeliis nec ut   2
in aciem exirent: tandem uno eodemque die velut
ex composito utrimque signum pugnae propositum
est atque omnibus copiis in campum descensum. Tri-   3
plex stetit Romana acies; velitum pars inter ante-
signanos locata, pars post signa accepta; equites
cornua cinxere. Hasdrubal mediam aciem Hispanis   4
firmat; in cornibus, dextro Poenos locat, laevo Afros mercenariorumque auxilia; equitum Numidas
Poenorum peditibus, ceteros Afris pro cornibus ap-
ponit. Nec omnes Numidae in dextro locati cornu,   5
sed quibus desultorum in modum binos trahentibus
equos inter acerrimam saepe pugnam in recentem
equum ex fesso armatis transultare mos erat; tanta
velocitas ipsis tamque docile equorum genus est.   6

Weg ohne Geldmittel angetreten. Also trieb er die Gelder eiligst ein
und zog dann zum Ebro hinab.

Die Beschlüsse der Karthager und Hasdrubals Zug wurden den
Römern hinterbracht. Daraufhin stellten beide Feldherrn alles andere zurück und machten sich bereit, diesem Unternehmen mit vereinten Kräften entgegenzutreten und sich ihm in den Weg zu stellen.
Sie glaubten, wenn sich ein Führer wie Hasdrubal mit Hannibal, –
einem Feind, den Italien an sich schon kaum ertragen konnte – und
dazu noch ein spanisches Heer vereinigten, werde dies das Ende
des römischen Reiches bedeuten. Diese Sorge lastete schwer auf
ihnen, als sie ihre Truppen am Ebro zusammenzogen; dann gingen
sie über den Fluß. Lange berieten sie, ob sie Lager gegen Lager errichten oder sich damit begnügen sollten, den Feind durch Angriffe
auf karthagische Bundesgenossen von dem geplanten Zug abzuhalten.
Schließlich schickten sie sich an, die nach dem nahen Fluß benannte
Stadt Ibera, damals eine der reichsten Städte in dieser Gegend, zu
bestürmen. Als Hasdrubal dies hörte, zog er, statt seinen Bundesgenossen Hilfe zu bringen, auch vor eine Stadt, die sich erst neulich
dem römischen Schutz anvertraut hatte; er wollte sie belagern. So
verzichteten die Römer auf die schon angefangene Blockade und
wandten sich gegen Hasdrubal selbst.

Ein paar Tage lang hatten sie ihr Lager in einer Entfernung von
7,5 km, und dies nicht ohne kleine Gefechte und auch nicht so, daß
sie geschlossen ausrückten. Endlich wurde, wie auf Verabredung,
beiderseits am selben Tag das Kampfzeichen gehißt, und man zog
mit allen Truppen ins Gelände. Das römische Heer stand dreifach
gegliedert: Ein Teil der Leichtbewaffneten war zwischen den ersten
Reihen aufgestellt, ein andrer Teil hinter die Feldzeichen genommen. Die Reiter deckten die Flanken. Hasdrubal sicherte seine
Mitte mit Spaniern. Auf die Flügel, und zwar den rechten, stellte
er die Punier, auf den linken die Afrer und die angeworbenen
Hilfstruppen. Von den Reitern stellte er die Numider dem punischen Fußvolk, die übrigen den Afrern vor die Flanken. Aber nicht
alle Numider wurden auf den rechten Flügel gestellt, sondern nur
die, welche oft im schärfsten Gefecht – sie hatten nämlich zwei
Pferde bei sich – wie Kunstspringer mit ihren Waffen von dem erschöpften Tier auf das frische zu springen pflegten. So flink sind sie

Cum hoc modo instructi starent, imperatorum utriusque partis haud ferme dispares spes erant; nam ne
multum quidem aut numero aut genere militum hi
aut illi praestabant; militibus longe dispar animus
erat. Romanis enim, quamquam procul a patria   7
pugnarent, facile persuaserant duces pro Italia atque
urbe Romana eos pugnare; itaque, velut quibus reditus in patriam eo discrimine pugnae verteretur, ob-
stinaverant animis vincere aut mori. Minus perti-   8
naces viros habebat altera acies; nam maxima pars
Hispani erant, qui vinci in Hispania quam victores
in Italiam trahi malebant. Primo igitur concursu,   9
cum vix pila coniecta essent, rettulit pedem media
acies inferentibusque se magno impetu Romanis
vertit terga. Nihilo segnius ⟨in⟩ cornibus proelium
fuit. Hinc Poenus, hinc Afer urget, et velut in cir-   10
cumventos proelio ancipiti pugnant; sed cum in medium tota iam coisset Romana acies, satis virium ad   11
dimovenda hostium cornua habuit. Ita duo diversa   12
proelia erant. Utroque Romani, ut qui pulsis iam
ante mediis et numero et robore virorum praesta-
rent, haud dubie superant. Magna vis hominum ibi   13
occisa et, nisi Hispani vixdum conserto proelio
tam effuse fugissent, perpauci ex tota superfuissent
acie. Equestris pugna nulla admodum fuit, quia,   14
simul inclinatam mediam aciem Mauri Numidaeque
videre, extemplo fuga effusa nuda cornua elephantis
quoque prae se actis deseruere. Et Hasdrubal usque   15
ad ultimum eventum pugnae moratus e media caede
cum paucis effugit. Castra Romani cepere atque
diripuere. Ea pugna, si qua dubia in Hispania erant,   16
Romanis adiunxit, Hasdrubalique non modo in Ita-
liam traducendi exercitus, sed ne manendi quidem
satis tuto in Hispania spes reliqua erat. Quae postea-
quam litteris Scipionum Romae volgata sunt, non   17

selbst, und so gelehrig ist diese Pferderasse. Auf diese Aufstellung
setzten die Feldherrn beider Parteien fast gleiche Hoffnungen.
Nicht einmal in der Zahl oder Truppenart waren diese oder jene
besser dran. Aber die Stimmung der Soldaten war äußerst ungleich.
Denn die Feldherrn hatten den römischen Soldaten, so entfernt
vom Vaterland sie auch kämpften, leicht klargemacht, daß sie es
nun für Italien und ihr Rom täten. Und so hatten sie es sich in den
Kopf gesetzt, zu siegen oder zu sterben, als ob ihre Rückkehr in
die Heimat von dem Ausgang dieser Schlacht abhinge. Solche zä-
hen Männer hatte das andere Heer kaum; denn der größte Teil
bestand aus Spaniern, die sich lieber in Spanien besiegen als siegreich nach Italien zerren lassen wollten. Gleich beim ersten Zusammenprall, als kaum die Speere geworfen waren, zog sich daher
die Mitte zurück und floh vor den Römern, die sehr schwungvoll
auf sie einstürmten. Auf den Flanken wurde umso heftiger gekämpft. Von einer Seite drängte der Punier, von dort der Afrer;
und von zwei Seiten fochten sie mit wechselndem Erfolg gegen
scheinbar eingekreiste Feinde. Aber das römische Heer konnte sich
in der Mitte gänzlich vereinigen. Deshalb besaß es auch Kraft genug, die feindlichen Flanken auseinanderzusprengen. Hier gab es
also zwei Kämpfe in entgegengesetzter Richtung. In beiden waren
die Römer zweifellos überlegen; sie hatten zuerst den Mittelteil
geschlagen und waren nun zahlenmäßig und in ihrer Kerntruppe
stärker. Viele Menschen wurden hier getötet; und wären die Spanier nicht, kaum ins Handgemenge geraten, in alle Richtungen
geflohen, hätten nur sehr wenige die ganze Schlacht überlebt. Zu
einem Reitergefecht kam es gar nicht erst; denn als Mauren und
Numider den Mittelteil ihrer Front eingedrückt sahen, flohen sie
Hals über Kopf, ließen die Flanken ohne Deckung und trieben sogar die Elefanten vor sich her. Hasdrubal hielt bis zur letzten Entscheidung aus und rettete sich dann mit nur wenigen Leuten mitten
aus dem Gemetzel. Die Römer eroberten das Lager und plünderten
es. Wenn in Spanien irgendwelche Kreise noch unschlüssig waren –
diese Schlacht brachte sie auf die römische Seite. Für Hasdrubal
blieb keine Hoffnung, sein Heer nach Italien hinüberzuführen, und
erst recht nicht, einigermaßen ungefährdet in Spanien zu bleiben.
Diese Ereignisse wurden durch die Berichte der Scipionen in Rom

tam victoria quam prohibito Hasdrubalis Italiam
transitu laetabantur.

Dum haec in Hispania geruntur, Petelia in Brut-   30
tiis aliquot post mensibus, quam coepta oppugnari
erat, ab Himilcone praefecto Hannibalis expugnata   2
est. Multo sanguine ac volneribus ea Poenis victoria
stetit nec ulla magis vis obsessos quam fames expu-
gnavit. Absumptis enim frugum alimentis carnisque   3
omnis generis quadrupedum suetae ⟨insuetae⟩que
postremo coriis herbisque et radicibus et corticibus   4
teneris strictisque foliis vixere nec, ante quam vires
ad standum in muris ferendaque arma deerant, ex-
pugnati sunt. Recepta Petelia Poenus ad Consen-   5
tiam copias traducit, quam minus pertinaciter de-
fensam intra paucos dies in deditionem accepit. Iis-   6
dem ferme diebus et Bruttiorum exercitus Crotonem,
Graecam urbem, circumsedit, opulentam quondam
armis virisque, tum iam adeo multis magnisque cladibus adflictam, ut omnis aetatis minus duo milia
civium superessent. Itaque urbe a defensoribus vasta   7
facile potiti hostes sunt: arx tantum retenta, in
quam inter tumultum captae urbis e media caede
quidam effugere. Et Locrenses descivere ad Bruttios   8
Poenosque prodita multitudine a principibus. Re-   9
gini tantummodo regionis eius et in fide erga Romanos et potestatis suae ad ultimum manserunt. In   10
Siciliam quoque eadem inclinatio animorum pervenit et ne domus quidem Hieronis tota ab defectione
abstinuit. Namque Gelo, maximus stirpis, con-   11
tempta simul senectute patris simul post Cannensem
cladem Romana societate ad Poenos defecit, movis-
setque in Sicilia res, nisi mors, adeo opportuna, ut   12
patrem quoque suspicione aspergeret, armantem
eum multitudinem sollicitantemque socios absump-
sisset. Haec eo anno in Italia, in Africa, in Sicilia,   13
in Hispania vario eventu acta.

Exitu anni Q. Fabius Maximus a senatu postu-

bekannt. Da freute man sich nicht so sehr über den Sieg wie über Hasdrubals vereitelten Übergang nach Italien.

Während dieser Vorgänge in Spanien wurde Petelia in Bruttien mehrere Monate nach dem Beginn der Belagerung von Himilko, einem Obersten Hannibals, erobert. Dieser Sieg kostete die Punier viel Blut und Wunden; und doch bezwang die Belagerten weniger die Gewalt als der Hunger. Denn als sie ihre Lebensmittel – Getreide und Fleisch von allen möglichen und unmöglichen Vierfüßlern – aufgebraucht hatten, lebten sie zuletzt von Leder, Kräutern und Wurzeln, zarten Rinden und abgestreiften Blättern. Sie wurden erst überwältigt, als sie keine Kraft mehr hatten, auf der Mauer zu stehen und die Waffen zu halten. Nach der Einnahme von Petelia führte der Punier seine Truppen nach Consentia hinüber; es ergab sich nach einer nicht so hartnäckigen Verteidigung innerhalb von wenigen Tagen. Fast zur gleichen Zeit bedrängte auch ein bruttisches Heer die griechische Stadt Kroton, einst ein reicher Ort an Waffen und Männern. Damals aber war sie schon durch viele große Mißerfolge so geschwächt, daß aus allen Altersstufen keine 2000 Bürger mehr übrig waren. Daher konnten sich die Feinde einer Stadt, in der es kaum Verteidiger gab, leicht bemächtigen. Nur die Burg konnte man halten; und während des Getümmels bei der Eroberung der Stadt retteten sich einige mitten aus dem Kampf dorthin. Auch die Lokrer gingen zu den Bruttiern und Puniern über, indem das Volk vom Adel verraten wurde. In dieser Gegend waren es nur die Reginer, die den Römern bis zum Ende die Treue hielten und ihre eigenen Herren blieben. Sogar bis nach Sizilien reichte dieser Wankelmut, und nicht einmal Hieros Haus blieb frei von dem Zug zum Abfall. Denn Gelo, sein ältester Sohn, gab nichts auf das hohe Alter seines Vaters und nach der Niederlage von Cannae auch nichts auf das römische Bündnis; und er trat zu den Puniern über. Er hätte in Sizilien bestimmt Unruhe gestiftet, wenn ihn nicht der Tod zur rechten Zeit, so daß deswegen sogar der Vater in Verdacht geriet, weggerafft hätte, als er schon das Volk bewaffnete und die Bundesgenossen aufhetzte. Dies alles ereignete sich in diesem Jahr in Italien, Afrika, in Sizilien und Spanien mit stets wechselndem Ausgang.

Am Jahresende verlangte Quintus Fabius Maximus vom Senat,

lavit, ut aedem Veneris Erycinae, quam dictator
vovisset, dedicare liceret. Senatus decrevit, ut Ti.
Sempronius, consul designatus, cum primum magis- 14
tratum inisset, ad populum ferret, ut Q. Fabium
duumvirum esse iuberent aedis dedicandae causa.
Et M. Aemilio Lepido, qui bis consul augurque fue- 15
rat, filii tres, Lucius, Marcus, Quintus, ludos fune-
bres per triduum et gladiatorum paria duo et viginti
per triduum in foro dederunt. Aediles curules C. 16
Laetorius et Ti. Sempronius Gracchus, consul designatus, qui in aedilitate magister equitum fuerat,
ludos Romanos fecerunt, qui per triduum instaurati
sunt. Plebeii ludi aedilium M. Aurelii Cottae et M. 17
Claudii Marcelli ter instaurati.

Circumacto tertio anno Punici belli Ti. Sempro- 18
nius consul idibus Martiis magistratum init. Praetores Q. Fulvius Flaccus, qui antea consul censorque
fuerat, urbanam, M. Valerius Laevinus peregrinam
sortem in iurisdictione habuit; Ap. Claudius Pulcher
Siciliam, Q. Mucius Scaevola Sardiniam sortiti sunt.
M. Marcello pro consule imperium esse populus
iussit, quod post Cannensem cladem unus Romano- 19
rum imperatorum in Italia prospere rem gessisset.

Senatus, quo die primum est in Capitolio consul- 31
tus decrevit, ut, quod eo anno duplex tributum im-
peraretur, simplex confestim exigeretur, ex quo sti- 2
pendium praesens omnibus militibus daretur, praeterquam qui milites ad Cannas fuissent. De exerciti- 3
bus ita decreverunt, ut duabus legionibus urbanis
Ti. Sempronius consul Cales ad conveniendum diem
ediceret; inde eae legiones in castra Claudiana supra
Suessulam deducerentur. Quae ibi legiones essent —
erant autem Cannensis maxime exercitus — eas Ap. 4
Claudius Pulcher praetor in Siciliam traiceret, quaeque in Siciliae essent, Romam deportarentur. Ad 5

den Tempel der Venus Erycina einweihen zu dürfen, den er ihr als Diktator versprochen hatte. Der Senat entschied, daß der ernannte Konsul Tiberius Sempronius gleich nach seinem Amtsantritt beim Volk den Antrag stellen sollte, den Quintus Fabius zum „Duumvirn" für die Weihe des Tempels bestimmen zu lassen. Auch veranstalteten für Marcus Aemilius Lepidus, der zweimal Konsul und Augur gewesen war, seine drei Söhne Lucius, Marcus und Quintus dreitägige Leichenspiele; außerdem ließen sie auf dem Markt 22 Paar Gladiatoren drei Tage lang auftreten. Die Kurulädilen Gaius Laetorius und Tiberius Sempronius Gracchus, der ernannte Konsul, der als Ädil auch zugleich Reiteroberst gewesen war, organisierten die Römischen Spiele; sie wurden drei Tage lang gehalten. Die Volksspiele der Ädilen Marcus Aurelius Cotta und Marcus Claudius Marcellus wurden dreimal gegeben.

Als das dritte Jahr des Punischen Krieges vorüber war, trat der Konsul Tiberius Sempronius Gracchus an den Iden des März sein Amt an. Die Prätoren Quintus Fulvius Flaccus, der vorher schon Konsul und auch Censor gewesen war, und Marcus Valerius Laevinus erlosten die Rechtspflege, der erste über die Bürger in der Stadt, der andre über die Fremden. Appius Claudius Pulcher erhielt Sizilien durch das Los, Quintus Mucius Scaevola Sardinien. Für Marcus Marcellus ordnete das Volk eine Feldherrnstelle als Prokonsul an, weil er nach der Niederlage von Cannae als einziger römischer Heerführer in Italien erfolgreich gekämpft habe.

Gleich am Tage seiner ersten Sitzung auf dem Capitol beschloß der Senat, in diesem Jahr die Steuer zu verdoppeln. Die einfache sollte schon jetzt eingetrieben werden, damit allen Soldaten sofort ihr Sold daraus gezahlt werde außer denen, die an der Schlacht von Cannae teilgenommen hätten. Über die Heere wurde folgendes verfügt: Für die beiden Stadtlegionen sollte der Konsul Tiberius Sempronius einen Tag zur Versammlung in Cales bestimmen. Von da aus sollten diese Legionen in das Claudische Lager oberhalb von Suessula geführt werden. Die dort stationierten Legionen – sie gehörten größtenteils zum Heer von Cannae – sollte der Prätor Appius Claudius Pulcher nach Sizilien hinüberbringen; die Legionen aus Sizilien sollten nach Rom verlegt werden. Den Marcus

exercitum, cui ad conveniendum Cales edicta dies
erat, M. Claudius Marcellus missus, isque iussus in
castra Claudiana deducere urbanas legiones. Ad ve-   6
terem exercitum accipiendum deducendumque inde
in Siciliam Ti. Maecilius Croto legatus ab Ap. Clau-   7
dio est missus. Taciti primo exspectaverant homines,
uti consul comitia collegae creando haberet; deinde
ubi ablegatum velut de industria M. Marcellum
viderunt, quem maxime consulem in eum annum ob
egregie in praetura res gestas creari volebant, fremitus in curia ortus. Quod ubi sensit consul, ‚utrum-   8
que‘ inquit ‚e re publica fuit, patres conscripti, et
M. Claudium ad permutandos exercitus in Campaniam proficisci et comitia non prius edici, quam is
inde confecto, quod mandatum est, negotio rever-
tisset, ut vos consulem, quem tempus rei publicae
postularet, quem maxime voltis, haberetis.‘ Ita de   9
comitiis, donec rediit Marcellus, silentium fuit. Interea duumviri creati sunt Q. Fabius Maximus et
T. Otacilius Crassus aedibus dedicandis, Menti Otacilius, Fabius Veneri Erycinae; utraque in Capitolio
est, canali uno discretae. Et de trecentis equitibus   10
Campanis, qui in Sicilia cum fide stipendiis emeritis
Romam venerant, latum ad populum ut cives Romani essent; item uti municipes Cumani essent pridie, quam populus Campanus a populo Romano
defecisset. Maxime, ut hoc ferretur, moverat, quod,   11
quorum hominum essent, scire se ipsi negabant vetere patria relicta, in eam, in quam redierant, nondum adsciti. Postquam Marcellus ab exercitu rediit,   12
comitia consuli uni rogando in locum L. Postumi
edicuntur. Creatur ingenti consensu Marcellus, qui   13
extemplo magistratum occiperet. Cui ineunti consulatum cum tonuisset, vocati augures vitio creatum
videri pronuntiaverunt; volgoque patres ita fama

Claudius Marcellus schickte man zu dem Heer, das sich zum bestimmten Termin in Cales sammeln mußte. Er wurde beauftragt, die städtischen Legionen in das Claudische Lager zu bringen. Der Legat Tiberius Maecilius Croto wurde von Appius Claudius losgeschickt, das alte Heer zu übernehmen und es von da nach Sizilien zu führen. Schweigend hatten die Menschen anfangs erwartet, der Konsul werde einen Wahltag zur Ernennung eines Mitkonsuls halten. Jetzt sah man aber, daß Marcus Marcellus wie absichtlich weggeschickt wurde. Darüber entstand ein Gemurmel des Unwillens im Senat, weil man ihn besonders wegen seiner hervorragenden Leistungen im Prätorenamt für dieses Jahr zum Konsul gewählt haben wollte. Als der Konsul dies merkte, sagte er: „Beides wäre zum Nutzen für den Staat gewesen, Senatoren! Erstens, daß Marcus Claudius zum Austausch der Heere nach Kampanien ging; und zweitens, daß der Wahltag nicht eher angesetzt wurde, als bis er nach der Ausführung seines Auftrags zurückkehrt. Ihr solltet gerade den zum Konsul bekommen, den die staatlichen Verhältnisse verlangen und den ihr am liebsten wollt." So wurde bis zur Rückkehr des Marcellus nicht über den Wahltag gesprochen. Inzwischen wurden Quintus Fabius Maximus und Titus Otacilius Crassus als Duumvirn zur Tempelweihe gewählt: Otacilius für die Göttin Mens und Fabius für die Venus Erycina. Beide Tempel stehen auf dem Capitol, nur durch einen Kanal voneinander getrennt. Man brachte auch beim Volk den Antrag wegen der 300 kampanischen Ritter vor, die nach ihren in Sizilien getreulich abgeleisteten Dienstjahren nach Rom gekommen waren. Sie sollten römische Bürger werden, ebenso Stadtbürger von Cumae um einen Tag früher, als das kampanische Volk vom römischen abgefallen war. Der Hauptgrund für diesen Antrag war: Diese Ritter sagten, sie wüßten selbst nicht, zu welcher Gemeinde sie gehörten. Sie hätten ihr altes Vaterland verlassen, seien aber in den Staat, in den sie heimgekehrt seien, noch nicht aufgenommen. Als Marcellus vom Heer zurückgekehrt war, wurde eine Versammlung zur Wahl des einen Konsuls an die Stelle des Lucius Postumius angekündigt. Mit überwältigender Mehrheit wählte man Marcellus, der sein Amt sofort übernehmen sollte. Aber es hatte beim Antritt seines Konsulats gedonnert; deshalb erklärten die berufenen Auguren, die Wahl scheine Fehler

ferebant, quod tum primum duo plebeii consules
facti essent, id deis cordi non esse. In locum Mar-   14
celli, ubi is se magistratu abdicavit, suffectus Q.
Fabius Maximus tertium.

  Mare arsit eo anno; ad Sinuessam bos eculeum   15
peperit; signa Lanuvi ad Iunonis Sospitae cruore
manavere lapidibusque circa id templum pluit, ob
quem imbrem novendiale, ut adsolet, sacrum fuit;
ceteraque prodigia cum cura expiata.

  Consules exercitus inter sese diviserunt. Fabio exer-   32
citus Teani, cui M. Iunius dictator praefuerat, evenit; Sempronio volones, qui ibi erant, et sociorum
viginti quinque milia, M. Valerio praetori legiones,   2
quae ex Sicilia redissent, decretae; M. Claudius pro
consule ad eum exercitum, qui supra Suessulam
Nolae praesideret, missus; praetores in Siciliam ac
Sardiniam profecti. Consules edixerunt, quotiens in   3
senatum vocassent, uti senatores, quibusque in senatu dicere sententiam liceret, ad portam Capenam
convenirent. Praetores, quorum iuris dictio erat, tri-   4
bunalia ad Piscinam publicam posuerunt; eo vadi-
monia fieri iusserunt ibique eo anno ius dictum est.

  Interim Carthaginem, unde Mago, frater Han-   5
nibalis, duodecim milia peditum et mille quingentos equites, viginti elephantos, mille argenti talenta
in Italiam transmissurus erat cum praesidio sexa-   6
ginta navium longarum, nuntius adfertur in Hispania rem male gestam omnesque ferme eius provinciae
populos ad Romanos defecisse. Erant, qui Magonem   7
cum classe ea copiisque omissa Italia in Hispaniam
averterent, cum Sardiniae recipiendae repentina   8
spes adfulsit: parvum ibi exercitum Romanum esse;
veterem praetorem inde A. Cornelium provinciae
peritum decedere, novum exspectari; ad hoc fessos   9
iam animos Sardorum esse diuturnitate imperii Romani, et proximo iis anno acerbe atque avare im-

aufzuweisen. Die Patrizier brachten das Gerücht auf, es gefalle den Göttern nicht, daß jetzt erstmalig zwei Bürgerliche Konsuln geworden seien. Marcellus wies sein Amt zurück, und Quintus Fabius Maximus wurde an seine Stelle zum dritten Mal nachgewählt.

In diesem Jahr brannte das Meer; bei Sinuessa warf eine Kuh ein Fohlen. Die Bildsäulen am Tempel der Juno Sospita in Lanuvium flossen von Blut, und um diesen Tempel regnete es Steine. Wie üblich hielt man wegen dieses Regens einen neuntägigen Gottesdienst; die andern Vorzeichen wurden sorgfältig gesühnt.

Die Konsuln teilten die Heere untereinander auf. Dem Fabius fiel das Heer in Teanum zu, das der Diktator Marcus Junius befehligt hatte, dem Sempronius alle Freiwilligen von dort und 25 000 Mann Bundesgenossen. Dem Prätor Marcus Valerius wurden die Legionen zugewiesen, die aus Sizilien zurückgekehrt waren. Marcus Claudius wurde als Prokonsul zu dem Heer geschickt, das oberhalb von Suessula zum Schutz Nolas stand. Die Prätoren gingen nach Sizilien und Sardinien. Die Konsuln gaben bekannt, die Senatoren und alle im Senat Stimmberechtigten sollten sich, sooft sie den Senat einberufen würden, am capenischen Tor versammeln. Die Prätoren, denen die Rechtsprechung zufiel, stellten ihre Richterstühle am öffentlichen Schwimmbad auf. Hier ließen sie die Bürgschaften leisten, und hier wurde in diesem Jahr Recht gesprochen.

Inzwischen gelangte die Nachricht nach Karthago, daß es in Spanien sehr schlecht stehe und daß fast alle Völker jener Provinz zu den Römern übergegangen seien. Hannibals Bruder Mago wollte von dort aus gerade mit 12 000 Mann und 1500 Reitern, mit 20 Elefanten und 1000 Talenten Silber unter dem Schutz von 60 Kriegsschiffen nach Italien übersetzen. Es gab einige, die Mago mit dieser Flotte und den Truppen für Spanien bestimmten und Italien zurückstellten, als plötzlich zur Wiedergewinnung Sardiniens ein Hoffnungsstrahl aufleuchtete: Das dortige römische Heer sei nur schwach; der alte Prätor Aulus Cornelius, der diesen Bezirk gut kenne, gehe weg, ein neuer werde erwartet. Außerdem seien die Sarder die langdauernde römische Regierung leid, und im vergangenen Jahr habe man hart und habsüchtig über sie regiert. Sie seien mit schweren Abgaben und übertriebenen Getreidelieferungen

peratum; gravi tributo et conlatione iniqua frumenti
pressos; nihil deesse aliud quam auctorem, ad quem
deficerent. Haec clandestina legatio per principes   10
missa erat, maxime eam rem moliente Hampsicora,
qui tum auctoritate atque opibus longe primus erat.
His nuntiis prope uno tempore turbati erectique   11
Magonem cum classe sua copiisque in Hispaniam
mittunt, in Sardiniam Hasdrubalem deligunt ducem   12
et tantum ferme copiarum, quantum Magoni, decernunt.

Et Romae consules transactis rebus, quae in urbe   13
agendae erant, movebant iam sese ad bellum. Ti.   14
Sempronius militibus Sinuessam diem ad conveniendum edixit, et Q. Fabius consulto prius senatu,
ut frumenta omnes ex agris ante Kalendas Iunias   15
primas in urbes munitas conveherent; qui non inve-
xisset, eius se agrum populaturum, servos sub hasta
venditurum, villas incensurum. Ne praetoribus quidem, qui ad ius dicendum creati erant, vacatio a
belli administratione data est. Valerium praetorem   16
in Apuliam ire placuit ad exercitum a Terentio
accipiendum; cum ex Sicilia legiones venissent, iis
potissimum uti ad regionis eius praesidium, Teren-
tianum ⟨exercitum Tarentum⟩ mitti cum aliquo legatorum; et viginti quinque naves datae, quibus   17
oram maritimam inter Brundisium ac Tarentum tutari posset. Par navium numerus Q. Fulvio praetori   18
urbano decretus ad suburbana litora tutanda. C.   19
Terentio proconsuli negotium datum, ut in Piceno
agro conquisitionem militum haberet locisque iis
praesidio esset. Et T. Otacilius Crassus, postquam   20
aedem Mentis in Capitolio dedicavit, in Siciliam
cum imperio, qui classi praeesset, missus.

In hanc dimicationem duorum opulentissimorum   33
in terris populorum omnes reges gentesque animos   2
intenderant, inter quos Philippus Macedonum rex
eo magis, quod propior Italiae ac mari tantum   3

gequält worden. Es fehle ihnen nichts als ein Anführer, zu dem sie übertreten könnten. Diese geheime Botschaft war ihnen durch vornehme Bürger zugegangen; besonders Hampsicora betrieb diese Angelegenheit, der damals bei weitem der Anerkannteste und Reichste in ihren Reihen war. Diese Nachricht schaffte Unruhe und ermutigte fast zu gleicher Zeit; man schickte nun Mago mit seiner Flotte und den Truppen nach Spanien. Für Sardinien wählte man einen Hasdrubal als Heerführer und teilte ihm fast ebensoviele Truppen zu wie Mago.

Auch in Rom hatten die Konsuln ihre Angelegenheiten in der Stadt erledigt und setzten sich zum Krieg in Bewegung. Tiberius Sempronius legte für seine Soldaten den Tag zum Sammeln in Sinuessa fest, und Quintus Fabius ordnete nach einer vorherigen Anfrage beim Senat an, daß alle Landbewohner ihr Getreide vor dem nächsten ersten Juni in die befestigten Städte liefern sollten. Wer es bis dahin nicht anliefere, dessen Felder werde er zerstören, die Sklaven versteigern und die Häuser in Brand stecken. Nicht einmal den Prätoren, die zur Rechtspflege gewählt waren, gewährte man die Freiheit vom Dienst in der Kriegsführung. Man entschied, den Prätor Valerius nach Apulien gehen zu lassen, um das Heer von Terentius zu übernehmen. Wenn die Legionen aus Sizilien gekommen seien, sollte er diese in erster Linie zum Schutz dieser Gegend einsetzen, das Heer des Terentius aber mit einem Legaten nach Tarent schicken. Valerius erhielt auch 25 Schiffe, um mit ihnen die Küste zwischen Brundisium und Tarent schützen zu können. Die gleiche Anzahl Schiffe wurde dem Stadtprätor Quintus Fulvius zugewiesen, damit er die Küste unterhalb Roms sichere. Der Prokonsul Gaius Terentius erhielt den Auftrag, im picenischen Gebiet eine Soldatenanwerbung durchzuführen und diese Gegend in seinen Schutz zu nehmen. Auch Titus Otacilius Crassus wurde als Flottenkommandant nach Sizilien geschickt, als er den Tempel der Mens auf dem Capitol eingeweiht hatte.

Alle Könige und Völker hatten ihr Interesse auf diesen Kampf der beiden mächtigsten Völker auf Erden gerichtet, unter ihnen Philippus, König von Mazedonien; und dieser umso mehr, weil er Italien näher und nur durch das Jonische Meer von ihm getrennt

Ionio discretus erat. Is ubi primum fama accepit
Hannibalem Alpes transgressum, ut bello inter Romanum Poenumque orto laetatus erat, ita, utrius
populi mallet victoriam esse, incertis adhuc viribus
fluctuatus animo fuerat. Postquam tertia iam pugna, 4
tertia victoria cum Poenis erat, ad fortunam incli-
navit legatosque ad Hannibalem misit; qui vitantes
portus Brundisinum Tarentinumque, quia custodiis
navium Romanarum tenebantur, ad Laciniae Iunonis templum in terram egressi sunt. Inde per Apu- 5
liam petentes Capuam media in praesidia Romana
inlati sunt deductique ad Valerium Laevinum praetorem circa Luceriam castra habentem. Ibi intre-
pide Xenophanes, legationis princeps, a Philippo 6
rege se missum ait ad amicitiam societatemque iun-
gendam cum populo Romano; mandata habere ad
consules ac senatum populumque Romanum. Prae- 7
tor inter defectiones veterum sociorum nova societate tam clari regis laetus admodum hostes pro hos-
pitibus comiter accepit. Dat, qui prosequantur; iti- 8
nera cum cura demonstrat, quae loca quosque
saltus aut Romanus aut hostes teneant. Xenophanes
per praesidia Romana in Campaniam, inde, qua 9
proximum fuit, in castra Hannibalis pervenit foe-
dusque cum eo atque amicitiam iungit legibus his:
ut Philippus rex quam maxima classe – ducentas 10
autem naves videbatur effecturus – in Italiam traiceret et vastaret maritimam oram, bellum pro parte
sua terra marique gereret; ubi debellatum esset, Ita- 11
lia omnis cum ipsa urbe Roma Carthaginiensium
atque Hannibalis esset praedaque omnis Hannibali 12
cederet; perdomita Italia navigarent in Graeciam
bellumque, cum quibus regi placeret, gererent; quae
civitates continentis quaeque insulae ad Macedo-
niam vergunt, eae Philippi regnique eius essent.

In has ferme leges inter Poenum ducem legatos- 34
que Macedonum ictum foedus; missique cum iis ad 2

war. Als er die erste Nachricht von Hannibals Alpenübergang erhalten hatte, war seine Freude über den Kriegsausbruch zwischen den Römern und Puniern groß. Aber er war sich doch bei der bisher ungewissen Kräfteverteilung noch nicht im klaren, welchem der beiden Völker er den Sieg wünschen sollte. Als jetzt aber schon die dritte Schlacht auch den Sieg für die Punier brachte, neigte er sich auf die Seite des Glücks und schickte Gesandte zu Hannibal. Sie mieden die Häfen Brundisium und Tarent, denn diese waren von römischen Wachschiffen besetzt, und gingen bei dem Tempel der Juno Lacinia an Land. Von hier aus zogen sie durch Apulien nach Capua und gerieten mitten in die römischen Posten. Sie wurden dem Prätor Marcus Valerius vorgeführt, der sein Lager in der Gegend von Luceria hatte. Hier behauptete Xenophanes, der Gesandschaftsführer, dreist: König Philippus habe ihn geschickt, um mit dem römischen Volk einen Freundschaftsbund zu schließen. Er habe Aufträge an die Konsuln, sowie an den Senat und das Volk von Rom. Der Prätor war über den neuen Beitritt eines so berühmten Königs inmitten der Loslösung der alten Bundesgenossen sehr erfreut. Er nahm seine Feinde höflich als Freunde auf und gab ihnen Leute zur Begleitung mit. Sorgfältig ließ er ihnen den Weg zeigen und erklärte, welche Stellen und Wälder die Römer oder die Feinde besetzt hätten. So gelangte Xenophanes durch die römischen Wachtruppen nach Kampanien und von da aus auf dem nächsten Weg in Hannibals Lager. Mit ihm schloß er Bündnis und Freundschaft unter folgenden Bedingungen: König Philippus solle mit einer möglichst großen Flotte – er schien 200 Schiffe stellen zu können – nach Italien hinüberfahren, die Küste verwüsten und sich dann seinerseits am Land- und Seekrieg beteiligen. Am Ende des Krieges solle ganz Italien mit der Stadt Rom selbst den Karthagern und Hannibal gehören und die gesamte Beute dem Hannibal zufallen. Nach Italiens Unterwerfung wollten sie gemeinsam nach Griechenland segeln und dort Krieg führen, mit wem der König wolle. Alle Staaten des Festlandes und alle Inseln im Nahbereich Mazedoniens sollten Philippus und seinem Reich gehören.

Unter diesen Bedingungen ungefähr kam das Bündnis zwischen dem punischen Feldherrn und den makedonischen Gesandten zu-

regis ipsius firmandam fidem legati, Gisgo et Bostar et Mago, eodem ad Iunonis Laciniae, ubi navis
occulta in statione erat, perveniunt. Inde profecti   3
cum altum tenerent, conspecti a classe Romana sunt,
quae praesidio erat Calabriae litoribus; Valeriusque   4
Flaccus cercuros ad persequendam retrahendamque
navem cum misisset, primo fugere regii conati,
deinde, ubi celeritate vinci senserunt, tradunt se Romanis et ad praefectum classis adducti, cum quaere-   5
ret, qui et unde et quo tenderent cursum, Xenophanes primo satis iam semel felix mendacium struere,
a Philippo se ad Romanos missum ad M. Valerium,
ad quem unum iter tutum fuerit, pervenisse, Campaniam superare nequisse, saeptam hostium praesidiis. Deinde ut Punicus cultus habitusque suspectos   6
legatos fecit Hannibalis interrogatosque sermo pro-   7
didit, tum comitibus eorum seductis ac metu territis, litterae quoque ab Hannibale ad Philippum inventae et pacta inter regem Macedonum Poenumque   8
ducem. Quibus satis cognitis optimum visum est
captivos comitesque eorum Romam ad senatum aut
⟨ad⟩ consules, ubicunque essent, quam primum de-
portare. Ad id celerrimae quinque naves delectae ac   9
L. Valerius Antias, qui praeesset, missus, eique mandatum, ut in omnes naves legatos separatim custo-
diendos divideret daretque operam, ne quod iis conloquium inter se neve quae communicatio consilii
esset.

Per idem tempus Romae cum A. Cornelius Mam-   10
mula, ex Sardinia provincia decedens, rettulisset,
qui status rerum in insula esset: bellum ac defectionem omnes spectare; Q. Mucium, qui successisset   11
sibi, gravitate caeli aquarumque advenientem exceptum, non tam in periculosum quam longum mor-

stande. Mit ihnen wurden Gisgo, Bostar und Mago als Gesandte geschickt, um die Bestätigung des Königs selbst einzuholen. Sie gelangten dann wieder zum Tempel der Juno Lacinia, wo ihr Schiff an einer versteckten Ankerstelle lag. Als sie nach ihrer Abfahrt schon das offene Meer erreicht hatten, wurden sie von der römischen Flotte bemerkt, die die Küste Kalabriens schützte. Valerius Flaccus hatte leichte Segler ausgeschickt, um das Schiff zu verfolgen und zurückzubringen. Da versuchten die Leute des Königs zuerst zu fliehen. Als sie merkten, daß die andern schneller waren, ergaben sie sich den Römern und wurden zum Flottenkommandanten gebracht. Dieser fragte, wer sie seien, woher sie kämen, und wohin ihre Reise gehe. Xenophanes gebrauchte anfangs die Lüge, die ihm schon einmal recht gut gelungen war: Er sei von Philippus zu den Römern gesandt, sei aber nur bis zu M. Valerius gekommen, weil nur bis zu ihm der Weg sicher gewesen sei. Kampanien habe er nicht schaffen können; denn es sei von feindlichen Wachtruppen ganz abgeriegelt. Darauf machten aber die punische Kleidung und ihr Verhalten die Gesandten Hannibals verdächtig; und als man sie fragte, verriet sie ihre Sprache. Man führte also ihre Begleiter auf die Seite und schüchterte sie durch Drohungen ein. Schließlich fand man auch Hannibals Brief an Philippus und die Verträge zwischen dem makedonischen König und dem punischen Feldherrn. Nach einem gründlichen Ermittlungsverfahren hielt man es für das allerbeste, die Gefangenen und ihr Gefolge möglichst bald nach Rom zum Senat oder zu den Konsuln zu schaffen, ganz gleich, wo diese sich aufhielten. Dazu suchte man die fünf schnellsten Segelschiffe aus, unterstellte sie dem Kommando des Lucius Valerius Antias und trug ihm auf, die Gesandten auf alle Schiffe zur gesonderten Bewachung zu verteilen und darauf zu achten, daß sie nicht miteinander sprechen oder in Verbindung treten könnten.

Zur gleichen Zeit kehrte Aulus Cornelius Mammula aus seiner Provinz Sardinien zurück und berichtete in Rom über den Stand der Dinge auf der Insel: Überall habe man Krieg und Loslösung im Auge. Sein Nachfolger Quintus Mucius habe sich, weil er bei ungesundem Klima und anhaltender Nässe eingetroffen sei, eine zwar ungefährliche, aber langwierige Krankheit zugezogen. Für die

bum implicitum, diu ad belli munia sustinenda in-
utilem fore, exercitumque ibi ut satis firmum pacatae   12
provinciae praesidem esse, ita parum aptum bello,
quod motum iri videretur, decreverunt patres, ut
Q. Fulvius Flaccus quinque milia peditum, quadrin-   13
gentos equites scriberet eamque legionem primo
quoque tempore in Sardiniam traiciendam curaret   14
mitteretque cum imperio, quem ipsi videretur, qui
rem gereret, quoad Mucius convaluisset. Ad eam   ' 15
rem missus est T. Manlius Torquatus, qui bis consul
et censor fuerat subegeratque in consulatu Sardos.
Sub idem fere tempus et a Carthagine in Sardiniam   16
classis missa duce Hasdrubale, cui Calvo cognomen
erat, foeda tempestate vexata ad Baliares insulas
deicitur, ibique – adeo non armamenta modo, sed   17
etiam alvei navium quassati erant – subductae na-
ves, dum reficiuntur, aliquantum temporis trive-
runt.

In Italia cum post Cannensem pugnam fractis   35
partis alterius viribus, alterius mollitis animis, segnius bellum esset, Campani per se adorti sunt rem   2
Cumanam suae dicionis facere, primo sollicitantes,
ut ab Romanis deficerent; ubi id parum processit,
dolum ad capiendos eos comparant. Erat Campanis   3
omnibus statum sacrificium ad Hamas. Eo senatum
Campanum venturum certiores Cumanos fecerunt
petieruntque, ut et Cumanus eo senatus veniret ad
consultandum communiter, ut eosdem uterque populus socios hostesque haberet; praesidium ibi arma-
tum se habituros, ne quid ab Romano Poenove peri-   4
culi esset. Cumani, quamquam suspecta fraus erat,
nihil abnuere, ita tegi fallax consilium posse rati.

Interim Ti. Sempronius consul Romanus Sinues-   5
sae, quo ad conveniendum diem edixerat, exercitu
lustrato transgressus Volturnum flumen circa Liter-
num posuit castra. Ibi quia otiosa stativa erant,   6

Kriegführung werde er längere Zeit ausfallen. Das dortige Heer sei zwar in friedlichen Zeiten für den Schutz des Landes stark genug, dagegen völlig ungeeignet für einen Krieg, wie er offensichtlich vor der Tür stehe. Daher entschieden die Senatoren, Quintus Fulvius Flaccus solle 5000 Mann und 400 Reiter einberufen, diese Legion möglichst bald nach Sardinien übersetzen lassen und ihr einen Befehlshaber nach eignem Ermessen mitgeben. Dieser solle die Geschäfte bis zu Mucius' Genesung führen. Für diesen Auftrag wurde Titus Manlius Torquatus abgestellt, der zweimal Konsul und auch Censor gewesen war. Während seines Konsulats hatte er die Sarder unterworfen. Fast um die gleiche Zeit wurde auch von Karthago eine Flotte nach Sardinien losgeschickt unter der Führung Hasdrubals, mit dem Beinamen „der Kahle". Sie wurde durch ein Unwetter stark mitgenommen und an die Balearischen Inseln verschlagen. Hier zog man die Schiffe an Land; mit ihrer Reparatur ging viel Zeit verloren; denn nicht nur das Takelwerk war beschädigt, sondern auch die Schiffsböden.

In Italien war nach der Schlacht von Cannae auf der einen Seite die Kraft gebrochen, auf der anderen der Schwung geschwächt, und so ging der Krieg ziemlich träge weiter. Die Kampaner machten sich selbständig daran, den Staat von Cumae in die Hand zu bekommen. Zuerst versuchten sie, die Cumaner zum Abfall von Rom zu überreden. Als dies nicht gelang, trafen sie Vorkehrungen, sie durch List zu fangen. Alle Kampaner feierten bei Hamae ein bestimmtes Opferfest. Sie ließen den Cumanern sagen, der kampanische Senat werde dorthin kommen und baten, auch der cumanische möge sich einfinden, um gemeinsam zu beraten, damit beide Völker dieselben Freunde und Feinde hätten. Sie würden eine Mannschaft in Waffen dort haben, damit weder von römischer noch von punischer Seite Gefahr drohe. Die Cumaner ahnten zwar einen Betrug, lehnten es aber nicht ab, weil sie meinten, auf diese Weise eine Täuschung ihrerseits verbergen zu können.

Inzwischen hatte der römische Konsul Tiberius Sempronius ein Heer in Sinuessa, das er für einen bestimmten Termin als Sammelplatz bestimmt hatte, gemustert. Er ging über den Volturnus und bezog ein Lager in der Umgebung von Liternum. Dies hier war ein

crebro decurrere milites cogebat, ut tirones – ea
maxima pars volonum erant – adsuescerent signa
sequi et in acie agnoscere ordines suos. Inter quae   7
maxima erat cura duci – itaque legatis tribunisque
praeceperat –, ne qua exprobratio cuiquam veteris   8
fortunae discordiam inter ordines sereret; vetus miles tironi, liber voloni sese exaequari sineret; omnes
satis honestos generososque ducerent, quibus arma
sua signaque populus Romanus commisisset; quae
fortuna coegisset ita fieri, eandem cogere tueri factum. Ea non maiore cura praecepta ab ducibus sunt,   9
quam a militibus observata brevique tanta concordia coaluerant omnium animi, ut prope in oblivio-
nem veniret, qua ex condicione quisque esset miles
factus.

Haec agenti Graccho legati Cumani nuntiarunt,   10
quae a Campanis legatio paucos ante dies venisset
et quid iis ipsi respondissent: triduo post eum diem
festum esse; non senatum solum omnem ibi futurum,   11
sed castra etiam et exercitum Campanum. Gracchus   12
iussis Cumanis omnia ex agris in urbem convehere
et manere intra muros, ipse pridie, quam statum
sacrificium Campanis esset, Cumas movet castra.
Hamae inde tria milia passuum absunt. Iam Cam-   13
pani eo frequentes ex composito convenerant, nec
procul inde in occulto Marius Alfius medix tuticus
– ⟨is⟩ summus magistratus erat Campanis – cum
quattuordecim milibus armatorum habebat castra,
sacrificio adparando et inter id instruendae fraudi   14
aliquanto intentior quam muniendis castris aut ulli
militari operi. [Triduum sacrificatum ad Hamas.]   15
Nocturnum erat sacrum ita, ut ante mediam noctem
compleretur. Huic Gracchus insidiandum tempori   16
ratus, custodibus ad portas positis, ne quis enuntiare
posset coepta, et ab decima diei hora coactis militibus corpora curare somnoque operam dare, ut pri-

sehr ruhiges Standlager, und deshalb ließ er die Soldaten fleißig trainieren, damit die Anfänger – es waren meistens Freiwillige – lernten, den Feldzeichen zu folgen und innerhalb des Heeres ihre Reihen zu finden. Hierbei lag dem Feldherrn besonders viel daran, und so hatte er es auch den Legaten und Obersten eingeschärft: Auf keinen Fall jemandem seinen ehemaligen Stand vorzuwerfen und so Unfrieden in die Reihen zu bringen. Der alte Soldat sollte sich dem Neuling, der Freie dem Freigekauften gleichstellen lassen. Sie sollten alle für ehrenhaft und vornehm halten, denen das römische Volk seine Waffen und Feldzeichen anvertraut habe. Dasselbe Schicksal, das zu diesem Schritt gezwungen habe, fordere auch, für ihn einzutreten. Diese Befehle konnten von den Heerführern nicht sorgfältiger erteilt werden, als die Soldaten sie befolgten: In kurzer Zeit waren alle zu einer solch harmonischen Einheit zusammengewachsen, daß es fast in Vergessenheit geriet, aus welcher Schicht der einzelne Mann Soldat geworden war.

Während Gracchus dies durchführte, meldeten ihm Abgeordnete aus Cumae, was für eine Gesandschaft vor einigen Tagen von den Kampanern erschienen sei und was sie selbst darauf geantwortet hätten: Heute in drei Tagen werde ein Fest gefeiert; nicht nur der ganze Senat werde dabeisein, sondern auch ein kampanisches Lager und ein Heer. Gracchus ließ die Cumaner alles vom Land in die Stadt schaffen und in ihren Mauern bleiben; er selbst verlegte dann am Vortag des festgesetzten kampanischen Opferfestes sein Lager nach Cumae. Hamae liegt 4,5 km von dort entfernt. Die Kampaner hatten sich hier schon zahlreich versammelt, wie verabredet. Nicht weit davon stand Marius Alfius, der medix tuticus, – so hieß der höchste Beamte bei den Kampanern – mit 14 000 Soldaten in einem versteckten Lager. Er achtete viel aufmerksamer auf die Opfervorbereitungen und dabei auch auf die Vorbereitungen zum Überfall als auf die Befestigung seines Lagers oder irgendeine militärische Aufgabe. (Drei Tage dauerte das Opferfest in Hamae). Die heilige Handlung fand nachts statt, mußte aber vor Mitternacht beendet sein. Gracchus glaubte, diesen Augenblick abpassen zu müssen. Deshalb stellte er Wachen an die Tore, damit niemand sein Vorhaben verraten könne. Er verlangte von seinen Soldaten, daß sie sich von der zehnten Tagesstunde an pflegten und zu schlafen

mis tenebris convenire ad signum possent, vigilia   17
ferme prima tolli iussit signa, silentique profectus   18
agmine cum ad Hamas media nocte pervenisset,
castra Campana ut in pervigilio neglecta simul omnibus portis invadit; alios somno stratos, alios per-
petrato sacro inermes redeuntes obtruncat. Homi-   19
num eo tumultu nocturno caesa plus duo milia cum
ipso duce Mario Alfio; capta sunt signa militaria
quattuor et triginta.

  Gracchus minus centum militum iactura castris   36
hostium potitus Cumas se propere recepit, ab Hannibale metuens, qui super Capuam in Tifatis habebat castra. Nec eum provida futuri fefellit opinio.   2
Nam simul Capuam ea clades est nuntiata, ratus
Hannibal ab re bene gesta insolenter laetum exercitum tironum, magna ex parte servorum, spoliantem
victos praedasque agentem ad Hamas se inventu-   3
rum, citatum agmen praeter Capuam rapit obvios-
que ex fuga Campanorum dato praesidio Capuam   4
duci, saucios vehiculis portari iubet. Ipse Hamis
vacua ab hostibus castra nec quicquam praeter recentis vestigia caedis strataque passim corpora sociorum invenit. Auctores erant quidam, ut protinus   5
inde Cumas duceret urbemque oppugnaret. Id   6
quamquam haud modice Hannibal cupiebat, ut,
quia Neapolim non potuerat, Cumas saltem maritimam urbem haberet, tamen, quia praeter arma nihil
secum miles raptim acto agmine extulerat, retro in
castra super Tifata se recepit. Inde fatigatus Cam-   7
panorum precibus sequenti die cum omni apparatu
oppugnandae urbis Cumas redit perpopulatoque
agro Cumano mille passus ab urbe castra locat, cum
Gracchus magis verecundia in tali necessitate dese-   8
rendi socios implorantes fidem suam populique Romani substitisset quam satis fidens exercitui. Nec   9

bemühten, damit sie sich zu Beginn der Dunkelheit auf sein Zeichen sammeln könnten. Ungefähr zur ersten Nachtwache befahl er den Aufbruch. Er war ganz still abgerückt und um Mitternacht in Hamae angekommen. Deshalb drang er durch alle Tore zugleich in das vernachlässigte kampanische Lager ein; es war ja eine Nachtfeier. Die einen erschlug er in ihrem Schlaf, die andern, als sie nach dem Opfer ohne Waffen zurückkamen. Bei diesem nächtlichen Überfall wurden mehr als 2000 Menschen getötet, darunter auch ihr Anführer Marius Alfius; 34 Feldzeichen wurden erbeutet.

Gracchus hatte das feindliche Lager mit einem Verlust von weniger als 100 Mann erobert. Er zog sich schnell nach Cumae zurück aus Furcht vor Hannibal, der sein Lager oberhalb von Capua im Gebiet von Tifata stehen hatte. Und seine vorsichtige Ahnung des Kommenden täuschte ihn nicht: Denn als die Nachricht von dieser Niederlage in Capua eintraf, glaubte Hannibal, er werde das fröhliche Heer von neuen Leuten und größtenteils Sklaven dabei antreffen, wie es wegen dieses erfolgreichen Schlages überschwänglich feiere und noch bei Hamae die Erschlagenen beraube und Beute wegschaffe. Er marschierte schnell an Capua vorbei und ließ die Kampaner, die ihm auf der Flucht begegneten, unter Begleitschutz nach Capua bringen und die Verwundeten dorthin fahren. Im Lager bei Hamae fand er keine Feinde mehr vor, nichts als die Spuren des eben vergangenen Kampfes und überall hingestreckte Leichen seiner Bundesgenossen. Einige Leute rieten ihm, von hier aus sofort nach Cumae zu ziehen und die Stadt anzugreifen. Hannibal hätte das recht gern getan, um wenigstens durch Cumae in Besitz einer Seestadt zu gelangen, weil es ihm mit Neapel nicht gelungen war. Aber schließlich zog er sich doch in sein Lager oberhalb Tifata zurück, weil die Soldaten bei dem schnellen Aufbruch nichts als ihre Waffen mitgenommen hatten. Die Kampaner baten so dringend, daß er am folgenden Tag von hier aus mit allem nötigen Sturmgerät wieder nach Cumae zurückkehrte. Er verwüstete das Cumaner Gebiet und bezog dann 1,5 km von der Stadt entfernt ein Lager. Dort war Gracchus stehengeblieben; er schämte sich mehr, Bundesgenossen, die an seine und des römischen Volkes Treue appellierten, in einer solchen Not zu verlassen, als daß er

alter consul Fabius, qui ad Cales castra habebat,
Volturnum flumen traducere audebat exercitum, 10
occupatus primo auspiciis repetendis, dein prodigiis,
quae alia super alia nuntiabantur; expiantique ea
haud facile litari haruspices respondebant.

Eae causae cum Fabium tenerent, Sempronius in 37
obsidione erat et iam operibus oppugnabatur. Ad- 2
versus ligneam ingentem admotam urbi aliam turrem ex ipso muro excitavit consul Romanus, aliquanto altiorem, quia muro satis per se alto subiectis
validis sublicis pro solo usus erat. Inde primum saxis 3
sudibusque et ceteris missilibus propugnatores moenia atque urbem tuebantur; postremo, ubi promo- 4
vendo adiunctam muro viderunt turrem, facibus
ardentibus plurimum simul ignem coniecerunt. Quo 5
incendio trepida armatorum multitudo cum de turre
sese praecipitaret, eruptio ex oppido simul duabus
portis stationes hostium fudit fugavitque in castra,
ut eo die obsesso quam obsidenti similior esset Poenus. Ad mille trecenti Carthaginiensium caesi et 6
undesexaginta vivi capti, qui circa muros et in stationibus solute ac neglecenter agentes, cum nihil
minus quam eruptionem timuissent, ex improviso
oppressi fuerant. Gracchus, priusquam se hostes ab 7
repentino pavore colligerent, receptui signum dedit
ac suos intra muros recepit. Postero die Hannibal, 8
laetum secunda re consulem iusto proelio ratus cer-
taturum, aciem inter castra atque urbem instruxit;
ceterum postquam neminem moveri ab solita custo- 9
dia urbis vidit nec committi quicquam temerariae
spei, ad Tifata redit infecta re.

Quibus diebus Cumae liberatae sunt obsidione, 10
iisdem diebus et in Lucanis ad Grumentum Ti. Sempronius, cui Longo cognomen erat, cum Hannone
Poeno prospere pugnat. Supra duo milia hominum 11

seinem Heer völlig vertraute. Auch Fabius, der andere Konsul, der
bei Cales lagerte, wagte nicht, sein Heer über den Volturnus zu
führen. Zuerst hinderte ihn die Wiederholung der Vogelschau daran,
dann die Vorzeichen, die eines nach dem andern gemeldet wurden.
Auch die Opferschauer antworteten ihm, als er diese Zeichen ent-
sühnen wollte, daß ein günstiges Opfer nicht leicht sei.

Diese Gründe hielten Fabius zurück; dafür blieb Sempronius in
der Stadt eingeschlossen, und sie wurde nun mit Belagerungsma-
schinen bestürmt. Gegen einen riesigen hölzernen Turm, der auf die
Mauer zukam, errichtete der römische Konsul einen anderen, viel
höheren auf der Mauer selbst. Er hatte auf der an sich schon hohen
Mauer noch starke Grundbalken als Unterlage benutzt. Von hier
schützten die Verteidiger aus der vorderen Reihe Mauern und Stadt
zuerst mit Steinen, Pfählen und anderen Geschossen. Als sie später
sahen, wie der Turm an die Mauer stieß, warfen sie mit brennenden
Fackeln sehr viel Feuer gleichzeitig hinein. Aus Angst vor diesem
Brand stürzte sich die Masse der Soldaten vom Turm herab. Da
schlug ein Ausfall aus zwei Toren zugleich die feindlichen Mannschaften in die Flucht und trieb sie in ihr Lager zurück. So waren
die Punier an diesem Tag Belagerten ähnlicher als Belagerern.
An 1300 Karthager wurden getötet und 59 lebend gefangen.
Sie hatten sich in der Umgebung der Mauer auf ihren Posten un-
achtsam und nachlässig verhalten, weil sie nichts weniger als einen
Ausbruch befürchtet hatten; so waren sie unvermutet überwältigt
worden. Noch ehe sich die Feinde von dem plötzlichen Schrecken
erholen konnten, gab Gracchus das Zeichen zum Rückzug und zog
seine Leute in den Mauerbereich. Am nächsten Tag stellte Hannibal
zwischen Lager und Stadt sein Heer zur Schlacht auf; er meinte
nämlich, der Konsul werde es in der Freude über seinen Erfolg zu
einem regelrechten Kampf kommen lassen. Aber er zog sich unverrichteter Sache auf Tifata zurück; denn er hatte gesehen, daß sich
niemand von der üblichen Stadtverteidigung entfernte und nichts
auf gut Glück unternommen wurde.

In den Tagen der Befreiung Cumaes aus einer Belagerung kämpfte
auch Tiberius Sempronius, mit dem Beinamen Longus, bei Grumentum in Lukanien erfolgreich gegen den Punier Hanno. Er tötete
über 2000 Feinde, verlor nur 280 Mann und erbeutete 41 Feldzei-

occidit et ducentos octoginta milites amisit, signa
militaria ad quadraginta unum cepit. Pulsus finibus
Lucanis Hanno retro in Bruttios sese recepit. Et ex   12
Hirpinis oppida tria, quae a populo Romano defecerant, vi recepta per M. Valerium praetorem, Vercellium, Vescellium, Sicilinum, et auctores defectionis securi percussi. Supra quinque milia captivorum   13
sub hasta venierunt; praeda alia militi concessa,
exercitusque Luceriam reductus.

Dum haec in Lucanis atque in Hirpinis geruntur,   38
quinque naves, quae Macedonum atque Poenorum
captos legatos Romam portabant, ab supero mari   2
ad inferum circumvectae prope omnem Italiae
oram, cum praeter Cumas velis ferrentur, neque hostium an sociorum essent, satis sciretur, Gracchus
obviam ex classe sua naves misit. Cum percontan-   3
do in vicem cognitum esset consulem Cumis esse,
naves Cumas adpulsae captivique ad consulem de-
ducti et litterae datae. Consul litteris Philippi atque   4
Hannibalis perlectis consignata omnia ad senatum
itinere terrestri misit, navibus devehi legatos iussit.
Cum eodem fere die litterae legatique Romam ve-   5
nissent et percontatione facta dicta cum scriptis
congruerent, primo gravis cura patres incessit, cernentes, quanta vix tolerantibus Punicum bellum
Macedonici belli moles instaret; cui tamen adeo non
succubuerunt, ut extemplo agitaretur, quemadmo-   6
dum ultro inferendo bello averterent ab Italia hostem. Captivis in vincula condi iussis comitibusque   7
eorum sub hasta venditis ad naves viginti quinque,
quibus P. Valerius Flaccus praefectus praeerat, viginti quinque paratis alias decernunt. His compa-   8
ratis deductisque et additis quinque navibus, quae
advexerant captivos legatos, triginta naves ab Ostia   9
Tarentum profectae, iussusque P. Valerius militibus
Varronianis, quibus L. Apustius legatus Tarenti

chen. Hanno wurde aus Lukanien vertrieben und zog sich wieder in bruttisches Gebiet zurück. Auch den Hirpinern wurden drei Städte, die sich vom römischen Volk losgesagt hatten, durch den Prätor Marcus Valerius im Sturm wieder abgerungen: Vercellium, Vescellium und Sicilinum; die Anstifter dieses Abfalls wurden mit dem Beil hingerichtet. Über 5000 Gefangene wurden öffentlich verkauft. Die andere Beute ließ man den Soldaten, und das Heer wurde nach Luceria zurückgeführt.

Während dieser Vorgänge bei den Lukanern und Hirpinern hatten die fünf Schiffe, die die abgefangenen mazedonischen und punischen Gesandten nach Rom bringen sollten, fast die ganze Küste Italiens vom Adriatischen bis zum Unteren Meer umfahren. Sie segelten auch bei Cumae vorbei, und man wußte nicht genau, ob sie Feinden oder Freunden gehörten. Deshalb schickte ihnen Gracchus Schiffe von seiner Flotte entgegen. Hinüber und herüber zog man Erkundigungen ein und erfuhr, daß der Konsul in Cumae sei. Also landete man bei Cumae, brachte die Gefangenen vor den Konsul und lieferte die Briefe ab. Der Konsul las den Brief des Philippus und Hannibals Schreiben durch; dann schickte er alles versiegelt auf dem Landweg an den Senat. Die Gesandten ließ er mit dem Schiff hinbringen. Briefe und Gesandte trafen fast am gleichen Tage in Rom ein. Eine Prüfung ergab, daß die Aussagen mit den Schreiben übereinstimmten. Da gerieten die Senatoren anfangs in große Besorgnis. Sie sahen nämlich, welch kolossale Bedrängnis mit einem Krieg gegen Mazedonien auf sie zukam, wo sie doch schon den Punischen Krieg kaum mehr durchhielten. Aber sie ließen sich von dieser Sorge nicht erdrücken, sondern überlegten gleich, wie sie durch einen Angriff ihrerseits diesen Feind von Italien fernhalten könnten. Sie ließen die Gefangenen fesseln und deren Begleiter als Sklaven verkaufen. Dann entschieden sie, die Flotte von etwa 25 Schiffen, die Publius Valerius Flaccus als Admiral kommandierte, um weitere 25 Schiffe zu verstärken. Diese wurden also gebaut und vom Stapel gelassen. Als dann die fünf dazugekommen waren, auf denen man die gefangenen Gesandten hergebracht hatte, fuhren 30 Schiffe von Ostia nach Tarent. Publius Valerius erhielt den Befehl, die Soldaten des Varro, deren

praeerat, in naves impositis quinquaginta quinque
navium classe non tueri modo Italiae oram, sed explorare de Macedonico bello; si congruentia litteris   10
legatorumque indiciis Philippi consilia essent, ut M.
Valerium praetorem litteris certiorem faceret, isque
L. Apustio legato exercitui praeposito Tarentum ad   11
classem profectus primo quoque tempore in Mace-
doniam transmitteret daretque operam, ut Philippum in regno contineret. Pecunia ad classem tuen-   12
dam bellumque Macedonicum ea decreta est, quae
Ap. Claudio in Siciliam missa erat, ut redderetur
Hieroni regi; ea per L. Antistium legatum Tarentum
est devecta. Simul ab Hierone missa ducenta milia   13
modium tritici et hordei centum.

   Dum haec Romani parant aguntque, ad Philip-   39
pum captiva navis una ex iis, quae Romam missae
erant, ex cursu refugit; inde scitum legatos cum litteris captos. Itaque ignarus rex, quae cum Hannibale   2
legatis suis convenissent quaeque legati eius ad se
allaturi fuissent, legationem aliam cum eisdem mandatis mittit. Legati ad Hannibalem missi Heraclitus,   3
cui Scotino cognomen erat, et Crito Boeotus et Sositheus Magnes. Hi prospere tulerunt ac rettulerunt   4
mandata; sed prius se aestas circumegit, quam movere ac moliri quicquam rex posset. Tantum navis
una capta cum legatis momenti fecit ad dilationem
imminentis Romanis belli.

   Et circa Capuam transgresso Volturnum Fabio   5
post expiata tandem prodigia ambo consules rem
gerebant. Compulteriam et Trebulam et Austiculam   6
urbes, quae ad Poenum defecerant, Fabius vi cepit,
praesidiaque in his Hannibalis Campanique per-
multi capti. Et Nolae, sicut priore anno, senatus   7
Romanorum, plebs Hannibalis erat, consiliaque
occulta de caede principum et proditione urbis in-

Kommandant der Legat Lucius Apustius in Tarent war, an Bord
zu nehmen. So sollte er mit einer Flotte von 50 Schiffen nicht nur
die Küste Italiens schützen, sondern sich auch über den makedonischen Krieg informieren. Stimmten die Maßnahmen des Philippus mit den Briefen und Aussagen der Gesandten überein, dann
sollte er den Prätor Marcus Valerius schriftlich benachrichtigen.
Dieser müsse dann sein Heer an den Legaten Lucius Apustius abgeben, nach Tarent zur Flotte gehen, sobald als möglich nach Mazedonien übersetzen und alles versuchen, um Philippus in seinem
Reich festzuhalten. Die Kosten für die Flotte und den mazedonischen Krieg sollten aus den Geldern bestritten werden, die man
Appius Claudius nach Sizilien geschickt hatte, um sie dem König
Hiero zurückzuzahlen. Der Legat Lucius Apustius ließ sie nach
Tarent herüberholen. Hiero schickte zugleich 200 000 Scheffel
Weizen und 100 000 Scheffel Gerste.

Während die Römer mit diesen Vorbereitungen beschäftigt waren, entkam ein Schiff, eins von denen, die auf der Fahrt zu Philippus gekapert und dann nach Rom geschickt worden waren. Von
da an war bekannt, daß man die Gesandten mit den Briefen abgefangen hatte. Daher wußte der König nicht, was seine Gesandten
mit Hannibal vereinbart hatten und was dessen Gesandte ihm
mitgeteilt hätten. Also ließ er eine zweite Abordnung mit den
gleichen Aufträgen reisen. Die Gesandten an Hannibal waren
Heraklitus mit dem Beinamen „der Dunkle", Krito aus Böotien und
Sositheus aus Magnesia. Diese schafften ihre Aufträge mit Erfolg
hin und zurück. Aber der Sommer ging vorüber, ehe sich der König
in Bewegung setzten und etwas unternehmen konnte. Als so wichtig
erwies sich der Verlust dieses einzigen Schiffes mit den Gesandten
für den Aufschub dieses Krieges, der den Römern drohte.

Auch in der Gegend von Capua traten jetzt beide Konsuln in
Aktion; denn Fabius hatte endlich die bösen Vorzeichen gesühnt
und war über den Volturnus gegangen. Er eroberte Compulteria,
Trebula und Saticula im Sturm; diese Städte waren zu Hannibal
übergegangen. Er machte die dortige Besatzung Hannibals und
sehr viele Kampaner zu Gefangenen. In Nola stand es wie im vergangenen Jahr: Der Senat hielt zu den Römern, das Volk zu Hannibal. Es gab Geheimpläne zur Ermordung der führenden Bürger

ibantur. Quibus ne incepta procederent, inter Ca-   8
puam castraque Hannibalis, quae in Tifatis erant,
traducto exercitu Fabius super Suessulam in castris
Claudianis consedit; inde M. Marcellum proprae-
torem cum iis copiis, quas habebat, Nolam in praesidium misit.

Et in Sardinia res per T. Manlium praetorem ad-   40
ministrari coeptae, quae omissae erant, postquam
Q. Mucius praetor gravi morbo est implicitus. Man-   2
lius navibus longis ad Carales subductis navalibus-
que sociis armatis, ut terra rem gereret, et a praetore
exercitu accepto, duo et viginti milia peditum, mille
ducentos equites confecit. Cum his equitum pedi-   3
tumque copiis profectus in agrum hostium haud
procul ab Hampsicorae castris castra posuit. Hampsicora tum forte profectus erat in Pellitos Sardos ad
iuventutem armandam, qua copias augeret; filius
nomine Hostus castris praeerat. Is adulescentia fe-   4
rox temere proelio inito fusus fugatusque. Ad tria
milia Sardorum eo proelio caesa, octingenti ferme
vivi capti; alius exercitus primo per agros silvasque   5
fuga palatus, dein, quo ducem fugisse fama erat, ad
urbem nomine Cornum, caput eius regionis, confugit; debellatumque eo proelio in Sardinia esset, ni   6
classis Punica cum duce Hasdrubale, quae tempestate deiecta ad Baliares erat, in tempore ad spem
rebellandi advenisset. Manlius post famam adpulsae   7
Punicae classis Carales se recepit; ea occasio Hampsicorae data est Poeno se iungendi. Hasdrubal co-   8
piis in terram expositis et classe remissa Carthaginem duce Hampsicora ad sociorum populi Romani
agrum populandum profectus, Carales perventurus
erat, ni Manlius obvio exercitu ab effusa eum popu-
latione continuisset. Primo castra castris modico
intervallo sunt obiecta; deinde per procursationes   9

und zum Verrat der Stadt. Um diese zu blockieren, führte Fabius sein Heer zwischen Capua und Hannibals Lager – es stand auf Tifata – hindurch und bezog seine Stellung oberhalb von Suessula im claudianischen Lager. Von hier aus schickte er den Proprätor Marcus Marcellus mit den Truppen, die er bei sich hatte, zur Besetzung Nolas los.

Auch in Sardinien machte sich der Prätor Titus Manlius wieder an die Aufgaben, die seit der schweren Erkrankung des Prätors Quintus Mucius liegengeblieben waren. Manlius ließ die Kriegsschiffe bei Carales an Land ziehen und die Seeleute der Bundesgenossen bewaffnen, um mit ihnen zu Lande Krieg zu führen. Er übernahm das Heer vom Prätor und brachte so 20 000 Mann und 1200 Reiter zusammen. Mit diesen Truppen von Reitern und Soldaten zog er ins feindliche Gebiet und schlug sein Lager nicht weit von dem des Hampsicora auf. Hampsicora war gerade zu den Pelz-Sardern abgegangen; er wollte die jungen Männer bewaffnen und mit ihnen seine Truppen vergrößern. Das Lager stand unter dem Kommando seines Sohnes Hostus. In jugendlicher Angriffslust ließ er sich unüberlegt auf einen Kampf ein, wurde besiegt und in die Flucht gejagt. An die 3000 Sarder wurden in diesem Treffen erschlagen, fast 800 lebend gefangen. Das andere Heer irrte zuerst auf der Flucht durch Felder und Wälder. Danach flüchtete es in die Hauptstadt jener Gegend mit Namen Cornus. Einem Gerücht nach war ihr Anführer dorthin geflohen. Der Krieg in Sardinien wäre mit dieser Schlacht zu Ende gewesen, wenn nicht die punische Flotte unter Hasdrubals Führung, die ein Sturm zu den Balearen verschlagen hatte, zur rechten Zeit eingetroffen wäre; das war eine Hoffnung, noch weiter Krieg führen zu können. Bei der Nachricht von einer gelandeten punischen Flotte zog sich Manlius nach Carales zurück. Dies bot dem Hampsicora die Gelegenheit, sich mit dem Punier zu vereinen. Hasdrubal setzte seine Truppen an Land und schickte die Flotte nach Karthago zurück. Unter Hampsicoras Führung brach er auf, um das Land der römischen Bundesgenossen zu plündern. Er wäre bis Carales durchgekommen, wenn Manlius ihm nicht sein Heer in den Weg gestellt und ihn dadurch an dem ausgedehnten Raubzug gehindert hätte. Anfangs standen sie Lager gegen Lager, nicht weit voneinander entfernt. Dann kam es

levia certamina vario eventu inita; postremo descensum in aciem. Signis conlatis iusto proelio per
quattuor horas pugnatum. Diu pugnam ancipitem   10
Poeni, Sardis facile vinci adsuetis, fecerunt; postremo et ipsi, cum omnia circa strage ac fuga Sardorum repleta essent, fusi; ceterum terga dantes cir- 11
cumducto cornu, quo pepulerat Sardos, inclusit Romanus. Caedes inde magis quam pugna fuit. Duo-   12
decim milia hostium caesa, Sardorum simul Poeno-
rumque, ferme tria milia et septingenti capti et signa
militaria septem et viginti.

Ante omnia claram et memorabilem pugnam fe-   41
cit Hasdrubal imperator captus et Hanno et Mago,
nobiles Carthaginienses, Mago ex gente Barcina,   2
propinqua cognatione Hannibali iunctus, Hanno
auctor rebellionis Sardis bellique eius haud dubie
concitor. Nec Sardorum duces minus nobilem eam   3
pugnam cladibus suis fecerunt; nam et filius Hamp-   4
sicorae Hostus in acie cecidit, et Hampsicora cum
paucis equitibus fugiens, ut super adflictas res necem
quoque filii audivit, nocte, ne cuius interventus
coepta impediret, mortem sibi conscivit. Ceteris   5
urbs Cornus eadem, quae ante fugae receptaculum
fuit; quam Manlius victore exercitu adgressus intra
dies paucos recepit. Deinde aliae quoque civitates,   6
quae ad Hampsicoram Poenosque defecerant, obsidibus datis dediderunt sese; quibus stipendio frumentoque imperato pro cuiusque aut viribus aut   7
delicto Carales exercitum reduxit. Ibi navibus longis deductis impositoque, quem secum advexerat,
milite Romam navigat Sardiniamque perdomitam
nuntiat patribus; et stipendium quaestoribus, frumentum aedilibus, captivos Q. Fulvio praetori tradit.

Per idem tempus T. Otacilius praetor ab Lilybaeo   8
classi in Africam transvectus depopulatusque agrum

durch Ausfälle zu kleinen Gefechten mit wechselndem Ausgang.
Schließlich traten sie zur Feldschlacht an. Ganze vier Stunden
kämpften sie Heer gegen Heer in einer richtigen Schlacht. Die Punier hielten den Ausgang des Kampfes lange offen trotz der Sarder, die sich gewöhnlich leicht besiegen lassen. Schließlich wurden
auch die Punier geschlagen, als es bei den Sardern weit und breit
nur noch völlige Vernichtung und Flucht gab. Im übrigen ließ der
römische Feldherr den Flügel schwenken, mit dem er die Sarder
verjagt hatte, und schloß so die Flüchtenden ein. Was nun folgte,
war eher ein Morden als eine Schlacht. 12 000 Feinde, Sarder und
Punier zusammen, wurden getötet, fast 3700 gefangen und 27 Feldzeichen erbeutet.

Die Gefangennahme des Feldherrn Hasdrubal und zweier karthagischer Adliger, des Hanno und Mago, machte die Schlacht besonders berühmt und denkwürdig. Mago stammte aus dem Ge-
schlecht der Barciner und war mit Hannibal nahe verwandt. Hanno
war der Anstifter des sardischen Aufstandes und zweifellos der
Initiator des dortigen Krieges. Aber auch die sardischen Feldherrn
machten die Schlacht durch ihre Verluste nicht weniger bemerkens-
wert. Denn Hostus, der Sohn des Hampsicora, fiel in dem Kampf.
Hampsicora floh mit wenigen Reitern und erfuhr in dieser trauri-
gen Lage den Tod seines Sohnes. Da beging er in der Nacht, damit
ihn niemand an seinem Vorhaben hindere, Selbstmord. Den übrigen war dieselbe Stadt Cornus ein Zufluchtsort wie vorher. Manlius griff sie aber mit seinem siegreichen Heer an und nahm sie in
wenigen Tagen ein. Darauf ergaben sich auch die andern Staaten,
die zu Hampsicora und den Puniern übergetreten waren, und stellten dabei Geiseln. Ihren Kräften oder ihrer Schuld entsprechend
verlangte Manlius von ihnen Geld und Getreidelieferungen und
führte dann sein Heer nach Carales zurück. Hier machte er die
Kriegsschiffe wieder flott, nahm die mitgebrachten Soldaten an
Bord, fuhr nach Rom und meldete den Senatoren die Unterwerfung Sardiniens; dabei übergab er den Quästoren das Geld, das Getreide den Ädilen, und die Gefangenen dem Prätor Quintus Fulvius.

Um dieselbe Zeit war der Prätor Titus Otacilius mit der Flotte
von Lilybaeum nach Afrika gefahren und hatte dort karthagisches

Carthaginiensem, cum Sardiniam inde peteret, quo 9
fama erat Hasdrubalem a Baliaribus nuper traiecisse, classi Africam repetenti occurit, levique certamine in alto commisso septem inde naves cum sociis
navalibus cepit. Ceteras metus haud secus quam
tempestas passim disiecit.

Per eosdem forte dies et Bomilcar cum militibus 10
ad supplementum Carthagine missis elephantisque
et commeatu Locros accessit. Quem ut incautum
opprimeret Ap. Claudius, per simulationem provin- 11
ciae circumeundae Messanam raptim exercitu ducto
vento aestuque suo Locros traiecit. Iam inde Bo- 12
milcar ad Hannonem in Bruttios profectus erat et
Locrenses portas Romanis clauserunt; Appius
magno conatu nulla re gesta Messanam repetit.

Eadem aestate Marcellus ab Nola, quam praesi- 13
dio obtinebat, crebras excursiones in agrum Hirpinum et Samnites Caudinos fecit adeoque omnia 14
ferro atque igni vastavit, ut antiquarum cladium
Samnio memoriam renovaret.

Itaque extemplo legati ad Hannibalem missi si- 42
mul ex utraque gente ita Poenum adlocuti sunt.
,Hostes populi Romani, Hannibal, fuimus primum 2
per nos ipsi, quoad nostra arma, nostrae vires nos
tutari poterant. Postquam bis parum fidebamus,
Pyrrho regi nos adiunximus; a quo relicti pacem 3
necessariam accepimus, fuimusque in ea per annos
prope quinquaginta ad id tempus, quo tu in Italiam
venisti. Tua nos non magis virtus fortunaque quam 4
unica comitas ac benignitas erga cives nostros, quos
captos nobis remisisti, ita conciliavit tibi, ut te salvo
atque incolumi amico non modo populum Roma-
num, sed ne deos quidem iratos, si fas est dici, time-
remus. At hercule non solum incolumi et victore, 5
sed praesente te, cum ploratum prope coniugum ac

Gebiet verwüstet. Von hier aus wandte er sich nach Sardinien; einem Gerücht nach war Hasdrubal erst kurz von den Balearen dorthin gefahren. Dabei begegnete er der nach Afrika zurückfahrenden Flotte. Es kam zu einem leichten Gefecht auf hoher See, und er nahm ihr sieben Schiffe samt Besatzung weg. Die andern trieb die Angst wie ein Sturmwind auseinander.

In diesen Tagen traf auch Bomilcar mit den Ersatztruppen aus Karthago, mit Elefanten und Lebensmitteln vor Lokri ein. Appius Claudius wollte ihn unvermutet überfallen. Deshalb tat er, als wolle er seine Provinz umfahren, und führte dabei sein Heer schnellstens nach Messana; mit der Flut setzte er nach Lokri über. Aber Bomilcar war schon von hier aus zu Hanno ins Gebiet der Bruttier abmarschiert, und die Lokrer schlossen vor den Römern ihre Tore. Appius konnte trotz großer Anstrengungen nichts ausrichten und ging nach Messana zurück.

In diesem Sommer hielt Marcellus Nola besetzt und unternahm von dort aus häufige Streifzüge in das Gebiet der Hirpiner und der Samniten von Caudium. Mit Feuer und Schwert verwüstete er alles so schlimm, daß er dadurch für Samnium die Erinnerung an die ehemaligen Niederlagen wachrief.

Deshalb schickten auf der Stelle beide Völker zugleich Gesandte an Hannibal. Diese wandten sich mit folgenden Worten an den Punier: „Hannibal, als Feinde des römischen Volkes waren wir zuerst auf uns selbst angewiesen, solange unsre Waffen und unsre Kräfte uns schützen konnten. Dann konnten wir uns nicht mehr ganz auf diese verlassen und schlossen uns dem König Pyrrhus an. Als er uns verließ, nahmen wir notgedrungen einen Frieden an. Darin verblieben wir beinahe 50 Jahre bis zu dem Zeitpunkt, da du nach Italien kamst. Nicht dein Heldenmut und dein Glück hat uns so für dich eingenommen, sondern viel mehr deine einzigartige Freundlichkeit und Güte zu unsern Mitbürgern. Du schicktest sie als deine Gefangenen zu uns zurück. Solange du nun als unser Freund da warst, heil und in ungebrochener Kraft, fürchteten wir nicht nur keinen Römer, sondern nicht einmal – wenn man den Ausdruck gebrauchen darf – die Ungnade der Götter. Aber wirklich! Nicht nur trotz deiner Tüchtigkeit und deiner Siege, sondern sogar trotz deiner Gegenwart sind wir diesen Sommer mehrmals

liberorum nostrorum exaudire et flagrantia tecta
posses conspicere, ita sumus aliquotiens hac aestate
devastati, ut M. Marcellus, non Hannibal vicisse
ad Cannas videatur glorienturque Romani te, ad
unum modo ictum vigentem, velut aculeo emisso
torpere. Per annos centum cum populo Romano   6
bellum gessimus, nullo externo adiuti nec duce nec
exercitu, nisi quod per biennium Pyrrhus nostro
magis milite suas auxit vires quam suis viribus nos
defendit. Non ego secundis rebus nostris gloriabor   7
duos consules ac duos consulares exercitus ab nobis
sub iugum missos et, si qua alia aut laeta aut glo-
riosa nobis evenerunt. Quae aspera adversaque tunc 8
acciderunt, minore indignatione referre possumus,
quam quae hodie eveniunt. Magni dictatores cum   9
magistris equitum, bini consules cum binis consularibus exercitibus ingrediebantur fines nostros; ante
explorato et subsidiis positis et sub signis ad populandum ducebant; nunc propraetoris unius et parvi
ad tuendam Nolam praesidii praeda sumus; iam ne   10
manipulatim quidem, sed latronum modo percur-
sant totis finibus nostris neglegentius, quam si in
Romano vagarentur agro. Causa autem haec est,   11
quod neque tu defendis et nostra iuventus, quae si
domi esset, tutaretur, omnis sub signis militat tuis.
Nec te nec exercitum tuum norim, nisi, a quo tot   12
acies Romanas fusas stratasque esse sciam, ei facile
esse dicam opprimere populatores nostros vagos
sine signis palatos, quo quemque trahit quamvis
vana praedae spes. Numidarum paucorum illi qui-   13
dem praeda erunt, praesidiumque miseris simul
nobis et Nolae ademeris, si modo, quos, ut socios
haberes, dignos duxisti, haud indignos iudicas, quos
in fidem receptos tuearis.‘

　　Ad ea Hannibal respondit omnia simul facere   43
Hirpinos Samnitesque et indicare clades suas et petere praesidium et queri indefensos se neglectosque;

ausgeplündert worden. Beinahe konntest du sogar das Weinen unsrer Frauen und Kinder hören und unsre Häuser brennen sehen. Jetzt scheint folglich Marcellus, nicht Hannibal bei Cannae gesiegt zu haben; und die Römer rühmen sich, daß deine Kraft nur für einen Stich ausreichte, und du seist erstarrt, als wäre dein Stachel herausgezogen. 100 Jahre haben wir mit dem römischen Volk Krieg geführt. Kein fremder Feldherr und kein Heer half uns dabei. Nur Pyrrhus hat zwei Jahre hindurch mehr seine Macht durch unsre Soldaten gestärkt als uns mit seinen Kräften verteidigt. Ich will mich unsres Glückes nicht rühmen, daß wir zwei Konsuln und zwei konsularische Heere unter dem Joch durchziehen ließen, und was wir sonst noch an Erfreulichem und an ruhmreichen Begebenheiten erlebten. Was uns damals an Hartem und Schlimmem geschah, können wir mit weniger Groll erzählen als die heutigen Ereignisse. Große Diktatoren, jeder mit seinem Reiterobersten, je zwei Konsuln mit zwei konsularischen Heeren drangen in unser Gebiet ein. Sie erkundigten sich genau, stellten dann ihre Reserven auf und zogen wohlgeordnet zum Plündern heran. Jetzt sind wir die Beute eines einzigen Proprätors und einer Besatzungstruppe, die sogar für den Schutz Nolas zu klein ist. Nicht einmal in Gruppen, sondern wie Straßenräuber rennen sie durch unser ganzes Land; dies geschieht unachtsamer, als wenn sie durch römisches Gebiet streiften. Der Grund dafür ist, daß du es nicht verteidigst und unsre Jugend sämtlich unter deinen Fahnen dient. Wäre sie zu Hause, würde sie uns schützen. Ich müßte dich und dein Heer nicht kennen, um nicht zu glauben, daß es ihm, von dem ich so viele römische Heere besiegt und geschlagen weiß, ein Leichtes wäre, die völlig ungeordneten Plünderhorden in unserem Land zu beseitigen. Die zieht es immer dahin, wo sie eine, wenn auch noch so hohle Aussicht auf Beute vermuten. Sie werden ihrerseits schon für wenige Numider zur Beute werden. Du könntest uns eine Hilfstruppe schicken und der Stadt Nola ihre Besatzung nehmen, wenn du nur Leute, die du für würdig hältst, deine Bundesgenossen zu sein, auch nicht für unwürdig einschätzt, sie als Schützlinge zu verteidigen."

Hierauf erwiderte Hannibal: Die Hirpiner und Samniten täten alles auf einmal. Sie meldeten ihre Verluste, bäten um Schutztruppen und beklagten sich, daß man sie ohne Schutz gelassen und ver-

indicandum autem primum fuisse, dein petendum   2
praesidium, postremo ni impetraretur, tum denique
querendum frustra opem imploratam. exercitum   3
sese non in agrum Hirpinum Samnitemve, ne et ipse
oneri esset, sed in proxima loca sociorum populi
Romani adducturum: iis populandis et militem
suum repleturum se et metu procul ab his summo-
turum hostes. quod ad bellum Romanum attineret,   4
si Trasumenni quam Trebiae, si Cannarum quam
Trasumenni pugna nobilior esset, Cannarum se quoque memoriam obscuram maiore et clariore victoria
facturum. Cum hoc responso muneribusque amplis   5
legatos dimisit; ipse praesidio modico relicto in Tifatis profectus cetero exercitu ire Nolam pergit.
Eodem Hanno ex Bruttiis cum supplemento Cartha-   6
gine advecto atque elephantis venit. Castris haud
procul positis longe alia omnia inquirenti comperta
sunt, quam quae a legatis sociorum audierat. Nihil   7
enim Marcellus ita egerat, ut aut fortunae aut temere hosti commissum dici posset. Explorato cum
firmisque praesidiis tuto receptu praedatum ierat
omniaque velut adversus praesentem Hannibalem
cauta provisaque fuerunt. Tum, ubi sensit hostem   8
adventare, copias intra moenia tenuit; per muros
inambulare senatores Nolanos iussit et omnia circa
explorare, quae apud hostes fierent. Ex his Hanno,   9
cum ad murum successisset, Herennium Bassum et
Herium Pettium ad conloquium evocatos permissu-
que Marcelli egressos per interpretem adloquitur.
Hannibalis virtutem fortunamque extollit: populi   10
Romani obterit senescentem cum viribus maiestatem; quae si paria essent, ut quondam fuissent, ta-   11
men expertis, quam grave Romanum imperium sociis, quanta indulgentia Hannibalis etiam in capti-

nachlässigt habe. Das erste wäre gewesen, die Tatsachen zu melden,
dann um Hilfe zu bitten. Wenn sie nicht erhört worden seien, dann
erst sollten sie sich darüber beklagen, daß sie vergeblich um Hilfe
gefleht hätten. Er werde sein Heer nicht in das Gebiet der Hirpiner
und Samniter führen, damit er ihnen nicht auch noch zur Last
falle, sondern in die nächsten Orte der römischen Bundesgenossen.
Durch Plünderung in ihrem Gebiet werde er seine Soldaten berei-
chern und den Feind durch Einschüchterung von ihnen fernhalten.
Was den römischen Krieg angehe: Wäre die Schlacht am Trasimennus berühmter als die an der Trebia, die bei Cannae berühmter als die am Trasimennus, so würde er auch das Andenken von
Cannae durch einen größeren und berühmteren Sieg verdunkeln.
Mit dieser Antwort und ansehnlichen Geschenken entließ er die
Gesandten. Er ließ nur eine unbedeutende Besatzung auf Tifata
zurück, marschierte mit dem übrigen Heer los und zog nach Nola.
Dorthin kam auch Hanno mit den Reservetruppen aus Karthago
und mit Elefanten. Er schlug nicht weit von ihm ein Lager auf und
erfuhr bei seinem Nachfragen alles ganz anders, als er es von den
Gesandten seiner Bundesgenossen gehört hatte. Denn Marcellus
handelte in keiner Weise so, daß man es unbedacht dem Glück
oder dem Feind überlassen nennen konnte. Nach gründlicher Erkundung und starker militärischer Sicherung seines Rückzuges war
er zum Plündern ausgerückt. Alles tat er behutsam und vorsichtig,
als geschehe es in Abwesenheit Hannibals. Als er dann die Ankunft
des Feindes merkte, hielt er seine Truppen innerhalb der Mauern.
Die Senatoren von Nola ließ er auf den Mauern auf- und abgehen
und alles ringsum erkunden, was bei den Feinden vorging. Hanno
rückte an die Mauer heran und ließ Herennius Bassus und Herius
Pettius zu einem Gespräch herausrufen. Mit Erlaubnis des Marcellus begaben sie sich aus der Stadt; Hanno redete sie durch einen
Dolmetscher an. Er strich Hannibals Tapferkeit und Glück besonders heraus; dagegen sprach er von der Hoheit des römischen Volkes, die in ihren Kräften veralte, verächtlich. Und wäre auch beides noch gleich wie früher, müßte man doch die punische Verbindung und Freundschaft der römischen vorziehen; denn die Erfahrung habe gezeigt, wie schwer die römische Regierung auf den Bundesgenossen lastete und wie großzügig dagegen Hannibal auch alle

vos omnes Italici nominis fuisset, Punicam Romanae societatem atque amicitiam praeoptandam esse.
si ambo consules cum suis exercitibus ad Nolam   12
essent, tamen non magis pares Hannibali futuros,
quam ad Cannas fuissent, nedum praetor unus cum
paucis et novis militibus Nolam tutari possit. ipso- 13
rum quam Hannibalis ⟨magis⟩ interesse capta an
tradita Nola potiretur; potiturum enim, ut Capua
Nuceriaque potitus esset; sed quid inter Capuae ac
Nuceriae fortunam interesset, ipsos prope in medio
sitos Nolanos scire. nolle ominari, quae captae urbi 14
cessura forent, et potius spondere, si Marcellum cum
praesidio ac Nolam tradidissent, neminem alium
quam ipsos legem, qua in societatem amicitiamque
Hannibalis venirent, dicturum.

Ad ea Herennius Bassus respondit multos annos   44
iam inter Romanum Nolanumque populum amicitiam esse, cuius neutros ad eam diem paenitere et
sibi, si cum fortuna mutanda fides fuerit, sero iam
esse mutare. an dedituris se Hannibali fuisse accer- 2
sendum Romanorum praesidium? cum iis, qui ad
sese tuendos venissent, omnia sibi et esse consociata
et ad ultimum fore.

Hoc conloquium abstulit spem Hannibali per   3
proditionem recipiendae Nolae. Itaque corona oppidum circumdedit, ut simul ab omni parte moenia
adgrederetur. Quem ut successisse muris Marcellus   4
vidit, instructa intra portam acie cum magno tumultu erupit. Aliquot primo impetu perculsi caesique sunt; dein concursu ad pugnantes facto aequa-
tisque viribus atrox esse coepit pugna, memorabilis-
que inter paucas fuisset, ni ingentibus procellis effu-
sus imber diremisset pugnantes. Eo die commisso   5
modico certamine atque inritatis animis in urbem
Romani, Poeni in castra receperunt sese; tamen
Poenorum prima eruptione perculsi ceciderunt haud
plus quam triginta, Romani quinquaginta. Imber   6

Gefangenen italischen Namens geschont hatte. Wenn beide Konsuln mit ihren Heeren bei Nola ständen, so wären sie doch Hannibal so wenig gewachsen wie bei Cannae. Wie sollte dann ein einziger Prätor mit ein paar neuen Soldaten die Stadt Nola halten können! Es liege mehr in ihrem eigenen Interesse als in dem Hannibals, ob er Nola mit Gewalt oder durch Übergabe bekomme. Denn bekommen werde er es doch, wie er sich Capua und Nuceria genommen habe. Aber den Unterschied zwischen dem Schicksal Capuas und Nucerias müßten gerade die Nolaner kennen, da sie fast in der Mitte wohnten. Er wolle nicht vorhersagen, wie es der Stadt im Falle einer Erstürmung ergehen würde. Wenn sie aber Marcellus mit seiner Besatzungstruppe und die Stadt Nola übergäben, dann wolle er lieber feierlich versprechen, daß niemand anders als sie selbst die Bedingung vorschreiben sollten, durch die sie in Verbindung und Freundschaft mit Hannibal träten.

Darauf gab Herennius Bassus zur Antwort: Schon seit vielen Jahren bestehe zwischen Rom und Nola eine Freundschaft, die keiner von beiden bis zum heutigen Tag bereue. Und hätten sie mit dem Glück auch ihre Treue ändern wollen, so sei es jetzt dafür zu spät. Wenn sie sich Hannibal ergeben wollten, hätten sie dann erst eine römische Besatzung hereinrufen müssen? Mit denen, die zu ihrem Schutz gekommen seien, seien sie auf das engste verbunden und würden es bis zum Ende bleiben.

Diese Unterredung nahm Hannibal die Hoffnung, Nola durch Verrat zu bekommen. Deshalb umgab er die Stadt mit einer Truppenkette, um die Festungsmauern von allen Seiten gleichzeitig anzugreifen. Sobald Marcellus sah, daß er unten an die Mauer herangerückt war, stellte er sein Heer innerhalb des Tores kampfbereit auf und brach mit großem Lärm hervor. Einige wurden beim ersten Zusammenprall erschreckt und erschlagen. Dann lief alles bei den Kämpfenden zusammen, die Kräfte standen gleich, und es begann ein schreckliches Gefecht. Es wäre eins der denkwürdigsten geworden, hätte nicht ein heftiger Sturm mit einem Platzregen die Kämpfer voneinander getrennt. So wurde es an diesem Tage nur ein unbedeutendes Gefecht, mit aufgepeitschtem Kampfesmut zogen sie sich zurück: die Römer in die Stadt, die Punier in ihr Lager. Von den Puniern waren trotz der Überraschung bei Beginn des Aus-

continens per noctem totam usque ad horam tertiam
diei insequentis tenuit. Itaque, quamquam utraque
pars avidi certaminis erant, eo die tenuerunt sese tamen munimentis.

Tertio die Hannibal partem copiarum praedatum
in agrum Nolanum misit. Quod ubi animadvertit   7
Marcellus, extemplo in aciem copias eduxit; neque
Hannibal detrectavit. Mille fere passuum inter urbem erant castraque; eo spatio – et sunt omnia campi circa Nolam – concurrerunt. Clamor ex parte   8
utraque sublatus proximos ex cohortibus iis, quae in
agros praedatum exierant, ad proelium iam commissum revocavit. Et Nolani aciem Romanam au-   9
xerunt, quos conlaudatos Marcellus in subsidiis stare
et saucios ex acie efferre iussit, pugna abstinere, ni
ab se signum accepissent.

Proelium erat anceps; summa vi et duces horta-   45
bantur et milites pugnabant. Marcellus victis ante
diem tertium, fugatis ante paucos dies a Cumis,
pulsis priore anno ab Nola ab eodem se duce, milite
alio, instare iubet: non omnes esse in acie; praedan-   2
tes vagari in agro; sed qui pugnent, marcere Campana luxuria, vino et scortis omnibusque lustris per
totam hiemen confectos. abisse illam vim vigorem-
que, delapsa esse robora corporum animorumque,   3
quibus Pyrenaei Alpiumque superata sint iuga. reliquias illorum virorum vix arma membraque susti-
nentes pugnare. Capuam Hannibali Cannas fuisse: 4
ibi virtutem bellicam, ibi militarem disciplinam, ibi
praeteriti temporis famam, ibi spem futuri exstinc-
tam. Cum haec exprobrando hosti Marcellus suo-   5
rum militum animos erigeret, Hannibal multo gra-
vioribus probris increpabat: arma signaque eadem   6
se noscere, quae ad Trebiam Trasumennumque,
postremo ad Cannas viderit habueritque; militem

falles nicht mehr als 30 Mann gefallen, von den Römern 50. Der Dauerregen hielt die ganze Nacht bis 9 Uhr am folgenden Morgen an. Deshalb blieben beide Teile trotz ihrer Kampfeslust an diesem Tag in ihren Verschanzungen.

Am dritten Tag schickte Hannibal einen Teil seiner Truppen in das Gebiet von Nola zum Plündern. Als Marcellus dies merkte, führte er seine Truppen sofort zur Schlacht heraus; und Hannibal zog nicht zurück. Etwa 1,5 km betrug der Zwischenraum zwischen der Stadt und dem Lager. Auf diesem Raum – alles ebene Felder rings um Nola – trafen sie zusammen. Beide Seiten erhoben ein Geschrei und riefen die nächsten Plünderkohorten in den schon begonnenen Kampf zurück. Auch die Nolaner verstärkten das römische Heer. Marcellus lobte sie dafür, ließ sie aber in der Reserve stehenbleiben und die Verwundeten aus dem Gefecht tragen. Sie sollten sich vom Kampf fernhalten, wenn sie nicht ein Zeichen von ihm erhielten.

Der Kampf blieb zunächst unentschieden: Die Feldherrn sprachen mit aller Überzeugungskraft Mut zu, und die Soldaten kämpften angestrengt. Marcellus ließ seine Leute auf die Feinde losziehen, die er vorgestern besiegt, vor wenigen Tagen von Cumae verjagt, im vergangenen Jahr auch unter seiner Führung, nur mit andern Truppen, von Nola vertrieben hatte: Nicht alle Feinde stünden jetzt im Kampf; plündernd durchstreiften sie das Land. Aber auch die Kämpfer seien durch den kampanischen Luxus träge geworden; mit Wein und Dirnen und allen möglichen Ausschweifungen hätten sie sich den ganzen Winter über zugrundegerichtet. Ihre einstige Kraft und Lebhaftigkeit seien dahin; verschwunden sei die Stärke von Körper und Geist, mit der sie die Pyrenäen und die Gipfel der Alpen bezwungen hätten. Nur noch der Rest jener Männer kämpfe jetzt, der kaum seine Waffen und die eignen Glieder tragen könne. Capua sei Hannibals Cannae geworden. Hier sei der Heldenmut, hier die Kriegszucht, hier sein Ruhm aus früherer Zeit, hier seine Zukunftshoffnung erloschen. Durch derartige Vorwürfe gegen den Feind richtete Marcellus den Mut seiner Soldaten auf. Hannibal brach in noch viel schwerere Vorwürfe gegen seine Leute aus: Waffen und Fahnen erkenne er als dieselben, die er an der Trebia und am Trasimennus, später bei Cannae gesehen und gehabt habe. Aber

alium profecto se in hiberna Capuam duxisse, alium
inde eduxisse. ‚Legatumne Romanum et legionis 7
unius atque alae magno certamine vix toleratis pugnam, quos binae acies consulares nunquam susti-
nuerunt? Marcellus tirone milite ac Nolanis subsi- 8
diis inultus nos iam iterum lacessit. Ubi ille miles
meus est, qui derepto ex equo C. Flaminio consuli
caput abstulit? ubi, qui L. Paulum ad Cannas occidit? Ferrum nunc hebet? an dextrae torpent? an 9
quid prodigii est aliud? Qui pauci plures vincere
soliti estis, nunc paucis plures vix restatis. Romam
vos expugnaturos, si quis duceret, fortes lingua iac-
tabatis. En, minor res est: hic experiri vim virtu- 10
temque volo. Expugnate Nolam, campestrem urbem, non flumine, non mari saeptam. Hinc vos ex
tam opulenta urbe praeda spoliisque onustos vel
ducam, quo voletis, vel sequar.‘

Nec bene nec male dicta profuerunt ad confir- 46
mandos animos. Cum omni parte pellerentur, Ro- 2
manisque crescerent animi, non duce solum adhor-
tante, sed Nolanis etiam per clamorem favoris indi-
cem accendentibus ardorem pugnae, terga Poeni dederunt atque in castra compulsi sunt. Quae oppu- 3
gnare cupientes milites Romanos Marcellus Nolam
reduxit cum magno gaudio et gratulatione etiam
plebis, quae ante inclinatior ad Poenos fuerat. Hos- 4
tium plus quinque milia caesa eo die, vivi capti sescenti et signa militaria undeviginti et duo elephanti;
quattuor in acie occisi; Romanorum minus mille interfecti. Posterum diem indutiis tacitis sepeliendo 5
utrimque caesos in acie consumpserunt. Spolia hostium Marcellus Volcano votum cremavit. Tertio 6
post die ob iram, credo, aliquam aut spem liberalioris militiae ducenti septuaginta duo equites, mixti

andre Soldaten habe er bei seinem Aufbruch in das Winterlager nach Capua hinein und von dort wieder herausgeführt. „Einen römischen Legaten und den Kampf mit einer einzigen Legion und einer Schwadron Reiter ertragt ihr kaum bei aller Anstrengung; und zwei konsularische Heere konnten euch niemals aufhalten? Marcellus fordert uns mit seinen Neulingen und Helfern aus Nola schon wieder ungestraft heraus. Wo ist der von meinen Leuten, der den Konsul Gaius Flaminius vom Pferd herunterzerrte und ihm den Kopf abschlug? Und wo der, der den Lucius Paulus bei Cannae tötete? Sind eure Schwerter stumpf geworden? Oder eure Fäuste lahm? Oder was gibt es sonst Schlimmes? In der Minderheit ward ihr es gewöhnt zu siegen. Jetzt seid ihr viele und könnt nicht vor wenigen bestehen? Ihr wolltet Rom erobern, wenn euch jemand hinführte, prahltet ihr Angeber! Klar, das ist auch leichter. Hier will ich eure Tapferkeit und eure Kraft auf die Probe stellen. Erobert Nola, eine Stadt im flachen Land, ohne Schutz durch Fluß oder Meer. Von hier aus will ich euch führen, aus dieser so reichen Stadt, beladen mit Beute und Trophäen, wohin ihr wollt; oder ich will euch folgen."

Aber weder gute noch böse Worte halfen, ihnen Mut zu machen. Von allen Seiten wurden sie zurückgetrieben. Der Schwung der Römer wuchs; denn nicht nur der Feldherr ermunterte sie, sondern auch die Nolaner feuerten durch ihr Geschrei als Zeichen ihrer Sympathie die Kampfbegeisterung an. Also flohen die Punier und wurden in ihr Lager zurückgejagt. Dieses wollten nun die römischen Soldaten stürmen, aber Marcellus führte die Römer nach Nola zurück. Dabei kam es zu Freudenausbrüchen und Beglückwünschungen sogar von Seiten des Bürgervolkes, das vorher mehr auf punischer Seite gestanden hatte. An diesem Tag fielen mehr als 5000 Feinde, 600 wurden lebend gefangen, 19 Feldzeichen und zwei Elefanten erbeutet. Vier tötete man im Kampf. Von den Römern fielen nicht ganz 1000 Mann. Am folgenden Tag herrschte stillschweigend bewilligte Waffenruhe, und beiderseits begrub man die in der Schlacht gefallenen Krieger. Die Rüstungen der Feinde ließ Marcellus als Weihegeschenk für Vulkan verbrennen. Drei Tage später gingen 272 Reiter, Numider und Spanier vermischt, zu Marcellus über. Vielleicht taten sie es aus Wut oder in irgendwel-

Numidae et Hispani, ad Marcellum transfugerunt.
Eorum forti fidelique opera in eo bello usi sunt
saepe Romani. Ager Hispanis in Hispania et Nu-   7
midis in Africa post bellum virtutis causa datus est.

   Hannibal ab Nola remisso in Bruttios Hannone,   8
cum quibus venerat copiis, ipse Apuliae hiberna petit circaque Arpos consedit. Q. Fabius ut profectum   9
in Apuliam Hannibalem audivit, frumento ab Nola
Neapolique in ea castra convecto, quae super Suessulam erant, munimentisque firmatis et praesidio,
quod per hiberna ad tenendum locum satis esset, relicto ipse Capuam propius movit castra agrumque
Campanum ferro ignique est depopulatus, donec
coacti sunt Campani, nihil admodum viribus suis   10
fidentes, egredi portis et castra ante urbem in aperto
communire. Sex milia armatorum habebant, pedi-   11
tem imbellem, equitatu plus poterant; itaque equestribus proeliis lacessebant hostem.

   Inter multos nobiles equites Campanos Cerrinus   12
Vibellius erat, cognomine Taurea. Civis indidem
erat, longe omnium Campanorum fortissimus eques
adeo, ut, cum apud Romanos militaret, unus eum
Romanus Claudius Asellus gloria equestri aequaret.
Tunc Taurea cum diu perlustrans oculis obequitas-   13
set hostium turmis, tandem silentio facto, ubi esset
Claudius Asellus, quaesivit et, quoniam verbis se-   14
cum de virtute ambigere solitus esset, cur non ferro
decerneret daretque opima spolia victus aut victor
caperet.

   Haec ubi Asello sunt nuntiata in castra, id modo   47
moratus, ut consulem percontaretur, liceretne extra
ordinem in provocantem hostem pugnare, permissu
eius arma extemplo cepit, provectusque ante sta-   2
tiones equo Tauream nomine compellavit congre-
dique, ubi vellet, iussit. Iam Romani ad spectacu-   3
lum pugnae eius frequentes exierant, et Campani

cher Hoffnung auf einen anständigeren Dienst. Ihre tapfere und
treue Leistung nutzten die Römer noch oft in diesem Krieg. Nach
dem Kriege wurde den Spaniern in Spanien, den Numidern in
Afrika Ackerland als Preis für ihre Tapferkeit überlassen.

Hannibal schickte Hanno mit den Truppen, mit denen er gekommen war, von Nola in das Gebiet der Bruttier zurück. Er selbst zog
in das Winterquartier in Apulien und ließ sich rund um Arpi nieder. Auf die Nachricht von Hannibals Abmarsch nach Apulien
ließ Quintus Fabius sofort Getreide von Nola und Neapel in das
Lager oberhalb von Suessula schaffen. Er verstärkte die Befesti-
gungsanlagen und ließ eine Besatzungstruppe zurück, die in der
Lage wäre, den Platz während der Winterquartiere zu halten.
Darauf verlegte er selbst sein Lager näher an Capua heran und
verwüstete das kampanische Gebiet mit Feuer und Schwert. Dann
endlich sahen sich die Kampaner, obwohl sie kein Zutrauen zur
eigenen Stärke haben konnten, gezwungen, herauszukommen und
ihr Lager offen vor der Stadt stark zu befestigen. Sie hatten 6000
Mann, untaugliches Fußvolk; mit der Reiterei konnten sie mehr
leisten. Daher reizten sie den Feind in Reitergefechten.

Unter den vielen vornehmen kampanischen Rittern befand sich
Cerrinus Vibellius mit dem Zunamen Taurea. Er war römischer
Bürger von dort (Capua) und der weitaus tapferste Ritter aller
Kampaner; und als er noch unter den Römern diente, kam ihm nur
ein Römer, Claudius Asellus, in seinem Ritterruhm gleich. Als Taurea lange vor den feindlichen Scharen auf- und abgeritten war und
sie genau betrachtet hatte, gebot er endlich Ruhe und fragte, wo
Claudius Asellus sei. Sonst habe er so oft mit ihm in Worten über
die Tapferkeit diskutiert. Warum lasse er jetzt nicht das Schwert
entscheiden und gebe als Besiegter seine Prachtrüstung ab oder
nehme sie als Sieger in Empfang?

Als Asellus dies im Lager erfuhr, wartete er nur so lange, bis er
sich beim Konsul erkundigen konnte, ob er außerhalb eines Ge-
fechtes gegen seinen Herausforderer kämpfen dürfe. Mit dessen Erlaubnis nahm er sofort seine Waffen auf und ritt vor die Posten
hinaus. Er rief Taurea beim Namen und forderte ihn auf, sich an
einer Stelle, die er wählen dürfe, mit ihm zu schlagen. Schon waren die Römer zahlreich hinausgegangen, um sich dieses Schauspiel

non vallum modo castrorum, sed moenia etiam urbis
prospectantes repleverunt. Cum iam ante ferocibus
dictis rem nobilitassent, infestis hastis concitarunt
equos; dein libero spatio inter se ludificantes sine
volnere pugnam extrahere. Tum Campanus Romano ,equorum' inquit ,hoc, non equitum erit certamen, nisi e campo in cavam hanc viam demittimus
equos. Ibi nullo ad evagandum spatio comminus
conserentur manus'. Dicto prope citius equum in
viam Claudius egit. Taurea, verbis ferocior quam
re, ,minime, sis,' inquit ,cantherium in fossam'; quae
vox in rusticum inde proverbium prodita est. Claudius cum ea via longe perequitasset nullo obvio
hoste in campum rursus evectus, increpans ignaviam hostis, cum magno gaudio et gratulatione victor in castra redit. Huic pugnae equestri rem – quam
vera sit communis existimatio est – mirabilem certe
adiciunt quidam annales: cum refugientem ad urbem Tauream Claudius sequeretur, patenti hostium
portae invectum per alteram, stupentibus miraculo
hostibus, intactum evasisse.

Quieta inde stativa fuere ac retro etiam consul
movit castra, ut sementem Campani facerent, nec
ante violavit agrum Campanum, quam iam altae
in segetibus herbae pabulum praebere poterant. Id
convexit in Claudiana castra super Suessulam ibique hiberna aedificavit. M. Claudio proconsuli im-
peravit, ut retento Nolae necessario ad tuendam
urbem praesidio ceteros milites dimitteret Romam,
ne oneri sociis et sumptui rei publicae essent. Et Ti.
Gracchus a Cumis Luceriam in Apuliam legiones
cum duxisset, M. Valerium inde praetorem Brundisium cum eo, quem Luceriae habuerat, exercitu

anzusehen. Dabei füllten die Kampaner nicht nur den Wall ihres Lagers, sondern auch die Stadtmauer als Zuschauer. Die beiden hatten schon vorher durch kecke Reden viel Aufsehen erregt; jetzt galoppierten sie mit gefällter Lanze gegeneinander. Auf freiem Platz zogen sie den Kampf mit scherzhaftem Geplänkel, ohne sich zu treffen, in die Länge. Da sagte der Kampaner zum Römer: „Das wird ein Kampf für die Pferde, nicht für die Reiter, wenn wir nicht vom Feld in diesen Hohlweg hinunterreiten. Dort gibt es keinen Raum zum Ausweichen; dort müssen wir uns im Nahkampf messen." Fast schneller, als er es sagte, lenkte er sein Pferd auf den Weg. Taurea, mutiger in Worten als in der Tat, rief: „Nur ja nicht mit dem Gaul in den Graben!" Dieser Ausdruck ist nachher ein Sprichwort bei den Bauern geworden. Claudius ritt diesen Weg ein großes Stück weiter und kam dann wieder auf das Feld heraus, ohne den Feind getroffen zu haben. Er schimpfte auf die Feigheit seines Feindes und kehrte unter großer Freude und Glückwünschen als Sieger ins Lager zurück. Zu diesem Ritterkampf fügen einige Jahrbücher noch etwas hinzu; ob es wahr ist, darüber steht jedem das Urteil frei, aber es klingt bestimmt wunderlich: Claudius verfolgte den Taurea, der in die Stadt zurückfloh. Dabei sei er in das offene feindliche Tor hineingeritten und durch das andre ohne Schaden entkommen, während die Feinde dieses Wunder bestaunten.

Von da an hatte man ein ruhiges Standlager. Der Konsul zog sich mit seinem Lager sogar zurück, damit die Kampaner ihre Saat bestellen konnten. Er vergriff sich nicht früher an den kampanischen Feldern, bis das Korn im Halm schon so hoch stand, daß es Futter abgeben konnte. Dies ließ er in das claudianische Lager oberhalb von Suessula schaffen und errichtete dort sein Winterquartier. Dem Prokonsul Marcus Claudius trug er auf, in Nola die nötigen Truppen zur Behauptung der Stadt zurückzubehalten und die übrigen Soldaten nach Rom zu entlassen. Sie sollten den Bundesgenossen nicht zur Last fallen und dem Staat keine Kosten machen. Auch Tiberius Gracchus hatte seine Legionen von Cumae nach Luceria in Apulien geführt. Dann schickte er von hier aus den Prätor Marcus Valerius mit dem Heer, das dieser in Luceria ge-

misit tuerique oram agri Sallentini et providere,
quod ad Philippum bellumque Macedonicum attineret, iussit.

Exitu aestatis eius, qua haec gesta perscripsimus, 4
litterae a P. et Cn. Scipionibus venerunt, quantas
quamque prosperas in Hispania res gessissent; sed
pecuniam in stipendium vestimentaque et frumentum exercitui et sociis navalibus omnia deesse. quod 5
ad stipendium attineat, si aerarium inops sit, se aliquam rationem inituros, quomodo ab Hispanis sumatur; cetera utique ab Roma mittenda esse, nec
aliter aut exercitum aut provinciam teneri posse.
Litteris recitatis nemo omnium erat, quin et vera 6
scribi et postulari aequa fateretur; sed occurrebat
animis, quantos exercitus terrestres navalesque tue-
rentur quantaque nova classis mox paranda esset, si
bellum Macedonicum moveretur: Siciliam ac Sar- 7
diniam, quae ante bellum vectigales fuissent, vix
praesides provinciarum exercitus alere; tributo
sumptus suppeditari; ipsum tributum conferentium
numerum tantis exercituum stragibus et ad Trasu- 8
mennum lacum et ad Cannas imminutum; qui superessent pauci, si multiplici gravarentur stipendio,
alia perituros peste. itaque nisi fide staretur, rem 9
publicam opibus non staturam. prodeundum in contionem Fulvio praetori esse, indicandas populo 10
publicas necessitates cohortandosque, qui redemp-
turis auxissent patrimonia, ut rei publicae, ex qua
crevissent, tempus commodarent, conducerentque 11
ea lege praebenda, quae ad exercitum Hispanien-
sem opus essent, ut, cum pecunia in aerario esset, iis
primis solveretur. Haec praetor in contione; edixit- 12
que diem, quo vestimenta, frumentum Hispaniensi
exercitui praebenda quaeque alia opus essent navalibus sociis, esset locaturus.

habt hatte, nach Brundisium. Dort sollte er die Küste des sallentinischen Gebietes schützen und für alles sorgen, was Philippus und den makedonischen Krieg anging.

Am Ende des Sommers, von dem ich diese Vorgänge berichtet habe, traf ein Schreiben der Scipionen Publius und Gnaeus darüber ein, welch große und erfolgreiche Taten sie in Spanien vollbracht hätten. Aber es fehle an Geld für den Sold, an Kleidung und Getreide für das Heer und an allem für die Seeleute. Was den Sold betreffe, so wollten sie sich eine Möglichkeit überlegen, wie man ihn von Spanien nehmen könnte, falls die Staatskasse zu arm sei. Das übrige müsse aber aus Rom geschickt werden, sonst sei weder das Heer noch die Provinz länger zu halten. Das Schreiben wurde verlesen; und es fand sich niemand unter allen, der nicht die Wahrheit der Angaben und die Berechtigung der Forderungen zugestanden hätte. Aber ihnen fiel ein, welch große Heere zu Wasser und zu Lande sie halten mußten; und welch große neue Flotte demnächst auszurüsten sei, wenn der makedonische Krieg ausbreche: Sizilien und Sardinien hätten vor dem Krieg Steuern abgeliefert; jetzt ernährten sie kaum die Truppen zum Schutze ihrer Provinzen. Durch den Tribut würden zwar die Kosten gedeckt. Aber die Zahl derer, die den Tribut erfüllten, sei durch die großen Niederlagen der Heere am Trasimennischen See und auch bei Cannae kleiner geworden. Und wenn man die wenigen, die noch übrig seien, mit so vielfachen Zahlungen belaste, würden sie durch eine andre Plage zugrundegehen. Wenn also der Staat nicht Kredit finde, – mit barem Geld werde er sich nicht retten können. Der Prätor Fulvius müsse in der Versammlung auftreten und dem Volk die Bedürfnisse des Staates klarmachen. Die Bürger, die durch Pachtungen vom Staat ihr Vermögen vergrößert hätten, solle er auffordern, dem Staat, durch den sie reich geworden seien, eine Zeitlang etwas zu leihen: Sie sollten die nötigen Lieferungen für das spanische Heer unter der Bedingung übernehmen, daß, wenn wieder Geld in der Staatskasse sei, es ihnen als ersten zurückgezahlt würde. Dies sagte der Prätor in der Versammlung. Er nannte auch den Termin, an dem er die Lieferung der benötigten Kleidung und des Getreides für das punische Heer und was sonst noch für verbündete Seeleute gebraucht wurde, in Auftrag geben wollte.

Ubi ea dies venit, ad conducendum tres societates 49
aderant hominum undeviginti, quorum duo postu-
lata fuere, unum, ut militia vacarent, dum in eo 2
publico essent, alterum, ut, quae in naves impo-
suissent, ab hostium tempestatisque vi publico periculo essent. Utroque impetrato conduxerunt priva- 3
taque pecunia res publica administrata est. Ii mores
eaque caritas patriae per omnes ordines velut tenore
uno pertinebat. Quemadmodum conducta omnia 4
magno animo sunt, sic summa fide praebita, nec
quicquam ⟨parcius milites quam⟩, si ex opulento
aerario, ut quondam, alerentur.

Cum hi commeatus venerunt, Iliturgi oppidum 5
ab Hasdrubale ac Magone et Hannibale Bomilcaris
filio ob defectionem ad Romanos oppugnabatur.
Inter haec trina castra hostium Scipiones cum in 6
urbem sociorum magno certamine ac strage obsis-
tentium pervenissent, frumentum, cuius inopia erat,
advexerunt, cohortatique oppidanos, ut eodem ani- 7
mo moenia tutarentur, quo pro se pugnantem Romanum exercitum vidissent, ad castra maxima oppugnanda, quibus Hasdrubal praeerat, ducunt. Eo- 8
dem et duo duces et duo exercitus Carthaginiensium, ibi rem summam agi cernentes, convenerunt.
Itaque eruptione e castris pugnatum est. Sexaginta 9
hostium milia eo die in pugna fuerunt, sedecim circa
⟨ab⟩ Romanis; tamen adeo haud dubia victoria 10
fuit, ut plures numero, quam ipsi erant Romani,
hostium occiderint, ceperint amplius tria milia ho- 11
minum, paulo minus mille equorum, undesexaginta
militaria signa, septem elephantos, quinque in proelio occisis, trinisque eo die castris potiti sint. Iliturgi 12
obsidione liberato ad Intibili oppugnandum Punici
exercitus traducti suppletis copiis ex provincia, ut
quae maxime omnium belli avida, modo praeda aut
merces esset, et tum iuventute abundante. Iterum 13

Als dieser Tag kam, fanden sich 19 Personen in drei Gruppen zur Übernahme ein. Sie stellten zwei Bedingungen: Erstens, daß sie keinen Kriegsdienst zu leisten brauchten, solange sie dem Staat auf diese Weise dienten. Zweitens, daß der Staat bei ihren Schiffsladungen jedes Risiko, das die Feinde oder Unwetter verschuldeten, zu tragen habe. Beides wurde ihnen zugestanden. Sie kamen zu einem Abschluß, und die Ausgaben des Staates wurden von privatem Geld bestritten. Diese Gesinnung und Vaterlandsliebe zog sich wie eine einzige Haltung durch alle Stände. So großmütig man sich zur Übernahme von all dem erklärt hatte, ebenso brachte man auch alles mit größter Zuverlässigkeit bei. Es war nicht anders, als ob die Soldaten, wie sonst auch, aus einer reichen Schatzkammer versorgt würden.

Als diese Lieferungen eintrafen, wurde die Stadt Iliturgi wegen ihres Abfalls zu den Römern von Hasdrubal, Mago und Hannibal, dem Sohn Bomilkars, belagert. Zwischen diesen drei feindlichen Lagern gelangten die Scipionen in die Stadt ihrer Bundesgenossen, obwohl sich die Feinde in einem harten Kampf mit großem Verlust widersetzten. Sie brachten der Stadt das Getreide, das ihr fehlte. Dann ermunterten sie die Bewohner, ihre Mauern ebenso mutig zu verteidigen, wie sie das römische Heer für sie hätten kämpfen sehen. Hierauf zogen sie zum Angriff auf das größte Lager, das unter dem Kommando Hasdrubals stand. Auch die beiden andern Feldherrn und Heere der Karthager versammelten sich dort, weil sie einsahen, daß es hier um alles ging. Durch einen Ausfall aus dem Lager kam es zur Schlacht. 60000 Feinde standen an diesem Tag im Kampf und etwa 16000 Römer. Trotzdem war der Sieg so klar, daß die Römer mehr Feinde erschlugen, als sie selbst Leute hatten. Sie nahmen über 3000 gefangen und erbeuteten fast 1000 Pferde, 59 Fahnen und sieben Elefanten; fünf hatten sie schon während der Schlacht getötet. Auch alle drei Lager eroberten sie an diesem Tag. Nach der Befreiung von Iliturgi wurden die punischen Heere zur Belagerung von Intibili geführt. Dort hatte man nämlich Ersatztruppen aus der Provinz erhalten; diese waren die kampflustigsten von allen, wenn es nur Beute oder Geld gab, und sie hatten damals einen Überfluß an jungen Leuten. Wieder kam es zur Schlacht mit dem gleichen Ausgang für beide Seiten. Über

signis conlatis eadem fortuna utriusque partis pugnatum. Supra tredecim milia hostium caesa, supra duo milia capta cum signis duobus et quadraginta et novem elephantis. Tum vero omnes prope Hispaniae populi ad Romanos defecerunt, multoque maiores ea aestate in Hispania quam in Italia res gestae.

13 000 Feinde wurden getötet, mehr als 2000 gefangen, 42 Fahnen und neun Elefanten erbeutet. Nun traten aber fast alle Völker Spaniens zu den Römern über; und in diesem Sommer geschahen in Spanien viel wichtigere Dinge als in Italien.

ANHANG

Autor, Werk, Quellen

Titus Livius wurde etwa um das Jahr 59 v. Chr. in Patavium (Padua) geboren und ist wohl 17. n. Chr. auch dort gestorben. Die Einleitung zu diesem Band befaßt sich nur knapp mit seinem Leben und seinem Werk, weil die Hauptsachen darüber einem Schlußband der Liviusausgabe vorbehalten bleiben.

Offenbar entstammte Livius einer gutsituierten Familie; denn sein Vater ließ ihm eine gute rhetorisch-philosophische Bildung angedeihen. Daß er früh mit Rom in Berührung kam, verraten bereits die ersten Bücher seines Geschichtswerkes. Er kennt auch Kampanien (XXXVIII 56,3). Öffentlich wirksam geworden ist er nie. So verfaßte er sein Werk ohne eigene politische und militärische Erfahrung. Aus Seneca (ep. 100,9) wissen wir, daß er sich auch philosophischen Themen in Dialogform widmete. Von diesen Studien ist wenig erhalten, ebenso von einem Brief an seinen Sohn, in dem er ihn in stilistischen Fragen unterweist und ihm Demosthenes und Cicero als Vorbilder empfiehlt (Quint. Inst. or. X 1,39; II 5,20). Durch seine Arbeit an dem Geschichtswerk ist er recht bald mit dem Kaiser Augustus bekannt geworden, zu dem er in guten Beziehungen stand.

Sein Werk trägt den Titel: ab urbe condita libri. Er beginnt die Darstellung der römischen Geschichte mit der Gründung der Stadt und führt sie bis zum Tode des Drusus (9 v. Chr.). Das Werk bestand aus 142 Büchern; davon sind 35 erhalten: Buch I–X (bis zum Jahre 293 v. Chr.) und Buch XXI–XLV (218–167 v. Chr.); von Buch XLI an ist das Werk nur noch lückenhaft. An Fragmenten besitzen wir auf einem Palimpsest Teile des 91. Buches (Geschichte des Sertorius). Der ältere Seneca zitiert aus dem 120. Buch den Tod des Cicero in seinen Suasorien VI 7 + 22. Von allen Büchern, auch den verlorenen, haben wir Auszüge oder Inhaltsangaben, vor allem die sog. Periochae. Sie fehlen nur für die Bücher 136 und 137.

Livius hat an seinem Werk etwa 40 Jahre geschrieben und es in Abschnitten verfaßt. Offensichtlich mühte er sich um eine Einteilung in Pentaden oder Dekaden. Die Pentade 16–20 galt dem ersten Punischen Krieg und der folgenden Friedenszeit. Die Dekade von 21–30, die abermals mit einer besonderen Einleitung beginnt, behandelt den zweiten Punischen Krieg. Das Buch 31 leitet Livius wieder mit einem kurzen Proömium ein. Danach scheint er diese Einteilung ganz aufgegeben zu haben, wenn auch häufig Ab- und Einschnitte erkennbar bleiben. Uns interessiert zunächst die dritte Dekade mit den Büchern 21–30, mit dem zweiten Punischen Krieg als Inhalt. Daß der karthagische Feldherr Hannibal auf der Feindseite fast mehr im Blickpunkt des schriftstellerischen Interesses steht als sein großer Gegenspieler P. Cornelius Scipio Africanus Maior, liegt an der verschiedenartigen Quellenbenutzung.

Der große Krieg zwischen Rom und Karthago beginnt auf der iberischen Halbinsel. Hamilkar Barkas geht bereits vier Jahre nach dem Ende des ersten Punischen Krieges i. J. 237 v. Chr. nach Spanien und rückt damit die Halbinsel in den Mittelpunkt des Geschehens zwischen Rom und Karthago. Der Grund für das Verhalten Karthagos ist durchsichtig: Durch den Verlust Siziliens, Korsikas und Sardiniens waren ihm wichtige Handelsmöglichkeiten im Mittelmeer genommen. Was bleibt ihm anderes übrig als westwärts auszuweichen, um seine Zukunft als Handelsmacht zu sichern? Bei seinem Übergang nach Spanien kann Hamilkar an alte Beziehungen Karthagos zu den Stämmen und Völkern Spaniens anknüpfen. Wenn man – wie es heute in der Forschung immer mehr üblich wird – Polybios recht gibt, bereitet Karthago den Krieg gegen Rom von langer Hand vor; es verläßt sich nicht auf das schwankende Wasser des Mittelmeeres, sondern will festen Boden unter den Füßen haben, auf dem sich der gesamte Nachschub gefahrloser vollziehen läßt.

Hamilkar kommt als Stratege der karthagischen Regierung nach Spanien. Damit geschehen seine Eroberungen auf der Halbinsel im Auftrag des karthagischen Senats. Die weite Entfernung von der Heimat zwingt ihn häufig zu eigenmächtigem Handeln und bedenklicher Selbständigkeit. Man kann ihm dies aber kaum zum Vorwurf machen. Hamilkar beginnt seine Eroberungen im äußersten Süden der Halbinsel und sichert zunächst die Straße von Gibraltar. Natürlich findet der Feldherr anfangs starken Widerstand. Aber für Karthago lohnt sich der Einsatz stärkerer Kräfte, weil die iberische Halbinsel macht- und handelspolitische Möglichkeiten bietet: In Spanien kann sich Karthago ein Kolonialreich erwerben, das noch nicht im Interessenbereich Roms liegt.

Allerdings beobachtet Massilia, eine Rom befreundete Seemacht, nicht ohne Interesse das Wachsen karthagischen Besitzes auf spanischem Boden. Auf seine Veranlassung interveniert Rom zum ersten Mal i. J. 231 v. Chr. in Karthago, aber ohne Erfolg. Hamilkar begründet seine Eroberungen in Spanien sogar mit den Interessen Roms, das nur durch diesen Macht- und Güterzuwachs Karthagos in Spanien zu seinen 241 v. Chr. festgesetzten Raten der Kriegsentschädigung kommen kann. Rom gibt sich zunächst damit zufrieden.

Die Eroberung Spaniens durch Hamilkar hat zur Stärkung der barkinischen Hausmacht geführt. Nach seiner Ermordung im Winter 229/8 tritt sein Schwiegersohn Hasdrubal das Erbe an. Zunächst versucht er mehr mit Diplomatie als mit Gewalt, den Einfluß in Spanien zu mehren. An der Ostküste der iberischen Halbinsel gründet er Carthago Nova. Der Name der Mutterstadt in neuer Form will viel bedeuten. Damit erhält das neue Kolonialreich einen festen Mittelpunkt, der die besten Verbindungen zum Karthago des Mutterlandes verspricht. Die Erwerbungen in Südspanien werden gefestigt, der Osten großenteils unterworfen. Damit könnte Karthago für den Verlust von Sizilien, Sardinien und Korsika entschädigt sein. Aber es gibt sich nicht zufrieden.

Rom erscheint der Machtzuwachs der verhaßten Rivalin immer bedenklicher. Ein zweites Mal interveniert es i. J. 226. Das Ergebnis dieses Schrittes ist der Ebrovertrag mit Hasdrubal. Er besagt, Karthago werde den Ebro nicht überschreiten, um sein

Gebiet nach Norden zu erweitern. Nach Polybios (II 13,7) enthielt das Abkommen keine weiteren Bestimmungen. Rom ist wieder mit dieser Regelung einverstanden und duldet den starken macht- und handelspolitischen Einfluß in Spanien. Auf dem Boden dieser Hausmacht nimmt Hasdrubal in Spanien fast die Stellung eines hellenistischen Königs ein.

Mit Hasdrubals Tod i. J. 221 beginnt eine neue Phase der punischen Expansion. Ihr Träger wird Hannibal. Der Schwur, den er nach Livius tut, er werde den Römern stets ein Feind sein, ist nicht das gleiche, was Polybios berichtet: Hannibal habe geschworen, den Römern niemals freundlich gesonnen zu sein. So bedeutet dieser Schwur kaum mehr als einen dramatischen Effekt, mit dem Livius sein Geschichtswerk ausschmückt. Hannibal dehnt den Einflußbereich Karthagos immer mehr nach Norden und ins Landesinnere aus. Rom beachtet zwar diese Bestrebungen, verhält sich aber ruhig.

Erst Sagunt wird zu einem Konfliktstoff großen Stils zwischen den beiden Großmächten. Es ist viel darüber gerätselt worden, was Sagunt mit der Ebrogrenze zu tun hat. Es gibt die groteskesten Vermutungen. Appian muß herhalten, weil sein Bericht über Spanien ungenau war und man bei ihm die Lage Sagunts nördlich des Ebro annahm. Andere Annalisten sagen, Sagunt habe ein Bündnis mit Rom gehabt. Aber diese Vermutungen sind längst überholt.

Sagunt liegt auf einer Hochebene zwischen Carthago Nova und dem Ebro. Nach Polybios (III 30,1) stand es vor Hannibals Auftreten in freundschaftlichen Beziehungen zu Rom. Es kommt zum Konflikt, als Verbannte aus Sagunt Hannibal bitten, mit seiner Unterstützung ihre Rückführung nach Sagunt zu erreichen. Nach anderen Berichten gibt es in Sagunt zwei Parteien mit entgegengesetzten Interessen. Die schwächere ist die Pro-Karthago-Partei. Sie unterliegt. Karthago hilft Sagunt im Aufstand der Torboleten, einem Nachbarstamm. Rom interveniert erneut. Hannibal weist am Ende des Jahres 220 die römische Gesandtschaft schroff ab, als sie ihn bittet, Sagunt unbehelligt zu lassen. Die Gesandtschaft zieht weiter nach Karthago und kann von dort beruhigt nach Rom zurückkehren. Der karthagische Senat vermittelt ihr den Eindruck, bei Hannibal herrsche keine Kriegsstimmung.

Nach dem mißlungenen Versuch, die Verbannten nach Sagunt zurückzubringen, beginnt Hannibal im Frühjahr 219 die Stadt, von der er Rechenschaft fordert, zu belagern. Nach acht Monaten (November 219) fällt die Festung in Hannibals Hände. Rom bleibt zunächst ruhig. Entscheidend wird jetzt das weitere Verhalten Hannibals: Im Frühjahr 218 bricht er mit einem starken Heer von Carthago Nova auf und überschreitet Ende Mai den Ebro, um das Gebiet nördlich des Flusses, also römischen Einflußbereich, bis an die Pyrenäen zu unterwerfen. Da schaltet sich Rom erneut ein: Eine römische Gesandtschaft fordert in Karthago die Auslieferung des Kriegsverbrechers Hannibal. Das Ansinnen wird abgelehnt. Recht theatralisch läßt in der livianischen Darstellung der römische Gesandtschaftsführer im karthagischen Senat die Punier selbst zwischen Krieg und Frieden wählen. Die Punier wählen nach Polybios (III 33,1–4) den Krieg, den der römische Gesandte anbietet. Rom verlangt den Krieg; also ist es vor aller Welt der Kriegstreiber. Der diplomatische Erfolg Karthagos ist nicht zu verkennen.

Natürlich steht im Mittelpunkt der historischen Forschung die Frage nach der Kriegsschuld. Sie wird meist dem Verlierer zugeschoben. Die Überlieferung färbt so das für Karthago unglückliche Ende des Kampfes römerfreundlich. Nach der bisherigen Darstellung hat wohl keine der beiden Großmächte auf den Krieg hingearbeitet. Dabei darf man allerdings dem bei Livius überlieferten Schwur des Knaben Hannibal keine allzu große Bedeutung beimessen. Für Rom war es nach dem ersten Punischen Krieg selbstverständlich, ein Wiedererstarken Karthagos auch in einem entfernter liegenden Kolonialland zu verhindern. Auf der anderen Seite brauchte Karthago eine Entschädigung für den Verlust von Sizilien, Sardinien und Korsika, wenn es seine macht- und handelspolitische Lage im westlichen Mittelmeerbecken erhalten und ausbauen wollte. Da wir heute die Quellen über den zweiten Punischen Krieg genauer kennen, bleibt uns die Frage, warum der römische Senat bei den Interventionen gegen Karthago nicht schärfer durchgegriffen hat. Hat er vielleicht nicht recht gewußt, wie er sich gegenüber Karthago und Hannibal verhalten sollte? Die Kriegspartei im römischen Senat war auch nach dem Fall Sagunts noch schwach. Erst als Hannibal durch den Gang über den Ebro das

Hasdrubalabkommen von 226 offen brach, zeigte sie sich stärker
und beschuldigte Karthago, den Frieden durch die Einnahme von
Sagunt, den Hasdrubalvertrag durch den Ebroübergang gebrochen
zu haben. Wen trifft also die Schuld am Kriege? Eine objektive
Beantwortung der Frage ist kaum möglich, weil die Umstände auf
beiden Seiten recht verworren waren. Daß Polybios als großer
Römerfreund und Livius als überzeugter Römer den Karthagern
die Schuld zuschieben, bedeutet für den objektiven Tatbestand nur
wenig.

Zwei große Persönlichkeiten stehen im Mittelpunkt des Geschehens im zweiten Punischen Krieg: Hannibal und P. Cornelius
Scipio. Livius läßt beide, auch den Erzfeind Hannibal, zur größeren Ehre Roms erstehen. Über Hannibals bemerkenswerte Leistungen im Krieg und in der Politik gibt es keine Zweifel. Sein
Fehler war es, daß er die Kräfte des römischen Volkes, seine inneren Werte wie Opfermut, Vaterlandsliebe, Widerstandswillen und
Religiosität nicht erkannte. In den Mittelpunkt auf römischer Seite
tritt P. Cornelius Scipio. Auch über ihn mögen die Urteile auseinandergehen. Heute wertet man seine tiefe Religiosität und seine
revolutionierende Strategie als Positivum seiner Persönlichkeit. Die
Erkenntnis der Notwendigkeit dieser Strategie, die sich gegen das
Zentrum des feindlichen Widerstandes richtet, verhilft ihm zum Erfolg.

Hannibals Kriegspläne stimmten oft nicht mit denen des karthagischen Senates überein. Hannibal braucht direkten Nachschub
nach Italien auf dem Seeweg. Karthagos führende Männer lehnen
eine große Flotte ab. So bleibt Hannibal in Italien isoliert und muß
alle Hoffnung auf die Unterstützung durch die norditalischen Kelten und die abgefallenen römischen Bundesgenossen setzen. Die
Römer sehen anfangs an zwei Stellen die Möglichkeit einer Offen-
sive: in Sizilien und in Südgallien. Nach Sizilien geht Ti. Sempronius Longus; P. Cornelius Scipio, der Vater des großen Africanus,
fährt mit 60 Schiffen nach Massilia, um sich von da aus Spanien
zuzuwenden.

Bevor Hannibal die Pyrenäen überschreitet, hat er seinen Feldzug bereits durch die Entsendung von Kundschaftern zu den Kelten begonnen. Der Weg bis zur Rhône erweist sich für ihn als kaum

schwierig. Allerdings waren bis dahin seine Verluste an Menschen und Material schon beachtlich. Er überschreitet die Rhône etwas nördlich von der Mündung der Druentia und überwindet den Widerstand der Kelten (Polybios III 34). P. Cornelius Scipio kommt mit seiner Kavallerie an der Rhône mit den Puniern in Berührung, ohne eine Entscheidung herbeiführen zu können. Er schickt seinen Bruder Gnaeus nach Spanien weiter, um dort die rückwärtigen Verbindungen Hannibals und sichtbare Erfolge Hasdrubals stören zu lassen. P. Cornelius Scipio zieht sich mit seinem militärischen Stab nach Oberitalien zurück. Das punische Heer steht nach der Überquerung der Rhône vor einer schweren Aufgabe: Die Alpen trennen es von seinem Ziel Italien (Pol. III 49 ff.). Welchen Weg Hannibal über das Gebirge genommen hat, ist nach Bengtson heute geklärt. Hannibal ist die Flußtäler der Isère und des Arc aufwärts über den Col du Clapier (2482 m) gezogen, einen heute kaum noch benutzten Paß südlich des Mt. Cénis. Die damaligen Kelten benutzten ihn gern auf ihren Zügen nach Italien (siehe Erläuterungen zu XXI 31,1). Hannibals Verluste waren ungeheuer; etwa 20 000 Soldaten und der ganze Troß blieben in den Alpen liegen. Mit etwas mehr als 20 000 Mann und 6000 Reitern erreicht er die Poebene.

Für die Römer ergibt sich mit dem Erscheinen Hannibals in Italien eine neue Lage. Das Heer des Sempronius wird eilends aus Sizilien abberufen und marschiert durch Italien bis nach Ariminum (Pol. III 61,68). Rom muß Hannibals Vorrücken nach Mittelitalien verhindern. Zwei unglückliche Schlachten stehen am Anfang der Auseinandersetzung auf italischem Boden. Am Ticinus zeigt sich die Überlegenheit der punischen Reiterei; an der Trebia geht es im Winter 218/7 ebenso schlecht aus. Der Rückzug der Römer auf Placentia gibt das Gebiet nördlich des Po für die Punier frei.

Nach diesem entmutigenden Anfang können die Römer endlich im Frühjahr 217 ihre großen materiellen Hilfsquellen einsetzen: elf Legionen stehen zur Verfügung. Aus dem Verlust am Ticinus sind die Römer belehrt. Deshalb wollen sie eine Reiterschlacht mit Hannibal im Gelände der Poebene vermeiden. Da trifft Rom ein neuer Schlag: Die Keltenstämme Norditaliens haben sich nach langem Zögern dem erfolgreichen Hannibal angeschlossen. Damit

ist Norditalien für Rom verloren. Das Überschreiten des Apennin
enthält für Hannibal kein Problem, wenn ihm auch ein schweres
Unwetter böse Verluste bringt (Liv. XXI, 58). Noch im Frühjahr
217 gehen die Punier wahrscheinlich auf dem Collina-Paß über den
Bergzug und erscheinen beutegierig in der reichen toskanischen
Ebene. Zwar bereitet das Hochwasser des Arno einige Schwierigkeiten, und das Heer gewöhnt sich nur schwer an das dunstig-
schwüle Klima. Aber Hannibal hetzt das Heer förmlich durch das
überflutete Gebiet, ohne sich selbst zu schonen. Dabei verliert er
ein Auge. Zwischen Cortona und Perugia lockt der Punier am
Trasumennischen See die Römer in eine böse Falle. Ihre Verluste
betragen 30 000 Tote und Gefangene. Ein weiteres Reitergefecht in
der Nähe von Assisium bringt der römischen Kavallerie einen Miß-
erfolg.

Hannibals Kriegsführung wird immer deutlicher: Ohne Unterstützung aus dem Mutterland und aus Spanien, bei geringer Hilfe
der Keltenstämme Norditaliens versucht er die Bundesgenossen
Roms zu isolieren und zum Abfall zu bringen. Rom will er nicht
angreifen. Er marschiert nach Apulien und weiter in die reichen
Gegenden des Landes, und nur die beiden Festungen Luceria und
Venusia halten ihn kurzfristig auf.

Die Bedrohung ist für alle ein großer Schrecken. Der alte Q. Fabius Maximus wird Diktator, sein Reiteroberst M. Minucius Rufus.
Die neue Taktik des Fabius verspricht am Anfang Erfolg. Er ver-
zögert jedes Zusammentreffen mit dem punischen Heer und wird
so zum Cunctator. Doch in einflußreichen Kreisen der Hauptstadt
findet dieses Verhalten des Diktators auf die Dauer kein Gefallen.
Das politische Novum der Ernennung des Minucius zum Mitdikta-
tor bringt keine Lösung der immer gefährlicheren Lage. Das Volk
fordert eine Entscheidungsschlacht, und die Konsuln des Jahres
216 L. Aemilius Paulus und C. Terentius Varro sind dieser Forderung nicht abgeneigt. Acht Legionen und 80 000 Mann Bundesgenossen stehen zur Verfügung, dazu 6000 Reiter. Das Kräfteverhält-
nis zu Hannibal zeigt eine drückende Überlegenheit der römischen
Infanterie; an Reiterei (etwa 8–9000 Mann) bleibt Hannibal auch
jetzt noch stärker.

Zu der von Rom gewünschten Schlacht kommt es im August 216

bei Cannae. Polybios (III 107–117) bietet die beste Quelle für diesen Kampf. Es handelt sich um eine typische Kesselschlacht mit vernichtendem Ausgang für Rom. Die punische Reiterei, aber auch die Kelten haben großen Anteil daran. Der römische Konsul Varro unterstützt Hannibal noch durch sein Verhalten zum Amtsgenossen Paulus. Etwa 14 500 Römer können sich retten; damit sind die acht stolzen Legionen von Cannae um fast fünf verringert. Das römische Heer ist nicht nur taktisch, sondern auch moralisch vernichtet. In dieser Lage versucht Hannibal Friedensverhandlungen mit Rom. Der römische Senat weist diesen Versuch schroff ab (Liv. XXII 58; Pol. VI 50). Nach Cannae liegt Unteritalien für Hannibal schutzlos da. Eigenartigerweise bleiben die meisten Bundesgenossen in dieser Not Rom treu. Eine unrühmliche Ausnahme bildet Capua, das auf Hannibals Seite tritt und ihn in seinen Mauern aufnimmt.

Von jetzt ab gewinnen die Nebenkriegsschauplätze an Bedeutung. In Nordspanien kämpfen die Römer seit 218 mit wechselndem Erfolg. Sie gewinnen sogar mit Hilfe Massilias eine nicht bedeutende Seeschlacht in der Ebromündung. 214 erobern sie Sagunt. Nach Hasdrubals Rückkehr aus Afrika geht der Krieg für die Punier günstiger weiter. 211 fallen die beiden Scipionen; damit gehen Roms Eroberungen südlich des Ebro verloren. Das Wirken der Scipionen in Spanien brachte Rom viele Vorteile; denn sie banden mit ihren Truppen eine starke punische Macht, die Hannibal sonst im Krieg in Italien genützt hätte.

Die Folge von Cannae ist der Vertrag Hannibals mit Philipp V. von Makedonien (Pol. VII 9). Er bedeutet für den Punier eine große Entlastung; denn er bindet die römische Flotte an den Schutz der östlichen Bundesgenossen. Bis zu diesem Ereignis interessiert uns der Verlauf des zweiten punischen Krieges für die Bücher XXI–XXIII des Livius.

Zu den Quellen, die Livius zur Verfügung standen und die er benutzte, bedarf es noch einiger Ausführungen, und zwar auch nur für den Stoff der Bücher XXI–XXIII. Die Gesamtquellenfrage bleibt einem abschließenden Band vorbehalten. In der dritten Dekade beruht die Schilderung der militärischen Operation in erster Linie auf Coelius Antipater und Polybios, der in zunehmendem Maß von Buch XXIV an in den Vordergrund tritt. Als Livius nach dem Abschluß seiner Geschichte des ersten Punischen Krieges in den Büchern XVI–XX auch die Schilderung des zweiten plante, fand er eine Menge Quellen griechischer und lateinischer Autoren vor, die die Kriegsjahre 218–201 als Annalisten behandelt hatten. Die ersten Jahre des zweiten Punischen Krieges beschrieb der Senator Fabius Pictor als erster Römer. Nach der Niederlage von Cannae schickte ihn der Senat von Rom nach Delphi, um den Rat des Apoll einzuholen. Die Tendenzen und Leitgedanken seines Werkes über Roms Geschichte erkennen wir aus seinen wenigen erhaltenen Fragmenten kaum. Wohl aber hat Polybios ihn als Quelle für seine Darstellung benutzt. Es liegt ihm daran, die Römer als einwandfreie Kulturmenschen hinzustellen und damit den Vorwurf der Barbarei von ihnen zu nehmen. Nach seiner Meinung sind sie moralisch integer, ihre Behandlung der Gefangenen ist einwandfrei, großmütig und von menschlichem Mitgefühl. Der Glaube an die Götter und deren schützende Hand über Rom ist in seinem Werk besonders spürbar. Auch Hannibals Charakter ist in seinen Schilderungen zu erkennen: Wie seine Landsleute erscheint der karthagische Feldherr gewalttätig, treulos und habgierig. Der Gegensatz zwischen Fabius Maximus Cunctator und seinem aristokratischen Anhang zu dem plebeischen Konsul C. Terentius Varro wird schon bei Fabius Pictor erwähnt. Vielleicht hat auch schon Ennius in seinen Annales in Versform Fabius Pictor als Quelle für die Darstellung des Hannibalischen Krieges herangezogen.

Polybios aus Megalopolis in Arkadien basiert besonders stark auf Fabius Pictor. Polybios ist der Sohn des Führers des achäischen Bundes, Lykortas, und von Jugend an zum Feldherrn und Staatsmann herangebildet. 166 v. Chr. wird er mit den 1000 vornehmsten Achäern als Gefangener nach Italien gebracht. Während seines siebzehnjährigen Aufenthaltes verkehrt er in den ersten Kreisen Roms, begleitet Scipio Africanus Minor auf seinem Feldzug gegen Karthago und lernt römische Verfassung, Geschichte und Sitten genau kennen. Nach dieser Vorbereitung verfaßt er das zuverlässige und gediegene Geschichtswerk ἱστορία καθολική (Universalgeschichte) in 40 Büchern (vom ersten Punischen Krieg bis zur Zerstörung Karthagos 146 v. Chr.). Die ersten fünf Bücher sind ganz erhalten, von den restlichen 35 größere Bruchstücke. Polybios hebt

ich scharf von den anderen Quellen für Livius ab. Er ist in der
Geschichtsschreibung Pragmatiker wie Thukydides. Livius benutzt
den griechischen Autor nicht direkt, sondern über die sogenannten
mittleren (d. h. ersten lateinisch schreibenden) Annalisten. Polybios
hat Livius durch Coelius Antipater beeinflußt. Vom 24. Buch an
benutzt Livius den Polybios fast ausschließlich als Quelle. Durch
den Gegensatz zwischen Polybios und Fabius Pictor entstehen in-
teressante Vergleichsmöglichkeiten zwischen Livius und seinen
Quellen.

Als dritte bedeutende Quelle erscheint L. Coelius Antipater; zur
Zeit der Gracchen schrieb er die erste Monographie des Hannibalischen Krieges, ein bellum Punicum, in sieben Büchern. Antipater
ist Jurist und Lehrer der Beredsamkeit. Trotz seiner Abstammung
aus einer angesehenen plebejischen Familie erlangt er großen Zu-
spruch und Ansehen. In der Entwicklung der römischen Geschichtsschreibung ist Antipaters Monographie in Form und Inhalt ein Novum. Zum ersten Mal gibt ein Autor in der Vorrede bekannt, er
habe die Absicht, einen großen Stoff in einer entsprechend hohen
Sprache und in dramatisierender Form nach Art hellenistischer
tragischer Geschichtsschreibung zu gestalten. Dabei vernachlässigt
er den Stoff in keiner Weise. Seine Darstellung stützt sich auf zu-
verlässiges Material und beste Zeugnisse. Wie Polybios verwendet
er nicht nur römische, sondern auch karthagische Berichte; Livius
nennt ihn häufig als seine Quelle und hat ihn aus inhaltlichen und
aus formalen Gründen gern benutzt. Vielleicht ist es gerade dieser
Tatsache zu verdanken, daß die dritte Dekade des Livius eine geschlossene und kompositionell durchdachte Einheit wurde. Nach
Cannae distanziert sich Livius von ihm und läßt Polybios stärker
hervortreten. Zur Dramatisierung und Ausschmückung des Stoffes
greift Coelius gern auf außermenschliche Ereignisse, auf übernatür-
liche Motivierung zurück.

Neben diesen römischen Quellen gab es auch karthagische Berichte, häufig aus der Umgebung Hannibals selbst. Als hochge-
bildeter Mann, der sogar die griechische Sprache beherrschte, nahm
er wie Alexander der Große einen Stab von Gelehrten auf den
Feldzug mit (Nep. Hann. 13,3). Polybios (III 30,5) erwähnt einige
von ihnen (Sosylos und Chaireas) als politische Dilettanten. Sicher-

lich hat er Silenos benutzt, der als karthagerfreundlich die Absichten und Stimmungen seines Feldherrn genau kannte. Cicero (de div. I 49) hebt die Genauigkeit und Objektivität des Silenos in seiner Darstellung beider Seiten hervor.

Nicht übergangen werden dürfen die neueren Annalisten, die Generation der Sullanisch-Caesarischen Zeit, deren Hang zur Versponnenheit und künstlerischen Ausmalung sich stärker hervorhebt: Valerius Antias, Claudius Quadrigarius und Licinius Macer. Sie zeichnen die Schlachtenbilder bunt und mit viel Beiwerk, entlasten aber römische Niederlagen häufig durch kleinere Zahlenangaben bei den Verlusten und lassen die Ereignisse auf Nebenkriegsschauplätzen stärker hervortreten. Wären von diesen Historikern mehr Fragmente erhalten, fänden wir wie bei Polybios viele Berührungspunkte in der Sache und im Stoff, in der Darstellung aber oft völlig Neues.

Man fragt sich, ob Livius über die vielen Vorlagen nicht hinausgeht. Gewiß verwandelt sich alles Livianische innerlich gegenüber der Vorlage, so daß seine Darstellung anderen Geistes und Wesens erscheint. Als Schriftsteller der augusteischen Zeit hat er zur Tradition nicht ein kritisches Verhältnis, das den Stoff zerfasert, sondern lehnt sich an das Prinzip der Sicherung und Erhaltung. Ehrfürchtig entnimmt er den Quellen die Bausteine für sein gewaltiges Werk, fügt sie aber in den Gesamtverband eines neuen Gebäudes ein und erstellt so mit dramatischer Spannung ein neues Bild. Über allem Unglück des zweiten Punischen Krieges steht ein neuer leuchtender Glaube an die moralische Kraft des römischen Staates und Volkes. Diese sittliche Leistung bedeutet für Livius die Berechtigung zur Weltherrschaft, die die Götter durch ihre Hilfe in der Not gesegnet haben. Es ist der Glaube an eine neue Zeit, die nach 100 Jahren tödlicher Bedrohung durch die Bürgerkriege die neue Ordnung des Augustus freudig bejaht. Die krönende Idee seines Werkes ist die Vorstellung von der Ewigkeit Roms. Sie basiert auf den alten Römertugenden. Livius schildert sie ehrfüchtig und ergriffen und stellt sein Werk in den Dienst dieser neuen Idee.

Literaturhinweise

I. Literaturberichte zu Livius

J. Bayet, Tite-Live, Coll. Budé, Paris 1954

H. Bornecque, Tite-Live, Paris 1930

K. Büchner – J. B. Hofmann, Lat. Literatur und Sprache in der Forschung seit 1937, Wiss. Forschungsberichte Bd. 6, Bern 1951, 143–147

E. Burck, in T. Livius, ab urbe condita XXI–XXX i. A., Heidelberg 1949, 16 ff.

A. H. McDonald, JRS 47 (1957), 155–172

K. Gries, Classical world 53 (1959), 33–40; 69–80

E. Lasserre, Tite-Live, Coll. Garnier, Paris 1934–1938

Loeb Classical Library, Livy V, Cambridge 1929 (N.D. 1969)

II. Allgemeines

W. Aly, Titus Livius, Frankfurt a. M. 1938

H. Bengtson, Grundriß der röm. Geschichte, München 1970

H. Bengtson, Griechische Geschichte, München 1969

K. Büchner, Römische Literaturgeschichte, Stuttgart 1957, 357–368

E. Burck, Aktuelle Probleme der Livius-Interpretation, Gymn. Beiheft 4 (1964), 21–46

E. Burck (Hrsg.), Wege zu Livius, Wege der Forschung 132, Darmstadt 1967

J. Carcopino, Le traité d'Hasdrubal et la résponsabilité de la deuxième guerre Punique, REA 55 (1953), 258 f.

L. Catin, En lisant Tite-Live, Paris 1944

H. Dessau, Über die Quellen unseres Wissens vom zweiten Punischen Krieg, Hermes 51 (1916), 355–385

H. Erkell, Augustus, Felicitas, Fortuna, Diss. Göteborg 1952

M. Fuhrmann, ‚Livius‘, in: Kl. Pauly 3, Stuttgart 1969, 695–698

M. Gelzer, Der Anfang der röm. Geschichtsschreibung, Hermes 69 (1934) 44–55; Kl. Schr. III 93–103

M. Gelzer, Nochmals über den Anfang der röm. Geschichtsschreibung, Hermes 82 (1954) 342–348; Kl. Schr. III 104–110

F. Hellmann, Livius-Interpretationen, Berlin 1939

R. Herbig, Das archäologische Bild des Puniertums, in: J. Vogt (Hrsg.), Rom und Karthago, 139–177

H. Hoch, Die Darstellung der polit. Sendung Roms bei Livius, Frankfurt 1951

W. Hoffmann, Livius und die röm. Geschichtsschreibung, Antike und Abendland 4 (1954), 170–186

W. Hoffmann, Livius und der zweite Punische Krieg, Hermes, Einzelschriften 8, Berlin 1942

E. Howald, Vom Geist antiker Geschichtsschreibung, München 1944, ND. Darmstadt 1964

F. Klingner, Röm. Geisteswelt, München ⁴1961, 444–468 (Livius)

F. Klingner, Zweitausend Jahre Livius, N Jb N.F. 6 (1943), 49 ff.

A. Klotz, ,Livius', R.E. 13, 1927, 816–852

A. Klotz, Caesar und Livius, RhM 96 (1953), 62–67

U. Knoche, Roms älteste Geschichtsschreibung, NJb N.F. 2 (1939), 193 ff.

E. Kornemann, Röm. Geschichte I, München 1964

M. L. W. Laistner, The greater Roman Historians, Cambridge 1947

H. J. Mette, Livius und Augustus, Gymn. 68 (1961), 269–285

G. de Sanctis, Storia dei Romani, Vol. III + IV, L'età delle guerre Puniche, Turin 1917

M. Schanz – C. Hosius, Geschichte der röm. Literatur, München ⁴1935, 297–319 (Nachdruck 1959)

R. Strebel, Wertung und Wirkung des thukydideischen Geschichtswerkes, in der griech. und röm. Literatur, Diss. München 1935

R. Syme, Livius und Augustus, Cl. Ph. 64 (1959), 27–87

H. Taine, Essay sur Tite-Live, Paris 1910

J. Vogt, Ciceros Glaube an Rom, Darmstadt ²1963

J. Vogt, Tacitus und die Unparteilichkeit des Historikers in ,Studien zu Tacitus', Würzburger Studien z. Altertumskunde 9, 1936, 1 ff.

W. Wiehemeyer, Proben histor. Kritik aus Livius XXI–XLV, Diss. Münster 1938

P. Zancan, Tito Livio, Mailand 1940

III. Quellen

K. J. Beloch, Polybios' Quellen im dritten Buch, Hermes 50 (1915), 357–372

E. Burck, Einführung in die dritte Dekade des Livius, Heidelberg 1950

O. Cuntz, Polybios und sein Werk, Leipzig 1902

W. Hoffmann, Livius als augusteischer Historiker, Antike und Abendland 4 (1954), 170–185

A. Klotz, Livius und seine Vorgänger, Leipzig 1940/41

E. Meyer, Silenos und Coelius über Hannibals Traum, Kl. Schr. II, Halle 1924, 368–375

W. Michael, De ratione, qua Livius in tertia decade opere Polybiano usus sit, Diss. Bonn 1867

W. Siegfried, Studien zur geschichtlichen Anschauung des Polybios, Berlin und Leipzig 1928

W. Soltau, Livius' Quellen in der dritten Dekade, Berlin 1894

F. W. Walbank, A historical commentary on Polybius I–III, Oxford 1957–1979

IV. Geschichte und Geschichtsstoff

E. Burck, Das Bild der Karthager in der röm. Literatur, in J. Vogt (Hrsg.), Rom und Karthago s. o., 297–345

F. Cornelius, Cannae, das militärische und literarische Problem, Klio Beiheft 26 N.F. 13, 1932

T. Frank (Hrsg.), An economic survey of ancient Rome, Baltimore 1933–1940

H. Hesselbach, Hist.-krit. Untersuchungen zur dritten Dekade des Livius, Halle 1889

A. Heuss, Der erste Punische Krieg und das Problem des röm. Imperialismus, Darmstadt [3]1970

U. Kahrstedt, Geschichte der Karthager von 218–146, Berlin 1913

S. Mazzarino, Introduzione alle guerre Puniche, Messina 1947

E. Meyer, Untersuchungen zur Geschichte des zweiten Punischen Krieges, Kl. Schr. II, Halle 1924, 331–461

W. Otto, Eine antike Kriegsschuldfrage, H.Z. 145 (1932), 498 f.

G. de Sanctis, Annnibale et la ,Schuldfrage' di una guerra antica, Bari 1932

H. H. Scullard, Rome's declaration of war on Carthago in 218 B.C., RhM 95 (1952), 209 ff.

E. Täubler, Zur Vorgeschichte des zweiten Punischen Krieges, Berlin 1921

J. Vogt, Römische Geschichte I. Die röm. Republik, Basel – Freiburg – Wien 1959

J. Vogt (Hrsg.), Rom und Karthago, Leipzig 1943

V. Überlieferung

R. S. Conway, The sources of the text of Livy's third decade, Camb. Phil. Soc. 11 + 12 (1924), 127–129

F. W. Shipley, Studies in the M.S.S. of the third decade of Livy Class. Phil. 4 (1909), 405–419

VI. Ausgaben

E. Burck, Titus Livius XXI–XXX i. A., Heidelberg 1949 (mit ausführlicher Einleitung)

H. E. Butler, Livy XXI–XXX, Oxford 1925

O. Riemann – T. Homolle, Tite-Live, Paris 1909 (mit Übersetzung)

Teubner, verschiedene Herausgeber, XXI–XXX in Einzelbändchen pro Buch (mit Kommentar), Leipzig 1883–1905

E. H. Warmington, Livy, Books XXI–XXX, in Loeb Classical library vols. V–VIII, Cambridge/Mass. 1929–1949 (mit Übersetzung von B. Foster und F. G. Moore)

W. Weissenborn – M. Müller, Titi Livi ab urbe condita, Pars II. Libri XXI–XXX, Teubner Leipzig 1912

W. Weissenborn – H. J. Müller, Livius, Buch XXI–XXIII, Berlin 1963 (mit ausführlichem Kommentar)

VII. Übersetzungen

K. Heusinger – O. Güthling, Titus Livius, Römische Geschichte Bd. II–III, Leipzig 1863, Nachdruck: 1970

Dr. Oertel, Titus Livius, Römische Geschichte Band 4–5, Stuttgart 1840

W. Sontheimer, Livius, Römische Geschichte Teil I–III i. A., Reclam jun. Stuttgart 1960

VIII. Topographie

H. Bengtson, Großer hist. Weltatlas I, München 1963

A. Chabert, Historia di Sagunto, Barcelona 1888

A. Drachmann, Sagunt und die Ebrogrenze, Kopenhagen 1920

W. Ehrenberg, Karthago, Leipzig 1927

W. Hoffmann, Hannibal und Sizilien, Hermes 89 (1961), 478 ff.

W. Judeich, Cannae, H.Z. 136 (1937), 1–24

J. Kromayer – G. Veith, Antike Schlachtfelder III und IV, Berlin 1912–1931

J. Kromayer – G. Veith, Schlachtenatlas zur antiken Kriegsgeschichte, Leipzig 1922

J. E. Marindin, Hannibal's route over the Alps, Class. Rev. 13 (1899), 238–249

O. Meltzer – U. Kahrstedt, Geschichte der Karthager I–III, Berlin 1879

E. Meyer, Hannibals Alpenübergang, Kl. Schr. II, Halle 1924, 331 ff.; Mus. Helv. 15 (1958) 227–241

Oehler, ‚Karthago‘, RE 10 (1919), 2150–2242

W. Osiander, Der Hannibalweg, Berlin 1900

P. Paris, Promenades archéologiques en Espagne II, Paris 1921

B. B. Platner, The topography and monuments of ancient Rome, Boston ²1911

A. Schulten, ‚Saguntum‘, RE 1 A 1920, 1755 f.

G. Terrell, Hannibal's pass over the Alps, Class. Journ. 17 (1922), 446 ff.

C. Torr, Hannibal crosses the Alps, Cambridge 1924

O. Viedebantt, Hannibals Alpenübergang, Hermes 54 (1919), 337 bis 386

Sp. Wilkinson, Hannibal's march through the Alps, Oxford 1911

IX. Militärwesen

H. Bengtson, Zur karthagischen Strategie, Aegyptus 32 (1952), 378 ff.

W. Brewitz, Scipio Africanus Maior in Spanien 210–206, Diss. Tübingen 1914

H. Bruckmann, Die römischen Niederlagen im Geschichtswerk des Livius, Diss. Münster 1936

Eu. McCartney, Warfare by land and sea, Boston 1923

P. Couissin, Les armes individuelles du légionaire Romain, Paris 1926

J. Kromayer – G. Veith, Heerwesen und Kriegführung der Griechen und Römer, München 1928

J. Kroymann, Römische Kriegführung im Geschichtswerk des Livius, Gymn. 56 (1949), 121–134

F. Lammert, Römische Kriegskunst, RE Suppl. 4 (1924), 1060 bis 1101

F. Luterbacher, Die römischen Legionen und Kriegsschiffe während des zweiten Punischen Krieges, Programm Burgdorf 1895

E. Meyer, Die Stärke der römischen Heere in den Jahren nach Cannae, Kl. Schr. II, Halle 1924, 415–423

F. Miltner, Wesen und Gesetz römischer und karthagischer Kriegführung, in: J. Vogt (Hrsg.), Rom und Karthago, Leipzig 1943, 203–261

G. Plathner, Die Schlachtschilderungen bei Livius, Diss. Breslau 1934

X. Politik

Fr. Abbot, A history and description of Roman political institutions, Boston 1901

F. Altheim, Weltherrschaft und Krise, Frankfurt a. M. 1935

M. Gelzer, Römische Politik bei Fabius Pictor, Hermes 68 (1933), 129–166; auch in: Kl. Schr. III, Wiesbaden 1964, 51–92

M. Gelzer, Das Rassengesetz als geschichtlicher Faktor beim Ausbruch der römisch-karthagischen Kriege; in: J. Vogt (Hrsg.), Rom und Karthago 178–202

A. H. J. Greenidge, Roman public life, London 1901

W. Hoffmann, Die römische Kriegserklärung an Karthago 218, RhM 94 (1951), 69 ff.

G. Klaffenbach, Der römisch-ätolische Bündnisvertrag vom Jahre 212 v. Chr., S.B. Berlin 1954, 1

F. Münzer, Römische Adelsparteien und Adelsfamilien, Stuttgart 1920 (Nachdruck Darmstadt 1963)

F. Oertel, Der Ebrovertrag und der Ausbruch des zweiten Punischen Krieges, RhM 81 (1932), 221 ff.

H. H. Scullard, Roman politics, Oxford 1951

XI. Philosophischer und religiöser Hintergrund bei Livius

J. Bayet, Histoire Romaine, Tome 1, Paris 1947, 38–41

J. Kajanto, God and fate in Livy, Ann. Univers. Turk. 64, 1957

K. Latte, Römische Religionsgeschichte, München 1960, 256 ff.

E. de Saint-Denis, Les énumerations des prodiges dans l'œuvre de Tite-Live, Rev. Phil. 16 (1942), 126–142

G. Stübler, Die Religiosität des Livius, Stuttgart 1941

P. G. Walsh, Livy, His historical aims and methods, Cambridge 1961

G. Wissowa, Religion und Kultus der Römer, München 1912

XII. Einzelbilder

a. Hannibal

H. V. Cantar, The character of Hannibal, Class. Journ. 24 (1929), 564–577

T. A. Dodge, Hannibal, Boston 1891

G. Egelhaaf, Hannibal, Stuttgart 1922

E. Groag, Hannibal als Politiker, Wien 1929

W. Hoffmann, Hannibal, Göttingen 1962

W. Hoffmann, Hannibal und Sizilien, Hermes 89 (1961), 478 ff.

O. Kromayer, Hannibal als Staatsmann, H.Z. 103 (1909), 237–273

Th. Lenschau, Hannibal, RE 7 (1912), 2323–2351

E. Meyer, Hannibal und Scipio, Meister der Politik, Berlin 1923

W. O'. Connor Morris, Hannibal, soldier, statesman, patriot, London 1897

b. Quintus Fabius Maximus

F. Münzer, ‚Q. Fabius Maximus Cunctator', RE 6 (1909) 1814 ff.

c. Scipio

H. Bengtson, Scipio Africanus, seine Persönlichkeit und weltpolitische Bedeutung, HZ 168

R. S. Conway, The portrait of a Roman noble, Harv. Lect., Cambridge 1928

R. M. Haywood, Studies on Scipio Africanus, Cambridge 1933

W. Hoffmann, Die Darstellung Scipios, Hermes Einzelschriften, Heft 8 (1942)

R. Laqueur, Scipio Africanus und die Eroberung von Neu-Karthago, Hermes 56 (1921), 131–225

B. H. Liddell-Hart, A greater than Napoleon: Scipio Africanus, London 1926

E. Meyer, Ursprung und Entwicklung der Überlieferung über die Persönlichkeit des Scipio Africanus, Kl. Schr. II, Halle 1924, 423–457

F. Münzer, ‚P. Cornelius Scipio Africanus‘, RE 4 (1960) 1439–1462

W. Schur, Scipio Africanus, Leipzig 1927

H. H. Scullard, Scipio Africanus in the second Punic war, Cambridge 1930

H. H. Scullard, Scipio Africanus, Soldier and politician, London 1970

XIII. Stil und Kompositionstechnik

H. Bornecque, Die Reden bei Livius, Paris 1936

I. Bruns, Die Persönlichkeit in der Geschichtsschreibung der Alten, Berlin 1898

E. Burck, Die Erzählungskunst des Livius, Berlin 1934, ²1964

A. H. McDonald, The style of Livy, J.R.S 47 (1957), 155–172

E. Dutoit, Silences dans l'œuvre de Tite-Live, Paris 1948

K. Gries, Constancy in Livy's Latinity, New York 1949

K. Gries, Livy's use of dramatic speech, A.J.Ph. 70 (1949), 118–141

F. Hellmann, Das kritische Verfahren des Livius, Berlin 1939

R. Jumeau, Remarques sur la structure de l'exposé livien, Rev. Ph. 1939, 21–43

F. Klingner, Röm. Geisteswelt, München ⁴1961

W. Kroll, Die Kunst des Livius, N.Jb. 24 (1921), 97–108

A. Lambert, Die indirekte Rede als künstlerisches Stilmittel des Livius, Diss. Zürich 1946

E. Löfstedt, Syntactica II, Lund 1933

E. Norden, Antike Kunstprosa I, Leipzig 1915

L. R. Palmer, The Latin language, London 1954

A. Reichenberger, Studien zum Erzählungsstil des Livius, Diss. Heidelberg 1931

O. Riemann, Etudes sur la langue et la grammaire de Tite-Live, Paris 1885

P. Scheller, De hellenistica historiae conscribendae arte, Diss. Leipzig 1911

W. Soltau, Livius' Geschichtswerk, seine Komposition und seine Quellen, Leipzig 1897

S. G. Stacey, Die Entwicklung des Livianischen Stils, ALL 10 (1898)
    17–82

R. Ullmann, Etude sur le style des discours de Tite-Live, Oslo
    1929

R. Ullmann, La technique des discours dans Salluste, Tite-Live et
    Tacite, Oslo 1927

R. Walsh, The literary techniques of Livy, RhM 97 (1954), 97–114

K. Witte, Über die Form der Darstellung in Livius' Geschichtswerk,
    RhM 65, (1910), 270–305; 359–419

N. Zegers, Wesen und Ursprung der tragischen Geschichtsschrei-
    bung, Diss. Köln 1959

Literatur-Nachtrag siehe Seite 517 ff.

Zusammenstellung
der wesentlichen Textabweichungen

Buch XXI

	Oxford	Teubner
3,1	quin (am successurus esset;) praerogativam militarem, qua ..., favor plebis sequebatur.	fuit, quin praerogativa militaris, qua ..., favor etiam plebis sequebatur.
6,8	Tampilus	Tamphilus
10,6	repetuntur	repetunt
9	di hominesque	di homines
13,1	venit	veni
5	si non id	et non id
19,5	reciperentur?	reciperentur
20,9	tramisisse	transisse
22,5	rediit	redit
24,1	Iliberrim	Iliberri
26,3	Saluum	Salluvium
27,7	ex loco edito	ex composito
8	propter equos nantes	propter equos naves
28,5	variata memoria	variat memoria
30,7	pervias paucis esse, esse et exercitibus	pervias fauces esse exercitibus
31,4	ibi + Sara + Rhodanusque	ibi Isara Rhodanusque
4	in unum in mediis campis	in unum; mediis campis
11	nova semper ⟨per⟩ vada novosque gurgites	nova semper vada novosque gurgites gignit
33,4	perversis rupibus	diversis rupibus
11	et capto cibo	et captivo cibo
11	montanis	a montanis
34,4	·†· aspernandos +· ⟨ratus⟩	aspernandos

Conway/Oxford 1967; Müller/Teubner 1909; Weissenborn/Weid-
mann/Loeb Classical Library 1966; Tusculum/München.

Buch XXI

Weissenborn	Loeb	Tusculum
fuit, quin praeroga- tiva militaris, qua …, a senatu comprobare- tur.	fuit, quin praeroga- tiva militaris, qua …, a senatu comproba- retur.	fuit, quin praeroga- tiva militaris, qua …, a senatu comproba- retur.
Tamphilus repetunt di homines venissem et non id reciperentur. tramisisse redit Iliberri Salluvium ex loco praedicto propter equos naves variata memoria pervias paucis esse, pervias exercitibus ibi Isara Rhodanus- que in unum; in mediis campis nova semper vada novosque gurgites gignit diversis rupibus et captivo cibo a montanis aspernandum	Tamphilus repetunt di homines venit et non id reciperentur. tramisisse redit Iliberri Saluum ex loco edito propter equos naves variat memoria pervias fauces esse exercitibus ibi Isara Rhodanus- que in unum; mediis campis nova semper vada novosque gurgites gignit diversis rupibus et captivo cibo a montanis credendo nec asper- nando	Tamphilus repetunt di hominesque venit et non id reciperentur? transisse redit Iliberri Salluvium ex loco edito propter equos naves variat memoria pervias paucis esse, esse, esse et exercitibus ibi Isara Rhodanus- que in unum; mediis campis nova semper vada novosque gurgites gignit diversis rupibus et capto cibo a montanis nec aspernandum

Buch XXI

	Oxford	Teubner
9	auxilii reliquerat	auxilii reliqui erat
35,3	per artas (praeci- pites) vias	per artas praecipites- que vias
36,7	ut a lubrica glacie	via lubrica glacie
37,5	vallis apricos quos- dam colles	valles apricosque quosdam colles
38,9	Sedunoveragri	Seduni Veragri
42,3	et ⟨ut⟩ cuiusque sors	et cuiusque sors
43,4	circa Padus amnis, maior Padus	circa Padus amnis maior
44,2	cum ob patriam, tum ob	cum pro patria, tum ob iram
7	cessero	decessero
9	mortis incitamentum	mortis telum
46,3	exque propinquo	ex propinquo
47,8	directa	derecta
49,7	tribunique suos ad curam custodiae in- tendere	tribunique, qui suos ad curam custodiae intenderent
8	et ubi signum	ut, ubi signum
8	missis	missi
50,7	classem ornatam obviam	classem ornatam armatamque obviam
52,2	comminutus	aeger et minutus
11	⟨inter recedentes in⟩ sequentesque	inter sequentes ce- dentesque
11	hostium ⟨cum caedes esset, penes⟩ Roma- nos	hostium + penes Romanos
54,3	singulis	singuli
55,2	ac levem armaturam	levemque aliam armaturam
2	diversos elephantos	divisos elephantos
56,2	quae	qua

Buch XXI

Weissenborn	Loeb	Tusculum
auxilii reliquerat	auxilii reliqui erat	auxilii reliquerat
per artas praecipi-	per artas praecipi-	per artas praecipi-
tesque vias	tesque vias	tesque vias
via lubrica, glacie	via lubrica non	lubrica glacie
	recipiente	
valles apricosque	valles et apricos	valles apricosque
quosdam colles	quosdam colles	quosdam colles
Seduni	Seduni Veragri et	Seduni et Veragri
Veragri et cuiusque	cuiusque	et cuiusque
circa Padus amnis,	circa Padus amnis;	circa Padus amnis
maior Padus	maior Padus	maior
cum pro patria	cum pro patria, tum	cum pro patria, tum
tum ob iram	ob	ob iram
cessero	decessero	cessero
mortis telum	mortis telum	mortis incitamentum
ex propinquo	ex propinquo	exque propinquo
derecta	derecta	derecta
tribunique suos ad	tribunique suos ad	tribunique suos ad
curam custodiae	curam custodiae	curam custodiae
intendere	intendere	intenderent
ut ubi signum	ut ubi signum	ut, ubi signum
missi	missi	missi
classem ornatam	classem ornatam	classem ornatam
armatamque obviam	ornatamque obviam	armatamque obviam
aeger et minutus	aeger et minutus	comminutus
sequentes inter ceden-	sequentes inter	sequentes inter
tesque	cedentesque	cedentesque
maior hostium nu-	maior hostium	maior tamen hostium
merus cecidisset,	numerus cecidisset,	cum caedes esset,
penes Romanos	penes Romanos	penes Romanos
singulis	singuli	singuli
ac levem armaturam	ac levem armaturam	ac levem armaturam
divisos elephantos	divisos elephantos	divisos elephantos
qua	qua	quae

Buch XXI

	Oxford	Teubner
5	erant vestigia ceden-tis sequentis agminis	erant alii vestigia cedentis sequentes agminis
57,4	Flaminius	Flaminius iterum

Buch XXII

	Oxford	Teubner
1,1	adpetebat, cum	appetebat; itaque
16	divinis carminibus	divis e carminibus
2,3	id omne	et omne veterani
3,6	praeteriens	petens
9	iussisset pronuntiari	proposuisset
4,2	in Trasumennum sidunt	Trasumennus subit
4	deceptae insidiae	haud detectae insidiae
6,6	capitibus umeris	capitibus umerisque
7,3	postea (utrimque)	postea –
10,2	velim voveamque, salva servata erit	velim eam salvam, servata erit
6	si antidea senatus	si antidea, quam senatus
6	fieri ac faxitur	fieri, faxitur
11,1	reque de publica	deque re publica
5	viatore misso, qui	viatorem misit, qui
12,10	finitimo receptu	finitimoque receptu
13,6	locutione os, Casilinum	pronuntiatione os, Casilinum
14,2	+ quidam fuerant +	quieverant
14,6	tantum pro! degeneramus	tantum pro degeneramus
6	videamus?	videamus
15,5	Numidas ⟨pervastantes vidit⟩, per	Numidas prospexit ac per occasionem

Buch XXI

Weissenborn	Loeb	Tusculum
erant vestigia ceden-tis sequentesque agminis	erant vestigia cedentis sequentes agminis	erant vestigia ceden-tis sequentes agminis
Flaminius iterum	Flaminius iterum	Flaminius

Buch XXII

Weissenborn	Loeb	Tusculum
appetebat; itaque	adpetebat; itaque	appetebat; itaque
divis e carminibus	divis e carminibus	divinis e carminibus
et omne veterani	et omne veterani	id omne veterani
petens	petens	praeteriens
dedisset	dedisset	dedisset
Trasumennus subit	Trasumennus subit	Trasumennus subit
non detectae insidiae	non detectae insidiae	non detectae insidiae
capitibus umerisque	capitibus umerisque	capitibus umerisque
postea utrimque	postea –	postea – –
velim eam salvam, servata erit	velim eam salvam, servata erit	velim eam salvam, servata erit
si antidea quam senatus	si antidea, quam senatus	si antidea senatus
fieri, faxitur	fieri, faxitur	fieri ac faxitur
deque re publica	deque re publica	deque re publica
viatorem misit, qui	viatorem misit, qui	viatorem misit, qui
finitimoque receptu	finitimoque receptu	finitimoque receptu
pronuntiatione os,	pronuntiatione os,	pronuntiaone os,
Casilinum	Casilinum	Casilinum
quieverant	quieverant	quieverant
tantum pro degene-ramus	tantum pro degene-ramus	tantum pro! dege-neramus
videamus?	videamus?	videamus?
Numidas prospexit ac per occasionem	Numidas prospexit ac per occasionem	Numidas perva-stantes vidit ac per occasionem

Buch XXII

	Oxford	Teubner
7	ad castra prope eum	ad castra prope ipsa
16,3	voluntate fuit	fuit voluntate.
17,3	virgulta	virgulta visa
19,2	decem adiecit	decem adiectis
20,5	coniuncta muro	iniuncta muro
21,7	legatos ⟨obviam antea⟩ miserant,	legatos miserant
8	pugnantes	pugnant
22,18	per eundem ordinem	per eum eodem ordine
19	superbos	superbosque
24,9	fame gravante	fame
11	interventu	adventu
25,3	id unum enimvero	id enim
13	directa	recta
29,11	arma dexterae	arma ac dexterae
30,4	exercitibus his tuis	tibi mihique exercitibusque
8	par gloria	pari gloria
31,10	territa iam clade civitas	territa tertia iam clade civitas
32,3	adeoque inopia est coactus	eoque inopiae est coactus
35,3	collegae sui prope ambustus	collegae, ex qua prope ambustus
36,7	in Sabinis	in Sabinis sudasse
37,10	responsum regi est	responsum regis legatis est
13	quinqueremes ad quinquaginta	ad + navium classem
38,3	ad decuriandum et centuriandum	ad decuriatum et centuriatum
39,8	quidni qui dux	atque si, quod
9	atqui si hic, quod	si, qui dux

Buch XXII

Weissenborn	Loeb	Tusculum
ad castra prope ipsa	ad castra prope ipsa	ad castra prope ipsa
fuit voluntate	fuit voluntate	fuit voluntate.
virgulta ardere visa	virgulta ardere visa	virgulta ardere visa
decem adiectis	decem adiectis	decem adiecit
iniuncta muro	iniuncta muro	iniuncta muro
legatos miserant	legatos miserant	legatos miserant
pugnant	pugnant	pugnantes
per eum eodem	per eum eodem	per eum eodem
ordine	ordine	ordine
superbosque	superbosque	superbosque
fame	fame	fame
interventu	interventu	interventu
id enim vero	id enim vero	id enim vero
ac si recta	ac directa	ac directa
arma ac dexterae	arma ac dexterae	arma ac dexterae
tibi mihique exer-	tibi mihique exer-	tibi mihique exerciti-
citibusque his tuis	citibusque his tuis	busque his tuis
pari gloria	pari gloria	pari gloria
territa tanta clade	territa tanta clade	territa tertia iam
civitas	civitas	clade civitas
adeoque inopiae est	adeoque inopia est	adeoque inopia est
coactus	coactus	coactus
damnatione collegae,	ex damnatione	et damnatione col-
ex qua prope am-	collegae, ex qua	legae sui, prope am-
bustus	prope ambustus	bustus evaserat
in Sabinis sudasse	in Sabinis,	in Sabinis sudasse
responsum regiis est	responsum regiis est	responsum regis
	quinqueremes ad	legatis est
quinqueremes ad	quinquaginta	quinqueremes ad
quinquaginta		quinquaginta
ad decuriatum et		ad decuriandum et
centuriatum		centuriandum
atqui si ...	atqui si, quod	atqui si, quod
ne qui dux	quidni qui dux	quidni qui dux

Buch XXII

	Oxford	Teubner
19	gloriam qui spreverit, veram habebit	vanam gloriam, qui spreverit,
21	agatur, hortor	agatur, moneo
43,5	simul ut	simul quod
44,5	Varro speciosum	Varro Paulo speciosum
47,5	aequa fronte	obliqua fronte
7	constiterant + media acie	constiterant, media acie
48,5	+ Hasdrubal +	Hasdrubal
54,7	cum duobus ducibus consularibus	cum ducibus
56,11	a magistratibus	per magistratus
57,1	lectis censuere patres	recitatis censuerunt praetorem
60,5	ut videbatur	ut videatur
10	circa castra, dum quies	circa castra sineret, dum quies
12	vos duceret	vos ducerem
22	at erumpendum	at enim ad erumpendum
26	vos redimam?	vos redimamus?
61,11	Atellani, Calatini...	Campani, Atellani, Calatini

Buch XXIII

	Oxford	Teubner
1,1	pugnam castraque capta	pugnam binaque castra capta
7,1	condicionibus	condicionibus
10,4	vir indignus ea calamitate	vir indignus esse ea calamitate
11,3	servataque lucris	servataque de lucris
7	quae deficiebant	quaeque aliae deficiebant

Buch XXII

Weissenborn	Loeb	Tusculum
vanam gloriam, qui spreverit	vanam gloriam, qui spreverit	vanam gloriam, qui spreverit, veram habebit
agatur, moneo	agatur, suadeo	agatur, hortor
simul quodquod	simul quod	simul quod quo
Varro Paulo speciosum	Varro Paulo speciosum	Varro Paulo speciosum
obliqua fronte	aequa fronte	aequa fronte
constiterant, media acie	constiterant media acie	constiterant, media acie
Hasdrubal	Hasdrubal	Hasdrubal
cum ducibus	cum duobus consulibus	cum duobus ducibus consularibus
per magistratus	per magistratus	a magistratibus
recitatis censuerunt	recitatis censuerunt	recitatis censuere
praetorem	praetorem	patres
ut videatur	ut videbatur	ut videbatur
circa castra sineret, dum quies	circa castra, dum quies	circa castra, dum quies
vos ducerem	vos ducerem	vos duceret
at enim ad erumpendum	at enim ad erumpendum	at ad erumpendum
vos redimamus?	vos redimamus?	vos redimam?
Campani, Atellani, Calatini	Campani, Atelleni, Calatini	Campani, Atellani, Calatini

Buch XXIII

Weissenborn	Loeb	Tusculum
pugnam castraque hostium capta	castraque capta	castraque capta
condicionibus	his condicionibus	his condicionibus
vir indignus esse ea calamitat	vir indignus esse ea calamitate	vir indignus esse ea calamitate
servataque de lucris quae deficiebant	servataque e lucris quae deficiebant	servataque e lucris quae deficiebant

Buch XXIII

	Oxford	Teubner
9	–.–	bina castra expugnasse
12,10	respondeam	respondeo
13,7	argenti talenta +	argenti talenta +
14,8	secunda simulando dilationem	obsecundando dilationem
15,5	quocumque hospitia	quo quemque hospitia
6	Nucerina praeda	Nuceriae praeda
16,4	provocantes	procursantes
12	trepidat	trepidant
14	fecerit	fecerint
17,7	legionesque acciri nuntiassent	legionesque nimis accipi nuntiassent
7	ne quid novi	ne quis tumultus
18,5	oppositis	positis
8	sociis Romanorum	ab sociis Romanorum
22,4	non solum inopiam, sed paucitatem civium	non patrum solum inopiam, sed paucitatem civium
5	atque inde	atque ii
23,6	qui non magistratus	qui minores magistratus
30,14	magistratum	magistratum
18	qui antea consul	qui antea bis consul
34,12	ita parum bello	parum aptum bello
35,19	capta sunt signa	capta + et signa
36,10	dein prodigiis, quae	dein procurandis prodigiis, quae
38,7	quinque paratis	quinque parari

Buch XXIII

Weissenborn	Loeb	Tusculum
bina castra expugnasse	–.–	–.–
respondeo	respondeam	respondeo
et mille argenti talenta	et argenti talenta ... . que	et mille argenti
secunda simulando dilationem	secunda simulando dilationem	talenta secunda simulando dilationem
quo quemque hospitia	quocumque hospitia	quocumque hospitia
Nuceriae praeda	Nuceria praeda	Nuceriae praeda
procursantes	provocantes	provocantes
trepidat	trepidat	trepidat
fecerint	fecerit	fecerit
legionesque laetis animis accipi nuntiassent	legionesque novas acciri nuntiassent	legionesque novas acciri nuntiassent
ne quid oreretur motus	ne quid moveretur	ne quid novi occurreret
oppositis	oppositis	oppositis
ab sociis Romanorum	sociis Romanorum	sociis Romanorum
non patrum solum inopiam, sed paucitatem civium	non patrum solum inopiam, sed paucitatem civium	non patrum solum inopiam, sed paucitatem civium
atque ei	atque inde	atque inde
qui magistratus non	qui magistratus non	qui non magistratus
honorem		magistratum
qui antea bis consul	magistratum qui antea consul	qui antea consul
parum aptum bello	ita parum bello	ita parum aptum
capta et signa	capta ... et signa	capta sunt signa
dein procurandis prodigiis, quae	dein prodigiis, quae	dein prodigiis, quae
quinque parari	quinque parari	quinque parari

	Oxford	Teubner
45,10	en, minor res est; hic experiri	en, in minore re experiri
47,3	hinc Romani	iam Romani
7	cum ea via longe	cum cava longe
48,12	diemque edixit	edixit, quoque die vestimenta

Weissenborn	Loeb	Tusculum
en, hic minor res est, hic experiri iam Romani cum cava longe edixit, quoque die vestimenta	en, in minore re hic experiri iam Romani cum ea via longe edixit diem, quo vestimenta	en, minor res est, hic experiri iam Romani cum ea via longe edixitque diem, quo

Erläuterungen

Buch XXI

1,1 : *Teil:* die der Darstellung des zweiten Punischen Krieges gewidmeten Bücher 21–30 bilden eine für sich abgegrenzte und daher mit einer allgemeinen Betrachtung über seine Bedeutung eingeleitete Partie des livianischen Geschichtswerkes.

1 : *Karthager:* der Krieg wurde also im Einverständnis mit der karthagischen Regierung geführt.

3 : *erpreßt:* im Hinblick auf die Wegnahme des abtrünnigen Sardinien.

4 : *Feind:* nach den besten Quellen: „niemals Freund". Pol. III 11,7; Nep. Hann. 2,4; Liv. XXXV 19,3.

5 : *geräumt:* die Römer ließen sich mit den aufständischen Söldnern auf Sardinien in Verhandlungen ein und zwangen die Karthager i. J. 238 v. Chr., auf die Insel zu verzichten, um den Frieden zu erhalten. XXVI 51,12; XXXVI 31,10.

5 : *Kriegslast:* der Tribut betrug 1200 Talente.

2,2 : *fünf Jahre:* Livius scheint die ganze Zeit, während der Hamilkar nach dem Ende des Krieges mit Rom in Afrika war, zusammenzufassen; Pol. II 1,5; Diod. 25,10; App. Ib. 4; Zon. 8,15.

2 : *neun Jahre:* Hamilkar war wahrscheinlich nur sieben Jahre in Spanien tätig. Pol. III 10,7.

3 : *Hasdrubal:* war schon mit Hamilkar nach Spanien gegangen und befehligte die Flotte.

4 : *die barkinische Partei:* gegenüber der Partei der Aristokraten, die Frieden und Wohlstand wollten, hatte sich eine Partei gebildet, die sich auf Heer und Volk stützte. Diese hielt den Krieg mit Rom für notwendig. Pol. III 8,1; App. Ib. 4.

6 : *ein Barbar:* ein Gallier soll die Tat vollbracht haben. Pol. II 36,1.

7 : *Vertrag:* der i. J. 241 v. Chr. geschlossene Vertrag wurde erneuert. Pol. III 27,9.

7 : *Saguntiner:* Livius hat eine falsche Vorstellung von seiner Lage südlich des Ebro. Es lag mindestens 20 Meilen südlich.

7 : *beide Einflußbereiche:* das Gebiet südlich des Ebro hatten die Karthager nur mangelhaft erobert und gesichert; die

Römer hatten in Spanien nördlich des Ebro keinen einzigen Mann stehen. Liv. XXXIV 13,7.

3,1 : *der junge Hannibal:* er war nach Polybios 26 Jahre alt. Pol. II 1,6; 36,1.

1 : *vorläufige Wahl:* während in Karthago der Senat die Feldherrn wählte (Diod. 20,10), war der Einfluß des Heeres seit dem Ende des ersten Punischen Krieges stärker geworden. Die provisorische Wahl war wohl auf die im Heer dienenden Senatoren zurückzuführen. Pol. I 82,5; 12.

3 : *Hanno:* der Große, Haupt der römisch-gesinnten Partei. XXIII 12,8.

5 : *willkürliche Gewaltherrschaft:* die barkinische Partei hatte sich in Spanien eine fast unabhängige Machtstellung gesichert. Pol. III 8,2; 4.

4,1 : *stimmten zu:* vom römischen Standpunkt aus war die Partei Hannos die bessere; offenbar aber war sie im Senat auch die stärkere.

1 : *gleich:* bei Polybios, dem Livius folgte, war Hannibal erst von seinem neunten Lebensjahr an in Spanien.

8 : *Fehler:* alle Nationaluntugenden der Punier überhaupt werden aufgezählt.

5,3 : *Olkader:* der Zug führte von Neu-Karthago in Richtung Toledo.

4 : *Abgaben:* scheint eine Kriegsabgabe gewesen zu sein. Pol. III 13,7.

4 : *Winterlager:* für den Winter von 221 auf 220.

12 : *vereinigt:* die Hauptmacht bildeten die Karpetaner.

16: *Schlachtordnung:* entweder marschierte das Heer kampfbereit oder so geordnet, daß es jederzeit den Angriff aufnehmen konnte.

6,2 : *Rechtsstreit:* aus dem Verhalten Hannibals mußten die Saguntiner schließen, daß man keine Regelung auf der Grundlage des Rechts, sondern der Gewalt suche.

7,1 : *ungefähr 1000 Doppelschritte = etwa 1,5 km:* Polybios III 17,2 gibt als Entfernung sieben Stadien (= 875 Doppelschritte) an, während Plinius nat. hist. III 20 3000 Doppelschritte (= 18 Meilen) südlich des Ebro schreibt.

2 : *Sagunt:* bedeutende Handelsstadt, berühmt durch die Herstellung von Tongefäßen (Plin. n. h. XXXV 160).

8,3 : *150000 Mann:* nach Abzug der in Spanien verbleibenden

Besatzung hatte Hannibal beim Überschreiten des Ebro etwa 90 000 Mann zu Fuß und 12 000 Reiter.

9,2 : *trieben hinaus:* Livius bricht die militärische Schilderung geschickt in einem Augenblick ab, wo der Leser nicht nur gespannt ist, sondern sogar die Hoffnung hegt, Sagunt könnte gerettet werden.

10,3 : *Geist des Toten:* die göttlich verehrten Seelen der Verstorbenen.

6 : *Erfüllung des Vertrags:* der den Puniern den Angriff auf Sagunt untersagte; also mußten die Saguntiner Genugtuung erhalten.

8 : *Tarent:* 272 v. Chr. war eine karthagische Flotte in den Hafen von Tarent eingefahren gegen eine Vereinbarung, nach der sich die Römer von Sizilien, die Karthager von Italien fernhalten sollten.

11,2 : *das uralte Bündnis:* bittere Ironie; denn die vetusta societas hatte sich durch die Verträge von 241 und 238 v. Chr. zu einer schwer drückenden Abhängigkeit entwickelt.

7 : *Geschütze:* Wurfmaschinen waren für lange Pfeile und Lanzen; ballistae waren Schleudermaschinen für große Geschosse.

7 : *Rollturm:* von zehn Stockwerken, der auf Rädern von Zugvieh oder Menschen an Stricken fortbewegt wurde. Caes. bell. Alex. 2; Zon. 8,21.

12: *Römer:* sie wurden 219 durch den zweiten illyrischen Krieg stark in Anspruch genommen.

12,5 : *einem einzigen Kleidungsstück:* wie gewöhnlich bei Kapitulationen. XXII 6, 11; 52; XXIII 15, 3 und öfter.

7 : *Prätor:* so nennt Livius den Bürgermeister in nichtrömischen Städten.

14,2 : *frei:* offenbar, weil die Saguntiner in Alorcus einen Gesandten Hannibals vermuteten und daher Verhandlungen und Waffenruhe voraussetzten.

4 : *niederbrannten:* die Zerstörung war nicht vollständig; denn bereits 217 v. Chr. diente die Burg zur Internierung spanischer Geiseln. XXII 22,4; XXIV 42,10.

15,1 : *fiel:* Livius läßt die Einnahme der Stadt wie ein Drama in drei Akten abrollen.

1 : *vernichtet:* nach den Berichten von Diodor und Appian verschmolzen die Saguntiner Gold und Silber mit Blei und Erz.

6 : *Konsulat:* Livius merkte erst spät, daß er in einen chrono-
logischen Irrtum geraten war, weil er der wirklichen Zeit
um mehr als ein Jahr vorausgeeeilt war. Durch eine der
beiden folgenden Annahmen suchte er das zu erklären.

16,6 : *in Italien:* Livius setzte hier wie in 17,6 voraus, daß die Römer Hannibals Plan, sie in Italien anzugreifen, gekannt haben, was aber nach den Verteidigungsmaßnahmen unwahrscheinlich ist. App. Ib. 14; Pol. III 15,13.

17,1 : *Befehlsbereiche:* erst durch die lex Sempronia vom Jahre 123
v. Chr. wurde bestimmt, daß die beiden konsularischen Provinzen vor der Konsulwahl bezeichnet wurden.

2 : *Bundesgenossen:* XXIII 24,8 hob Postumius auf zwei Legionen sogar 25 000 Bundesgenossen aus. Gewöhnlich bestimmte
der Senat die Höhe des Aufgebotes.

8 : *Fünfruderer:* von den Römern zuerst am Anfang des ersten
Punischen Krieges nach dem Muster eines gestrandeten karthagischen Fünfrudereres gebaut.

18,1 : *Formalitäten:* alles, was nach dem Fetialrecht geschehen
mußte, um den bereits beschlossenen Krieg auf rechtmäßige
Weise, d. h. nach Erfüllung aller feierlichen Bräuche, zu beginnen. I 32, 1; IX 8,7.

4 : *auf eigene Verantwortung:* nach der Anschauung der Römer, die irrig sein mußte, so daß in den Worten ein still-
schweigendes Zugeständnis lag, daß Sagunt mit Wissen und
Willen der karthagischen Behörden angegriffen worden war.

7 : *Verfahren:* nur darüber soll verhandelt werden. Die Wegnahme Sardiniens wird nicht erwähnt.

8 : *uns:* es handelt sich hier nur um den Friedensvertrag des
Catulus, in dem für Sagunt nichts bestimmt war.

13: *Toga:* Fabius bildete mit der Toga einen Bausch, indem er
den nach unten hängenden Zipfel der Toga aufnahm und
dann wieder fallen ließ. Diod. fr. 55,10.

14: *alle:* dagegen Pol. III 33,4: die Mehrzahl.

19,6 : *aufgetragen hatte:* Polybios erwähnt den Auftrag nicht.
Pol. III 35,4.

20,8 : *Bundesgenossen:* das Bündnis der Massilier mit Rom bestand schon seit der Zeit der Könige. Strab. 4,179 f.; Justin.
43,3; 4.

21,1 : *er war abgerückt:* nach der Chronologie des Polybios für
den Winter 219/18.

8 : *fanden sie sich wieder ein:* um von Neu-Karthago aus auf Urlaub zu gehen.

10: *Versprechen:* Livius ließ Hannibal die folgenden Anordnungen in Gades, Polybios III 33,5 f. mit mehr Wahrscheinlichkeit in Neu-Karthago und bereits im Winter treffen.

11: *Ersatz:* die folgende Übersicht der Streitkräfte stimmt bis auf kleine Einzelheiten mit Polybios III 33,18 überein. Die Liste, die Hannibal darüber aufgestellt und die Polybios als erster gefunden hat, ist von Livius verwendet worden. XXVIII 46,16.

22,3 : *Libyphöniker:* die Urbewohner des Landes waren Libyer; der Hauptbestandteil des Mischvolkes blieben die Phöniker. Livius folgte offensichtlich einer griechischen Quelle.

5 : *ins Winterquartier:* das Hannibal in Neu-Karthago beziehen wollte.

6 : *dort:* nach Zon. 8,22 wurde Hannibal in die Versammlung der Götter berufen und ihm befohlen, Italien zu bekriegen. Cic. de div. I 49.

8 : *Drachen:* Cicero spricht von einem gewaltig großen, schlangenumwundenen Tier. Zon. 8,22.

23,1 : *Truppen:* Polybios läßt Hannibal mit 90000 Mann zu Fuß und 12000 Reitern von Neu-Karthago aufbrechen; davon waren etwa zwei Drittel Afrikaner und ein Drittel Spanier. Nach Appian 7,4 hatte er 37 Elefanten bei sich.

2 : *unterwarf:* diese Unterwerfung kostete Hannibal große Opfer an Soldaten. Nach Pol. III 35,7 begann der Übergang über die Pyrenäen mit nur noch 50000 Mann zu Fuß und 9000 Reitern. Natürlich entstanden auch Verluste durch Desertion.

6 : *in ihre Heimat:* hier handelte es sich um die Desertion von 3000 Mann, von der die karthagische Version nichts weiß. Pol. III 35,6.

24,1 : *Iliberri:* die Erwähnung dieses Ortes zeigt, daß Hannibal den östlichen Pyrenäenpaß benutzte. Pomponius Mela 2,6.

3 : *Verzögerung:* die Kämpfe in Spanien hatten ihn länger als erwartet aufgehalten.

25,1 : *Massilier:* die freundschaftlichen Beziehungen der Massilier zu Rom bestanden mindestens bereits seit dem Galliereinfall in Italien (394: Brennus), als die Massilier den Römern eine Aufbauhilfe schickten. XXVI 19,13. Wahrscheinlich aber sind die Beziehungen noch älter.

2 : *Boier:* sie hatten sich erst 224, die Insubrer 222 v. Chr. den Römern unterworfen.

4 : *sicher genug:* Hannibal wagte nach dem Gefecht am Ticinus nicht, die Stadt Placentia anzugreifen. XXI 47,8.

14: *Gallier von Brixia:* Livius scheint unter diesem Namen, wenn er nicht verschrieben ist, nicht die Einwohner von Brixia (Brescia) zu verstehen, sondern die von Brixellum (Brescello) am Po.

26,2 : *neue Aushebung:* nur ein unbedeutendes römisches Kontingent stand in Südgallien. Offensichtlich kannte man in Rom Hannibals Pläne nicht oder hoffte, Scipio könne ihn in Spanien festhalten. Pol. III 40,14.

3 : *eine neue (Legion):* zu den sechs bereits bestehenden trat sie hinzu, so daß jetzt sieben Legionen im Felde standen.

4 : *mehrere Arme:* nach Pol. XXXIV 10,5 sind es zwei, nach Timaios fünf, nach anderen sogar sieben Mündungsarme (Mela).

7 : *von ihren Wohnsitzen:* auf dem westlichen Rhône-Ufer.

9 : *über den Strom:* wahrscheinlich ging Hannibal oberhalb der Einmündung der Druentia, nicht weit nördlich von Avignon, über die Rhône.

28,4 : *setzte über:* der Ort des Übergangs lag nach Polybios etwa vier Tagemärsche oberhalb der Rhônemündung.

29,6 : *ob er:* Hannibals Plan, erst in Italien anzugreifen, stand gewiß schon fest; jetzt drängte ihn auch die Jahreszeit zur Eile.

30,2 : *zwei Meere:* das Mittelländische Meer und der Atlantische Ozean.

7 : *die Alpen:* Hannibal hatte die Umgebung der Alpen genau erkundet und die römerfeindliche Gesinnung der Bewohner festgestellt. Pol. III 34,2 f.

9 : *Kriegsgerät:* Hannibal hatte alles überflüssige Gepäck in Spanien gelassen.

31,1 : *(Alpenübergang):* hier hat Livius offensichtlich zwei Quellen ineinander gearbeitet, die zwei verschiedene lokale Standpunkte haben. Bei den Überlegungen über den möglichen Weg Hannibals über die Alpen kommt man wohl mit E. Meyer (Kleine Schriften II [1924] S. 409) zu dem Ergebnis, daß der alte, häufig begangene Keltenpaß benutzt wurde. Das wäre der Col du Clapier Bengtsons. Einmal sprechen Coelius und Polybios vom Cremonis iugum, also dem klei-

nen St. Bernhard. Dann wieder hält Polybios nach eigenem
Augenschein den heutigen Mt. Genèvre (Matrona) für den
einzig möglichen Weg. Ein geringes Abweichen von Polybios gestattet sich Livius: Hannibal zog von der „Insel"
südwärts, benutzte das Tal der Druentia und gelangte dann
zum Mt. Genèvre. Den Einbezug des Cremonis iugum und
des Poeninus lehnt Livius ab. Über die Zahl der Truppen
gibt Polybios Bescheid: 38000 Mann zu Fuß, 8000 Reiter
und 37 Elefanten ist die Stärke seines Heeres. Derselbe Polybios hat die Truppenstärke vor dem Übergang über die
Pyrenäen mit 50000 Mann zu Fuß, 9000 Reitern und 37
Elefanten angegeben. Also sind die Verluste beim Alpenübergang doch erheblich gewesen.

5 : *Allobroger:* in der Dauphinée und in Savoyen. Nach Polybios bewohnten die „Insel" keine Allobroger.

8 : *dafür:* Hannibal hat sich ein Verdienst erworben durch die
Beilegung des Bürgerkrieges.

9 : *nicht geradeaus:* Coelius, dem Livius hier folgt, hat Scipio,
als er Hannibal an der Rhône verfehlt hatte, bei Genua mit
den gallischen Legionen eine Beobachtungsstelle beziehen
lassen.

32,3 : *Hasdrubal:* Bruder Hannibals.

4 : *Bundesgenossen:* die griechischen Handelsstädte an der Küste wie Emporiae. XXXIV 9,10.

7 : *Herdentiere:* Schafe und Ziegen.

10 : *Gallier:* gemeint sind wohl die oben erwähnten Gesandten
der Boier. XXI 29,6.

33,8 : *Bergrutsch:* es waren hoch mit Lasten beladene Maultiere.
Pol. III 53,7.

34,4 : *wie durch Freundesland:* der Troß marschierte hier am Anfang des Zuges. Die Gefahr des Verlustes am Ende war zu
groß.

6 : *Hohlweg:* Pol. III 53,5 bestimmt den Ort genauer, so daß
man seine Beschreibung auf den Paß des kleinen St. Bernhard bezieht.

35,4 : *am neunten Tage:* vom Fuß der Alpen an gerechnet.

5 : *auf der Höhe:* auf der Höhe des Mt. Genèvre wie auf dem
kleinen St. Bernhard ist eine ziemlich weite Ebene, die sogar
noch Getreide trägt.

6 : *Siebengestirn:* aus dieser Angabe läßt sich berechnen, daß

Hannibal etwa Ende September den Höhenzug der Alpen passierte.

12: *stürzten:* Pol. III 54,4 f.

36,1 : *unbewaffnet:* nur Soldaten ohne Gepäck konnten sich auf den schmaien und steilen Wegen mit Mühe fortbewegen.

2 : *Erdrutsch:* Polybios berichtet von einem Bergsturz auf einer Länge von eineinhalb Stadien; mindestens konnten die Lasttiere und Elefanten den Weg nicht passieren. Ein solches Hindernis konnte aber, wie Livius berichtet, nicht in der 37,4 angegebenen Zeit beseitigt werden. Hier ist der Bericht des Livius falsch.

4 : *unbegehbar:* es handelte sich wohl um einen Gletscher.

6 : *aber:* der geplante Marsch über ein Gletscherfeld erwies sich erst recht als undurchführbar.

37,2 : *durch Begießen mit Essig:* möglich, daß Hannibals Soldaten Essig mit sich führten, um das Trinkwasser mit ihm zu vermischen. Er konnte aber in so kleinen Mengen kaum die von Livius geschilderte Wirkung haben. Sicherlich hatte Hannibal, zumal er aus Spanien kam, schwere Sprenghämmer mitgeführt und damit die Felsen bearbeiten lassen.

4 : *vier Tage:* nach Polybios waren die Maultiere und Pferde bereits nach einem Tag hinübergeführt worden, die Elefanten allerdings erst nach drei Tagen.

4 : *verhungert:* dies traf wohl nur für die Elefanten zu, die drei Tage länger warten mußten.

38,1 : *in vierzehn Tagen:* neun Tage Aufstieg, ein Tag Marsch durch Schnee, zwei Tage am Bergsturz, drei Tage Abstieg.

6 : *Poeninus:* großer St. Bernhard; die Volksetymologie bringt den alten Bergnamen mit den Poeni zusammen.

40 : *(Rede):* der Inhalt der Rede findet sich zum großen Teil auch bei Polybios III 3,54; doch spricht bei ihm Hannibal früher als Scipio (63,2 ff.).

41,6 : *18 Denare:* ein Denar etwa 0,70 Mark. Also betrug das Lösegeld nach damaliger Währung etwa 12–13 Mark.

7 : *Herkules:* die Sage ließ Herkules nach seiner Rückkehr aus Spanien die Alpen übersteigen.

42,1 : *Zweikampf:* solche Zweikämpfe kamen bei den Kelten vor einer Schlacht häufig vor. Pol. III 62,2 f.; Cass. Dio fr. 57,4.

3 : entweder war das Los aus dem Helm oder einem anderen Gefäß, in dem die Lose geschüttelt wurden, herausgefallen.

43,13: *zwanzig Dienstjahre:* von 238 bis 218.

16: *Zeichen:* die Adler als Legionsstandarten gab es erst seit dem zweiten Konsulat des Marius. Plin. n. h. 10,16.

44,1 : *Bundesgenossen:* nicht nur die Ligurer und Ilergeten, sondern die Spanier überhaupt.

45,8 : *Jupiter:* gemeint ist in römischer Übertragung der Hauptgott der Karthager: Baal.

46,1 : *Vorzeichen:* die Livius vom Jahre 218 an regelmäßig verzeichnet, während Polybios sie wegläßt.

1 : *Zu allem übrigen:* gemeint ist wohl das überraschende Erscheinen Hannibals in Italien.

7 : *junger Mann:* er übernahm i. J. 211 den Oberbefehl in Spanien; jetzt war er also siebzehn Jahre.

47,4 : *Mago:* ein jüngerer Bruder Hannibals. Pol. III 71,6.

8 : *6000 Schritt (9 km) von Placentia:* nach Polybios III 66,11 schlug Hannibal sein Lager 50 Stadien von Scipio entfernt auf.

48,4 : *Stelle:* auf dem rechten Ufer, und zwar etwas südlich vom Po. Pol. III 71,1.

8 : *nicht weit:* auch Hannibal schob nach der Bewegung Scipios sein Lager näher an die Trebia heran. Pol. III 68,7.

9 : *Goldstücke:* seit 217 v. Chr. erst gab es in Rom Goldmünzen.

9 : *Kornkammer:* ein fester Platz als Verpflegungsdepot, die die Römer über das ganze Land hin anlegten.

49,4 : *Fünfruderer:* wahrscheinlich auch von Karthago aus.

7 : *fertigen Proviant:* Mehlrationen, d. i. wohl Schiffszwieback, der sich einen Monat, auch ungebacken, hielt.

11: *Segel:* während des Kampfes werden die Ruder, ganz selten Segel benutzt.

50,2 : *wich aus:* Ausdruck der Fechtersprache.

5 : *1700,* also etwa 250 Mann für ein Schiff.

5 : *Schiffe:* gemeint sind wohl Fünfruderer; ein solches Schiff hatte im ersten Punischen Krieg wenigstens 300 Ruderer und 120 kampffähige Soldaten. Pol. I 26,7.

7 : *Flotte:* Hierons II. Freund Archimedes hatte vieles zur Ausrüstung der Schiffe erfunden.

8 : *(Admiralschiff):* Pol. III 55,12.

9 : *im vorigen Krieg:* Hieron hatte sich bereits 262 v. Chr. den Römern angeschlossen.

51,6 : *verladen:* die Flotte des Pomponius hätte nicht ausgereicht, um das Heer in einer Stärke von 26 400 Mann und 2400 Pferden aufzunehmen.

7 : *vereinigte:* wahrscheinlich führte schon in alter Zeit eine Straße von Ariminum nach Placentia.

54,1 : *in der Mitte:* zwischen Fluß und Lager, wo man den Platz noch heute finden kann.

5 : *gesattelt:* die Pferde wurden beim Reiten nicht gesattelt, sondern mit einer Decke zugedeckt.

6 : *Soldaten:* Pol. III 72,2.

55,1 : *geschmeidig machen:* Einreibungen mit Öl machen den Körper geschmeidig, aber auch die Haut gegen Kälte unempfindlich.

2 : *Elefanten:* dem Zentrum zu standen vor der Front die wenigen Elefanten, die Hannibal noch geblieben waren, in zwei Haufen getrennt.

7 : *dazu:* der Angriff der Elefanten und die Mithilfe der Balearen (6) ist eine rhetorische Ausschmückung, um die Niederlage der römischen Reiterei einer solchen Übermacht gegenüber als unabwendbar zu kennzeichnen; XXX 18,7.

56,3 : *geradewegs:* das ist ungenau; vielmehr mußten die Römer ihre Rettung durch einen Rückzug längs des Po suchen. Wahrscheinlich stand bei der Einmündung der Trebia in den Po eine Brücke, die Scipio benutzte.

6 : *fast alle Elefanten:* von 37 Elefanten waren nach der Schlacht an der Trebia wenigstens noch sieben am Leben, nach Polybios III 74,11 nur noch einer.

9 : *Scipio:* war krank und während der Schlacht im Lager geblieben; jetzt wurde er durch einen kühnen Marsch am Feinde vorbei zum Retter von Tausenden.

9 : *Kolonialstadt:* wahrscheinlich der befestigte Hafen von Placentia, das nicht unmittelbar am Po lag.

57,6 : *Brückenkopf:* eine Art Brückenkopf bei Placentia.

7 : *Konsul:* nach Zon. 8,24 Sempronius Longus.

59,1 : *5000 Reiter:* das Gelände um Placentia war für ein Reitertreffen sehr geeignet; deswegen auch die größeren Verluste der Reiterei.

61,1 : *marschierte:* Hasdrubal nahm seinen Weg nicht längs der Küste wie Hannibal, sondern durch das Binnenland, um leichter Zuzüge von den Bergvölkern zu gewinnen, die punisch gesinnt waren.

10: *Sturmplanken:* Weidenflechtwerk in Form eines Halbrunds,

auf Rollen beweglich, zum Schutz der bei den Belagerungs-
arbeiten beschäftigten Soldaten. Vegetius 4,15.

62,1 : *Wunderzeichen:* die Berichte des Livius über Prodigien sind
im Stil so gleichartig und teilweise formelhaft, daß der enge
Anschluß an die commentarii pontificum unverkennbar ist.

2 : *Gemüsemarkt:* zwischen Kapitol und Tiber gelegen; südlich
von ihm lag der Rindermarkt.

3 : *Rindermarkt:* im Nordwesten des Circus Maximus.

4 : *Lanze:* in Lanuvium wurde eine Lanze als Sinnbild der
Juno verehrt. Später errichtete man ihr ein Standbild und
gab der Göttin die Lanze als Attribut.

5 : *Orakeltafeln:* Täfelchen aus Eichenholz mit eingegrabenen
Buchstaben und Sprüchen in alter Schrift, die einzige Art
von Orakeln in Italien.

6 : *Bücher:* gemeint sind die sibyllinischen Bücher, die keine
Prophezeiungen enthielten, sondern die Mittel angaben, den
Zorn der Götter zu besänftigen.

8 : *Pfund:* 40 Pfund Gold sind heute ein hoher Wert.

9 : *Göttermahl:* auf einem breiten Polster war ein puppenar-
tiges Bild der Gottheit niedergelegt, um das Opfer in Form
einer Mahlzeit auf einem vor dem lectus aufgestellten Tisch
darzubringen.

9 : *Bittfest:* eine Festprozession, die in der Form einer Bittfeier
oder auch einer Dankfeier abgehalten wurde und gewöhnlich mit einer Götterspeisung verbunden war.

63,3 : *Amphoren:* sie umfasssen etwa 80 Pfund.

3 : *durchgebracht:* gewöhnlich wurden Gesetzesvorschläge, ehe
sie die Antragssteller vor das Volk brachten, dem Senat vor-
gelegt; eine gesetzliche Verpflichtung dazu bestand allerdings nicht.

4 : *jegliche Art Spekulation:* also nicht allein die Getreidespe-
kulation; wahrscheinlich enthielt die lex Claudia außerdem
die aus späterer Zeit bekannte Bestimmung, daß sich die
Senatoren bei Lieferungsaufträgen für den Staat (redemp-
tiones) nicht beteiligen durften.

5 : *Vorbedeutungen:* ohne von den Augurn als gültig aner-
kannte Befragung der Götter durfte kein Konsul zur Übernahme des Kommandos Rom verlassen.

8 : *Senat:* es war üblich, daß die Konsuln nach dem Antritt
ihres Amtes eine Senatssitzung auf dem Kapitol abhielten.

10: *Purpur:* die Toga mit dem Purpurstreifen, die die hohen Staatsbeamten am Tage ihres Amtsantritts trugen.

15: *Bergpfade:* also nicht auf dem Umweg über Rom unter Benutzung der großen Kunststraßen, der via Flamina und der via Cassia.

BUCH XXII

1,1 : *Winterlager:* anfänglich in der Gegend von Placentia, später in Ligurien. Pol. III 87,2.

3 : *Hinterhalt:* Pol. III 78,2.

3 : *Frisur:* er gab sich damit das Aussehen eines älteren Mannes. App. Hann. 6.

9 : *Steine:* XXI 62,6.

12: *Mond:* wahrscheinlich ein Kugelblitz bei Gewitterregen.

16: *Bücher:* die sibyllinischen, die in griechischen Versen (carmina) die zur Sühnung nötigen Kulthandlungen vorschrieben.

2,1 : *auszuheben:* Pol. III 75,5; App. Hann. 8.

2 : *Weg:* man kennt den Marschweg nicht genau. Pol. III 78,6.

11: *Auge:* nach Polybios verliert er das Licht eines Auges; nach Nepos ist die Sehkraft nur geschwächt.

3,4 : *Frieden:* Flaminius ließ als Censor i. J. 220 v. Chr. die via Flaminia durch Etrurien nach Ariminum und den Circus Flaminius in Rom bauen.

7 : *ruhig:* Flaminius hat die Schlacht um jeden Preis gesucht. Pol. III 82,7.

9 : *Zeichen:* Trompetensignal und rote Fahne. XXI 25,6.

14: *im allgemeinen:* meist von den gemeinen Soldaten gebraucht.

4,1 : *Cortona:* da beide Heere von Westen anrückten, mußten sie Cortona links und den See rechts haben. Pol. III 82,9.

2 : *schmaler Weg:* Pol. III 83,1; Curt. Ruf. III 4,6; Plin. n. h. II 162; Plin. ep. VIII 8,2.

2 : *Ebene:* an der Nordseite des Sees.

5,1 : *Verwirrung:* jeder wandte sich dorthin, woher er das lauteste Geschrei hörte.

7 : *Hintertreffen:* in ihm standen die Triarier als kampferprobte Truppen in der dritten Reihe.

7 : Die signa waren sonst zwischen der ersten und zweiten

Kampfreihe. Die Kampflinien vor den signa hießen antesignani.

7 : *Kohorte:* hier liegt ein Anachronismus vor; denn die Einteilung der Legion in Kohorten fand erst durch Marius statt.

6,1 : *drei Stunden:* nach Coelius Antipater, dem Livius hier folgt.

8 : *Paß:* aus dem Talkessel bei Passigniano, in dem die Schlacht tobte, die Seeküste entlang nach Südosten.

7,2 : *15 000:* nach Polybios fielen in dem Talkessel 15 000, nach Appian 20 000; dazu Val. Max. I 6,6.

7 : *Frauen:* Pol. III 85,7.

8,7 : *für die Stadt:* die Römer konnten nicht begreifen, warum Hannibal nicht auf Rom zu marschierte, und glaubten an die Gunst eines Gottes. App. Hann. 12; der wahre Grund steht XXII 7,5.

9,1 : *geradewegs:* Hannibal scheint über Perusia auf die Via Flaminia und auf dieser durch Umbrien gezogen zu sein.

6 : *die Gallier:* versuchten das römische Joch abzuschütteln.

7 : *Q. Fabius:* Polybios behandelt seine Taten kürzer und kühler, weil er im Scipionenkreis verkehrte.

9 : *Schicksalsbücher:* sind die sibyllinischen Bücher.

10: *Frühlingsspende:* altitalischer Opferbrauch, der, um die Götter in schweren Zeiten gnädig zu stimmen, bestimmte, daß alle in einer bestimmten Zeit des Frühjahrs neugeborenen Tiere den Göttern geopfert werden mußten. Die Dezemvirn erfragten den ver sacrum aus den sibyllinischen Büchern.

10: *große Spiele:* zu Ehren der kapitolinischen Götterdreiheit Jupiter, Juno und Minerva; mehrere Tage im Circus Maximus gehalten.

10,7 : *Aß:* es handelt sich um schwere Asse, nicht nach der Reduzierung des Münzfußes i. J. 217. Plin. n. h. XXXIII 3,45; Liv. XXI 41,6.

9 : *(Götterpaare):* sie umfassen die zwölf obersten Götter der Griechen; der Kult der meisten ist durch die sibyllinischen Bücher eingeführt.

11,4 : *(Lebensmittel):* überall hervortretender Grundsatz des Fabius, Hannibal, der weder von Gallien noch von Karthago aus versorgt wurde, durch Abschneiden von allen Lebensmitteln zu besiegen. App. Hann. 13,17; Zon. 8,24–26.

7 : *Ostia:* mit der Aushebung der Truppen für 217 v. Chr. war

die Ausrüstung von 60 Fünfruderern verbunden. Pol. III 75,4.

8 : *Freigelassene:* nur die Not bewog die Römer, vorübergehend Freigelassene auszuheben.

9 : *Heer:* aus Einwohnern Roms gebildetes Heer, das meist in der Reserve blieb. XXVII 8,12.

12,1 : *vom Legaten:* in Vertretung des Konsuls, der schon auf dem Wege nach Ostia war.

4 : *Kriegsmut:* mit besonderer Beziehung auf Mars, dem göttlichen Ahnherrn der Römer.

5 : *Hannibal gewachsen:* Livius hält Fabius an Begabung und Tatkraft dem Hannibal gewachsen.

6 : *Beharrlichkeit:* wahrscheinlich nach Fabius Pictor, dem Coelius folgt. Plut. Fab. 5; Diod. 26 3,3.

13,1 : *aus dem Gebiet der Hirpiner:* Hannibal, der nach der Schlacht am Trasimennischen See im Bogen um Rom marschiert war, um ihm seine Hilfsquellen abzuschneiden, hatte den Apennin überschritten und drang auf der Via Appia nach Rom vor.

3 : *brachten:* anders urteilt Pol. III 90,11 und 91,10.

6 : *Allifae:* von Telesia zog Hannibal also auf der Straße nördlich nach Allifae, und dorthin scheint er auch gekommen zu sein. Pol. III 92,1.

14,1 : *Massikergebirge:* die Darstellung des Zuges Hannibals zeigt hier Unklarheiten.

11 : *gallische Grabhügel:* hier sollen die Gallier i. J. 387 v. Chr. nach der Eroberung Roms ihre Toten verbrannt haben. Liv. V 48,3; Varro de ling. lat. V 137.

13 : *Sieg:* in der Schlacht an den Ägatischen Inseln (241).

15,4 : *Mancinus:* Polybios erwähnt den Zug nicht.

11: *Waldpaß:* es handelt sich um den Paß von Lautulae.

16,4 : *eingeschlossen:* Plutarch, Polybios und Appian berichten davon nichts.

18,2 : *Spanier:* vielleicht Keltiberer. XXI 57,5.

7 : *Stadt:* anders bei Pol. III 100,3, nach dem Hannibal die Stadt kurze Zeit belagerte.

9 : *Ruhe:* nämlich der Ärzte, die die Kur unterbrechen, um dem Kranken einige Ruhe zu gönnen.

19,3 : *Karthago:* gemeint ist Neu-Karthago in Spanien.

20,6 : *Pfriemengras:* bildete später einen bedeutenden Ausfuhrartikel.

7 : *Ebusus:* ist eine bedeutende Zwischenstation zwischen Afrika, Sardinien und Spanien.

22,18: *Rückgabe der Geiseln:* Pol. III 99,6.

20: *der Römer:* ist hier P. Scipio im Gegensatz zu Abelux.

23,4 : *Überläufer:* Soldaten des feindlichen Heeres; XXX 16,20; XXI 41,6.

6 : *Pfund:* $2^1/_2$ Pfund = 210 Denare = ungefähr Mark 147,–. XXI 41,6.

7 : *gezahlt:* der Senat stellte eine Anweisung aus dem Staatsschatz aus, ohne die der Quästor an den Diktator nichts auszahlen durfte.

10: *um Proviant zu beschaffen:* diese Vorräte brauchte man für den Winter. XXI 40,7.

24,6 : *Numider:* die von den Römern am meisten gefürchtete Feindtruppe, die Livius sehr oft nennt, wenn eine Kriegslist durchzuführen ist. XXII 48,2.

11: *einige:* darunter Dio Cassius (Zon. 8,26).

14: *Bericht:* Zon. 8,26.

25,4 : *in Rom:* da der eine Konsul gefallen war, war die Wahl eines neuen nötig. Diese Wahl mußte der andere Konsul anordnen, der aber durch den notwendigen Küstenschutz Italiens gegen die punische Flotte von Rom ferngehalten wurde.

18: *schmutzig:* Handwerk und Kleinhandel gehören nach der Anschauung der Römer zu den artes sordidae; Gegensatz: artes liberales. XXI 63,4.

26,1 : *Toga:* die ärmeren Leute trugen meist nur die tunica.

2 : *Ehrenämter:* dazu war die Quästur die erste Stufe.

27,3 : *Chronik:* offensichtlich Pontifikalannalen, da literarische Zeugnisse nicht gemeint sein können. VII 21,6.

8 : *Amtsgenosse:* auch Minucius war jetzt Diktator.

8 : *Oberbefehl:* gemeinschaftlich mit Fabius sollte Minucius das imperium ausüben. XXII 25,10; 26,7.

10: *Minucius:* erst jetzt erhielt Minucius ein eigenes Heer.

28,11: *Kampffront:* Hannibal hatte die Lücken seiner Kampfreihen nach und nach aufgefüllt, so daß sie nun regelrecht geworden waren.

14: *Hinterhalt:* gebraucht Livius von den Puniern, weil das ihre Gewohnheit ist.

29,1 : *Fabius:* die folgende Szene (Plutarch. Fab. 12) ist wahrscheinlich nach Coelius so ausführlich geschildert; denn die-

ser folgte dem Fabius Pictor, der den Ruhm seines Verwandten verherrlichte. Pol. III 105,10.

6 : *Hannibal – Fabius:* Hannibal erkannte also die Größe des
Fabius an. XXII 12,5; 30,8; XXI 39,8.

30,7 : *jeder nach seiner Weise:* die glänzende Rechtfertigung des
Fabius ist durch die Schilderung des Terentius und Minucius
vorbereitet.

31,1 : *Gnaeus Servilius:* Pol. III 96,11 berichtet über das Unternehmen kürzer, aber genauer; Zon. 8,26.

1 : *Sardinien:* nach Polybios war eine karthagische Flotte vor
der Insel erschienen. XXI 1,5.

9 : *Gallien:* gemeint ist der ager Gallicus in Umbrien.

11: *Ahnenbild:* das wächserne, im Atrium aufgestellte Bild
eines berühmten Vorfahren; VIII 40,4.

32,1 : *in schönster Eintracht:* im Gegensatz zu dem Zwiespalt
zwischen Scipio und Sempronius, Fabius und Minucius.

5 : *erschöpft:* der Staat half sich durch Herabsetzung der schon
früher auf ein Drittel reduzierten Pfundasse auf ein Zwölf-
tel (Uncialfuß); XXI 41,6.

5 : *Italien:* der italischen Staaten; die Neapolitaner sprechen
die Ansicht der griechischen Handelsstädte aus, die die
Übermacht Karthagos besonders fürchteten, wie andere Bundesgenossen die der Gallier.

33,1 : *karthagischer Spion:* vielleicht nur ein von Hannibal gedun-
gener Mann aus Unteritalien. XXII 28,1.

2 : *Verschwörung:* offensichtlich handelte es sich um eine hin-
terlistige Leistung des Fahneneides, wodurch die Sklaven
die Freiheit erlangten. XXVI 31,11. Zon. 9,1.

2 : *20 000 As:* etwa 3500 Mark.

12: *Fehler:* indem ein Formfehler erst später bemerkt oder
geltend gemacht wurde.

34,3 : *Auguren:* sie hatten den bei der Diktatorwahl begangenen
Formfehler gerügt.

35,2 : *in der Hand:* er führte bei der Wahl des Konsuls den Vor-
sitz.

36,3 : *Legionen:* die Verstärkung erfolgte auf acht Legionen; zu
jeder Legion gehörten 900 Reiter. Pol. III 107,9 und 15;
App. Hann. 17.

6 : *erschreckt:* auch alte Orakelsprüche kursierten in Rom, wie
der berühmte des Marcius von einer künftigen Niederlage

auf den Diomedischen Feldern. XXV 12,5; Pol. III 112,8; Zon. 9,1.

8 : *Laubenweg:* an dem Marsfeld, der zur Zeit des Livius nicht mehr vorhanden war.

37,5 : *goldene Siegesgöttin:* Val. Max. 4,8 ext. 1.

13: *Schiffe:* etwa 100 Schiffe waren zur Stelle; für ernstlichere Operationen entschieden zu wenig.

38,2 : *vereidigt:* die Soldaten waren bis jetzt nur verpflichtet gewesen, den Fahneneid zu leisten; wenn sie jetzt in Dekurien oder Zenturien eingeteilt wurden, leisteten sie untereinander ein Versprechen gegenseitiger Hilfe vor den Militärtribunen auf Anordnung des Staates.

39,12: *Treue:* die wichtigste Stütze der Römer war die Treue der italischen Bundesgenossen.

13: *fern von Hause:* es wird nicht gesagt, daß die Regierung in Karthago Hannibal nicht unterstützen könne oder wolle. XXI 49,2. Die Schwierigkeit des Transports blieb bestehen.

19: *Wahrheit:* Pol. XIII 5,6.

41,1 : *Konsul:* aus dem Zusammenhang ergibt sich, daß es sich um Varro handelte.

42,3 : *der zweite Konsul:* auch wenn er an diesem Tage nicht den Befehl hatte, war er nicht von der Mitwirkung an den Operationen ausgeschlossen. Pol. III 110,4.

4 : *Marius Statilius:* das tat Paulus, obwohl Varro das imperium hatte.

8 : *Hühner:* sie verweigerten die Aufnahme des Futters; dieses auspicium wurde vor dem Auszug des Heeres zur Schlacht gehalten; ein zweites fand danach außerhalb des Lagers statt.

43,9 : *Stimmenmehrheit:* auch bei einem täglich wechselnden Oberkommando konnten weitergehende Fragen wie Verlegung des Kriegsschauplatzes selbstverständlich nur durch den Kriegsrat entschieden werden.

10: *Südostwind:* Scirocco; das Lager wurde nach Nordost zu gerichtet.

44,2 : *zwei Lager:* auf welchem Flußufer das größere Lager lag, geht aus den Worten nicht hervor. Pol. III 110,8.

3 : *auf der anderen Seite:* das kleinere Lager lag offensichtlich auf dem rechten Ufer des Aufidus nahe seiner Mündung.

3 : *Wasser holen:* Livius verwirft also die Angabe des Zonaras 9,1, wonach Hannibal das Flußwasser durch Hineinwerfen

von Leichen ungenießbar machte und damit die Römer zur Flucht zwingen wollte.

45,5 : *Varro:* soll als der alleinige Urheber der Schlacht erscheinen.

5 : *Zeichen:* eine rote Fahne.

5 : *führte über den Fluß:* weshalb Varro seine Truppen über den Fluß führte, wird nicht gesagt. Wahrscheinlich waren dort die Geländeverhältnisse für Hannibals Reiter, die man fürchtete, ungünstiger.

6 : *Reiter:* nach Pol. III 113,5 und 117,2 und App. Hann. 17 war die römische Reiterei wenig stärker als 6000 Mann; nach Kap. 36,3 hätte man mindestens 7200 Mann erwarten dürfen.

46,1 : *ging über den Fluß:* Hannibal rückte also ebenfalls auf das rechte Ufer nach. Pol. III 113,6.

6 : *nackt:* Pol. II 28,8 und 29,7; Liv. XXXVIII 21,9.

7 : *Hasdrubal – Maharbal:* Pol. III 114,7; App. Hann. 20.

9 : *Volturnus:* der Scirocco war in Apulien im Mai und Juni besonders stark. XXII 56,4; Val. Max. 7,4 ext. 2; Front. II 2,7; Florus I 22,16; Plut. Fab. 16; Polyän. VI 38,4; App. Hann. 20,22 und 23.

47,5 : *Keil:* die Mitte stand demnach in einer halbmondförmigen Krümmung nach vorn.

5 : *dünn:* Pol. III 115,6; Plut. Fab. 16.

6 : *Afrer:* sie bildeten keine Reserve, sondern standen zu beiden Seiten des vorgeschobenen Keiles.

7 : *Mitte der Kampffront:* Einfluß verschiedener Quellen. Livius beschreibt die Mitte zweimal.

8 : *die Flügel:* die Afrer waren eingeschwenkt und umklammerten auf beiden Seiten die zurückweichenden Gallier und Spanier. Damit gelangten sie auch in den Rücken der Römer.

48,3 : *mitten in der Schlachtreihe:* sie wurden also hinter die Front geführt, offenbar an die Stelle, wo das römische Fußvolk zuerst mit den Galliern und Spaniern zusammengestoßen war und wo sie unter den Haufen der Gefallenen die Schilde fanden.

5 : *Hasdrubal:* er war nach seinem Sieg über den rechten Flügel der Römer den Numidern zu Hilfe geeilt und befand sich jetzt also auf dem rechten Flügel der Punier. Die Angaben des Livius sind nicht klar; offenbar vermischen sich hier zwei Quellen.

   6 : *spanische Fußtruppen:* vgl. Pol. III 116,7.

49   : Livius schildert die Schlacht nach römischer Version, wobei mehrere Unebenheiten vorkommen. Es mischen sich aber fremde Quellen ein, so daß die Gesamtdarstellung unklar wird. Pol. III 116,1.

   1 : *auf der anderen Seite:* hier kann nur das Zentrum gemeint sein, das bei Livius am Ende des Kapitels 48 erwähnt wird.

   1 : *geschlossene Reihe:* App. Hann. 24; Plut. Fab. 16,8.

 13: *das Dorf Cannae:* lag im Rücken der ursprünglichen Aufstellung; sie mußten also vollends durch die Umklammerung durchgebrochen sein.

 13: *10 000 Mann:* nach App. Hann. 24 flohen in beide Lager 15 000 Mann.

 17: *von denen ... mußten:* sie hatten sich nicht in den Senat aufnehmen lassen, obwohl sie darauf Anspruch gehabt hätten, weil sie dann vom Kriegsdienst befreit waren. Vielmehr hatten sie sich als Freiwillige gemeldet.

50,8 : *herumtoben:* die Numider, die unter Lärm vor den Toren des Lagers herumsprengten.

  11: *Numider:* sie waren auf der Verfolgung so weit vorgedrungen.

51,1 : *Krieg:* sie meinten, der Krieg sei wie eine schwere Aufgabe nunmehr beendet.

  2 : *Maharbal:* so auch Florus I 22,19 und Amm. Marc. XVIII 5,6; andere schreiben Barcas; so Coelius bei Gellius X 24,6.

  4 : *Aufschub:* wahrscheinlich hätte Hannibal der Marsch auf Rom nicht mehr genützt als seiner Zeit dem Pyrrhus seine voreilige Bewegung.

52,1 : *Bollwerke:* womit er ihnen das Trinkwasser abschnitt.

  3 : *Entrichtung:* ganz anders Pol. III 117,8 ff.

  3 : *für jeden Sklaven:* Silberdenare mit dem Bild eines Viergespannes, das Jupiter lenkt; Wert: eine Drachme = etwa 0,70 M.

  5 : *Stirnschilde:* Zierschilde, die an Kopf und Brust der Pferde mit Riemenzeug befestigt waren.

  5 : *Tafelgerät:* der Hildesheimer Silberfund hat bewiesen, daß zur Zeit des Livius die römischen Feldherrn reiches Tafelgeschirr aus Silber im Felde mit sich führten.

  6 : *sollen:* nicht nach Polybios, der 4000 Kelten, 1500 Iberer und Libyer und etwa 200 Reiter angibt. Pol. III 117,6.

53,3 : *trotz seiner Jugend:* nach App. Hann. übergab Varro erst nach erfolgter Konzentration der Streitkräfte vor seiner Abreise nach Rom das Kommando dem Scipio.

5 : *König:* die Bezeichnung „König" war bei den Römern verhaßt.

54,6 : *konsularisches Heer:* gewöhnlich bestand es aus zwei Legionen. Diese zwei sog. cannensischen Legionen wurden nach Sizilien gebracht, wo sie nur Garnisondienst taten.

9 : *vielfach:* App. Hann. 25 berechnet den Verlust der Römer und Bundesgenossen seit Beginn des Krieges auf annähernd 100 000 Mann.

55,1 : *Philus – Pomponius:* in der Regel vertrat der praetor urbanus die Konsuln und hielt die Senatssitzungen, jetzt auch der praetor peregrinus.

6 : *beenden:* die Stadt sollte offensichtlich in Belagerungszustand versetzt werden.

56,1 : *Beamte:* durch die Liktoren oder durch Unterbeamte.

3 : *feilschen:* der neunte Tag (nonus) war Markttag.

5 : *30 Tage:* als Trauerzeit galten sonst zehn Monate.

57,1 : *M. Claudius:* war noch nicht in der Provinz.

5 : *Fabius:* Plutarch, Fab. 18.

6 : *Schicksalsbücher:* gemeint sind die sibyllinischen Bücher; auch die Absendung des Fabius war wohl nach ihnen erfolgt.

8 : *Furius:* der städtische Prätor durfte die Stadt nur zehn Tage verlassen.

9 : *17 Jahre:* erst von da an tragen sie die toga praetexta.

10: *zustehende Soldaten:* auf Grund eines Vertrages, den der römische Senat mit den einzelnen Gemeinden geschlossen hatte.

10: *Waffenstücke:* in Tempeln und Hallen wurden Siegestrophäen als Dank für die Götter aufgehängt.

58,4 : *300 Silberdenare:* ebenso Polybios.

6 : *auswählen:* in einem bei Gellius erhaltenen Fragment ist von einer beabsichtigten Auswechslung der Gefangenen die Rede. Cass. Dio. frg. 57,36.

59,1 : Die folgende Rede und Gegenrede beruht auf der Voraussetzung, als hätte der Senat das Lösegeld entweder zahlen oder wenigstens den Gefangenen vorschießen müssen. Nach Polybios VI 58,5 und App. Hann. 28 handelte es sich nur darum, daß der Senat den Gefangenen die Erlaubnis erteilte, sich durch ihre Angehörigen aus deren Mitteln loskaufen zu lassen.

7 : *von den Galliern:* zur Zeit des Pyrrhus war die Gesandt-
    schaft, die über die Auswechslung der Gefangenen verhan-
    deln sollte, vom Senat ausgegangen.

7 : *Gesandte:* der Führer der Gesandtschaft war Fabricius.

8 : *doch:* die früheren Schlachten waren nicht so schlimm; also
    ist ein Loskauf heute doch möglich.

9 : *es gibt einige:* Pol. VI 58,6.

11 : *verwenden:* das tat der Senat nicht, sondern verlegte diese
     Legionen in die Garnison nach Sizilien.

16 : *ansehen:* die Türen des Tempels, in dem die Senatssitzung
     stattfand, mußten offen bleiben.

60,15 : *bürgerliche Ehre:* die deminutio capitis bezeichnete den
     Verlust der Rechtsfähigkeit, die deminutio capitis maxima
     den Verlust der persönlichen Freiheit, von der auch die
     Kriegsgefangenen betroffen wurden.

61,5 : *Version:* App. Hann. 28 nennt nur drei Gesandte. XXI 1,4.

9 : *Beschimpfungen:* Versetzung unter die aerarii, Ausstoßung
    aus der tribus, Entzug des Staatsrosses waren die Folge.

11 : *Kalatiner:* hier nennen Polybios und Plutarch auch die
     Campani.

BUCH XXIII

1,5 : *das Untere Meer:* das Tyrrhenische Meer ist das Untere Meer
    im Gegensatz zum Oberen, dem Adriatischen Meer.

5 : *Seestadt:* von wo aus er mit Karthago in direkte Verbin-
    dung treten konnte. Pol. III 87,4.

6 : *Numider:* leichte Reiter.

7 : *Schwadron:* etwa 30 Reiter.

10 : *schreckte ab:* weil Hannibal im Belagerungskrieg wenig und
     gar nichts erreichte.

2,1 : *Capua:* nach der entscheidenden Niederlage der Römer
    hoffte Hannibal, sich jetzt Capuas bemächtigen zu können;
    das Jahr zuvor hatte er bei seinem Einfall in Kampanien
    keinen Angriff auf Capua unternommen. XXII 13,2.

1 : *üppig:* die Bevölkerung Capuas war verweichlicht und
    üppig, weil das Klima mild, das Land sehr fruchtbar, das
    Stadtgebiet unter den Römern von Verwüstung verschont
    geblieben war und keine Naturgewalten die Gegend heim-
    gesucht hatten.

3 : *in dem Jahre:* 217 v. Chr.

3,5 : *Senat:* er erscheint hier als das charakteristische Merkmal der republikanischen Verfassung.

11: *Beruf:* für einen Senator in Rom oder Capua schickte es sich nicht, ein Handwerk oder ein Gewerbe zu treiben.

4,1 : *alle:* zuerst hatte sich das Volk seiner Führung anvertraut, jetzt auch der Senat.

3 : *Schöffen:* Es wird in Capua dasselbe Prozeßverfahren wie in Rom vorausgesetzt.

7 : *Eherecht:* nach dem folgenden scheint nur die Aristokratie das conubium gehabt oder benutzt zu haben.

8 : *das stärkste Band:* zwischen den beiden Städten.

5,8 : *fast 100 Jahre lang:* das ist eine rhetorische Übertreibung; der Samniterkrieg dauerte von 344–272 v. Chr.; ungeschichtlich ist auch die Behauptung, er sei Capuas wegen begonnen worden.

9 : *Vertrag:* dadurch wären die Kampaner den Römern gleichgestellt gewesen; das stimmt nicht; sie verloren das Recht, Krieg zu führen und Frieden zu schließen; damit hatten sie ihre Souveränität eingebüßt. Sie stellten den Römern Hilfstruppen und waren im Münzrecht und der Gesetzgebung eingeschränkt.

9 : *unser Bürgerrecht:* nicht alle Kampaner erhielten das römische Bürgerrecht.

12: *Brücken:* ähnliche Verleumdungen Hannibals finden sich bei Appian. Hann. 28; Lib. 63.

12: *Menschenfleisch:* Hannibal Monomachos, ein Freund des Feldherrn Hannibal, äußerte im Kriegsrat bei der Erörterung von Versorgungsschwierigkeiten, man solle Menschenfleisch essen; im Ernst dachte niemand daran. Pol. IX 24.

6,1 : *einst:* i. J. 339 v. Chr.

5 : *Stimmen der Älteren:* gewichtige Stimmen von Männern über 45 Jahren; die seniores waren alte Leute von mehr als 60 Jahren.

7,1 : *Beamter:* alle Ämter in Capua sollten nur den Kampanern zugänglich sein.

8 : *kampanischer Prätor:* ist der medix tuticus in Capua.

8,6 : *bei hellem Tage:* es war ein convivium tempestivum (Cic. Cat. mai. 46), das vor der gewöhnlichen Essenszeit begann und bis in die Nacht fortgesetzt wurde.

6 : *punische Sitte:* die Punier lebten streng, besonders Hannibal und sein Heer.

10: *Toga:* er zog den von der rechten Seite über die linke Schulter nach hinten geworfenen Zipfel der Toga herab. Die Toga wird auch in Capua vorausgesetzt.

11: *mit Hannibals Blut:* Hannibal sollte gewissermaßen als Opfer dienen, durch dessen Blut das erneuerte Bündnis geheiligt wurde.

9,4 : *Gastgeber:* Die Ermordung Hannibals durch den jungen Calavius wäre frevelhaft, weil er die Pietät gegen den eigenen Vater, den Schwur der Treue und das Gastrecht verletzen würde.

6 : *viele:* außer Vater und Sohn waren nur drei Kampaner zu dem Gelage geladen; offensichtlich hatte Hannibal auch einen Teil seiner Offiziere hinzugezogen.

12: *Burg der Feinde:* das Haus der Ninnier.

10,5 : *Tribunal:* von den Augurn unter Beobachtung gewisser religiöser Formeln abgegrenzt; hier: Tribunal der Richter.

8 : *Siegeszug:* man schleppte ihn durch die Stadt, wie in Rom gefangene Fürsten hinter dem Wagen des Triumphators geschleppt wurden.

11: *damals:* Zur Zeit des Livius war Kyrene römische Provinz.

11: *floh:* indem Magius sich dadurch unter den Schutz des Landesherrn Ptolomäus stellte, nötigte er seine karthagischen Wächter, die Entscheidung des Königs anzurufen.

11: *Bildsäule des Ptolomäus:* Ptolomäus IV., Philopator 221 bis 204 v. Chr.

11,3 : *überheblich:* die griech. ὕβρις, die den Göttern nicht den schuldigen Dank erweist.

4 : *griech. Text:* ist das metrisch gefaßte Orakel.

6 : *Altar des Apollo:* in dem 431 v. Chr. eingeweihten Apollotempel am westl. Fuße des mons Capitolinus.

7 : *Mago:* war wahrscheinlich aus einem Hafen im Lande der Bruttier abgesegelt.

8 : *mit sechs Feldherrn:* die Zahl ist ungenau, da Fabius mitgezählt und Ti. Sempronius übergangen ist, obwohl er an der Trebia allein das Kommando führte.

9 : *200 000 Feinde:* dazu App. Hann. 25.

10: *Reiteroberst:* der konsularische Gewalt habe; dem Rang nach stand der Reiteroberst dem Prätor gleich.

12,1 : *Scheffel:* enthielt 8,7 l; damit ergeben drei modii etwas mehr als ¼ hl.

2 : *die Vornehmsten:* die Mitglieder der 18 von Servius Tullius eingerichteten Rittercenturien, die mit vom Staat gestellten Pferden ohne Sold dienten, trugen goldene Ringe; die übrigen Ritter hatten eiserne Ringe.

8 : *Senatoren:* diese Formel ist vom Senat in Rom auf den karthag. Senat übertragen. Unter den römischen Königen hatte der Senat 136 Mitglieder, wurde dann etwa um 450 v. Chr. auf 164 erhöht.

11: *Anhänger Hannibals:* Gegenstück zu dem Senat in Rom und Bezeichnung der nationalen Partei gegenüber der von Hanno vertretenen. XXIII 12,7.

16: *latinischer Volksstamm:* Die Latiner waren nicht bloß die Bewohner des alten Latium, sondern auch die Bewohner der über Italien hin gegründeten latinischen Kolonien. Sie bildeten mit eine Hauptstütze der römischen Macht.

16: *Stadtbezirk:* ursprünglich eine rein lokale, die Stadt Rom und ihre Feldmark umfassende Einteilung. Von König Servius Tullius geschaffen. Ursprünglich vier Tribus, seit 245 gab es 35, die nur römische Bürger umfaßten.

13,1 : *gehört:* durch Spione, die Hannibal in Rom selbst hielt. XXII, 33,1.

5 : *anbieten:* Hannibal wie Hanno hofften, die Römer seien nach der Niederlage von Cannae zu Friedensverhandlungen bereit. XXII 58,7.

7 : *Verstärkung:* die große Anzahl erklärt sich daraus, daß Hannibal seine Kriegselefanten verloren hatte.

7 : *Silbertalente:* die Zahl der Talente ist in den Handschriften schlecht erhalten. Mille (1000) ist eine wahrscheinliche Ergänzung. Der Wert eines Silbertalents betrug im Geldverkehr des griechischen Bereiches etwa 4500 Mark.

8 : *Diktator:* wird sonst von karthag. Feldherrn nicht gebraucht. Wer es ist, läßt sich nicht sagen. Kaum auf Hannibal oder Hasdrubal anwendbar. Justin. 19 1,7; Frontin. II 1,4; Gell. X 24,7.

14,2 : *Diktator:* einige Zeit nach seiner Unterredung mit dem kampanischen Gesandten (Kap. 5) ging Varro auf den Wunsch des Senats nach Rom (XXII 57,1 und 61,4) und ernannte im Oktober einen Diktator (XXII 57,9).

3 : *Haft:* Seit 326 v. Chr. durfte ein Schuldner nicht mehr verhaftet werden.

4 : *gallische Waffen:* der Konsul C. Flaminius hatte 223 v. Chr. die gallischen Insubrer besiegt, die um Mailand wohnten.

10: *mit seinem Heer:* Marcellus hatte in Canusium den Oberbefehl über die 10 000 Mann starken Reste des Heeres von Cannae übernommen.

13: *über die Berge:* Marcellus machte einen weiten Umweg, um das feindliche Heer zu umgehen.

15,3 : *ein Kleidungsstück:* um ihr Leben zu retten, mußten überwundene Feinde häufig alles abgeben und durften nur mit einem einzigen Kleidungsstück abziehen; Xen. Hell. II 3,6.

15: *Silberdenare:* Denare mit dem Bilde eines Zweigespanns. XXIII, 54,2.

15: *Liktoren:* hielten in der Vorhalle des Hauses Wache.

16,6 : *Gepäck:* es wurde beim Aufstellen der Schlachtordnung abgelegt.

8 : *neuangeworbene Soldaten:* woher Marcellus diese hat, wird nicht gesagt. Daß auch Fußtruppen der Bundesgenossen im Heere standen, läßt das folgende sociorum equites vermuten.

9 : *Schutztruppe:* die nur den Troß und das abgelegte Gepäck zu schützen hatte. XXIII 44,9; 46,2.

16: *vollbracht:* die Behauptung Nolas war wichtig, weil von dort aus die Verbindung von Capua und Nuceria, die in Hannibals Hand waren, unterbrochen wurde.

16: *später:* 202 bei Zama.

17,1 : *heimlich:* sie wurden als Verräter behandelt; Marcellus hielt das Gericht; ihre Güter wurden für Rom eingezogen.

3 : *das Lager des Claudius:* benannt nach M. Claudius Marcellus, in der Nähe von Nola.

8 : *Praenestiner:* sie bildete eine Kohorte im Römerheer.

10: *Kampaner:* hier ist allein an die Bewohner von Casilinum zu denken.

18,1 : *Hannibal:* hat den Volturnus überschritten und rückt auf der Nordseite des Flusses heran.

6 : *Elefanten:* aus dem in XXIII 13,7 erwähnten Nachschub; denn vorher hatte Hannibal nur noch einen Elefanten. XXII 34,1.

15: *kehrten um:* ins Lager bei Casilinum.

16: *Capua:* von Livius wird der Aufenthalt in Capua als großer Fehler Hannibals geschildert. Strabo 54,13; Pol. XI 19,3.

19,3 : *um die Auspizien zu wiederholen:* offensichtlich hatte er religiöse Bedenken gegen die am Anfang seines Zuges eingeholten Vorzeichen.

13: *Mäuse:* Plin. n. h. 8,222; Val. Max. VII 6,3; Frontin. IV, 5,20; Strabo V 13 p. 249.

16: *Unzen:* etwa 532 Mark.

18: *drei Bilder:* wahrscheinlich Fortuna mit Jupiter und Juno.

18: *Fortuna:* der Kult der pränestinischen Fortuna war im Altertum berühmt.

20,2 : *doppelter Sold:* sie erhielten den doppelten Sold aus der römischen Staatskasse; sonst erhielten Bundesgenossen den Sold von ihren eigenen Städten. XXVII 9,13.

2 : *Tausch:* die Römer boten ihnen das römische Bürgerrecht an. Sie blieben aber lieber im Bürgerverband von Praeneste. Cic. pro Balb. 29.

21,2 : *Seeleute:* die Bundesstädte, die am Meer lagen, hatten keine Landtruppen, sondern Matrosen zu stellen.

2 : *zum fälligen Termin:* der Sold wurde im Voraus oder nachträglich jährlich oder halbjährlich, das Getreide aber monatlich ausgeliefert.

6 : *drei Bankfachleute:* ein aus drei Männern bestehender Finanzausschuß, der der erschöpften Staatskasse Geld besorgen sollte und noch fünf Jahre später in Tätigkeit war.

7 : *Oberpriester:* die Ergänzung der Priesterkollegien wird von jetzt an ziemlich regelmäßig erwähnt, sonst aber gewöhnlich mit der Wahl der Konsuln zusammen.

22,2 : *leeres Rathaus:* von 300 Ratsmitgliedern waren nur noch 123 vorhanden.

4 : *geringe Zahl:* nach der lex Ovinia sollten die Censoren vorab die Männer, die kurulische Ämter bekleidet hatten, in den Senat aufnehmen.

6 : *Forderung:* i. J. 340 v. Chr. XXIII 6,8.

11 : *zwei Diktatoren:* Livius betrachtete Fabius und Minucius nicht als regelmäßige eigentliche Diktatoren: Pol. III 103,4. Im Wesen der Diktatur lag es, daß nur einer sie bekleiden konnte.

11 : *ohne Reiteroberst:* nur bei ganz wenigen Diktatoren wird die Berufung eines Reiterobersten nicht erwähnt.

23,2 : *noch dazu demselben:* es war durch Gesetz aus dem Jahre 265 untersagt, daß ein gewesener Censor zum zweiten Mal in dieses Amt gewählt wurde.

4 : *von einem einzelnen:* um ein Mitglied des Senates aus ihm zu entfernen, mußten sich beide Censoren verständigen; einer allein war dazu nicht befugt.

4 : *vorlesen:* das album senatus las hier der Diktator an Stelle eines sonst bestimmten Censors vor.

6 : *Ädilen:* es handelt sich um die plebeischen Ädilen.

6 : *noch keine Ämter:* seit 362 v. Chr. wurden vom Volk die Kriegstribunen der ersten vier Legionen gewählt. Diese niederen Ämter verliehen den Trägern einiges Ansehen, verschafften aber nicht das Recht der Aufnahme in den Senat.

6 : *in ihrem Haus:* nur der durfte eine feindliche Rüstung zu Hause aufhängen, der sie selbst erbeutet hatte.

6 : *Bürgerkranz:* aus Eichenlaub oder Metall in der Form von Eichenlaub, eine Ehrengabe eines im Kriege aus Lebensgefahr geretteten Mitbürgers. Gell. V 6,11.

24,2 : *informieren lassen:* der Senat als oberste Behörde will sich über den Stand der Kriegführung informieren, um danach die Geschäftsbereiche für die Beamten des neuen Jahres festzusetzen.

5 : *für das nächste Jahr:* d. h. das Amtsjahr des Konsuls.

6 : *neue Niederlage:* Pol. III 118,6; Zon. 9,3; Frontin. I 6,4.

8 : *am Obermeer:* in Picenum, Umbrien und in der Gegend von Ariminum. XXIII 1,5; das Adriatische Meer.

25,2 : *öffentliche Trauer:* bei großen Unglücksfällen ordnete der Senat für einige Tage einen Rechts- und Geschäftsstillstand an. IX, 7,8; X 21,3.

2 : *Ädilen:* sie erhielten vom Senat den Auftrag, weil die Sache ihrem Geschäftsbereich am nächsten lag.

6 : *aufzugeben:* man wollte keinen Feldzug gegen die Boier unternehmen; aber die Rom treu gebliebenen Gebiete am Po mußten verwaltet werden. Deshalb wurde 215 der Proprätor M. Pomponius mit zwei Legionen dorthin geschickt. XXIV 10,3; 11,3.

7 : *nach Sizilien:* sie wurden zum abschreckenden Beispiel für die anderen Truppen bis gegen Ende des Krieges hart behandelt und ihre Bitten um ein besseres Los vom Senat abgewiesen. XXV 7,4.

10: *aus ihren Reihen:* sie sollten aus Sizilien, wohin sie im Frühjahr 217 geschickt worden waren, zurückkehren. Pol. III 75,4.

26,2 : *traute:* Hasdrubal hatte etwa 13 000 Fußtruppen und 2500

Reiter, also rund 16 000 Mann, dazu 21 Elefanten; die Truppenstärke der Römer betrug im ganzen etwa 20 000 Mann. XXI 22,1.

27,10: *Spanien:* Hasdrubal war bereit, dem Befehl des Senats zu gehorchen, verlangte aber, daß Spanien gesichert werde.

28,4 : *einigen:* ehe die einzelnen Völker, durch deren Gebiet Hasdrubal kam, sich zu einem gemeinsamen Angriffsplan vereinigen konnten, war er bereits weiter gezogen. XXI 57,3.

5 : *Hasdrubal:* er scheint nach der Niederschlagung des Aufstandes der Tartesier langsam zum Ebro gezogen zu sein und wurde durch das Mißtrauen gegenüber den Spaniern (XXIII 17,10) und durch die Vorbereitungen zu seinem Zug nach Italien gehindert, mit den Scipionen zu kämpfen. XXIII 26,3.

29,2 : *Feldzeichen:* bei den Römern wurde als Zeichen zum Beginn des Kampfes eine rote Fahne (vexillum) am Feldherrnzelt aufgezogen.

3 : *erste Reihen:* sie standen vor den signa, die als Feldzeichen des ersten Treffens feste Punkte der Kampfordnung waren.

4 : *angeworbene Hilfstruppen:* es handelte sich um eine geringe Anzahl Liguren und Balearen.

5 : *Kunstspringer:* die von einem Pferd auf das andere sprangen. Hom. Il. XV 679 ff.

10: *eingekreist:* die Römer haben wie in den Schlachten an der Trebia und bei Cannae das Mitteltreffen der Feinde zurückgeworfen und sich in die Lücke hineingedrängt.

16: *in Spanien bleiben:* Hasdrubal blieb noch sieben Jahre dort und zog dann erst nach Italien. Wie häufig, Übertreibung bei Livius.

30,1 : *Petelia:* nach Polybios wurde die Stadt von Hannibal selbst, nach Appian von Hanno erobert. XXIII 37,11; 41,12; 43,6; 46,8; XXIV 1,1 u. a.

3 : *Vierfüßler:* Livius denkt an Hunde, Mäuse und Ratten. XXIII 19,13; Katzen kannte man in Europa erst seit dem vierten nachchristlichen Jahrhundert.

5 : *Punier:* Himilko.

6 : *Kroton:* dazu XXIV 2,2–3,15.

6 : *einst:* Kroton, um 700 v. Chr. gegründet, kam durch Pythagoras in den Ruf der Sittenreinheit und Mäßigkeit.

12: *Tod:* anders Pol. VII 8,9.

13: *Diktator:* als Diktator hatte er i. J. 217 im Namen des Staates den Tempel gelobt.

15: *Leichenspiele:* dazu gehörten auch Gladiatorenkämpfe zur Belustigung des Volkes. XXXI 50,6.

16: *Römische Spiele:* sie wurden später vom 4.–17. September gefeiert.

17: *Volksspiele:* die Spiele waren vielleicht erst kurz vorher gestiftet worden und werden hier zum ersten Mal erwähnt. Später im November gefeiert.

18: *Iden des März:* an diesem Tage traten in jener Zeit die Konsuln und Prätoren regelmäßig ihr Amt an. XXI 63,1; XXII 1,4.

19: *als Prokonsul:* Marcellus bekleidete noch die Prätur; es war sonst ganz ungewöhnlich, daß der Prätor bereits das imperium proconsulare erhielt.

31,1 : *Capitol:* die erste Senatssitzung des Jahres fand immer im Tempel des Jupiter Capitolinus statt.

3 : *das claudische Lager:* deckte einerseits Nola und hielt andrerseits den Weg nach dem Tal des Volturnus offen.

9 : *Duumvirn:* die beiden Männer, die nach der Schlacht am Trasimennischen See im Namen des Staates die Tempel gelobt hatten, sollten die gelobten Tempel einweihen. XXII 10,10.

9 : *Venus Erycina:* i. J. 181 kam ein zweiter Tempel der Venus Erycina hinzu, der außerhalb des collinischen Tores stand.

10: *Stadtbürger:* sie hatten in damaliger Zeit eingeschränktes römisches Bürgerrecht.

13: *mit überwältigender Mehrheit:* er war der fähigste Feldherr und die Wahl zweier Plebejer gesetzlich erlaubt.

13: *zwei bürgerliche Konsuln:* i. J. 171 v. Chr. zum ersten Male nicht beanstandet.

13: *Patrizier:* sind hier Patrizier und nicht Senatoren.

15: *brannte das Meer:* Meeresleuchten; verursacht durch ungeheure Mengen leuchtender Meertierchen, die eine Oberflächenschicht bildeten.

32,1 : *Freiwillige:* Sklaven, die sich freiwillig zum Kriegsdienst gemeldet hatten.

1 : *25 000 Mann Bundesgenossen:* sie waren neu einberufen worden.

5 : *Mago:* er war schon XXIII 13,8 für Spanien bestimmt, scheint aber erst jetzt von Karthago aufgebrochen zu sein.

9 : *Sarder:* Sardinien war 237 von Karthago an Rom abgetreten worden.

10: *vornehme Bürger:* ein großer Teil der Bevölkerung Sardiniens stammte aus Afrika und stand den Puniern wohl näher als den Römern.

14: *Getreide:* das Dreschen der Garben konnte in den Städten besorgt werden; es handelte sich besonders um Spelt und Gerste.

15: *versteigern:* ein aufgestellter Spieß war das Zeichen der Versteigerung zugunsten der Staatskasse.

16: *Tarent:* die Stadt hatte seit längerer Zeit eine römische Besatzung.

18: *Küste unterhalb Roms:* die Küste von Latium und Etrurien.

33,1 : *Könige:* Antiochus III. von Syrien, 214–187; Ptolomäus IV. Philopator von Ägypten, 221–204; Attalus I. von Pergamon, 241–197; Prusias von Bithynien; Pol. V 105,3.

12: *gemeinsam:* Philippus und Hannibal, also Makedonen und Punier.

34,4 : *leichte Segler:* von den Kyprern übernommene leichtere Schiffe.

13: *Legion:* die gewöhnliche Stärke einer Legion betrug damals 4200 Mann zu Fuß und 300 Reiter.

15: *Konsulat:* i. J. 235 v. Chr.

35,2 : *Staat von Cumae:* Liv. IV 44.

5 : *gemustert:* das neugebildete Heer wurde von seinem Abmarsch durch ein Opfer gereinigt; damit war eine Musterung verbunden.

7 : *Stand:* sie waren nicht frei, obwohl sie Soldaten waren.

13: *medix tuticus:* oberste Behörde von Capua. XXIII 2,3.

37,2 : *Unterlage:* wahrscheinlich wurden auf der Innenseite der Mauer, um eine genügend breite Grundlage für einen Turm herzustellen, Pfähle in der Höhe der Mauer eingerammt.

10: *Hanno:* es scheint dieselbe Persönlichkeit gemeint zu sein wie XXIII 41/42; XXIII 43,6; XXIII 46,8.

38,4 : *Schreiben:* von einem solchen Schreiben ist XXIII 34,7 nichts gesagt.

7 : *fesseln:* die Gesandten, die zwei feindliche Mächte einander zuschickten, wurden natürlich nicht durch das Völkerrecht geschützt, sondern als Gefangene behandelt.

39,3 : „Der Dunkle" hieß der Philosoph Heraklit v. Ephesus (um 450 v. Chr.), weil seine Lehre schwer verständlich war.

41,10: *Bomilcar:* Nachdem Mago mit seinen Truppen nach Spanien abgefahren war (XXIII 32,11), wurde in Karthago eine neue Verstärkung für Hannibal ausgerüstet, die nach der Schlacht von Cannae zu ihm stieß. XXIII 13,7 und 18,6.

  14: *ehemalige Niederlagen:* am Gaurus und bei Suessula 343, bei Longula 309, bei Bovianum 305, bei Sentinum 295 und bei Aquilonia 293.

42,2 : *Pyrrhus:* nach seinem ersten Sieg über die Römer bei Heraklea (280) hatten sich ihm die unteritalischen Völker angeschlossen.

  3 : *Frieden:* 272 v. Chr., nachdem Pyrrhus nach der Niederlage bei Beneventum Italien verlassen hatte.

  5 : *Stachel:* das Bild ist von der Biene genommen, die bei dem Stich mit dem Stachel das Leben verliert. Curt. Ruf. IV 14,13.

  9 : *Diktatoren:* L. Papirius Cursor 325 und 309, Q. Fabius Maximus Rullianus 315 und 301; von 316–312 wurde jedes Jahr ein Diktator gewählt.

43,11: *italischen Namens:* Bezeichnung für die Zusammengehörigkeit der Bewohner Italiens außer den Griechen, Römern und Kelten.

44,1 : *seit vielen Jahren:* Nola wurde i. J. 313 von den Römern erobert.

45,7 : *Schwadron:* etwa 30 Reiter, die der Legion beigegeben waren. Hier bedeutet es wohl eine Abteilung bundesgenössischen Fußvolkes etwa in Legionsstärke.

  10: *reiche Stadt:* die ausgedehnte Feldmark Nolas war sehr furchtbar.

46,6 : *für Vulkan:* I 37,5; VIII 10,13; XXX 6,9; XLI 12,6.

47,6 : *Gaul:* ein Gaul in der Grube ist hilflos.

48,1 : *zurück:* in das Lager bei Suessula.

  3 : *Brundisium:* Laevinus ließ die Flotte von Tarent nach Brundisium kommen und stand mit seinen Landtruppen in ihrer Nähe. XXIV 11,4.

  7 : *Sardinien:* von dort war erst vor kurzem Geld und Getreide gekommen. XXIII 41,7.

  7 : *Steuern:* sie zahlten zumeist in Naturalien, besonders in Getreide.

  10: *Prätor:* weil keine Censoren gewählt und die Konsuln abwesend waren.

49,1 : *Gruppen:* weil einer allein nicht Geld genug hatte, um den

ganzen Vorrat an Getreide und Kleidungsstücken zu kaufen, taten sich mehrere zu einer societas zusammen.

2 : *keinen Kriegsdienst:* an sich waren nur Senatoren und Priester frei.

8 : *die beiden anderen Feldherrn:* Mago und Hannibal.

Liber XXI

Periocha

Initia belli Punici secundi referuntur et Hannibalis, ducis Poenorum, contra foedus per Hiberum
flumen transitus; a quo Saguntinum, sociorum populi Romani, civitas obsessa octavo mense capta
est. De quibus iniuriis missi legati ad Carthaginienses, qui quererentur. Cum satis facere nollent, bellum eis indictum est. Hannibal superato Pyrenaeo
saltu per Gallias fusis Volscis, qui obsistere conati
erant ei, ad Alpes venit et laborioso per eas transitu,
cum montanos quoque Gallos obvios aliquot proeliis reppulisset, descendit in Italiam et ad Ticinum
flumen Romanos equestri proelio fudit; in quo
vulneratum P. Cornelium Scipionem protexit filius,
qui Africani postea nomen accepit. Iterumque exercitu Romano ad flumen Trebiam fuso Hannibal
Apenninum quoque per magnam vexationem militum propter vim tempestatum transiit. C. Cornelius
Scipio in Hispania contra Poenos prospere pugnavit
duce hostium Magone capto.

Liber XXII

Periocha

Hannibal per continuas vigilias in paludibus oculo amisso in Etruriam venit; per quas paludes qua-
driduo et tribus noctibus sine ulla requie iter fecit.
C. Flaminius consul, homo temerarius, contra au-

Inhaltsübersicht
Die Bücher XXI–XXX behandeln den zweiten
Punischen Krieg

Buch XXI

Inhalt

Erzählt werden die Anfänge des zweiten punischen Krieges und
der vertragswidrige Übergang des Punierfeldherrn Hannibal über
den Ebro; von ihm wurde Sagunt, eine Stadt römischer Bundesgenossen, im achten Monat der Belagerung erobert. Wegen dieses
Unrechts schickte man Gesandte nach Karthago, die darüber Klage
führen sollten. Da die Karthager keine Genugtuung leisten wollten, erklärten ihnen die Römer den Krieg. Hannibal überschritt die
Pyrenäen, besiegte die Volsker in Gallien, die sich ihm zu widersetzen gewagt hatten, und kam an die Alpen. In einem beschwerlichen Übergang, auf dem er auch die Bergbewohner Galliens, die
sich ihm widersetzten, in mehreren Schlachten besiegte, stieg er
nach Gallien hinunter und überwand die Römer in einem Reitertreffen am Ticinus; in diesem Treffen schützte den verwundeten
P. Scipio sein Sohn, der später den Beinamen Africanus erhielt.
Nachdem Hannibal das römische Heer ein zweites Mal an der
Trebia besiegt hatte, ging er auch über den Apennin, wobei seine
Soldaten durch die stürmische Witterung recht übel mitgenommen
wurden. Cn. Cornelius Scipio kämpfte in Spanien erfolgreich gegen
die Punier und nahm den feindlichen Heerführer Mago gefangen.

Buch XXII

Inhalt

Hannibal verlor durch das ständige Wachen im Sumpfklima ein
Auge. Bald kam er nach Etrurien. Vier Tage und drei Nächte marschierte er durch die Sümpfe, ohne sich Ruhe zu gönnen. Der Konsul C. Flaminius, ein Draufgänger, war trotz schlechter Vorzeichen

spicia profectus, signis militaribus effossis, quae tolli
non poterant, et ab equo, quem conscenderat, per
caput devolutus, insidiis ab Hannibale circumven-
tus ad Thrasymennum lacum cum exercitu caesus
est. Sex milia, quae eruperant, fide ab Adherbale
data perfidia Hannibalis vincta sunt. Cum ad nuntium cladis Romae luctus esset, duae matres ex in-
sperato receptis filiis gaudio mortuae sunt. Ob hanc
cladem ex Sibyllinis libris ver sacrum votum. Cum
deinde Q. Fabius Maximus dictator adversus Hannibalem missus nollet acie cum eo confligere, ne
contra ferocem tot victoriis hostem territos adversis
proeliis milites pugnae committeret et opponendo
se tantum conatus Hannibalis impediret, M. Minucius, magister equitum, ferox et temerarius, criminando dictatorem tamquam segnem et timidum effecit, ut populi iussu aequaretur ei cum dictatore
imperium; divisoque exercitu cum iniquo loco con-
flixisset et in magno discrimine legiones eius essent,
superveniente cum exercitu Fabio Maximo discrimine liberatus est. Quo beneficio victus castra cum
eo iunxit et patrem eum salutavit idemque facere
milites iussit. Hannibal vastata Campania inter
Casilinum oppidum et Calliculam montem a Fabio
clusus, sarmentis ad cornua boum alligatis et incensis praesidium Romanorum, quod Calliculam
insidebat, fugavit et sic transgressus est saltum.
Idemque Fabii dictatoris, cum circumposita ureret,
agro pepercit, ut illum tamquam proditorem su-
spectum faceret. Aemilio deinde Paulo et Terentio
Varrone consulibus et ducibus cum clade magna
adversus Hannibalem ad Cannas pugnatum est,
caesaque eo proelio Romanorum quadraginta quinque milia cum Paulo consule et senatoribus nonaginta et consularibus aut praetoriis aut aediliciis
triginta. Post quae cum a nobilibus adulescentibus
propter desperationem consilium de relinquenda

aufgebrochen. Er hatte die Fahnen ausgraben lassen, die man nicht aus dem Boden ziehen konnte. Von seinem Pferde, das er bestiegen hatte, war er kopfüber abgeworfen worden. Nun wurde er von Hannibal in eine Falle gelockt und am Trasimennischen See mit seinem ganzen Heer vernichtet. 6000 Mann, die sich durchgeschlagen hatten und denen man gute Behandlung zugesichert hatte, wurden von Hannibal vertragsbrüchig gefesselt. Bei dem Bericht von der Niederlage herrschte in Rom große Trauer. Zwei Mütter starben an der unverhofften Freude, als sie ihre Söhne plötzlich zurückerhielten. Wegen dieser Niederlage gelobte man nach den sibyllinischen Büchern einen Weihefrühling. Darauf wurde der Diktator Fabius Maximus gegen Hannibal geschickt. Er wollte nicht in offener Feldschlacht mit ihm kämpfen, um seine eingeschüchterten Soldaten nicht dem Kampf gegen einen durch so viele Siege frech gewordenen Feind auszuliefern. Sein Plan war es, Hannibals Absichten nur dadurch zu vereiteln, daß er sich ihm immer wieder entgegenstellte. Da klagte der überhebliche und verwegene Reiteroberst M. Minucius den Diktator beim Volk als faul und feige an. Damit erreichte er, daß er nach Volksbeschluß den gleichen Oberbefehl mit dem Diktator erhielt. Das Heer wurde also aufgeteilt. Der Reiteroberst geriet aber auf ungünstigem Gelände in einen Kampf. Recht schlimm stand es um seine Legionen, als Fabius Maximus mit seinem Heer zu Hilfe eilte und ihn aus der Gefahr befreite. Durch diesen Großmut entwaffnet, zog Minucius zu ihm ins Lager, begrüßte ihn als Vater und ließ seine Soldaten das Gleiche tun. Hannibal verwüstete Kampanien und wurde zwischen der Stadt Casilinum und dem Berge Calicula von Fabius eingeschlossen. Da ließ er Reisigbündel an die Hörner von Rindern binden und anzünden. Damit verscheuchte er die römischen Belagerungstruppen am Calicula und überschritt so den Paß. Er verschonte das Landgut des Fabius Maximus, während er alles Umliegende niederbrennen ließ, um ihn als Verräter verdächtig zu machen. Unter dem Konsulat und der Führung des Aemilius Paulus und Terentius Varro gab es darauf im Kampf gegen Hannibal eine große Niederlage bei Cannae. Dabei fielen 45000 Römer mit dem Konsul Paulus, 90 Senatoren und 30 ehemalige Konsuln, Prätoren oder Ädilen. Darauf faßten vornehme junge Männer aus lauter Verzweiflung den Plan,

Italia iniretur, P. Cornelius Scipio tribunus militum, qui Africanus postea vocatus est, stricto supra capita deliberantium ferro iuravit pro hoste se habiturum eum, qui in verba sua non iurasset, effecitque, ut omnes non relictum iri a se Italiam iure iurando adstringerentur. Propter paucitatem militum octo milia servorum armata sunt. Captivi, cum potestas esset redimendi, redempti non sunt. Praeterea trepidationem urbis et luctum et res in Hispania meliore eventu gestas continet. Opimia et Floronia virgines Vestales incesti damnatae sunt. Varroni obviam itum et gratiae actae, quod de re publica non desperasset.

Liber XXIII

Periocha

Campani ad Hannibalem defecerunt. Nuntius Cannensis victoriae Mago Carthaginem missus anulos aureos corporibus occisorum detractos in vestibulo curiae effudit, quos excessisse modii mensuram traditur. Post quem nuntium Hanno, vir ex Poenis nobilibus, suadebat senatui Carthaginiensium, ut pacem a populo peterent; nec tenuit obstrepente Barcina factione. Claudius Marcellus praetor ad Nolam eruptione adversus Hannibalem ex oppido facta prospere pugnavit. Casilinum a Poenis obsessum ita fame vexatum est, ut lora et pelles scutis detractas et mures inclusi essent. Nucibus per Volturnum amnem a Romanis missis vixerunt. Senatus ex equestri ordine hominibus centum nonaginta septem suppletus est. L. Postumius praetor a Gallis cum exercitu caesus est. Cn. et P. Scipiones in Hispania Hasdrubalem vicerunt et Hispaniam suam fecerunt. Reliquiae Cannensis exercitus in Sicilia

Italien zu verlassen. Da hielt der Militärtribun P. Cornelius Scipio, später Africanus genannt, sein Schwert über die Köpfe der Verhandelnden und schwor, den als Feind zu betrachten, der seinen Eid nicht nachspräche. Dadurch erreichte er, daß sich alle eidlich verpflichteten, Italien auf keinen Fall zu verlassen. Aus Soldatenmangel wurden 8000 Sklaven bewaffnet. Die Gefangenen wurden nicht losgekauft, obwohl die Möglichkeit bestand. Außerdem enthält dieses Buch den Bericht über die Bestürzung und Trauer der Stadt und die erfolgreicher verlaufenen Unternehmungen in Spanien. Die beiden vestalischen Jungfrauen Opimia und Floronia wurden wegen Unkeuschheit verurteilt. Dem Varro ging man entgegen und dankte ihm, daß er den Staat nicht aufgegeben hatte.

Buch XXIII

Inhalt

Die Kampaner fielen zu Hannibal ab. Als Siegesbote von Cannae wurde Mago nach Karthago geschickt. Er schüttete die goldenen Ringe, die man den Gefangenen abgezogen hatte, im Vorraum des Rathauses aus. Das soll mehr als ein Scheffel gewesen sein. Auf diese Nachricht riet Hanno, ein punischer Adliger, dem Senat, das römische Volk um Frieden zu bitten. Er drang aber mit seinem Vorschlag nicht durch, weil die barkinische Partei ihn überstimmte. Der Prätor Claudius Marcellus machte bei Nola einen Ausfall gegen Hannibal und hatte dabei Erfolg. Casilinum, das von den Puniern belagert wurde, litt solchen Hunger, daß die Eingeschlossenen Riemen und Häute von den Schilden rissen und Ratten aßen. Man lebte von Nüssen, die die Römer auf dem Volturnus hinunterschickten. Der Senat wurde durch 197 Männer aus dem Ritterstand ergänzt. Der Prätor L. Postumius wurde mit seinem Heer von den Galliern vernichtet. Cn. und P. Scipio besiegten Hasdrubal in Spanien und unterwarfen das Land. Die Reste des Heeres von Cannae wurden nach Sizilien verlegt und durften erst nach Kriegsende von dort zurückkehren. Der Konsul Sempronius Gracchus besiegte die

relegatae sunt, ne recederent inde nisi finito bello.
Sempronius Gracchus consul Campanos cecidit.
Claudius Marcellus praetor Hannibalis exercitum
ad Nolam proelio fudit et vicit primusque tot cladibus fessis Romanis meliorem spem belli dedit.
Inter Philippum, Macedoniae regem, et Hannibalem
societas iuncta est. Praeterea in Hispania feliciter
a P. Cn. Scipionibus, in Sardinia a. T. Manlio praetore adversus Poenos res gestas continet, a quibus
Hasdrubal dux et Mago et Hanno capti. Exercitus
Hannibalis per hiberna ita luxuriatus est, ut corporis animique viribus enervaretur.

Kampaner. Der Prätor Claudius Marcellus schlug Hannibals Heer
bei Nola in einem Gefecht in die Flucht und besiegte es; als erster
erweckte er bei den Römern, die nach so vielen Niederlagen erschöpft waren, etwas mehr Hoffnung für diesen Krieg. Zwischen
Philippus, dem König von Makedonien, und Hannibal kam es zu
einem Bündnis. Außerdem enthält das Buch die Erfolge des Prätors T. Manlius gegen die Punier in Sardinien. Dabei wurden Hasdrubal, Mago und Hanno gefangen. Hannibals Heer wurde durch
die Üppigkeit im Winterlager so verwöhnt, daß Körper- und Gei-
steskräfte nachließen.

Buch XXI

Buch XXII

Kap. 3–7,5: Schlacht am Trasimennischen See. Pol. III 80–85; Coelius Antipater 3,11–14; 6,1–4; 11; 12; Cicero de divinatione 1,77; de natura deorum 2,8; App. Hann. 9; Sil. It. 5,1 ff.; Zon. 8,25.

Kap. 7,6–9,6: Eindruck der Niederlage in Rom; Centenius; Hannibals Marsch nach Apulien. Pol. III 3,86; Nep. Hann. 4; Zon. 8,25.

9,7–12: Diktatur des Fabius; religiöse und militärische Maßnahmen. Pol. III 88 f.; App. Hann. 62; Cass Dio fr. 57, 8; Zon. 8,15.

Kap. 13–15,10: Hannibals Zug nach Kampanien (unabhängig von Polybios).

Kap. 15,11–18: Hannibal bei Casilinum eingeschlossen; Rückmarsch nach Apulien. Pol. III 92–94

Kap. 19–22: Kriegszüge in Spanien während des Sommers 217. Pol. III 95–99; App. Ib. 15; Zon. 9,1; Frontinus Strat. IV 7,9.

Kap. 23–27: Krieg in Italien; Übertragung der Diktatur an Minucius. Pol. III 100; Diod. 26,5; Zon. 8,26; Val. Max. III 8,2.

Kap. 28–31: Minucius geschlagen; Operationen zur See. Pol. III 104–105; Zon. 8,26.

Kap. 32–37: Kriegführung der Konsuln des Jahres 217; städtische Angelegenheiten; Kriegsrüstungen. Pol. III 106 ff.; App. Hann. 16 f.; 8,26; Val. Max. 4,8 ext. 1.

Kap. 38–40: Abzug der Konsuln ins Lager. Pol. III 108; Front. Strat. IV 1,4.

Kap. 41–43: Treffen; Marsch von Gereonium und Larinum nach Cannae. Pol. III 107 ff.; App. Hann. 17 ff.; Plut. Fab. 15; Cass. Dio fr. 57,24; Zon. 9,1; Polyaenus VI 38,49; Val. Max. VII 4 ext. 2.

Kap. 44–50,3: Die Schlacht bei Cannae. Pol. III 107–117.

Kap. 50,4–54,6: Übergabe der beiden römischen Lager; die Flüchtlinge. Pol. VI 58; Plut. Fab. 16; App. Hann. 26; Cass. Dio fr. 57,29.

Kap. 54,7–57: Ereignisse in Rom (römische Quelle).

Kap. 58–61,9: Der angebotene Loskauf der römischen Gefangenen. Pol. VI 58; Cic. off. III 32,113.

Kap. 61,10–15: Folgen der Schlacht. Pol. III 118,1–5.

Buch XXIII

Kap. 1: Einnahme von Compsa; Angriff auf Neapel durch Hannibal. Zon. 9,2.

Kap. 2–4: Zügellose Demokratie und Schwelgerei in Capua. Pol. VII 1; Diod. 26,13; Zon. 9,2; Sil. It. 11,29 ff.

Kap. 5: Gesandtschaft aus Capua verhandelt 216 v. Chr. in Venusia mit dem Konsul Varro.

Kap. 6–10: Capuas Abfall von Rom zu Hannibal; Diod. 26,13; Zon. 9,2.

Kap. 11–13: Rückkehr des Q. Fabius von Delphi. Gesandtschaft Hannibals nach Karthago. Cass. Dio fr. 57,27; Zon. 9,3; Val. Max. VII 2 ext. 16.

Kap. 14–17,6: Rüstungen in Rom. Kämpfe um Nola, Neapel, Acerrae, Plut. Marc. 9 ff.; App. Hann. 27; Zon. 9,2; Val. Max. VII 6,2; Flor. I 22,23; Front. III 16,1; Cass. Dio fr. 57,32.

Kap. 17,7–20: Belagerung und Übergabe von Casilinum. Hannibals Heer in

Capua. Petelia bedrängt. Front. Strat. II 5,25; III 14,2; Zon. 9,2; 3; Polyaen. VI 38,5 f.; Diod. 26,14 ff.; Val. Max. VI 6 ext. 2; 1 ext. 1; Pol. VII 1,3; Strabo V 4,13.

Kap. 21: Anordnungen in Rom. Plut. Fab. 9; Val. Max. VII 6,1.

Kap. 22–23: Außerordentliche Ergänzung des Senats.

Kap. 24–25: Wahl der Konsuln und Prätoren. Niederlage des L. Postumius in Gallien. Verfügungen über die Heere. Pol. III 118; Zon. 9,3; Front. I 6,4.

Kap. 26–29: Ereignisse in Spanien. App. Ib. 15; Zon. 9,3.

Kap. 30: Verluste der Römer in Italien; öffentliche Spiele; Wechsel der Beamten. Pol. VII 1; Front. IV 5,18; App. Hann. 29; Val. Max. VI 6 ext. 2; Sil. It. 12,431.

Kap. 31–32: Rüstungen in Rom und Karthago. Plut. Marc. 12.

Kap. 33–34,9: Bündnis zwischen Hannibal und König Philipp V. von Makedonien. Pol. V 105; VII 9; Zon. 9,4.

Kap. 34,10–18: Verhältnisse in Sardinien.

Kap. 35–37: Niederlage der Kampaner bei Hamae. Sieg der Römer in Lukanien.

Kap. 38–39: Vorbereitungen zum Krieg mit Philippus von Makedonien; Unternehmungen in Kampanien. Zon. 9,3.

Kap. 40–41: Kriegsereignisse in Sardinien, Sizilien und Unteritalien. Zon. 9,4; Sil. It. 12,340 f.

Kap. 42–43,4: Gesandtschaft der Hirpiner und Caudiner.

Kap. 43,5–46,8: Zweites Treffen bei Nola; Plut. Marc. 12; Zon. 9,3.

Kap. 46,6–48,3: Ereignisse vor Capua und in Apulien. Sil. It. 13, 142 ff., App. Hann. 37.

Kap. 48,4–49: Das Heer der Scipionen in Spanien; die Schlachten bei Iliturgi und Intibili. Val. Max. V 6,8.

Zeittafel

I. Ereignisse zwischen dem ersten und zweiten Punischen Krieg.

241–238 Söldneraufstand in Afrika (bellum Africum), von Hamilkar niedergeschlagen.

238 Die Römer entreißen den bedrängten Karthagern Sardinien und Korsika.

238–229 Hamilkar erobert große Gebiete im südlichen und östlichen Spanien.

229–221 Nach Hamilkars Tode setzt sein Schwiegersohn Hasdrubal die Eroberungen in Spanien fort; er gründet Neu-Karthago und dringt bis zum Ebro vor; Bündnis der Römer mit Sagunt.

226 Vertrag der Römer mit Hasdrubal („Ebro Grenze der karthagischen Herrschaft in Spanien").

221 Hasdrubal wird ermordet; sein Nachfolger wird Hannibal.

219 Hannibal erobert Sagunt.

II. Zweiter punischer Krieg (218–201).

218–216 Hannibals unaufhaltsamer Siegeslauf.

218 (Frühjahr) Aufbruch Hannibals von Neu-Karthago. (Sein Bruder Hasdrubal bleibt zum Schutze Spaniens zurück.) Zug über die Pyrenäen durch Südgallien, Alpenübergang. Im Herbst in Oberitalien; er schlägt im November den Konsul P. Cornelius Scipio (Reitergefecht) am Ticinus; im Dezember besiegt er das Heer des anderen Konsuls Sempronius Longus und das des Scipio an der Trebia.

218/17 Hannibal überwintert im Lande der Boier und Ligurer.

217 (Frühjahr) Zug über den Apennin nach Etrurien. Hannibal vernichtete das Heer des Flaminius am Trasimennischen See.

Zug nach Apulien (defensive Kriegführung des Fabius Cunctator).

216 Sieg Hannibals bei Cannae über Terentius Varro und Aemilius Paulus; Paulus fällt.

Die Kampaner und Samniten fallen von Rom ab.

216–211 Schwanken des Kriegsglücks.

Hannibal von Marcellus wiederholt bei Nola geschlagen.

Winterquartier Hannibals in Capua.

215 Bündnis Hannibals mit Philippus V. von Makedonien.

III. Der Krieg in Spanien (218–206).

Die Brüder P. und Cn. Cornelius Scipio erobern einen großen Teil Spaniens.

Verzeichnis der Eigennamen

Abelux: vornehmer Spanier aus Sagunt. XXII 22,6.

Acerrae: Ort in Kampanien zwischen Capua und Nola, von Hannibal zerstört. Liv. VIII 17,12; XXIII 17,1; Vell. I 14,4.

Acerrani: Bewohner von Acerrae, die offensichtlich mit Hilfe des Marcellus in die nur wenig zerstörte Stadt zurückkehrten. XXIII 19,4.

M. Acilius: triumvir agris assignandis in Placentia und Cremona. XXI 25,4.

Aegates insulae: Inselgruppe an der Westecke Siziliens. Bekannt durch den Sieg der Römer über die Karthager am Ende des ersten punischen Krieges (241). XXI 10,7; XXII 56,7.

L. Aemilius: Censor 220; XXI 18,1; XXII 55,1; XXIII 22,3.

M. Aemilius: Prätor i. J. 217. XXI 49,6; XXII 33,9; XXIII 20,6.

M. Aemilius Lepidus: Konsul 232, bekleidete 218 die Prätur das zweite Mal, fiel bei der Bewerbung um das Konsulat 216 durch; XXI 35,1; XXIII 30,15.

Q. Aelius Paetus: Oberpriester. Die Priester waren vom Kriegsdienst befreit. Paetus hatte also nach seiner erfolglosen Bewerbung um das Konsulat (XXII 35,2) freiwillig am Kriege teilgenommen. XXII 35,2; XXII 21,7.

L. Aemilius Papus: Konsul und Censor. XXIII 21,6.

L. Aemilius Paulus: Konsul, der in der Schlacht bei Cannae fiel; XXII 50,6.

Afri: Bewohner von Afrika, insbesondere des karthagischen Gebietes. Kerntruppen des punischen Heeres. XXI 11,8 u. ö. XXII 2,3; XXIII 29,4 und oft.

Africa: Erdteil südlich von Europa. XXI 1,5 und oft.

Bellum Africum: Söldnerkrieg in Afrika (241–238 v. Chr.), den Hamilkar siegreich beendete. XXI 1,4.

Alco: Saguntiner, bat Hannibal vergeblich um Frieden für Sagunt. XXI 12,3.

Alexandrea: Stadt in Oberägypten am westlichen Nilarm, von Alexander d. Gr. gegründet. XXIII 10,12.

Algidus: Bergreihe in Latium bei Tusculum und Velitrae, mit einem Tempel der Fortuna. XXI 62,8.

Allia: Nebenfluß des Tiber von der linken Seite. XXII 50,2.

Alliensis (clades): Niederlage der Römer gegen die Gallier 387 v. Chr. an der Allia, XXII 50,1.

Allifae: Ort im westlichen Samnium. XXII 18,5.

Allifanus (ager): Gebiet von Allifae. XXII 13,6.

Allobroges: gallische Völkerschaft zwischen Isara, Rhodanus und lacus Lemannus (Genfer See). XXI 31,5.

Alorcus: Spanier im Heere Hannibals, Gastfreund der Saguntiner, versuchte Friedensvermittlung zwischen Sagunt und Hannibal. XXI 12,4.

Alpes: hoher Gebirgskomplex zwischen Gallien und der Poebene. XXI 23,1; XXII 10,2; XXIII 28,6.

Amiterninus ager: das Gebiet von Amiternum, einer Stadt im Sabinerland. XXI 62,5.

Amusicus: Häuptling der Laketaner. XXI 61,11.

M. Anicius: Prätor in Praeneste. Auch sonst werden Anicier in Praeneste erwähnt. XXIII 19,17.

M. Annius: triumvir agris assignandis in Placentia und Cremona. XXI 25,3.

L. Antistius: Unterfeldherr. XXIII 38,12.

M. Antistius: Gesandter des Senats an den Konsul Flaminius. XXI 63,12.

Antium: alte feste Stadt der Volsker in Latium südlich von Rom. XXII 1,10.

Apollo: Sohn des Jupiter und der Latona, Zwillingsbruder der Diana, Gott des Lichtes, der Weissagung und der Poesie. XXII 10,9.

Appenninus: Höhenzug in Italien von der Poebene an. XXI 54,7; XXII 1,1.

Appia via: älteste römische Straße von Rom nach Capua. 312 v. Chr. vom Censor Appius Claudius Caecus erbaut. XXII 1,12.

Apuli: Bewohner der Landschaft Apulien, von denen ein Teil nach Cannae zu Hannibal abfiel. XXII 61,11.

Apulia: Landschaft an der Ostseite von Unteritalien zu beiden Seiten des Aufidus. XXIII 1,1.

Apulus: aus Apulien. XXII 52,7.

L. Apustius: Unterfeldherr des Prätors Varro in Tarent. XXIII 32,16.

Arbocala: Stadt der Vaccäer im nordwestlichen Spanien am Durius (Duero). XXI 5,6.

Ardea: alte Hauptstadt der Rutuler in Latium südlich von Rom. XXII 1,8.

Aricia: alte Stadt in Latium südlich von Rom am Fuße der Albaner-Berge. XXII 36,7.

Ariminum: Stadt in Umbrien. XXI 15,6.

Arnus: Fluß in Etrurien; heute Arno. XXII 2,2.

Arpi: alte Hauptstadt Apuliens XXII 1,9; XXIII 46,8 und öfter.

Arretium: Stadt im Nordosten von Etrurien. XXII 2,2 und 3,1.

Ascua: Stadt, nicht weiter bekannt. XXIII 27,2.

Atanagrus: spanische Stadt, wahrscheinlich in der Nähe von Ilerda, im Lande der Ilergeten, nördlich vom Ebro. XXI 61,6.

Atellani: Bewohner von Atella, einer oskischen Stadt in Kampanien nördlich von Neapel. XXII 61,11.

L. Atilius Geminus: Quästor, bei Cannae gefallen. XXII 32,1.

M. Atilius Regulus: zweimaliger Konsul, dann duumvir, 213 Prätor. XXII 25,6.

C. Atilius Serranus: 218 Prätor, fiel bei Cannae. XXII 35,2.

Aufidus: Hauptfluß Apuliens, mündet ins adriatische Meer. XXII 44,2.

Aurelius: C. Aurelius Cotta war 202 Prätor und 200 Konsul. XXIII 16,13.

Ausetani: spanische Völkerschaft im nordöstlichen Katalonien am Fuße der Pyrenäen. XXI 23,2.

Austicula: Stadt in Kampanien, die zu Hannibal abfiel. XXIII 39,6.

Aventinus: der südlichste Hügel von Rom am Tiber. XXIII 1,17.

Q. Baebius Herennius: Volkstribun. XXI 18,1; XXII 34,3.

Q. Baebius Tamphilus: als Gesandter in Spanien und Karthago. XXI 6,8.

Baleares insulae: die Balearen, Inseln westlich von Italien. XXI 21,12; XXIII 34,17.

Bantius: Jüngling aus Nola, durch seine Tapferkeit ausgezeichnet; bei Plutarch, der den Vorgang ausführlich berichtet, heißt er Βάνθιος. XXIII 15,7.

Barcina factio: die Partei, die sich um Hamilkar Barkas scharte; karthagische Nationalpartei, die in Rom den Todfeind Karthagos sah; vergleiche dazu die Rede, die Hanno im karthagischen Senat zu Beginn des Krieges hielt (XXI 10). XXI 2,4 und öfter.

Barcini: die Barkiner, karthagische Nationalpartei. XXI 3,2.

Bargusii: Völkerschaft in Hispania Tarraconensis zwischen Pyrenäen und Ebro. XXI 23,2.

ager Beneventanus: Gebiet von Beneventum, einer Stadt in Samnium. XXII 13,1.

Marius Blossius: Prätor in Kampanien. XXIII 7,8.

Boi: gallischer Volksstamm in Oberitalien. XXI 25,2; XXII 33,4.

Bomilcar: Kommandeur der karthagischen Flotte. XXI 27,2; XXIII 41,10.

Bostar: Kommandeur einer Einheit; häufiger karthagischer Name. XXII 22,9 und häufig dort.

Bostar: Gesandter der Punier an König Philippus V. von Makedonien. XXIII 34,2.

Bovianum: eine der größten Städte in Samnium. XXII 24,12.

Braneus: Häuptling der Allobroger XXI 31,6.

Brixiani: Einwohner von Brixia (Brescia), vom Stamm der Cenomanni. XXI 25,14.

Brundisinus: aus Brundisium. XXIII 33,4.

Brundisium: Hafenstadt in Kalabrien nordöstlich von Tarent, Überfahrtshafen nach Griechenland. XXIII 32,17.

Bruttii: Bewohner von Bruttium, der südwestlichsten Halbinsel Italiens in Unteritalien, wo sich Hannibal bis zu seiner Rückberufung nach Afrika hielt. XXII 20,4.

Busa: Frau aus Canusium in Apulien. XXII 32,7.

Q. *Caecilius Metellus:* Pontifex, Konsul 206. XXIII 21,7.

L. *Caecilius Metellus:* wurde von Scipio zurückgehalten, als er nach der Schlacht bei Cannae mit Altersgenossen den Versuch machen wollte, Italien zu verlassen. XXII 53,5.

Caere: Stadt im südlichen Etrurien mit berühmtem Jupitertempel. XXII 36,7.

Caeretes aquae: Wasser der Stadt Caere, als Bäder berühmt. XXII 1,10.

Caiatia: am rechten Ufer des Volturnus, oberhalb von Casilinum gelegen. XXIII 14,13.

Caiatianus ager: Gebiet um Caiatia am rechten Ufer des Volturnus, oberhalb von Casilinum. XXII 13,6.

Calabria: südöstliche Halbinsel Italiens von Tarent bis zum japygischen Vorgebirge. XXIII 34,3.

Calatini: Bewohner von Calatia, einer Kleinstadt in Kampanien östlich von Capua. Sie fielen nach Cannae zu Hannibal ab. XXII 61,11.

Calenus ager: Gebiet von Cales, einer Stadt im östlichen Kampanien zwischen Teanum und Casilinum. XXII 13,6.

Cales: Stadt im nördlichen Kampanien zwischen Teanum und Casilinum. XXII 15,10; XXIII 31,3.

Callicula mons: Bergrücken in Kampanien bei Casilinum. XXII 15,3.

C. Calpurnius Flamma: einer der Gesandten der Gefangenen von Cannae, die den Senat um Loskauf baten. XXII 60,11.

Camillus, M. Furius: Eroberer von Vei i. J. 396 v. Chr.; nach der Einnahme Roms Diktator gegen die Gallier. XXII 3,10; 14,9.

Campani: Kampaner, Bewohner der Landschaft Kampanien und der Stadt Capua. XXIII 4,9 und häufig.

Campania: Landschaft Mittelitaliens an der Westküste zwischen Latium und Lukanien. XXII 13,3 und häufig.

Campanus: kampanisch; zu Kampanien gehörig. XXII 13,2 und öfter.

Campanus ager: Kampanien, das Gebiet von Capua. XXIII 1,5.

Cannae: Dorf in Apulien am rechten Ufer des Aufidus nordöstlich von Canusium. XXII 49,13; XXIII 5,5 und häufig.

Cannensis pugna: am 6. August 216 wurden die Römer von Hannibal bei Cannae am Aufidus in Apulien entscheidend geschlagen. XXIII 1,1 und häufig.

L. Cantilius: Sekretär in einem Priesterkollegium. XXII 57,3.

Canusium: Stadt in Apulien am rechten Ufer des Aufidus. XXII 50,4 u. ö.

Capena porta: zwischen Aventin und Caelius, am Anfang der Via Appia. XXIII 22,19; 32,3.

Capitolium: die südliche Kuppel des Mons Capitolinus mit dem berühmten Tempel des Jupiter. XXIII 22,7 und öfter.

Capua: Hauptstadt von Kampanien, südlich des Volturnus. XXII 1,12; u. ö.

Carpetani: Völkerschaft in der Mitte Spaniens am Oberlauf des Tagus (Tajo). XXI 5,8.

Cartala: Hauptstadt des Stammes der Olcades am Anas. XXI 5,4.

Carthaginiensis: Einwohner von Karthago. XXI 1,1 und häufig.

Carthago: Seestadt an der Nordküste Afrikas auf einer Halbinsel gelegen. Gründung von Tyros etwa um 880 v. Chr. XXI 6,4 und oft.

Carthago Nova: Stadt im tarrakonischen Spanien am Mittelmeer, wichtigste Kolonie und Hauptwaffenplatz der Punier in Spanien. XXI 5,4 und oft.

Carthalo: Reiterkommandeur im Heer Hannibals. XXII 15,8.

Casilinum: Stadt am Volturnus nördlich von Capua. XXII 13,6 und öfter.

Casinas ager: Gebiet um Casinum, einer Stadt im südlichen Latium an der via Appia. XXIII 13,5.

Casinum: Stadt im süaiichen Latium an der via Latina (Monte Cassino). XXII 13,6.

Castulonensis saltus: berühmt durch Silberbergwerke, benannt nach der Stadt Castulo am Bätis. XXII 20,12.

Caudinae Furculae: Engpaß bei der Stadt Caudium in Samnium; in ihm wurde 321 v. Chr. ein römisches Heer von den Samniten geschlagen. XXII 14,12.

Celtiberia: das Land der Keltiberer, eines Volkes in der Mitte Spaniens. XXI 43,8.

Celtiberi: mächtiger Volksstamm in Spanien, gemischt aus Kelten und Iberern. XXII 21,7.

Celtibericum bellum: Krieg gegen die Keltiberer. XXII 22,4.

C. Centenius: 217 Proprätor; als Kommandeur einer Reitertruppe von Hannibal nach der Schlacht am Trasimennischen See umzingelt. XXII 8,1.

Cercina: Insel an der Nordküste Afrikas vor der Kleinen Syrte. XXII 31,2.

Ceres: Name einer weiblichen Gottheit, Beschützerin der Feldfrüchte. XXII 10,9.

Cerrinus Vibellius: vornehmer Ritter der Kampaner. XXIII 46,12.

Chalbus: berühmter Feldherr der Tartesier. XXIII 26,6.

L. Cincius Alimentus: römischer Annalist zur Zeit des zweiten Punischen Krieges. XXI 38,2.

P. Cincius: Unterfeldherr des Prätors Otacilius. XXII 31,6.

Circumpadani agri: Gebiet um den Po. XXI 35,8.

Cissis: Stadt der Cissetaner an der Ostküste Spaniens, oberhalb der Mündung des Ebro. XXI 60,8.

Classis nova: Ort zwischen Ilerda und Tarrako. XXII 21,6.

Clastidium: Ort in Ligurien an der Straße von Genua nach Placentia. XXI 48,9.

Claudius, Appius: ein Appius Claudius Crassus war 268 v. Chr., ein Ap. Claudius Caudex 264, ein Ap. Claudius Pulcher 212 Konsul. XXIII 2,6.

Claudius Asellus: Prätor i. J. 206. XXIII 46,12.

C. Claudius Cento: Interrex. XXII 34,1.

Claudius Marcellus: Konsul 222 v. Chr., i. J. 216 wieder Prätor, eilte nach der Schlacht bei Cannae nach Canusium, von wo er nach Casilinum zurückgekehrt sein muß. XXII 35,6 und öfter.

Claudius Marcellus: wahrscheinlich der jugendliche Sohn des berühmten Marcellus, 204 Volkstribun, 198 Prätor, 196 Konsul, 189 Censor. XXIII 30,17.

Ap. Claudius Pulcher: 249 Konsul, erlitt bei Drepanum eine Niederlage mit der Flotte. XXII 53,2; XXIII 30,18.

Claudiana castra: Lager des Claudius. XXIII 36,1; 39,8; 48,2.

Coelius: Coelius Antipater, Historiker, der ein Jahrhundert vor Livius eine Geschichte des zweiten Punischen Krieges in sieben Büchern verfaßt hatte. XXI 38,8; XXII 21,8; XXIII 6,8.

Collina porta: Stadttor am Hügel Collinus. XXII 57,2.

Compsa: Stadt der Hirpiner in der Nähe der Quellen des Aufidus, heute Conza. Die Bewohner hießen Compsani, eines ihrer Geschlechter Compsii. XXIII 1,1.

Compulteria: nördlich vom Volturnus gelegene Stadt der Samniter. XXIII 39,6.

Consentia: Hauptstadt der Bruttier am Fluß Crathis (Cosenza). XXIII 30,5.

Concordia: Tempel der Göttin der Eintracht; in Syrakus stand ein geweihter Altar. XXIII 21,7.

P. Cornelius Asina: triumvir agris assignandis in Cremona und Placentia. XXI 25,4.

L. Cornelius Lentulus: Pontifex Maximus. XXII 10,1.

A. Cornelius Mammula: Proprätor 217 v. Chr. in Sardinien. Kommandeur einer Legion. XXIII 21,4; 32,8; 34,10.

P. Cornelius Merenda: Patrizier in Rom. XXII 35,1.

P. Cornelius Scipio: 218 Konsul; nach Spanien entsandt, versuchte er Hannibal in Südfrankreich zum Kampf zu stellen, kehrte dann nach Genua zurück und wurde von Hannibal am Ticinus geschlagen. XXI 6,3; und oft; XXII 53,2.

Cornus: feste Stadt in Sardinien. XXIII 40,5.

Corsi: Bewohner von Corsika, das nach dem ersten Punischen Krieg in römischen Händen war. XXI 16,4.

Corsica: Insel westlich von Italien. XXII 31,1.

Cortona: etruskische Stadt nördlich vom Trasimennischen See. XXII 4,1.

Cortonenses: Bewohner der Stadt Cortona. XXII 4,2.

Cosanus portus: Hafen der Stadt Cosa in Etrurien. XXII 11,6.

Cremona: Stadt am linken Ufer des Po an der Mündung der Addua, im Lande der Cenomannen. XXI 25,2.

Cremonis iugum: Alpenpaß, vielleicht der kleine St. Bernhard. XXI 38,7.

Crito Boeoticus: Grieche aus Böotien, von König Philipp V. als Gesandter zu Hannibal geschickt. XXIII 39,3.

Croton: griechische Kolonie in Unteritalien an der Ostküste von Bruttium. Lange Zeit Hauptquartier Hannibals. XXIII 30,6.

Cumae: alte griechische Kolonie in Kampanien. XXIII 38,2.

Cumanus: aus Cumae. XXIII 35,2.

Cyrenae: Stadt und Landschaft in Nordafrika; griechische Kolonie, von Thera aus gegründet; ursprünglich ägyptischer Besitz, seit 96 v. Chr. von den Römern besetzt, von eigenen Königen, den Lagiden, verwaltet. XXIII 10,11.

Dasius: ein Brundisiner, Befehlshaber der Stadt Clastidium. XXI 48,9.

Decimus, Numerius – Samnis: ein Samniter aus Bovianum, der auf römischer Seite kämpft. XXII 24,11.

Decius Magius: versuchte den Abfall Capuas von Rom zu verhindern; der Name ist oskisch; die Magier waren eins der ersten Geschlechter in Capua. XXIII 7,4 und öfter.

P. Decius: Militärtribun; er rettete ein von den Samnitern eingeschlossenes Heer. In der Schlacht am Vesuv fand er den Opfertod. XXII 60,11.

Delphi: Stadt in Phokis am südwestlichen Fuß des Parnass, Sitz des Orakels des Apoll. XXII 57,5.

Demetrius Pharius: Demetrius aus Pharus an der dalmatinischen Küste, war erst illyrischer Vasall; dann wurde er 219 vom Konsul Paulus besiegt. XXII 33,3.

Diana: Tochter des Jupiter und der Latona, Schwester des Apollo; Göttin der Jagd. XXII 10,9.

Druentia: linker Nebenfluß der Rhône. XXI 31,9.

Ducarius: Ritter aus dem Lande der Insubrer. XXII 6,3.

Ebusus insula: auch Pityusa genannt mit Hauptstadt gleichen Namens. XXIII 37,3.

Emporium: wahrscheinlich der befestigte Hafen von Placentia. XXI 60,2.

Eryx: hoher Berg auf Sizilien unweit Drepana mit dem Tempel der Venus Erycina. XXI 10,7.

Etruria: Gebiet zwischen Tiber, Appennin und Tyrrhenischem Meer. XXI 26,3; XXII 26,6.

Etruscus: Etrusker; etruskisch; aus der Landschaft Etrurien stammend. XXIII 5,11.

Etruscus campus: Gebiet von Etrurien, Landschaft zwischen Tiber, Appennin und Tyrrhenischem Meer. XXII 3,3.

Fabianus: zu Fabius gehörig. XXII 32,1.

M. Fabius Buteo: Konsul 245 v. Chr.; Censor 241. XXIII 22,11.

Q. Fabius Maximus: Diktator 217 v. Chr.; überragender Feldherr
der Römer, der durch vorsichtiges Vermeiden von Schlachten
Hannibal ermüdete und schwächte; gestorben 203. XXI 18,1
und oft.

Fabius, Q. – Pictor: der älteste Geschichtsschreiber der Römer. Er
wurde vom Senat nach der Niederlage bei Cannae zum Orakel
nach Delphi geschickt, um den Rat der Götter einzuholen, wie
man sich nach der Niederlage ihnen gegenüber verhalten solle.
XXII 57,5; XXIII 11,1.

Faesulae: Stadt im nördlichen Etrurien, heute Fiesole. XXII 3,3.

Falerii: Stadt in Südetrurien, nördlich von Rom. XXII 1,11.

Falernus ager: Gebiet im nördlichen Kampanien; Weinbau. XXII
13,9.

Feronia: altitalische Fruchtbarkeitsgöttin, in Etrurien und im südlichen Latium besonders verehrt; in ihrem Tempel zu Tarracina
erhielten wohlverdiente Sklaven die Freiheit. XXII 1,18.

Flaminia via: 220 v. Chr. vom Censor Flaminius angelegte Straße.
XXII 11,5.

C. Flaminius: rückte im Frühjahr 217 v. Chr. nach Etrurien vor,
ließ sich am Trasimennischen See in eine Falle locken und fiel.
XXI 15,6 und häufig.

Floronia: Vestalin. XXII 57,2.

Formiana saxa: Felsen bei Formiae an der Küste im Süden Latiums.
XXII 16,4.

Formianum: Landgut bei Formiae, einer Küstenstadt im südlichen
Latium. XXII 42,11.

C. Fulvius: Quästor 218 v. Chr., von Ligurern gefangen und Hannibal ausgeliefert. XXI 59,10.

Q. Fulvius Flaccus: dreimal Konsul: 237, 224, 209; später Stadtprätor von Rom; er übernahm den Küstenschutz Italiens und
traf die Vorbereitungen zum Sturm auf Capua. XXIII 24,4 und
öfter.

L. Furius Bibaculus: Quästor, fiel bei Cannae. XXII 49,16.

P. Furius Philus: 216 Prätor, berief auf die Nachricht von der Niederlage bei Cannae den Senat ein und übernahm von Marcellus
die Flotte. XXII 53,4; XXIII 21,1.

Gabii: Stadt in Latium östlich von Rom. XXII 14,11.

Gades: alte phönikische Kolonie in Spanien (am Bätis). XXI 21,9.

Gaetuli: Volk im Binnenland von Nordafrika, südlich von Mauretanien. XXIII 18,1.

Galli: die Gallier, Bewohner Galliens. XXII 1,2; XXIII 24,13.

Gallica busta: siehe Erläuterungen zu Buch XXII 14,11.

Gallicus ager: schloß sich in nordwestlicher Richtung an den ager
Picenus (siehe diesen!) an; von 400–284 v. Chr. wohnten dort
die gallischen Senonen. XXIII 14,3.

Gelo: Sohn des Königs Hiero des Jüngeren von Syrakus. XXIII
30,11.

Genua: Handelsstadt der Ligurer. XXI 32,5.

Gereonium: Stadt in Apulien, von Hannibal fast ganz zerstört.
XXII 18,7.

Gisgo: Vater eines Hamilkar. XXI 51,2.

Gisgo: Gesandter Hannibals an König Philippus V. von Makedonien. Er fiel den Römern in die Hände. XXIII 34,2.

Graecia: Griechenland. XXIII 33,12.

Grumentum: Stadt im Binnenland von Lukanien. Sieg der Römer
über Hanno. XXIII 37,10.

Hadrianus ager: Gebiet von Hadria, einer Stadt in Picenum.
XXIII 9,5.

Hamae: Ort mit kampanischem Bundesheiligtum. XXIII 35,3.

Hamilcar: mit dem Beinamen Barkas, der Vater Hannibals, Hasdrubals und Magos. XXI 1,4 und häufig.

Hampsicora: Führer der Sarden in dem von Karthago unterstützten Aufstand gegen Roms Herrschaft. XXIII 32,10 und öfter.

Hannibal: ältester Sohn des Hamilkar, größter karthagischer Feldherr im zweiten Punischen Krieg; etwa um 248 v. Chr. geboren;
gestorben i. J. 183 durch Selbstmord. XXI 1,4 und oft.

Hanno: Haupt der aristokratischen Friedenspartei in Karthago;
römerfreundlich. XXI 3,3.

Hanno: karthagischer Eigenname; Befehlshaber der punischen Besatzung in Capua. XXIII 12,6.

Hasdrubal: Bruder Hannibals und sein Nachfolger in der Kriegführung in Spanien. XXI 2,3 und oft.

Hasdrubal Calvus: Hasdrubal der Kahle, karthagischer Feldherr,
der Sardinien für Karthago erhalten sollte. XXIII 34,16.

Hegeas: Reiteroberst. XXIII 1,9.

Heraclea: Seestadt in Lukanien. Schlacht 280 v. Chr. XXII 59,8.

Heraclitus Scotinus: Gesandter Philipps V. von Makedonien an
Hannibal. XXIII 39,3; 34,16.

Hercules: Sohn des Jupiter und der Alkmene; Säulen des Herkules: Als Herkules gegen den Riesen Geryoneus zog, soll er am fretum Gaditanum (= fretum Oceani) Säulen aufgerichtet haben. XXI 21,9; XXIII 5,11.

Herculis columnae: Säulen des Herkules, Gibraltar; der Tempel des Herkules befand sich auf dem forum boarium westlich vom Palatin. XXI 43, 13; XXII 1,10.

C. *Herennius:* triumvir agris assignandis in Cremona und Placentia. XXI 25,4.

Herennius Bassus: Senator in Nola; ergebener Freund Roms. XXIII 43,9.

Herius Pettius: Senator in Nola. XXIII 43,9.

Hermandica: Stadt der Vakkäer in Spanien. XXI 5,5.

Hibera: Stadt am Ebro, gänzlich unbekannt. XXIII 28,10.

Hiberus: Ebro, großer Fluß im Norden Spaniens. XXI 2,7 und öfter.

Hiero II. der Jüngere, 269–215 v. Chr. König von Syrakus, seit 263 ein treuer Bundesgenosse der Römer. XXI 49,3; XXII 37,1; XXII 21,5.

Himilco: karthagischer Eigenname. Heerführer der Karthager in Sizilien. XXI 12,1; XXIII 12,6; 28,2.

Hirpini: ein Stamm der Samniter. XXII 13,1; XXIII 1,1.

Hispania: Spanien. XXI 4,1; XXIII 1,5 und öfter.

Hispanienses: Spanier XXIII 48, 11 und oft.

Hispanus: spanisch, der Spanier. XXII 2,3; XXIII 26,11.

Histri: Bewohner der Halbinsel Istrien im Norden des Adriatischen Meeres. XXI 16,4.

Hostilia curia: Senatsgebäude, vom König Tullus Hostilius erbaut. XXII 55,1.

L. *Hostilius Mancinus:* fiel mit einer Reiterschwadron im Kampf mit den Numidern. XXII 15,4.

Hostus: Sohn des sardischen Rebellenführers Hampsicora. XXIII 40,3.

Ianiculus: auf dem linken Tiberufer, alte Befestigungsanlage. XXII 14,1.

Ilergavonenses. kleiner Teil der Ilergeten. XXII 21,6. Pol. III 33,15.

Ilergetes: Volksstamm in Spanien. XXI 22,3; XXII 21,2.

Iliberri: Stadt am Nordfuß der Pyrenäen. XXI 24,1.

Iliturgi: Stadt in Andalusien am Bätis (Guadalquivir) XXIII 49,5.

Illyrii: Volk in Bosnien und Albanien; 219 v. Chr. von den Römern besiegt. XXI 16,4; XXII 33,5.

Indibilis: Häuptling der Ilergeten. XXII 21,3.

Insubres: gallischer Volksstamm in der Lombardei. XXII 33,4.

Insula: Landstrich am Zusammenfluß von Isara und Rhodanus. XXI 31,4.

Ionium mare: Jonisches Meer südlich des Adriatischen Meeres zwischen Sizilien, Süditalien und Griechenland. XXIII 33,2.

Isalca: tapferer Befehlshaber der Gätuler. XXIII 18,1.

Italia: Halbinsel Italien. XXI 5,1 und oft.

M. Iunius Pera: Name einer römischen Gens. 230 Konsul; 225 Censor; nach der Schlacht von Cannae zum Diktator ernannt. XXII 57,9; XXIII 32,1.

Iuno Lacinia: Tempel der Juno Lacinia auf dem Vorgebirge Lacinium, drei Stunden von Kroton; jetzt Capo della Colonna. XXIII 33,4.

Iuno regina: älteste Tochter des Saturnus und der Rhea; als Königin bezeichnet, weil sie die oberste der weiblichen Gottheiten in Rom ist. XXII 1,17.

Iuno Sospita: Juno, die Retterin. XXII 1,17; XXIII 31,15.

Iupiter: höchster Gott der Römer, auf dem Kapitol als Schützer der Stadt verehrt. XXI 22,6; XXII 1,17.

Iupiter Optimus Maximus: Schützer und Erretter Roms; berühmter Tempel auf dem Capitol. XXII 37,12.

Iupiter Latiaris: Schirmherr des Latinerbundes. XXI 63,8.

Iuventas: Göttin der Jugend; eine Kapelle für sie stand auf dem Kapitol. XXI 63,9.

Lacetania: Land im Osten Spaniens am Fuße der Pyrenäen. XXI 23,2.

Laetorius: Prätor 216 v. Chr.; zum Decemvir gewählt 209; XXIII 30,1; XXVI 23,1; XXVII 8,4.

Lanuvium: alte latinische Stadt an den Albanerbergen, an der appischen Straße, südöstlich von Rom mit einem berühmten Tempel der Juno Sospita. XXII 1,18; XXIII 31,15.

Larinas ager: Gebiet von Larinum, einer Stadt der Trentaner im östlichen Samnium. XXII 18,8.

Latina via: führte durch Latium und Samnium nach Benevent. XXII 12,2.

Latinae feriae: uralte Bundesfestversammlung der latinischen Städte unter Albas Hegemonie. Feiern alljährlich im April oder Mai, vier Tage lang begangen. XXI 63,5.

Latini: Bewohner der Landschaft Latium in Mittelitalien zwischen Etrurien und Kampanien. XXIII 6,8.

Cn. Lentulus: Militärtribun. XXII 49,6.

Libui: gallische Völkerschaft in Oberitalien zwischen Salassern und Taurinern. XXI 38,7.

Libyphoenices: Bevölkerung der phönikischen Kolonien in Nordafrika, aus einer Vermischung von Libyern und Phönikern entstanden. XXI 22,3.

C. Licinius: Gesandter in Karthago. XXI 18,1.

Ligures: weit verbreiteter Volksstamm an der Südküste Galliens und in Oberitalien. XXI 22,2. Singular: Ligur; XXI 46,10.

Lilybaeum: wichtigste Stadt im Westen Siziliens, Umschlaghafen nach Afrika. XXI 49,4; XXII 31,6; XXIII 21,2; 41,8.

Liparae: die liparischen Inseln an der Nordküste Siziliens; seit 251 v. Chr. im Besitz der Römer. XXI 49,2.

Litana (silva): Waldgebiet in Gallia Cisalpina südöstlich von Mutina. XXIII 24,6.

Liternum: Stadt im nördlichen Kampanien im Norden des Flusses Liternus. XXII 16,4; XXIII 35,6.

M. Livius Salinator: Konsul 219 v. Chr.; Gesandter bei Hannibal und in Karthago. XXI 18,1.

M. Livius: der Name Livius erscheint öfter. Ein Verwandter des vorgenannten Livius Salinator war M. Livius Macatus (XXVII 34,7); ein Livius befehligte mehrere Jahre die Burg von Tarent (XXIV 20,13; XXVII 25,3).

Locrenses: Bewohner von Lokri, einer griechischen Kolonie in Bruttium, die zu Hannibal abfiel. XXIII 30,8.

Locri: griechische Kolonie in Bruttium, die zu Hannibal abfiel. XXIII 41,10.

Loguntica: wahrscheinlich wenig südlich von Karthago Nova gelegen. Plin. n. h. XIX 2,30; Strabo III 160. XXII 20,6.

Luca: etruskische Stadt am Fuß des Appennin. XXI 59,10.

Lucani: Bewohner der Landschaft Lukanien. XXIII 37,10.

Luceria: römische Koloniestadt in Apulien. XXIII 33,5.

L. Lucretius: Quästor, von den Ligurern gefangen und an Hannibal ausgeliefert. XXI 59,10.

Lusitania: westlichste Provinz von Hispania ulterior, zwischen Durius und Anas. XXI 43,8; XXII 20,12.

C. *Lutatius Catulus:* nicht der Sieger in der Schlacht bei den Ägatischen Inseln, sondern Konsul des Jahres 220 v. Chr. XXI 25,1.

C. *Lutatius Catulus:* Konsul d. J. 241 v. Chr.; besiegte bei den Ägatischen Inseln (Westküste Siziliens) 241 die Karthager und vertrieb sie von Sizilien. Ende des ersten Punischen Krieges. XXIII 13,4; XXIII 33,12.

Macedonia: Landschaft im Nordosten Griechenlands, Reich des König Philippus.

Macedones: Bewohner von Makedonien. XXIII 38,11.

Macedonicus: aus Makedonien. XXIII 38,5.

Ti. *Maecilius Croto:* Gesandter aus Kroton. XXIII 31,6.

Magalus: Häuptling der Boier, bot sich Hannibal als Wegführer nach Italien an. XXI 29,6.

Mago: Hannibals jüngerer Bruder. XXII 2,4; XXIII 1,4; 32,5.

Maharbal: Befehlshaber des rechten Flügels der Punier bei Cannae. XXI 12,1; XXII 6,11; XXIII 18,4.

Mandonius: Anführer der aufständischen Ilergeten. XXII 21,2.

Manes: Seelen der Verstorbenen, Schattengeister der Toten. XXII 6,3.

L. *Manlius:* bat mit anderen Abgesandten nach der Schlacht bei Cannae um den Loskauf der Gefangenen. XXII 61,6.

L. *Manlius Vulso:* 218 Prätor in Gallien, wo er von den Boiern bedrängt und in Tannetum eingeschlossen wurde. XXI 17,7; XXII 33,7; XXIII 21,7.

T. *Manlius:* 340 erklärte er in einer Senatssitzung auf dem Kapitol, er werde jeden Latiner töten, den er im Rathaus sehe. VIII 5,7; XXIII 22,7.

T. *Manlius Torquatus:* Konsul 236 und 224; er hatte sich dem Loskauf der bei Cannae Gefangenen widersetzt. XXIII 21,7 und öfter.

Marius Alfius: oberster Beamter in Capua, etwa dem Diktator in Rom entsprechend. XXIII 35,13; XXIII 2,3.

Marius Statilius: Kommandeur einer Reiterschwadron. XXII 42,4.

Marrucini: samnitischer Volksstamm am Adriatischen Meer. XXII 9,5.

Mars: Kriegsgott, Sohn des Jupiter und der Juno; häufig = Kampf, Schlacht. XXI 1,2; XXIII 1,2.

Marsi: samnitischer Volksstamm. XXII 9,5.

Martius: zu Mars gehörig. XXII 12,4.

Martius campus: Marsfeld im Nordosten von Rom; Versammlungsplatz des römischen Volkes zu den Centuriatkomitien. XXII 33,1.

Massicus mons: Bergzug zwischen Kampanien und Latium, berühmt durch Weinbau (Horaz). XXII 14,1.

Massilia: Stadt in Südfrankreich, griechische Gründung um etwa 600 v. Chr. XXI 20,7.

Massilienses: Bewohner von Massilia. XXI 25,1; XXII 19,5.

Mauri: sind die Bewohner von Mauretanien in Nordafrika. Neben den Numidern Hauptbestand des punischen Heeres. XXI 22,3; XXII 14,6; XXIII 26,11.

Mavors: altertümliche Form für Mars-Kriegsgott. XXII 1,12.

Melita: Insel zwischen Sizilien und Afrika; im Besitz der Karthager; jetzt Malta. XXI 51,1.

Menix: in der kleinen Syrte. XXII 31,2.

Mens: Göttin der Besinnungskraft und Einsicht, deren Tempel nach der Niederlage am Trasimennischen See erbaut war; ihr Fest wurde am 8. Juni auf dem Kapitol gefeiert. XXII 9,10; XXIII 31,9.

Mercurius: griechisch Hermes, Sohn des Jupiter und der Maia; Götterbote, Seelengeleiter. XXII 10,9.

Messana: griechische Siedlung in Sizilien an der nach ihr benannten Meerenge zwischen Italien und Sizilien. XXI 49,3; XXIII 41,11.

Metapontini: Bewohner der griechischen Kolonie Metapontum am Golf von Tatent. Sie fielen nach der Schlacht bei Cannae zu Hannibal ab. XXII 61,12.

M. Metilius: 217 Volkstribun; Gegner des Fabius Maximus wegen dessen zögernder Kriegführung. XXII 25,2.

Minerva: Tochter und Lieblingskind Jupiters, Beschützerin von Kunst und Wissenschaft, doch auch Kriegsgöttin. XXII 1,17.

M. Minucius: Volkstribun. XXIII 21,6.

Mopsiani: Anhänger der Patrizierfamilie der Mopsier in Compsa. XXIII 1,3.

L. Mucius Scaevola: Prätor nach der Schlacht bei Cannae; nach Sardinien entsandt. XXIII 24,4; 34,11; 40,1.

Mutina: Stadt in Gallia Cispadana, im ehemaligen Gebiet der Boier. XXI 25,3.

Neapolis: Seestadt in Kampanien am Westabhang des Vesuvs am Fluß Sebethus. XXII 32,4 und öfter.

Neapolitani: Bewohner von Neapel. XXII 32,6.

Neptunus: Sohn des Saturn und der Rhea, Bruder Jupiters und Plutons, Herrscher über das Meer und alle Gewässer. XXII 10,9.

Ninnii Celeres: Die Brüder hießen Ninnius Celer, wobei Ninnius der Geschlechtsname, Celer der Zuname ist; die Vornamen der beiden Brüder waren Sthenius und Pacuvius. XXIII 8,1.

Nola: bedeutende Stadt in Kampanien, südöstlich von Capua. XXIII 39,7.

Nolani: Bewohner der Stadt Nola. XXIII 43,8.

Nolanus ager: Gebiet von Nola. XXIII 44,6.

Nuceria: Stadt südöstlich des Vesuv, im Tal des Sarnus. XXIII 15,6; 43,1.

Numidae: Bewohner der Landschaft Numidien in Nordafrika; als tüchtige Reiter von den Römern gefürchtet. XXI 22,3 und öfter.

Oceanus: das große Weltmeer; fretum Oceani = die Straße von Gibraltar. XXI 22,3; XXII 20,12; XXIII 5,11.

Ocriculum: Stadt der Umbrer am Tiber; heute Otricoli. XXII 11,5.

Olcades: spanische Völkerschaft nördlich von Karthago Nova am Anas; Hauptstadt Cartala. XXI 5,3.

Onussa: am Wege von Neukarthago zum Ebro. XXI 22,3; XXII 20,4.

Opimia: Vestalin. XXII 57,2.

Oretani: mächtige Völkerschaft im Südwesten des tarrakonensischen Spaniens, an den Quellen des Bätis (Guadalquivir). XXI 10,13.

Ostia: Hafenstadt von Rom an der Mündung des Tiber. XXII 11,6; XXIII 38,8.

T. Otacilius Crassus: schützte 214–211 die italische Küste und Sizilien mit einer Flotte. XXII 10,10; XXIII 21,2; 31,9; 41,8.

Pacuvius Calavius: oskischer Vor- und Geschlechtsname; siehe Ninnii Celeres! XXIII 2,2 und öfter.

Padus: Po im Norden Italiens. XXI 25,2 und öfter.

Paeligni: samnitischer Volksstamm in der Mitte Italiens. XXII 9,5.

Paestum: Stadt in Unteritalien an der Westküste Lukaniens. XXII 36,9.

L. Papirius Cursor: Konsul und Diktator in der Zeit der Samnitenkriege. XXII 14,12.

C. Papirius Maso: triumvir agris assignandis in Cremona und Placentia. XXI 25,4.

Pelliti Sardi: die Pelliti sind die ursprünglichen Bewohner der Insel, die sich in die Gebirge zurückgezogen hatten. Sie trieben meist Viehzucht. XXIII 40,3.

Pentri: samnitischer Volksstamm bei Bovianum, der von den Römern nicht abfiel. XXII 61,11.

Perusina cohors: aus Perusia in Südetrurien, in der Nähe des Trasimennischen Sees. XXIII 17,10.

Petelia: achäische Kolonie in Bruttium. XXIII 30,1.

Petelini: Bewohner der Stadt Petelia, die im Osten von Bruttium, nördlich von Kroton, auf steiler Höhe lag. XXIII 20,4.

Philippus: König von Makedonien, geboren 237; König von 221 bis 179 v. Chr.; tüchtiger Feldherr. XXII 33,3; XXIII 33,2; 38,4.

Picenus ager: in Mittelitalien am Adriatischen Meer; Hauptort: Ancona. XXII 9,2; 14,3; 32,19.

Pineus: König von Illyrien. Pol. II 12,3; XXII 33,5.

Piscina publica: Schwimmbad; Lage ist nicht bekannt. XXIII 32,4.

Placentia: römische Kolonie in Gallia Cisalpina, am rechten Po-Ufer. XXI 25, 2.

Poeninus: Teil der Alpen, die Kette vom großen St. Bernhard bis zum St. Gotthard. Als Paß wahrscheinlich der große St. Bernhard. XXI 38,8.

Poenus: Punier, Karthager; oft wird Hannibal damit bezeichnet. XXI 1,4 und oft.

M. Pomponius: Prätor; verkündigte dem Volk in Rom die Niederlage am Trasimennischen See. XXII 55,1; XXIII 24,1.

Pomponius Sextus: Unterfeldherr des Konsuls Sempronius; zum Schutz der Seeküste Italiens eingesetzt. XXI 51,6.

L. Postumius Albinus: 216 Prätor; 215 Consul designatus, kam in einem Hinterhalt im Wald von Litana um. XXII 35,6; XXIII 25,9; 31,13.

Postumius: Name einer römischen gens; Konsul 242, 234, 229; zusammen mit Lutatius Catulus besiegte er die Karthager 241 bei den Ägatischen Inseln. XXIII 13,4.

Praeneste: alte Stadt in Latium östlich von Rom, stark befestigt; berühmt durch Tempel der Fortuna und Iuno. XXII 1,9; XXIII 19,17.

Praenestini: Bewohner von Präneste. XXIII 19,17.

Praetutianus ager: Gebiet der Prätutier, östlich von Rom am Adriatischen Meer. XXII 9,5.

Ptolomaei: Könige von Ägypten; hier Ptolomaeus Philopator, der mit Rom verbündet war. XXIII 10,11.

L. Publicius Bibulus: Kriegstribun unter den Römern, die nach der Schlacht bei Cannae nach Canusium flüchteten. XXII 53,1.

Punicum bellum primum: erster Punischer Krieg von 264–241 v. Chr. XXIII 1,2.

Punicus: punisch; zu den Puniern gehörig; oft.

C. Pupius: einer der Duumvirn d. J. 217 v. Chr. XXII 33,8.

Pyrenaei: Gebirge zwischen Spanien und Gallien. XXI 24,1 und öfter.

Pyrrhus: König von Epirus in Nordwestgriechenland; um 300 v. Chr.; kämpfte im Bunde mit Tarent gegen die Römer; zweimaliger Sieg über die Römer; 275 bei Benevent von den Römern geschlagen und aus Italien verjagt. XXII 59,8; XXIII 7,5; 42,1.

Quinctius, Caeso Flaminius: einer der Duumvirn d. J. 217 v. Chr. XXII 33,8.

Quirites: römische Bürger; Anrede in der Volksversammlung. XXII 10,2.

Regini: Bewohner von Regium an der Meerenge von Sizilien. XXIII 30,9.

Rhodanus: Rhône, Strom in Südfrankreich. XXI 26,4.

Roma: Hauptstadt Latiums, dann des römischen Reiches, am linken Tiberufer; der Sage nach 753 v. Chr. von Romulus gegründet. XXII 1,4; XXIII 6,5 und häufig.

Romani: Bewohner der Stadt Rom und des römischen Reiches. XXI 1,2 und häufig.

Romani ludi: auch Magni genannt, von Tarquinius Priscus gestiftet, im Zeitalter des Augustus vom 15.–19. September im Circus Maximus gefeiert. XXIII 30,16.

Ruscino: Stadt in Gallia Narbonensis, nördlich von den Pyrenäen. XXI 24,3.

Rutuli: italische Völkerschaft in Latium mit der Hauptstadt Ardea. XXI 7,2.

Sabini: Sabiner nordöstlich von Rom. XXII 36,7.

Sabinus ager: Gebiet der Sabiner nordöstlich von Rom. XXII 12,1.

Saguntini: Bewohner von Sagunt. XXI 2,7 und oft.

Saguntum: Stadt an der Ostküste Spaniens, auf karthagischem Gebiet gelegen, aber mit Rom verbündet. Mit der Belagerung dieser Stadt durch Hannibal begann der zweite Punische Krieg. XXII 14,7 und oft.

Salassi: keltisch-ligurisches Bergvolk im Tal der Duria am Südhange der pöninischen Alpen. XXI 38,7.

Sallentini agri: Gebiet der Sallentiner mit dem Hauptort Brundisium in Kalabrien. XXIII 48,3.

Salluvii: ligurischer mit Kelten vermischter Volksstamm am Küstenstrich der Seealpen. XXI 26,3.

Samnium: Land der von den Römern in drei schweren Kriegen 290 v. Chr. unterworfenen Samniter. XXIII 1,1 und öfter.

Samnis: Bewohner von Samnium, einer Gebirgslandschaft nördlich von Kampanien zwischen Latium und Apulien. XXII 14,5 und oft.

Samnites Caudini: die um die Stadt Caudium wohnenden Samniter. XXIII 41,13.

Sardi: Bewohner von Sardinien. XXI 16,4; XXIII 32,9.

Sardinia: Insel westlich von Italien. XXI 1,5 und oft.

Saticula: Stadt in Samnium an der kampanischen Grenze östlich von Capua, wo 343 v. Chr. der Konsul A. Cornelius Cossus mit seinem Heer von den Samnitern eingeschlossen, dann aber gerettet wurde. XXIII 5,8.

Saturnalia: altitalisches heiter Fest Mitte Dezember; an diesem Tage bewirtete man die Sklaven. XXII 1,20.

Saturnus: altitalischer Gott der Saaten und des Ackerbaus. XXII 1,19.

P. Scantinius: Konsul. XXIII 21,7.

P. et Cn. Scipiones: Beiname der gens Cornelia. Die beiden Brüder hatten den Oberbefehl über die römischen Truppen in Spanien und fielen 211 v. Chr. bei einem Überfall. XXIII 26,2; 48,4.

L. Scribonius Libo: einer der Abgesandten nach Rom, die nach der Schlacht bei Cannae um den Loskauf der Gefangenen baten. XXII 61,6; XXIII 21,7.

Seduni: gallische Völkerschaft an der oberen Rhône. XXI 38,9.

Semigalli: Halbgallier (Tauriner). XXI 38,5.

Semigermani: Halbgermanen. XXI 38,8.

Sempronius Blaesus: Quästor. XXII 31,5.

Ti. Sempronius Gracchus: nach der Schlacht bei Cannae Reiteroberst des Diktators M. Iunius Pera, 215 Konsul, 212 durch Verrat getötet. XXII 57,9; XXIII 24,3 und öfter.

P. Sempronius Tuditanus: 216 Kriegstribun; nach der Schlacht bei Cannae führte er seine Truppen vom kleineren in das größere Lager. XXII 60,10; 50,6.

Cn. Servilius Geminus: Konsul 217, am Trasimennischen See be-

siegt, übernahm nach der Schlacht den Schutz der Westküste
Italiens. XXI 15,6; XXII 1,4; 11,2; 22; 31,1.

Ti. Sempronius Longus: Konsul 218, erhielt die Provinz Afrika und
Sizilien, vereinigte sich mit P. Cornelius Scipio an der Trebia und
drängte zur Schlacht; von Hannibal geschlagen. XXI 6,3.

Sibyllini libri: Sammlung von Orakelsprüchen, die man in Rom
häufig befragte. Aufbewahrt im Tempel des Jupiter Capitolinus.
Sie sollen von der Sibylle von Cumae stammen. XXII 9,8.

Sicilia: Insel Sizilien. XXI 1,5 und oft.

Sicilinum: Ort unbekannter Lage. XXIII 37,12.

Siculus: sizilisch; aus Sizilien. XXIII 4,8.

Sidicinus: zu den Sidicinern gehörig, einer ausonischen Völkerschaft im nördlichen Kampanien mit der Hauptstadt Teanum.
XXII 42,11; XXIII 5,8.

Silanus: römischer Offizier, den die Neapolitaner an die Spitze
ihrer Truppen gestellt hatten. XXIII 15,1.

Sinuessa: feste Kolonie an der Küste zwischen Latium und Kampanien; 160 km von Rom entfernt. XXII 14,3; XXIII öfter.

Sinuessanae aquae: Heilquellen von Sinuessa, einer Stadt im südlichen Latium an der via Appia nahe der kampanischen Grenze.
XXII 13,10.

Sositheus Magnes: Sositheus aus der Landschaft Magnesia in Thes-
salien. XXIII 39,3.

Spei aedes: der Tempel der Göttin der Hoffnung lag auf dem Gemüsemarkt außerhalb der Porta Carmentalis. XXI 62,4.

Spoletium: Stadt in Umbrien an der via Flaminia. XXII 9,1.

Spurius Carvilius: aus dem Ritterstand in den Senatorenstand aufgestiegen; Konsul 234 und 228 v. Chr. Augur. XXIII 22,4.

Statilius Lucanus: (Marius) Anführer einer lukanischen Reiterschwadron im Heer des Aemilius Paulus. XXII 43,7.

Stellas campus: Landschaft in Nordkampanien zwischen Casilinum und Cales. Sehr fruchtbar. XXII 13,6.

Sthenius: oskischer Name; siehe Ninnii Celeres! XXIII 8,1.

Suessula: Stadt nördlich von Nola, beherrschte die Straße nach
Capua. XXIII 14,13; 31,3.

Tagus: bedeutender Fluß in der Mitte Spaniens, von Osten nach
Westen fließend (Tajo). XXI 5,8.

Tannetum: Flecken im Lande der Boier zwischen Mutina und Par-
ma. XXI 35,13.

Tarentini: Bewohner von Tarent, einer Seestadt in Süditalien (Kalabrien). XXIII 7,5; 33,4.

Tarentum: Seestadt in Süditalien; griechische Kolonie; von Pyrrhus von Epirus gegen die Römer unterstützt. XXI 10,8; XXIII 32,16.

Tarracina: Küstenstadt in Latium an der via Appia. XXII 15,11.

Tarraco: Küstenstadt im nordöstlichen Spanien zwischen Ebro und Pyrenäen; heute Tarragona. XXII 19,5.

Tartesii: Volksstamm in Andalusien am Unterlauf des Bätis. XXIII 26,5.

Taurini: ligurische Völkerschaft am Oberlauf des Po. XXI 38,5.

Teanum: im Gebiet der Sidiciner, ein wichtiger Waffenplatz der Römer, der die Straße von Rom nach Süditalien beherrschte. XXIII 24,5; 32,1.

Telesia: Stadt in Samnium; von Hannibal erobert. XXII 13,1.

Terentianus: zu Terentius gehörig. XXIII 32,16.

C. *Terentius Varro:* 216 Konsul; bei Cannae besiegt, führte die Reste des besiegten Heeres nach Canusium. XXII 2518 und oft.

Tiberis: Tiberfluß, an dem Rom liegt. XXI 30,11; XXII 11,5.

Tibur: latinische Stadt in der Nähe Roms; heute Tivoli. XXII 11,3.

Ticinus: linker Nebenfluß des Po, den Lago Maggiore durchfließend; Sieg Hannibals über P. Cornelius Scipio. XXI 15,4 und öfter.

Tifata: Berg im Osten von Capua. XXIII 36,1; 39,8; 43,5.

Trasumennus: der Trasimennische See im östlichen Etrurien westlich von Perusia. XXII 4,1; XXIII 2,3 und öfter.

Trebia: rechter Nebenfluß des Po; Hannibals Sieg 218 über die Römer. XXI 15,4; XXII 46,4 und öfter.

Trebianus ager: muß zwischen Saticula und Suessula gesucht werden. XXIII 14,13.

Trebius, Statius: oskischer Vor- und Geschlechtsname; auf einer Inschrift: Trebiu. XXIII 1,1.

Trebula: Ort in Kampanien, 20 km nördlich von Capua. XXIII 39,6.

Tricastini: Alpenvolk an der Isara. Nachbarn der Allobroger. XXI 31,9.

Tricorii: Alpenvolk zwischen Rhône und Alpes Cottiae; Nachbarn der Allobroger. XXI 31,9.

Turdetani: Volk im Südwesten Spaniens an beiden Ufern des Bätis. XXI 6,1.

Umbria: Landschaft Mittelitaliens, östlich vom oberen Tiber. XXII 8,1.

Uzentini: Einwohner von Uzentum am Golf von Tarent. XXII 61,12.

Vaccaei: kriegerische Völkerschaft im nördlichen Spanien am Durius (Duero). XXI 5,5.

L. Valerius Antias: brachte die gefangenen Gesandten aus Makedonien nach Rom. XXIII 34,9.

P. Valerius Flaccus: Konsul 227; XXI 6,8: als Gesandter an Hannibal nach Sagunt geschickt; 38,7: Befehlshaber einer Flotteneinheit. XXI 6,8 und öfter.

M. Valerius Laevinus: 215 Prätor und Befehlshaber einer Flotte in den griechischen Gewässern. XXIII 24,4; 25,11; 30, 18; 32,16; 33,5.

M. Valerius: Prätor. XXIII 37,12.

Varronianus: zu Varro gehörig XXIII 38,9.

Vei: etruskische Stadt in der Nähe von Rom; 396 von Camillus erobert. XXII 3,10.

Venus Erycina: Venus vom Berge Eryx in Sizilien mit reichem Tempel. XXII 9,10; XXIII 30,13; 31,9.

Venusia: Stadt in Apulien am Aufidus. XXII 49,14; 54,1; XXIII 5,1.

Venusini: Bewohner von Venusia. XXII 54,2.

Veragri: keltischer Volksstamm auf den poeninischen Alpen im Kanton Vallis. XXI 38,9.

Vercellium: Stadt unbekannter Lage. XXIII 37,12.

Vergiliae: das Siebengestirn im Sternbild des Stieres; sein Untergang fällt auf Ende Oktober und bedeutete für die Alten den Beginn des Winters. XXI 35,7.

Vescellium: Stadt unbekannter Lage. XXIII 37,12.

Vesta: Tochter des Saturn und der Ops, Göttin des häuslichen Herdes und des Herdfeuers. XXII 10,9.

Vestales: Priesterinnen der Vesta, deren Tempel an der Südseite des Forums lag. XXII 57,2.

L. Veturius Philo: Diktator i. J. 217. XXII 33,11.

Vibellius Taurea: nach XXIII 46,12 war der volle Name Cerrinus Vibellius Taurea; Kampaner, der sich im Krieg besonders auszeichnete. XXIII 8,5; 46,3.

Vibius Virrius: Gesandter der Kampaner, Haupt der Volkspartei in Capua und Urheber des Abfalls zu Hannibal. XXIII 6,1.

Viboniensis ager: Gebiet von Vibo (Hippo), einer Hafenstadt an der Westküste von Bruttium. XXI 51,4.

Victoria aurea: Siegesgöttin aus Gold. XXII 37,5.

Victumulae: befestigter Ort im Gebiet von Vercellae im transpadanischen Gallien. XXI 45,3.

Vocontii: mächtiges Volk in Gallia Narbonensis. XXI 31,9.

Volcae: bedeutendes Volk in Gallia transalpina zwischen Pyrenäen, Cevennen und Rhône. XXI 26,6.

Volciani: Völkerschaft in Spanien (Tarragonien). XXI 19,8.

Volturnus: aus Samnium kommender Fluß, der durch Casilinum fließt. XXII 14,1; XXIII 19,4; 35,6.

Vulcani insulae: eine ganze Gruppe der Liparischen Inseln, deren südlichste die insula Vulcani heißt. XXI 51,3.

Vulcanus: Gott der Metallarbeit und der Waffenschmiede, ihm wurden häufig erbeutete Rüstungsstücke geweiht. XX 10,9; XXIII 46,6.

Xenophanes: Sprecher der Gesandten Philippus V. von Makedonien an Hannibal; von den Römern verhaftet. XXIII 33,6.

Zacynthus: südöstlichste der größeren griechischen Inseln. Fruchtbar (heute Zante). XXI 7,2.

Literatur-Nachtrag
Stand Sommer 2000

I. Bibliographien und Forschungsberichte

K. Christ u. a., Römische Geschichte. Eine Bibliographie, Darmstadt 1976

W. Kissel, Livius 1933–1978: Eine Gesamtbibliographie, in: ANRW II 30. 2, Berlin / New York 1982, 899–997

P. G. Walsh, Livy, Oxford 1974

K. Thraede, Livius im Spiegel der neueren Forschung, in: Neue Einsichten 5, München 1970, 61–81

II. Allgemeines

E. Burck, Die dritte Dekade des Livius, in: Vom Menschenbild in der römischen Literatur II, Heidelberg 1981, 214–237

E. Burck, Das Geschichtswerk des Titus Livius, Heidelberg 1992

T. A. Dorey (Hrsg.), Livy, London/Toronto 1971

D. Flach, Einführung in die römische Geschichtsschreibung, Darmstadt 1985, ³1998

M. Grant, Livius: in: Klassiker der antiken Geschichtsschreibung, München 1973, 182–204. 336–339

C. Guérin, L'histoire momumentale de Tite-Live, LEC 40, 1972, 392–414

R. Jumeau, Tite-Live et l'historiographie hellénistique, REA 38, 1936, 63–68

C. S. Kraus, Livy, in: C. S. Kraus – A. J. Woodman, Latin Historians, Oxford 1997, 51–81

E. Lefèvre – E. Olshausen (Hrsg.), Livius. Werk und Rezeption. Festschrift E. Burck, München 1983

V. Pöschl (Hrsg.), Römische Geschichtsschreibung, Darmstadt 1969 (WdF XC)

W. Schuller (Hrsg.), Livius. Aspekte seines Werkes, Konstanz 1993

C. S. Tomulescu, La valeur juridique de l'histoire de Tite-Live, Labeo 21, 1975, 295–321

P. G. Walsh, Livy, in: T. A. Dorey (Hrsg.), Latin Historians, London 1966, 115–142

P. G. Walsh, Livy and the Aims of *historia*: An Analysis of the Third Decade, in: ANRW II 30.2, Berlin / New York 1982, 1058–1074

III. Quellen

W. Herrmann, Die Historien des Coelius Antipater, Meisenheim am Glan 1979

T. Leidig, Valerius Antias als Quelle für Livius' 3. und 4. Dekade, Diss. Heidelberg 1992

E. Pianezzola, Traduzione e ideologia. Livio interprete di Polibio, Bologna 1969

E. Rawson, Prodigy Lists and the Use of Annales Maximi, CQ NS 21, 1971, 158–169

T. Schmitt, Hannibals Siegeszug. Historiographische und historische Studien vor allem zu Polybios und Livius, München 1991

H. Tränkle, Livius und Polybios, Gymn. 79, 1972, 13–31

H. Tränkle, Livius und Polybios, Basel 1977

IV. Geschichte und Geschichtsstoff

A. E. Astin, Saguntum and the Origins of the Second Punic War, Latomus 26, 1967, 577–596

M.-F. Avril, Itinéraires d'Hannibal en Gaule, Paris 1996

J. Deininger, Gelon und die Karthager 216 v. Chr. (Livius 23, 30, 10–12), in: Festschrift E. Burck 125–132

A. Erskine, Hannibal and the Freedom of the Italians, Hermes 121, 1993, 58–62

F. Gschnitzer, Das System der römischen Heeresbildung im Zweiten Punischen Krieg: Polybios, die Annalisten und die geschichtliche Wirklichkeit, Hermes 109, 1981, 59–85

U. Händl-Sagawe, Der Beginn des Zweiten Punischen Krieges. Ein historisch-kritischer Kommentar zu Livius Buch 21, München 1995

W. Huß, Geschichte der Karthager, München 1985

E. A. Judge, The Prelude to Cannae in Livy, AULLA 1970, 52–53

A. Klotz, Dichtung und Wahrheit in der livianischen Erzählung von der Schlacht bei Cannae, Gymn. 56, 1949, 58–70. 192

J. F. Lazenby, Hannibal's War. A Military History of the Second Punic War, Warminster 1978

N. Mantel, Poeni foedifragi. Untersuchungen zur Darstellung römisch-karthagischer Verträge zwischen 241 und 201 v. Chr. durch die römische Historiographie, München 1991

P. Marchetti, La deuxième guerre punique en Sicile: Les années 215–214, BIBR 42, 1972, 5–26

P. Marchetti, Histoire économique et monétaire de la deuxième guerre punique, Brüssel 1978

E. de Saint-Denis, Encore l'itinéraire transalpin d'Hannibal, REL 51, 1973, 122–149

K.-H. Schwarte, Der Ausbruch des Zweiten Punischen Krieges – Rechtsfrage und Überlieferung, Historia-Einzelschriften 43, Wiesbaden 1983

J. Seibert, Die Alpenüberquerung Hannibals, Antike Welt 17.4, 1986, 44–54

J. Seibert, Der Alpenübergang Hannibals. Ein gelöstes Problem?, Gymn. 95, 1988, 21–73

J. S. Shean, Hannibal's Mules: The Logistical Limitations of Hannibal's Army and the Battle of Cannae, 216 B.C., Hist. 45, 1996, 159ff.

G. V. Sumner, The Chronology of the Outbreak of the Second Punic War, PACA 9, 1966, 5–30

G. V. Sumner, Elections at Rome in 217 B.C., Phoenix 29, 1975, 250–259

G. V. Sumner, Rome, Spain and the Outbreak of the Second Punic War, Latomus 31, 1972, 469–480

VI. Ausgaben

C. F. Walters – R. S. Conway, Titi Livi ab urbe condita libri XXI–XXV, Oxford 1929 (Nachdrucke 1950 u. ö.)

T. A. Dorey, Titi Livi ab urbe condita libri XXI–XXII, Leipzig 1971 (Bibl. Teubn.)

T. A. Dorey, Titi Livi ab urbe condita libri XXIII–XXV, Leipzig 1976 (Bibl. Teubn.)

P. Jal, Tite-Live, Histoire romaine, Livre XXI, Paris 1988. ²1991 (Coll. Budé)

U. Blank-Sangmeister, Titus Livius, Ab urbe condita, Liber XXI, Lateinisch/Deutsch, Stuttgart 1999 (Reclam)

U. Blank-Sangmeister, Titus Livius, Ab urbe condita, Liber XXII, Lateinisch/Deutsch, Stuttgart 2000 (Reclam)

G. Meyer, Titi Livi ab urbe condita libri XXI–XXIII, Zürich 1945 (Ed. Helv.)

G. Vallet, Titi Livi ab urbe condita liber XXII, Paris 1966 (Coll. Érasme)

P. G. Walsh, Titi Livi ab urbe condita liber XXI, London 1973

XII. Übersetzungen

H. A. Gärtner, Titus Livius, Der Punische Krieg 218–201, Stuttgart 1968

XI. Philosophischer und religiöser Hintergrund bei Livius

D. S. Levene, Religion in Livy, Mnem. Suppl. 127, Leiden / New York / Köln 1993

W. Liebeschuetz, The Religious Position of Livy's History, JRS 57, 1967, 45–55

XII. Einzelbilder

P. Barceló, Hannibal, München 1998

K. Christ (Hrsg.), Hannibal, Darmstadt 1974 (WdF 371)

S. Lancel, Hannibal. Eine Biographie, Düsseldorf/Zürich 1998

J. Seibert, Hannibal, Darmstadt 1993

J. Seibert, Forschungen zu Hannibal, Darmstadt 1993

J. Seibert, Hannibal. Feldherr und Staatsmann, Mainz 1997

W. Will, Mirabilior adversis quam secundis rebus. Zum Bild Hannibals in der 3. Dekade des Livius, WJA NF 9, 1983, 157–171

XIII. Sprache, Stil, Erzählkunst, Komposition

L. Alfonsi, La prosa e lo stile degli Annales Maximi, StudClass 15, 1973, 51–55

T. Crosby, The Structure of Livy's History, LCM 3, 1978, 113–119

J. Dangel, La phrase oratoire chez Tite-Live, Paris 1982

M. Fuhrmann, Narrative Techniken im Dienste der Geschichtsschreibung (Livius, Buch 21–22) – Eine Skizze, in: Festschrift E. Burck 19–29

H. A. Gärtner, Beobachtungen zu Bauelementen in der antiken Historiographie, besonders bei Livius und Caesar, Historia-Einzelschriften 25, Wiesbaden 1975

B. Laggner, Untersuchungen zur Topologie in den Reden der ersten und dritten Dekade des livianischen Geschichtswerkes, Diss. Graz 1972

K. Lindemann, Beobachtungen zur livianischen Periodenkunst, Diss. Marburg 1964

T. J. Luce, Livy. The Composition of His History, Princeton/N. J. 1977

P. L. Schmidt, Zum Text livianischer Prodigienberichte, Hermes 96, 1968, 725–732

G. A. Seeck, Livius: Schriftsteller oder Historiker? Zum Problem der literarischen Darstellung historischer Vorgänge (Livius, Buch 21), in: Festschrift E. Burck 81–95

P. A. Stadter, The Structure of Livy's History, Hist. 21, 1972, 287–307

P. Steinmetz, Eine Darstellungsform des Livius, Gymn. 79, 1972, 191–208

H. Tränkle, Beobachtungen und Erwägungen zum Wandel der livianischen Sprache, WS NF 2, 1968, 103–152

G. Wille, Der Aufbau des Livianischen Geschichtswerks, Amsterdam 1973